W0285586

SPINOZA

Yirmiyahu Yovel

SPINOZA

Das Abenteuer der Immanenz

Aus dem Englischen
von Brigitte Flickinger

Steidl

Titel der englischen Originalausgabe:
“Spinoza and Other Heretics. Volume I: The Marrano of Reason.
Volume II: The Adventures of Immanence”,
zuerst erschienen 1989 bei Princeton University Press, Princeton, New Jersey, USA,
und Oxford, Großbritannien.
© 1989 by Princeton University Press

1. Auflage, Februar 1996
© Copyright: Steidl Verlag, Göttingen 1994, 1996

Umschlaggestaltung: Klaus Detjen
Alle deutschen Rechte vorbehalten
Satz, Lithographie, Druck: Steidl, Göttingen
Printed in Germany
ISBN 3-88243-393-0

Für Jonathan und Ronny

Spinoza

Der Jude mit den durchscheinenden Händen,
Im fahlen Halblicht schleift er Kristalle,
Der Abend sinkt, angstvolle kalte Halle.
(Wie gleich die Abende am Abend enden!)

Hände und Horizont aus Hyazinthen,
Die im Bereich des Ghettos langsam bleichen,
Sie können kaum den stillen Mann erreichen,
Der träumt von ätherklaren Labyrinthen.

Ihn trübt kein Ruhm, der Widerschein der Träume,
Gebannt im Traume andrer Spiegelräume,
Noch Liebe junger Mädchen aus der Ferne.

Von Mythen und Metaphern ganz befreit,
Harten Kristall er schleift: Unendlichkeit,
Atlas des Schöpfers aller Seiner Sterne.

Jorge Luis Borges

(Deutsch von Curt Meyer-Clason)

Inhalt

I. TEIL: DER MARRANE DER VERNUNFT

II. TEIL: DIE ABENTEUER DER IMMANENZ

I. TEIL

DER MARRANE DER VERNUNFT

Vorwort

Baruch Spinoza (1632–1677) ist eine der großen Gestalten der abendländischen Geistesgeschichte, doch ist seine Bedeutung nicht immer voll anerkannt worden. Seine philosophische Revolution hat die Hauptzüge der europäischen Modernisierung vorweggenommen, zu der die Säkularisierung, die Bibelkritik, die Entstehung der Naturwissenschaften, die Aufklärung und der liberale demokratische Staat gehören. Vor allem hat er ein grundlegend neues philosophisches Prinzip aufgestellt, das ich die *Philosophie der Immanenz* nennen möchte. Sie betrachtet das diesseitige Leben als das ganze, als einzig wirkliches Sein und als die einzige Quelle ethischer Werte, politischer Autorität und Verbindlichkeit. Alles Sein ist von dieser Welt, und darüber hinaus gibt es nichts: weder einen persönlichen Schöpfer-Gott, der dem Menschen seinen Willen auferlegt, noch platonische Ideen, noch übernatürliche Mächte oder Werte irgendeiner Art. Gott ist identisch mit der Gesamtheit der Natur, und die Gebote Gottes stehen nicht in der Bibel, sondern liegen in den Gesetzen von Natur und Vernunft. Das zu akzeptieren, ist schließlich Ausgangspunkt und Voraussetzung menschlicher Emanzipation.

Die Idee der Immanenz widerstreitet den zentralen Prämissen von Judentum und Christentum (und Islam); sie ist eng mit dem Naturalismus und der Säkularisation verbunden. Spinozas philosophische Revolution hat dieser Idee in der Geschichte der Philosophie die systematischste und ausgeprägteste Form verliehen und später ihren modernen Varianten als Paradigma gedient.

Ich nehme Spinoza als Angelpunkt und Materialgrundlage und verfolge die Abenteuer der Idee der Immanenz in zwei verschiedene Richtungen: zum einen von Spinoza aus rückblickend, zum anderen von ihm ausgehend. Das Ergebnis ist eine zweiteilige Untersuchung, eine Art

Diptychon. Jeder der beiden Flügel dieses Diptychons steht für sich, und zugleich ergänzen sie einander zu einer Einheit, aus der beide eine erweiterte Perspektive gewinnen.

Der erste Teil, *Der Marrane der Vernunft*, ortet die Ursprünge der Idee der Immanenz in den Unterströmungen der Kultur der Marranen, jener sozialen Gruppe, der Spinoza entstammte. Marranen waren ehemalige Juden in Spanien und Portugal, die zwangsweise zum Christentum bekehrt worden waren. Viele von ihnen hatten dennoch Generationen hindurch weiter im Verborgenen ein krypto-jüdisches Leben geführt, eine Erfahrung, die viele Dualitäten hervorbrachte: einen Gegensatz zwischen innerem und äußerem Leben und eine Mischung beider Religionen, was in manchen Fällen zu einer Aufgabe sowohl des christlichen wie des jüdischen Glaubens führte. Und diese Erfahrung machte auch Verstellungen und sprachliche Maskierungen durch Äquivokation und Doppeldeutigkeit zu einer Lebensnotwendigkeit.

Im ersten Teil untersuche ich diese marranische Erfahrung und zeige verschiedene Muster auf, die für Marranen typisch sind und bei Spinoza wiederkehren, wenngleich sie dort in einen neuen, säkularen und rationalistischen Zusammenhang übertragen sind. Zu diesen marranischen Zügen gehört eine Ausrichtung auf das Diesseits, eine gespaltene religiöse Identität, metaphysische Skepsis, die Suche nach einer anderen Erlösung auf Wegen, die im Gegensatz zur offiziellen Lehre stehen; hierzu gehören auch ein Gegensatz zwischen innerem und äußerem Leben und die Neigung zu doppeldeutiger Sprache und Äquivokation. Eine eingehende Untersuchung anderer marranischer Intellektueller aus den Frühphasen des Marranentums wie aus der Zeit Spinozas zeigt, wie sich diese Lebensmuster wiederholen und welchen Ausdruck sie bei Spinoza finden, wo sie aus dem Reich religiöser Transzendenz ins Reich der Vernunft und der Immanenz übergehen. Daher nenne ich Spinoza den »Marranen der Vernunft«.

Dieser Teil bezieht seine Einsichten aus unterschiedlichen Materialien: historischen Dokumenten, literarischen Analysen und philosophischen Interpretationen spinozistischer Thesen. Ich hoffe, daß ihre Verbindung nicht nur im allgemeinen, sondern im einzelnen zeigen wird, wie sehr Spinozas Denken durch seine marranische Erfahrung geprägt war und wie sein Denken eine neue Dimension gewinnt, wenn man es vor diesem Hintergrund betrachtet.

Der Epilog des ersten Teils deutet Spinoza als einen jüdischen Häretiker. War er, der Philosoph der Immanenz und Säkularisierung, auch der erste weltliche Jude? Und, allgemeiner gefragt, in welcher Beziehung stand er zu seinem Volk, und war diese Beziehung beispielhaft für die ganze Menschheit?

Im zweiten Teil, *Die Abenteuer der Immanenz*, will ich an einigen Hauptstationen der Geschichte der modernen Philosophie die Spuren aufdecken, die Spinozas Revolution hinterlassen hat. Seit dem späten achtzehnten Jahrhundert hat Spinozas Immanenzphilosophie implizit oder explizit die wichtigsten Strömungen des modernen Denkens durchdrungen und den modernen Geist weit mehr geformt, als gemeinhin wahrgenommen wird. Es ist bezeichnend, daß Denker wie Goethe, Hegel, Heine, Marx, Nietzsche, Freud und Einstein sich selbst in einem wesentlichen Sinn als Spinozisten verstanden. Das zeigt, daß man von Spinozas revolutionärem Standpunkt der Immanenz aus ein gut Teil der Geschichte des modernen Denkens neu schreiben und erhellen kann.

Obgleich dieses Buch auf umfangreichen Forschungen beruht, habe ich mich bemüht, so weit wie möglich auf Fachjargon zu verzichten und ebenso für Laien wie für Gelehrte zu schreiben. Ich hoffe, daß die beiden Teile des Diptychons, zusammen gelesen, zeigen werden, wie die Idee der Immanenz in einer hybriden historischen Randgruppe, den Marranen, im Verborgenen Gestalt gewonnen hat und dann, durch Spinoza kristallisiert und überzeugend systematisiert, in den allgemeinen europäischen Zusammenhang Eingang fand, wo sie zu einem spezifischen Faktor der Modernisierung wurde.

Das kann übrigens auch dazu beitragen, die allgemein verbreitete Vorstellung zu korrigieren, wonach die Juden der europäischen Modernisierung hinterherhinken und passive Nutznießer ihrer Errungenschaften sind. Im Gegenteil sehen wir hier eine zwar randständige, aber kulturell einflußreiche jüdische Strömung (freilich nicht die zentrale rabbinische Strömung) ihren speziellen Beitrag zu den ersten Schritten der Modernisierung leisten.

Aufmerksame Leser haben bemerkt, daß ich meinen Thesen methodologische Grenzen setze. Beispielsweise habe ich bei der Bezeichnung Spinozas als »Marranen der Vernunft« einen Komplex charakteristischer Erfahrungen und Lebensstrukturen beschrieben, die über mehrere Marranengenerationen weitergegeben wurden und sich auch bei Spinoza manifestieren, obgleich sie bei ihm aus dem Bereich der historischen Religion (Judentum, Christentum und ihren verschiedenen Mischungen) in das Universum eines profanen Rationalismus übertragen sind. Mit der Entschlüsselung dieser beachtlichen Analogien behaupte ich, daß sie Aufmerksamkeit und Erklärung verdienen und daß sie unbestreitbar die Bedeutung und den Einfluß der Wurzeln Spinozas dartun. Allerdings behaupte ich nicht, den genauen Wirkungsmechanismus oder die Kausalzusammenhänge zu beschreiben, wodurch sie so wichtig wurden. So gesehen, beschränke ich mich auf eine strukturelle, nicht kausale These.

Nichts liegt mir ferner, als Spinoza auf seine marranischen Wurzeln oder auf irgendwelche anderen Einflüsse *reduzieren* zu wollen: Wie andere große schöpferische Menschen ist Spinoza weit über seine Wurzeln hinausgewachsen und hat sie durch eine unbekannte geistige Alchimie in etwas verwandelt, das gänzlich neu und originell ist. Ich habe nicht die Absicht, die Rolle anderer Einflüsse auf sein Werk zu verkleinern, wie etwa die Einflüsse seitens des Cartesianismus, der neuen Wissenschaft, von Hobbes und vor allem von Maimonides, obwohl ich meine, daß die marranische Dimension uns zu einem besseren Verständnis gerade des letzteren Einflusses verhelfen kann. Ebenso kann die Identitätskrise und geistige Unruhe der Marranen erklären und plausibel machen, weshalb Spinoza als wißbegieriger Heranwachsender in einer Umgebung, die ganz auf die jüdische Gemeinde ausgerichtet war, sich zuallererst diesen Philosophen zuwenden und weshalb er sich mit solchem Eifer auf die Suche gerade nach ihren Büchern und Ideen machen sollte.

Es ist wahr, daß die religiösen Zweifel und das Interesse am Diesseits ihren Ursprung außer im Marranentum auch in der Renaissance haben. Die doppeldeutige Sprache wurde ebenso auch von Nichtmarranen verwendet, von den Nikodemiten bis Hobbes und später Bayle. Aber im Falle Spinozas ist es müßig, nach so fernliegenden Erklärungen zu suchen, wenn uns die marranischen Wurzeln einen sehr naheliegenden Erklärungsrahmen und eine zureichende causa proxima liefern.

Mit einem Wort, der erste Teil dieses Buches versucht zu zeigen, daß der Marranenhintergrund eine entscheidende Dimension ist, wenn auch im Falle von Spinoza und seinem Werk nicht die einzige, eine Dimension, die lange Zeit vernachlässigt und verkannt worden ist. Aus diesem Grunde verdient sie unterstrichen und präzisiert zu werden, ohne daß damit beansprucht würde, sie könnte alles erklären.

Frühere Fassungen einiger Kapitel dieses Buches beziehungsweise Passagen daraus sind bereits anderenorts publiziert worden: »Why Was Spinoza Excommunicated?«, *Commentary*, November 1977, S. 46–52; »Marranisme et dissidence: Spinoza et quelques prédecesseurs«, *Cahiers Spinoza*, 3 (1980), S. 67–99; »Spinoza and His People: The First Secular Jew?«, *Jerusalem Quarterly*, 33 (1984), S. 50–63; und »Spinoza: The Psychology of the Multitude and the Uses of Language«, *Studia Spinozana* 1

(1985), S. 305–333; »Bible Interpretation as Philosophical Praxis: A Study of Spinoza and Kant«, *Journal of the History of Philosophy* 11 (1973), S. 189–212; »Substance without Spirit: On Hegel's Critique of Spinoza«, in: *Spinoza – His Thought and Work*, hg. von N. Rotenstreich und N. Schneider (Jerusalem: The Israel Academy of Sciences and Humanities, 1983), S. 71–84; »Heinrich Heine and the Message of Pantheism«, *Jerusalem Quarterly* 35 (1985), S. 101–111; »Nietzsche and Spinoza: *amor fati* and *amor dei*«, in: *Nietzsche as Affirmative Thinker*, hg. von Y. Yovel (Dordrecht: Nijhoff, 1986), S. 183–203.

Viele Leute haben mir auf diese oder jene Weise geholfen. Unter den französischen Gelehrten möchte ich vor allem Israel Revah nennen, der in unserem Jahrhundert die im Hinblick auf Spinoza wichtigsten marranischen Quellen veröffentlicht hat. Daß ich mit seinen Schlußfolgerungen daraus nicht immer einverstanden bin, mindert keineswegs meinen Dank und meine Bewunderung. Dank sage ich auch Marcel Bataillon, dem anderen Meister, von dem ich enorm viel gelernt habe, obwohl ich seine Lesart der *Celestina* nicht teile. Unter den Schülern Revahs waren mir die Arbeiten von Henri Méchoulan, dem Erforscher des Spinozismus und der iberischen Geistesgeschichte, sowie die von Gérard Nahon, Charles Amiel und der Historikergruppe um Benassar besonders hilfreich. In Paris konnte ich mit den Mitgliedern der *Association des amis de Spinoza* Gedankenaustausch pflegen, meinen Freunden Pierre-François Moreau, Alexandre Matheron, Sylvain Zac, Pierre Macheray, Jean Marie Beyssade, Étienne Balibar, Olivier Bloch, Albert Igoin und dem zu früh verstorbenen Yvon Belaval. Janine Chanteur und Geneviève Rodis-Lewis wie auch Jean-Luc Marion haben meine zweijährige Gastprofessur an der Sorbonne besonders fruchtbar gemacht wie auch Raymond Polin und Maurice Clavelin. Einen besonderen Dank schulde ich meinem früheren Lehrer und langjährigen Jerusalemer Kollegen, dem verstorbenen Shlomo Pines, dessen ungeheures Wissen und ruhige Stimme die Schärfe der Kritik, vor allem hinsichtlich von Spinoza oder Maimonides, niemals haben abstumpfen lassen. Treffende Kommentare zu meiner Spinozainterpretation habe ich von Emilia Giancotti und Filippo Mignini in Italien erhalten, von Manfred Walther in Deutschland, Wim Klever und dem inzwischen verstorbenen Hubertus Hubbeling in den Niederlanden, von Edwin Curley, Alan Donagan, Margaret Wilson und George Kline, aber auch von Stuart Hampshire, Henry Allison, Amos Funkenstein und Seymour Feldman in den Vereinigten Staaten.

Die Arbeiten von Yosef Yerushalmi sind für den Kundschafter im Lande der Marranen ein verläßlicher Führer. Richard Popkin stand mir zu Beginn meiner Forschung mit Ideen zur Seite, später trennten sich unsere Wege. In Israel habe ich die von Yizhak (Fritz) Baer und Chaim Beinart veröffentlichten Marranenquellen auswerten können und mich durch die pointierten Kommentare von Maurice Kriegel anregen lassen. Yoseph Kaplan hat mir als erster das Werk von Revah nahegebracht. Elhanan Yakira, mein früherer Assistent und jetziger Kollege, hat mir in der ersten Etappe dieses Projekts wertvolle Hilfe geleistet. Abraham Mansbach hat viele Punkte und Anmerkungen dieses Buches recherchiert und Eva Shorr, Herausgeberin der philosophischen Zeitschrift *Iyyun,* hat diese wie viele meiner früheren Publikationen mit viel Sachkenntnis und Engagement gegengelesen.

Dank schulde ich dem Spinoza-Forschungszentrum der hebräischen Universität von Jerusalem, der Universität von Paris (Sorbonne), der École des hautes études en sciences sociales und ihrem damaligen Präsidenten François Furet, der Israelischen Akademie der Natur- und Geisteswissenschaften und dem Wolfson College in Oxford für ihre Hilfe und Gastfreundschaft während meiner Aufenthalte.

Aufrichtigen Dank möchte ich auch Brigitte Flickinger sagen, die in die deutsche Übersetzung des Buches ihr Talent und große Aufmerksamkeit investiert hat. Unterdessen hielt ich mich längere Zeit in Deutschland auf, lehrte als Gastprofessor an der Universität Hamburg und hielt Vorträge über Spinoza in Berlin, Frankfurt, Hannover, Potsdam und Leipzig. Dabei konnte ich das neuerwachte Interesse an Spinoza feststellen, der seit dem Pantheismusstreit in der deutschen Philosophie eine entscheidende Rolle gespielt hat. Ich danke allen Kollegen, die an diesen Diskussionen teilgenommen haben.

Last but not least haben mein lieber Freund Yitzak Torchin und seine reizende Frau Suzanne mich in ihrem wunderschön gelegenen Landhaus im französischen Barbizon aufs Herzlichste aufgenommen. In ihrer mit Spinozana wohl bestückten Bibliothek habe ich mehrere Kapitel dieses Buches ausgearbeitet. Ihnen beiden *merci de tout mon cœur.*

Quellenangaben

Bibliographische Hinweise sind im Anmerkungsapparat am Ende des Buches enthalten. Es werden nach Möglichkeit allgemein zugängliche Ausgaben benutzt.

Dokumente, die nicht auf deutsch vorliegen, wurden, wenn nichts anderes vermerkt ist, von der Übersetzerin aus der jeweiligen Originalsprache ins Deutsche übertragen.

Die Standardausgabe der Werke Spinozas ist bis heute: *Spinoza. Opera*, im Auftrag der Heidelberger Akademie der Wissenschaften herausgegeben von Carl Gebhardt, 5 Bde. (Heidelberg: Carl Winter, 1925, Nachdr. 1972). Deutsche Ausgabe: Baruch de Spinoza, *Sämtliche Werke in sieben Bänden*, herausgegeben von Carl Gebhardt in Verbindung mit Otto Baensch und Artur Buchenau in der *Philosophischen Bibliothek*, Bd. 91–96b (Hamburg: Felix Meiner, 1965–1987).

Folgende Kurztitel bzw. Abkürzungen werden unter anderem gebraucht:

Abhandlung über den Verstand = *Abhandlung über die Verbesserung des Verstandes* (nachgewiesen durch die Nummer des Abschnitts).

Kurze Abhandlung = *Kurze Abhandlung von Gott, dem Menschen und seinem Glück* (nachgewiesen durch Nummern von Teil und Abschnitt)

Theologisch-Politischer Traktat (nachgewiesen durch Seitenzahlen)

Metaphysische Gedanken = *Anhang, enthaltend metaphysische Gedanken*, zu *Descartes' Prinzipien der Philosophie auf geometrische Weise begründet* (nachgewiesen durch Kapitel)

Briefwechsel (nachgewiesen durch Briefnummer und Seitenzahl)

Ethik = *Die Ethik nach geometrischer Methode dargestellt* (nachgewiesen durch die folgenden Abkürzungen: T. = Teil; L. = Lehrsatz; Anm. = Anmerkung; B. = Beweis; E. = Erläuterung; G. = Grundsatz; Def. = Definition; F. = Folgesatz)

I. KAPITEL

Prolog: Häretiker und Geächteter

Am 27. Juli 1656 wurde das Urteil der Exkommunikation über einen vierundzwanzigjährigen Juden der portugiesischen Gemeinde von Amsterdam gesprochen und im Gemeindebuch festgehalten:

> Die Herren des *Mahamad* [d.i. des Stadtrats] tun Ihnen kund, daß sie, nachdem sie die üblen Ansichten und Werke von Baruch de Espinoza seit einiger Zeit kennen, sich auf verschiedene Weisen und mit Versprechungen bemüht haben, ihn von seinen schlechten Wegen abzubringen, und ihn nicht heilen konnten; ganz im Gegenteil erhielten sie täglich schlimmere Nachrichten von abscheulichen Ketzereien, die er begangen und gelehrt hat, und ungeheuerlichen Taten, die er getan, wofür es viele glaubwürdige Zeugnisse gibt, die alle in Anwesenheit des besagten Espinoza bestätigt und belegt worden sind, wovon sie sich überzeugt haben; nachdem das alles in Anwesenheit der Herren *Hahamim* [Rabbiner] untersucht war, beschlossen sie, daß ihrer Ansicht nach der besagte Espinoza in *cherem* [Bann] zu tun und vom Volk Israel auszuschließen sei, so daß sie ihn in der Tat mit folgendem Bann belegen:
> »Nach dem Spruch der Engel, nach dem Wort der Heiligen bannen, trennen, verdammen und verfluchen wir Baruch de Espinoza... mit allen Flüchen des Himmels, die im Gesetz geschrieben stehen: Verflucht sei er bei Tag, und verflucht sei er bei Nacht, verflucht sei sein Zubettgehen, verflucht sein Aufstehen, verflucht sei er beim Hinausgehen und verflucht beim Eintreten; möge der Herr ihm nicht verzeihen, so daß des Herrn Zorn und seine Eifersucht gegen diesen Menschen entbrennen... Ihr aber, die ihr dem Herrn, eurem Gott, zugetan seid, ihr alle lebt heute.«

> Es wird bekannt gemacht, daß niemand mit ihm sprechen darf, weder mündlich noch schriftlich, noch ihm einen Gefallen tun darf, noch mit ihm unter einem Dach sich aufhalten darf, noch ihm auf vier Ellen sich nähern darf, noch ein Papier lesen darf, das von ihm gemacht oder geschrieben ist.[1]

Das Objekt dieser Exkommunizierung, Baruch d'Espinoza, gehörte zur Oberschicht der jüdischen Gemeinde. Sein Vater Michael war ein höchst angesehener Kaufmann, der, in Gemeindeangelegenheiten aktiv, mehrmals als *parnas* (Vorsteher) der Gemeindeverwaltung angehört hatte, ein in Amsterdam außerordentlich einflußreiches Amt. Der junge Baruch (Bento) erhielt eine traditionelle jüdische Erziehung, lernte Hebräisch und studierte die Heilige Schrift, den Talmud und jüdische Philosophie und unterrichtete sich selbständig auch über weltliche Themen (unter anderem las er hebräische Werke über Mathematik, Physik und Astronomie), während er sich auf ein Leben als Kaufmann vorbereitete. Mit sechs Jahren verlor er seine Mutter Hanna Debora; und von da an suchte der Tod die Familie mehrfach heim, früh starben sein jüngerer Bruder Yitzak, seine Schwester Miriam, seine Stiefmutter Esther und schließlich sein Vater.

Spinoza war zweiundzwanzig, als er seinen Vater verlor. Zusammen mit seinem Bruder Gabriel gründete er die Handelsgesellschaft *Bento y Gabriel d'Espinoza* für Frucht-Import und -Export. Das Unternehmen war nur mäßig erfolgreich, und eines Tages erlitten die Brüder durch einen Schiffbruch Verluste. In dieser Zeit besuchte Spinoza weiterhin die Keter Thora Jeschiwa, die von Rabbi Saul Levi Morteira geleitet wurde, und hielt offenbar auch die Beziehung zu seinem früheren Lehrer Rabbi Manasse ben Israel aufrecht. Dessen Haus war ein Treffpunkt für Forscher und jüdische Gelehrte, die nach Amsterdam kamen. Zumindest oberflächlich war bis dahin keine Veränderung in Spinozas Beziehungen zur jüdischen Gemeinde wahrzunehmen; mehr als ein Jahr nach dem Tode seines Vaters stand er noch mit den Amtsinhabern der Synagoge auf gutem Fuß, war peinlich genau in der Entrichtung seiner Abgaben und Schenkungen und war in keine offenen Auseinandersetzungen mit den Autoritäten verwickelt.

Dennoch scheint er voller Zweifel und ketzerischer Gedanken gewesen zu sein. Er kannte die Bibel auswendig und fand in ihr viele Widersprüche. Die Vorstellung von Wundern beispielsweise schien ihm sowohl der Vernunft als auch den Naturgesetzen zu widersprechen, und bei den Propheten fand er Zeichen großer Einbildungskraft, aber kein geregeltes vernünftiges Denken. Die Vorschriften der Thora (des geschriebenen Gesetzes) und der *halacha* (der mündlichen Tradition) erschienen ihm willkürlich und bloß historisch, sie schienen mit den Gesetzen Gottes nichts zu tun zu haben. Wenn Gott wirklich Gesetze hatte, dann konnten sie nur im Universum selbst liegen, in Form der allgemeingültigen und unwandelbaren Gesetze der Natur. Leer war die Vorstellung von einem zukünftigen Leben; sie bot keinen Trost angesichts des Todes, der jedermann erwartet (und dem Spinoza selbst bereits seit seiner frühen Kindheit begegnet war). Der Tod war das absolute Ende jedes Lebewesens, seines Körpers wie seiner Seele; wenn es irgendeinen Sinn oder Zweck im Leben gab, dann mußte er in dieser Welt liegen – in einem Leben des Forschens und Verstehens und in der geistigen Freiheit des Einzelnen.[2] Spinoza hielt noch an der Idee des Ewigen, Unendlichen, Vollkommenen, das heißt an der Idee Gottes fest, aber diese Gottheit war aus seiner Sicht keine individuelle Person, die losgelöst jenseits der Welt und Natur existierte, die sie geschaffen hatte. Gott, der Gegenstand menschlicher Liebe, war vielmehr das Universum selbst, sofern es als ein einziges Ganzes verstanden werden konnte. Natur und Gott waren eins, und die Erkenntnis der Natur war folglich die Erkenntnis Gottes.

Wir wissen nicht, wann diese Ideen in dem ketzerischen jungen Mann herangereift sind, doch begann dieser Prozeß offenbar recht früh. Ungefähr vier Jahre nach seiner Exkommunizierung lag bereits der erste Teil von Spinozas wichtigstem Werk, der *Ethik*, im Manuskript vor, in dem die Grundzüge seines Pantheismus enthalten sind. Mit diesen Ideen distanzierte er sich sowohl vom Judentum als auch vom Christentum und sogar von der anerkannten philosophischen Tradition. Er war ein Ketzer nicht nur aus der Sicht der etablierten Religionen, sondern auch aus der Sicht der Freidenker sowie der verschiedenen Richtungen des philosophischen Deismus, die damals im Schwange waren. Der Deismus lehnt Religion im Namen einer äußeren und fernen philosophischen Gottheit ab, die nicht in die Angelegenheiten dieser Welt eingreift und die nichts mit besonderer Vorsehung, Bestrafung und Belohnung, Gebot oder Ritual zu tun hat. Aber die deistischen Häretiker erkannten zumindest die Existenz einer transzendenten, über die Welt erhabenen Gottheit an, wohingegen Spinoza diese Idee verwarf und Gott mit der Gesamtheit des Universums gleichsetzte. Kurz gesagt, Spinoza erwies sich nicht nur unter den Gläubigen, sondern auch unter den Repräsentanten der anerkannten Ketzerei seiner Epoche als Ketzer, wodurch er sich von allen großen geistigen Strömungen seiner Zeit absonderte.

In ausgereifter Form ist das System Spinozas eines der wichtigsten in der Geschichte der Philosophie. Obwohl Spinoza nicht viele Schüler im eigentlichen Sinne besessen hat, ist es seit der Wiederveröffentlichung seiner Werke einfach nicht möglich, Philosophie zu betreiben, ohne seine Weltanschauung mit zu berücksichtigen. Mit den Worten Henri Bergsons zu reden: »Jeder Philosoph hat zwei Philosophien: seine eigene und die Spinozas.«[3] Es ist kein Zufall, daß so entgegengesetzte Geister wie beispielsweise Hegel und Nietzsche in Spinoza ihren großen Vorläufer sahen. Denn seine Lehre ist komplexer und facettenreicher, als es auf den ersten Blick scheinen mag.

Aber Spinozas Ethik und Metaphysik – die Kernstücke seiner Philosophie – waren nicht seine erste Leistung. Ihnen gingen eine gründliche Religionskritik voraus und ein heftiger Angriff auf die heiligen Texte – in erster Linie auf die Bibel. Als er seine Kritik verfaßte, hatte der junge Spinoza, der kein Latein verstand, die neuen wissenschaftlichen und philosophischen Werke, die das Antlitz des Jahrhunderts verändern sollten, noch nicht gelesen. Er war nicht mit den Schülern Descartes' und den Gelehrten der *Royal Society* in London in Berührung gekommen, kannte Hobbes, Machiavelli und Galilei nicht. Er entwickelte seine Gedanken und seine Kritik an der Religion einzig aus der Welt des zeitgenössischen Judentums, einer weit komplexeren und vielfältigeren Welt, als man sich heute vielleicht vorstellt.

Die Amsterdamer Juden zur Zeit Spinozas sind sowohl in literarischen Werken als auch von Historikern (hauptsächlich im Anschluß an Heinrich Graetz) als ein Haufen engstirniger und fanatischer Leute beschrieben worden, die sich mit Bedacht jedem Funken einer Aufklärung von außerhalb verschlossen. Dieses Bild ist falsch. Die Wahrheit ist, daß die Amsterdamer Gemeinde eine der aufgeklärtesten und am meisten kosmopolitisch gesinnten jüdischen Gemeinden jener Zeit war. Die Menschen, die in Amsterdam in der Judenstraße wohnten – Welten entfernt von den späteren abgeschlossenen Ghettos Osteuropas –, waren ehemalige Marranen oder Söhne von Marranen, zumeist erfolgreiche Geschäftsleute, die relativ frei in einem toleranten Staat lebten. Hauptsächlich mit Import und Export und anderen Formen internationalen Handels beschäftigt, war es für sie nicht ungewöhnlich, sich mit Nichtjuden zu vermischen; sie waren aufgeschlossen und empfänglich, hatten ihre Bildung in spanischen und portugiesischen Schulen erhalten oder später in dem blühenden Bildungssystem, das von der Amsterdamer Gemeinde selbst aufgebaut wurde. Gleichzeitig war ihre Erfahrung als ehemalige Marranen immer wieder eine Quelle der Verunsicherung, eine Erfahrung, die zu Anpassungsschwierigkeiten und tiefen Identitätsproblemen führte. Auf diesem Hintergrund muß man sowohl Spinozas Ketzertum als auch die darauf folgende Exkommunizierung betrachten.

Zuweilen hat man in den Marranen »den Beginn der Erneuerung in Europa« gesehen.[4] Auch wenn man nicht so weit gehen möchte, so ist doch klar, daß jemand, der als Christ erzogen worden ist und sich dann entscheidet, zum Judentum zurückzukehren, nicht einem dieser Glaubensbekenntnisse ungebrochen oder problemlos anhängen kann. Notwendigerweise wird er mit enormen Schwierigkeiten konfrontiert, wenn er sich der Gemeinde wieder anschließt, zu der er eigentlich gehörte, deren Alltagsleben, deren höchste Werte und Symbole aber nicht wirklich Bestandteile seiner Erfahrung sind. Es ist nicht schwer zu verstehen, wie einer, der weder Christ noch Jude, sondern zwischen beiden gespalten ist oder in dessen Erinnerung der eine innerhalb des anderen fortlebt, geneigt ist, hinsichtlich beider Religionen Zweifel zu entwickeln oder auch die Grundlage von Religion überhaupt in Frage zu stellen. Wie Yosef Yerushalmi gesagt hat, besteht das Wunder nicht darin, daß mit der Rückkehr der Marranen zur jüdischen Religion Zweifel und Häresien aufgekommen sind, sondern vielmehr darin, daß es der Mehrheit von ihnen tatsächlich so weit gelungen ist, sich wieder in den Rahmen eines normativen Judentums zu integrieren.[5] Jedenfalls fehlte es unter den Marranen nicht an Vorläufern für Spinozas Häresie – der Nährboden der »Neujuden« scheint genügend Triebkräfte enthalten zu haben, um eine fortdauernde intellektuelle Gärung von innen her zu bewirken.

Uriel Da Costa wurde zweimal exkommuniziert, weil er die mündliche Tradition und die rabbinischen Regeln des Judentums abgelehnt und die Unsterblichkeit der Seele geleugnet hatte. Zweimal widerrief er öffentlich, um schließlich, nach vielen Quälereien und Demütigungen, Selbstmord zu begehen. Bento Baruch d'Espinoza, der erst acht Jahre alt war, als Da Costa sich umbrachte, kann gut zu den Jungen gehört haben, über deren Verfolgungen Da Costa sich bei seinem Prozeß beklagt hat. Als Spinoza heranwuchs und eigene Gedanken zu entwickeln begann, müssen aber das Schicksal wie die Ansichten Uriel Da Costas sein Denken genährt haben, wie er auch mit Sicherheit die weniger spektakulären Fälle von Abweichlern, die damals die Gemeinde beunruhigten, wahrgenommen haben muß. Es wird oft behauptet, Spinozas Religionskritik sei vor allem durch seine Lektüre der jüdischen Philosophie beeinflußt. Aber warum sollte der Junge über alte jüdische Texte gegrübelt und ihnen das entnommen haben, was, aus dem Zusammenhang gerissen, ketzerisch klingen konnte (obgleich es im Kontext durchaus im

Rahmen der Gesetze der jüdischen Religion lag), es sei denn, es gab dafür irgendeine Anregung in seiner äußeren Umgebung? Zweifellos steckte in Spinozas Abtrünnigkeit ein Element spontanen Erwachens – jener spirituelle Durchbruch eines einzelnen Genius, der sich nicht durch eine Reihe voraufgegangener Ereignisse vollkommen erklären läßt. Doch geschah dieser Durchbruch nicht im leeren Raum, sondern in einem spezifischen sozialen und kulturellen Milieu, das mit berücksichtigt werden muß, um das Phänomen Spinoza überhaupt verstehen zu können.

Der Schritt in die Öffentlichkeit

Der merkwürdige Umstand, daß Spinoza noch sechs Monate vor seiner Exkommunizierung nach außen hin die Regeln des jüdischen Lebens seiner Gemeinde einhielt, läßt sich mit seinen eigenen Vorsichtsmaßregeln erklären, denen zufolge wir »nach der Fassungskraft der Menge« reden müssen und nach den »Landessitten, sofern sie unserem Ziele nicht widerstreiten«.[6] Auch wenn er einer der selbständigsten Denker seiner Generation war und in seiner Geisteshaltung eine ganz außerordentliche Kühnheit entwickelte, war Spinoza nicht interessiert, seine Meinungen öffentlich zur Schau zu stellen oder mit seiner geistigen Unabhängigkeit zu prahlen. Im Gegenteil, eine Mischung aus geistigem Elitebewußtsein und persönlicher Vorsicht (beides hatte er von Maimonides und anderen übernommen) ließ ihn in einer verschleiernden Sprache sprechen und seine Tätigkeit auf einen kleinen Kreis vertrauter Freunde und Bekannter begrenzen. Selbst in seinem provozierendsten Buch, dem *Theologisch-Politischen Traktat*, fuhr Spinoza fort, seine wahren Ansichten zu verbergen und »nach der Fassungskraft der Menge« zu sprechen. Der Fingerring dieses freiesten und kühnsten Geistes seiner Generation trug die warnende Inschrift: *caute* (Gebt acht!), und Spinoza blieb dieser Mischung aus Wagemut und Vorsicht sein Leben lang treu. Wie ist es dann zu verstehen, daß er eines Tages, im Herbst 1655, plötzlich begann, seine Ansichten zu veröffentlichen, und für die Synagoge zu einer so problematischen Erscheinung wurde, daß man ihn nach etlichen Vorwarnungen schließlich exkommunizierte und mit dem Bann belegte?

Zwei miteinander vereinbare Gründe lassen sich vermuten. Der erste Biograph Spinozas, Jean M. Lucas, meint, der Bruch mit der jüdischen Gemeinde habe Spinozas eigenem Wunsch entsprochen;[7] in einem bestimmten Stadium habe Spinoza festgestellt, daß seine vorgebliche Übereinstimmung allmählich in Widerspruch zu seinen geistigen Zielen geriet, und so gab er sie auf. Andere Quellen verweisen auf den Einfluß von Juan de Prado, einem andalusischen Arzt, der viele Jahre in Spanien im marranischen Untergrund tätig gewesen war. Dadurch daß Prado ein Leben im Untergrund geführt hatte, war er erfolgreich den Klauen der Inquisition entgangen, um dann mitten in seiner Tätigkeit als heimlicher Jude ein Opfer tiefer theologischer Zweifel zu werden. Als er schließlich nach Amsterdam entkam (ein knappes Jahr vor Spinozas Exkommunizierung), waren ihm diese Zweifel ganz deutlich – er begann seine deistischen Ansichten öffentlich zu äußern, die Rabbiner zu verspotten und offen die Gebote der jüdischen Religion zu übertreten. Prado war ein Gebildeter, der Philosophie und die Wissenschaften studiert hatte, aber er war auch eitel und anmaßend und konnte der Versuchung nicht widerstehen, mit seiner Gelehrtheit und seinen aufgeklärten Ansichten zu prahlen. Er war etwa zwölf Jahre älter als Spinoza, und man darf mit Recht annehmen, daß der junge Baruch, als sie sich zum ersten Mal in Amsterdam begegneten, in ihm einen Mann fand, mit dem er seine eigenen Zweifel besprechen konnte. Zusammen mit Prado erschien in Amsterdam zu jener Zeit ein noch berühmterer Häretiker – der calvinistische Theologe Isaac La Peyrère, ein früher Bibelkritiker und Freund von Spinozas Lehrer Manasse ben Israel.

Möglicherweise hat die Begegnung mit diesen beiden Männern in Spinoza Prozesse beschleunigt, die bereits im Gange waren. Zumindest haben diese Begegnungen dazu beigetragen, Spinozas Isolation zu beenden – die Isolation eines jungen Mannes, der niemanden hatte, mit dem er sich über seine Zweifel austauschen konnte –, und sie dürften ihn ermutigt haben, mit sich und mit seiner Umgebung offener zu sein. Genauer, es kann sein, daß diese Kontakte Spinoza zu dem Entschluß verhalfen, seine Unabhängigkeit zu erklären und sich von den alltäglichen Ritualen der jüdischen Religion freizumachen, auch um den möglichen Preis, sich damit von der Gemeinde abzuschneiden.

Nachdem Spinoza einmal zu diesem Entschluß gelangt war, konnte ihn nichts mehr aufhalten. Er besuchte die Gottesdienste in der Synagoge nicht mehr, verletzte die Gebote der Thora und begann den Bekannten, denen er Vertrauen entgegenbrachte, seine Zweifel zu enthüllen. Noch beging er diese Verstöße nicht in der Öffentlichkeit, aber er setzte zumindest seiner früheren Heuchelei ein Ende. Die Gemeindevorsteher taten, was sie konnten, um ihn davon abzubringen, und es besteht sogar die Vermutung, daß unter den (wie das Exkommunizierungsschreiben sagt) »verschiedenen Weisen und Versprechungen«, die sie anwandten, auch der Versuch war, ihn zur Teilnahme an den Gottesdiensten in der Synagoge zu bestechen. Einem ähnlichen Druck wurde Prado ausgesetzt, da sie beide in den Skandal verwickelt waren, aber die Reaktionen der beiden Freunde waren sehr verschieden. Prado zog es vor, das Doppelleben, an das er sich im Marranen-Untergrund in Spanien gewöhnt hatte, fortzusetzen, und kämpfte verbissen darum, in der jüdischen Gemeinde zu bleiben. Spinoza dagegen stand offen für seine Ideen ein, verfaßte eine ausführliche Verteidigung seines Handelns (die leider nicht erhalten geblieben ist, aber deren Hauptpunkte in den *Theologisch-Politischen Traktat* eingegangen zu sein scheinen) und fügte sich in Exkommunikation und Isolierung.

Der Bann (Cherem)

Auch wenn es für moderne Ohren hart klingt, so war die Exkommunikation eine durchaus gebräuchliche Strafe in der jüdischen Gemeinde von Amsterdam. Meist handelte es sich nicht um prominente Fälle, sondern fast um Routineverfahren. Sogar Rabbi Manasse ben Israel selbst war einmal geächtet – wenn auch nur für einen Tag, wegen angeblicher Verwicklung in eine Affäre um Steuern und die mißbräuchliche Verwendung von Propagandamaterial. Die Gründe für die Exkommunizierung waren, wie die Gemeinderegeln festlegten, nicht auf Ketzerei und Blasphemie beschränkt, sondern schlossen auch solche anscheinend kleinere Übertretungen ein, etwa zu lautes Sprechen oder Waffentragen in der Synagoge, das Verbreiten von Schmähschriften, die Veranstaltung nicht öffentlicher Gebete, die Vertretung der jüdischen Gemeinde ohne Genehmigung der Parnassim oder der Umgang mit Leuten, die die Steuerzahlung verweigert hatten.[8] All dies zeigt, daß Exkommunikation in erster Linie eine interne Strafmaßnahme war, die von der Gemeinde angewandt wurde, um Disziplin und Autorität bei ihren Mitgliedern durchzusetzen und zu erhalten.

Nicht die Rabbiner waren ermächtigt, den Bann auszusprechen, sondern der Gemeindevorstand, verkörpert durch den Rat, den *mahamad*, der aus sechs *parnassim* (Ältesten) und einem *gabbaj* (Steuereinnehmer) bestand. Der Mahamad, der sowohl exekutive als auch richterliche Gewalt besaß, war niemandem Rechenschaft schuldig und wurde nicht einmal von der Gemeinde gewählt; seine Mitglieder wurden (wie die Amsterdamer Bürgermeister) von ihren Vorgängern bestimmt. Zu den Aufgaben der Parnassim gehörten solche, die oft mit den Rabbinern oder religiösen Beamten in Verbindung gebracht werden, wie die Aufsicht über die rituellen Schlachtungen. Sie waren auch befugt, Exkommunikationen zu verhängen, obgleich diese nach Beratung mit den Rabbinern und mit ihrer Zustimmung durchgeführt wurden.

Es sind viele Hypothesen aufgestellt worden, warum Spinoza exkommuniziert wurde. Eine Schule behauptet, die Exkommunikation habe politische Gründe gehabt und sei auf die Beziehungen der Gemeinde zur Außenwelt, weniger auf interne Probleme zurückzuführen. Diejenigen, die diese Ansicht vertreten, argumentieren mit den Umständen, unter denen es den Juden gestattet war, sich in den Vereinigten Provinzen und besonders in Amsterdam niederzulassen. 1615 hatten die Generalstaaten von Holland und West-Friesland zwei Beamte aufgefordert, einen Vorschlag zur Judenpolitik zu machen: Einer von ihnen war der junge Hugo Grotius, damals Ratspensionär (*pensionaris*) von Rotterdam (Syndikus mit hauptsächlich exekutiven Vollmachten), der andere Adriaan Pauw, der dasselbe Amt in Amsterdam innehatte. Sie machten ihre Vorschläge getrennt voneinander. Grotius empfahl, den Juden zu gestatten, sich niederzulassen »und Handel und Handwerk zu betreiben, dabei gleichermaßen Freiheit, Steuerbefreiungen und Privilegien zu genießen wie die anderen Bürger und Stadtbewohner« (Art. 6). Aber Grotius war sich bewußt, daß unter den eingewanderten Marranen ein größerer Anteil an »Atheisten und unfrommen Leuten« war, die, wie er erklärte, »in keiner guten Republik geduldet werden sollten«. Demnach forderte er, alle Juden über vierzehn Jahre sollten ihren Glauben an Gott, Moses, die Propheten und das Leben nach dem Tode erklären.[9] Grotius' *Remonstrantie* ist bekanntlich niemals Gesetz geworden (ebensowenig diejenige von Pauw, die manche für restriktiver, andere für liberaler halten). In die 1619 tatsächlich erlassenen, die Amsterdamer Juden betreffenden Regelungen wurde keiner der beiden Vorschläge aufgenommen, statt dessen ermächtigten sie jede Stadt, ihre eigenen Vorschriften zu erlassen. Doch – so lautet die Argumentation – die Juden hätten die Bedenken einer Persönlichkeit wie Grotius ernst nehmen müssen. Sie konnten es sich nicht leisten, als Sympathisanten des Atheismus zu gelten.

So plausibel diese Hypothese klingt, hat sie doch ihre Schwächen. Es ist wahr, daß 1619 die jüdische Gemeinde noch in den Kinderschuhen steckte und darum kämpfte, ihre Stellung in der holländischen Republik zu sichern. Es ist auch wahr, daß sich die calvinistische Orthodoxie zur Zeit der *Remonstrantie* auf der Höhe ihrer Macht befand, die Unterwerfung des Staates unter die Religionsgesetze forderte und ihre Gegner innerhalb des christlichen Glaubens verfolgte. Aber Spinozas Exkommunikation fand vierzig Jahre später und unter vollkommen anderen

Umständen statt. In dieser Zeit hatte die calvinistische Orthodoxie an Einfluß verloren, und die Partei der Republikaner, die viel tolerantere Ansichten vertrat, war an der Macht. Etwa sechs Monate nach Spinozas Exkommunikation verabschiedeten die Generalstaaten der Niederlande eine Resolution, wonach Theologie und Philosophie auseinanderzuhalten seien, so daß eine grundlegende Rechtsgarantie für die Freiheit philosophischer Forschung gegeben war. Überdies war der Politiker Johan de Witt, der starke Mann der Republik (der später Spinoza unterstützte), selbst ein umsichtiger Verteidiger der Freiheit philosophischer Forschung an den Universitäten. Hinzu kam, daß die Amsterdamer Juden ihren politischen Einfluß und ihr Gewicht 1654 unter Beweis gestellt hatten, als sie sich, gegen den hartnäckigen Widerstand des holländischen Gouverneurs Peter Stuyvesant, erfolgreich für das Recht ihrer Glaubensbrüder einsetzten, sich in Neu-Amsterdam (wie New York damals hieß) anzusiedeln. Spätestens 1656 lebten die Amsterdamer Juden ziemlich sicher, und man kann sich schwerlich vorstellen, daß Spinozas Exkommunikation einfach mit Berufung auf die alten Regeln stattgefunden haben soll, Regeln, die ohnehin nie wirksam geworden waren und bis dahin auch ihren Einfluß als allgemeine Grundsätze zum guten Teil verloren hatten. Ja, man kann annehmen, daß die Exkommunizierung Spinozas, wenn überhaupt gegen etwas, dann gegen die neue Religionspolitik gerichtet war, die damals in den an der Macht befindlichen Kreisen der Niederlande Gestalt annahm.

Unter dieser Voraussetzung haben manche Forscher angenommen, der politische Grund für die Exkommunizierung Spinozas habe nichts mit der Stellung der Juden in den Niederlanden zu tun gehabt, sondern mit der Möglichkeit ihrer Rückkehr nach England in Zusammenhang gestanden.[10] Genau am Tag der Exkommunizierung Spinozas weilte sein früherer Lehrer Manasse ben Israel in London, wo er versuchte, Oliver Cromwell zu überreden, den Juden (die im dreizehnten Jahrhundert vertrieben worden waren) die Wiederansiedlung in England zu gestatten. Dementsprechend ist in der Forschung behauptet worden, die Exkommunizierung Spinozas sei ein Mittel gewesen, diesen Plan zu unterstützen. Um die Gegner einer jüdischen Wiederansiedlung zu beschwichtigen und ihre Befürchtungen zu zerstreuen, die Juden könnten ketzerische Gedanken und religiöse Abtrünnigkeit ins puritanische England tragen, war es notwendig, jegliche Äußerungen von Abtrünnigkeit in Amsterdam zu unterdrücken. Das ist eine bestechende Theorie, aber es gibt nichts, was sie stützte. Zum ersten hatte Rabbi Manasse in Amsterdam keinen großen Einfluß; zum zweiten war der Wunsch, die Juden nach England zurückkehren zu lassen, wahrscheinlich Manasses persönliche (und im Grunde messianische) Idee, weniger die offizielle Politik der Amsterdamer jüdischen Gemeinde.

Es gibt noch eine – merkwürdig anachronistische – Variante der politischen Erklärung für die Exkommunikation Spinozas, nämlich das Argument, an der Exkommunikation sei nicht die jüdische Gemeinde von Amsterdam schuld, vielmehr die Bürgermeister der Stadt hätten den Parnassim zu verstehen gegeben, Spinoza solle exkommuniziert werden. Diese Theorie verkennt jedoch völlig, welche Bedeutung die Exkommunikation in der damaligen Zeit besaß, und hindert uns, den Grund im Gemeindeleben zu suchen wie auch in dem Drama, das die ganze Affäre ausmachte.

Politische Gründe sind zweitrangig

Auch wenn die Entscheidung, Spinoza zu exkommunizieren, von politischen Überlegungen beeinflußt gewesen sein sollte, darf man die Augen nicht davor verschließen, daß das interne Leben der Amsterdamer jüdischen Gemeinde und ihre einmalige Situation Grund genug für die Exkommunikation abgaben. Die Notwendigkeit, Spinoza (ebenso wie Da Costa und Prado) loszuwerden, beruhte in erster Linie auf den Erfordernissen für das Überleben der Gemeinde und auf der schwierigen Aufgabe, den vor der Inquisition Geflohenen Schutz zu gewähren. Die Rabbiner und Ältesten der Amsterdamer Gemeinde standen vor einer historischen Verantwortung: Sie mußten die sogenannten Neujuden wieder in die religiösen Traditionen des Judentums einführen und dabei einen Prozeß geschichtlicher Kontinuität erneuern, der grausam unterbrochen worden war. Das war alles andere als eine leichte Aufgabe, in mancher Hinsicht sogar unmöglich. Organische Kontinuität ließ sich nicht einfach verfügen, ebensowenig konnte die christlich-marranische Vergangenheit aus den Neujuden herausgeschnitten und durch eine unkomplizierte jüdische Identität ersetzt werden. Unter anderem aus dieser Schwierigkeit ergab sich Spinozas Abtrünnigkeit, ebenso aber auch die Notwendigkeit für seine Exkommunikation.

Da die Amsterdamer Gemeinde in tagtäglichem Ringen damit beschäftigt war, die Marranen wieder ins Judentum zu integrieren, war Einheit für sie notwendigerweise entscheidender als alles andere. Die Amsterdamer Rabbiner, die Gemeindelehrer und Publizisten standen nicht nur vor der Schwierigkeit, die jüdische Kultur in die Sprache Iberiens zu übertragen, sondern wichtiger noch, sie mußten den Tageslauf des jüdischen Lebens wieder mit den alten Gebräuchen Israels in Übereinstimmung bringen. Angesichts dieser Notwendigkeit konnten Handlungsweisen wie die Spinozas nicht geduldet werden, die die Tradition im Namen der Gedankenfreiheit in Frage stellten und die Bemühungen, das zerrissene Gewebe des jüdischen Lebens wieder zu flicken, sabotierten. Tatsächlich lag im gesamten Verfahren gegen Spinoza das Schwergewicht auf seinen Handlungen, weniger auf seinen Ansichten (solange er diese für sich behielt); denn das Überleben des Judentums war – wie Spinoza später selbst behaupten sollte – niemals von Theorie abhängig, sondern vielmehr von einem komplexen Netz bestimmter, einzelner Handlungen.

Die Amsterdamer Gemeinde stand, das muß man bedenken, noch im Schatten der Inquisition, die auf der Iberischen Halbinsel die Verfolgungen unvermindert fortsetzte. Flüchtlinge aus Spanien und Portugal kamen weiterhin in einem kontinuierlichen Strom nach Holland. Im Mai 1655, vierzehn Monate vor Spinozas Exkommunikation, wurde ein Abraham Nuñez Bernal, der Verwandte und Bekannte in Amsterdam hatte, in Córdoba auf dem Scheiterhaufen verbrannt; die Gemeinde war erschüttert von dieser Nachricht. Zwei Monate zuvor war ein anderer junger Märtyrer, Yitzhak da Almeida Bernal, in Galicien auf dem Scheiterhaufen verbrannt worden. Spinoza selbst schreibt in einem Brief von einem dritten Opfer der Inquisition, Judah dem Gläubigen, dessen Schicksal ihn zweifellos tief getroffen haben muß. Die Amsterdamer Gemeinde lebte in einer Art Ausnahmezustand: Sie kämpfte darum, ihr eigenes jüdisches Leben von innen her zu konsolidieren und gleichzeitig den vor der Inquisition Flüchtenden sowohl körperliche Unversehrtheit zu garantieren als auch eine neue soziale und geistige Identität zu bieten. Auf diesem Hintergrund konnte die Herausforderung Spinozas als außerordentlich gefährlich für die Gemeinde angesehen werden, als eine Handlung, der mit allen verfügbaren Mitteln begegnet werden mußte.

Auf der anderen Seite war auch Spinozas Einstellung gerechtfertigt. Gegen das Gewicht der Tradition beanspruchte er, die Tradition selbst der Prüfung seines persönlichen Urteils und seines Verstandes zu unterwerfen, und er lehnte es ab, irgendwelche Wahrheit – oder irgendwelche praktische oder moralische Vorschrift – zu akzeptieren, es sei denn, sie stimmte mit seinem eigenen subjektiven Bewußtsein überein, sofern dieses sich von der Richtschnur universeller Vernunft leiten ließ. Aus der Sicht der Hüter der Tradition, die er in Frage stellte, war das ein Akt der Zerstörung und Subversion; vom Standpunkt seiner persönlichen

Würde und Freiheit aus betrachtet, war es ein Akt des Fortschritts und der Emanzipation. In diesem Sinne war Spinozas Bruch mit dem Judentum wie mit dem Christentum ein Vorzeichen des modernen Zeitalters.

Recht gegen Recht

Spinozas Exkommunikation sollte daher als ein dramatischer, aber nicht tragischer Zusammenstoß zwischen zwei gültigen Standpunkten angesehen werden. Hegel hat die Tragödie als die Kollision zweier gleichermaßen berechtigter sittlicher Mächte definiert; im Falle Spinozas endete das Drama ohne Katastrophe, ohne Tod oder außergewöhnliches Leiden und daher nicht tragisch. Tatsächlich hat die Legende in diesem Fall weit übertrieben. Er wurde nicht um sein Vermögen gebracht, war nie das Opfer von Verfolgung und kein aus der Gesellschaft Ausgestoßener. Obgleich er sich selbst von allen religiösen Bindungen abgeschnitten hatte und obgleich er im tiefsten Sinne dieses Wortes einsam war (denn er hatte auch unter seinen Kollegen keine wirklich intellektuell oder geistig Gleichgesinnten), führte Spinoza nicht das Leben eines verbitterten oder entfremdeten Menschen, sondern blieb sozialen Beziehungen gegenüber aufgeschlossen und besaß sowohl Freunde als auch Verehrer. Auch fehlten ihm nicht die Mittel zum Lebensunterhalt. Obgleich seine Bedürfnisse bescheiden waren, versagte er sich nicht die kleinen Annehmlichkeiten des Lebens, und er verachtete das asketische Ideal sowohl persönlich als auch prinzipiell.

Die Vorstellung, er sei genötigt gewesen, zu seinem Lebensunterhalt Linsen zu schleifen, ist ebenfalls stark übertrieben. In Wirklichkeit lebte Spinoza von einer ausreichenden Rente, die ihm Freunde zahlten, um ihm die Verfolgung seiner Studien zu ermöglichen. Linsen schliff er hauptsächlich, um eigenhändig die damals neue Wissenschaft der Optik zu erforschen. In einer Hinsicht ist die Legende allerdings nicht ganz falsch: Es ist möglich, daß der Glasstaub der Linsen das Fortschreiten der Lungenkrankheit (anscheinend Tuberkulose) beschleunigt hat, an der Spinoza litt, eine Krankheit, deren Ursachen damals unbekannt waren und an der Spinoza im Alter von vierundvierzig Jahren am 21. Februar 1677 starb.

2. KAPITEL

Spinoza, der Marrane der Vernunft

Die Marranen

Ein halbes Jahrtausend war Spanien das größte jüdische Zentrum der Welt und die Perle der Diaspora. Das spanische Judentum, das unter moslemischer Herrschaft in Blüte stand, bewahrte seine Vitalität in der ersten Zeit der Reconquista, hatte aber bereits seinen Höhepunkt überschritten, als die Christen den größten Teil der Halbinsel unter ihren Einfluß brachten. Dann, binnen eines Jahrhunderts (1391–1492), brach sie auseinander, rang um ihr Fortbestehen und wurde ausgelöscht.

1391 war in den Annalen der spanischen Juden ein bitteres Jahr. Während einer politischen Krise wurde in Sevilla der Mob losgelassen, aufgehetzt vom niederen Klerus und einem enttäuschten Archidiakon. Bald griff der Aufruhr auf das übrige Andalusien und dann auf ganz Aragonien und Kastilien über. »Tod oder Taufe«, lautete überall der Schlachtruf, als der Mob mordend und brennend immer weiter ausgriff. In einer Stadt nach der anderen wurden Tausende von Juden zum Taufstein geschleppt oder sammelten sich dort von selbst und ließen die Taufe über sich ergehen, um ihr Leben zu retten. Märtyrertum kam zwar vor, war aber selten.

In weniger als einem Jahr verlor das spanische Judentum einen erheblichen Teil seiner Bevölkerung – viele durch das Schwert, die meisten durch das Kreuz. Dann wurde sie, gebrochen, verwundet und demoralisiert, Zeuge von Wellen freiwilliger Übertritte, die auf die erzwungenen folgten. Als die politische Ordnung wiederhergestellt war, wurde die religiöse Unterdrückung, besonders in Aragonien, offiziell. Vincent Ferrer, ein Religionsreformer und fanatischer Missionar, terrorisierte die Juden in den Jahren 1411 und 1412, indem er an der Spitze einer Truppe barfüßiger, geißelnder Mönche durch ihre Viertel marschierte und ihre Synagogen stürmte, um sie angeblich durch Überzeugung zu bekehren. Der Gegenpapst Benedikt XIII. veranstaltete inzwischen ein grandioses und Aufsehen erregendes theologisches Schauspiel, die sogenannte Disputation von Tortosa, in der ungefähr zwei Jahre lang (1412–1414) jüdische Rabbiner und Würdenträger gezwungen wurden, mit einem abtrünnigen Juden zu debattieren. Die Absicht war, die Juden noch mehr zu demoralisieren und noch zahlreicher zur Taufe zu treiben.

Alle diese Anstrengungen wirkten zusammen und ließen in weniger als einem Vierteljahrhundert in Spanien ein neues soziales Phänomen entstehen, das sich über die kommenden Jahrhunderte entwickeln und die Geschichte Iberiens prägen sollte: die *conversos*, die vom Judentum zum Christentum Konvertierten und ihre Nachkommen. Um sie von der übrigen Bevölkerung zu unterscheiden, nannte man sie auch Neuchristen, eine Bezeichnung, die ihren Kindern und Enkeln durch Generationen hindurch anhaftete und die bald eine pejorative Bedeutung annahm. Die Juden nannten sie die »Gezwungenen« (hebr. *anussim*) und waren uneins über ihren rechtlichen und religiösen Status. Und von Anfang an waren sie auch als Marranen bekannt – ursprünglich ein Schimpfwort, das später deskriptiv gebraucht wurde.

Während viele (vielleicht die meisten) Conversos und ihre Abkömmlinge sich um Integration in die katholische Gesellschaft bemühten, behielt eine ansehnliche Zahl heimlich die jüdischen Riten (oder eine Abart davon) bei. Diese judaisierenden Marranen, wie man sie nennt, hielten mehrere Jahrhunderte lang an ihrem heimlichen Judentum fest, erst in Spanien, später in Portugal. Die judaisierenden Marranen bereiteten der Obrigkeit Sorge und gaben infolgedessen Anlaß zu Belästigungen und Verfolgungen, die auch auf die nicht judaisierenden Marranen übergriffen.

Die ersten hundert Jahre lebten Marranen und Juden in Spanien nebeneinander. Manche verkehrten miteinander, andere wahrten Distanz, aber die beiden Gruppen trennte eine feste, nur von einer Seite überwindbare rechtliche Mauer. Obwohl das kanonische Recht zwangsweise Bekehrungen ablehnte, sah es deren Folgen als absolut bindend an. Anerkannte Juden durften weiter ihre Riten praktizieren und ihre Religion ausüben, für einen Converso dagegen war es ein Schwerverbrechen, wieder in die jüdische Religion zurückzufallen. Die Taufe, auch die unfreiwillige, war ein Sakrament und nicht rückgängig zu machen.

Die Bekehrung hob andererseits für die ehemaligen Juden rechtliche Beschränkungen auf, denn dadurch wurden sie, zumindest offiziell, zu

Brüdern in Christo und damit der altchristlichen Bevölkerung gleichgestellt. Getragen von neu gewonnener Energie, drangen die Conversos in alle Bereiche der spanischen Gesellschaft ein, die damals den Neuchristen gegenüber offener und weniger feindlich gesinnt war, als sie es bald darauf werden sollte. Conversos erreichten eine hervorragende Stellung in Handel und Gewerbe, in Bildung und öffentlichem Dienst und sogar in den Rängen von Klerus und Adel. Durch Einheirat in alte christliche Aristokratenfamilien konnten so manche adligen Conversos ihre Abstammung bis auf König David zurückführen oder mindestens bis auf die Vorfahren der Jungfrau Maria – eine Würde, mit der keiner der Altchristen prahlen konnte. Doch die Conversos hielten nicht nur an ihrer Abstammung, sondern, wichtiger noch, an den alten, für Juden typischen Berufen und Verhaltensweisen fest, einschließlich ihrer geschäftlichen Beweglichkeit und einer jüdischen Bereitschaft zu gegenseitiger Hilfe. Das brachte sie im neuen städtischen Bürgertum in die erste Reihe und im folgenden Jahrhundert an die Spitze der Protokapitalisten- und Unternehmerschicht, die damals in Spanien und Portugal im Entstehen war.

Doch wenige Jahrzehnte nach den ersten Massenbekehrungen begannen Neid und scharfe Konkurrenz von seiten der Altchristen spürbar zu werden. Toledo war 1449 Schauplatz der ersten schweren Pogrome gegen die Conversos – wieder während einer politischen Krise und einer lokalen Revolte. Da der Ruf nach Ausgrenzung der Neuchristen nun nicht mehr religiös begründet werden konnte, ging man dazu über, nach der Abstammung, nach dem »Blut« zu fragen. Neuchristen hatten minderwertiges, unreines Blut; sie waren von Geburt schlechte Christen und ihre Existenz schon von vornherein befleckt, gleichgültig, zu welcher Religion sie sich auch bekannten. Deshalb sollten sie von verschiedenen öffentlichen und kirchlichen Ämtern und Ehren ausgeschlossen werden.

Als ein aus politischem Aufruhr entstandener theologischer Skandal wurden die *Statuten der Reinheit des Blutes* zunächst sowohl vom Papst als auch vom König öffentlich kritisiert und dann bis ins nächste Jahrhundert nicht angewandt. Erst unter Philipp II. setzten sie sich schließlich durch und erlangten in Spanien, später in Portugal Gesetzeskraft, wobei ihre Regeln auch auf andere Völker (Schwarzafrikaner, Chinesen und Mauren) und auf die iberischen Kolonien ausgedehnt wurden.

Die katholischen Monarchen und die Inquisition

Die nächsten beiden Etappen in der Geschichte der Marranen wurden von den katholischen Monarchen Ferdinand und Isabella beherrscht, die den Grundstein für das moderne vereinte Spanien und sein Weltreich legten. Als sie in Aragonien und Kastilien den Thron bestiegen, führten sie eine eigene spanische Inquisition ein, die nicht mehr dem Papst in Rom unterstand, und nutzten sie als politisches Werkzeug, um den neuen absolutistischen Staat zu schmieden. Der offizielle Grund war in erster Linie, das Land von den Ketzereien und der religiösen Verseuchung durch die judaisierenden Marranen zu säubern, wobei andere Ketzer und die gewöhnlichen »Hexen« gleich mit erfaßt wurden. Eine Welle von Terror, Mißtrauen und wahren wie falschen Denunziationen breitete sich von Süden nach Norden über Spanien aus. Marranen wurden gequält und in neuen, öffentlichen Ritualen auf dem Scheiterhaufen verbrannt. Diese Rituale sind als »Akte des Glaubens« bekannt (*autos-de-fé* – später in Portugal *autos-da-fé*). Trotz ihrer grausamen Methoden sah man den Erfolg der Inquisition mehr darin, die Macht des Königs überall zu verbreiten, als darin, das Reich von judaisierenden Marranen zu säubern. Es hieß, solange zugelassen werde, daß in Spanien bekennende Juden Seite an Seite mit den Marranen leben, werde auch das heimliche Judaisieren nicht aufhören. Die wirkungsvollste Art, es zu bekämpfen, wäre, alle Juden zu vertreiben – ein Akt, von dem man glaubte, er werde auch Spaniens Einheit befördern und durch die Betonung der religiösen Homogenität dem Land eine messianische Mission übertragen.

Als Granada, die letzte moslemische Bastion auf der Iberischen Halbinsel, vor Ferdinand und Isabella fiel und als Columbus, von einflußreichen Marranen am Hofe ermutigt, sich anschickte, nach Indien zu segeln, unterzeichneten die katholischen Monarchen den Erlaß, der alle spanischen Juden vor die Wahl stellte, sich zwischen Ausweisung und Bekehrung zum Katholizismus zu entscheiden. Viele wählten die Taufe und webten damit einen neuen und kräftigen Streifen von Conversos in das Tuch der spanischen Gesellschaft ein. Viele andere (ihre Zahl wird zwischen 80 000 und 120 000 geschätzt) nahmen ihre Ausreise zu Schiff selbst in die Hand, wobei sie vielfach habsüchtigen und korrupten Kapitänen zum Opfer fielen. Die anderen, wahrscheinlich die Mehrheit derer, die die Taufe verweigert hatten (der religiöse Kern also), gingen über die Grenze nach Portugal, wo König Johann II. ihnen – gegen Bezahlung – vorübergehend Asyl gewährte.

Das Asyl wurde zur Falle, als Johann vom Renaissancekönig Manuel I. abgelöst wurde, der Portugal zu einer Weltmacht formte. In der Hoffnung, sein Erbe werde einst über ein geeintes Iberien herrschen, hielt Manuel um die Hand der Tochter von Ferdinand und Isabella an, doch deren Eltern forderten, er müsse erst alle Juden aus Portugal vertreiben, wie sie das in Spanien getan hatten. Manuel stand vor einem Dilemma: Er wollte die Ehe, brauchte aber für sein im Aufbau begriffenes neues Handelsimperium das kaufmännische Geschick der Juden. Er löste das Problem, indem er alle Juden zwang, sich offiziell zum Christentum zu bekehren, und ihnen zugleich de facto für eine ganze Generation religiöse Freiheiten und Immunität gegenüber der Inquisition zugestand.

So stellte sich das Marranenproblem in Portugal schärfer und nachhaltiger als in Spanien. Die portugiesischen Marranen entstammten dem überzeugteren, glühenderen Teil der spanischen Judenschaft, der das Exil der freiwilligen Bekehrung vorgezogen hatte. Fast ein halbes Jahrhundert haben die Marranen dann, ohne verfolgt zu werden, ihr heimliches Judentum festigen können. Erst 1536 wurde die Inquisition in Portugal eingeführt und nicht vor Mitte des Jahrhunderts wirksam. Hinzu kam, daß der Anteil der Neuchristen an der portugiesischen Bevölkerung annähernd fünfmal höher war als im bevölkerungsreicheren Spanien.

Im Laufe des sechzehnten Jahrhunderts verlagerte sich das Zentrum des Marranentums nach Portugal, wo judaisierende wie nicht judaisierende Marranen recht gut organisiert waren und wo sie offen *judeus, homens de negócios* (Geschäftsleute) oder auch *homens da nação* und später einfach *nação* (die Nation) genannt wurden. Ihre hervorragende Stellung im internationalen Handel machte in Übersee die Bezeichnung *Portugiese* fast zu einem Synonym für *Jude*. In Portugal selbst bildeten sie eine mächtige politische Lobby, die gegen religiöse Beschränkungen und für wirtschaftliche Konzessionen kämpfte. Fast zehn Jahre lang unterhielten sie einen eigenen Botschafter in Rom (und finanzierten dessen Bestechungsunternehmen), um die Absicht ihrer eigenen Regierung, eine portugiesische Inquisition einzurichten, zu vereiteln.

Als die portugiesische Inquisition schließlich in Gang kam, verfuhr sie noch viel drastischer und zerstörerischer als ihr spanisches Vorbild. In den achtziger Jahren des sechzehnten Jahrhunderts suchten schwer bedrängte Marranen Zuflucht in Spanien, wo die Verfolgung weniger streng war. Zu dieser Zeit hatten sich die spanischen Marranen weitgehend der katholischen Gesellschaft assimiliert, so daß der Zufluß aus Portugal zur Wiederbelebung des Marranentums in seinem Ursprungsland beitrug. Unterdessen wurden Verhandlungen mit dem Ziel geführt, den Marranen zu gestatten, die Iberische Halbinsel ganz zu verlassen. An der Wende zum siebzehnten Jahrhundert wurden die Tore mehrmals geöffnet. Es existierte bereits eine marranische Diaspora in überseeischen iberischen Kolonien und im Südwesten Frankreichs (in den Städten Bayonne, Bordeaux und Toulouse), doch war es den Marranen dort nicht gestattet, offen zum Judentum zurückzukehren. Während des ganzen siebzehnten Jahrhunderts kehrten jedoch judaisierende Marranen zum Judentum zurück, indem sie nach Venedig und Livorno, nach Altona und Hamburg, später nach London und vor allem nach Amsterdam gingen – wie die Eltern von Baruch Spinoza.

Die marranische Mischung

Während Spinoza schon von Geburt aus Jude war, bestand der größte Teil der Gemeinde um ihn herum aus ehemaligen Marranen, die mit dem Gewicht und dem Reichtum der marranischen Erfahrung auch ihre katholische Erziehung und Symbolik aus Iberien mitgebracht hatten. Marranen, die – in Hamburg, Venedig und Livorno, in Amsterdam und später in London – zum Judentum zurückkehrten, taten das aus unterschiedlichen Motiven. Obwohl manche sich aus sozialen oder auch wirtschaftlichen Gründen dazu veranlaßt sahen,[1] lag für die meisten der Antrieb wahrscheinlich in tiefer religiöser Bindung an eine geheime Wahrheit, die sie generationenlang gegenüber ihrer katholischen Umwelt bewahrt hatten, eine Wahrheit, um deretwillen sie Verfolgung und Demütigung erlitten hatten, die ihnen jedoch wertvoll war, weil sie den Weg zur Erlösung wies. Während ihrer ganzen Leidenszeit hatten diese Marranen sich ihren Unterdrückern überlegen gefühlt, denn sie besaßen einen geheimen metaphysischen Schlüssel: Sie wußten, daß der wahre Weg zur Erlösung nicht über Christus, sondern über das Mosaische Gesetz führte, das ihre Vorväter in alten Zeiten erhalten hatten und das die Christenheit vergeblich zu ersetzen vorgab. Doch woraus dieser streng gehütete Schatz bestand, wußten sie nur bruchstückhaft und ungenau. Die speziellen Regeln und Bräuche des Mosaischen Gesetzes waren nach und nach aus dem Gedächtnis geschwunden, als die Marranengemeinde von der jüdischen Welt außerhalb Iberiens abgeschnitten war. Die Vertreibung der Juden aus Spanien und Portugal, die Ächtung ehemaliger Juden, die die Iberische Halbinsel verließen, und das Netz von Spionen der Inquisition verschütteten viele Quellen, aus denen judaisierende Marranen sich über das hätten austauschen können, was sie, obgleich es ihrem Leben immer fremder wurde, als ihr wahres Wesen ansahen. Als einzige Informationsquelle über das Judentum blieb ihnen, was in polemischen Werken gegen das Judentum, in der lateinischen Vulgata und anderen christlichen Zeugnissen enthalten war.

Dreierlei spielte eine Rolle. Erstens wurde aus Mangel an Büchern und Anleitungen der orthodoxe Gehalt des heimlichen Judentums im Laufe der Jahre immer dürftiger. Zweitens verhinderte die Todesgefahr, von der Inquisition entdeckt zu werden, die Befolgung der wenigen Gesetze, die im Gedächtnis haften geblieben waren. Das führte zu Kompromissen – man erfüllte einen Teil eines Gesetzes und vernachlässigte einen anderen, oder man ließ wichtige Bräuche zugunsten anderer fallen, die einfacher einzuhalten waren. Vielleicht am wichtigsten war drittens, daß der Kontext, in dem die Marranen die Reste ihres Judentums wahrnahmen, zunehmend von christlichen Symbolen und Anschauungen überlagert wurde. Auf lange Sicht erwies sich das als außerordentlich bedeutsam, denn es zog auch tiefere Schichten des marranischen Bewußtseins in Mitleidenschaft. Das Judentum selbst, das verborgene Wesen dieser Marranen, existierte in einer Welt, die äußerlich und in ihren Symbolen vom Christentum beherrscht war. Das zeigte sich in dem Diktum, das die Inquisition viele Generationen lang den judaisierenden Marranen zuschrieb: Die Erlösung liegt nicht in Christus, sondern im Gesetz Mosis. Diese Formel definierte geradezu die judaisierenden Marranen; sie war wie ein Dogma ihrer verborgenen Religion und eine bündige Beschreibung ihres Glaubens. Das heißt aber, daß im Grunde eine christliche Formel mit jüdischen Inhalten gefüllt wurde. Die Mischung der Religionen wird in den geheimen Bräuchen und Riten der Judaisierenden deutlich, die in einem jüdischen Rahmen stattfinden, aber durchsetzt sind von katholischen Elementen und Interpretationen. Eine ähnliche Religionsmischung findet sich unterschiedlich ausgeprägt auch in den Geständnissen von Opfern der Inquisition, in Äußerungen mystischer Begeisterung und in vielen Hymnen und Liedern.

Die Erlösung und die Juden Erlösung als vorrangiges religiöses Ziel ist dem Judentum fremd. Natürlich hofften die Juden auf Erlösung, doch verstand man darunter gewöhnlich ein kollektives, der Welt immanentes Ereignis, das das diesseitige Leben zu einem Höhepunkt führen werde. Es sollte im wesentlichen die Befreiung der Juden von der Beherrschung durch die Nichtjuden mit sich bringen, die Wiederherstellung des Tempels und die von Zion ausgehende Herrschaft Gottes. Selbst jüdische Mystiker (in der Kabbala), die Erlösung für ein kosmisches Ereignis mit Auswirkungen auf den Zustand des Universums hielten, glaubten nicht, daß sie auf die individuelle Seele konzentriert sei. Die Juden wollten sich zwar ihren »Anteil am Jenseits« sichern, aber diesem Wunsch fehlte die metaphysische Dramatik, die im Katholizismus mit dem Thema der Erlösung verbunden ist, ebenso wie die furchterregende Maschinerie von Hölle und Verdammung, Sündenfall und Gnade, Fegefeuer und Jüngstem Gericht. Die Juden stellten sich das Jenseits als eine Fortsetzung des Lebens in verbesserter Form vor, dessen sie würdig werden, wenn sie die Gesetze der Thora befolgen. Aber in erster Linie waren sie darauf bedacht, die Gebote zu halten, denn das hatte sie zu Juden gemacht, zum erwählten Volk Gottes, der ihnen sein Gesetz gegeben hatte. Die Transzendenz Gottes wurde durch seine Immanenz in den Gesetzen und Riten der Thora gemildert, und so gewannen alltägliche, irdische Angelegenheiten eine Dimension der Heiligkeit. Der Jude brauchte, um am Göttlichen teilzuhaben, sich nicht in die Betrachtung einer transzendenten Welt zu versenken und ihr sein Leben auf der Erde zu opfern. Die alltäglichen Verrichtungen selbst waren geheiligt und gewannen eine metaphysische Bedeutung, da sie in ein Netz gottgegebener Riten und heiliger Prozeduren eingebunden waren. Ohne die Aussicht auf die jenseitige Welt außer acht zu lassen, lag es dem Juden näher, an diese Welt und ihre praktischen Belange zu denken, wozu auch religiöse und rituelle Belange gehörten: zum Beispiel, wie bestimmte Regeln minutiös einzuhalten sind, wie sie auf verschiedene Umstände richtig angewandt werden und so fort. Die den Juden zugeschriebene praktische Haltung war daher weitgehend eine metaphysische Haltung, denn sie befaßten sich mit einer Vielzahl von Fragen, die mit der Beachtung der *mizwot* (der religiösen Pflichten) zusammenhingen – Angelegenheiten, die rein unter Gesichtspunkten der Zweckmäßigkeit bizarr und ganz unpraktisch erscheinen mußten.

Mit der Hinwendung zur Erlösung als einem zentralen religiösen Anliegen entsprachen die Marranen sowohl ihrer katholischen Erziehung als auch den Erfordernissen ihrer Situation. Das Schwergewicht ihres religiösen Lebens konnte nicht mehr in der Praxis liegen; im Gegenteil, die Praxis war in ihrem Fall gewöhnlich falsch und trügerisch. In einem katholischen Milieu erzogen, in dem Erlösung eine Grundfrage war, stülpten sie dieser katholischen Vorstellung eine jüdische Interpretation über: Nicht Jesus Christus, sondern das Mosaische Gesetz versprach die wahre Erlösung. Das war ein alternativer Weg, der sich von dem der

Masse unterschied und der nur den judaisierenden Marranen zur Verfügung stand.

Die Heilige Esther und das Heilige Brot Die Vermischung der Religionen manifestierte sich auch in geheimen Kulten. Judaisierende Marranen beteten zur Heiligen Esther als ihrer Schutzpatronin (eine Vorstellung, die dem Judentum eigentlich fremd ist). Bot sich Königin Esther nicht für eine solche Rolle besonders an, da sie doch die erste Marranin war, weil sie ihre wahre Abstammung verschwiegen und schließlich ihr Volk errettet hatte – ein Traum, der von den auch in der Agonie lebenden Marranen genährt wurde. Passahmatzen nannte man »das heilige Brot«, was an das katholische Sakrament erinnert. Opfer der Inquisition unter den Marranen wurden zu Märtyrern im Stile der ersten Christen. Am Versöhnungstag Jom Kippur – *dia pura*, wie die Marranen ihn nannten – betete man nicht nur um Vergebung wie im Judentum, sondern auch um Erlösung und Gnade. Gebete und Gesänge sind ebenfalls voll katholischer Symbolik. »O großer, allmächtiger Gott«, betete Brites Henriques, ein Mädchen, das 1674 von der Inquisition gefaßt wurde, »Du, der Du als guter Hirte [ein christliches Symbol] die Schafe zurück auf ihre Weiden führst, sammle die Schafe, die verloren gegangen und von der Herde [den Marranen] abgeschnitten sind, und bringe sie zurück zu ihr; laß nicht zu, daß ein anderer, fremder Schäfer [Jesus] ihnen ein Leid antut.«[2] Manche Marranen deuteten ihr Schicksal nach der christlichen Vorstellung vom Sündenfall: Ihre Väter hatten gesündigt, indem sie das Judentum verrieten und zum Christentum übertraten; nun lebten die Nachkommen in einem Zustand nach dem Sündenfall; ihre eigene Existenz mußte durch Sünde, Götzendienst, Doppelzüngigkeit verdorben sein und das wahre Judentum entbehren, auch wenn sie judaisierten. Das Gefühl des Gefallenseins und der brennenden Schuld, die der eigenen Existenz anhaftete – Überreste der Idee der Erbsünde –, sind im Grunde katholisch, aber sie paßten zur Situation der Marranen und durchdrangen ihr Bewußtsein.

Ein gutes Beispiel einer solchen Vermischung ist der Fall der Beata von Herrera. *Beaten* waren populäre mystische Figuren, die Anfang des sechzehnten Jahrhunderts auftraten. Die meisten waren katholisch (wenn auch so radikal und mystisch, daß es selbst die katholische Kirche irritierte). Doch in diesem Fall war die Beata eine judaisierende Marranin, die ihre ganze Umgebung aufrührte und eine Bewegung der Bekehrung und Rückbekehrung zum Judentum hervorrief. Nach ihren eigenen Worten war sie in einem Traum in den Himmel gerufen worden und hatte dort, von einem Engel geleitet, »die in der Pein und die in der Herrlichkeit« sowie »das Fegefeuer mit den darin büßenden Seelen« gesehen. Dieses christliche, geradezu Dantesche Bild nahm eine überraschende marranische Wendung, als das Mädchen die Gerechten in der Herrlichkeit sah und der Engel ihr sagte, dies seien »die auf der Erde Verbrannten« – ein direkter Hinweis auf die marranischen Märtyrer. Von späteren Besuchen im Himmel brachte die Beata die Nachricht mit, Gott sei bereit, die Conversos in das Gelobte Land zu führen. »Und sie berichtete uns ausführlich«, erzählte ein Augenzeuge der Inquisition, »wie Elias und der Messias erscheinen werden« und daß es gut sei, das Gesetz Mosis zu bewahren, denn in ihm läge die Erlösung.[3] Die Folge war, daß viele Conversos begannen, den Sabbath zu feiern und auch sonst zu judaisieren, bis die Beata gefangengenommen wurde.

Ein religiöser Zwiespalt durchzog das Bewußtsein (und das Unterbewußtsein) gerade derjenigen, die am eifrigsten judaisierten. Sogar die marranischen Märtyrer und Helden waren selten Juden im üblichen Sinne. Die Heimlichkeit des Gottesdienstes, die katholische Erziehung, das Fehlen jüdischer Unterweisung, die Vermischung religiöser Überzeugungen und die Isolation von den jüdischen Gemeinden außerhalb Iberiens schuf eine neue religionsgeschichtliche und religionssoziologische Erscheinung: einen Glauben, der weder christlich noch jüdisch ist.

Exil im Exil

Die frommen Judaisierer litten dreifach unter Entfremdung. Zum einen hatten sie, weil sie sich auch abstrakt mit den Juden als dem von Gott erwählten Volk identifizierten, an deren Exil und Entfremdung teil. Zum zweiten waren sie, weil sie Juden sein wollten, aber nicht wirklich als Juden leben durften, auch ihrem eigenen Wesen, also gerade dem entfremdet, was das tiefste und ureigenste Element ihrer Existenz sein sollte. Drittens tat sich in ihrem Leben eine weitere Spaltung zwischen Existenz und Essenz auf, zwischen ihrer Lebenswirklichkeit und dem, was sie für den eigentlichen Sinn ihres Lebens hielten. Der judaisierende Marrane war folglich nicht nur seiner katholischen Umwelt entfremdet, sondern auch seinem eigenen inneren Sein, dem er in seinem Leben keinen Ausdruck geben konnte; und so blieben sein Leben und sein Wesen in Gegensatz zueinander. Diese existentielle Entfremdung gewann einen praktischen und sozialen Aspekt, sofern sie die Judaisierenden vom jüdischen Leben, das außerhalb Iberiens blühte, abschnitt. Sie waren Exilierte innerhalb des Exils – als Juden von den anderen Völkern getrennt und getrennt auch von den Juden selbst. In diesem Sinne war Iberien ihr Babylon, und ihre messianischen Sehnsüchte richteten sich weniger auf das historische Zion als auf ein symbolisches Zion – auf das verlorene Wesen des Judentums, das ihrem Leben immer noch Bedeutung verlieh und ihnen Kraft gab und ihr verborgenes Selbstgefühl stärkte, von dem sich jedoch ihr tatsächliches Leben mehr und mehr entfernte. Ihr wahres Wesen wurde zu einem abstrakten Ideal, das immer mehr verblaßte, während ihr Alltagsleben und ihre tatsächliche Existenz sich zu einem Maskenspiel verwandelten, zu einer Fassade, die in unmittelbarem Gegensatz zum inneren Wesen stand, unfähig, sich mit ihm zu vereinen und es auszudrücken.

Das war ein klassischer Fall von Entfremdung, ganz im ursprünglich philosophischen Sinne dieses Begriffs. Mehr noch, es war *Selbst*entfremdung, für die die Marranen bis zu einem gewissen Grade selbst verantwortlich waren. Manche hatten Gelegenheit, Iberien zu verlassen, zum Beispiel um 1540 die Gruppe der portugiesischen Marranen und tatkräftige Einzelne während des ganzen Jahrhunderts. Für die Marranen war es demnach ihre eigene Entscheidung, wenngleich keine aktive Entscheidung, eher ein Beweis ihres Beharrungsvermögens, ob sie das Leben eines Exils innerhalb des Exils leben wollten oder nicht. Daß es im sechzehnten Jahrhundert keine Alternative zur Emigration gegeben habe, kann man nicht behaupten. Vielmehr ist es diese passive Entscheidung gewesen, die das Band zwischen den judaisierenden Marranen und den bekennenden Juden zerschnitt und die Marranen zu einer besonderen, einer hybriden Erscheinung werden ließ, vielleicht sogar zu einem Typus sui generis, der eine eigene phänomenale Kategorie darstellt.

Die Juden erkannten das; viele Rabbiner wahrten Distanz zu den judaisierenden Marranen und weigerten sich, sie als Juden anzuerkennen. Die Ironie bestand darin, daß diese Marranen ihr Leben aufs Spiel setzten, um an das zu glauben, was sie für die Religion ihrer Vorväter hielten, und sich die offizielle jüdische Welt weigerte, sie als Brüder willkommen zu heißen, zumindest nicht vorbehaltlos und ohne sorgfältige Prüfung. Die Rabbinerresponsen sind voller Fälle (zum Teil tragischen Spaltungen innerhalb einer Familie), in denen Rabbiner es ablehnten, Marranen als Juden anzuerkennen. Daneben gab es zahlreiche theoretische Grundsatzdiskussionen. Die Rabbinerschaft war geteilter Meinung, aber die Mehrheit neigte zu Strenge. Die prinzipielle Zurückweisung von Marranen beruhte zum Teil nicht auf ideologischem Fundamentalismus, sondern auf konkreten Rechtsfragen hinsichtlich solcher Dinge wie Erbschaft und *agunot.*[4] Oftmals konnten Rabbiner nur dadurch zu einer liberalen und humanen Lösung solcher schwierigen menschlichen Probleme kommen, daß sie das Judentum der Marranen leugneten. Also auch von dieser Seite aus erfuhren die Marranen eine Entfremdung.

Judaisierer waren jedoch nur der kleinere Teil der Marranen. Zwei weitere Gruppen sollten noch erwähnt werden: zum einen diejenigen (zweifellos die Mehrheit), die letztlich von der christlichen Kultur absorbiert wurden und in unterschiedlichem Grade der neuen Religion anhingen (von passiver Unterwerfung bis zu Hingabe und fanatischem Eifer); zum anderen (und für unsere Geschichte besonders wichtig) diejenigen, die das Durcheinander zweier Religionen zu Skepsis und Säkularismus führte, die das Leben im Diesseits vorzogen oder sogar (was bei einigen geschah) entschieden eine rationalistische Philosophie vertraten, sei sie nun deistisch oder neopagan.

Christliche Eiferer unter den Conversos

Es gab Conversos, die ihre neue Religion mit Eifer und Hingabe annahmen. Manche wurden Bischöfe oder Inquisitoren; andere in niedrigeren Positionen bejahten ihre neue Identität, indem sie sie überbetonten – teilweise, um sich ihrer alten jüdischen Identität zu entledigen. Und so kam es oft zu sehr giftigen antijüdischen Polemiken. Mit dem Bewußtsein, unter den Völkern auserwählt und zu einer allgemeinen Sendung berufen zu sein, trugen sie den messianischen Eifer der Juden in die katholische Kirche; das verstärkte eine Neigung, die schon Ende des Mittelalters in Spanien entstanden war: sich als das auserwählte Volk zu fühlen, das hingebungsvoll und in seinem christlichen Glauben unerschütterlich eine göttliche Mission auf Erden erfüllte. Im Portugal des späten sechzehnten Jahrhunderts nahm dieser messianische Gedanke eine andere Färbung an: Als König Sebastian bei einem verheerenden Kriegsabenteuer in Marokko umkam, entstand eine kurzlebige, aber intensive messianische Bewegung; das Volk weigerte sich, an seinen Tod zu glauben; es erblickte in ihm den heimlichen Retter, der eines Tages wiederkehren und Portugal befreien würde. Der Sebastianismus lieferte Portugal ein besonderes Ventil, einen Kanal, in den ein Teil der messianischen Unterströmung abgeleitet wurde, die infolge der Marraneneinwanderung die Grundlagen der christlichen Gesellschaft durchdrungen hatte.

Die Überzeugung, eine göttliche Mission zu erfüllen, das Gefühl, auserwählt zu sein, die messianische Begeisterung, das alles sind Elemente jüdischen Bewußtseins, die durch die Massenbekehrungen zum Bestandteil iberischer Erfahrung wurden und Prozesse verstärkten, die bereits im Gange waren. Ebenfalls durch das Marranentum erhielt die antijüdische Propaganda in Iberien insofern eine besondere Färbung, als ehemalige Juden ihre neue Identität mit einem Eifer annahmen, der sich aus Verachtung und Leugnung der jüdischen Identität speiste, die sie abzulegen versuchten. So oder so war der Krieg gegen das Judentum auch ein Krieg gegen das frühere Ich, gegen einen Rest der alten Identität, der das Gewissen der Konvertiten verfolgte.

Spanien verdankte der Marranenerfahrung ein weiteres spirituelles Element. Ich meine die Erfahrung *als solche*, unabhängig von den Glaubensinhalten und spezifischen Ansichten, die daraus folgten. Zu Beginn des sechzehnten Jahrhunderts traten zwei verwandte Tendenzen religiöser Reform und Reinigung in Spanien auf. Erstens gewannen die Lehren von Erasmus in spanischen Klosterkreisen (besonders unter den Franziskanern) und bei bestimmten wichtigen Intellektuellen wie Juan Luis Vives und Juan de Valdes großen Einfluß. Beide Männer – und ein überraschend großer Teil von anderen Anhängern des Erasmus – waren jüdischer Herkunft. Die Bewegung forderte die Rückkehr zu den reinen Ursprüngen des Christentums: zum Evangelium Jesu und seiner Jünger. Sie forderten damit die Überwindung der Korruption, der institutionalisierten Bürokratie und der Überbetonung des äußeren, mechanischen Kultes auf Kosten des reinen Herzens und inneren religiösen Bewußtseins, Krankheiten, von denen die etablierte katholische Kirche befallen sein sollte. Die große Zahl von Neuchristen unter den Anhängern des Erasmus ist noch nicht ausreichend erklärt; bislang hat man dafür nur die demographische Konzentration der Neuchristen und den »Geist der hebräischen Propheten« angeführt – eine ziemlich abwegige Begründung. Dieses Phänomen ist vielleicht besser zu verstehen, wenn man zwei Dinge berücksichtigt. Erstens hat jemand, der zu einer neuen Religion übergetreten ist oder der in eine für seine Familie neue Religion hineingeboren wurde, die Neigung, in ihr einen tieferen geistigen Sinn zu suchen, als jemand, der an seine alte Religion gewöhnt ist und sie routinemäßig befolgt. Als ein lebendiges Bewußtsein, als Suche nach dem tieferen Sinn des Christentums jenseits der äußerlichen Mechanismen von Kult und Institution, so ließe sich die Botschaft des Erasmus beschreiben. Wichtiger noch, gerade die Erfahrung des Marranentums selbst schuf eine Neigung, das innere Herz den äußerlichen Werken vorzuziehen, die man als falsche, leere Hülsen ansah. Diese Neigung kann sich in Marranenfamilien mit einer judaisierenden Vergangenheit entwickelt haben. So entstand die Einstellung, daß das, was zählt, die innere Erfahrung sei, das Herz und das unmittelbare Bewußtsein der eigenen geistigen Wahrheit, während Äußerliches an Wert verlor. Mehr phänomenologisch betrachtet, das heißt ohne Rücksicht auf den Gehalt der Religion, um die es geht, kann man in dieser Erscheinung die Grundlegung für die Kritik erkennen, die an bloß äußerlichen Taten geübt wurde, auch wenn jemand sich zum Christentum bekehrt.

Diese Erklärung paßt noch besser zur zweiten geistigen Strömung, die im sechzehnten Jahrhundert in Spanien zutage trat – die spanische Mystik oder Bewegung der *alumbrados* (der Erleuchteten). Viele spanische Mystiker waren Conversos, auch die Heilige Teresa von Ávila, die bedeutendste Gestalt dieser Bewegung und Lehrerin des Heiligen Johannes vom Kreuz. Sie entstammte einer ehemals jüdischen Familie, die von der Inquisition verfolgt worden war. Das ist wichtig, denn hier haben wir ein Erfahrungsmuster, das erst im Zustand heimlichen Judaisierens verinnerlicht und später ins Christentum übernommen und dort bewahrt wurde, wo es die Form einer heimlichen geistigen Sehnsucht annahm. Das Esoterische bei den judaisierenden Marranen, die Ablehnung äußerlicher Taten als bedeutungslos, Verinnerlichung und Konzentration auf das innere Selbst als Weg, Gott zu erreichen und Erlösung zu erlangen, das alles sind Lebens- und Erfahrungsmuster, die, von der Not diktiert, bei den judaisierenden Marranen Gestalt annahmen und die, umgeformt und übertragen, zu Grundstrukturen der Alumbrado-Bewegung in Spanien wurden.

Skeptiker, Rationalisten und Säkularisten

Die Mischung von Judentum und Christentum führte in vielen Fällen zum Verlust von beidem. Religiöser Skeptizismus und Säkularisierung waren häufig das Ergebnis. Conversos, die ihren jüdischen Glauben verloren, ohne einen christlichen Glauben anzunehmen, richteten ihr Augenmerk auf weltliche, irdische Angelegenheiten, sei es in Form von Arbeit, Handel und alltäglichem Leben, sei es in subtileren Formen der Säkularisierung, indem sie an Kunst und Bildung Geschmack fanden und ihr eigenes Leben, ihr Wirken und ihre Karriere in den Mittelpunkt rückten. Solche Ziele wurden nicht nur um ihrer Nützlichkeit willen verfolgt, sondern auch als ästhetische und existenzielle Werte (und als metaphysische Surrogate), in denen sich das Selbst in einer Welt ohne Transzendenz ausdrücken und entwickeln konnte.

Diesen Typ des Conversos gab es in unterschiedlichen Formen seit der frühesten Zeit bis in die Tage Spinozas. Vor und während der Großen Vertreibung wurden sogar die Abkömmlinge der adligen, ehemals jüdischen Familie de la Caballeria von der Inquisition verfolgt. Pedro de la Caballeria, Autor eines leidenschaftlich antijüdischen Buches, war angeklagt, heimlich in Gesellschaft von Juden gespeist und mit seiner religiösen Unaufrichtigkeit geprahlt zu haben, die ihm, ohne ideologische Beschränkungen, eine Karriere in Freiheit und Luxus erlaube. Sein Bild, das Baer[5] überzeugend nachzeichnet, zeigt einen Weltmann, der keinerlei religiöse Überzeugungen ernst nahm, vor allem nicht die, welche die Erlösung und das Jenseits betrafen, der statt dessen sein Leben in dieser Welt als das einzige ansah, was der Mühe und der Beachtung wert sei. Sein Neffe, Fernando de la Caballeria, ein brillanter Jurist und, als der widerstrebenden Metropole Barcelona die Inquisition aufgezwungen werden sollte, ein enger Berater von Ferdinand dem Katholischen, wurde selbst als heimlich Judaisierender und jüdischer Agent von der Inquisition verfolgt. Mehr noch in seinem als im Falle seines Onkels boten Politik, Gesetz, persönliches Talent, Wirken, Karriere, ästhetischer Genuß und Erfolge in dieser Welt einen Ersatz für die Last der Transzendenz im Judentum wie im Christentum.

Weitere Beispiele aus derselben Periode sind Fernando de Rojas, den ich im vierten Kapitel behandeln werde, und sein Schwiegervater Álvaro de Montalbán.[6] Rojas' Buch *La Celestina* ist ein Ausbruch des Freiheitsgeistes, der Diesseitsgewandtheit und des Verlusts jeder Transzendenzperspektive für das Leben und Weltganze. Weder jüdisch noch christlich, ist das Buch aus einem neuheidnischen Geist und einer Philosophie der reinen Immanenz heraus geschrieben, die das bestehende Universum als die Gesamtheit dessen ansieht, was es gibt, als ein beständiges Spiel von Kräften, die einander in ewigem Ringen gegenüberstehen und (anders, als Heraklit meinte) nicht von einem allgegenwärtigen Logos bestimmt werden. Die Macht der Maßlosigkeit ist der oberste Herrscher, beispielhaft verkörpert in der irdischen Liebe, die als Symbol für die Grundstruktur des Universums kosmische Dimensionen erlangt. Rojas war in vielerlei Hinsicht ein Vorläufer Spinozas, aber auch sein Gegenteil. Für Rojas blieb das Universum nach dem Verlust aller Transzendenz eine metaphysische Wüste, ein Abgrund. Rojas war nicht wirklich Heide, sondern behielt die christliche Auffassung bei, wonach eine Welt ohne einen ihr gegenüberstehenden Gott ein Abgrund ist. Spinoza dagegen verwandelte Immanenz in etwas Göttliches, setzte das Universum mit Gott gleich und schrieb ihm jene höchsten Qualitäten zu, die die religiöse

Tradition dem transzendenten Schöpfer zugedacht hatte. Spinozas immanentes Universum war geordnet, sinnvoll, der Gegenstand absoluten Wissens und übermächtiger Liebe, die zur Erlösung führt; bei Rojas und den frühen Säkularisten führte der Verlust der Transzendenz zu einer düsteren Auffassung von Leben und Universum, wie (in anderem Tenor) bei modernen nichtreligiösen Existenzialisten und bei Nietzsche.

Rojas' Schwiegervater wurde zweimal von der Inquisition verurteilt, einmal wegen Judaisierens (obgleich er sowohl die jüdischen als auch die christlichen Gesetze übertreten hatte, indem er während der Fastenzeit Fleisch und Milchprodukte gegessen hatte); beim zweitenmal, Jahrzehnte später, warf man ihn als *relapso* ins Gefängnis, weil er zweimal die Existenz des Jenseits geleugnet hatte (vgl. Kap. I. 4). Sein Säkularismus war eher ein Nachlassen beider Religionen als eine ausdrücklich vertretene Position. Insofern war er allerdings keine Ausnahme.

Die Unterströmung von Säkularismus und skeptischem Rationalismus begleitete das Leben der Conversos durch Generationen hindurch. Doch blieb sie bis zum frühen siebzehnten Jahrhundert auf die Iberische Halbinsel beschränkt und erfaßte nur einzelne Individuen. Zur Bewegung wurde sie ein Jahrhundert nach der Vertreibung aus Spanien, als die Emigration von der Iberischen Halbinsel erhebliche Ausmaße annahm – und als die kulturelle Atmosphäre in Europa für skeptische Fragen empfänglicher war.

Marranische Züge bei Spinoza

Ich unterscheide folgende Hauptzüge marranischer Erfahrung bei Spinoza: 1. Heterodoxie und das Transzendieren der Offenbarungsreligion; 2. ein Geschick, sich in Äquivokationen auszudrücken, so daß man von einer doppeldeutigen Sprache reden kann; 3. ein Doppelleben zwischen Innerem und Äußerem; 4. einen durch einen Bruch gekennzeichneten Lebensweg; 5. Toleranz contra Inquisition; 6. ein brennendes Interesse an Erlösung, die auf anderen als traditionellen Wegen erreicht werden kann; und damit verbunden: Diesseitigkeit, Säkularismus und die Leugnung von Transzendenz. Alle diese marranischen Züge finden sich bei Spinoza wieder, wenn auch in einer etwas anderen Ausprägung. Sie spiegeln sich nicht nur in seinem Denken, sondern mehr noch in den Besonderheiten seines Lebens.

1. Heterodoxie und die Ablehnung der Offenbarungsreligion

Die Erfahrung, die die Marranen in Iberien machten, führte zu einer Mischung jüdischer und christlicher Elemente und damit zu verschiedenen Formen des Skeptizismus, zu Säkularismus, Neopaganismus, rationalistischem Deismus oder (in den meisten Fällen) zu einem ziemlich kruden Durcheinander von Symbolen und Traditionen. Diese Mischung durchdrang sogar das Bewußtsein der eifrigsten heimlichen Judaisierer. Im frühen siebzehnten Jahrhundert, als ehemalige Marranen nach Holland und anderswohin auszuwandern begannen, um sich wieder dem offiziellen Judentum anzuschließen und wieder eine traditionelle jüdische Identität zu gewinnen, trugen sie in sich Reste ihrer früheren Erfahrung und Erziehung. Als Neujuden litten sie an einer neuen Spaltung. Sie lebten in den vergleichsweise toleranten Niederlanden ohne Angst vor der Inquisition, ihr Leben war nicht mehr zwischen einem wahren Selbst und einer falschen Erscheinung zerrissen. Die alte Dualität war nun verinnerlicht als Riß innerhalb des wirklichen Selbst – zwischen dem ersehnten Judentum und dem verbliebenen Christentum. Nicht mehr eine Spannung zwischen Wahrheit und Schein, sondern eine neue Dualität beeinträchtigte die wahre, authentische Person, die wieder jüdisch werden sollte, aber eine ganze Welt katholischer Symbole, Einstellungen und Ansichten mit sich herumtrug, in die ihr wiedererlangtes Judentum sich unvermeidlich hüllen und durch die es sich interpretieren mußte. Was in Iberien als Spannung zwischen der falschen offiziellen Kultur und einer abstrakten inneren Wahrheit erlebt wurde, entwickelte sich nun zu einer Spannung innerhalb der offiziellen Kultur selbst.

Das Ergebnis war jedoch ziemlich dasselbe: religiöse Ambivalenz und eine Bereitschaft zum Dissens (vgl. Kap. I. 3). Heterodoxe Erscheinungen gingen auch auf skeptische, rationalistische Tendenzen zurück, die sich in Iberien entwickelt hatten und die in das neue jüdische Leben in Holland hineingetragen wurden, zum Beispiel in Spinozas unmittelbarer Umgebung durch Juan de Prado.

Prado und auch Spinoza waren geradezu die Extremfälle des Dissenses, indem sie über jede Offenbarungsreligion hinausgingen. Andere blieben auf dem Boden der Offenbarung, interpretierten sie aber neu oder stellten sie teilweise in Frage oder verbanden Elemente der konkurrierenden Offenbarungen von Christus und Moses miteinander, oder sie suchten (wie das bei Uriel Da Costa der Fall war) das Rabbinertum im Lichte spiritueller Ideale zu reformieren, die ihrem früheren Christentum entstammten. Zwar nahm in Spinozas Fall dieser Dissens extreme Formen an, aber er hat seine Wurzeln ohne Zweifel im selben psychokulturellen Milieu und muß vor diesem Hintergrund gesehen werden.

Man hat die Häresie Spinozas durch direktere und örtlich begrenzte Einflüsse erklären wollen, sei es durch den Einfluß bestimmter heterodoxer Ideen, die sich hier und da bei mittelalterlichen jüdischen Philosophen fanden, die Spinoza in seiner Jugend gelesen hatte (Wolfson), sei es durch den persönlichen Einfluß solcher Gestalten wie Prado (Revah) oder Isaac de La Peyrère (Popkin), mit denen Spinoza kurz vor dem *cherem* verkehrt hatte. Ich werde jedoch im dritten Kapitel zeigen, daß keiner dieser unmittelbaren Berührungspunkte eine hinreichende Erklärung liefert, solange nicht das umfassendere psychokulturelle Milieu des Marranentums im Hintergrund gesehen wird. Weshalb sollte der junge Baruch sich in alte philosophische Werke vertiefen und Zweifel aus Texten ziehen, die isoliert betrachtet nach gefährlicher Häresie riechen, obwohl sie in ihrem systematischen Zusammenhang mit der Tradition verbunden und noch als rechtmäßig angesehen werden können? Und warum sollte er später die Gesellschaft solcher Außenseiter und entwurzelten Gestalten wie Prado oder La Peyrère suchen (mit Popkin einmal angenommen, daß die beiden sich wirklich begegnet sind)? Wenn sich Spinoza solchen Büchern und einer solchen Gesellschaft zugewandt hat, dann muß das aus einer Neigung zu rationalen Fragen und religiösen Zweifeln erklärt werden, die sich aus seinem psychokulturellen Milieu ergab und die das nonkonformistische Potential des Marranentums ganz besonders hervortreten läßt.

2. Äquivokation und Doppeldeutigkeit

Spinoza war ein großer Meister von Äquivokation und Doppeldeutigkeit. Er redete je nach Publikum auf unterschiedliche Weise, benutzte denselben Satz oder Ausdruck in verschiedenem Sinne, verbarg vor manchen Leuten seine wahre Absicht und entdeckte sie anderen. Er konnte eine geheime Botschaft dem zukommen lassen, der imstande war, sie zu verstehen, und dabei eine Ausdrucksweise verwenden, die ihrem Wortlaut nach das Gegenteil bedeutete, so daß der arglose Leser irregeführt wurde. Diese Technik benutzt er in den zu seinen Lebzeiten veröffentlichten Schriften, besonders dem *Theologisch-Politischen Traktat* und den Briefen, weniger in der *Ethik*, die für ein begrenzteres und homogeneres Publikum bestimmt war. Während Spinoza für die Bibel eine wörtliche

Auslegung befürwortete, wäre es falsch, diese Methode auf Spinozas eigene veröffentlichte Werke anzuwenden. Wie das fünfte Kapitel in Anlehnung an Leo Strauss' Vorschlag zeigen wird, erfordert Spinozas Sprache eine recht komplexe und subtile Hermeneutik, weit entfernt von einer wortwörtlichen Lesart des Textes.

Auf der Suche nach einem Vorläufer für Spinozas Gebrauch der Sprache ging Strauss bis zu Maimonides zurück, aber das ist ein zu großer Sprung. Ebenso wie Wolfson das Marranentum übersah, als er nach den jüdischen Wurzeln Spinozas suchte, so übersah Strauss einen entscheidenden Punkt, was den Gebrauch der Sprache anbelangt. Die für Spinoza unmittelbar wirksame und relevante Tradition, die er fast ungebrochen fortführte, ist die Kultur und Sprache der Marranen. Spinozas Meisterschaft im Gebrauch von Äquivokation und doppeldeutiger Sprache ist der Höhepunkt einer Kunst sprachlicher Kniffe und Nuancierungen, in der sich die Marranen seit Generationen hervorgetan hatten.

Neuchristliche Intellektuelle, ob sie nun judaisierten oder nicht, hatten schon Jahre vor Spinoza die Kunst entwickelt, die offensichtliche Bedeutung gegen die verborgene auszuspielen, geheime Botschaften zu entziffern, mit mehreren Stimmen zugleich zu sprechen oder (als Leser) zu lernen, die erklärte Absicht der Autoren umzukehren oder aus Texten verbotenes Wissen zu beziehen, das sie nicht übermitteln sollten. Diese Fähigkeit wirkte sich auch künstlerisch aus. Wie wir sehen werden, entstanden daraus berühmte und typisch spanische Kunstwerke, zuerst Rojas' *La Celestina*, dieser einzigartige Urklassiker, und später der pikareske Roman, eine Gattung, die Spanien der Welt geschenkt hat und in der neuchristliche Anspielungen und Unterströmungen im Überfluß vorhanden sind. Die pikareske Literatur und ihre Vorläufer bieten viele Belege für eine Verwendung von Sprache, die für die Kommunikation in geschlossenen Gruppen und für esoterische Minoritäten typisch ist. Sie bot Lesern wie Autoren gleichermaßen Gelegenheit, der Suche nach Bedeutungen und Anspielungen zu frönen, die nur der Eingeweihte begreifen konnte und zu schätzen wußte.

In *La Celestina* zum Beispiel wurde die pragmatische Notwendigkeit, mit Hilfe von Sprache zu verbergen, in eigenständige ästhetische Werte umgemünzt. Was als praktische Notwendigkeit begann, führte, wie ich im vierten Kapitel zeigen werde, zu neuen Formen künstlerischen Genusses. Äquivokation, Maskenspiel und doppeldeutige Sprache wurden hochgeschätzte, unterhaltsame künstlerische Mittel, auch als sie keinem bestimmten praktischen Nutzen mehr dienten. Das trug dazu bei, wenn nicht die Marranensprache – wie ich sie nennen möchte –, so doch zumindest die besondere *sprachliche Sensibilität* und die Fähigkeiten der Marranen auszubilden, die Spinoza erbte und zu einem neuen Höhepunkt führte.

3. Doppelleben

Die Verwendung von doppeldeutiger Sprache macht sowohl bei Spinoza als auch bei den Marranen einen tieferen existentiellen Umstand sichtbar: das Leben auf zwei Ebenen, einer inneren und einer äußeren, einer verborgenen und einer offenen. Wie die Marranen wegen der Gefahr der Inquisition dieses Doppelleben führten, so wiederholte Spinoza dieses Lebensmuster zweimal in den vergleichsweise freien Niederlanden: einmal als junger Nonkonformist in der jüdischen Gemeinde und dann, nach dem Bannspruch, im Rufe eines Freidenkers und Atheisten im calvinistisch beherrschten Holland. In beiden Phasen, wenn auch auf verschiedene Weise, führte Spinoza das Leben eines Marranen der Vernunft. Wie die alten judaisierenden Marranen besaß auch er eine geheime metaphysische Wahrheit, den wahren Schlüssel zur Erlösung und zu einem wertvollen Leben, das die Menge nie begreifen und immer verachten würde. Wie die Marranen mußte auch er seine tieferen Gedanken vor den Augen der Allgemeinheit und bis zu einem gewissen Grade sogar vor seinen eigenen Freunden und Schülern verstecken. Das geschah nicht nur aus Vorsicht, sondern aus einem Gefühl für die Tiefe und Intimität der rationalen Wahrheit, die die Masse schwerlich verstehen kann und die zu erfassen selbst erklärten Rationalisten mangels Tiefe und Subtilität unter Umständen versagt ist. Das machte Spinoza zu einem außerordentlich einsamen Denker – nicht gesellschaftlich, sondern intellektuell. Auch ohne Inquisition gab es in den gärenden Niederlanden und unter den Nachwirkungen der Religionskriege genügend sozialen Druck und politische Gefahren, die der (nach seinem Wahlspruch *caute*) vorsichtige, auf Ruhe für Studium und Kontemplation bedachte Philosoph besser vermied. Doch neben diesen pragmatischen Gründen gab es auch einen rein philosophischen Grund, der mit Spinozas Auffassung von der Menge zusammenhing. Auch wenn im Prinzip die Vernunft allen zugänglich ist, blieb Spinoza in seiner Ansicht über die tatsächlichen menschlichen Fähigkeiten ein elitärer Denker. Daß *ratio*, geschweige denn *scientia intuitiva*, eine Sache der Menge werden könne, sei eine Illusion. Obwohl Spinozas Theorie der Vernunft denkbar modern und demokratisch war, blieb seine Auffassung vom Weisen und der Menge doch mittelalterlich, stark von Maimonides' Ansichten und den eigenen Einschätzungen und Erfahrungen mit der eruptiven Natur und den Schwankungen dieses Tieres *vulgus* geprägt.

Angesichts der Natur des Menschen und der überwältigenden Macht der *imaginatio* können nur wenige Glückliche wahres metaphysisches Wissen besitzen. Das wirft die Frage nach der Menge auf, und wie der Philosoph mit ihr umgeht. Spinozas Antwort war unter anderem, der weise Mann wolle seine Wahrheit anderen nicht aufdrängen, sie nicht zur Schau stellen oder auch nur ihr Vorhandensein denen entdecken, die unfähig sind, sie zu begreifen. Rationale Weisheit wird damit esoterisch, sie besitzt eine innere, vertrauliche Seite, an der der Uneingeweihte nicht Anteil haben kann, ohne daß sie verletzt und verfälscht wird. Das kann sogar auf der Ebene bloßer *ratio* geschehen, die ohne die intuitiven und synoptischen Qualitäten der »dritten Gattung der Erkenntnis« (vgl. Kap. I. 6) noch unfähig ist, das Innere eines Menschen und die Qualität seiner Gefühle zu verändern. Dualität im Leben wie im Reden ist daher nicht nur eine pragmatische Notwendigkeit, sondern auch eine Sache des Prinzips und (wie Nietzsche gesagt haben würde) des guten philosophischen Geschmacks. Was prinzipiell nicht populär gemacht werden kann, sollte den Massen auch nicht zugänglich sein.

Der wahre Philosoph ist also ein Marrane der Vernunft, selbst wenn ihn keine praktischen Erfordernisse dazu zwingen. Das aber ist eine hypothetische Situation, denn die meisten Menschen sind von der Imagination und den daraus folgenden Schwankungen der Seele mit ihren heftigen Ausbrüchen beherrscht, und so gehört die Notwendigkeit, zu verbergen und vorsichtig zu sein, fast zwangsläufig zum Schicksal des Weisen.

Daß Spinoza diese Auffassung übernahm, kann von der langen Marranenerfahrung, die er ererbte und teilte, nicht unabhängig sein. Ebensowenig läßt sich seine ständige Verteidigung der Toleranz und die Ablehnung aller Arten von fanatischem Glaubenszwang von seiner Herkunft trennen, nämlich ein Abkömmling jener Gemeinde zu sein, die am meisten unter der Inquisition zu leiden hatte. *Caute* ist die Devise des Marranensohnes, der einerseits die Antithese der Inquisition zu seinem Grundsatz machte und andererseits wußte, daß die menschliche Natur eine allgemeine Verbreitung der Wahrheit nicht zuläßt und daß daher der Menge Toleranz (unter anderem die Freiheit, sich zu irren oder Opfer der *imaginatio* zu sein) gewährt werden müsse.

Im fünften Kapitel untersuche ich Spinozas Vorschläge für die Menge. Im Grunde dachte er sich den Staatsapparat und das System einer vernunftgemäßen (allgemeinen) Religion als zwei komplementäre Institutionen, deren Ziel es ist, die Wirksamkeit der Imagination in eine äußerliche Nachahmung der Vernunft zu verwandeln, indem sie sich der Macht von Autorität und Gehorsam bedienen. Das heißt, daß die Menge, ohne von der *imaginatio* zur *ratio* überzugehen, aber aus eigener veränderter Einbildungskraft, durch Gehorsam gegenüber der rationalen Autorität zusammengehalten wird und das gleiche Verhalten entwickelt, das die Vernunft aus sich heraus entwickelt hätte, so daß beide äußerlich übereinstimmen. Das ist das Hauptziel politischer Organisation und religiöser Reform. Schließlich wird dadurch im günstigsten Fall das zerstörerische Gewaltpotential der *imaginatio* neutralisiert, was das Leben aller, auch der Philosophen, gefahrloser und sicherer macht. Philosophen wären dann wie andere Leute freier, sich ohne Angst zu äußern. Obwohl der Denker Spinoza das vielleicht in Zukunft für möglich hielt, blieb Spinoza, der Marranensohn, realistischerweise der Inschrift seines Ringes treu.

4. Zweigeteilter Lebensweg

Spinozas Lebensweg als Marrane der Vernunft ist gespalten. Als er unter den Juden lebte, verbarg er sein wahres Inneres und fügte sich zugleich den äußeren Bräuchen und Riten der Gemeinde, bis das nicht mehr möglich war. Als er sich von der Gemeinde losgesagt hatte und der Bann über ihn verhängt wurde, wiederholte er gleichsam den Akt seiner Marranenvorväter, die Iberien verließen, um anderenorts in Freiheit zu leben. Aber auch in der Atmosphäre des nichtjüdischen Holland fuhr Spinoza fort, seine neue Wahrheit vor den meisten seiner Zeitgenossen geheimzuhalten. Weder Jude noch Christ, wehrte er sich vergeblich gegen den Ruf, Atheist zu sein, und wurde von allen als Jude bezeichnet. Er fand weder die äußere Freiheit, die für ein Leben ohne Versteckspiel nötig ist, noch die geistige Partnerschaft mit anderen, die imstande gewesen wären, die Tiefe seines unbedingten, mystischen Glaubens an die Vernunft auszuloten oder dessen Intensität zu teilen – diesen alternativen Erlösungsweg, der weder in Christus noch im Mosaischen Gesetz liegt, sondern in der dritten Gattung der Erkenntnis.[7]

Für viele Marranen, besonders jene, die zum Judentum zurückkehrten, war typisch, daß ihr Leben in zwei entgegengesetzte, oft radikal voneinander getrennte Perioden zerfiel. Wie Yerushalmi gezeigt hat, entspricht Spinozas Leben vor und nach dem Bann einem Muster, das uns von anderen Marranen und ehemaligen Marranen bekannt ist.[8] Fernando Cardoso (Gegenstand der Monographie Yerushalmis) begann als angesehener katholischer Gelehrter am Hofe von Madrid, vollzog dann eine Kehrtwendung und wurde jüdischer Wissenschaftler und Apologet im Ghetto von Venedig. Sein Bruder, Miguel Cardoso, begann ebenfalls als Katholik und endete als militanter Jude, freilich zum Entsetzen seines Bruders als Mystiker und messianischer Sabbatianer. Von Uriel Da Costa bis Isaac Orobio de Castro haben nicht nur Intellektuelle, sondern auch viele weniger berühmte Leute ihre frühere Existenz, ihre Karriere, Namen und Identität abgeworfen, um in Amsterdam, Altona, Venedig und Livorno, später in London und sogar in Bayonne, Toulouse und Bordeaux etwas ganz anderes zu werden. In dieser Hinsicht wiederholt Spinozas zweigeteilter Lebensweg ein wohlbekanntes Marranenmuster; auch wenn er nicht das jüdische um eines christlichen Lebens willen aufgab, wandte er sich doch von beiden ab, um sich einer Religion der Vernunft zuzuwenden.

In den meisten Fällen, auch bei Spinoza, wurde dann die Dualität, die das eigene Leben in jedem Augenblick und an jedem Ort prägte, zu einer Lebensgeschichte in zwei Kapiteln uminterpretiert. Die Betreffenden mußten etwas tun, um den ursprünglichen Zwiespalt zu überwinden und sich für die vollständige Anerkennung einer ihrer Seiten auf Kosten der anderen zu entscheiden. So wählte, wer in Iberien heimlich judaisiert hatte, in Amsterdam oder Venedig das offene jüdische Leben. Sein Lebensweg und seine soziale Identität veränderten sich von Grund auf, und die Dualität, die sein Leben jetzt bestimmte, lag im Bruch zwischen zwei Perioden. Es wäre jedoch zu einfach zu meinen, alle bestimmenden Elemente des früheren Lebens seien damit verschwunden. Auf subtilere Weise bestand die Dualität auch nach dem Bruch fort; das gilt für Spinoza nicht weniger als für ehemalige judaisierende Marranen seiner früheren Gemeinde.

Der Übergang einer marranischen Dualität in die zweigeteilte Lebensgeschichte kommt nicht allein bei ehemaligen Marranen vor. Man findet das auch im Leben von Conversos, die nie zum Judentum zurückgekehrt sind oder die ehedem nie wirklich judaisiert haben. Demnach scheint das ein allgemeineres Muster bei Konvertiten zu sein. Wie wir sehen werden, war Rojas weder Christ noch Jude, sondern ein Skeptiker, ein Neuheide, ein Heraklit ohne Logos. In seinem Bewußtsein gab es typische und deutliche Spuren einer Converso-Dualität: zum Beispiel unablässiger Gebrauch von Äquivokationen, doppeldeutiger Sprache und Maskenspiel, die gleichermaßen in der Marranenerfahrung wurzeln wie vielfach an sie erinnern. Als junger Mann schuf Rojas *La Celestina* als Verherrlichung von Freiheit, von Diesseitigkeit und ästhetischem Vergnügen, zugleich aber auch Ausdruck seiner pessimistischen und herakliteischen Metaphysik. Dann heiratete er, zog in eine Kleinstadt und führte das Leben eines respektablen Provinzjuristen, eines Bürgers, eines Meisters der Vorsicht, der der Inquisition aus dem Wege ging. Gleichwohl trat sie mindestens zweimal in seinem Leben bis an seine Schwelle. Rojas lebte bis zu seinem letzten Atemzug ein heimliches Leben und starb als Marrane der Vernunft (oder besser gesagt, der künstlerischen Vernunft – eines in Kunst verwandelten religiösen Skeptizismus).

Rojas hat die Iberische Halbinsel nie verlassen, wohl aber Spinozas Vorfahren und die ehemaligen Marranen seiner Generation. Und Spinoza wiederholte diesen Schritt, indem er sein eigenes Iberien verließ – die jüdische Gemeinde. Aber wir werden noch sehen, daß er auch späterhin seine innere Wahrheit in äußerer Freiheit nicht lebte und nicht leben konnte. Zum Teil lag das am esoterischen Charakter dieser Wahrheit, die in ihrer Reinheit nur für wenige taugte. Doch gab es einen weiteren, nicht weniger bedeutsamen Grund: Im Unterschied zu anderen früheren Marranen verließ Spinoza eine religiöse Gemeinschaft, ohne sich einer anderen anzuschließen. Noch gab es keinen sozialen Rahmen, der fähig gewesen wäre, Spinozas neues Denken aufzunehmen. Spinoza vertrat ein Prinzip, das im öffentlichen Leben noch nicht verankert war. Es gab noch kein laizistisches Gemeinwesen, dem man angehören konnte; man mußte immer noch als Katholik, Calvinist, Jude, Lutheraner usw. identifiziert werden. Der soziale Bezugsrahmen eines jeden Individuums war nach wie vor die Religion. Die Vorstellung von einem reinen Individuum, das durch nichts als die Kraft der Vernunft, also durch ein universelles Vermögen gekennzeichnet ist, ohne in einer bestimmten Religionsgemeinschaft verwurzelt oder mit ihr verbunden zu sein, war völlig neu. Spinoza verwirklichte diese Idee, ohne sie jedoch allgemein zu institutionalisieren: Er war ein lebendiges Beispiel dieses Prinzips, ein Einzelfall, der etwas Zukünftiges vorwegnahm, das jedoch noch keine gesellschaftliche Realität besaß. Daher mußte er der gesellschaftlichen Realität seiner Zeit auch dann entfremdet bleiben, als er die jüdische Gemeinde verlassen hatte. So gesehen blieb die marranische Entfremdung, wenn auch transformiert, in beiden Lebensperioden dieses Marranen der Vernunft erhalten.

5. Toleranz contra Inquisition

Auch Spinozas politische Philosophie spiegelte, in anderer Weise, seinen marranischen Hintergrund wider. Besonders deutlich wird dies in seiner Philosophie der Toleranz, einer klaren Antithese zur Inquisition. Spinoza gehört zu den frühen Fürsprechern der Toleranz. In ihm kristallisierte sich der liberale Geist des neuen städtischen Bürgertums seiner Heimat, der Niederlande, der sich in der Auseinandersetzung mit dem absolutistischen Spanien herausbildete. Außerdem, vielleicht sogar in erster Linie, zog Spinoza die Konsequenz aus der Lektion, den Nöten und Erinnerungen seiner eigenen marranischen »Nation«, die ja zuallererst Zielscheibe der spanischen und portugiesischen Intoleranz gewesen war. Spinozas Toleranzprinzip war Opposition gegen die Inquisition als solche und gegen ihre Rolle bei der politischen Modernisierung Europas. Die iberische Inquisition hatte bei der Bildung des modernen absolutistischen Staates die mittelalterliche Vergangenheit Europas als zentralen Hebel benutzt, während Spinoza mit dieser Vergangenheit (wie auch mit der mittelalterlichen jüdischen Vergangenheit) brach und mit seiner Theorie der Toleranz der neuen Ära ein politisches Prinzip lieferte, das ihrer Modernität entsprach. Daß seine politischen Theorien aus seiner marranischen Herkunft existentiell gespeist wurden, schließt natürlich nicht aus, daß sie diese weitergehenden Ziele und Implikationen besaßen.

Nicht alle ehemaligen Marranen zogen aus ihrer Erfahrung die gleiche Lehre. Die Neujuden von Amsterdam hatten sowohl von ihren früheren spanischen Feinden als auch von ihren holländischen Gastgebern politische Formen übernommen. Wie sie ihre Gemeinde leiteten, war vom oligarchischen Modell der Amsterdamer Bürgermeister beeinflußt; außerdem praktizierten sie zuweilen ihre eigene Art von Inquisition – unvergleichlich menschlicher zwar, doch wurden auch hier religiöse Abweichungen verfolgt und die Beschuldigten gezwungen, entweder zu bereuen und sich öffentlich mit dem orthodoxen Judentum »wieder zu versöhnen« (Da Costa, Prado) oder ihren Ausschluß hinzunehmen (Spinoza). Als Reaktion auf diese sogenannte »jüdische Inquisition« (eine Bezeichnung, die sie nur metaphorisch verdient) ist Spinozas Toleranzbegriff noch auf andere, komplexere und ironische Weise mit seiner marranischen Herkunft verbunden.

Toleranz hat noch einen tieferen Sinn: Sie bedeutet, daß Menschen die Freiheit haben müssen, sich zu irren. Im Prinzip ist die Wahrheit einzig: Jeder, der sie entbehrt oder von ihr abweicht, befindet sich strenggenommen im Irrtum. Insofern ähnelt Spinoza einem religiösen Absolutisten. Doch Spinoza konnte Irrtum tolerieren. Er war dagegen, Wahrheit zur Quelle fanatischer Unterdrückung oder staatlicher Ideologie zu machen. Statt dessen forderte er, alle Meinungen (das heißt auch sehr viele Irrtümer) müßten politisch zugelassen und toleriert werden, vorausgesetzt, sie beanspruchten nicht, die Staatssouveränität zu ersetzen, und vorausgesetzt, das Verhalten ihrer Vertreter entspräche den Gesetzen des Landes. Das heißt, Preis der Toleranz ist ein Bruch zwischen den inneren Überzeugungen vieler Menschen und den Gesetzen, die sie in der Praxis befolgen. Mit anderen Worten, etwas Marranisches ist kennzeichnend für Spinozas Theorie der Toleranz.

Eine solche marranenhafte Anpassung besaß bei Spinoza noch eine weitere Dimension. Gute Politik folgt dem Prinzip der Quasi-Vernünftigkeit: Dabei wird die Menge durch den Einsatz solch nichtrationaler Mechanismen wie Angst, Gehorsam und Obrigkeitsdenken dazu angehalten, die Regeln, die auch die Vernunft anempfiehlt, zu befolgen. Das Wesen allgemeiner Religion und der richtige Gebrauch der Staatsautorität bestehen darin, die nichtrationalen Triebe des gewöhnlichen Volkes auf diese Weise zu kanalisieren. Die Menge, auch wenn sie per definitionem unfähig ist, ein vernunftgemäßes Leben zu führen, wird sich dennoch unter den richtigen politischen Bedingungen äußerlich so verhalten, als lebte sie vernünftig. Für das vernünftige Individuum – vorausgesetzt, es lebt in einem Staat, der zwar nicht rational, aber auch keine völlige Tyrannei ist – wird es das *Vernünftigste* sein, die nicht so rationalen Staatsgesetze zu befolgen, auch wenn sie zu seinem inneren Bewußtsein in Widerspruch stehen. Auf beiden Seiten der Trennungslinie zwischen unvernünftiger Masse und vernünftigem Individuum ist also eine gewisse marranenartige Spaltung zwischen innerer Überzeugung und gesellschaftlicher Anpassung eine wesentliche Bedingung für Politik und die menschliche Gesellschaft im allgemeinen.

6. Ein alternativer Erlösungsweg

Schließlich wiederholte Spinoza in seiner Suche nach einem Ersatzweg zur Erlösung ein verbreitetes marranisches Lebensmuster (vgl. Kap. I. 6). Hier haben wir es sowohl mit Spinozas Leben als auch mit seinem Denken zu tun. Das fünfte Buch der *Ethik*, das der eigentliche Zielpunkt dieses Werkes ist, bietet dem Individuum einen Weg zur Erlösung und sogar zum ewigen Leben der Seele, der alle herkömmlichen religiösen und mystischen Wege in Frage stellt und der doch von einem ähnlichen Absolutheitsanspruch geprägt ist. Nicht allein Wissen, sondern *beatitudo*, Glückseligkeit, ein ethisches Ziel, das sich auf den höchsten Zustand der Seele bezieht, das ist es, was Spinozas Philosophie sucht und bietet. Das mag auf den ersten Blick wie eine Wiederbelebung des klassischen Ideals des Weisen klingen. Aber Spinoza schrieb inmitten einer wissenschaftlichen Revolution, die am Anfang einer Epoche stand, für die dieses höchste Ideal kein Thema mehr war. Tatsächlich war Spinoza unter den modernen Philosophen fast der einzige, bei dem dieser beinahe archaische Ehrgeiz zum Ausdruck kam; andere waren bescheidener in ihren Zielen, eine Bescheidenheit, die geradezu zum Kennzeichen der gesamten modernen Philosophie geworden ist.[9] Bei genauerem Hinsehen zeigt sich, daß Spinozas Erlösungsideal nicht aus der griechischen Philosophie (die er kaum gekannt haben dürfte), auch nicht direkt von den römischen Stoikern (die er tatsächlich kannte und rezipiert hat) entlehnt ist. Es entstammt vor allem Spinozas religiösen und mystischen Interessen, die er in die Sprache der Vernunft übertrug, und es ist historisch ein Echo seines marranischen Hintergrundes. Die Frage der Erlösung war Ende des Mittelalters in Spanien (und Frankreich) wieder virulent geworden, Öl für die Flamme des katholischen Spanien und Nahrung für die Inquisition. Sie spielte neben dem Marranentum beim Aufkommen der Alumbrados in Spanien im sechzehnten Jahrhundert eine Rolle. Und Erlösung war immer ein zentraler Begriff für die judaisierenden Marranen, die erklärten, Erlösung sei im Mosaischen Gesetz, nicht bei Christus zu finden. Diese immer wiederkehrende marranische Formel deutet darauf hin, daß Marranen ihre geheime Religion als einen Ersatzweg zur Erlösung ansahen. Sie wußten es besser als die Menge, denn sie besaßen den geheimen Schlüssel zur wahren Ewigkeit. Spinoza – ungleich fortgeschrittener, subtiler und einsamer – teilte dieses Selbstbewußtsein. Als ein Marrane höheren Grades (ein Marrane der *Vernunft*, nicht irgendeiner Offenbarungsreligion) war er es, der allein den wahren Weg zur Erlösung kannte: Dieser Weg führte nicht durch irgendeine geschichtliche Religion, weder die von Moses noch die von Christus, sondern über eine dritte Erkenntnisgattung und über die geistige Liebe zu Gott, die diese Erkenntnis hervorbrachte.

Die Vernunft übernimmt daher die höchsten Ziele und Bestrebungen, die traditionell der Mystik und der geschichtlichen Religion zugeschrieben wurden. Der Vernunft zu folgen führt nicht nur zu Erkenntnis, sondern zu Glückseligkeit, Ewigkeit und rationaler Liebe. Um dieses Zieles willen kann aber Vernunft nicht bloße *ratio* sein (wie in der zweiten Erkenntnisgattung), sondern muß, wie in der dritten, die Form einer *scientia intuitiva* annehmen; sie kann nicht bloß analytisch und diskursiv sein, sondern muß auch als synoptisch und intuitiv verstanden werden. Die Unterscheidung zwischen diesen beiden Typen von Rationalität, zwischen der zweiten und der dritten Erkenntnisgattung, hängt demnach eng mit der absoluten Aufgabe der Vernunft zusammen, nicht nur als eine Weise der Welterkenntnis, sondern den höchsten ethischen und geistigen Zielen zu dienen, die die Religion Erlösung nennt.

Wenn ich diese marranischen Aspekte bei Spinoza unterstreiche, schreibe ich ihm eine Nähe zu den Idealen der Mystik und der Offenbarungsreligion zu, obgleich der von ihm vorgeschlagene Weg diesen diametral entgegengesetzt ist. Anders als andere moderne Philosophen hat Spinoza die absoluten spirituellen Ziele der religiösen Mystiker nie aufgegeben, aber er glaubte, die Vernunft selbst, in Gestalt einer *scientia intuitiva* und als stärkste geistige Kraft, könne zu diesen Zielen führen und sei der einzige Weg, sie zu erreichen. Mystik ist irrational, verworren, eine Form der *imaginatio*; ihre Ziele lassen sich nur durch ihr Gegenteil erlangen, und sofern sie Liebe und Einheit mit Gott erfordern, muß diese Liebe geistig, auf die dritte Gattung der Erkenntnis gegründet sein, und Gott und die Einheit der Seele mit Gott müssen richtig verstanden und interpretiert werden, das heißt unabhängig von aller geschichtlichen Religion. Weder die Liebe Christi noch das Mosaische Gesetz, noch aber die verworrene und unaussprechliche mystische Erfahrung können die Seele dahin führen, wohin sie ihrer Natur nach notwendig strebt; das gelingt nur auf Wegen, die den Praktiken der Mystik ganz und gar entgegengesetzt sind, obgleich sie grundsätzlich zum selben Ziel führen sollen wie Mystik und Religion.

In dieser Hinsicht ähnelt Spinoza Platon und auf andere Weise Hegel. Trotz aller Unterschiede zwischen ihren Systemen, waren alle drei Rationalisten, die quasi mystische Ergebnisse durch die Kraft der Vernunft zu erreichen suchten, und die notwendig zwischen zwei Arten von Rationalität zu unterscheiden hatten, einer niederen, analytischen, wissenschaftlichen und einer höheren, synoptischen, quasi intuitiven. Man kann sowohl behaupten, Spinoza habe die Religion säkularisiert, ohne ihr Pathos des Absoluten aufzugeben, als auch, er habe die Vernunft geheiligt, indem er ihr höchste religiöse Aufgaben zuschrieb, die fälschlich der religiösen Mysik zugerechnet worden sind. Spinoza verstand seine Art des Rationalismus als Angebot eines Ersatzweges zur Erlösung, im Gegensatz zu dem Weg (oder Irrweg), auf den die Religion die Menge führte. Und auch in dieser Hinsicht verrät sein Denken eine ausgesprochen marranische Prägung.

Schluß: Notiz über das sechzehnte Jahrhundert

Eine umfassende historische und phänomenologische Würdigung des Marranentums würde eine andere Art Untersuchung erfordern. In der Konzentration auf Spinoza zeichnete dieses Kapitel jene Züge der Marranen nach, die, in Umformung, in seinem Leben und Denken erhalten geblieben sind. Die folgenden Kapitel werden diese Darstellung ergänzen und ihre Konturen im Detail schärfer zeichnen. Zuvor möchte ich skizzieren, was uns das sechzehnte Jahrhundert noch an Anhaltspunkten für unsere Analyse bieten kann.

Neben religiösem Skeptizismus und Diesseitigkeit kam im sechzehnten Jahrhundert der pikareske Roman auf, eine speziell spanische Literaturgattung, in der sich vor allem Conversos hervortaten. Dieses neue Genre enthält verdeckte Anspielungen auf die Situation der Marranen; immer wieder setzt es die Kunst der Äquivokation ein (wie Rojas in *La Celestina* und Spinoza in seinem *Theologisch-Politischen Traktat*). Oft handelt es sich ferner um eine maskierte Revolte gegen etablierte spanische Werte. Die Picaros waren Anti-Hidalgos; im Gegensatz zum spanischen Kult um adlige Abstammung und »reines Blut« renommierten sie mit ihrer niederen Herkunft; in ihrer ins Gegenteil verkehrten, ironischen Weise zielten sie auf den spanischen Wahn in puncto Adel und *hidalguia*. In der aufkommenden bürgerlichen Gesellschaft spielten Conversos eine wichtige Rolle; sie waren daher geneigt, den Wert des Menschen in Leistung, Arbeit und erworbenem Reichtum zu sehen. Sie empörten sich über die Tyrannei eines religiösen Rigorismus und natürlich über die Inquisition. Durch den Mund des Schelms und Vagabunden konnten der Autor und viele seiner Leser die Abenteuer des Picaro als ironisches Mittel einsetzen, um sich von etablierten Werten zu distanzieren, und in der ästhetischen Herausforderung eine Befreiung finden, die sich in der Gesellschaft nur langsam anbahnte.

Conversos waren noch in einer anderen kulturellen Bewegung, die im Spanien des sechzehnten Jahrhunderts ihre Spuren hinterlassen hat, stark vertreten: unter den mystischen Alumbrados und deren erasmischen Vorläufern und Zeitgenossen. Im Unterschied zu den Picaros waren sie außerordentlich fromme, wenn auch unorthodoxe Christen; obgleich ihr Werk in den Kämpfen der Reformation und Gegenreformation aufging, trug es doch auch einen spezifisch spanischen und für die Conversos typischen Zug. Einige waren vom lutherischen Anspruch der Rechtfertigung durch subjektiven Glauben überzeugt und verunglimpften äußere Werke. Doch das waren nur wenige, denn Lutheraner zu sein war in Spanien die schlimmste Häresie, und den Conversos, die bereit waren, so weit zu gehen, bot sich als näherliegende Alternative das Judaisieren. Entschieden die meisten waren spanische Erasmus-Anhänger und besonders Alumbrados. Diese Gruppen versuchten den Katholizismus von innen her neu zu beleben, indem sie den Äußerlichkeiten weniger Wert beimaßen und einen neuen Geist predigten, der zumindest teilweise durch marranische Züge gekennzeichnet war: ein Interesse an rein spirituellen Quellen und eine Betonung des inneren Lebens und der »dunklen Nacht der Seele« als den eigentlichen Vehikeln der Erlösung.

So konnten beide Bewegungen, die einen gewichtigen Beitrag zur spanischen Kultur des sechzehnten Jahrhunderts geleistet haben – die eine einen schamlos irdischen, die andere einen zutiefst spirituellen –, zum Teil auf eine gemeinsame Converso-Herkunft zurückblicken. Der pikareske Roman und die mystische Theologie liegen der Sache nach weit auseinander, doch nicht notwendig ihrem Ursprung nach. Wenn der Picaro auf seiner niederen Herkunft besteht, die seinen ganzen Lebensweg bestimmt,[10] und der Erasmus-Anhänger (oder später der Alumbrado) einen *spirituell* reinen Ursprung beansprucht –, verbindet sie dann nicht, trotz ihrer Distanz, eine gemeinsame Converso-Situation, auf die sie verschieden reagieren? Und wenn der Alumbrado das richtige Verfahren für den spirituellen Aufstieg diskutiert und auf dem Weg zur Erlösung äußere Werke und Kirchenkult links liegenläßt, wiederholt er dann bloß irgendein ewiges mystisches Credo oder gibt er nicht vielmehr, im Spanien des sechzehnten Jahrhunderts, die verinnerlichten Wirkungen des Marranentums wieder und reagiert er damit nicht auf die *spezifische* geistige Situation seines Landes? Mehr noch, den Wert eines Menschen in seinem inneren geistigen Fortschritt zu sehen ist das spirituelle Analogon zur Converso-Ideologie, die das Band zwischen Geburt und Wert zerschneidet und den Wert allein an der eigenen Leistung des Individuums mißt. Das ist auch ein Vorspiel zum subjektiven Individualismus, den die Protestanten anderenorts initiiert haben und für den in Spanien die Conversos ganz besonders empfänglich waren.

Schließlich mag man sich fragen, welche dieser beiden Bewegungen Spinoza näher stand. Der Struktur nach hat er an beiden Anteil. Mit den Alumbrados verbindet ihn die Suche nach einem alternativen Erlösungsweg, mit den pikaresken Autoren der auf das Diesseits gerichtete Sinn und die Fähigkeit, mehrdeutig zu sprechen. Das Phänomen des Marranentums läßt also strukturelle Analogien zu, die einander widersprechende Systeme durchkreuzen und von einem in den anderen Kontext transformiert werden können, ohne daß wesentliche Charakteristika verlorengehen.

Wenden wir uns nun einer detaillierteren Prüfung dieser marranischen Lebensmuster zu, wie sie sich in historischen Fakten und an Texten belegen lassen.

3. KAPITEL

Das gespaltene Bewußtsein: Neujuden in Amsterdam

Die jüdische Gemeinde von Amsterdam war ein rohes Erz, im letzten Augenblick den Flammen, die es zu schmelzen drohten, entrissen; sie wurde in kurzer Zeit ein goldenes Juwel. Viele ihrer Mitglieder waren ehemalige Marranen der ersten Generation, die sich nach ihrer Flucht aus Iberien, wo die Inquisition immer noch ihre Glaubensgenossen auf Scheiterhaufen verbrannte, nun wieder zum Judentum bekannten. Spinoza selbst war als Jude geboren, doch umgeben von Neujuden, die, nachdem ihre Vorfahren generationenlang als Neuchristen in Iberien gelebt hatten, nun zu ihrer angestammten Religion zurückkehrten. Die Niederlande waren damals das vergleichsweise toleranteste Land Europas und ein aufstrebendes Handelsimperium. Die Machthaber der jungen Republik, die die hervorragende Stellung der portugiesischen Marranen im internationalen Handel wohl zu schätzen wußten, boten den Juden nach anfänglichem Zögern und einigen Bedenken Zuflucht und ließen sie in ihrem Lande Fuß fassen. In Amsterdam gelang es den Juden, sich nicht nur ökonomisch, sondern auch in sozialer und kultureller Hinsicht eine blühende Existenz zu schaffen. Mit der Vereinigung der drei Gründungsgemeinden entwickelte sich ein ganzes Netzwerk jüdischen Bildungs-, Druck- und Verlagswesens in Amsterdam – ein Grund für seinen Spitznamen *Neu-Jerusalem*.[1] Den Amsterdamer Rabbinern kam es bei ihren geistigen Anstrengungen gewiß nicht auf Neuerungen an; vielmehr richtete sich ihr Augenmerk hauptsächlich darauf, die noch vorhandene jüdische Kultur neu zu beleben, sie in den Sprachen Iberiens (Spanisch und Portugiesisch) auszudrücken und das Leben der Neujuden in diesem Geiste zu gestalten. Doch ist nicht zu übersehen, wieviel Originalität, Entschlossenheit und Phantasie von den geistigen Führern der

Gemeinde gefordert war, um die Aufgabe zu erfüllen, auf dem Hintergrund der vielschichtigen und andersartigen marranischen Erfahrung, deren Folgen sich nicht mehr vollkommen beseitigen ließen, ein neues jüdisches Leben zu schmieden.

»Der Marrane ist Katholik ohne Glauben und Jude ohne Wissen, doch Jude im Willen« – diese pointierte Charakteristik des Marranen durch Gebhardt bedarf allerdings der Einschränkung (s. u. über Da Costa sowie Anmerkung 12).[2] Die Rabbiner ebenso wie die Lehrer, Drucker und Popularisatoren von Amsterdam standen vor der Schwierigkeit, dieses unklare und vage Wollen mit einem erneuerten jüdischen Wissen füllen und es vor allem mit dem Gewebe jüdischer Sitten und Gebräuche umgeben zu müssen, die von alters her für das Leben der Juden kennzeichnend gewesen waren. Zugleich konnten sie ein theoretisches Herangehen nicht ganz vermeiden, das die theologische und nicht nur die praktische Seite ihres wieder angenommenen Judentums betonte. Die Neujuden hatten, bevor sie nach Amsterdam kamen, ein christliches Leben geführt, in dem die Theologie eine große Rolle spielte. Und schon ihre Rückkehr zum Judentum war ein Akt existentieller Polemik gegen das Christentum, der nun durch theoretische Polemik ergänzt werden mußte, indem man Konzeptionen und Prinzipien entwickelte, die zeigten, daß das Judentum dem Christentum theoretisch überlegen war.

Daneben erfüllte der christliche Hintergrund auch weiterhin das Bewußtsein der ehemaligen Marranen und bestimmte die historische Erfahrung, die den Charakter des Einzelnen wie der Gemeinschaft prägte. Menschen legen ihre Vergangenheit nicht einfach ab, nur weil sie sich umentscheiden oder einen neuen Kurs einschlagen; ein Wesen, das mit Bewußtsein und Erinnerung ausgestattet ist, kann nicht einfach an seinen Ausgangspunkt zurückkehren, auch wenn es auf eine Position zurückgreift, die es früher einmal eingenommen und dann aufgegeben hat. Die Marranen hatten Generationen hindurch unter Christen gelebt, hatten an ihren Sitten und ihrer Erziehung teilgehabt, ihre Bräuche – zumindest nach außen hin – gepflegt und die gleiche Symbolwelt, die gleiche Denkweise verinnerlicht. Viele Marranen gehörten sogar zur iberischen Elite, die eine ausgezeichnete Erziehung genoß und an den Universitäten studierte. Dadurch hatten sie Anteil an der Bildung ihrer Zeit und deren neusten Errungenschaften. Auch wenn Spanien und Portugal die Länder der Inquisition waren, wäre es falsch, sie als Regionen der Unwissenheit und Finsternis oder als im Mittelalter steckengeblieben anzusehen. Die Gelehrsamkeit der Zeit drückte sich in Iberien in einer kulturellen Wiederbelebung aus, die im sechzehnten und siebzehnten

Jahrhundert dem sogenannten Goldenen Zeitalter stattfand; häufig verstärkte der religiöse Eifer diese kulturelle Wiederbelebung auf seine Weise. Spanien führte unter Karl V., Philipp II. und ihren Nachfolgern keinen reinen Abwehrkrieg gegen den wachsenden Protestantismus. Vielmehr bewirkte die iberische Gegenreformation eine Renaissance des Katholizismus, so daß der alte Glaube nicht bloß durch das Schwert und durch das politische Establishment, sondern auch durch einen neuen kulturellen und geistigen Antrieb wiederbelebt wurde. Die Marranen, die in diesem Klima lebten und erzogen wurden, mußten in solch militantem Katholizismus eine niederdrückende Macht sehen, die sie gefangenhielt und zu zerstören drohte. Sicherlich betrachteten sie sie aber nicht als eine im Niedergang begriffene Macht, die gegen einen frischen Geist um ihr Leben kämpfte. Vielmehr hatte ein frischer Geist den Katholizismus selbst ergriffen.

Die Nachkommenschaft von Marranen, die diese Erfahrung gemacht hatten, sammelte sich allmählich in Amsterdam. Als Spinoza zur Welt kam, war die Gemeinde über fünfundzwanzig Jahre alt und konnte stolz sein auf ein Netz sozialer und kultureller Institutionen sowie gemeinnütziger Hilfs- und Bildungseinrichtungen. Diejenigen, die als Neuchristen nach Amsterdam kamen – viele in reifem Alter und aus unterschiedlichem kulturellem und persönlichem Milieu –, kehrten offen zum Judentum zurück, indem sie sich der Beschneidung unterzogen, wieder der Gemeinschaft ihrer Brüder beitraten und anfingen, erneut ein jüdisches Leben zu führen. Neben denen, die einzig aus religiösen Motiven kamen, gab es auch solche, die vielleicht nur soziale und ökonomische Integration in ein liberaleres System suchten; zwar führten sie ein jüdisches Leben, doch zeichnete sich dieses kaum durch besondere religiöse Intensität aus. Ihnen standen jene gegenüber, die mit hochfliegenden Erwartungen und geistiger Inbrunst zum Judentum zurückgekehrt waren. Nicht zufällig finden wir gerade in dieser Gruppe einige der provokanteren, skandalumwitterten Gestalten, die ersten Fälle von Abweichung und Häresie. Das prominenteste Beispiel ist Uriel Da Costa.

Uriel da Costa: Jenseits der Sphären der Identität

Die Tragödie des Uriel Da Costa ist recht bekannt, sie hat für manches Melodrama den Stoff abgegeben. Bis vor kurzem kannte man seine Lebensgeschichte hauptsächlich aufgrund einer mutmaßlichen Autobiographie, dem *Exemplar humanae vitae* (Ein Beispiel menschlichen

Lebens), das ein calvinistischer Theologe viele Jahre nach dem Tod Da Costas veröffentlicht hat. Doch ist vermutet und zum Teil bewiesen worden, daß dieser Text in einigen Punkten von der Wahrheit abweicht, einerseits aufgrund von Da Costas Neigung zur Polemik, andererseits wegen der antijüdischen Tendenz des Verfassers der vielen apokryphen Teile, die das Buch zu enthalten scheint – vielleicht auch aus beiden Gründen. Das revidierte und komplexere Porträt Da Costas, das die neuere Forschung dem Leser vermittelt, erhärtet immer mehr die These von der gespaltenen Identität und den verworrenen religiösen Affinitäten, die das Marranentum in vielen Fällen zeigt.[3]

Bevor wir eine kritische Interpretation versuchen, wollen wir kurz Da Costas eigene Fassung seiner Lebensgeschichte wiedergeben.[4] Gabriel (der spätere Uriel) Da Costa, Neuchrist aus Porto in Portugal und ehemaliger Student des Kanonischen Rechts an der Universität Coimbra, stieg zum kirchlichen Schatzmeister seiner Geburtsstadt auf. Doch vom Katholizismus enttäuscht und an der Existenz eines Lebens nach dem Tode zweifelnd, kehrte er der Religion, in der er erzogen war, den Rükken und wandte sich dem alten jüdischen Bund zu. Er glaubte, daß dieser das Wort Gottes in seiner ursprünglichen Reinheit enthalte. Die Bibel, so behauptet Da Costa, sei für ihn Quelle und Vorbild gewesen, das Judentum kennenzulernen und es dem Katholizismus vorzuziehen. Eine Zeitlang ermutigte Da Costa andere Neuchristen, zum Judentum zurückzukehren. Um offen nach seinen Überzeugungen leben zu können, traf er schließlich die Entscheidung und überredete auch andere Mitglieder seiner Familie dazu, Portugal zu verlassen und das Glück in einer Gemeinde ihres alten Volkes zu suchen.

Doch als Da Costa nach Amsterdam kam und sich wieder offen zum Judentum bekannte, erlebte er, wie er sagt, eine herbe Enttäuschung. Statt der ursprünglichen Religion der Bibel fand er eine Religion voll unwichtiger Vorschriften und Regeln. Diese Religion war von einer rabbinischen und exegetischen Tradition beherrscht, die schon durch ihr bloßes Vorhandensein die ursprüngliche Botschaft des Judentums verfälschte. Die Diskrepanz zwischen seinem Ideal einer ursprünglichen Religion und der Realität des rabbinischen Judentums war offenbar ein harter Schlag für Da Costa. Statt die Religion vom historischen Ballast zu befreien und mit Hilfe des Judentums wieder zu ihrem reinen Ursprung, der Religion des Alten Testaments, zurückzukehren, war Da Costa bestürzt zu entdecken, daß das rabbinische Judentum weit vom rechten Weg des biblischen Ursprungs abgewichen war und in historischen Belanglosigkeiten aufging. Auf diese Weise kam Da Costa der geschichtliche Charakter aller Religion zu Bewußtsein. Daraus schloß er, daß weder die jüdische noch die christliche Religion ewige Wahrheit besäßen; sie seien nur Glaubensüberzeugungen, Meinungen und Vorschriften, die sich aus menschlichen Bedürfnissen und sich wandelnden Umständen entwickelt hätten, und wesentlich Menschenwerk. So erklärt Da Costa, der sein Leben als nichtchristlicher Christ begonnen hatte, dann ein nichtjüdischer Jude geworden war, wie er schließlich ein verschworener Deist wurde, der nur noch an die Vernunft und das Naturgesetz glaubte. »Es gibt viele«, sagt er, die »führen gewöhnlich im Munde: ›ich bin Jude, ich bin Christ‹ ... Wer nichts von alledem sagt und sich bloß als Menschen bekennt, ist viel besser als [sie].«[5]

Wie immer der geistige Weg Da Costas tatsächlich verlaufen sein mag, sein Versuch, als »Libertin« zu leben, war verfrüht und in seiner Zeit und unter seinen Umständen zum Scheitern verurteilt. Als er gegen die Autorität der Rabbiner und die mündliche Tradition zu Felde zog (und ein Buch schrieb, in dem er die Unsterblichkeit der Seele leugnete, das kurz darauf vernichtet wurde),[6] da wurde Da Costa von der Amsterdamer Judenschaft mit dem Bann belegt. Jahrelang lebte er in Isolation und Elend. Schließlich war sein Widerstand gebrochen, und er widerrief nach außen hin. Damit wurde er zu einer Art Marrane in einer ehemals marranischen Gemeinschaft. Im *Exemplar* sagt er, er habe damals beschlossen, »den Affen [Nachahmer] unter Affen« zu spielen. Aber der Widerspruch zwischen seinen Überzeugungen und seinem äußeren Leben brachte ihn von neuem mit der Synagoge in Konflikt, und zum zweiten Mal wurde der Cherem über ihn gesprochen. Wieder lebte Da Costa in schwerem Leid, sieben Jahre lang ein Ausgestoßener, und wieder gab er auf und widerrief. Diesmal war seine Strafe viel demütigender. Er wurde gezwungen, seine Vergehen öffentlich zu gestehen, neununddreißig Peitschenhiebe über sich ergehen und an der Schwelle der Synagoge liegend die Gemeindemitglieder über sich hinwegschreiten zu lassen. Völlig gebrochen, verbittert und entmutigt schoß er sich schließlich eine Kugel in den Kopf, allerdings nicht ohne zuvor seine Lebensgeschichte und seine Gedanken über Religion niedergeschrieben zu haben – einschließlich der Feststellung, daß alle Religionen reines Menschenwerk sind.

So stellt es das *Exemplar humanae vitae* dar. Die Authentizität dieses Werkes ist ernsthaft in Zweifel gezogen worden. Selbst wenn es sich dabei um keine Fälschung handelt, sind darin sicherlich apokryphe Bestandteile und Interpolationen enthalten – manche (wie die Äußerungen gegen die Pharisäer) mit stark antijüdischem Akzent – wie auch zahlreiche Fehlinformationen. Es wäre aber möglich, daß Da Costa selbst seine Leser in der Absicht in die Irre geführt hat, das Selbstbildnis aufrechtzuerhalten, das er geschaffen hatte und wirken lassen wollte. Im großen und ganzen stimme ich der kritischen Auffassung Revahs bei, der den Leser auf die ernsthaften Mängel des *Exemplar* hinweist (und ihn darauf aufmerksam macht, daß sich unter Umständen noch weitere Unstimmigkeiten finden werden), ohne jedoch das Werk grundsätzlich abzulehnen.[7] Nach unserem gegenwärtigen Kenntnisstand wäre solch eine Ablehnung allzu vorschnell und würde, wie P.-F. Moreau treffend sagt, Da Costa einen unverdienten »vierzigsten Peitschenhieb« versetzen.[8]

Sehr wahrscheinlich hat das pikareske Genre – in dem Anspielungen auf die Situation des Converso im Überfluß vorhanden sind – dem *Exemplar* als literarisches Vorbild für eine Art von geistigem pikareskem Roman gedient: eine Ich-Erzählung über die Herkunft, den Lebensweg, die Wechselfälle und Demütigungen eines Menschen außerhalb der etablierten Gesellschaft, eines geistigen Wanderers, der, wohin er sich auch immer wendet, ein Dissident und sozial Entwurzelter bleibt. Übrigens trägt der bekannteste pikareske Roman den Titel *Vida del pícaro Guzmán de Alfarache*, und die quasi pikaresken Erzählungen von Cervantes sind unter dem Titel *Novelas Ejemplares* zusammengefaßt. Allerdings ist Da Costas humorlose Erzählung eher voller Selbstmitleid als voller Selbstironie – was sie im Grunde unpikaresk macht.

Revah über den Da-Costa-Prozeß

In der Nachfolge einer Pionierarbeit von A. de Magalhães Basto durchforschte Revah die Akten der Inquisition von Porto nach Quellen über Da Costa und seine Umgebung. Die von ihm entdeckten Dokumente haben Da Costas Leben in Portugal für uns erhellt und vor allem die Frage geklärt, wieviel Da Costa über das nachbiblische Judentum wußte. Während dadurch manche Behauptungen des *Exemplar* erhärtet wurden, erwiesen sich andere als falsch oder irreführend. Beispielsweise bestätigte Revah, daß Da Costas Vater ein frommer Katholik ohne judaisierende Neigungen gewesen ist; daß Da Costa tatsächlich das Amt des kirchlichen Schatzmeisters innehatte; daß er aus eigener Entscheidung zum Judentum zurückgekehrt ist; daß er andere erfolgreich veranlaßt hat, dies auch zu tun; und – besonders wichtig in diesem Zusammenhang – daß gerade der Vergleich des Alten mit dem Neuen Testament Da Costa dazu gebracht hat, sich endgültig vom Katholizismus loszusagen. Andererseits versäumt es der Autor des *Exemplar*, zu berichten (oder er verschweigt absichtlich), daß es in Da Costas Familie mütterlicherseits eine Tradition des Judaisierens gab; daß seine Mutter, Branca Da Costa, aufgrund ihrer Erziehung und aus eigener Wahl aktiv judaisierte; daß Porto voll war von anderen Judaisierenden (143 von ihnen wurden zwischen 1618 und 1625 verurteilt und Autodafés unterworfen); auch daß Da Costa und die anderen Mitglieder seiner Familie Portugal nicht aus rein religiösen Gründen verließen, sondern vor der Inquisition flohen, die damals in Porto voll im Gange war und vernichtende Beweise gegen die Person Da Costas gesammelt hatte.

Bei der Untersuchung der Bräuche, die Branca Da Costa und andere in Gabriel Da Costas Geheimzirkel gewöhnlich pflegten, fand Revah nicht nur Riten und Vorschriften, die in der Bibel vorkommen, sondern auch einige andere, die unmöglich dem Alten Testament entnommen sein konnten. Manche davon stammten aus rabbinischen Quellen,[9] während andere für Marranen typisch und bei Juden unbekannt waren.[10] Da Costa war vielleicht nicht imstande, zwischen beiden zu unterscheiden, aber zumindest kannte er mehrere *nach*biblische Bräuche und praktizierte sie zweifellos etwa vier Jahre lang, während er noch in Iberien lebte.

All dies gestattet Revah den Schluß: »Was Uriel Da Costa im *Exemplar humanae vitae* nicht gesagt hat, ist, daß er bei der Abkehr vom Katholizismus weder einem persönlichen biblischen noch traditionellen rabbinischen Judentum anhing, sondern dem normalen Marranentum, wie es zu Beginn des siebzehnten Jahrhunderts [vorherrschte]« – nur um einige zusätzliche, für sein Milieu typische Rituale erweitert.[11] Dieses »normale Marranentum«, fährt Revah fort, »stellt eine verkümmerte Form des rabbinischen Judentums dar« – ein Schluß, der nicht ohne weiteres aus seinen Fakten folgt. Tatsächlich hat Revah gezeigt, daß das »verkümmerte rabbinische Judentum« nur ein Bestandteil der marranischen Religion war, die noch weitere, weder biblische *noch* rabbinische, sondern *spezifisch marranische* Riten enthielt (Revah nennt sie »echte Neuerungen«). Dieser Sachverhalt ist dann von entscheidender Bedeutung, wenn es um die Erscheinung des Marranentums im allgemeinen geht; hier in bezug auf Da Costa ändert sich jedoch nichts Wesentliches.

Daher darf man die Feststellung des *Exemplar*, Da Costa habe erst, als er außerhalb Iberiens mit dem jüdischen Leben in Berührung kam, das rabbinische Erbe des Judentums entdeckt und dadurch einen Schock erlebt, nicht für bare Münze nehmen. Auch wenn seine frühe Kenntnis vom rabbinischen Judentum dürftig war, so war sie dennoch vorhanden.

Ein revidiertes Da-Costa-Bild

Sicherlich ist eine Revision des Da-Costa-Bildes notwendig. Dabei geht es mir nicht darum, alle überraschenden Wendungen und Enttäuschungen aus Da Costas Lebensgeschichte zu streichen. Sie müssen nur anders interpretiert werden.

Yerushalmi hat gezeigt, daß gebildete Marranen (wenn auch bruchstückhaft und mittelbar) doch reiche Kenntnisse über das Judentum aus frei zugänglichen christlichen Quellen gesammelt haben konnten.[12] Die These stimmt, doch beweist sie nicht mehr, als daß solches Material vereinzelt *zugänglich* war. Wieviel ist davon tatsächlich gesucht und aufgenommen worden? Um diese Frage zu entscheiden, muß man über jede Person, ihre Lebensbedingungen und besonders über ihre innere Motivation mehr wissen. Paradoxerweise mag jemand ohne Kenntnis der jüdischen Riten für eine solche Untersuchung vielleicht besser geeignet sein als jemand, der wie Da Costa durch die ihm überlieferte marranische Tradition sehr wohl eine vage Kenntnis besaß. Yerushalmi stellt, sogar ohne Verwendung der Ergebnisse Revahs, eine interessante Vermutung an. Er sagt, Da Costa sei sich sehr wohl bewußt gewesen, daß das Christentum seiner Zeit von der Lehre Jesu himmelweit entfernt war; warum hätte er vom Judentum seiner Zeit annehmen sollen, daß es mit dem Judentum Mosis identisch war?[13] Diese Bemerkung ist vollkommen logisch, aber die Verwicklungen der menschlichen Psyche folgen nicht immer der Logik und dem gesunden Menschenverstand. Aus der Tatsache, daß ein bestimmtes Verhalten am vernünftigsten ist, folgt nicht, daß man sich tatsächlich so verhält – vor allem dann nicht, wenn es sich um einen Menschen handelt, von dem bekannt ist, daß er zwiespältigen und mehrdeutigen geistigen Einflüssen ausgesetzt war. Wunschdenken, Selbsttäuschung, ideologische und emotionale Blockaden gehören zu den bekanntesten Ursachen für eine voreingenommene Wahrnehmung der Wirklichkeit oder für unbegründete Erwartungen. Es lassen sich viele Gründe nennen, weshalb der ruhelose Da Costa mit seiner gespaltenen Identität – nicht ganz ein Katholik, von der Idee »reiner (religiöser) Ursprünge« besessen und sehnsüchtig darauf ausgerichtet, sie in einem Idealbild seiner eigenen jüdischen Herkunft zu finden – sich ein Bild des Judentums gezeichnet haben sollte, das stärker von seinen eigenen Wünschen beeinflußt war als von dem, was vielleicht dem gesunden Menschenverstand entsprochen hätte.

Natürlich konnte Da Costa nicht wirklich geglaubt haben, das Judentum sei rein biblisch; diese Behauptung des *Exemplar* läßt sich nicht länger aufrechterhalten. Wenn auch unklar und sich selbst täuschend, war sich Da Costa durchaus der Existenz eines nachbiblischen Judentums bewußt. Aber seine Kenntnisse darüber waren dürftig und beschränkt; vor allem wurde ihm nicht klar, wie außerordentlich weit rabbinische Regeln und Vorschriften in das jüdische Leben eingegriffen hatten und welch entschiedenen und mächtigen Widerstand sie deshalb für jeden Reformversuch bedeuten würden. Ich meine, Da Costa hielt das Judentum besonders innerhalb der neujüdischen Gemeinden einer reinigenden Reform für zugänglicher als den Katholizismus im Iberien der Inquisition. Hier lag Da Costas Irrtum und die Quelle seiner Überraschung und Enttäuschung.

Wir können nun seinen Fall in diesem Licht neu überdenken. Da Costa hatte als religiöser Reformator, vielleicht mit erasmischen Neigungen, *innerhalb* des *Christentums* begonnen.[14] Es war nicht ungewöhnlich, daß Conversos, selbst wenn sie ernsthafte Christen waren, zu religiösen Reformern und Neuerern wurden und dabei eine charakteristische Vorliebe für die authentische Erfahrung des gläubigen Herzens gegenüber dem äußerlichen Ritual an den Tag legten. Ein Jahrhundert vor Da Costa waren daraus einige der lebendigsten und umkämpftesten religiösen Strömungen in Iberien entstanden, wie die spanischen Erasmus-Anhänger und die neue mystische Bewegung der *alumbrados* (der Erleuchteten). Viele Führer dieser Bewegungen stammten aus Converso-Familien, in denen das Judaisieren Tradition besaß.[15] Ob Da Costa unmittelbar das Erbe dieser Strömungen antrat, bleibt noch zu zeigen, aber die strukturellen Ähnlichkeiten liegen auf der Hand, vor allem in der erasmischen Tendenz, zu den reinen Ursprüngen der Religion (ad fontes) zurückzukehren.

Marranen aus judaisierenden Familien waren darin geschult, zwischen einem unechten, äußerlichen Kult und der authentischen inneren Botschaft einer Religion zu unterscheiden. Als diese Fähigkeit in den innerkatholischen Kontext übertragen wurde, förderte sie neue Formen christlicher Frömmigkeit und rief nach religiöser Reinigung. Überdies vermochten sich die Conversos durch ihre größere christliche Frömmigkeit im christlichen Zusammenhang selbst eine gewisse Überlegenheit – sogar eine herausfordernde Andersartigkeit – zu bewahren. Ganz offensichtlich (und doch anders) fromm zu sein kann eine subtile Form des Widerstands ausdrücken; jedenfalls ist dies ein weiteres Zeichen dafür, daß die Conversos nicht vollständig in die Gesellschaft ihres Gastlandes integriert gewesen sind.[16]

Die meisten dieser Faktoren treffen auf Da Costa zu. Seine Suche nach religiöser Authentizität hatte ihn zuerst zu einem Reformator im christlichen Kontext gemacht. Als er später zum Judentum überwechselte, tat er das vom Christentum aus. Andererseits speisten sich, wie meine Analyse gezeigt hat, auch seine reformerischen Tendenzen als Christ zumindest teilweise aus seinem spezifisch marranischen Hintergrund, der ihn für das Problem religiöser Authentizität empfindsam und der Tatsache bewußt machte, daß er in die katholische Gesellschaft nicht ganz integriert war. Es kann sogar sein, daß Da Costas Eifer für die Idee der reinen religiösen Ursprünge zum Teil eine Reaktion auf den Schandfleck der »unreinen *rassischen* Ursprünge« (der »Unreinheit des Blutes«) war, der ihm als Converso wie ein Stachel im Fleisch saß. Jedenfalls verband Da Costa letztlich diese beiden Probleme, das theologische und das rassische (oder existentielle), in einer einzigen Antwort. Das wahre Wort Gottes lag in der Bibel – und die authentische Bibel war das Alte Testament, die Heilige Schrift der Vorfahren Da Costas, der alten Juden. Gerade dadurch, daß er tief in seine eigenen existentiellen Ursprünge eintauchte, konnte Da Costa am besten seinem Wunsch nach der ursprünglichen religiösen Wahrheit gerecht werden und auch (in Übereinstimmung mit den iberischen Normen) eine bessere und »reinere« Identität gewinnen. Die Authentizität der christlichen Religion und die Authentizität seiner eigenen Abstammung trafen sich in ein und demselben Ziel. Das aber hieß, zur ursprünglichen Religion der Bibel zurückzukehren, nicht zu einem Judentum, das bereits mit seiner eigenen »Kirchen«-Geschichte und mit quasi »katholischen« Entstellungen (auch mit dem Glauben an ein Leben nach dem Tode) belastet war.

Deshalb meine ich, daß Da Costa von vornherein als ein bewußter Reformator zum Judentum zurückkehrte. Natürlich erwartete er nicht, außerhalb Iberiens ein fertiges biblisches Judentum zu finden. Er war nie der Ansicht, wie uns das *Exemplar* glauben machen könnte, daß die mosaische Religion über zwei Jahrtausende versteinert nur darauf gewartet habe, daß Uriel Da Costa ganz unhistorisch einen Sprung in sie zurück machen werde. Wie vage und wider Willen auch immer, war sich Da Costa doch bewußt, daß das nachbiblische Judentum sich vom ursprünglichen Judentum unterschied. Aber er hoffte und glaubte, daß die im Flusse befindliche Situation der Neujuden eine historische Gelegenheit bieten würde, dem abzuhelfen. In dieser Hinsicht entwickelte er historisch ausgerichtete Argumentationen. Nachdem Da Costa gesehen hatte, welchen Triumph die Gegenreformation in Iberien feierte, erwartete er, daß sich das Judentum (anders als der Katholizismus, auf den er keine Hoffnung setzte) für eine reinigende Reform im ursprünglichen Sinne der Bibel eignen *könnte*, besonders in den neujüdischen Gemeinden, wo ehemalige Marranen auf einer minimalen und zerrütteten Grundlage versuchten, sich ein jüdisches Leben aufzubauen. Da diese Neujuden sich bereits darum bemühten, ihr verlorenes Wesen wiederzufinden, hätten sie ebensogut noch weiter, bis auf ihre Ursprünge zurückgehen und ein reineres biblisches Judentum wiederherstellen können, das anderenorts ausgelöscht worden war.

Das jedoch war Da Costas großer Fehler und der Grund für seine ehrliche Überraschung. Er erkannte nicht (und vielleicht war das auch nicht ohne weiteres möglich), daß damals gerade das Gegenteil der Fall war: Die einzige Chance für die Neujuden, zu einer einheitlichen Gemeinde zusammenzuwachsen, bestand darin, dem orthodoxen rabbinischen Modell, wie es bereits anderenorts existierte, treu zu bleiben. Es gab keine andere normative Kraft, mit deren Hilfe aus einer solchen Vielfalt von Neuankömmlingen eine einheitliche Gruppe hätte geschmiedet werden können. Jeder besaß seine eigenen Ambiguitäten, und allen fehlte eine gemeinsame, maßgebende jüdische Tradition. Gerade die im Flusse befindliche Situation, auf die Da Costa vermutlich seine Hoffnung gesetzt hatte, erwies sich als die Ursache seiner größten Enttäuschung.

Dieses revidierte Bild von Da Costa unterstreicht nur die typisch marranischen Ambiguitäten, um die es hier geht, vor allem den jüdisch-katholischen Zwiespalt, der bereits einen subtileren Zwiespalt in seinen beiden Elementen voraussetzt. Die verschiedenen Ausprägungen kennzeichneten die vier Stadien in Da Costas Leben: als enttäuschter Katholik, als heimlicher Judaisierer in Portugal, als Neu-Karäer in Amsterdam und schließlich als Deist.

Man hat Da Costa »den ersten modernen Menschen« genannt, der »die jüdisch-christliche Tradition überwinden sollte«.[17] Doch letztlich gelang ihm das nicht, und sein vergeblicher Versuch ließ ihn verzweifeln, führte zu Demütigung und seinem Untergang. Als er versuchte, sowohl über die Ansichten und Überzeugungen des Judentums als auch des Christentums hinauszugehen, entdeckte er, daß es dafür auch nötig sei, Judentum und Christentum als konkrete historische Entitäten aufzugeben. Aber die Zeit war noch nicht reif dafür, und in der Serie von Verfolgungen durch die Inquisition und in dem zweimaligen Bann erwies sich die Geschichtlichkeit der Religion, die Da Costa überwinden wollte, von neuem als soziale und existentielle Schranke. Unter solchen Bedingungen mußte Da Costas Versuch, sich unmittelbar mit der Menschheit im allgemeinen zu identifizieren, dazu führen, daß er, sich selbst und allen anderen Menschen entfremdet, seine Tage beschloß.[18]

Manchmal ist es gerade die Ausnahme, der fast pathologische Fall, der ein Licht auf die Hintergründe einer Sache und auf eine ganze Mentalitätsstruktur wirft. Der Marrane, der in einer fremden Kultur lebt, schafft sich einen idealisierten Gegenstand seiner Sehnsucht, mit dem er weder durch sein Leben noch durch sein Wissen wirklich Kontakt hat, und doch versucht er, über diesen Gegenstand eine neue Identität und ein Gefühl der Zugehörigkeit zu erlangen. So lebt er faktisch sowohl von seiner natürlichen Umgebung als auch von dem ersehnten Gegenstand getrennt. Und wenn er die Diskrepanz zwischen diesem idealisierten Gegenstand und der historischen Realität, die ihn verwirklichen soll, wahrnimmt, kann er leicht völlig den Boden unter den Füßen und wie Da Costa seine ganze Identität und Zugehörigkeit verlieren. Von daher sollte man den Fall Da Costas nicht einfach als einen Ausdruck des Kampfes zwischen Orthodoxie und Gedankenfreiheit ansehen, sondern als eine (wenn auch extreme) Manifestation eines speziellen inneren Schismas, das der Erfahrung des Marranen selbst innewohnt. Wohin sich der Marrane auch wendet, er ist ein Außenseiter und ein »Neuer« (ein Neuchrist oder ein Neujude). Er gehört nicht einfach oder naturgemäß einem bestimmten Kulturkreis an; in jedem fühlt er sich sowohl eingebunden als auch ausgeschlossen. Hat er scheinbar dieses Problem gelöst und eine Identität für sich gefunden (durch Assimilierung in die christliche Gesellschaft oder durch Rückkehr zum Judentum), so besitzt er diese Identität nicht einfach oder unmittelbar, denn er muß beständig kämpfen, um sie zu schaffen und zu bewahren und um die inneren Widersprüche, die sie enthält, zu überwinden. Demnach ist er zu einem Leben in geistiger Gärung und Umwälzung verurteilt, zu aufkommenden Zweifeln und einem Bruch mit sich selbst, mit seiner Vergangenheit und seiner Zukunft – und das weit mehr als jedes Mitglied einer traditionellen Gesellschaft oder auch einer revolutionären Gruppe wie der der Reformatoren. Der nicht assimilierte Marrane ist wirklich der ewige Jude, der zwischen Christentum und Judentum pendelt und zwischen diesen beiden und dem Freidenkertum treibt. Insofern gehört er zu den Vorläufern der Moderne, mit ihrem Skeptizismus und ihrem Zusammenbruch der traditionellen Strukturen. In dieser Hinsicht ist das Leben Uriel Da Costas, trotz allem Pathos und aller Melodramatik, mit den Worten seines eigenen Buches, ein *exemplar humanae vitae*, gelebt in Zeiten der Gärung und unter entwurzelnden Umständen.

Da Costa und Spinoza

Spinoza war acht Jahre alt, als Uriel Da Costa sich eine Kugel durch den Kopf schoß. Reaktionen auf den Skandal und die Tragödie müssen unter den Schülern das Tagesgespräch gewesen sein. War es denn so gewöhnlich, daß sich in der jüdischen Gemeinde jemand erschoß? Möglicherweise war Da Costa schon vor seinem Selbstmord so etwas wie eine geheimnisumwitterte Gestalt für die Kinder – ein Geächteter und Verbannter, unheilvoll und übel beleumdet, vor dem die Erwachsenen beständig warnten – und der pathetische Darsteller einer erniedrigenden Szene der Reue. So mag er das Opfer von Klatsch und Unterstellungen gewesen sein, Zielscheibe von Spott und kindlicher Grausamkeit und auch der Protagonist vieler Geschichten und Legenden, die jugendlicher Phantasie entsprangen.[19] Der junge Spinoza wußte nicht, daß der Naturalismus Da Costas Teile seiner eigenen Lehre vorwegnahm, wie Gebhardt es rückblickend sah.[20] Doch muß sich der Fall dem Gedächtnis des Achtjährigen tief eingeprägt haben und ihm als Erwachsener Anlaß zur Reflexion gewesen sein. Sobald Spinoza imstande war, Da Costas Handeln zu begreifen, dürfte er nicht nur im persönlichen Schicksal dieses Mannes, sondern auch in seinen Theorien reichlich Stoff zum Nachdenken gefunden haben.[21]

Revah und Gebhardt sind hinsichtlich des unmittelbaren Einflusses von Da Costa auf Spinoza geteilter Meinung. Gebhardt geht im einzelnen auf die Ähnlichkeiten in ihren Anschauungen ein, fügt aber vorsichtig hinzu, daß ein wesentlicher Einfluß Da Costas auf Spinoza »kaum anzunehmen« sei.[22] Revah dagegen ist überzeugt, daß Spinoza viel über den Fall Da Costa nachgedacht habe, und fügt hinzu, die Durchsicht der von ihm entdeckten Quellen ergebe, daß sogar wahrscheinlich entfernte Familienbande zwischen den beiden bestanden haben.[23] Revah mag in der Sache wohl recht haben, doch die geistige Verbindung zwischen Spinoza und Da Costa steht und fällt nicht mit dem Vorhandensein einer direkten Beziehung zwischen ihnen. Wenn eine solche Beziehung bestand, um so besser. Doch auch ohne sie könnte man behaupten, daß diese beiden Männer – wie andere Dissidenten und Häretiker jener Zeit – unwissentlich ein größeres geistiges Problem verkörperten, das mit der Situation der Neujuden zusammenhing. Revah scheint geneigt zu sein, geistige Phänomene linear zu erklären, so, als werde ein Mensch durch einen anderen, einen Dissidenten, zur Häresie beeinflußt oder zur Häresie gedrängt.[24] Ohne die Bedeutung persönlicher Beziehungen zu unterschätzen, müssen wir jedoch den Ursprung des Dissidentenphänomens in einem größeren, verzweigten Kulturgefüge suchen. Dieses Kulturgefüge können wir aus den genannten Fällen ablesen, doch es geht über sie hinaus und gibt den einzelnen Fällen einen spezifischen Hintergrund, vor dem sie besser und konkreter verstanden werden können.[25]

Orobio und Cardoso als Beleg

Nicht alle, die aus religiöser Überzeugung zum Judentum zurückkehrten, waren so enttäuscht wie Da Costa. Im Gegenteil, einige von ihnen wurden zu militanten Verfechtern des traditionellen jüdischen Standpunktes und führten eine heftige Polemik gegen die Häretiker. Zu diesen gehörte vor allem Baltasar Orobio de Castro, ein marranischer Arzt und Professor für Metaphysik an einer spanischen Universität, der später von der Inquisition wegen Judaisierens festgenommen wurde. Verhört, gefoltert und seines Besitzes beraubt, gestand Orobio schließlich und wurde in einem Autodafé, das zufällig etwa zur Zeit von Spinozas Cherem (Juni 1656) stattfand, mit der Kirche wieder versöhnt. Später lehrte Orobio als falscher Christ in Toulouse Medizin und ging schließlich, als er ein Leben in Heimlichkeit und Verstellung nicht mehr ertragen konnte, nach Amsterdam und kehrte offen zum Judentum zurück, wobei er den Namen Isaac annahm.[26] Von da an verteidigte Orobio das Judentum enthusiastisch gegen jeden Widerstand und jede abweichende Meinung und wurde zum Missionar, der andere Marranen drängte, zur Religion ihrer Vorväter zurückzukehren. Er beschwerte sich über Prado, griff Spinoza an und setzte sich mit dem arminianischen Theologen Philipp van Limborch und anderen christlichen Gegnern auseinander.

Mindestens an zwei Stellen beschrieb Orobio die Häresie der ehemaligen Marranen. In einer Polemik gegen seinen früheren Freund Prado teilte er die Neujuden in zwei Gruppen: einerseits jene, die aufrichtig und demütig zum Glauben ihrer Vorväter zurückkehren, die nur an Unwissenheit, nicht aber an Hochmut kranken und daher bereit sind, das Gesetz zu lernen und es zu befolgen.

> Andere kommen zum Judentum, die im Götzendienst [in Iberien, Y.Y.] einige Profanwissenschaften wie Logik, Physik, Metaphysik und Medizin studiert haben. Diese kommen an, nicht weniger unwissend über das göttliche Gesetz als die ersten, aber voll von Eitelkeit, Hochmut und Dünkel, überzeugt, daß sie in allen Materien

> grundgelehrt sind, daß sie alles wissen, und obwohl sie das Wesentliche nicht wissen, glauben sie, sie wüßten alles. Sie gehen unter das glückliche Joch des Judentums, beginnen von denen, die wissen, zu hören, was sie nicht wissen, aber ihre Eitelkeit und ihr Hochmut erlaubt ihnen nicht, Lehre anzunehmen, um aus der Unwissenheit herauszukommen. Sie vermeinen, daß sie an Kredit als Gelehrte einbüßten, wenn sie sich von denen belehren lassen, die wirklich Gelehrte im heiligen Gesetze sind, sie legen große Wissenschaft an den Tag, dem zu widersprechen, was sie nicht verstehen ... Sie vermeinen, indem sie sophistische Argumente ohne jede Grundlage bilden, würden sie sich als geistreiche scharfsinnige, wissenschaftliche Köpfe akkreditieren, und das Schlimmste ist, daß sie diese Meinung auch bei Menschen erlangen, die sich infolge ihrer Jugend oder nach ihrer schlimmen Naturanlage für verständig halten.[27]

Hier beschreibt Orobio die Marranenerfahrung als eine Quelle der Häresie unter den Neujuden. Seine Polemik gegen die Häretiker basiert jedoch auf demselben Hintergrund, denn Orobio beruft sich auf katholisch-scholastische Schriftsteller wie Thomas von Aquin, Duns Scotus und Wilhelm Durandus[28] und brandmarkt alle Anzeichen eines selbständigen Denkens als »Hochmut« – ein durchaus christlicher Vorwurf. Obwohl Orobio seine Spitzen vor allem gegen einen Mann richtet (nämlich gegen Prado, der unten vorgestellt werden wird), zeichnet er damit zugleich die breitere Szenerie von Zweifeln und Zwiespältigkeiten, die für die neujüdische Gemeinde in Amsterdam typisch waren (Gebhardt hat als erster darauf hingewiesen).[29] Ja, läßt man Orobios Polemik gegen seinen früheren Freund und Gönner Prado außer acht, dann erscheint das von ihm gezeichnete Bild geradezu symptomatisch für ein Dilemma, das eine ganze Schicht von Leuten betraf. Es handelt sich um jene, die auf einem hohen Kulturniveau erzogen worden sind, sich aber nicht organisch mit irgendeiner vorhandenen (jüdischen oder christlichen) Tradition identifizieren können und die nun plötzlich eine andersartige Lehre, in der sie sich nicht wirklich wiederfinden und die niemals ein integraler Bestandteil ihres Lebens oder ihrer Erziehung gewesen ist, annehmen sollen. Diese Tradition steht ihnen nun als fremde, von außen gesetzte Ordnung gegenüber, an die sie sich anpassen müssen (oder genauer, die sie assimilieren müssen), weil es die Tradition derjenigen Nation ist, mit der sie sich aufgrund einer gefühlsmäßigen und abstrakten Entscheidung identifizieren. Letztlich bestanden die meisten Neujuden diese Prüfung, wenn auch nicht ohne innere Kämpfe; aber die Fälle von Häresie, wie auch der Fall Prados, zeigen in besonderer Schärfe, welcher Art von Problemen auch andere ausgesetzt waren. Wie Yerushalmi betont: Das Wunder besteht nicht darin, daß es so vielen mißlang, ganz Juden zu werden, sondern daß es so vielen geglückt ist.[30]

Daß das ein weitverbreitetes Problem war, zeigt die Tatsache, daß Orobios gegen Prado gerichtete *Epistola Invectiva* sich lang und breit mit verschiedenen Typen von Häretikern auseinandersetzt. Orobio teilt diese in drei Klassen ein:

Erstens »die abscheulichen Atheisten«, die es wagen, die Heilige Schrift abzulehnen, und nur an eine Erste Ursache glauben. Das bezieht sich unmittelbar auf solche Deisten wie Uriel Da Costa und Juan de Prado, könnte in gewissem Sinne aber auch für Spinoza gelten.

Zweitens diejenigen, die an Gott und die Heilige Schrift glauben, die mündliche Tradition aber mißachten und ihre göttliche Herkunft leugnen.

Und drittens diejenigen, die sowohl an das geschriebene wie an das mündliche Gesetz glauben, den von den Rabbinern eingeführten Regelkodex aber ablehnen und darin ein törichtes System sehen, das dem ursprünglichen Gesetz Gottes zuwiderläuft.[31]

Orobio betrachtet die letzten beiden Klassen von Häretikern als Juden, nicht aber die erste. Der dritte Typus stellt seiner Meinung nach eine beträchtliche Bedrohung dar, denn die hierzu gehörenden Häretiker wechseln häufig von einer Gruppe zur anderen, bis sie ganz zum Atheismus gelangt sind.

Dasselbe bezeugt ein anderer ehemaliger Marrane, der Mystiker und messianische Aufwiegler Abraham (Miguel) Cardoso, der sowohl mit Orobio als auch mit seinem eigenen Bruder Isaac wegen deren, wie er meinte, exzessivem Rationalismus im Streit lag. Abraham Cardoso, der vermutlich von Orobio unabhängig geschrieben hat (allerdings könnten beide eine gemeinsame Quelle gehabt haben), unterscheidet mehrere Gruppen von Neujuden: die einfachen Leute, die »jedes Wort der Weisen befolgen«, und zwei Arten von Häretikern.[32] Die erste Kategorie umfaßt im wesentlichen »Philosophen und Wissenschaftler«, die für alles eine rationale Erklärung fordern und die die Aussagen der Weisen von Israel und das Heilige Gesetz ablehnen, soweit diese nicht begründbar sind. Für Cardoso »bleiben sie schlechte Juden, aber keine Christen«. Manche dieser forschenden Geister »beugen sich den Regeln des Gesetzes« und werden, indem sie sie studieren, schließlich »weise und gehorsam«; doch gibt es andere, die »weder Juden noch Christen, sondern Naturalisten bleiben«. Für Cardoso ist »diese Sekte die übelste«; er würde eine Schrift gegen sie verfaßt haben, wäre er nicht mit den Vorbereitungen für die unmittelbar bevorstehende Ankunft des Messias beschäftigt gewesen. Gleichwohl habe er einen aus dieser Gruppe davon überzeugt, seine Einstellung zu ändern. Nach Cardosos Bericht handelte es sich also offensichtlich um eine allgemein verbreitete Erscheinung.

Die zweite Kategorie umfaßt »hochmütige« Leute, die für alles nicht eine rationale Begründung, sondern einen Bibelbeleg fordern. Sie glauben nichts, was nicht durch eine Bibelstelle begründet ist, und weigern sich aus diesem Grunde auch, den wahren Messias anzuerkennen, wie beispielsweise »Doktor [Isaac] Cardoso (der Bruder Abrahams) und Doktor Orobio«. Abraham Cardosos Charakterisierung gilt demnach nicht nur für Neu-Karäer, die die mündliche Tradition und das rabbinische Gesetz ablehnen, sondern auch für gesetzestreue Juden, die alle Arten jüdischer Gesetze akzeptieren, nicht jedoch den Messiaswahn des Sabbatai Zwi.

Ähnlich wie Da Costa war auch Abraham Cardoso der Meinung, dem herkömmlichen Judentum der Rabbiner fehle es an Spiritualität; es bleibe hinter seinem wahren Wesen zurück. Dieses Wesen lag für ihn im *messianischen* Appell des Judentums, in der Aufgabe, nach historischer wie metaphysischer Erlösung zu streben. Cardoso verkörperte also sowohl der Struktur wie dem Inhalt nach eine marranische Mentalität, denn er wollte seine marranische *esperanza* – das Streben nach Erlösung – dem Judentum, das er vorfand, als er aus Iberien kam, aufprägen. Wenn Abraham Cardoso sogar seinen Bruder Isaac und »Doktor Orobio« als Häretiker brandmarkt, benutzt er ironischerweise den bekanntesten christlichen Vorwurf gegen die Juden: Sie seien schuldig, den wahren Messias nicht anerkannt zu haben. Dieser Vorwurf war unter den Anhängern des Sabbatai Zwi allgemein verbreitet, aber im Munde eines ehemaligen Marranen, der als Katholik erzogen worden war, hat er einen besonderen Klang.[33]

Außer dem Ausbruch eines Messianismus um 1666, der rasch schmerzlicher Desillusionierung weichen sollte, war es der aktive sabbatianische Messianismus, der dem rabbinischen Judentum gewöhnlich verdächtig vorkam und an Häresie zu grenzen schien. Daß ehemalige Marranen wie Abraham Cardoso in dieser Bewegung aktiv waren, daß diese Bewegung die Phantasie der zum großen Teil aus ehemaligen Marranen bestehenden Amsterdamer Gemeinde beflügelte – zu deren Erfahrung die »Mini-Erlösung« von der »ägyptischen Knechtschaft« in Iberien gehörte –, daß nach dem Sturz Sabbatai Zwis und nach seiner schockierenden Bekehrung zum Islam ehemalige Marranen zu seinen unerschütterlichen

Anhängern zählten und in ihm das tiefste mystische Geheimnis (einen »Marranen-Messias«!) sahen – das alles sind weitere Formen neujüdischer Häresie und Nonkonformität, die auf der früheren Erfahrung als Marranen beruhen.[34]

Es ist zu betonen, daß das Marranentum verschiedene Ausformungen und Varianten hatte. Es war eine spezifische historische Struktur, eine Art Befindlichkeit, die eine große und mannigfaltige Gemeinde prägte. Und die Reaktion jedes einzelnen Individuums auf diese Befindlichkeit sowie auf das Zusammentreffen von Kulturen und Schicksalen, die sie mit sich brachte, war in jedem Fall ganz unterschiedlich. Marranische Züge finden sich bei Neuchristen, die aus voller Überzeugung zum Katholizismus übergetreten sind (die zum Teil Priester, Mystiker oder Religionsreformer wurden). Sie finden sich auch bei Judaisierenden, die insgeheim das Andenken an ihre jüdische Identität und Religionsausübung bewahrt haben, und sie finden sich bei denen, die offen zur jüdischen Orthodoxie zurückgekehrt sind, bei Rationalisten und Philosophen, bei Kabbalisten und Sabbatianern, Pseudohäretikern und Skeptikern, selbst bei vollkommenen Atheisten. Bei den Amsterdamer Rabbinern Saul Levi Morteira und Isaac Aboab zeigt sich der marranische Hintergrund nicht minder als bei Da Costa, Orobio, Abraham Farrar (dem Sabbatianer), Manasse ben Israel, den verfeindeten Brüdern Cardoso oder dem Dichter und Abenteurer Daniel Levi de Barrios; doch die Art und Weise, in der sich diese Befindlichkeit äußerte, führte bei verschiedenen Menschen und manchmal sogar innerhalb ein und desselben Menschen zu gegensätzlichen Formen.[35]

Im Spiegel der Gräber

In Stein gemeißelt gibt es einen außerordentlich plastischen und augenfälligen Ausdruck für das gespaltene Bewußtsein der »Neujuden«. Schon in ihren Anfängen richtete die portugiesische Gemeinde in Ouderkerk bei Amsterdam einen prachtvollen Friedhof ein. Die sorgfältig gearbeiteten Grabsteine, in ordentliche Reihen gegliedert, sind auch heute noch ein beredtes (und ein etwas irritierendes) Zeugnis für das Leben dieser einzigartigen Gemeinde.[36] Hier finden sich die Gräber der Stützen der Gemeinde – von Rabbinern, Würdenträgern, Kaufleuten – Leuten von Rang und besonderen Verdiensten. Manche Grabsteine wie die der Rabbiner Saul Levi Morteira und Manasse ben Israel und der Eltern Spinozas, Michael und Hanna Debora, sind ohne Ornamente oder Figuren, einfach und glatt, wie es bei frommen Juden von alters her üblich war. Viele andere Grabsteine sind dagegen als ausgesprochene Kunstwerke gestaltet: mit fein verzierten Lettern, gemeißelten Ornamenten und Familienwappen und vor allem – unter Verletzung des zweiten Gebots – mit der Darstellung von Menschen- und Tiergestalten. Manche erscheinen einzeln, andere verbinden sich zu Friesen und geben Szenen aus der Bibel wieder. Es ist, als habe der Besucher einen barocken Friedhof der Aristokratie oder des gehobenen Bürgertums in einem katholischen Land Südeuropas betreten, nur daß viele der Inschriften hebräisch und die Namen jüdisch sind und die alte rituelle Formel TNZBH (auf hebräisch) in die Grabsteine gemeißelt ist.

Hier ist das Grab von Mordechai Franco Mendes und seiner Frau Sara: Die Friese auf ihrem Grabstein zeigen die Opferung Isaaks, den Traum Jakobs, David beim Harfenspiel und den Bund Abrahams mit Abimelech. Und hier ist das Grab von Ribca (Rebecca) Ximenez und ihrer Tochter Esther: ein Totenkopf und gekreuzte Knochen, halbnackte Putten vergießen Tränen, und in der Mitte ein Bild der Erzmutter Rebecca, die mit ihren Dienerinnen zur Quelle Wasser schöpfen kommt. Die beiden trauernden Knaben auf dem Grabstein von Abraham Levi Vitoria und seiner Frau sind fast ganz nackt; sie sehen aus, als gehörten sie in einen christlichen Palast; und die beiden Figuren (König David und Abraham), die auf dem Grab von Mozes van Mordechai Senior rechts und links von Moses stehen, der die Gesetzestafeln hält, sind in groteskem Stil gehalten, wie Figuren an der Fassade einer Kathedrale. Derselbe Grabstein zeigt auch den biblischen Mordechai zu Pferde, die Königin von Saba beim Besuch Salomons sowie acht weitere Szenen aus der Bibel. Doch an den Höhepunkt des Erstaunens gelangt der Betrachter angesichts des Grabmals von Samuel Senior Teixeira: Hier findet sich, in Stein gemeißelt, gar Gott selbst; gleißendes Licht strahlt um sein Haupt, während er sich dem jungen Samuel offenbart.

Die Grabsteine des Friedhofs von Ouderkerk haben noch keine angemessene wissenschaftliche Beachtung gefunden. Unter künstlerischem Gesichtspunkt haben sie nicht ihresgleichen, weder auf anderen jüdischen Friedhöfen (nicht einmal in Curaçáo, einem Ableger der Amsterdamer Gemeinde)[37] noch in der bildenden Kunst Hollands in dieser Zeit. Man weiß wenig über die Künstler, die in anderthalb Jahrhunderten diese verblüffenden Grabsteine geschaffen haben. Doch zwei Dinge stehen außer Zweifel: die Eitelkeit, die sich in dieser jüdischen Kunstform ausdrückt, sowie die Tatsache, daß diese Grabsteine Licht nicht nur auf eine soziale Schicht, sondern auch auf den christlichen und südeuropäischen Hintergrund der Amsterdamer portugiesischen Neujuden und ihrer Nachfahren werfen. Es ist nicht zu bestreiten, daß diese Grabsteine jüdische Kunst sind: Da die Mitglieder der Gemeinde Juden waren, ist ihr Schaffen während eineinhalb Jahrhunderten unleugbar Teil der jüdischen Kunst, auch wenn sie mit den allgemeinen Zügen dieser Kunst oder auch mit dem zweiten Gebot (das bildliche Darstellung verbietet) nicht übereinstimmen. Zugleich unterstreichen die Reihen der Grabsteine in Ouderkerk, wie in sich widersprüchlich die Lebenswege dieser Juden waren und wie sehr ihr Bewußtsein von christlichen Symbolen und Bildern durchdrungen gewesen sein muß, daß diese sich in ihr neues Leben als Juden übertragen haben. Stellt man weitere, eher intuitive Überlegungen darüber an, was sich in Ouderkerk zeigt, so läßt sich hier das Maß an Freiheit ablesen, das die Elite der portugiesischen Emigranten, die Aristokratie und Kaufmannsschicht, für ihr Leben in Anspruch nahm – auch wenn sie das Joch des Judentums ohne Widerspruch oder Dissens akzeptierte. Ihre Einstellung zur Religion scheint auch ein Element der Freude, nicht nur des Gehorsams und Opfers enthalten zu haben. Man freute sich, sein verlorenes Wesen wiedererlangt zu haben, und genoß es, in relativer Freiheit endlich als Jude von Rang unter seinesgleichen und in seinem eigenen Volk leben zu können. Eine ähnliche Mischung aus ästhetischem Impuls und religiösem Eifer war auch für das Leben der iberischen Aristokratie typisch gewesen. Und die jüdisch-portugiesische Elite in Amsterdam scheint entdeckt zu haben, daß sie im selben Stil leben konnte – und doch in ihrem eigenen Element und im Bekenntnis der Religion ihrer Vorväter. Von daher hatte sie, sowohl mental wie sozial, ein Interesse daran, ihre religiösen Institutionen gegen jeglichen unterminierenden Einfluß zu schützen und unversehrt zu erhalten, ohne jedoch dem persönlichen Leben allzu viel religiöse Strenge aufzuerlegen. Im Gegenteil lebten nicht wenige Juden ihre wiedergewonnene Religion in einem viel freieren Gefühl, so wie Leute, die einen verlorenen geliebten Schatz wiederfinden, und nicht wie Leute, die das schwere Gewicht der jenseitigen Welt auf ihren Schultern tragen, wie die holländischen Calvinisten mit ihrer strengen Frömmigkeit und dem düsteren, fast morbiden religiösen Ernst. Natürlich gab es auch Neujuden (von vielleicht stärkerer religiöser Überzeugung), die ihr früheres christliches Leben schwer bereuten und sich schuldig fühlten; dieses Phänomen ist ebenso aus anderen Gemeinden ehemaliger Marranen bekannt.[38] Auch die Wissenschaftler und Rabbiner der Gemeinde (deren Grabsteine gewöhnlich einfach und fast ausnahmslos ohne Abbildungen sind)[39] lebten mit einer weit schwereren Last, wenn nicht gar im Bewußtsein historischer Verantwortung. Denn sie hatten die Aufgabe, das Leben der Neujuden zu einem in jeder Hinsicht wirklich jüdischen Leben zu gestalten, ihnen die verlorene und praktisch vergessene Tradition nahezubringen und die Fäden der geschichtlichen Kontinuität dort wieder aufzunehmen, wo sie abgerissen waren. Überflüssig zu sagen, daß diese Mission nicht einfach zu erfüllen war. Es ist unmöglich, organische Kontinuität zu verlangen, wo ein Riß, eine Krise stattgefunden hat, und es war unmöglich, den Neujuden eine einfache und widerspruchsfreie jüdische Identität zu vermitteln und dabei ihre marranische Vergangenheit zu ignorieren. Die große Leistung der Amsterdamer Gemeinde bestand folglich nicht darin, die Uhr der Geschichte zurückzudrehen, sondern darin, daß es ihr gelang, auf der Grundlage der marranischen Welt und Erfahrung einen neuen Juden zu formen, in dessen Adern und in dessen Bewußtsein der Katholizismus noch lebendig war, auch wenn er darum kämpfte, ihn zu unterdrücken und zu verarbeiten. Diese Dialektik scheint sich in den Reihen der prunkvollen Gräber von Ouderkerk widerzuspiegeln.

Doktor Prado in Spanien

Unter all den vielschichtigen Persönlichkeiten vor Spinoza verdient der Arzt Juan (Daniel) de Prado besondere Beachtung. Spinoza und Prado waren die Hauptfiguren eines Skandals, der um die Mitte des siebzehnten Jahrhunderts die Amsterdamer Gemeinde erschütterte und schließlich in der Exkommunizierung beider seinen Höhepunkt fand. Gebhardt und Revah sprechen sogar von der Prado-Spinoza-Affäre, denn in beiden Fällen ging es um ganz ähnliche Dinge, beide Verfahren liefen ganz ähnlich ab und bildeten einen Ereigniszusammenhang.

Wer war Juan de Prado? Gebhardt hat als erster auf den ketzerischen Arzt aufmerksam gemacht, den er, reichlich übertrieben, als Anstifter Spinozas ansah (was meines Erachtens in Frage zu stellen ist). Revah ging sogar noch weiter und beschrieb Prado als den eigentlichen Übeltäter, denn dieser habe binnen eines knappen Jahres Spinoza auf ketzerische Gedanken gebracht und damit seinen Ausschluß aus der Gemeinde verursacht. Man darf bezweifeln, daß Spinoza so leicht beeinflußbar war, daß ein ihm intellektuell unterlegener Mensch[40] wie Prado in solch kurzer Zeit aus dem pflichtbewußten Gemeindemitglied[41] einen geschmähten und exkommunizierten Ketzer machen konnte. Doch wir wollen diese Frage aufs Ende dieses Kapitels verschieben und zunächst einen

Blick auf die wichtigsten Daten und Zeugnisse werfen, die zum größten Teil durch die gewissenhafte und eindrucksvolle Forschung Revahs aufgedeckt worden sind.

Im Studienjahr 1635–1636 begegneten sich an der spanischen Universität von Alcalá de Henares zwei junge Männer, deren Wege sich von da an viele Jahre lang kreuzen und deren Überzeugungen immer wieder aufeinanderprallen sollten. Der eine war Juan de Prados (Prado), etwa dreiundzwanzig Jahre alt, Theologiestudent im dritten Studienjahr, der sich schon einige Jahre mit Medizin, Philosophie und verwandten Gegenständen befaßt hatte. Sein junger Freund, Baltasar Álvarez de Orobio (derselbe Orobio de Castro, dem wir oben bereits begegnet sind), war gerade in die Universität eingetreten. Auch er studierte Medizin, widmete jedoch beträchtliche Zeit der Theologie. Die beiden Studenten wurden enge Freunde. Augenscheinlich hatte sie ihre gemeinsame Herkunft als Marranensöhne zusammengeführt sowie jene spontane und gewissermaßen insgeheime Zuneigung, wie sie oft zwischen jungen Leuten mit einem ungewöhnlichen Hintergrund und einer gemeinsamen religiösen und intellektuellen Regsamkeit aufkommt. Der fünf Jahre ältere Juan de Prado leistete seinem Freund Orobio wichtige Hilfe (welche, ist nicht ganz klar), und viele Jahre später, sogar als die beiden ernstlich im Streit miteinander lagen, sah Orobio weiterhin Prado als seinen Wohltäter an und behandelte ihn ambivalent zwar, aber doch als engen Vertrauten.[42]

Etwa ein Jahr später ging Prado zur Vervollständigung seiner medizinischen Studien nach Toledo, und die Wege der Freunde trennten sich. Geistig verschrieben sich beide heimlich dem Judaisieren. Über Prados Tätigkeit während der nächsten beiden Jahrzehnte wissen wir nur wenig, doch ist klar, daß er nicht nur zum jüdischen Glauben zurückkehrte, sondern ein aktiver, militanter Marrane wurde, der in seiner Familie und unter seinen Freunden so manche Seele für das Judentum gewann, daß er eine heimliche Rückkehr zum Mosaischen Gesetz predigte und für Marranen, die in die Fänge der Inquisition geraten waren, eine seelische Stütze war. Einige seiner Freunde (darunter auch Orobio) wurden gefaßt und zum Geständnis gezwungen; so spiegeln die Inquisitionsakten, die Revah entdeckt hat, in ihrer trockenen Art die geistigen und realen Abenteuer Prados in diesem Abschnitt seines Lebens wider.[43]

Ein marranischer Missionar

1654 verhaftete die Inquisition einen Verwandten Prados, Francisco Gómez, besser bekannt als Romano. Verhört und gefoltert, legte Romano ein Geständnis ab. Er sagte, er habe Prado 1639 (ein Jahr, nachdem dieser sein Studium beendet hatte) in der Stadt Lopera getroffen, und Prado habe lange versucht, ihn zur Aufgabe des christlichen Glaubens und zur heimlichen Rückkehr zum Judentum zu überreden. Romano berichtete, Prado sei dabei energisch und entschlossen vorgegangen.

> Er fing damit an, mir zu erzählen, Gott habe Mose am Berg Sinai die Gesetzestafeln gegeben und durch ein Wunder die Wasser des Roten Meeres geteilt, damit die Hebräer trockenen Fußes hindurchgehen konnten. Dann nahm der Doktor die lateinische Bibel und übersetzte mir Abschnitte daraus ins Spanische. Schließlich sagte er, das wahre Gesetz, eben jenes, das zur Erlösung führen kann, sei das alte Gesetz. Folglich sollte ich dieses Gesetz achten und befolgen, denn darin würde ich meine Errettung finden.[44]

Prados Überzeugungsversuche waren schließlich erfolgreich. Nach den Motiven für seinen Übertritt befragt, erklärte Romano:

> Doktor Prados Worte bewegten mich vor allem, weil er sagte, er sei einer der gelehrtesten Männer von Alcalá, und da er selbst nach dem Mosaischen Gesetz lebe, könne ich das auch tun. Prado sagte, niemand habe ihn zur Observanz des Mosaischen Gesetzes bekehrt, und niemand habe ihn dieses Gesetz gelehrt; er habe es sich mit Hilfe seiner Bücher und seiner Universitätsbildung selbständig angeeignet.[45]

Hier sehen wir, daß Prado, der Marranensohn, aus freien Stücken zum Judentum zurückkehrte und stolz darauf war.[46] Es ist daher unwahrscheinlich, daß er später zum Opfer der Verführungskunst eines anderen wurde. Prado führte sich selbst als Beispiel an, um seine Zuhörer zu überzeugen. Bemerkenswert ist dabei jedoch nicht so sehr sein Prahlen mit der eigenen Bildung, sondern seine Betonung, welche Veränderung er durch diese Bildung erfahren hat. Andererseits unterstreicht dasselbe Zitat zweifellos, was Orobio de Castro später in seiner *Epistola Invectiva* schreiben sollte, daß nämlich der Skeptizismus und die Häresie mancher

Marranen auf ihre Universitätsbildung zurückzuführen seien und diese Bildung ihnen den Hochmut eingeimpft habe, zu glauben, ihre persönlichen Ansichten besäßen die höchste Autorität. Orobios allgemeine Beschreibung klingt wahr, zumindest für den Fall Prados – und tatsächlich hatte er Prado im Auge.

Romano fügte in seinem Geständnis hinzu, es sei Prado auch gelungen, seine Frau sowie Prados eigene Frau und seine Mutter zum Judentum zu bekehren. Für alle diese Bekehrungsfälle spielte ein eigenes Glaubensbekenntnis eine besondere Rolle, durch das zwischen allen neuen Judaisierern ein geheimer Bund geschlossen wurde.[47]

Untergrundführer und Verschwörer

Zehn Jahre später finden wir Prado immer noch mit geheimen Zeremonien und der Verbreitung von marranischen Ideen beschäftigt. Damals lebte und arbeitete er als Arzt in der Stadt Andújar in Andalusien. 1650 ging der Inquisition ein Marrane namens Duarte Rodrígues Díaz ins Netz. Er wurde ins Gefängnis geworfen und zwei Jahre lang mit der Aufmerksamkeit des Heiligen Offiziums bedacht, ehe er gestand und seine Komplizen verriet. Unter den Genannten war auch Dr. Juan de Prado, der laut Rodrígues Díaz 1649 eine okkulte marranische Zeremonie durchgeführt haben soll, um die Seele der verstorbenen Frau des Pedro Marcos de Espinosa zu beschwören. Die Verstorbene war eine Verwandte der Frau des Doktors. Zum Glück für Prado und seine Frau erachtete die Inquisition diese Aussage als nicht hinreichend, um gegen sie vorzugehen, und so blieben sie verschont.[48]

Nichtsdestoweniger war dies für die Marranen in Andalusien eine schwierige Zeit. 1650 fielen vierzig von ihnen einem neuchristlichen Denunzianten namens Vasco zum Opfer und wurden ins Inquisitionsgefängnis von Granada geworfen. Unter ihnen befand sich auch Prados Frau, obgleich ihr Name nicht auf der Liste des Denunzianten stand; ihre Verhaftung war ein Justizirrtum. Zu den bei dieser Gelegenheit Gefangengenommenen gehörten auch Pedro Marcos de Espinosa und sein Bruder Juan. Prado und seine nächsten Verbündeten unternahmen verschiedene Schritte, den Inhaftierten zu helfen. Er schmuggelte einen an die Brüder Espinosa adressierten Brief ins Gefängnis, in dem er den Gefangenen Mut zusprach und sie darüber informierte, was zu ihren Gunsten unternommen werde. In dem Brief war von einer Gruppe von Zeugen die Rede, die den Denunzianten Vasco systematisch diffamierten, ferner teilte er mit, Romano (der später verfolgt und vor Gericht gestellt werden sollte) befinde sich auf dem Weg in die Hauptstadt, um der höchsten Inquisitionsinstanz eine Liste mit belastenden Aussagen gegen den Denunzianten vorzulegen. Es kann durchaus die Strategie Prados und seiner Verbündeten gewesen sein, ein Netz falscher Aussagen zu knüpfen, um die Beschuldigten freizubekommen, und statt dessen gegen den verräterischen Beschuldiger Anklage zu erheben (eine übliche Strategie bei Untergrundgruppen). Es ist unklar, wie die Sache ausging, aber wir wissen, daß Prados Brief von der Inquisition entdeckt wurde (und damit auch uns überliefert ist), und zwar durch das Geständnis eines seiner Adressaten, Pedro Marcos de Espinosas.

Dieses Bild wird durch die Aussage eines anderen Arztes, Dr. Antonio de Fonsecas, ergänzt: Der fromme judaisierende Marrane wurde 1661 von der Inquisition gefaßt, gab fälschlich vor zu bereuen, ging ihr wieder in die Falle und wurde als *relapso* (Rückfälliger) auf der Stelle zum Scheiterhaufen verurteilt. Gott sei Dank starb er vor der Urteilsvollstreckung. Bei seiner Verhandlung gestand Dr. Fonseca, daß er sein Leben lang an des Gesetz Mosis geglaubt habe. 1651 habe er als ein heimlich zum Judentum Bekehrter Kontakt zu einem »portugiesischen« Doktor namens Juan de Prados gehabt. Wenn dies, was fast sicher ist, derselbe Prado war, um den es uns hier geht, so haben wir damit einen weiteren Beleg, daß Prado noch Anfang der fünfziger Jahre ein aktiver und militanter Judaisierer war und sich für seinen jüdisch-marranischen Glauben beständiger Gefahr aussetzte.

Das ist erstaunlich: Anfang der fünfziger Jahre, das war nur wenige Jahre vor der Spinoza-Affäre und vor dem Bann gegen Juan de Prado in Amsterdam. Hat er einen so raschen Gesinnungswandel vollzogen? Oder ist es möglich, daß sich bereits vor Prados Flucht nach Amsterdam die ersten Zweifel in seinem Geist zu regen begannen, als er noch im spanischen Untergrund Proselyten machte?

Der dritte Mann: Ribera

Revah hat in einem Aufsatz nachzuweisen versucht, daß Prado, Spinozas angeblicher Verführer, selbst nach seiner Ankunft in Amsterdam von einem anderen jüdischen Häretiker, Daniel de Ribera, »verführt« worden sei. Auf einem interessanten Weg, nicht ohne detektivischen Spürsinn, gelangte Revah zu dieser Theorie. Sein Ausgangspunkt war ein Abschnitt in Orobio de Castros *Epistola Invectiva*, der Prados Kehrtwendung einem ungenannten Dritten zuschreibt. Bei der Suche nach der Identität dieses Dritten kam Revah zu dem Schluß, es müsse sich um Ribera handeln, den die Amsterdamer Rabbiner 1658 verhörten; Revah fand dessen Akten und veröffentlichte sie zusammen mit denen Prados.[49] Später entdeckte Revah, der die verschiedenen Fassungen der Schriften Orobios sehr genau verglich, allerdings drei Fassungen, in denen Orobio den dritten Mann mit Namen nennt – nicht Ribera, sondern einen Pinhero[50], den sowohl Orobio als auch Prado in Spanien gekannt hatten. Darüber hinaus geht aus anderen Quellen hervor, daß Ribera keine jüdischen Vorfahren hatte; er war ein ehemaliger spanischer Mönch, der über Italien und Brasilien ins jüdische Amsterdam verschlagen worden war. Dort arbeitete er als Lehrer, stand jedoch im Ruf eines Häretikers und wurde nach Ermittlungen gegen ihn zusammen mit Prado ausgeschlossen. Kurioserweise ist sein Bann in den Berichten der portugiesischen Gemeinde nicht verzeichnet. Ribera ging dann nach England, wo er neuerlich konvertierte und Anglikaner wurde. Möglicherweise hat er gleichzeitig die neu gebildete portugiesisch-jüdische Gemeinde von London ausspioniert und der Inquisition Bericht erstattet. Wie Revah herausfand, verließ Ribera gegen Ende seines Lebens England und schloß sich mit seinen beiden Töchtern wieder dem Katholizismus an. Zwar bedarf der merkwürdige und faszinierende Fall Riberas noch der Klärung,[51] sicher ist aber, daß er nicht der dritte Mann war; so schließt sich Revah der Auffassung Orobios an, daß es Juan Piñero, der »abscheuliche« frühere Kollege gewesen sein muß, der Prado verführte, als sie alle noch in Spanien lebten.

Vielschichtige Ambivalenz: Prado, der angehende Deist

Als Revah die Akten der Inquisition weiter durchforschte, fand er bald ein Dokument, das seine Ansicht belegte.[52] Es war das Inquisitionsverhör von Baltasar Orobio selbst, Prados ehemaligem Kommilitonen an der Universität von Alcalá und späterem Gegner. Orobio wurde 1654 in Sevilla verhaftet und Anfang 1656 der Folter unterworfen. Unfähig, die Qualen zu ertragen, flehte er, die Tortur einzustellen, und gestand, heimlich judaisiert zu haben. Als Komplizen nannte er unter anderem Dr. Prado. Dieser war inzwischen aus Spanien geflohen und kritisierte bereits in Amsterdam das Judentum. Orobio berichtete von der Zeit, wie er, gemeinsam mit Prado, einem Bund Judaisierer beigetreten war. Aber der interessanteste und verwirrendste Teil seines Geständnisses betraf ein Ereignis aus dem darauf folgenden Jahr. 1643, so berichtete Orobio den Inquisitoren, habe er Prado nochmals in Lopera getroffen und habe zu seinem großen Erstaunen bei seinem alten Freund eine befremdliche geistige Wandlung festgestellt. Prado habe auf einmal ausweichend und zögernd mit ihm gesprochen und ihm schließlich erklärt, seiner Meinung nach seien alle Religionen gleich, und alle Menschen – Juden, Christen und Moslems – könnten erlöst werden, jeder nach den Gesetzen seiner eigenen Religion, denn alle ihre Gesetze hätten einen politischen Zweck und seien vom Gesetz der Natur abgeleitet, welche die von Aristoteles postulierte Erste Ursache sei. Bei diesem Gespräch, fügte Orobio hinzu, sei auch Prados Schwager, Dr. Diego Duarte Serrano, zugegen gewesen, der Prados Auffassung unterstützt habe.

Zwei Tage später faßte Orobio die Position Prados anders zusammen: Diesmal sagte er, Prado habe alle Religionen für gleich gehalten, weil ihre Gesetze alle denselben Sinn hätten, nämlich »Gott zu erkennen, und das genüge, um Erlösung zu erlangen«. Die zwei Aussagen Orobios passen offensichtlich nicht zusammen. Sind die Religionsgesetze politisch oder ausschließlich pragmatisch (wie Spinoza mehr oder weniger behauptete), oder sind Religionen darauf gerichtet, zur Erkenntnis Gottes zu gelangen (was Spinoza verneinte)? Es geht hier nicht darum, Orobio zu kritisieren, denn er referierte aus der Erinnerung. Ebensowenig dürfen wir mit Prado allzu streng sein, der gewiß kein systematischer Philosoph war. Wichtig ist, daß nach Orobios Erinnerung und Aussage – deren schreckliche Begleitumstände man aber auch berücksichtigen muß – Prado bereits 1643 ketzerische Gedanken entwickelt hatte und die ersten Anzeichen von Deismus erkennen ließ.

Wie soll man Orobios Aussage deuten? Widerspricht sie nicht der Tatsache, daß Prado sich in dieser Zeit und lange danach noch um seines heimlichen Judentums und der Praktizierung marranischer Riten willen selbst gefährdete?

Revah meint, Prado habe ein doppeltes Spiel gespielt, indem er als Gläubiger handelte, in seinem Herzen aber ein Häretiker war. Doch diese These unterstellt Prado mehr Kohärenz und Rationalität, als er wohl besaß. Wenn er so rational und in seinen Gedanken und Gefühlen so kontrolliert war, warum nahm er dann weiterhin für das Judentum derartige Risiken auf sich? Sich zu maskieren lohnt dann, wenn es zur persönlichen Sicherheit beiträgt, nicht, wenn es diese Sicherheit beeinträchtigt und ernstlich in Gefahr bringt. Es zeigt sich daher, daß wir den Widerspruch in Prado selbst suchen und ihm auch innerlich eine ambivalente und dualistische Haltung zuschreiben müssen. Prados Hinwendung zur Bruderschaft der Marranen stand möglicherweise den ersten Keimen von Deismus in seinem Denken entgegen – diese Treue war durch keine Theorie und kein Gedankensystem geläutert; sie erwuchs einfach aus der Solidarität verfolgter Menschen, die ein gemeinsames Schicksal verbindet –, und dieses Gefühl hat bei ihm unter Umständen die Entwicklung theoretischer Ideen eher verhindert und diese in rudimentärem oder unterdrücktem Zustand gehalten.

Prado war vielleicht kein tiefer Denker, hatte aber ein vielschichtiges und ambivalentes Bewußtsein. Vielleicht beherrschten ihn widersprüchliche Motive gleichzeitig. Und es ist zweifelhaft, ob er sich im Handeln – oder Sprechen – seiner Position immer ganz bewußt war. Nicht selten vertrat er beide Seiten einer Sache, wies eine Meinung zurück und verwarf die eigene Zurückweisung, suchte und konnte nicht finden. Als er von den Juden mit dem Bann belegt wurde, hielt er das für ein Fehlurteil; mit dem Christentum brach er nie vollständig und unwiderruflich, wie seine späteren ambivalenten Versuche, sich ihm wieder anzunähern, bezeugen. Vielleicht wird man diesen Menschen nie ganz verstehen können. Als nicht rational im üblichen Sinne muß man ihn aus seinem gespaltenen und suchenden Geist und einer Vielfalt von Rollen und Beweggründen heraus begreifen. Trotz seiner vielen Paradoxe läßt sich doch ein Entwicklungsmuster erkennen: vom Christentum zum ursprünglichen (oder fundamentalistischen) Judentum, von da zu der Ansicht, alle Religionen seien gleichermaßen geeignet, zur Erlösung zu führen, und schließlich zu der Auffassung, keine Religion könne zur Erlösung führen, da die Vernunft allein die Quelle der Wahrheit sei. Dennoch war keine Station auf diesem Weg ganz explizit, definitiv oder widerspruchsfrei. Selbst als er eine Maske trug, bedeutete das nicht, daß sich dahinter ein einheitliches Ich verbarg, das sich nur vor der äußeren Welt anders gab. Vielmehr kennzeichnete ihn eine Dualität, die auch sein *inneres* Ich beherrschte. Die äußere Maske verbarg teilweise und teilweise reflektierte sie Prados Inneres.

Sogar Orobio, der Ambivalenzen sehr wohl kannte, war von Prados Paradoxien überrascht. In einer treffenden, persönlichen Passage vergleicht er seinen eigenen Fall mit dem Prados. »Ich hatte mich, als ich in Spanien lebte, als Christ ausgegeben, denn das Leben dort war angenehm«, gesteht er, »aber ich war kein guter Schauspieler, und so kam es heraus, daß ich in Wirklichkeit nichts anderes als ein Jude war.« Orobio fährt fort:

> Und wenn ich dort, mit Gefahr für Freiheit, Ehre und Vermögen, sogar für das Leben, in Wahrheit Jude und in der Lüge Christ war,

> dann wird man wohl glauben, daß ich, wo immer ich aus göttlicher Barmherzigkeit Freiheit genieße, wahrhaft Jude sein werde.[53]

Die Logik ist unbestreitbar; Orobio ist der rationale ehemalige Marrane. Anders Prado, über den er verärgert ist:

> Das gab es nur bei Euch: Falscher Christ und in Wahrheit Jude zu sein, wo es nicht möglich war, Jude zu sein, und falscher Jude zu sein, wo es endlich möglich war, wahrhaft Jude zu sein.[54]

Ein scharfsichtiges Resümee von Prados Unbeständigkeit! Soll das heißen, daß Prado eigentlich die marranische Erfahrung als solche suchte, Dualität um der Dualität willen? Nicht einmal das, denn Prado sprach in Amsterdam seine Einwände laut aus – was Orobio für sein größtes Vergehen hielt. An anderer Stelle[55] macht Orobio Prado persönlich zum Vorwurf, nicht so sehr, daß er ketzerische Gedanken gehegt, sondern daß er sie geäußert habe – mit anderen Worten, daß er kein guter Marrane gewesen war!

Manche Paradoxe haben schließlich auch auf den »rationalistischen« und glaubensfesten Orobio abgefärbt – wie könnte es auch anders sein?

Prado in Amsterdam: Die Krise um 1655

Man weiß nicht genau, wie Prado aus Spanien floh. Wahrscheinlich nutzte er die Gelegenheit, einen spanischen Kardinal nach Rom zu begleiten. Von dort aus ging er nach Nordeuropa, erst nach Hamburg und dann nach Amsterdam. Es gelang ihm auch, seine Frau und seine Mutter aus Spanien herauszuholen. Letztere ließ sich einige Zeit in Hamburg nieder. Im Register der Amsterdamer Gemeinde erscheint der Name Prado erst relativ spät (im Oktober 1655), als er drei Florin und achtzehn Stüver an Abgaben an die Synagoge zahlte. Prado kehrte offen zum Judentum zurück und nahm den Namen Daniel an; seine Situation war in gewissem Sinne der Da Costas nicht unähnlich, wenn auch von anderem Zuschnitt. Bis dahin kannte er das Judentum nur als eine Untergrundrealität, die um ihren Fortbestand kämpfte und zugleich von den Wurzeln ihrer Traditionen abgeschnitten war. Nun begegnete ihm auf einmal das ganze Gewicht des offiziellen, normativen Judentums mit seinen Traditionen, den Rabbinern, seinem Geflecht von bis ins einzelne festgelegten Glaubensinhalten und Riten, die man nun von ihm als bindende und endgültige Doktrin zu akzeptieren verlangte. Angesichts dieser neuen Situation kamen nun Prados ketzerische Ideen, die in der Zeit des marranischen Untergrunds in seinem Geiste teils geschlummert, teils gegärt hatten, zum Ausbruch.

Man könnte sagen, Prado ging, indem er die Iberische Halbinsel hinter sich ließ, vom Judentum als einer bruderschaftlichen Lebensform zum Judentum als einem normativen und doktrinären System über.[56] In Spanien war der Marrane gewohnt gewesen, für seine besondere Lebensart und für die Bande zu Männern und Frauen zu kämpfen, mit denen er ein gemeinsames Schicksal teilte; jetzt in Amsterdam bot sich das Judentum selbst als ein System von Normen, Regeln und Glaubensartikeln dar, als ein System, das weder organischer Bestandteil von Prados Bildung noch Teil seines Daseins als heimlich Judaisierender war, das er jedoch nun als absolute Bedingung für seinen Wiedereintritt ins historische Judentum und seine Teilnahme an ihm akzeptieren sollte. Viele andere standen vor dem gleichen Problem, für Prado ergab sich daraus jedoch ein zusätzlicher Konflikt. Von neuem begannen seine gewagten Überzeugungen, sein Stolz und seine vage, etwas nebulöse Suche nach geistiger Freiheit, die im Kampf gegen die christliche Theologie so stark gewesen waren, ihr Recht zu fordern – und vor allem das Verlangen, es müsse ihm als Individuum überlassen bleiben, alle Traditionen dem Urteil des eigenen Verstandes und Wissens zu unterwerfen. Hinzu kam, daß Prado sich angesichts der doktrinären Forderungen von seiten des offiziellen Judentums und seiner Rabbiner einerseits und der relativen Freiheit der Juden in Nordeuropa andererseits von vielen Hemmungen befreite, die ihn in Spanien eingeengt hatten. Die deistische Seite seines vielfältig widersprüchlichen Geistes begann die Oberhand zu gewinnen und sein Denken zu beherrschen. Warum hat Gott Israel allen anderen Völkern vorgezogen und es auserwählt? Wer ist dieser Gott, der ein Volk allen anderen vorzieht? Ist Gott eine Person oder vielleicht nur eine ewige Erste Ursache, deren Gesetze nichts anderes sind als die Naturgesetze selbst? Doch indem Prado sich vermeintlich der Lösung des einen früheren Widerspruches näherte, gelangte er zu einem neuen (für uns interessanteren) Widerspruch, nämlich dem zwischen seiner theoretischen Haltung zum Judentum und seiner fortbestehenden, wirklichen und konkreten Beziehung zu den Juden. Sobald er sich weigerte, das Judentum (im Sinne eines theoretischen Systems) als Autorität zu akzeptieren, ging ihm die Grundlage für eine dauerhafte Teilnahme am gemeinsamen Leben mit den Juden verloren. Doch Prado wollte durchaus nicht aus der Gemeinschaft der anderen Juden ausgeschlossen werden, wie sein beharrlicher Kampf um die Aufhebung seines Banns beweist. Darin unterscheidet er sich von Spinoza.

Orobio contra Prado

Ein polemisches Bild von den Ereignissen um Prado in Amsterdam findet sich in Orobios Beschreibung der marranischen Dissidenten im allgemeinen. Darin ist auch, ohne Namensnennung, eine Charakterskizze Prados enthalten. Orobio vereinfacht allzu sehr, wenn er Prados Stolz als eitle Überheblichkeit abtut. Es ist plausibel, daß Prado dazu neigte, mit seiner Bildung zu prahlen; das beweist auch sein Gespräch mit dem Verwandten Romano. Aber die Ursache dieses Stolzes ist, wie bereits angedeutet, nicht Überheblichkeit, sondern der philosophische Anspruch auf persönliche Überzeugung und Mündigkeit. Konfrontiert mit einer äußerlichen Tradition, fordert das Individuum, daß alle seine Urteile, wie wirr und oberflächlich sie auch sein mögen, auf der eigenen Intelligenz und dem eigenen Wissen gegründet sein müssen und der eigenen Zustimmung bedürfen. Wenn er also beginnt, die Thora seiner Vorväter zu studieren und sie sich anzueignen, dann ist letztlich er, Prado, und nicht die vorgegebene Thora die letzte Urteilsinstanz. Der Stolz Prados besteht darin, daß er Gesetz und Tradition mit seinem persönlichen Urteil konfrontiert und sich selbst zum Richter über sie macht. So gesehen, teilt er die Sünde des Stolzes mit dem modernen Menschen im allgemeinen. Prado gehört zu den weniger bedeutenden Gestalten, die die Moderne ankündigten, von der Last ihrer Botschaft aber erdrückt wurden.

Der Hochmütige, sagt Orobio, ist besonders für unerfahrene, schwache junge Leute gefährlich, die sich von seinen Sophismen begeistern und beeindrucken lassen. Nach seinem polemisch gefärbten Bild von der skeptischen Ruhelosigkeit der fünfziger Jahre seines Jahrhunderts benennt er den Schuldigen:

> Dieser ganze elende Abgrund hatte seinen Ursprung in der Unwissenheit eines studierenden Arztes, dessen Hochmut nicht das göttliche Gegengift der Lehre unserer Weisen und Lehrer, der alten und der neuen, zuließ. Und weil einer mit allergrößtem Ärgernis unsrer Nation durch diese Schritte zu seinem äußersten Ruin kam und andere ansteckte, die außerhalb des Judentums seinen törichten Sophismen Glauben geschenkt haben, schien es mir eine notwendige [...] Sache, jene Meinungen zu bekämpfen, die seine

> Schlechtigkeit in den Gemütern der einfachen Leute einzuführen trachtete.[57]

Wer sind denn nun die Bösewichte in diesem Drama? Nach Gebhardts Feststellung bezieht sich die Äußerung über den »studierenden Arzt«[58], der den Skandal verursacht hat, offensichtlich auf Prado. Aber wer ist der »uno«, der »durch diese Schritte zu seinem äußersten Ruin kam« und – eine Schande für sein Volk – außerhalb des Judentums Anerkennung fand? Da die Beschreibung ebensogut auf Spinoza zutreffen könnte, führt Gebhardt gute Gründe an, um nachzuweisen, daß dieser Eine tatsächlich niemand anderes gewesen sein könne als Spinoza. Revah übernahm diesen ihm überzeugend scheinenden Schluß und lobte Gebhardt, weil er »sofort« erkannt habe, daß wirklich niemand anderes gemeint sein konnte;[59] später entdeckte er jedoch eine Fassung von Orobios Text, in der das Wort *einer* (*uno*) fehlte und durch das Demonstrativpronomen *dieser* (*este*) ersetzt war.[60] Das konnte darauf hindeuten, daß Orobio (oder sein Kopist) doch nicht Spinoza im Auge hatte, sondern sich weiterhin auf Prado bezog. So unwahrscheinlich das auch scheinen mag,[61] dürfen wir nun nicht mehr mit Sicherheit behaupten, Orobio habe Prado für Spinozas Häresie verantwortlich gemacht. Zugleich findet sich bei Orobio der Gedanke einer linearen »Verführung«, denn er schreibt von seinem Helden (sei dieser nun Prado oder Spinoza), er habe andere »angesteckt«; ja, mehr noch, er behauptet zu wissen, wer Prado selbst verführt hat: nämlich ein anderer Deist aus ihrer früheren Bekanntschaft in Spanien, der zuvor genannte Piñero (Pinhero), den Orobio zu verabscheuen scheint,[62] von dem er jedoch ein recht scharfsichtiges und ausdrucksvolles Charakterbild zeichnet:

> Hebräer der Nation nach, zuerst Christ, dann Jude, dann weder Jude noch Christ, ein Mann von beschränktestem Verstand, wenig Philosoph und noch weniger Arzt, verrückt in seinen Gedanken, frech in seinem Reden, ein Freund von Neuerungen, Paradoxenjäger und, was am schlimmsten ist, verabscheuungswürdig in seinen Sitten (*costumbres*).[63]

Gebhardt glaubte, diese Beschreibung gelte Prado, doch später fand man den Namen Pinheyro in den Marginalien verschiedener Textfassungen. Dennoch hatte Gebhardt so unrecht nicht. Orobios Worte konnten auch auf Prado gemünzt sein – und sie konnten für eine ganze Schicht gebildeter Marranen zutreffen, deren religiöse Ambiguität mit geistiger Ruhelosigkeit und der Vorliebe für »Neuerungen« einherging.

Daher glaubte Orobio, Piñero habe Prado verführt, ebenso wie Revah (und vielleicht auch Orobio selbst) meinte, Prado habe seinerseits Spinoza verführt. Übernehmen wir diese lineare Erklärung, so wird der Leser vielleicht innehalten und fragen: Und wer hat Piñero verführt? Und wer verführte seinen Verführer? Wer nach dem Verführer des Verführers sucht, wird unweigerlich beim »sich selbst verführenden Verführer« landen – keinem anderen als dem Teufel. Statt so zu fragen, sollten wir das Phänomen der Ketzerei lieber in einen breiteren psycho-kulturellen Zusammenhang stellen, in dem auch unabhängige Entwicklungen verschiedener Individuen möglich sind, deren Umgang miteinander zwar wechselseitig ihren Werdegang beeinflußt, ihn aber nicht ursächlich bestimmt.

Prados Wandlungen und Paradoxe markieren in der Tat die Etappen seines eigenen Werdegangs. Da er freiwillig das heimliche Judentum für sich gewählt hatte, dürfte es Piñero nicht so leicht gefallen sein, ihn zum Deismus zu drängen. Übrigens war Piñero selbst kein reiner Deist, sondern von Zweifeln umgetrieben; er wurde noch nach seinem Tode bei der Inquisition in Lima als Judaisierer denunziert.[64] Es scheint, als zwinge uns die Natur der Sache, Paradoxe und Ambiguitäten zu akzeptieren, wenn wir das marranische Bewußtsein ergründen wollen. Das unerschrockene und sogar stolze Gebaren, das die Marranen an den Tag legten, war nicht bloß Eitelkeit. Da sie den festen Grund religiöser Tradition und Autorität verloren hatten, blieben ihnen allein die eigenen Vernunftgründe, auf die sie sich stützen konnten; aus ihnen bezogen sie ihr manchmal übertrieben betontes Selbstbewußtsein, aus ihnen erwuchsen aber auch ihre Ängste und Zweifel, die sie oft durch noch eindringlichere Vernunftgründe zerstreuten. Alles in allem verlieh die Kraft der Vernunft jedem Individuum ein gleiches Recht, sich eine Meinung zu bilden, aber sie war abgehoben und abstrakt, oft schwer verständlich und immer Gegenargumenten ausgesetzt.

Das Problem dieser neuen Intellektuellen – ein Problem, das in Spinozas Werk in besonderer Schärfe auftritt, aber auch gelöst wird – war: Wie sollte das abgehobene und scheinbar schwächere Prinzip des vernünftigen Denkens ihnen wieder zur absoluten Gewißheit verhelfen und die gleiche geistige Stütze bieten, die sie mit ihrer festen religiösen Tradition verloren hatten? Viele – vielleicht die meisten – konnten diese Stufe nicht erreichen und dienten nur als Katalysatoren für intellektuelle Neuerungen und Paradoxe. So trugen sie dazu bei, den Weg zu den neuen rationalistischen Einstellungen des siebzehnten Jahrhunderts zu bahnen, auch zu denen Spinozas.

Auffällig ist, daß Orobio Piñero selbst dann als »Hebräer der Nation nach« bezeichnet, als dieser bereits den katholischen Glauben angenommen beziehungsweise sowohl Judentum als auch Christentum abgelegt hat. Damit wird eine Unterscheidung zwischen ethnischer und religiöser Identität gemacht, die traditionelle Juden ablehnen, die ehemalige marranische Intellektuelle jedoch häufig anzuerkennen geneigt waren, da ein solcher Unterschied tatsächlich existierte, wenn nicht als klar umrissener Begriff (außer in den Regeln über die Reinblütigkeit), so doch als folgenreiche Einstellung, die gewöhnlich von Nichtjuden eingenommen wurde. Conversos bezeichnete man auch dann noch als »Juden«, wenn sie überzeugte Katholiken waren; und die Hetzpropaganda beschrieb sie häufig als weder christlich noch jüdisch, was dann soviel bedeutete wie »schlimmer als Juden« (nicht einmal Juden).

Orobio übernimmt nun dieses gegen die Conversos gerichtete Motiv, obgleich er als jüdischer Apologet spricht, und er betont im weiteren die Unterscheidung zwischen der »hebräischen Nation« und jedweder Religion. Jemand von »hebräischer« Abstammung, so impliziert er, kann seiner ethnischen Herkunft nach bestimmt werden, ganz gleich, ob er seiner Religion nach Jude, Christ oder Deist ist. Mit dieser Wiederholung eines Außenseiterstandpunktes, jetzt aber aus der Sicht des Judentums (eine Position, die kein Rabbiner einnehmen würde), übernimmt Orobio stillschweigend (ja formuliert er ansatzweise sogar) eine wesentliche Unterscheidung, die Prado, Piñero, Spinoza und iberische Marranen überhaupt in ihrem Leben verkörpert haben – eine Unterscheidung, die Orobios persönlicher Erfahrung entsprach. Wenn Prado sich mit der jüdischen Gemeinde herumschlug oder Spinoza die iberischen Marranen als Beispielfall der *jüdischen* Geschichte analysierte (*Theologisch-Politischer Traktat*, 3. Kap.), so hat jeder von ihnen auf seine Weise die von Orobio implizierte Unterscheidung wiederholt, die im siebzehnten Jahrhundert allerdings noch anachronistisch war und jeder konstruktiven gesellschaftlichen Grundlage entbehrte.

Falsche Reue und Bann

Wir wissen wenig über die Begegnung zwischen Prado und Spinoza. Wahrscheinlich aber trafen sie sich, wie Revah annimmt, in der von Rabbi Saul Levi Morteira gegründeten und geleiteten Keter Thora Jeschiwa. Wie ihr Name schon sagt (er erinnert an die Krone auf den Thorahüllen), war diese Jeschiwa wirklich die Krönung des jüdischen

Bildungssystems in Amsterdam. Bei seinem Studium in dieser Jeschiwa hatte Prado wahrscheinlich Gelegenheit, im intellektuellen Austausch mit dem bedeutendsten Gelehrten der Stadt seine Bedenken und Zweifel zu vermehren. Spinoza und Prado standen Ende 1655 zweifellos schon miteinander in Kontakt; und wenn Prado für Spinoza auch nicht der Mentor oder »Verführer« war, trug die Beziehung beider sicher dazu bei, ihre häretischen Ideen zu fördern und zu artikulieren.

Auf jeden Fall eröffnete die Gemeindeversammlung kaum ein Jahr nach Prados Ankunft in Amsterdam Untersuchungsverfahren gegen ihn und Spinoza. Offenbar war bis zum Frühjahr 1656 ihre Ketzerei schon allgemein bekannt. Die beiden Männer reagierten auf die Forderungen der Gemeinde völlig verschieden. Spinoza weigerte sich zu bereuen, wies alle Kompromißvorschläge (und manche sagen, auch Bestechungsversuche) zurück und beschloß nicht nur, auch um den Preis eines Ausschlusses aus der Gemeinde an seinem Standpunkt festzuhalten, sondern hat vielleicht den Bruch mit ihr selbst gewollt. Prado dagegen zog es vor, ein Doppelleben zu führen (wie er es von Spanien her gewöhnt war), und focht einen hartnäckigen Kampf um sein Recht auf Mitgliedschaft in der jüdischen Gemeinde. Daher kann man in den Gemeindebüchern zeitgleich zwei ganz verschiedene Eintragungen lesen: den Bann gegen Spinoza und unmittelbar daneben Prados Reuebekenntnis.

Am 27. Juli 1656 wurde der *cherem* gegen Baruch Spinoza im Gemeinderegister vermerkt. Wenige Tage später stand Prado in der Synagoge auf der Theba (dem Platz des Vorbeters) und erklärte:

> Weil ich schlechte Meinungen gehabt und wenig Eifer im Dienste an Gott und seinem heiligen Gesetz gezeigt habe, besteige ich diese Theba auf Anordnung der Herren des Mahamad und bekenne aus meinem eigenen freien Willen vor dem benedeiten Gott und seinem heiligen Gesetz und vor dieser ganzen heiligen Gemeinde, wie ich gesündigt und mich vergangen habe sowohl in Worten als auch in Werken [...], indem ich in dieser heiligen Gemeinde Ärgernis erregt habe. Darüber empfinde ich tiefe Reue und bitte demütig um Verzeihung [...]; ich verpflichte mich, die Buße, die die Herren Rabbiner mir auferlegt haben, zu tun, und verspreche, nicht mehr in solche oder ähnliche Verbrechen zurückzuverfallen. [...] Friede sei mit Israel. Doktor Daniel de Prado.[65]

Nichts in diesen Worten erinnert an das Pathos der Da-Costa-Affäre. Steif und widerwillig verliest Prado einen Text, der ihm diktiert worden ist. Seine Worte sind nur ein Lippenbekenntnis, und sein rebellischer Geist hindert ihn, seinen Schwur zu halten. Bald wußte die ganze Gemeinde, daß er wieder in seine Sünden zurückgefallen war. Obgleich Prado wieder versuchte, in der Heimlichkeit Zuflucht zu finden, wie er es – welche Ironie – als Marrane in Spanien getan hatte, hörten die Rabbiner von seinen Vergehen. Der Gemeindevorstand verurteilte ihn von neuem. Am 14. Februar 1657, ungefähr sechs Monate nach Spinozas *cherem*, wurde über seinen älteren Freund Daniel de Prado ebenfalls der Bann gesprochen.

Prado und ein nichtreligiöses Judentum

Wieder verweigerte Prado die Annahme des gegen ihn verhängten Richtspruchs. Er wollte in der Gemeinde bleiben und legte gegen seine Verbannung Berufung ein. Der Grund für die Berufung ist nicht ganz klar. Standen einfach ökonomische Motive dahinter, verknüpft mit sprachlichen und kulturellen Vorteilen? (Prado lebte in größter Armut und erhielt finanzielle Unterstützung von der Gemeinde.) Oder gab es vielleicht einen tiefer liegenden Grund: Sah er nicht ein, bloß wegen einer Änderung in seinen theologischen Auffassungen seine Zugehörigkeit zum jüdischen Volk aufzugeben, dessen Los er als Marrane im Untergrund geteilt hatte? Auf jeden Fall brachte Prados Berufung die Gemeindemitglieder in eine völlig neuartige Verlegenheit, sie warf ein Problem auf, mit dem keiner von ihnen bisher konfrontiert war. Da gab es einen Juden, der sich weigerte, die Beziehungen zur Gemeinde aufzugeben, obgleich er in seinen Glaubensüberzeugungen ein Ketzer war. War es denn möglich, einen Mann, der die Grundsätze der jüdischen Religion ablehnte und deren Gebote mißachtete, im althergebrachten Rahmen des Judentums zu behalten? Unbewußt hatte Prado seine Gemeinde vor ein Problem gestellt, auf das sie nicht vorbereitet war: nämlich die Möglichkeit eines nichtorthodoxen Judentums. So gesehen hat er, möglicherweise eher oder mehr als Spinoza, das spätere Problem eines säkularen Judentums vorweggenommen. Während Spinoza nicht darauf bestand, im Verband der Juden zu bleiben, kämpfte Prado beharrlich für seine ketzerischen Ansichten wie für seine Zugehörigkeit zu den Juden. Das war ein weiteres Paradox bei diesem Mann der zahlreichen Widersprüche, und vielleicht war es das interessanteste und bezeichnendste von allen.

Trotzdem gab es zu dieser Zeit kein nichtreligiöses Judentum, weder als theoretische Möglichkeit noch als gesellschaftliche und existentielle

Wirklichkeit. Prado verkörperte für seine Zeitgenossen vielmehr einen Widerspruch in sich, und die Gemeindevorsteher suchten, nachdem sie die peinliche Angelegenheit ausführlich erwogen hatten, einen Kompromiß zu finden. Zwei *parnassim* (Gemeindeälteste) trafen sich mit Prado und boten ihm großzügige finanzielle Hilfe an, wenn er sich bereit fände, mit seiner Familie irgendwohin nach Übersee auszuwandern, wo Juden lebten. Die Parnassim betonten, sie wollten ihm Leid ersparen, doch Prado lehnte ihr Angebot trotzdem ab.

> Er wollte sich nicht fügen und entschuldigte sich mit wenig stichhaltigen Begründungen, ja, er bestand im Gegenteil nachdrücklich darauf, daß sie den Bann aufheben und ihm die Buße auferlegen sollten, die er verdiente.[66]

Dieser Bericht deutet darauf hin, daß Prado nicht aus wirtschaftlichen Gründen darauf bestand, seine Mitgliedschaft in der Gemeinde zu behalten. Ganz im Gegenteil scheint er es vorgezogen zu haben, weiterhin Armut zu ertragen, statt sich zu beugen.[67] Die Verwirrung der Gemeindevorsteher wuchs zusehends. Sie beriefen einen besonderen Rat ein, der aus den amtierenden sowie den Parnassim der vergangenen Amtsperiode und den Rabbinern von Amsterdam bestand. Nach ausführlicher Beratung kamen sie zu einem Entschluß, der praktisch einer Exilierung Prados gleichkam:

> [Die Teilnehmer des Rates] kamen alle einmütig überein, daß der Bann nicht aufgehoben werde, es sei denn, [Prado] ginge mit oder ohne seine Familie unter der Bedingung nach Übersee, daß er, wenn er in irgendeinen Teil dieser Staaten [der Niederlande] zurückkehrte, unter denselben Bann gestellt werde wie früher.[68]

Wahrscheinlich gibt es in den Gemeindearchiven kein anderes Dokument, das so viele prominente Namen enthält wie dieses: Parnassim zweier Amtsperioden, die beiden großen Rabbiner Saul Levi Morteira und Isaak Aboab. Die Prado-Affäre scheint der Gemeinde noch mehr Sorgen bereitet zu haben als der Fall Spinozas, vor allem wegen Prados ungewöhnlicher und ärgerlicher Weigerung, sich zu fügen. Es wäre irrig, die Gemeindevorsteher als einen Klan unaufgeklärter Fanatiker anzusehen (wie Graetz sie darstellte), die sich der Stimme der Vernunft verschlossen. Aus ihrer Sicht war keine andere Lösung denkbar, es sei denn, sie revidierten ihre eigenen Werte oder ließen ein subversives Element zu, das unter Umständen die Sozialstruktur, die sie so sorgfältig und mühsam ganz von vorn wiederaufgebaut hatten, untergraben würde. Prado andererseits dürfte kaum imstande gewesen sein, die umfassendere Botschaft, die in seinem Ringen lag, zu vermitteln, wenn es ein nichtreligiöses Judentum noch gar nicht gab – nicht einmal als subjektives Konzept der individuellen Selbstbestimmung. Prado scheint nicht für ein kohärentes, bewußtes Prinzip, sondern für das Recht gekämpft zu haben, als Individuum mit seinen inneren Widersprüchen leben und seine Bindung zu den Juden behalten zu dürfen, auch ohne die jüdische Lehre anzuerkennen.

In dieser Affäre bewies Prado weder geistigen Edelmut noch ein reines und unbeirrbares Gewissen. Er war keine Geistesgröße, er war ein ganz gewöhnlicher Mensch, dessen Schicksal und die Wechselfälle seines Lebens ihn nicht über seine Zeitgenossen erhoben. Eitelkeit, Spitzfindigkeit und kleinlicher Stolz prägten ihn; sein Leiden hatte ihn boshaft und gehässig gemacht; mal war er bereit, öffentlich zu widerrufen, mal den zu Unrecht Beschuldigten zu spielen, der keine Sünde kennt. Schriftliche Zeugnisse berichten, daß er mit Rachegelüsten und Haß über Morteira und die anderen Weisen hergezogen sei, die »verdienten, umgebracht zu werden«; er riet auch, man sollte die Synagoge mit dem gezogenen Schwert betreten, um einen Skandal hervorzurufen, oder heimlich anstößige Briefe in Morteiras Haus legen. Solche Gedanken und Äußerungen wären für Spinoza undenkbar gewesen. Es ist nicht unsere Sache, über Prado den Stab zu brechen; sicherlich kann man nicht erwarten, daß jeder, der den Grundsatz der Gedankenfreiheit vertrat, sich wie Spinoza auch durch außergewöhnlichen Geist und ebensolche Würde auszeichnete. Vielfach sind es gerade die gewöhnlichen Züge in Prados Persönlichkeit, die die Einzigartigkeit seines Falles und die Ausweglosigkeit seiner Lage so stark betonen.

Die jüdische »Inquisition«: Morteira stellt eine Falle

Die trübe Atmosphäre des Mißtrauens, die damals in Amsterdam herrschte, wird in den Quellen sehr deutlich. Rabbi Morteira war keiner, der vergab und vergaß. Bei den Ermittlungen gegen Prado (1658) schrak er nicht davor zurück, einen Spion (Monsanto) einzusetzen und eine Falle zu stellen. Wie Jacob Monsanto in den Ermittlungsakten berichtet, wollte Morteira ihn zunächst davon abhalten, bei Prado Latein zu studieren. Schließlich gab er aber seine Zustimmung unter der Bedingung, daß

Monsanto Prado zum Reden bringen und dann berichten sollte, was er gehört hatte. Der Amateurdetektiv ging an die Arbeit und hatte schließlich auch Erfolg:

> Vor drei oder vier Tagen, als er mir eine Stunde gab, bei der sein Sohn zugegen war, hieß er ihn hinausgehen, und das erste, was er zu mir sagte, war: Warum studierst du Latein?[69] Ich antwortete: Um Medizin zu studieren, worauf er zurückgab, wenn das so sei, weshalb ich dann Hebräisch studierte, wo diese Sprache keinerlei Nutzen habe und ein einziges Durcheinander sei, da nichts, was in dieser Sprache geschrieben ist, einen Sinn ergebe. Ich tat, als hörte ich nicht, um noch mehr aus ihm herauszulocken.[70]

Die Geduld des Informanten lohnte sich:

> Am Montag abend vor der Stunde unterhielt er sich mit mir und sagte, es gebe keinen Grund, an Moses mehr zu glauben als an Mohammed. Dann fragte er mich, ob es Belohnung und Strafe gebe, und ich antwortete: Steht das in Zweifel? Weißt du nicht, daß das einer der dreizehn Glaubensartikel ist? Darauf antwortete er, bis heute sei niemand aus dem Jenseits zurückgekommen, um unsere Hilfe zu erbitten [...] Er spottete vor allem über das, was die Weisen über die Auferstehung der Toten sagen; so etwas sei unmöglich und widerspreche dem gesunden Menschenverstand. Folglich sei alles, was über die Auferstehung gesagt wird, unsicher.
> Er behauptete auch, die Welt sei nicht geschaffen worden, sondern immer so gewesen wie heute und werde weiterhin so bleiben.

Hier haben wir also eine Probe von Prados ketzerischem Deismus: Die Welt hat immer existiert und ist ewig; es gibt kein Leben nach dem Tod, es gibt keine Belohnung, keine Strafe; alle geschichtlichen Religionen sind gleich. Wir erinnern uns, Prado hat eine ähnliche Ansicht in Spanien vertreten, nur mit dem Unterschied: In Spanien hat er gesagt, alle Religionen seien hinsichtlich ihrer immanenten Wahrheit gleich, wohingegen er jetzt offenbar sagt, sie seien alle gleich sinnlos. Zugleich greift Prado den Begriff der Offenbarung an, indem er behauptet, die Thora enthalte kontingente Wahrheiten; vor allem aber stellt er die Vernunft über die Tradition als das einzige Prinzip, das in Gewissensfragen für den Menschen bindend sei. Die Argumente Prados zielen speziell und unnachsichtig auf Morteira. Er widerlegt die angeblich rationalen

Beweise des Rabbiners für den Glauben an die göttliche Offenbarung; und er bestreitet das von Morteira und »einem anderen Barbaren« (einem anderen Rabbiner) wiederholte alte Vorurteil, wonach »ein Mensch, der ein Philosoph ist, böse ist«. Prado antwortet mit einem ebenso alten (und gültigen) Argument, nämlich daß jedermann auf diese oder jene Weise philosophiert; und daß »sie [die Rabbiner] selbst, indem sie sagen, ›ja ist ja, und nein ist nein‹«, bereits philosophieren.

Die 1658 gegen Prado gesammelten Zeugnisse zeigen, daß sich bei ihm philosophische Argumente mit engstirnigem Hohn und Spott mischten, und beweisen, daß die Stimmung auf beiden Seiten gereizt war. Auch wenn wir nicht alle Aussagen des Informanten vorbehaltlos akzeptieren können, steht doch außer Zweifel, daß Prado zu dieser Zeit ein Häretiker und Deist gewesen ist und unverfroren genug, seine Ideen heimlich zu verbreiten.

Dennoch setzte Prado seine Rehabilitationskampagne beharrlich fort. 1659 schrieb er (auf lateinisch) eine neue Apologie und ließ durch seinen Sohn David zu seiner Verteidigung ein Schreiben in Umlauf bringen. In beiden Schriften stellte er die Korrektheit der von Morteira geleiteten Untersuchung und die Gültigkeit der dadurch erlangten Ergebnisse in Frage. Dem Rabbiner warf er vor, er habe sich aus Voreingenommenheit und blindem Haß gegen Prado zu einem Fehlurteil verleiten lassen, und verwies auf einen früheren Fall, in dem Morteira ähnlich gehandelt habe (natürlich eine Anspielung auf Spinoza). Er erwähnte auch die von Morteira gestellte Falle und bemängelte, daß das Urteil auf dem Zeugnis eines unreifen Schülers basiere, der, um dem Rabbi zu Gefallen zu sein und seine Gunst zu erlangen, entstellt habe, was er gehört hatte. Der Hauptpunkt war, Prado behauptete, an die Religion seiner Vorväter zu glauben; er unterstrich seine Feindschaft gegen den Katholizismus und seine Treue zum Judentum – um dessentwillen ihm bedeutende akademische Stellungen entgangen seien, die er sicher zu erwarten gehabt hätte, wenn er mit dem Übertritt zum Christentum einverstanden gewesen wäre. Und er erklärte, er habe, zumindest praktisch, nicht gegen das Mosaische Gesetz verstoßen. Doch alle seine Proteste waren umsonst. Schließlich mußte Prado nach Antwerpen ziehen. Dort verbrachte er die sechziger Jahre, und von dort aus führte er die große polemische Auseinandersetzung mit dem früheren Freund Orobio. Über sein Ende herrscht Unklarheit. In einem schwachen Augenblick scheint er den Versuch gemacht zu haben, sich mit der spanischen Inquisition zu versöhnen, doch blieb es bei dem Versuch, und Prado starb, wie er gelebt hatte: ein ungläubiger Jude, der an seinem Volk hing und gleichzeitig von ihm getrennt war.

Inquisitionsberichte über Prado und Spinoza

Was tat Spinoza, während Prado um seinen Freispruch kämpfte? Bis vor kurzem war darüber wenig bekannt. Die vier Jahre zwischen Spinozas Bann und seinem Auftauchen unter den Kollegianten in Rijnsburg (1660) lagen im dunkeln. Viele, vielleicht die meisten Forscher schlossen sich der Darstellung von Lucas an, wonach Morteira seinen abtrünnigen Schüler weiter verfolgte und nicht ruhte, bis er bei den Amsterdamer Bürgermeistern einen Ausweisungsbefehl gegen Spinoza erwirkt hatte. In jüngster Zeit konnten einige zusätzliche Erkenntnisse über Spinozas Tätigkeit in Amsterdam sowie über seine Beziehungen zu den Quäkern zusammengetragen werden.[71] Doch erst die Entdeckungen Revahs brachten helles, geradezu sensationelles Licht in diese dunkle Periode. Sie zeigen, daß Spinoza mindestens bis Anfang 1659 weiterhin in Amsterdam lebte oder es regelmäßig besuchte und sich regelmäßig dort mit Prado traf.

Auch hier verdanken wir unsere Kenntnisse den Spionen der Inquisition. Im August 1659 erstatteten zwei Leute dem Inquisitor in Madrid Bericht, die kurz zuvor von Übersee gekommen waren, ein lateinamerikanischer Mönch, Frater Tomás Solano y Robles, und ein spanischer Soldat, Hauptmann Miguel Pérez de Maltranilla. Beide waren nach Amsterdam gelangt und hatten dort einige Zeit verbracht – der eine sieben Monate, der andere zwei, und beide berichteten später in Spanien der Inquisition von ihren Eindrücken. (Den Hauptmann hatte man zum Bericht vorgeladen, der Mönch gab freiwillig Auskunft, um sich wegen seines Aufenthaltes in Feindesland keinem Verdacht auszusetzen; vielleicht auch, um seiner Pflicht als Katholik zu genügen.) Bruder Solano wollte sich nur über Lorenzo Escudero, einen spanischen Schauspieler, äußern, aber die Inquisition zeigte weitergehendes Interesse und wünschte, über die ausgebürgerten Spanier in Holland im allgemeinen informiert zu werden. So berichtete ihnen der Mönch:

> Er habe auch Dr. Prado, einen Arzt, kennengelernt, der sich Juan nannte und dessen jüdischen Namen er nicht kenne [...], und auch einen gewissen Herrn Espinosa, von dem er annehme, daß er aus einer holländischen Stadt stamme, weil er in Leiden studiert habe und ein guter Philosoph sei; beide hätten sich früher zum Mosaischen Gesetz bekannt, aber die Synagoge habe sie ausgeschlossen und vertrieben, da sie Atheisten geworden waren. Sie selbst hätten

> ihm erzählt, daß sie beschnitten seien und [früher] das Gesetz der Juden befolgt hätten, daß sie ihre Überzeugung jedoch geändert hätten, weil ihnen schien, daß das besagte Gesetz nicht wahr sei und die Seele mit dem Körper zusammen stürbe und daß es keinen Gott gebe außer im philosophischen Sinne. Das sei der Grund für ihre Vertreibung aus der Synagoge gewesen: und obgleich sie die Almosen, die die Synagoge ihnen früher zukommen ließ, und den Umgang mit den anderen Juden vermißten, seien sie bereit, den Schrecken des Atheismus auszuhalten.[72]

Bruder Solano y Robles gibt auch eine Beschreibung des Äußeren der beiden Freunde:

> Dr. Juan de Prado ist groß, dünn, hat eine große Nase, dunkle Hautfarbe, schwarze Haare und schwarze Augen, ist ungefähr dreißig Jahre alt [...] Spinoza ist ein Mann von kleinem Wuchs, hat ein schönes Gesicht, helle Haut, schwarze Haare, schwarze Augen, ist vierundzwanzig Jahre alt; er hat keinen Beruf und ist von Geburt [*de nación*] Jude.

Anders als der Mönch, war der Hauptmann in theologischen Dingen nicht so bewandert; er schilderte die äußeren Umstände der Begegnungen und worum es dabei ging. Offenbar gab es einen Kreis, der sich im Hause eines Arztes namens Dr. José Guerra traf. Außer Prado und Spinoza gehörten hierzu noch »ein gewisser Pacheco« (wahrscheinlich der gleiche, der gegen Prado ausgesagt hatte) und ein anderer jüdischer Arzt namens Dr. Reynoso. Guerra war, um von einer Krankheit zu genesen, von den Kanarischen Inseln nach Amsterdam gekommen, und die anderen besuchten ihn regelmäßig. Reynoso und Pacheco befolgten die jüdischen Gesetze und lehnten es ab, unkoschere Speisen zu essen. Von Prado und Spinoza dagegen hörte der Offizier mehrfach, daß sie die jüdische Religion aufgegeben hätten,

> weil sie nicht gut war und falsch war, und deshalb seien sie exkommuniziert worden, und sie hätten sich daran gemacht zu studieren, welches Gesetz besser sei, um sich dazu zu bekennen, und ihm schien, daß sie sich zu keinem bekannten.

Auch Hauptmann de Maltranilla zeichnet ein Bild von den beiden:

> Dr. Prado ist groß, hat ein schmales Gesicht, schwarze Haare und einen schwarzen Bart, ist fünfzig Jahre alt [...] Spinoza ist ein junger Mann von schöner Gestalt, schlank, lange schwarze Haare, ein kleiner Schnurrbart von derselben Farbe, mit einem schönen Gesicht, dreiunddreißig Jahre alt.[73]

Damit besitzen wir einen historisch wie philosophisch interessanten Polizeibericht. Die äußere Beschreibung der beiden Weggefährten kann zutreffend sein, denn beide Berichte stimmen miteinander überein. Was die Aussage betrifft, daß es »keinen Gott gebe außer im philosophischen Sinne«, so deckt sie sich mit dem, was wir über Spinoza wie über Prado wissen, wenngleich in ganz verschiedenem Sinne. Prado bekannte sich zu einem Deismus, der Gott mit der Ersten Ursache der Welt gleichsetzt. Gott ist keine Person; er hat weder Geist noch Willen; er greift nicht in das Weltgeschehen ein; und seine Gesetze sind nichts anderes als die ewigen Naturgesetze. Doch selbst dieser Deismus bleibt noch im Rahmen der traditionellen christlichen Theologie, die Gott eine transzendente, der Welt gegenüberstehende Position zuweist: Der »philosophische Gott« ist der erste und ewige Grund, von dem die Welt abhängt, er bleibt jedoch von der Welt unterschieden und über sie erhaben. Für Spinoza gewinnt der »philosophische Gott« hingegen eine neue, viel kühnere und unendlich ketzerischere Bedeutung, denn er ist mit der Gesamtheit des Universums selbst gleichgesetzt. Diesbezüglich steht Spinoza nicht nur im Widerspruch zur jüdischen und christlichen Tradition, sondern auch zur überwältigenden Mehrheit der philosophischen Gottesbegriffe. Denn während Prado – wie die Deisten im allgemeinen – an der Idee eines Gottes jenseits und über der Welt festhält, fügt der Pantheismus Spinozas der Ketzerei, die er mit dem Deismus gemein hat, noch eine zusätzliche Häresie und gewagte Besonderheit hinzu, indem er das Bild des philosophischen Gottes selbst neu faßt und ihn mit der Gesamtheit der Natur gleichsetzt.

Auch der Gedanke der Sterblichkeit der Seele findet sich bei Prado wie bei Spinoza, doch verbinden sie mit dieser Sterblichkeit unterschiedliche Vorstellungen. Während Prado zum totalen Naturalismus zu neigen scheint, versucht Spinoza, wie wir im sechsten Kapitel sehen werden, eine neue Interpretation des ewigen Lebens und sogar der Erlösung des Einzelnen – einer Erlösung, die im diesseitigen Leben stattfindet, und zwar dadurch, daß sich das Bewußtsein des Individuums mit seinem »ewigen Wesen« vereinigt; die Seele im psychologischen Sinne dagegen geht mit dem Körper zusammen zugrunde, und weder sie noch er haben

Aussicht auf Wiederauferstehung. Andererseits stimmt die Aussage Solanos, beide Männer bedauerten, auf die finanziellen Zuwendungen von seiten der Synagoge und auf die Beziehungen zu anderen Juden verzichten zu müssen, nur mit dem überein, was wir von Prado wissen. Spinoza war vermögend, zahlte Steuern an die Gemeinde und war nicht auf Wohlfahrt angewiesen, wohingegen Prado Armenfürsorge erhielt. Überdies legte, soweit uns bekannt ist, nur Prado gegen seinen Bann Einspruch ein. Nur er kämpfte darum, seine Bindung an die Juden aufrechtzuerhalten. Sollte Spinoza den Verlust ebenfalls beklagt haben, wie der Mönch berichtet, so mag das für die persönlichen Beziehungen gelten, kaum hinsichtlich der Religion und Gemeinde. Tatsächlich prangert Spinoza in seinem *Theologisch-Politischen Traktat* an, daß ein Jude, der seinen Glauben aufgibt, automatisch auch das »Bürgerrecht« in seinem Volk verliert und als Feind angesehen wird – eine deutliche Anspielung auf sein eigenes Schicksal. Aber wir haben keinen Anhaltspunkt dafür, daß Spinoza auf seinem »Bürgerrecht« in der Gemeinde bestehen wollte oder irgendeine Anstrengung in dieser Richtung unternahm. Wenn er die Trennung von ihr bedauerte, so nur aus einer subjektiven Stimmung, ohne jegliche praktische Konsequenzen.

Prado und Spinoza: Das Problem des »Einflusses«

Kehren wir nun zurück zum Herbst des Jahres 1655, und untersuchen wir die kritische Zeit vor dem Bann. Als Prado nach Amsterdam kam, war Spinoza dreiundzwanzig Jahre alt. Er hatte Hebräisch, die Bibel, den Talmud und jüdische Philosophie studiert; er hatte auch »fremde Bücher« gelesen, das heißt Werke über nichtjüdische Themen und ziemlich sicher Bücher auf hebräisch über Mathematik, Physik und Astronomie (die Werke von Joseph Solomon Delmedigo befanden sich in seiner Bibliothek), und er hatte sich auf eine Laufbahn als Kaufmann vorbereitet. Seit einem Jahr war Spinoza auf sich selbst gestellt. Sein Vater, ein angesehenes Mitglied der Gemeinde, war 1654 gestorben und hatte sein Handelsunternehmen Baruch und dessen jüngerem Bruder Gabriel hinterlassen. Die beiden Söhne gründeten zusammen unter dem Namen »Bento y Gabriel d'Espinosa« eine Gesellschaft zum Import und Export von Früchten. Das Geschäft ging mittelmäßig; einmal verloren sie ein Handelsschiff auf hoher See. Neben dem Geschäft besuchte Spinoza weiterhin die Jeschiwa von Rabbi Saul Levi Morteira; vielleicht hielt er auch den Kontakt zu Rabbi Manasse ben Israel, seinem früheren Lehrer, dessen Haus ein Treffpunkt fremder Gelehrter war, die Amsterdam besuchten. Wenn Spinoza schon damals von Zweifeln und häretischen Gedanken umgetrieben wurde, so tat das praktisch seinen Beziehungen zur Gemeinde keinen Abbruch. Zumindest nach außen hielt er einen korrekten Umgang mit der Synagoge aufrecht, war peinlich genau in der Entrichtung seiner Abgaben und Schenkungen und vermied den offenen Konflikt.

Sein offizielles Verhältnis zur Synagoge ist uns aus den von Revah untersuchten Gemeindebüchern bekannt. Jedes anerkannte Mitglied der Gemeinde hatte drei verschiedene Abgaben zu entrichten: 1. *finta*, eine Personensteuer, deren Höhe sich nach dem Besitzstand des Mitglieds richtete; 2. *imposta*, eine Unternehmenssteuer, die nach dem Umfang von Import und Export festgelegt wurde; und 3. *promessas*, Abgaben, die anläßlich besonderer Gelegenheiten oder religiöser Feste entrichtet wurden. Alle sechs Monate rechnete der Schatzmeister der Synagoge ab und zog die fälligen Zahlungen ein.

Aus den Gemeindebüchern ist zu ersehen, daß Baruch Spinoza am 18. April 1654 die Hälfte seiner Finta, eine Summe von fünf Florin, bezahlte.[74] Fünf Monate später spendete er weitere fünf Florin für die »Armen von Brasilien« (jüdische Flüchtlinge aus Pernambuco, deren Gemeinde nur kurze Zeit bestand und die zerstört wurde, als Brasilien aus niederländischer zurück in portugiesische Hand kam). Am selben Tag, dem 13. September 1654, ist vermerkt, daß Spinoza die zweite Hälfte der Finta sowie Promessas in Höhe von elf Florin und acht Stüver entrichtete und auch weitere sechzehn Florin und sechzehn Stüver an Imposta. Das deutet darauf hin, daß er erheblichen Außenhandel betrieb. Das nächste Jahr zeigt einen Geschäftsrückgang bei den Brüdern d'Espinosa; Baruch zahlt am 11. April 1655 nur sechs Florin Imposta. Der Betrag seiner Finta bleibt bei fünf Florin, aber seine Promessas erhöhen sich beträchtlich, auf dreiundvierzig Florin und zwei Stüver. All dies beweist ein aktives, fast großzügiges Spendenverhalten.

Zu dieser Zeit war Prado noch nicht in Amsterdam, doch im Oktober 1655 erschien sein Name im Register. Seine miserable Finanzlage befreit ihn von Finta-Zahlungen, aber seine Promessas belaufen sich auf drei Florin und achtzehn Stüver. Um dieselbe Zeit (am 4. Oktober 1655) entrichtet Spinoza die Hälfte seiner üblichen Finta und Promessas in Höhe von vier Florin und vierzehn Stüver. In der nächsten Halbjahresperiode bis 29. März 1656 tauchen sowohl Spinoza als auch Prado dagegen im Finanzregister nur mit der winzigen Summe von je zwölf Stüver auf. (Revah sieht darin einen Ausdruck der Solidarität füreinander.) Vier Monate später ist

Spinoza mit dem Bann belegt,[75] während Prado seine Sünden scheinbar bereut. Auch nach seinem Bann kommt Spinoza noch einmal mit einer weiteren Zahlung von zwölf Stüver in den Büchern vor (die er offenbar vor Juli geleistet hat, denn die Bücher wurden alle sechs Monate nachgetragen), während Prados Zahlung wieder auf einen in Anbetracht seiner Lage relativ hohen Betrag steigt: vier Florin und zehn Stüver.

Das Steuerbuch der Gemeinde ist Revahs hauptsächlicher (und im Grunde einziger) Beweis dafür, daß Spinoza gegen Ende des Jahres 1655 noch ein frommer und gläubiger Jude war, der seine Pflichten gegenüber der Synagoge erfüllte und regelmäßig an ihren Riten teilnahm, und daß seine Glaubenskrise folglich erst mit Prados Ankunft begann. Doch die Gemeindesteuerberichte können uns nur über Spinozas Zahlungen Auskunft geben, nicht über seine Gedanken. Nichts steht der Annahme im Wege, daß er nur um des lieben Friedens willen den äußeren Anschein wahrte, solange der Entschluß, mit der Gemeinde zu brechen, noch nicht in ihm gereift war. In Spinozas Denken, wie wir es aus seinen Schriften kennen, gibt es eine Lebensregel, die besagt: »Tue alles, was [dich] nicht an der Erreichung [deines] Zieles hindert!« Mit ihr hängen weitere praktische Grundsätze zusammen wie: »Rede nach der Fassungskraft der Menge«, beobachte »die Landessitten, sofern sie unserem Ziele nicht widerstreiten«, und »suche endlich nur so viel Geld oder andere Dinge zu erwerben, als erforderlich ist, um Leben und Gesundheit zu erhalten« (*Abhandlung über den Verstand*, 17). Spinoza, der von sich in der ersten Person spricht, stellt diese Regeln auf, als er beschreibt, welch radikaler Wandel sich in seinem Leben und im Ziel seiner Wünsche ereignete, als er dem banalen Streben nach Reichtum, Ansehen und sinnlichen Genüssen den Rücken kehrte, um durch metaphysisches Wissen das wahrhaft »höchste Gut« zu entdecken. Und wirklich bestätigt Spinozas späterer Lebensweg, daß er bezüglich der »Menge« seinem eigenen Ratschluß gefolgt ist: Er bemühte sich, für die Lebensnotwendigkeiten maßvoll zu sorgen; er prahlte nie mit seinen Überzeugungen und versuchte nie, einfache Menschen ohne philosophische Neigungen (wie seine Geschäftspartner) auf seine Seite zu ziehen. Auch gab er sich besondere Mühe, seine Gedanken zu verbergen, indem er sich der Äquivokation bediente und häufig religiöse Metaphern verwendete, die zwei oder auch drei verschiedene Interpretationen zuließen. Alles in allem folgte Spinoza, getreu seinem Motto »caute«, den Vorsichtsmaßregeln und paßte sich den Bräuchen der Gemeinde an, solange sie sein inneres Leben nicht beeinträchtigten. Darin verhielt er sich als ein Marrane neuen Typs: nicht wie ein Judaisierender, sondern als *Marrane der Ver-*

nunft – eine Haltung, die er, sowohl vor als auch nach seinem Bann, auf verschiedene Weise einnahm. Spinozas Zahlungen an die jüdische Gemeinde beweisen daher nicht, daß er auch in seinem Denken dem Judentum treu geblieben ist. Im Gegenteil ist viel wahrscheinlicher, daß Spinoza trotz seiner Heterodoxie einfach noch nicht zu dem Schluß gekommen war, daß die Freiheit, im Denken eigene Wege zu gehen, auch bedeutete, sich aus der Gemeinde zurückzuziehen. Daher versuchte er nach außen und in der Praxis (die im Judentum sehr wichtig ist), weiterhin all die Dinge zu tun, »denen die Menge nachgeht«, vor allem, da der Tod seines Vaters, der lange Jahre Parnass und eine Stütze der Gemeinde gewesen war, erst ein Jahr zurücklag.

Auch was Spinoza am Anfang der *Abhandlung über den Verstand* in der ersten Person schreibt, entzieht der Annahme den Boden, es könnte Prado (oder irgendein anderer »Verführer«) gewesen sein, der ihn zur Häresie verleitet hat. Spinoza beschreibt einen langwierigen Prozeß, der mit der Verfolgung gewöhnlicher und vergänglicher Ziele begann, bis er entdeckte, daß das menschliche Glück von der Qualität des gewünschten Gegenstandes abhänge, ob dieser fest und beständig oder flüchtig und bedingt ist; daher begann er nach einem »höchsten Gut« zu suchen, nach etwas, das beständig und immerwährend ist. Diese durchaus revolutionäre Wende geschah nicht auf einen Schlag; Spinoza beschreibt beredt, welche Angst und Unsicherheit den Übergang von der einen zur anderen Position begleitete, als er noch nicht wußte, ob es das neue Ziel seiner Wünsche überhaupt gab und ob es erreichbar war, und als er das Risiko auf sich nehmen mußte, dieses ungewisse Gut seinem früheren Leben und dem, was darin gewiß war, vorzuziehen. Sicherlich, dieser Text aus der *Abhandlung über den Verstand* ist nicht einfach ein empirischer Beleg, sondern eine überaus stilisierte, literarisch ausgefeilte autobiographische Äußerung. Er vermittelt aber, daß Spinoza seine geistige Entwicklung tatsächlich als einen Prozeß ansah, nicht als einmaliges Ereignis; und er beschreibt diese Entwicklung in ethischen Begriffen, im Grunde als eine Suche nach dem höchsten Gut und der höchsten Qualität des Lebens, nicht so sehr als das Streben nach einer neuen metaphysischen Wahrheit um ihrer selbst willen. So zeigt sich, daß Spinozas Gedanken und seine Beweggründe einer ganz anderen Quelle entstammten als die Prados.

Behalten wir ferner im Auge, daß Spinoza zur Zeit seines Banns eine ausführliche Apologie geschrieben hat. Dieser Text ist nicht mehr erhalten, doch wird von den meisten Forschern angenommen, daß er eine Reihe der im *Theologisch-Politischen Traktat* vertretenen Argumente in einer früheren Fassung enthalten haben muß. (So sind auch scharfe, polemische Anspielungen auf das Judentum in diesem Buch Ausdruck der bitteren Auseinandersetzung mit dem Bann.) Spinozas Argumentation im *Theologisch-Politischen Traktat* beruht weitgehend auf seiner jüdischen Bildung (der Bibel, den Nuancen der hebräischen Sprache, jüdischen Exegeten und Philosophen), auf Dingen, von denen der halbspanische Prado wenig oder gar keine Kenntnis besaß, denn da er erst kurz zuvor begonnen hatte, die jüdische Tradition zu studieren, besaß er keine Hebräischkenntnisse. Man kann daher mit gutem Grund annehmen, daß Spinozas Ideen und seine ketzerischen Argumente herangereift sind, lange bevor er Prado begegnete.

Es kommt hinzu, daß der reife Spinoza, gemessen an vielen Generationen, geistig einer der unabhängigsten Menschen war. Leuchtet es dann ein, daß er mit dreiundzwanzig Jahren so beeindruckbar und in seinen Ansichten so unsicher gewesen sein soll, daß ein Mann, der ihm intellektuell weit unterlegen war, in kurzer Zeit solch einen radikalen Wandel bei ihm auslösen konnte? Prado kam gegen Ende 1655 nach Amsterdam, und Spinozas Bann wurde nach langen Untersuchungen und Verhandlungen im Juli 1656 ausgesprochen. Daher hätte Prado nur einige Monate zur Verfügung gehabt, um Spinoza von einem »glühenden« praktizierenden Juden zu einem entschiedenen und militanten Abtrünnigen zu machen, der nicht nur ganz neue Überzeugungen vertrat, sondern um ihretwillen auch bereit war, alle seine Bande zur jüdischen Gemeinde zu zerschneiden. Mehr noch, wenn Prado wirklich Spinoza zu solch extremen Verhaltensweisen veranlaßt hätte, wie sollten wir dann verstehen, daß ihre Freundschaft fortbestand, nachdem Spinoza mit dem Bann belegt war und Prado widerrief? Das hieße ja: Nachdem ein ängstlicher junger Mann gerade erst durch seinen Mentor, der ihm die Augen öffnete, eine neue, spannende Welt entdeckt hat, betrügt der Lehrer seinen Schüler, täuscht sich selbst und entwertet seinen eigenen Unterricht, indem er sich weigert, danach zu leben. Hätte der junge Mann das nicht als Schock und Betrug, ja als eine Art sabbatianische Enttäuschung erleben müssen?

Diese Fragen erübrigen sich, wenn wir annehmen, daß Prado und Spinoza unabhängig voneinander zu ihren häretischen Ideen gelangt sind und daß ihre Begegnung diese Ideen nur verstärkt hat. Es ist schwer zu sagen, wer von den beiden den größeren Einfluß hatte. Der Ältere ist nicht notwendig der Dominante. Wir können nicht ausschließen, daß das Zusammentreffen mit Spinoza möglicherweise die deistischen Ahnungen Prados, die seit den Tagen in Spanien in ihm schlummerten, freigesetzt und ihn veranlaßt hat, sie neu zu formulieren. Was Spinoza anbetrifft, so haben ihm die Kontakte mit Prado wahrscheinlich geholfen, aus der Isolation herauszutreten – der Isolation eines jungen Mannes, der kein Ventil für seine Zweifel besitzt und niemanden, mit dem er sich austauschen könnte, außer alten Büchern und darin enthaltenen Vorläufern –, und die Kontakte haben ihn wahrscheinlich veranlaßt, einen ausdrücklicheren und entschiedeneren Standpunkt einzunehmen. Vielleicht ist Spinozas Begegnung mit Prado aus pragmatischer und psychologischer Perspektive bedeutsamer gewesen denn aus ideologischer. Diese Kontakte stärkten Spinozas Entschluß, seine Unabhängigkeit zu verteidigen, und sie halfen ihm, zu einer endgültigen und radikalen Entscheidung zu gelangen (die Prado ihm nicht aufgedrängt hat und an der dieser nicht beteiligt war), nämlich seinen eigenen Weg zu gehen und zugleich die Bindungen an die Gemeinde zu lösen. So müssen wir schließen, daß beide Männer unabhängig voneinander zu ihren ketzerischen Auffassungen gelangt sind und ihr nachfolgendes Zusammentreffen nur als Katalysator für Tendenzen wirkte, die bereits vorhanden waren.

Der messianische Häretiker – Isaac La Peyrère

Prado war nicht der einzige Apostat, mit dem Spinoza Beziehungen unterhielt. Etwa um die gleiche Zeit erschien noch eine andere wichtige und buntschillernde Gestalt in Amsterdam: Isaac La Peyrère, »der größte Häretiker vor Spinoza«.[76] La Peyrère war von Geburt Calvinist, doch gibt es gute Gründe, anzunehmen, daß er marranischer Abstammung war. Als Jurist hatte er viele Jahre dem Prinzen de Condé (dem Vater des Grand Condé) gedient und in dieser Zeit zahlreiche große Geister und Staatsmänner der Epoche kennengelernt. La Peyrères Hauptinteresse galt jedoch der Theologie, besonders der Heilsgeschichte und der Erwählung der Völker. Popkin schreibt ihm sogar eine eigene »marranische Theologie« zu, in der weder die Juden noch gewöhnliche Christen im Mittelpunkt des göttlichen Geschichtsplanes stehen, sondern die Juden, die zum Christentum übergetreten sind: Sie sind es, die die Welterlösung, für die der Weg bereitet werden muß, einleiten werden.

Zu größter Berühmtheit gelangte La Peyrère durch den Skandal, den sein Buch über die Präadamiten (*Prae-Adamitae*) hervorrief. Darin vertritt er die Meinung, schon vor Adam und Eva habe es Menschen auf der Welt gegeben, die ohne göttliches Gesetz, ohne Wissen in einem Naturzustand gelebt hätten. Die Bibel setze ein, wo Gott die Juden zu Trägern seines Wortes auf Erden macht. Sie sei daher keine Geschichte der gesamten Menschheit, sondern nur der Juden. Adam sei nicht der erste Mensch, sondern der erste Jude (und Eva, wie Popkin sich ausdrückt, entsprechend »die jüdische Urmutter«). Um diese häretische Behauptung zu stützen, unterzog La Peyrère die Bibel einer sorgfältigen Kritik, betrieb daneben ausgedehnte anthropologische Studien, die ihn zum führenden Experten für die Kultur der Eskimos und Grönlands machten. Er wandte auch als erster Methoden der Bibelkritik an, die Spinoza später auf eine feste Grundlage gestellt und erweitert hat. Unter anderem behauptete La Peyrère, wir besäßen eine falsche Bibelfassung und nicht Moses habe den Pentateuch geschrieben (eine Auffassung, die auch Da Costa vertrat).

Nicht selten begegnet man in diesem komplexen Jahrhundert, in dieser Zeit des Wandels und Übergangs von einer Kulturepoche zur anderen, Gestalten, die beides verkörpern: Phantasie und Handeln, Selbsttäuschung und Realitätssinn, messianische Theologie und rationale Wissenschaft. La Peyrère war eine solche Gestalt. Seine anthropologischen Forschungen und sein Werk über die Präadamiten verfolgten nicht wissenschaftliche, sondern theologische Zwecke. Diese deckten sich mit einem früheren Werk von bizarrem Inhalt und ungewöhnlichem Titel, *Du rappel des Juifs* (Über den Rückruf der Juden), in welchem La Peyrère eine großartige Vision der kommenden Erlösung entworfen hat. Er teilt die Geschichte (nach Adam) in drei Zeitalter: Im ersten erwählte Gott die Juden; dann, in der Zeit Jesu, wandte er sich von ihnen ab und übertrug die Auserwähltheit auf die Christen, die zu Trägern seines Wortes in der Geschichte wurden; nun aber bricht die letzte Phase, das messianische Zeitalter, an, in dem Gott die Juden wieder zurückrufen und sie in das Gelobte Land bringen wird, geleitet von Jesus, dem wahren Messias – und vom König von Frankreich (dem das Werk gewidmet war). Von Jerusalem aus werden die beiden die ganze Welt regieren, die dann völlig erlöst ist. Dies ist eine Mischung aus christlich-ketzerischen und jüdisch-ketzerischen Visionen, versetzt mit Spuren eines verspäteten Kreuzzugsgeistes, einem frühen ökumenischen Denken und einem vorzeitigen Zionismus. Und all das zusammengehalten vom Marranentum. Die Juden, die zurückgerufen werden und die Erlösung bewerkstelligen, sollten erst Christen werden und die Fleischwerdung und Göttlichkeit von Jesus anerkennen (worin nach La Peyrère – und zum großen Entsetzen von Juden und Christen gleichermaßen – der einzige wesentliche Unterschied zwischen Judentum und Christentum besteht).

Aber La Peyrère wußte auch von einer esoterischen jüdischen Sekte, deren Mitglieder, nur Gott bekannt, mit dem wahren Geist des Christentums gesegnet seien, obgleich sie nicht ausdrücklich das Prinzip der Inkarnation vertraten. Getreu seinem System predigte La Peyrère gegen die Rückkehr der Marranen zum Judentum und rief zugleich die Christen auf, ihren Antisemitismus aufzugeben und die Juden mit Toleranz und Respekt zu behandeln, bis der Tag gekommen sein werde, an dem alle unter dem Banner des neuen Christentums vereint wären. Es ist bemerkenswert, daß La Peyrère dies als Richtlinie für unmittelbares politisches Handeln verstand, nicht als Vision einer fernen Zukunft.

La Peyrère und Spinoza

Wie wir gesehen haben, kam La Peyrère etwa um dieselbe Zeit nach Amsterdam wie Prado, sechs Monate vor Spinozas Bann. In Amsterdam besuchte er regelmäßig seinen neuen Freund Manasse ben Israel. Manasse war früher Spinozas Lehrer gewesen, und Popkin vermutet zu Recht, daß La Peyrère und der junge Spinoza sich im Hause Manasses begegnet sein konnten. Für diese Annahme spricht vielleicht auch, daß in Spinozas Bibelkritik Anklänge an La Peyrères System enthalten sind (allerdings hätte Spinoza die Ideen La Peyrères ebenso durch dessen Werk über die Präadamiten erfahren haben können, das sich in seiner Bibliothek befand).

Ungeachtet ihrer Ähnlichkeiten gibt es eine grundlegende Differenz zwischen Spinoza und La Peyrère. Bei aller Häresie beschäftigte sich La Peyrère mit Theologie, nicht mit Philosophie; er glaubte weiter an die göttliche Vorsehung und erwartete das mystische Ende aller Tage. Spinoza hingegen lehnte die geschichtlichen Religionen mit ihren Begriffen von Vorsehung und Erlösung ab, ja zeichnete ganz im Gegensatz zur Bibelkritik La Peyrères die Geschichte der Juden nicht als *historia sacra*, sondern als *historia profana* und als gewöhnliches Naturgeschehen. Sogar die bekannte Äußerung Spinozas, es könne sein, daß die Juden ihr Königreich wiederherstellen und Gott sie von neuem auserwählt, eine Vorstellung, die ganz an den Titel von La Peyrères erstem Buch erinnert, war vollkommen weltlich gemeint; sie bezog sich darauf, daß der Fortgang der Zeit vielleicht den Juden eine ganz natürliche Rückkehr in ihr Land ermöglichen werde, einfach infolge sozialgeschichtlicher Faktoren und ohne die Einmischung irgendeines göttlichen Willens oder einer Vorsehung.[77] Dennoch ist es recht wahrscheinlich, daß der junge Spinoza beide, Prado und La Peyrère, etwa um die gleiche Zeit kennengelernt hat – vielleicht sogar den einen in Anwesenheit des anderen.[78]

Läßt sich daraus schließen, daß, statt Prado, La Peyrère Spinoza auf Abwege geführt hat? Popkin neigte bis vor kurzem zu dieser Ansicht, für die allerdings die gleichen Einwände gelten, die wir gegen Revah vorgebracht haben.[79] Mit dieser Annahme wird nur die mechanische Funktion Prados gegen die La Peyrères ausgetauscht, ohne daß die Funktionsweise sich änderte. Damit ist die Häresie Spinozas ebenfalls als die Wirkung einer Person auf eine andere aufgefaßt, als eine einsinnige Abfolge von Ursache und Wirkung. Auch hier sollte man lieber annehmen, daß Zweifel und Häresie, die in einer gemeinsamen psychokulturellen Struktur in der Luft liegen, unabhängig voneinander in mehreren Köpfen entstanden sind, die dann natürlich leicht zueinander finden und ihre Ansichten austauschen. Es ist daher plausibel, daß Spinoza, als er von La Peyrère hörte, auch die Begegnung mit ihm suchte, um einen anderen Bibelkritiker zum Gesprächspartner zu haben, und daß alle drei Männer, die unabhängig voneinander zu ihren Zweifeln gelangt waren, später einander begegneten und sich wechselseitig in Gedankengängen beförderten, die ohnedies bereits vorhanden waren.

Dieser Ansatz stimmt mit allen uns zugänglichen Fakten überein und erklärt sie, wobei das Phänomen der Häresie als Bestandteil einer umfassenden mentalen und kulturellen Struktur, in die das Leben der Neujuden eingebettet war, verstanden wird, wie auch als Bestandteil der komplexen und dissonanten Züge des neujüdischen Bewußtseins selbst. Das liefert uns natürlich noch nicht die auslösende Ursache für die Häresie Spinozas; wir wissen nicht, warum gerade Spinoza ein Häretiker wurde oder warum er gerade diese Haltung einnahm, während andere anders reagierten. Um die Häresie Spinozas zu erklären, müssen wir viel mehr über den jungen Spinoza wissen, über seine Kindheit, Familie, seine Lesegewohnheiten und ähnliches. Und selbst dann werden wir nicht imstande sein, eine erschöpfende Erklärung für seine Entwicklung zu geben, denn ungeachtet der Ansichten Spinozas über diesen Punkt, lassen sich die spontanen und idiosynkratischen Faktoren in einer historischen Gestalt nicht vollständig auf äußerliche Elemente reduzieren. Doch wenn wir mehr darüber wüßten, kämen wir einer Erklärung für die Besonderheit Spinozas innerhalb der größeren kulturellen Struktur wenigstens näher. Wie wir zu zeigen versuchten, wurzelt diese Struktur in der einzigartigen Situation der Marranen und in deren gespaltenem und komplexem Bewußtsein, einem Bewußtsein, das die Unschuld verloren hatte.[80]

Marranentum und die These von Wolfson

Setzt man den marranischen Hintergrund Spinozas einmal voraus, muß man eine weitverbreitete These überprüfen, die Harry A. Wolfson berühmt gemacht hat.[81] Nach Wolfson kann bereits die Lektüre der mittelalterlichen jüdischen Philosophen dem jungen Spinoza reichlich Nahrung für ketzerisches Denken geliefert haben – nicht so sehr wegen ihrer eigentlichen, wörtlichen Bedeutung (obgleich auch die eine Rolle spielte), sondern weil er bei seiner Lektüre die unorthodoxen Bestandteile aus ihrem Zusammenhang löste. Mit anderen Worten, die jüdische philosophische Tradition selbst – von Maimonides und Gersonides, Ibn Ezra und Crescas bis Yehuda Abrabanel (Leone Ebreo) – lieferte Spinoza Ideen und Anhaltspunkte, die in ihrem Kontext durchaus noch der rechtmäßigen Tradition zuzuordnen waren, isoliert betrachtet aber sehr wohl kühne und gefährliche Gedankengänge hervorrufen konnten. In diesem Sinne sagt das Wort von Rabbi Morteira, »wer philosophiert, sündigt«, etwas Richtiges, ein Wort, in dem eine ganze Schule innerjüdischer Polemik nachklingt. Doch um überhaupt in die Philosophie einzutauchen, muß ein junger Mann wie Spinoza bereits Wißbegierde und einen ruhelosen Geist besessen haben; und den könnte er durch tausend Poren aus dem Geistes- und Bildungshintergrund seiner Jugend aufgenommen haben. Hier kommt die Marranenkultur wieder ins Bild; sie ist noch fundamentaler als der Einfluß der jüdischen Philosophen und hilft ihrerseits, diesen Einfluß zu erklären. Das Zusammenspiel des spezifischen kulturellen und persönlichen Hintergrundes mit der Gesamtheit der Ideen und Argumente der jüdischen Philosophie könnte sehr wohl in Spinoza eine Flamme der Kritik und Wißbegierde entzündet haben, die hauptsächlich, wenn nicht gar ausschließlich vom jüdischen Leben selbst genährt wurde, lange bevor er mit äußeren Einflüssen in Berührung kam und anderen Ketzern in der Gemeinde begegnete, mit denen er dann in Wechselbeziehung trat.

4. KAPITEL

Maskierte Marranen und eine Welt ohne Transzendenz: Rojas und *La Celestina*

Zum marranischen Doppelleben kam es nicht erst im siebzehnten Jahrhundert, als die Neujuden zu ihrer alten Religion zurückkehrten. Es ist interessant, ja faszinierend, daß es schon in den allerersten Generationen iberischen Marranentums etwas strukturell Ähnliches gegeben hat. So finden sich in den Abenteuern einer literarischen Gestalt, der Celestina, sowie in der metaphysischen Weltanschauung ihres Autors und in seinem Sprachgebrauch anderthalb Jahrhunderte früher bereits Parallelen (oder Vorläufer) zur geistigen Situation Spinozas.

Der Converso, »der Melibea verfasste«

Wenige Jahre nach der Vertreibung der Juden aus Spanien schrieb ein junger Converso,[1] damals Mitte Zwanzig, ein inhaltsreiches, etwas rätselhaftes Buch, das ein Klassiker der spanischen Literatur werden sollte. Die »Tragikomödie vom Ritter Calisto und der Jungfrau Melibea«,[2] wie es offiziell hieß, besser (nach seiner Hauptgestalt) bekannt als *La Celestina*, hat noch heute viel von der Kraft und Schärfe bewahrt, die das Werk vor fünfhundert Jahren zu einem literarischen Erfolg machte. Im Urteil mancher Kritiker gebührt ihm der zweite Platz gleich nach *Don Quijote*,[3] während andere beide Werke für gleichrangig erachten.[4] Américo Castro sieht in *La Celestina* den Vorläufer des modernen Dramas und Theaters.[5] Wieder andere halten es für den Ursprung des pikaresken Genres, Spaniens einzigartigen Beitrags zur Weltliteratur.[6]

La Celestina ist dies alles zusammen und nichts davon ausschließlich. Mit seinen einundzwanzig Akten (ursprünglich nur sechzehn) ist das

Werk nur schwer aufzuführen, und obgleich seine Dialoge literarisch außerordentlich reich sind, sind sie meist nicht so flüssig, wie ein Theaterregisseur es sich wünschen würde. *La Celestina* eignet sich besser zum Lesen oder zur Rezitation und ist möglicherweise in Rojas' Studenten- und Converso-Zirkel laut vorgelesen worden.

Ebensowenig ist *La Celestina* ein Roman, denn es ist in Dialogform geschrieben und spielt auf einer Bühne ohne Erzähler und ohne Beschreibungen in der dritten Person. Und trotz halbpikaresker Elemente – wie Gesprächen von Dienern und Prostituierten, einem realistischen Bild vom Leben der Unterschicht, ihrer Armut, ihrer Obszönität und ihrem offensichtlichen Mangel an Ehrgefühl – handelt es sich nicht um das eigentlich pikareske Genre in Form der fiktiven Autobiographie eines Picaro. *La Celestina* enthält, so könnte man sagen, verschiedene Möglichkeiten, die in späteren Generationen verwirklicht worden sind. Die Schauspiele von Calderon de la Barca, die Abenteuer des Lazarillo de Tormes oder Guzman de Alfarache (der Picaros) oder von Don Quijote und Sancho Panza – sie alle sind, zum Teil sogar bewußt, *La Celestina* verpflichtet.

Ruhm und Erfolg der *Celestina* im sechzehnten Jahrhundert sind nur mit denen des *Don Quijote* ein Jahrhundert später zu vergleichen.[7] Generationen von Lesern waren von der Titelheldin mit dem bezeichnenden Namen Celestina begeistert, dieser scharfen und vitalen alten Hure, der Priesterin irdischer Liebe, die gierig, lasziv, schlau und intrigant, zuweilen hexenhaft und doch menschlich ist, weil sie einfühlsam ist und Zweifel, Sorgen und Einsamkeit kennt. Celestina benutzt die Schwächen anderer Menschen, ohne sie zu verachten oder ihnen Vorwürfe zu machen; sie betrügt ohne Bosheit, nutzt aus ohne Skrupel; Verführung und Ränke gehören bei ihr zum natürlichen Lauf der Welt. So ist sie ein Symbol für Naturhaftigkeit und Diesseitsgewandtheit. Rojas war sehr bemüht, zu zeigen, daß er sein Publikum vor solchen Charakteren warnen will; doch man darf bezweifeln, ob der phänomenale Erfolg der *Celestina* dieser vorgeblichen Moralisierung zuzuschreiben ist.

Binnen kurzem wurde das Werk ein Bestseller in ganz Europa. Allein in Spanien erlebte es im Laufe des sechzehnten Jahrhunderts dreißig Auflagen.[8] Es gab zahlreiche italienische, französische, holländische, deutsche, englische und sogar lateinische Übersetzungen (letztere vielleicht, um Gelehrte und Priester in den Genuß der moralischen Lektion oder des amoralischen Vergnügens zu bringen, das *La Celestina* gewährt). Sogar eine (heute verschollene) hebräische Übersetzung des Dichters Sarfati erschien in Italien und war ein Beitrag zur weltlichen jüdischen Literatur der Renaissance.

Die Fabel und ihre Struktur

Dem Reichtum und der Vielfalt des Textes von *La Celestina* steht eine ganz einfache Fabel gegenüber. Calisto liebt Melibea, die ihn zunächst mit kalter Grausamkeit zurückweist. Calisto ist ein Hidalgo (ein Adliger) mittleren Rangs, Melibea die Tochter einer sehr wohlhabenden und vornehmen Familie. Calistos Leidenschaft wird zur Besessenheit und bringt ihn an den Rand des Wahnsinns. Sempronio, Calistos Diener, empfiehlt angesichts der Verzweiflung seines Herrn, Celestina aufzusuchen, die ihm zu seiner »Rettung« verhelfen könne. Celestina ist eine alte Kupplerin und Vermittlerin, erfahren in allen Geheimnissen und Kniffen der Liebe. In dieser Stadt allein soll sie für Verlust beziehungsweise Wiederherstellung der Jungfernschaft von fünftausend Jungfrauen verantwortlich sein. Celestina vollbringt ihre Wunder mit ihren Nadeln wie mit ihrer Zunge, die ganz nach Bedarf mal rauh, mal weich oder mehrdeutig ist. Außer ihrer Fähigkeit, Jungfräulichkeit wiederherzustellen, versorgt sie ihre Klienten mit »Liebestränken«, anderen Mixturen und Aphrodisiaka. Sie versteht sich aufs Verkleiden und Schminken; sie stellt Parfüms her, farbt Haare, bereitet Mittel gegen schlechten Atem; sie kauft und verkauft, verführt und verkuppelt. Sie betreibt zweiunddreißig verschiedene Gewerbe, die alle letzten Endes auf den Liebesakt abzielen und auf den Nutzen, den Celestina daraus zieht. In ihren besten Tagen führte sie ein großes Haus, in dem Herren und hochrangige Diener, Bischöfe, Adlige und Mönche ihre Mädchen hatten; es war, wie Germond de Lavigne sagt, »eine Liebesakademie«, in der, so können wir hinzufügen, Kirche und Laientum sich in gemeinsamer Anbetung trafen. Im Alter bleiben Celestina nur noch eine junge Prostituierte, die bei ihr lebt, und eine, die getrennt wohnt. Als Vermittlerin knüpft Celestina auch Bande zwischen Mädchen aus gutem Hause und ihren Liebhabern, die sie mit verschiedenen Tricks und im Schutze der Nacht zusammenführt, manchmal unter dem Vorwand, man besuche die Mitternachtsmesse.

Sempronio, Calistos Diener, verschwört sich mit Celestina, um die Schwäche seines Herrn auszunutzen. Die Alte will bei Calisto die Hoffnung wecken, er könne Melibea verführen, will ihn jedoch so lange hinhalten, bis die Verschwörer ihm all sein Geld entlockt haben. Celestina überredet auch Calistos zweiten Diener, einen Knaben namens Pármeno, sich ihnen anzuschließen; sie erkennt in ihm den Sohn ihrer verstorbenen geliebten Freundin Claudina, die wie sie eine Art Kupplerin und Hexe war und ein Opfer der Inquisition wurde.

In einer subtilen und komplexen Szene voller Maskenspiel und Äquivokation gelingt es Celestina, Melibea zu verführen.[9] Inzwischen haben die beiden Diener Liebschaften mit Celestinas Mädchen geknüpft, und wir erleben sie bei ihren intimen und geselligen Unterhaltungen. Als Melibea sich Calistos Leidenschaft schließlich ergibt, streiten die Diener mit Celestina um die Beute und töten sie im Affekt; sie werden vom Alkalden verhaftet und mit dem Tode bestraft. Calisto stirbt durch einen Sturz von der Leiter, als er im Dunkeln Melibeas Haus verläßt; und das unglückliche Mädchen nimmt sich aus Verzweiflung das Leben. Das Werk endet mit einem großen Monolog Pleberios, Melibeas Vater, der den Gang der Welt beklagt und die Unordnung und das Leiden, die in ihr herrschen.

Eine einfache Fabel und eine Menge Leichen – doch nicht das macht *La Celestina* zu dem, was es ist. Die Stärke des Werkes liegt darin, wie es aufgebaut und durchgeführt ist. Die Dialoge sind reich an poetischer und sprachlicher Vielfalt – zuweilen bis zum Exzeß, nach dem Geschmack der Zeit[10] – und voll subtiler Nuancen. Das Werk hat viele Ausdrucks- und Bedeutungsebenen, die manchmal gegeneinander spielen. Beispielsweise wird eine antike philosophische Sentenz im Munde eines Dieners ironisch verdreht oder nimmt in dem Zusammenhang, in dem sie geäußert wird, die gegenteilige Bedeutung an. Oder die verdeckte wahre Bedeutung einer Szene verkehrt oder entwertet den wörtlichen Sinn. Dieses scheinbar bodenständige, irdische Drama, voller Geschwätz von Dienern und Prostituierten, ist zugleich ein Werk für Literaten, die Aristoteles und Petrarca, Plautus und die weisen Stoiker gelesen haben, die die Feinheiten der katholischen Dogmen und die Geheimnisse im Leben der Marranen kennen. Daß jeder in diesem Stück einen moralischen oder philosophischen Grundsatz äußern kann, mindert nicht die Lebendigkeit der Gestalten (so wenig wie ein Jahrhundert später eine ähnliche Verbindung die Vitalität von Sancho Panza mindert). Es erhöht nur die Vielfalt des Werkes und trägt sein Teil zur Bedeutung von Maskenspiel und zweideutiger Ironie bei, den ästhetischen Hauptbestandteilen von *La Celestina.*

Rojas' Converso-Hintergrund und die Inquisition

Rojas war weit weniger berühmt als sein Werk. Als um die Jahrhundertwende Serrano y Sanz Beweise für Rojas' jüdische Herkunft entdeckte,[11] wurde das nicht von allen spanischen Forschern positiv aufgenommen.

Manchen widerstrebte es, eine ihrer berühmtesten Größen dem sozusagen rein spanischen Lager entzogen zu sehen. Doch damit scheinen sie ihre eigene Tradition mißverstanden zu haben; denn der Begriff des reinen Spaniertums entspricht nicht der historischen Realität, sondern ist ein abstraktes Ideal, ein Mythos. Ein wesentliches Charakteristikum des modernen Spanien ist die Assimilation scheinbar unspanischer Elemente, auch jüdischer und muslimischer; und ein gut Teil der spanischen Einzigartigkeit liegt gerade in dieser Mischung.[12] Daher folgt aus der Entdeckung, daß Rojas jüdischer Abstammung, »unreinen Bluts« war, nicht, daß er kein echter Spanier gewesen wäre, vielmehr erweitert und bereichert sich dadurch, was wir unter einem Spanier verstehen.

Fernando de Rojas wurde um 1476 in Puebla de Montalbán bei Toledo als Kind einer Converso-Familie geboren. Von Geburt war er Christ, doch in seiner Umgebung wimmelte es von Conversos, von denen viele zu bekennenden Juden (die bis 1492 in Spanien lebten) in Beziehung standen. Rojas war ein Kind, als Ferdinand und Isabella, die Katholischen den Thron bestiegen und Spanien vereinigten. Als er zehn Jahre alt war, kam die in Spanien kurz zuvor eingeführte Inquisition nach Puebla de Montalbán. Wie üblich wurde eine Gnadenfrist gesetzt, in der die Einwohner Gelegenheit hatten, ihr Verbrechen, heimlich judaisiert zu haben, zu gestehen oder andere zu denunzieren.

Einer der Gefangenen war Álvaro de Montalbán, später Rojas' Schwiegervater. Er war angeklagt, jüdische Rituale praktiziert zu haben, wie beim Passahfest Matzen gegessen, das Laubhüttenfest gefeiert[13] und koschere Speisen gekauft zu haben. Gleichzeitig wurde Álvaro vorgeworfen, mit dem Verzehr von Käse, Fleisch und Milch die katholische Fastenzeit nicht eingehalten zu haben. Das hieß, Álvaro hatte sich doppelt versündigt, zum einen gegen das Christentum (weil er am Fastentag aß), zum anderen gegen das Judentum (weil er Fleisch und Molkereiprodukte zusammen aß) – ein religiöser Zwiespalt, der sein ganzes Leben hindurch bestehen bleiben sollte.

Álvaro de Montalbán war nicht das einzige Mitglied der Familie Rojas, das vor Gericht stand. Auch seine verstorbenen Eltern hatten die Sünde begangen zu judaisieren. Das Heilige Offizium exhumierte und verbrannte ihre sterblichen Überreste, um ihre Seelen vor dem Höllenfeuer zu retten (und auch, um es der Inquisition zu ermöglichen, ihr Eigentum oder Teile davon legal zu beschlagnahmen).[14] Álvaro hatte mehr Glück: Nach Verhör, Folter und Schuldspruch wurde er zu der Demütigung verurteilt, öffentlich zu widerrufen, um dann, so geläutert, mit der Kirche wieder »versöhnt« zu sein.

Es gibt einige Hinweise, daß auch Rojas' Eltern von der Inquisition verhört wurden. Ein sehr viel später datiertes Dokument erwähnt »den *Bachiller* [Bakkalaureus] Rojas, der die alte Celestina verfaßt hat«, und besagt, »der *Fiscal* [Ankläger] behauptet, er sei ein Sohn von Hernando de Rojas gewesen, der *als Judaisierer im Jahre 88 verurteilt worden ist*« (Hervorhebung Y.Y.).[15] Dies ist eine voreingenommene und übelwollende Aussage, denn damit sollte der Adelsanspruch (*hidalguia*) der Familie Franco (Verwandte der Rojas) in Frage gestellt werden. Doch das Datum stimmt, und man kann nicht ausschließen, daß der zwölfjährige Rojas die Erniedrigung seines Vaters miterlebt hat. Gilman geht sogar so weit, eine lebendige Beschreibung vom Trauma des Jungen zu geben, der seinen Vater bei einem Autodafé auf dem Scheiterhaufen brennen sah.[16] Gilman ist der Meinung, auch Rojas' Mutter habe zusammen mit ihren »minderjährigen Söhnen« (*hijos menores*) auf einer Liste der von der Inquisition verurteilten Personen gestanden.[17] Wenn das stimmt, so schließt er, sei Rojas sich schon als Kind über das Schicksal seiner Familie und seines Volkes im klaren gewesen.

Auch wenn der Schluß nicht zwingend ist,[18] so läßt sich doch nicht bestreiten, daß ein Converso zu sein ein mächtiger, allgegenwärtiger Faktor in Rojas' Kindheits- und Jugenderfahrung war. Zu dieser Erfahrung gehörten zwei Traumata: die Einführung der Inquisition und später die Vertreibung aller Juden aus Spanien. Dazu gehörte auch, daß die Marranen infolgedessen ihre innere Welt verbergen mußten, daß sie Ausflüchte und Verstellungen benutzen und Eingeweihte auf die eine, den Rest der Welt auf eine andere Weise ansprechen mußten. Mit anderen Worten, Rojas wuchs zu einer Zeit heran, als die typischen Nöte der Conversos sich abzeichneten und immer bedrückender wurden. Manche mußten zwischen ihrem geheimen Wesen und einem äußerlichen So-tun-als-ob pendeln; andere mußten auf der Hut sein und sich tarnen, um nicht fälschlich des Judaisierens angeklagt zu werden; und alle mußten mehr oder weniger neue Überlebensstrategien ersinnen und eine anspielungsreiche und mehrdeutige Ausdrucks- und Redeweise entwikkeln, um ausgewählten Zuhörern verbotene Botschaften zu übermitteln. Dazu waren nicht nur die Judaisierenden, sondern auch die Conversos genötigt, die versuchten, ihrer neuen Religion treu zu sein. Die durch die Inquisition entstandene finstere Atmosphäre des Mißtrauens hielt sie in ständiger Furcht. Im Reden und Handeln den Schein zu wahren wurde zur Lebensnotwendigkeit und gestaltete sich zu einer komplexen und subtilen Kunst. Das Alltagsleben war angespannt und voller Gefahren.

Als Student in Salamanca

Mit achtzehn Jahren ging Rojas 1494 zum Rechtsstudium an die Universität von Salamanca. Hier kam er mit Studentengruppen und Professoren in Berührung, die wie er von Conversos abstammten. Salamanca war zu Rojas' Zeiten ein Zentrum kultureller Gärung. Die Literatur der italienischen Renaissance, die neuen Wissenschaften, vor allem deren Anwendung auf die Navigation, all das war nach Salamanca gedrungen. Es waren die Tage der großen Entdeckungen: Amerika, zuvor das Kap der guten Hoffnung in Afrika und der Seeweg nach Indien. Unter den Meistern der Astronomie und Kartographie, die zu diesen Entdeckungen beitrugen, war der jüdische Gelehrte Rabbi Abraham Zaccuto, der vor Rojas' Zeit in Salamanca unterrichtete und später nach Lissabon ging. Es war die Zeit der ersten spanischen Buchdrucker. Die Welt der Ideen blühte. Im Ausland veröffentlichte Werke fanden rasch ihren Weg nach Salamanca.

Salamanca war auch eine Art Zufluchtsort für Converso-Intellektuelle. Aus den Annalen der Universität schließt Gilman, daß ein großer Teil der Studenten und bestimmt der größte Teil des Lehrkörpers sich (wohl oder übel) des gemeinsamen Converso-Ursprungs bewußt gewesen sein muß. Dieser Umstand, verbunden mit der üblichen Universitätskultur, verstärkte die Bildung eng vertrauter Converso-Gruppen, einer Art inoffizieller Studentenverbindung von »Blutsbrüdern«.[19] Rojas selbst spricht in einer der Vorreden zu *Celestina* von seinen »Studiengefährten« (*socios*). Es ist möglich, daß in dieser Gruppe Rojas' Werk entstanden ist oder sie die Zuhörerschaft bei den ersten Rezitationen seiner Texte bildete.[20] Es war eine Zeit der Kämpfe zwischen sozialen Gruppen und philosophischen Schulen, der Zwiste um Ehre, Frauen und gar um akademische Positionen; viele trugen auf der Straße Waffen, und Zusammenstöße zwischen Banden oder Duelle zwischen einzelnen gehörten zum städtischen wie zum Studentenleben.[21]

Die gemeinsame Abstammung der Conversos bedeutete nicht notwendig Treue zur jüdischen Religion. Manche wurden eifernde Katholiken oder gar Beamte der Inquisition. Juan de Cervantes, ein Vorfahr des Schriftstellers,[22] und Diego de Deza, der zu Rojas' Lebzeiten Bischof wurde und später Torquemada (der selbst Converso war) als Großinquisitor des Reiches ablöste, lebten in Salamanca. Und dazwischen standen die Conversos, die aus dem Durcheinander und der Mischung beider Religionen den Glauben an beide verloren, ein gewisses Maß an Skeptizismus, Distanz und ironischem Selbstbewußtsein entwickelten oder zu einer Art Säkularismus neigten, die Zeitlichkeit des Daseins betonten als das einzige, das Bedeutung und Wirklichkeit besitze – und die dabei manchmal wie Rojas zu den Ursprüngen antiken heidnischen Denkens zurückkehrten.

Die acht Jahre in Salamanca waren die reichsten und für Rojas' Leben wichtigsten. Hier schrieb er *La Celestina* – wie er behauptete, während der Ferien, innerhalb von zwei Wochen[23] –, hier machte er später den Bakkalaureus, Voraussetzung seiner zukünftigen juristischen Karriere. Als er sah, daß *La Celestina* gut ankam und, trotz seiner Befürchtungen, die Inquisition nichts dagegen unternahm, faßte Rojas Mut und schuf für die zweite Ausgabe sein einleitendes Akrostichon, worin er seine Identität folgendermaßen offenlegt: »Der Bakkalaureus Fernando de Rojas vollendete die Komödie von Calisto und Melibea und ist in Puebla de Montalbán geboren.«[24]

1502 veröffentlichte Rojas die erweiterte Fassung seines Werkes, die Tragikomödie in einundzwanzig Akten. Im selben Jahr verließ er Salamanca, kehrte in seinen Heimatort zurück und heiratete Leonor Álvarez. Rojas heiratete also wie viele andere Conversos innerhalb seiner Gemeinde. Álvaro gab seiner Tochter eine großzügige Mitgift von achtzigtausend Maravedi, was dem jungen Paar ein durchschnittliches mittelständisches Leben in der Provinz ermöglichte – ganz im Gegensatz zur gewagten und aufregenden Welt der *Celestina*.

Ein marranisches Doppelleben

Manchmal liegt der für das Leben des Converso typische Zwiespalt in zwei radikal verschiedenen Lebensphasen. Vielfach sind Konvertiten und Marranen außerhalb der Iberischen Halbinsel zum Judentum zurückgekehrt. So bestand das marranische Doppelleben zuweilen aus gegensätzlichen Lebensabschnitten: Führte jemand in der spanischen Gesellschaft erst das Leben eines angesehenen Arztes, Gelehrten oder Höflings, verwandelte er sich später im Ghetto von Venedig in einen jüdischen Schriftsteller, in einen messianischen Sabbatianer oder in Amsterdam in einen Rabbiner. Wie Yerushalmi gezeigt hat, gestaltet sich das Doppelleben des Marranen hier als verschiedene, zeitlich aufeinander folgende Karrieren.[25]

Dieses Phänomen gibt es nicht nur bei Leuten, die ihre offizielle Religion in der einen oder anderen Richtung geändert haben, sondern auch bei Abkömmlingen von Conversos, die ihren traditionellen Glauben völlig verloren haben. Das hervorragendste Beispiel ist sicherlich Spinoza. Erst lebte er als »Marrane der Vernunft« bei seinem Volk, den ehemaligen Marranen in Amsterdam, dann brach er die Beziehungen zu dieser Welt ab und widmete sich einem philosophischen Leben außerhalb der Religion, aber innerhalb der christlichen Gesellschaft der Niederlande, wo er weiterhin nach Marranenart seine eigenen Gedanken und persönlichen philosophischen Wahrheiten vor der Öffentlichkeit verbarg. So gesehen, blieb Spinozas Leben, wie ich im zweiten Kapitel bereits zeigte, der Form nach ein typisches Marranenleben, auch wenn sein Inhalt sich geändert hatte.

Wie Spinoza führte auch Rojas ein Doppelleben – in beiderlei Bedeutung. Seine innere Welt war, nach *La Celestina* geurteilt, weltlich, philosophisch und irdisch, ohne transzendente Lebensdimension und ohne Bindung an eine geschichtliche Religion. Man könnte sagen, er war dem Judentum wie dem Christentum gegenüber gleich indifferent. Doch mußte er seinen inneren Zustand vor der Außenwelt verbergen – vor allem, wenn es nicht um sein Werk, sondern um die Banalität des Alltagslebens ging, das nicht zuließ, sich hinter Masken und Liebestränken einer ästhetischen Schöpfung zu verstecken. Im Alltag baute Rojas ein festes Verteidigungssystem auf, indem er ganz mit seiner Vergangenheit brach.

Mit Rojas' Ehe beginnt die zweite Phase seines Lebens, für das eine Art Antithese kennzeichnend war zu dem vitalen, überschäumenden Autor, der seinen übermütigen Geist in den Dialogen der *Celestina* sowohl zu erkennen gegeben als auch verborgen hatte. Er verließ mit seiner jungen Frau die Heimatstadt und zog nach Talavera de la Reina, in eine Stadt, die seinen neuen Bedürfnissen mehr entsprach. Dort führte er die nächsten fünfunddreißig Jahre, bis zu seinem Tod 1541, das Leben eines angesehenen Provinzadvokaten, eines hingebungsvollen Familienvaters und Konformisten. Eine kurze Zeit diente er sogar als Alkalde (eine Art Amtsrichter). Im Laufe der Jahre gelang es ihm, eine Schutzmauer um seine Familie zu errichten. Das erforderte nicht nur ein gutes Maß an Tarnung, sondern auch die Routinisierung angepaßter Verhaltensweisen, was am Ende das Bewußtsein beeinflussen mußte, selbst wenn sich die grundlegenden Lebensansichten nicht radikal veränderten.

Dieses scheinbare Paradox einer Verinnerlichung des Äußeren gibt es nicht nur bei Marranen; es kommt auch in vielen anderen Fällen von Assimilation, Unterwerfung unter eine Zwangsautorität oder auch oberflächlicher »Erziehung« vor. Bei Rojas nahm dieses Paradox die Form eines dramatischen Zwiespalts an. Noch als er auf dem Totenbett lag, mußte er den Schein wahren und nach den offiziellen Gepflogenheiten als guter Christ sterben. Wäre er im letzten Augenblick erkannt und posthum als heimlicher Häretiker verurteilt worden, so wäre sein Eigentum von Konfiszierung bedroht gewesen, und seine Familie, in der sich die Liebe, der Wert und die Bedeutung verkörperten, die er in dieser Welt so eifrig kultiviert hatte, wäre ernsthaft gefährdet gewesen.

Nochmals die Inquisition:
Álvaro leugnet die Existenz einer transzendenten Welt

Trotz Rojas' Vorsichtsmaßnahmen wurde er mehrfach von der Inquisition vorgeladen. 1517 wurde Diego de Oropesa, ein Freund von Rojas, vom Heiligen Offizium verhaftet. Unter anderen Vergehen wurde ihm vorgeworfen, samstags ein frisches Hemd zu tragen und den Verzehr von Schweinefleisch zu vermeiden. Nach der Indizienliste der Inquisition galt das Wechseln des Hemdes am Samstag als allgemeines Zeichen dafür, daß jemand judaisierte, ausreichend, um einen Menschen vor Gericht zu bringen und ins Unglück zu stürzen. Der Gefangene bezeichnete Rojas als einen jahrzehntelangen Bekannten, der zu seinen Gunsten aussagen könne.

Rojas wurden drei Fragen gestellt. Hatte der Angeklagte seines Wissens 1. als guter Christ gelebt und die katholischen Riten eingehalten, 2. Schweinefleisch und andere für Juden verbotene Speisen gegessen, 3. sich in der Kirche hingekniet, wie das gläubige Christen tun?

Die Inquisitionsakten verzeichnen folgende ausweichenden Antworten von Rojas:

> Auf die [erste] Frage antwortete er, daß er ihn [den Angeklagten] als guten Christen betrachte und daß er ihn zur Messe und zu den Predigten habe gehen sehen und daß er mehr nicht zu sagen habe.
> Auf die [zweite] Frage antwortete er, daß er es nicht wisse.
> Auf die [dritte] Frage antwortete er, daß er das glaube, es ihn jedoch nicht habe tun sehen.[26]

Gilman verweist auf das Drama, das sich hinter Rojas' Antworten verbirgt. Rojas will einen Freund in Not nicht fallenlassen, muß aber bedenken, in welche Gefahr er sich selbst und seine Familie bringt. Lügt er, um den Freund zu verteidigen, so könnte er, falls keine weiteren Beweise da sind, als Komplize oder ebenfalls als Judaisierender angesehen werden (und Rojas galt bereits als »suspekt«). Daher entstammt alles, was Rojas zu sagen bereit war, nach Marranenart dem Bereich des äußeren Anscheins: Er »sah« den Angeklagten in die Kirche gehen; er »betrachte« ihn als einen guten Christen; doch über tiefere Wahrheiten weiß er nichts.

Es fällt schwer, hier nicht einen ironischen Vergleich mit Celestina und dem, was sie im Drama tut, anzustellen: Rojas' zweite Antwort würde bestens auch zu ihr passen. Der Inquisitionsbericht klingt wie ein Zitat aus Rojas' Werk, und Rojas klingt wie eine seiner eigenen Gestalten. Wenn das Drama jedoch ins Leben eingreift, so deshalb, weil es zuvor schon dem Leben ironisch den Spiegel vorgehalten hat.

Daß Rojas unter Verdacht stand, ergibt sich deutlich aus dem zweiten, wirklich kritischen Vorfall. Álvaro de Montalbán, bereits siebzig Jahre alt, wurde noch einmal von der Inquisition festgenommen. Zwei geheime Zeugen hatten den alten Mann denunziert. Sie wollten gehört haben, er bestreite die Existenz einer zukünftigen Welt:

> Nachmittags, als sie gegessen und die Zeit angenehm verbracht hatten und in die Stadt zurückkehrten, bemerkte der jetzige Zeuge: »Sie sehen, wie die Freuden dieser Welt vorübergehen ... Alles, außer nach dem ewigen Leben zu streben, ist dumm und illusorisch.« Darauf antwortete der zuvor genannte Álvaro de Montalbán: »Hier will ich's mir wohl ergehen lassen, denn ich weiß nicht, ob dort überhaupt etwas sein wird.«

Die sträflichen Worte wurden in Anwesenheit eines Priesters geäußert. Der Zeuge sagt, er habe Álvaro zugezwinkert und ihn am Ärmel gezupft, um ihn zu warnen, aber Álvaro habe seine Worte wiederholt und gesagt: »Hier will ich's mir wohl ergehen lassen, denn ich weiß nicht, ob dort überhaupt etwas sein wird.« Ein anderer Zeuge gab ebenfalls an, Álvaro habe gesagt: »Das, was hier ist, sehen wir; was dort ist, wissen wir nicht.«[27] Álvaros Äußerung über die ausschließliche Existenz des Diesseits paßt zum Stil seines früheren Lebens, als er beide Religionen miteinander vermischte. Es entspricht auch der Geisteshaltung anderer Conversos (Rojas eingeschlossen) sowohl in der Frühzeit des Marranentums als auch in späteren Generationen bis Spinoza (und über ihn hinaus).

Álvaro wurde als *relapso* ins Gefängnis geworfen. Bei einer Routineuntersuchung gab er zu Protokoll, er sei der Vater von Leonor Álvarez, »der Frau des Bakkalaureus Rojas, der Melibea verfaßt hat«.[28] Später, als es um die Frage ging, wer ihn verteidigen sollte, sagte der alte Mann, »er wolle Bakkalaureus Fernando de Rojas, seinen Schwiegersohn, zu seinem Anwalt machen; er sei ein Converso«. Aber – so vermerkte der Inquisitionsbeamte – seine Gnaden [der Inquisitor] habe diesen Wunsch als unangebracht zurückgewiesen und gefordert, Anwalt solle jemand sein, der »außer Verdacht« (*sin sospecha*) stehe.[29]

Rojas stand also im Verdacht – entweder bloß, weil er Converso war, oder als Schwiegersohn des Angeklagten oder (weniger wahrscheinlich) als Sohn des früher bereits Verurteilten oder auch als der, »der Melibea verfaßt hat«. Bei diesem Hintergrund müssen wir Gilmans Einschätzung zustimmen, daß Rojas' Familie während der Haft unter dem Druck beständiger Furcht gelebt haben muß, was der alte Mann unter der Folter aussagen würde, und unter der Sorge um den Verlust der Mitgift. (Die Inquisition konnte alles Eigentum konfiszieren, das der Verurteilte »zum Zeitpunkt, als er mit dem Judaisieren begann«, besaß, eine Verfügung, die das Heilige Offizium ermächtigte, auch Vermögen der Erben einzuziehen.) Doch offenbar hatte diese Familie, zumindest wirtschaftlich, Glück. Die Inquisition rührte Rojas' Erbe nicht an; in seinem Testament finden wir die Rückgabeverfügung der achtzigtausend Maravedi an seine Frau, vor aller weiteren Aufteilung seines Vermögens.[30]

Es ist wichtig, sich klarzumachen, daß Álvaro nicht des Judaisierens, sondern der Häresie gegen beide Religionen beschuldigt wurde. Das passierte ihm zweimal im Laufe seines Lebens. Viele andere Conversos betonten das irdische Leben als das einzig wirkliche Leben und lehnten transzendente Auffassungen ab. Das war – eineinhalb Jahrhunderte vor Prado und Spinoza – eine Art früher Säkularismus und Skeptizismus, wovon auch andere Quellen berichten. So kann Fritz Baer[31] Portraits angesehener Conversos zeichnen, darunter die von Pedro und Fernando de la Caballeria (letzterer war ein hervorragender Jurist am Hofe König Ferdinands), in denen an die Stelle aller religiösen, transzendenten Ansichten eine weltliche Sorge um die Pflege von Geist und Körper, um eigene Karriere und persönliche Leistung, um ästhetisches und intellektuelles Vergnügen, Macht, Gelehrsamkeit und Selbstbehauptung getreten war – lauter rein diesseitige Dimensionen des Lebens. Daß die Inquisition gegen diese beiden Personen Prozesse wegen Judaisierens führte, beweist nur die Kurzsichtigkeit und Dummheit der Inquisitoren.

Der Converso-Picaro

Ein entfernter Verwandter von Rojas, Bartolomeo Gallego, verkörperte eine noch wildere Mischung von Glaubensinhalten und Überzeugungen. Auch er wurde vom Heiligen Offizium festgenommen, und seine Verhaftung muß einen dunklen Schatten auf den zerbrechlichen Frieden von Rojas und seiner Familie geworfen haben.[32] Mit sechs Jahren verließ er Spanien, in Sardinien trat er später zum Christentum über. Dann ließ er sich in Nordafrika nieder, lebte in Fes und Oran, wo er mit verschiedenen Waren handelte, mit Öl und Kichererbsen, Ringen und Silberschmuck. Besuchte er Juden, lebte und benahm er sich wie ein Jude. So war Gallego ein doppelter Heuchler: Er bekannte sich zu keiner der beiden Religionen, übernahm aber jeweils die religiösen Sitten der Gruppe, mit der er zu tun hatte.

Später kehrte Gallego nach Talavera zurück, wo er Converso-Verwandte hatte (auch Rojas). Eines Tages wurde er von der Inquisition unter dem Vorwurf verhaftet, er habe die moslemische Religion gerühmt, weil ihre Gläubigen die Schuhe ausziehen, bevor sie eine Gebetsstätte betreten, im Gegensatz zu den Christen, die mit schmutzigen Stiefeln in die Kirche gehen.

Gallego kam ins Gefängnis, wurde gefoltert und zu öffentlicher Demütigung und lebenslänglicher Haft verurteilt. Er entkam aus dem Gefängnis – unter diesen Bedingungen wahrlich ein Kunststück –, und die Inquisition verbrannte ihn in effigie. Serrano y Sanz betrachtet Gallego als eine Art »Picaro«;[33] aber seine Abenteuer drücken das innere Chaos eines Converso aus, dessen religiöse Welt zerstört ist, während seine irdische Welt sich im Aufruhr befindet.

Im Gegensatz dazu war Rojas' irdische Welt wohlgeordnet – mit Vorsicht, Mäßigung und beständiger Heuchelei. Sein Inneres war, urteilt man nach *La Celestina*, nicht minder komplex, frei und bewegt als das Gallegos, aber in der Außenwelt gelang es Rojas, sich als angesehener, wenn auch etwas beargwöhnter Provinzadvokat zu etablieren. Die Maske, ein hervorstechendes literarisches Element in *La Celestina*, wurde Bestandteil des Lebens ihres Autors; er trug sie sogar auf seinem Totenbett. Viele Menschen haben Totenmasken hinterlassen, die ihre Züge im Augenblick des Todes festhalten. Von Rojas haben wir statt dessen eine geistige Totenmaske. Sie unterscheidet sich nicht von den Masken, die er und viele seiner Converso-Zeitgenossen im Leben trugen, und ebensowenig von den verschiedenen Formen des Maskenspiels und der Äquivokation, wie sie in *La Celestina* im Überfluß vorhanden sind.

Leben und Text

Untersuchen wir, wie sich uns das Leben der Marranen in *La Celestina* sowohl in thematischen Symbolen, im Inhalt und in Anspielungen als auch in manchen formalen und ästhetischen Werten darbietet. Mit letzteren meine ich das Spiel von Wesen und Erscheinung, Wahrheit und Maske, innerem und äußerem Leben sowie die recht tragische Ironie, die sich manchmal aus ihrem Kontrast und Zusammenspiel ergibt. Dies ist ein Grundelement der marranischen Lebenserfahrung und ein Hauptzug von *La Celestina. La Celestina* ist für ein Publikum geschrieben, das die Fähigkeit besaß, subtile sprachliche Masken und das Spiel mit Mehrdeutigkeiten wahrzunehmen und zu verstehen, eine Fähigkeit, die die Marranen aufgrund ihrer besonderen Lage notgedrungen entwickelten. Rojas nutzt diese sprachlich-semiotische Fähigkeit und die damit verbundene Sensibilität und setzt sie ästhetisch ein.

Ich will eine methodologische Warnung vorausschicken. *La Celestina* ist ein komplexes Werk, das sich jedem Versuch einer allzu einfachen Interpretation, die es auf eine einzige Dimension zu reduzieren suchte, widersetzt. Das heißt, indem ich den Schwerpunkt auf die Lebenserfahrung der Marranen lege, möchte ich nur einen hermeneutischen und ästhetischen Gesichtspunkt herausgreifen, der nötig, wenn auch sicher nicht ausreichend ist, um *La Celestina* zu verstehen. Wenn ich also viele Passagen nur unter der Perspektive betrachte, die mich hier interessiert, schließe ich nicht aus, daß es möglich, ja notwendig sein kann, sie auch von ergänzenden Gesichtspunkten aus zu betrachten. Im Gegenteil, da meine Interpretation die Bedeutungsvielfalt im Text von *La Celestina* hervorhebt, muß ich als allererster darauf drängen, das Werk aus mehr als nur einer Perspektive zu lesen.[34]

Darüber hinaus hat ein Werk wie *La Celestina* seine eigene Substanz und Kohärenz, die über die Meinungen und Intentionen hinausgehen, die der Autor bei seinem Schaffen gehabt haben mag. Ebenso ist die ästhetische Einheit des Werkes in bezug auf den historischen und biographischen Kontext, aus dem es stammt, autonom. Wie bei jedem bedeutenderen literarischen oder theoretischen Werk ergibt sich sein Sinn vor allem aus den Relationen zwischen seinen Bestandteilen in deren eigenem Kontext. Kein Werk ist jedoch ex nihilo entstanden. Die Sinneinheit ist in diesem Werk zugleich eine Transformation der Elemente, die durch den kulturellen Kontext mit eingeflossen sind, sowie jener, die dem Individuum entstammen, das es geschrieben hat. Diese Elemente müssen in ihrer Komplementarität gesehen werden. Der unabhängige Sinn des Werkes übersteigt das historische Material, aus dem es hervorging – aber es muß als diese Transzendenz verstanden werden, das heißt, daß es eben auch dem historischen Material entstammt, obgleich es nicht darauf reduziert werden kann. Geschichte wird, in seine innere Kohärenz transformiert, im Werk bewahrt, aber als solche ist sie ein entscheidender Bestandteil. Darüber hinaus ist es, wie im Fall von *La Celestina*, manchmal auch möglich, die Tiefenstrukturen einer ganzen Epoche und Subkultur durch ihre ästhetische Reflexion in einem einzigen großen Kunstwerk durchscheinen zu sehen. Rojas war der geistige Vorläufer eines anderen Häretikers: Spinozas, selbst ein Sproß der Marranenkultur. In seinem großen, etwas rätselhaften Werk zeigt Rojas eine ähnliche Auffassung, eine ähnliche Beziehung zur Sprache, zu Masken und hauptsächlich zur Metaphysik, und er eröffnet damit einen Weg aus dem Judentum wie dem Christentum, den Spinoza über ein Jahrhundert später beschreiten sollte.

Nachdem ich die methodologischen Grenzen der Untersuchung abgesteckt habe, will ich in *La Celestina* auf drei Ebenen nach Spuren der marranischen Erfahrung suchen: in direkten, wenn auch verborgenen Anspielungen auf das Marranentum, auf die Inquisition und vorgetäuschte religiöse Kulte; in Maskenspiel und mehrdeutiger Sprache, wovon es in diesem Werk weit mehr gibt, als praktisch notwendig wäre; und in der metaphysischen Weltanschauung, die in *La Celestina* enthalten und die weder christlich noch jüdisch ist.

1. Verdeckte Anspielungen auf die Marranen

Aus dem Abstand eines halben Jahrtausends können wir nur einige der verdeckten Bezüge auf die Marranen in *La Celestina* entziffern. Die Feinheiten flüchtiger Hinweise oder topischer Anspielungen längst vergangener Zeit werden uns entgehen. Viele Anspielungen müssen auf Informationen beruhen, die der Autor bei seinen gebildeten Lesern voraussetzen konnte, die wir aber nicht mehr besitzen.[35]

»Hoffnung« und »Erlösung«

Was der heutige aufmerksame Leser ohne weiteres verstehen wird, sind die Bezüge auf ein Leben in beständiger Verstellung und die Anspielungen auf die Inquisition, ihre Prozesse und Autodafés. Solche Bezüge, die natürlich zur Grunderfahrung des Marranen gehörten, gibt es in *La Celestina* im Überfluß. Sie sind auch in Ausdrücke gekleidet, die man gewöhnlich mit Marranen verbindet, wie »Hoffnung« (*esperanza*) und »Erlösung« (*salud*). Altchristen pflegten zu sagen, die Conversos lebten ihrer *esperanza* – der vergeblichen Hoffnung, mit ihrem ursprünglichen Volk vereint und von ihrem Gott erlöst zu werden. Diese Marranen-»Hoffnung« war für ihre Feinde ein beständiger Anlaß der Verhöhnung. Auch der Begriff *salud* verband sich mit dem Leben der Marranen in zweierlei Weise.[36] Erlösung war der Gegenstand der Hoffnung, wobei es darum ging, den Marranen zu retten und ihn zu Gott zurückzuführen. Auch von den judaisierenden Conversos wurde immer gesagt, sie glaubten, die Erlösung liege im Mosaischen Gesetz und nicht in der Kirche Christi, zu der sie offiziell gehörten. In Hunderten von Inquisitionsberichten wiederholt sich fast rituell der Wunsch, »durch das Mosaische Gesetz gerettet« zu werden. Für jüdische Ohren klingt das recht unjüdisch. Juden befaßten sich weniger mit individueller Erlösung als mit der kollektiven Erlösung im Diesseits und in der täglichen Erfüllung der Gebote. Aber die eigenartige Mischung dieser Formel drückt genau die gespaltene Identität aus, die das Marranenleben kennzeichnet. Die tiefste Hoffnung und der tiefste Wunsch richten sich auf ein fundamentales christliches Ideal: Erlösung. Doch Erlösung soll nur erreichbar sein, indem der christliche Messias abgelehnt und das Mosaische Gesetz (wieder eine ziemlich unjüdische Bezeichnung) angenommen wird, dessen Einzelheiten überdies immer mehr aus dem Gedächtnis schwanden und in Vergessenheit gerieten.

Ist es nur zufällig, daß die Worte *Erlösung* und *Hoffnung* auch in *La Celestina* häufig vorkommen? Freilich sind sie hier vom religiösen in den erotischen Kontext übergegangen; aber dem aufmerksamen Leser fällt es nicht schwer, die Parallele zu erkennen. Celestina soll zwischen Calisto und seiner Erlösung vermitteln; diese Formel wird mehr als einmal betont.[37] In einem Selbstgespräch nimmt die Alte sich vor, Calistos *esperanza* noch mehr zu schüren, und er klagt später, diese *esperanza* sei die Ursache seines Verderbens. Überdies beschreibt der Liebende Melibea – den Gegenstand seiner Hoffnung und das Mittel seiner Rettung – als seinen einzigen Gott. Unter anderem verweist diese Blasphemie den Leser darauf, daß die Liebesgeschichte auch als theologische Metapher interpretiert werden kann. Aus der Sicht der Gesamtstruktur des Stückes unterstreicht sie auch, daß solche Ausdrücke wie *salud* und *esperanza* nicht zufällig benutzt werden.

Celestinas Rolle ist es, zwischen Calisto und seiner Erlösung zu vermitteln. War diese Vermittlung traditionell Aufgabe der Kirche, wird sie hier von einer Hure übernommen. Wen die Vorstellung schockiert, daß die Heilige Kirche die Gestalt einer Hure annimmt (vielleicht sogar die der »großen Hure Babylon« in der *Offenbarung*) kann sich damit trösten, daß das nur die eine Seite der Äquivokation ist. Dem Judentum ergeht es nicht besser. Celestina soll die *esperanza* nähren und ihre Erfüllung sicherstellen; das dürfte wohl eine Parodie auf die Hoffnung der judaisierenden Marranen sein, deren verborgene Wege auch mit der geschminkten und posierenden Hure gleichgesetzt werden. Im tieferen Sinne erinnert der Vergleich vielleicht an ein massiv antijüdisches Motiv, das sich bei manchen Kirchenvätern bereits findet (Johann Chrysostomus z. B.), die das Judentum mit einem Freudenhaus verglichen. In ihren vielen Masken reflektiert Celestina sowohl das Judentum als auch die Kirche in einem Zerrspiegel, während sie selbst eine primitive Naturkraft ausdrückt, die über beide Religionen hinausgeht.

Diese Dualität von Judentum und Christentum, die Unmöglichkeit, sich mit einem von beiden ganz zu identifizieren, die Mischung feindseliger Motive, die von ihrem Widerstreit leben – in all dem drückt sich fast archetypisch die Marranenerfahrung aus, die von einer doppelten Identität und Spannung gekennzeichnet ist. Die Spannung bestand nicht nur unter judaisierenden Marranen, sondern auch unter denen, die ernsthaft das Christentum annahmen, und sicherlich unter denen, die – wie Álvaro und Rojas und eineinhalb Jahrhunderte später Spinoza – beiden Religionen wegen der Konfusion und der Dualität, die sie umgaben, den Rükken kehrten. Wie ich im sechsten Kapitel zeigen werde, wiederholt sich bei Spinoza etwas Ähnliches, indem er alle geschichtlichen Religionen hinter sich läßt und das Ziel der *Erlösung*, das Verlangen nach ihr mit Nachdruck innerhalb der neuen Philosophie der Vernunft wiederkehren läßt, die als Weg zur Glückseligkeit und als die wahre Liebe zu Gott die Religion ersetzen soll. Wenn Spinoza *La Celestina* gelesen haben sollte (die spanische Literatur war seine bevorzugte Freizeitlektüre und *La Celestina*, obgleich nicht in seiner Bibliothek vorhanden, war damals ein bekanntes Buch), dann muß er die grotesk verkehrte Rolle der alten Hure als Vermittlerin der Erlösung verstanden und sie als Symbol für den naturalistischen und diesseitigen Charakter der Erlösung gutgeheißen haben: nämlich daß Erlösung nichts mit transzendenten Geboten und einer Theologie der Offenbarung zu tun hat – obgleich er die Rolle der Erlösung eher dem *rationalen* Prinzip der Natur und einer intellektuellen Liebe zusprechen würde.

Religiöse Heuchelei

Auf dem Weg zu einem Fest bei Celestina (Anfang des 9. Aktes, S. 220) schauen die beiden Diener in der Kirche nach, ob die alte Hure »schon fertig ist mit ihren frommen Übungen« (*devociones*). Dabei unterhalten sie sich über Celestinas religiöse Heuchelei. Wenn sie in der Kirche ist, sagt Sempronio, dann betet sie entweder, daß ihre sündhaften Pläne gelingen (das heißt, sie kann nicht wirklich zum christlichen Gott beten), oder sie betet überhaupt nicht. Was sie an ihrem Rosenkranz »nachzählt, sind die Jungfernhäutchen, um die sie sich zu kümmern hat«, und »sooft sie die Lippen bewegt, heckt sie eine neue Lüge aus« und einen neuen Plan, »mit dessen Hilfe sie zu Geld zu kommen hofft«. Was wie ein Gebet aussieht, ist in Wirklichkeit ein Murmeln wie: »Das wird er sagen, und ich werde ihm die folgende Antwort geben« und so weiter.

Damals verband man religiöse Heuchelei besonders mit den Marranen. Viele von ihnen entwickelten allerlei Listen, um die Sünde der »Idolatrie«, die für sie im katholischen Kult lag, zu vermeiden oder zu verkleinern. Manche sprachen im stillen Nichtigkeitserklärungen aus oder flüsterten Vorbehalte, wenn sie die Kirche betraten, eine Sitte, die sogar im zwanzigsten Jahrhundert noch von manchen guten spanischen Katholiken gepflegt wird, die sich dessen nicht bewußt sind, daß die unverständlichen, aber vorgeblich frommen Worte, die sie vor Betreten der Kirche murmeln, wie ihre Eltern es sie gelehrt haben, tatsächlich eine antikatholische Blasphemie in gebrochenem Hebräisch darstellen. Genauer entsprechen Sempronios Worte über Celestina einem bekannten Anti-Converso-Stereotyp der damaligen Zeit, das sie wahrscheinlich beschwören sollten. Nach den Unruhen in Toledo 1449 wurden viele boshafte Pamphlete gegen die Conversos in Umlauf gebracht. Ein überliefertes Pamphlet zeigt ein sarkastisches »Privileg«, das der König einem Converso zuerkennt. Unter anderem darf dieser Converso »zwei Gesichter« haben und in der Kirche so tun, als bete er, wobei er statt des Gebetbuchs sein Steuerpachtregister in der Hand hält und Rechnungen vor sich hin murmelt. Das ist fast das gleiche wie Sempronios Worte über Celestina; und auch wenn Rojas dieses spezielle Pamphlet nicht gelesen hat, so kannte er das Stereotyp sehr wohl und konnte sicher sein, daß sein Publikum es kannte.[38]

Die Gefahr, sich zu verraten

Calisto betet und betet in der Kirche. Sempronio mahnt:

> Herr, bedenk doch: deine Kirchenhockerei wird noch zum Stadtgespräch… Wer sich allzu fromm gibt, gilt bei den Leuten als Heuchler. (Anfang 11. Akt, S. 259)

Diese Warnung paßt auf die Marranen nicht minder: Heuchelei muß mit Maßen betrieben werden, wenn sie wirkungsvoll sein soll. Übermäßig fromme Gesten werden nicht weniger Mißtrauen wecken als gar keine. Sempronio fügt dann noch den passenden Rat hinzu, der auch für die judaisierenden Marranen zutrifft:

> Wenn dich was quält, ertrag es zu Hause in der Stille. Es muß nicht die ganze Welt davon erfahren. Laß die Fremden nichts merken von deinem Leid; deine Sache ist in guten Händen, die wissen, in welchem Takt man das Tamburin zu schlagen hat … (Ebd.)

Eine solche Warnung trifft im Zeitalter der Spione und Denunzianten nicht auf taube Ohren.

Der Text nimmt ganz offensichtlich auf die Inquisition und ihre Autodafés Bezug – wenn auch durch einen Schleier von Äquivokation und Metapher.

Wenn Pármeno seinem Herrn Celestinas Vorgehensweise beschreibt, erzählt er davon, wie sie die Liebenden unter dem Vorwand von Gebeten und unter dem Deckmantel von Mitternachtsmessen einander treffen läßt. Religiösen Eifer zu zeigen, um heimliches Tun zu vertuschen, ist natürlich ein Charakteristikum des Marranenlebens; doch enthält die folgende Passage noch deutlichere Hinweise auf das Marranentum:

> Die Alte stand auf vertrautem Fuß mit Studenten, Speisemeistern und Pfaffenknechten. An diese verschacherte sie das unschuldige Blut der armen jungen Dinger, die sich leichtfertig auf diesen Handel einließen, um so die verheißene Wiederherstellung zu verdienen. Aber damit nicht genug: mit Hilfe der Dienstmädchen

> knüpfte sie Beziehungen zu denjenigen weiblichen Wesen, die in strengster Abgeschlossenheit leben, und korrespondierte so lange, bis sich ihr Vorhaben in die Tat umsetzen ließ. Und so sah ich denn bei den ehrbarsten Gelegenheiten, am Karfreitag, wenn alles zur Kirche strömte, bei nächtlichen Prozessionen, während der Christmette, zur Stunde der Morgenmesse oder wann immer sonst man verhüllt zu irgendwelchen Andachtsübungen wallte, viele verschleierte Frauengestalten in jenes Haus schlüpfen, gefolgt von barfüßig schleichenden, demütig geduckten, vermummten Büßern, die schon die Hosen aufgenestelt hatten und dort ihre Reuezähren vergießen wollten. Mein Gott, was betrieb sie nicht alles! (1. Akt, S. 56)

Dieses Bild paßt bestens auf die Judaisierenden. Auch sie haben fromme christliche Symbole und den Gottesdienst in der Kirche genutzt, um eine diametral entgegengesetzte Wirklichkeit zu verdecken; auch sie versäumten »keine Messe, kein Abendgebet«, während sie mit Herz und Sinn woanders waren. Die frommen Mitternachtsprozessionen, bei denen falsche Büßer barfuß ihren Lustobjekten nachgehen, lassen sich überdies als Parodie auf die schrecklichsten Büßerprozessionen verstehen – die Autodafés. Eine zusätzliche Ironie liegt in dem, was jedermann wußte: Das Autodafé war oft ein Deckmantel falscher Reue.

Noch klarer (obgleich raffinierter) ist der in der Beschreibung des Aufmarschs junger Männer enthaltene Hinweis: Sie gehen barfuß und halb nackt, und ihre Maske dient dazu, ihre wahren Gefühle (sexuelle Begierde) zu verbergen, denn sie suggeriert im Gegenteil asketische Reue; doch aus einer anderen Perspektive gesehen, *ist es gerade die Maske selbst, die ihr wahres Wesen aufdeckt* (halb nackt rüsten sie sich zu einem Akt fleischlicher Liebe). Das ähnelt den Masken, die Rojas selbst seinen Charakteren überstülpt; auch sein Text enthält Hinweise und äquivoke Zeichen, die, im rechten Licht gesehen, auf einmal durchsichtig werden.

Marranen unter den Geistlichen

Bei der Beschreibung von Celestinas Geschäftigkeit erwähnt der Diener, sie habe auch die Klöster nicht ausgelassen. Darin liegt eine besondere Spitze, und zwar eine doppelte Ironie: Ironie unter dem Deckmantel der Ironie. Auf der ersten Ebene handelt es sich um den üblichen Stich gegen den Klerus, denn auch Mönche sind unter Celestinas Klienten. Kein Kloster im Land ist frei von Sünde. Aber auf einer verdeckteren Ebene spielt diese Bemerkung ironisch auf die Marranen an, von denen es ebenfalls hieß, kein Kloster im Land sei frei von ihnen. Wie aus den Inquisitionsberichten bekannt ist, wählten tatsächlich viele Judaisierende Klöster als Zufluchtsort. Sie gaben sich als Mönche aus und pflegten im Schutze des Gekreuzigten ihre mosaische Frömmigkeit. Überdies fanden Conversos der ersten Generation generell (nicht nur Judaisierende) ihren Weg in viele Bereiche der spanischen Gesellschaft, einschließlich der kirchlichen Hierarchie und der bedeutendsten Klöster.

In diesem Sinne sind auch Sempronios Worte im ersten Akt zu verstehen. Der Diener zählt eine Reihe möglicherweise überraschender Nachrichten auf, darunter, XY sei zum Bischof ernannt worden. Offenbar ist das eine der üblichen antiklerikalen Spitzen: Ein gewöhnlicher Mann, ungebildet, ein Sünder, der es nicht verdient, ist zum Bischof gemacht worden. Doch auf einer zweiten Ebene kann man das auch als Anspielung auf ehemalige Juden lesen, die wirklich in hohe kirchliche Ränge aufstiegen (und wahrscheinlich wurde es auch so gelesen). In den ersten Marranengenerationen waren die bekanntesten Pablo de Santa Maria alias Shlomo HaLevi, Bischof von Burgos, und Alonso de Cartagena, sein Sohn, der als Jude geboren wurde und beschnitten war und der später ebenfalls Bischof in Burgos wurde. Zu Rojas' Zeit unterrichtete Fray Diego de Deza, ein Converso, in Salamanca. Er wurde zum Bischof ernannt und war später (nach der Veröffentlichung von *Celestina*) gar als Großinquisitor des Reiches Nachfolger des Converso Torquemada.[39]

Als der zweite Diener, Pármeno, seinem Herrn eine Beschreibung von Celestina gibt, betont er ganz besonders ihre Fähigkeit zu verbergen, Masken über Masken zu setzen. Von ihrem ersten Gewerbe sagt er, es »diente als Tarnung für die übrigen Tätigkeiten« (S. 56). Sie sei eine Spezialistin im Schminken, der wichtigsten Kunst der Maskierung und des sich Verstellens. Mehr noch, Celestina fälscht sogar die Schminke! Pármeno beendet seine Rede mit dem Ausruf, geradezu der Klage: »Und alles war nichts als Lug und Trug« (1. Akt, S. 59). Im entsprechenden Kontext läßt sich auch dieser Satz als Fazit des Marranenlebens und der Marranensituation lesen.

Celestinas Fähigkeit, Jungfernschaften wiederherzustellen, wird mehrfach hervorgehoben. Pármeno berichtet, es sei der Alten gelungen, einem französischen Gesandten dasselbe Mädchen dreimal als Jungfrau zu verkaufen. Ist das nicht ein Wunder – eine Art primitives und irdisches Wunder der Jungfräulichkeit –, das in seinem groben Spiegel ein anderes heiligeres und bekannteres Wunder der Jungfräulichkeit wiedergibt? Celestinas Fähigkeit bedeutet auch, daß sie Unschuld »herstellt«, genauso wie viele Marranen es in ihrem äußeren Leben tun.

Celestina als Spottbischof und die Geistlichkeit als Spiegelbild der Marranen

Die Rolle Celestinas als Verkehrung einer kirchlichen Gestalt erreicht ihren Höhepunkt im neunten Akt. Bei einem quasi pikaresken Fest mit ihren Mädchen und deren Liebhabern beschwört die alte Hure Erinnerungen ihrer Glanzzeit, als viele Mädchen in ihrem Hause dienten und ihr Macht und Ehre verschafften:

> Und hilfreiche Geister – die hatte ich, dank den Mädchen, mehr als genug: Edelleute, alte wie junge, geistliche Herren jeglichen Ranges, von Bischöfen bis zu den Küstern. Betrat ich die Kirche, so sah ich, wie Birette gelüftet wurden zu meinen Ehren, als wäre ich eine Herzogin... Sahen sie mich in der Ferne auftauchen, ließen sie augenblicklich, auch wenn ich noch eine halbe Meile entfernt war, das Brevier in der Soutane verschwinden. Einer nach dem andern oder auch zwei und zwei näherten sie sich dem Ort, wo ich mich gerade befand, um zu erfahren, was für Angebote ich zu machen hätte, und um sich nach ihrem jeweiligen Schätzchen zu erkundigen. Mein bloßer Anblick brachte sie derart in Verwirrung, daß sie, sobald ich hereinkam, alles verkehrt machten und nur noch stammeln konnten. Manche nannten mich »Señora«, andere »Gevatterin« oder »Tante«; einige sagten »Meine Liebe« zu mir, und der eine oder andere hauchte: »ehrbare Alte«. Bei solchen Begegnungen wurden ihre Besuche in meinem Haus vereinbart, wurde abgesprochen, wann ein Rendezvous bei ihnen stattfinden sollte. Die Herren offerierten mir gewisse Summen, machten Versprechungen, stellten allerlei Vergünstigungen und Geschenke in Aussicht, wobei sie meinen Mantelsaum küßten, manche sogar das Gesicht, um mich noch freundlicher zu stimmen. (9. Akt, S. 235 f.)

Das ist das Bild einer verkehrten Welt. Celestina nimmt den Platz des Gottesmannes ein und wird verehrt. Auch die traditionellen Ehrbegriffe sind verkehrt. Celestina ist nicht mehr *puta vieja* (eine alte Hure), sondern *vieja honrada* (eine ehrenwerte Alte); wer nicht zu ihren Klienten zählt, wird verachtet.

Die Geistlichen, fährt Celestina fort, pflegten ihr allerlei Speisen zu schicken: »Dem Herrgott zuliebe als Zehntopfer der Kirche dargebracht, wanderten diese Köstlichkeiten aus der sie verbuchenden Pfaffenhand schnurstracks hierher, damit ich und die Lieblingsschäflein jener Seelenhirten keinen Mangel litten« (S. 236). Auch der beste spanische Wein floß aus kirchlichen Fässern. So wurde Celestina zur Kennerin und lernte, die regionalen Weine zwischen Madrigal und San Martín zu unterscheiden. Bei besonderen Gelegenheiten, fügt Celestina hinzu, sei ihr zum Entsetzen der Öffentlichkeit auch das Opferbrötchen (*el bodigo*) dargebracht worden (*ofrecito*).

Als Priesterin der verbotenen Liebe wird Celestina selbst zum Gegenstand der Verehrung. Offizielle Geistliche und Gottesmänner bieten ihr den Kirchenzehnten oder bringen ihr Opfergaben dar, die ihnen selbst von den Gläubigen dargebracht worden waren. So gesehen, steht Celestina über der kirchlichen Hierarchie. Aber sie gehört auch mitten hinein: Birette und Mitren werden gelüftet, wenn sie die Kirche betritt, und ihre Verehrer küssen ihr den Saum – als wäre sie ein Erzbischof oder Kardinal. (Da Celestina diese Stellung aufgrund ihres irdischen Einflusses auf die Geistlichkeit innehat, richtet sich die Satire nicht nur gegen die Moral der Geistlichkeit, sondern auch gegen den weltlichen und politischen Charakter der Kirche, in der die Positionen von irdischen Ränkespielen um Macht, von Bestechung, Erpressung und ähnlichem bestimmt werden und nicht unbedingt nach dem Maße der Gottesverehrung.)

Hinter dem scharfen Zynismus bieten die Geistlichen ein Spiegelbild der judaisierenden Marranen. Auch diese legen nach außen hin offiziell Frömmigkeit an den Tag und besitzen noch eine andere, wahrhafte Frömmigkeit, die der ersten widerspricht. Äußerlich dienen die Priester in der Kirche Gott und nehmen seinen Zehnten, tatsächlich aber beten sie die Priesterin der Unzucht an und überlassen ihr Gottes Zehnten als Dirnenlohn. So leben auch sie in der Doppelheit zweier entgegengesetzter Kulte, dem Kult Gottes und dem des Eros. Das ist nicht mehr gewöhnliche antiklerikale Satire; es ist das groteske Abbild der judaisierenden Marranen.

»Wer ist frei von Trug?«

Als Ergebnis der Inquisition mischt sich in die Atmosphäre des »Und alles war nichts als Lug und Trug« (S. 59) eine düstere Stimmung: dunkle Verdächtigungen, Mißtrauen unter Verwandten und nahen Freunden. Auch dies erscheint bei Rojas im Gewand einer Liebesgeschichte.

Als Calisto, in seinen Hoffnungen und Erwartungen von Celestina aufgestachelt, zu Melibea kommt, empfängt diese ihn scheinbar mit Zurückhaltung. Der erregte Liebhaber fühlt sich hintergangen und beklagt sich bitterlich:

> O Celestina, verlogenes Weib! Hättest du mich doch sterben lassen, statt meine Hoffnung [*esperanza*] aufs neue zu schüren, um das Feuer noch wilder wüten zu lassen, das mich ohnehin quält. Warum hast du das Wort dieser meiner Herrin umgefälscht? (12. Akt, S. 278)

Er fährt mit den vielsagenden Worten fort:

> Wo finde ich Wahrheit? Wer ist frei von Trug? Wo lauern keine Lügner? Wer ist ein erklärter Feind? Wer ein wahrer Freund? Wo wird kein Verrat ausgeheckt? Wer hat es gewagt, mir eine so grausam hohle, mich in die Hölle stürzende Hoffnung [*esperanza*] zu wecken? (S. 280)

Calistos Klage beschreibt trefflich die schwierige Lage des Converso in Spanien zur Zeit der Inquisition, einem Land voller Täuscher und Betrüger sowohl unter den Marranen als auch unter deren Verfolgern, einem Land, das von Verrat und heimlichen Denunziationen geprägt war, in dem jeder seinen Freund betrügen mußte und nicht einmal den eigenen Verwandten trauen konnte und in dem die marranische Hoffnung – *esperanza* – droht, zum Untergang zu führen. Calistos Worte sind treffend in diesem Doppelsinn, den Rojas wohl hat ausdrücken wollen. Diese Stelle des Dramas gehört zu den direktesten; in ihr wird das Wesen des Marranenlebens besonders deutlich, hier tritt es ausdrücklich, fast demonstrativ in den Vordergrund.

Vorsicht und Vertrauen

Die gleiche Atmosphäre herrscht bei Celestinas früherem Gespräch mit Pármeno. Für ihn gilt gleichermaßen, was Calisto später mit den Worten ausdrückt: »Wo finde ich Wahrheit? Wer ist frei von Trug?« Celestina versucht, den Jungen zur Teilnahme an ihrem Komplott zu verführen, und Pármeno sagt verwirrt: »Meiner Treu, Mutter, ich traue niemandem« (1. Akt, S. 76), worauf die Alte antwortet: »Allen zu trauen, wäre übertrieben; aber keinem zu trauen, ist auch nicht recht.« Dies ist offenbar einer der vielen, im Stück verstreuten Aphorismen; hier dient er Celestinas unmittelbaren Zielen. Doch auch für Marranen bedeutet er eine Grundregel, um unter der Inquisition zu überleben: Jedem zu trauen ist ein fataler Fehler, doch um zu überleben, muß man *jemandem* trauen. Das furchtbare Dilemma des Marranen besteht also darin, zu entscheiden, wem zu trauen ist. Celestina suggeriert Pármeno, sie verdiene sein Vertrauen – eine Bemerkung, die auf der einen Ebene zynisch und eigennützig klingt, auf einer anderen, unausgesprochenen Ebene aber durchaus sinnvoll ist. Celestina war mit Claudina, Pármenos verstorbener Mutter, gut befreundet, liebte sie herzlich und beklagt deren Verlust noch immer. In der Darstellung des Dramas ist es also die schlaue, natürlich auch sehr menschliche Hure, die das bißchen Vertrauen verdient, das man sich in dieser Welt, vor allem im Spanien der Inquisition, leisten kann.

Die Opfer der Inquisition als Märtyrer

Noch deutlicher und direkter wird auf die Inquisition angespielt, wenn Celestina dem jungen Pármeno erzählt, wie Claudina und sie selbst zum ersten Mal wegen Hexerei gefangengenommen wurden. Pármeno antwortet mit dem theologischen Geplapper vom »ersten Fehltritt« (S. 181) und »dem Beharren auf dem bösen Tun« des verstockten Sünders. Der Mensch, so redet er daher, sei für seine erste Tat nicht verantwortlich; was zähle, sei nicht der erste Fehltritt, sondern das Beharren darauf. Solch ironische Reden kommen bei Rojas aus Dienermund; ihre verborgene Bedeutung konnte Lesern nicht entgehen, die wußten, daß Marranen nicht als Ersttäter auf den Scheiterhaufen kamen, sondern weil sie »verstockt« waren, entweder, weil sie sich weigerten, zu bekennen und zu bereuen, oder häufiger, weil sie, nachdem sie bereut hatten, wieder in ihre alten Sünden »zurückgefallen« waren. An dieser Stelle verliert Celestina die Geduld. In einem selten impulsiven Entschluß wirft sie die Maske ab und äußert nicht offizielle Wahrheiten, sondern die Wahrheit selbst. Und die Wahrheit, die sie aufdeckt, erweist sich als eine Lobeshymne, eine Ode an die Opfer der Inquisition, hier repräsentiert durch die Prostituierte Claudina, deren Heldentum gerade in ihrer »Verstocktheit« besteht und der vor allen Menschen das Himmelreich gebühre!

Pármeno: Was sagst du, Mutter?
Celestina: Mein Sohn, ich sagte, daß deine Mutter – Gott hab sie

> selig! – vier weitere Male geschnappt wurde, und zwar allein. Einmal hat man sie sogar der Hexerei bezichtigt, weil sie ertappt worden war, wie sie in der Nacht, beim Schein von ein paar Kerzen, Erde zusammenscharrte an einem Kreuzweg. Einen halben Tag lang mußte sie dann auf einer Leiter stehen, mitten auf dem Marktplatz, mit einer spitzen, bunt bemalten Büßermitra auf dem Kopf. Aber das machte ihr nichts aus. *Die Menschen müssen ja manches aushalten in dieser traurigen Welt, wenn sie lebend und mit Anstand über die Runden kommen wollen.* Wie wenig sie sich daraus machte, mein Junge, das siehst du daran, daß sie, hell, wie sie war, *keineswegs darauf verzichtete, ihr Gewerbe künftig noch schwunghafter zu betreiben. Das wollte ich dir nur gesagt haben, weil du vorher vom Beharren auf dem bösen Tun gesprochen hast.* Sie hatte den Bogen heraus; sie war große Klasse, in jeder Lebenslage. Ich kann dir versichern, bei Gott und bei meinem Gewissen: selbst auf jenem Schandgerüst machte sie den Eindruck, als kümmerte sie sich keinen Deut um all die Gaffer zu ihren Füßen, so überlegen war ihre Haltung, ihr Benehmen. *Und es ist nun mal so, daß Personen ihres Schlages – Menschen, die etwas wissen und etwas taugen – schneller als andere aus der Reihe tanzen und auf Abwege geraten.* (7. Akt, S. 181 f.; Hervorhebungen Y. Y.)

Celestinas Rede über die »Verstocktheit« wird so zu einer verdeckten Hymne auf die Opfer der Inquisition. Der Satz, »Die Menschen müssen ja manches aushalten in dieser traurigen Welt, wenn sie lebend und mit Anstand über die Runden kommen wollen«, ist ein schwacher Trost für die Marranen, die in der Behauptung, Claudinas öffentliche Demütigung bewahre in Wirklichkeit ihre Ehre, ihren Richtspruch beim Autodafé wiedererkennen. Celestina lobt die Standhaftigkeit ihrer leidenden Freundin als ein Beispiel für Edelmut und glorifiziert ihre Fähigkeit, sich im Angesicht der Folter zu behaupten. Das ist »die Verstocktheit des Sünders«, die, ironisch verkehrt, hier zu einem Zeichen von Tapferkeit und Seelengröße wird, wie wir sie von den marranischen Märtyrern der Inquisition bestens kennen. Zudem war Claudina aufgrund vager Anzeichen, auch wegen *Kerzenbrennens*, als Hexe verhaftet worden – eine Anspielung darauf, aus welchem Anlaß Marranen festgenommen wurden. Wenn die Inquisition in eine Stadt kam, pflegte sie eine Liste von

Anzeichen zu veröffentlichen, wonach Judaisierende zu erkennen seien, ein schrecklicher Code, in dem das Anzünden der Sabbatkerzen eine wichtige Rolle spielte.

Und wer sind die, die wie Claudina »etwas wissen und etwas taugen«? Offenbar Sünder wie sie und so viel wert wie eine Hure oder Hexe. Doch diese sprachliche Maske deutet in Wahrheit auf eine Gruppe mutiger Menschen, Männer und Frauen, im Leiden geübt, die inneren Wert besitzen und vieles wissen, was anderen unbekannt ist – eine erlesene, esoterische Gruppe, deren Hingabe an innere Wahrheit Bewunderung verlangt und zu großen und mutigen Taten führt.

Celestina trauert ehrlich um Claudina. Wenn sie von Menschen spricht, »die etwas wissen und etwas taugen«, äußert sie echte Bewunderung. Auf einer tieferliegenden Ebene identifiziert Celestina sich innerlich mit ihrer Freundin, die für sie eine Art alter ego ist.

Das ist die Basis für das Folgende. Celestina fährt fort: »Besser wußte das der Pfarrer…, der damals zu deiner Mutter kam, um sie zu trösten, und ihr sagte, in der Bibel stehe geschrieben, selig seien die, welche von wegen Recht und Gerechtigkeit verfolgt werden, denn ihrer sei das Himmelreich.« (S. 182) Das ist offene Blasphemie, denn den Opfern der Inquisition (den *relapsos*, jenen »verstockten Sündern« usw.) wird Rettung versprochen; sie werden als Märtyrer dargestellt (während die Inquisitoren als die wahren Missetäter erscheinen). Zwar ist es eine Hure, die in ihren Äußerungen über eine andere blasphemische Reden führt, aber wir können nicht erwarten, daß Rojas offen spricht, ohne sich hinter einer negativen Gestalt zu verbergen. Daß Celestina einen Priester zitiert, der in ironischer Verkehrung einen Vers aus dem Neuen Testament anführt,[40] mag darauf deuten, daß auch der Priester ein Gotteslästerer und vielleicht selbst ein Marrane war.

Auch hier verwendet Rojas ein bekanntes marranisches Motiv. In Spanien befürchteten in den Anfängen der Inquisition viele kirchliche Würdenträger, es könnte zwischen den auf Scheiterhaufen verbrannten Marranen und den frühen christlichen Märtyrern, die vom Volk verehrt wurden, eine Analogie gezogen werden. Deshalb schlug man sogar vor, das Volk von den Verbrennungen fernzuhalten, ein Gedanke, der natürlich dem ganzen Zweck des Unternehmens und den Absichten des Heiligen Offiziums widersprach und keine Zustimmung finden konnte. Doch das Problem war da und dringlich, und Rojas scheint es aufgegriffen zu haben.

Wenn Rojas die Opfer der Inquisition als Märtyrer darstellt, so denkt er nicht nur an die judaisierenden Marranen. Wie jedermann wußte, waren auch viele strenge Katholiken zu Unrecht angeklagt und grausam bestraft worden. Rojas schwankt zwischen beiden, wenn er Celestina fortfahren läßt, Claudina als Heldin und Märtyrerin darzustellen:

> ... alle behaupten, sie sei im genannten Fall durch falsche Zeugen und schwere Folterungen dazu gebracht worden, sich als etwas zu bekennen, das sie gar nicht war.[41] Aber dank ihrer Seelenstärke und der Tatsache, daß ein leidgewohntes Herz die Dinge leichter nimmt, als sie sind, nahm sie alles hin, als wäre es nichts. (S. 182, 184)

Wer ist das durch Folter und falsche Anschuldigung »leidgewohnte Herz«? Welcher Marrane denkt nicht bei der Lektüre dieser Worte sofort an seine eigene Lage?[42]

Celestina schließt in der Maske des predigenden Geistlichen:

> Nachdem also deine gute Mutter dies alles hienieden ausgehalten hat, müssen wir glauben, daß Gott sie drüben reichlich dafür belohnt, falls wahr ist, was unser Pfarrer gesagt hat. Und damit tröste ich mich. (S. 184)

Arglosen Lesern mögen diese Worte zynisch vorkommen, Worte einer sündigen Hure in ihrer verkehrten Welt. Doch man braucht die Perspektive nur umzudrehen und erkennt ihre wahre Bedeutung – eine Erfahrung, die viele Leser von *La Celestina* bei der Lektüre gemacht haben.

2. Die Ästhetik von Maske und Äquivokation

In *Celestina* sind Äquivokation und das Wechselspiel von Wesen und Erscheinung ein zentrales künstlerisches Thema. An sich schon gibt es eine starke Korrelation zwischen diesen Elementen und dem Leben der Marranen. Es ist kein Zufall, daß das, was in der wirklichen Erfahrung dieser Gruppe so dominant war, auch im Werk eines ihrer Repräsentanten einen so hervorragenden künstlerischen Ausdruck finden sollte. Das gespaltene Bewußtsein, der Gegensatz zwischen innerer und äußerer Welt, dazu eine wechselweise Beeinflussung bis zur Verwirrung zwischen beiden, das alles war Teil der täglichen Erfahrung von Leser und Autor. Das Werk bewies eine dementsprechende, hoch entwickelte und feine Sensibilität und traf deshalb bei seinen Lesern auf Empathie und Verständnis.

Natürlich ist Maskenspiel ein gängiges dramatisches Kunstmittel und nicht auf die marranische Erfahrung beschränkt. Doch läßt sich nicht leugnen, daß es im Leben der Marranen fast allgegenwärtig und zu einer dominierenden Lebenskraft wurde. Denn die Existenz der Marranen gründete auf dem Gegensatz zwischen einer verborgenen Wahrheit und einer geheuchelten Fassade, und ihr Überleben hing vom sorgsamen Zusammenspiel beider ab. Diese Alltagssituation zwang die Marranen, ihr Geschick, sich zu tarnen und durch die Blume zu sprechen, zu verfeinern, um nur für die Eingeweihten verständlich zu sein. Solche Sprachfähigkeit war für die erste Marranengeneration plötzlich zur Notwendigkeit geworden, und es ist auffällig, wie *La Celestina* auf die Sensibilitäten abgestimmt ist, die die Marranen nun ausbilden mußten. Das Spiel mit Bedeutungen und Masken kommt in der Struktur dieses Werkes viel häufiger vor, als es der Intrigenstoff verlangte, so häufig, daß dieses formale, ästhetische Element selbst zum Thema wird.

Mehrdeutig sind sogar die Namen der Protagonisten. Celestina – die »Himmlische« (*caelestis*) – heißt der allerirdischste Charakter, Pleberio – Mann des Volkes (*plebs*), der Plebejer – die nach Stellung und Gesinnung edelste Gestalt dieses Stücks.

Gleich die erste Szene (nach dem Prolog) ist ein Maskenspiel. Calisto entdeckt Sempronio seine Leidenschaft. Dieser versucht ihn zu besänftigen. Sempronio spricht mit zwei Stimmen, laut zu seinem Herrn und leise zu sich selbst. Auch gegenüber seinem Herrn trägt er viele Masken: Einmal ist er Stimme der Religion, einmal Stimme der Vernunft, glaubt jedoch an keine von beiden. Ja sogar wenn Sempronio zu sich selbst spricht, wird der aufmerksame Leser bemerken, daß er den Clown spielt.[43] Rojas verwendet einen Theaterkunstgriff, der Aufrichtigkeit signalisiert (eine Gestalt spricht zu sich selbst), will aber das Gegenteil ausdrücken (Verstellung) und erreicht damit eine scharfe zynische Wirkung.[44]

Calisto kennt Sempronios Spiel. Als der Diener wie ein frommer Gottesknecht über Liebesaffären schimpft, wird er von seinem Herrn für seine Heuchelei getadelt.

Calisto: Wer andere belehrt, sollte füglich sich nicht selber Lügen strafen. Du brüstest dich ja mit dem Lobpreis deiner Freundin Elicia [der von Sempronio ausgehaltenen Prostituierten].

Sempronio: Halte dich an meine rechten Worte, nicht an meine schiefen Taten. (S. 33)

Das ist eine Form der Clownerie; in einem tieferen Sinne rechtfertigt die Stelle aber den Widerspruch zwischen Wort und Tat, von Innerem und Äußerem. Sempronio läßt sich von Calisto seelenruhig demaskieren, denn die Maske hat jetzt ihren eigenen Wert. Die Taten und Gedanken hinter ihr sind unwichtig. Die Wahrheit erscheint hier als ihre eigene Maske und wird *als solche* zum Modell der Nachahmung. Dieselbe Rolle weist Sempronio auch der Sprache, dem Ritual und nonverbalen Äußerungen zu. Sie erhalten ein Eigengewicht und haben ihr eigenes Leben, unabhängig von der Wirklichkeit.[45] Eine kognitive Aussage beispielsweise oder eine moralische Ermahnung (oder rituelle Geste) erhält die Bedeutung einer gewissen »Wahrheit an sich«, unabhängig von den Bedingungen, unter denen sie erfolgt. Wir wissen aber, daß im realen Leben das Gegenteil der Fall ist: Eine bloß verbale Wahrheit, hinter der niemand steht, ist bare Heuchelei. Das ist bei Predigern der Fall, bei denen Zunge und Herz nicht übereinstimmen (und auf die Sempronios Worte beiläufig gemünzt sind), es ist der Fall bei kriecherischen Dienern (wie Sempronio selbst einer ist) – und es ist auch ein Hauptcharakteristikum der Marranen, die Rede- und Verhaltensweisen nachahmen, die im Gegensatz zu ihrem eigenen inneren Leben stehen. Tatsächlich macht Sempronio, wenn er Wahrheit einzig nach ihrer äußeren Erscheinung beurteilt, nicht nur eine ironische Anspielung auf die Heuchelei der Geistlichen, sondern auch eine tragische Anspielung auf die Lage der Marranen.

Das Maskenspiel setzt sich in Calistos Verhältnis zu seinen Dienern fort. Sempronio betrügt ihn, schmeichelt und hilft ihm, sich selbst zu täuschen. Calisto sagt: »Und sei mir weiterhin so treu wie bisher« (2. Akt, S. 87). Das Publikum kichert, wie Sempronio das insgeheim tut. Aber auch Calisto kann lächeln: Er weiß sehr gut, daß er betrogen wird, und lädt gewissermaßen dazu ein. Später kommt Pármeno, der junge Diener, und Calisto fragt ihn nach seiner Meinung über sein Liebesabenteuer. Er ermutigt den Jungen, offen zu sprechen: »... die Macht der Wahrheit ist so groß, daß selbst die Zungen der Feinde ihr dienstbar sein müssen« (S. 87), erklärt Calisto, ohne seinen eigenen Worten Glauben zu schenken, und damit beschreibt er das unausgesprochene Thema der ganzen Szene. Der unerfahrene Pármeno nimmt die Worte seines Herrn für bare Münze und warnt Calisto mit kecker Klugheit, sich nicht in diese Sache verwickeln zu lassen. Calisto bricht in Zorn aus: »Du tust, als wärst du das Inbild der Treue, und bist ein Ausbund von Schmeichelei.« (S. 89) Die Rollen sind vertauscht. Der treue Pármeno betrügt seinen Herrn durch seine Treue und Ehrlichkeit. Und der Verräter Sempronio ist seinem

Herrn treu, indem er seine Gedanken errät und ihm hilft, sich selbst zu täuschen. »Wo du doch weißt«, herrscht Calisto Pármeno an, »daß diese meine Qual, mein brodelnder, hin und her brandender Schmerz, von keiner Vernunft zu bändigen ist ... und ratlos tobt!« (S. 90)

Pármeno ist kein Held. Hier spricht nicht der edle Kent zu König Lear. »Daß ich mich treu erwiesen, das muß ich bitter büßen« (S. 91), klagt er – und beteiligt sich an der Verschwörung gegen seinen Herrn. Was Celestinas glühende Überredungsversuche im ersten Akt nicht bewirkt haben, wird nun durch Pármenos desillusionierende Konfrontation mit der Wahrheit erreicht. Jetzt begreift er, daß der schöne Satz seines Herrn über die große Macht der Wahrheit doppelt widerlegt ist: einmal allein schon durch den Akt der Äußerung, denn das geschah in Selbsttäuschung; und zum anderen durch das ihr widersprechende Ergebnis, das Pármeno persönlich zu spüren bekam.

Es dürfte kaum Marranen gegeben haben, die darin nicht ihr eigenes Ringen mit Wahrheit, Maske und Selbsttäuschung wiedererkannten; viele dürften das Spiel als Spiel zu schätzen gewußt haben und, wie Juden das häufig taten, Trost in seinen humorvollen und selbstironischen Zügen gefunden haben.

Soziale Umwertung hinter der Maske

Der zweite Akt beginnt ebenfalls mit Mummenschanz und Doppeldeutigkeit. Wieder spricht Sempronio. Er lobt Calisto, Celestina Geld gegeben zu haben, von dem er, wie die Zuschauer wissen, sein Teil bekommen wird: »Damit hast du dir ... strahlende Ehre erworben. Und wozu sonst hätte man wohl ein hübsches Vermögen von Fortuna vermacht bekommen, wenn nicht als Mittel im Dienste der Ehre, die doch das höchste aller irdischen Güter ist? ... Oh, wie glorreich ist das Geben! Oh, wie erbärmlich ist das Nehmen!« (S. 83) Hier kommt eine teils possenhafte, teils ernste Kritik am Ehrverständnis der spanischen Gesellschaft ins Spiel (*honra*, auch als Sozialprestige zu verstehen). Sempronio ergeht sich mit bezeichnender Doppeldeutigkeit im Lob der Ehre. »Ehre«, so sagt er, »ist Lohn und Preis der Tugend, und darum geben wir sie Gott, weil es nichts Größeres gibt, das wir ihm darbringen könnten«. (S. 83) Den letzten Teil des Ausspruchs kann man lesen als: »*überhaupt* kann nichts besser sein als Ehre«; aber ebensogut ist er zu lesen als: »*wir* haben Gott nichts Besseres zu geben als Ehre« (das heißt, wir können ihm keine Tugend geben, denn wir haben keine, daher ist Ehre das einzige, was wir ihm darbieten können). Im zweiten Fall ist Gott zu ehren eine leere Geste, ein Ersatz für die Tugend, die wir nicht besitzen. Das Ende dieser Behauptung widerspricht daher ihrem frommen Anfang. Doch die Maskerade ist damit noch nicht zu Ende. Auch die erste Behauptung enthält, genau betrachtet, eine schlimme gesellschaftliche Ketzerei; denn im Gegensatz zur in Spanien herrschenden Norm macht sie die Ehre von anderen Kriterien abhängig als Geburt und Rang.

> Manche behaupten, der Adel sei ein Ruhm, der von den Verdiensten der Vorfahren und einem altstolzen Stammbaum herrühre; ich sage dir aber, daß fremdes Licht dich nie zur leuchtenden Gestalt machen wird, wenn es nicht aus dir selber strahlt. Und darum halte dir nichts auf das Ansehen deines Vaters zugute, so hoch geachtet er auch war, sondern gründe deine Selbstachtung auf die Rühmlichkeit deines eigenen Tuns. So gewinnt man Ehre, das höchste Gut, das ein Mann von außen erlangen kann. (S. 83 f.)

Mit großem rhetorischem Einsatz setzt der zynische Sempronio eine neue Maske auf und bedient sich wie üblich für seine eigenen Zwecke der Ideen anderer Leute. Hatte er zuvor im Namen der Religion und dann im Namen der Vernunft gesprochen, so wird er hier zum ideologischen Vertreter des neuen, damals in Spanien vor allem unter den Conversos aufsteigenden Bürgertums. Ehre ist tatsächlich der höchste Wert, den man »von außen erlangen kann«; doch erreicht man ihn nicht durch edle Abkunft oder die »Reinheit des Blutes«, eben das, was den Conversos fehlte, sondern durch zielstrebige Arbeit und das Anhäufen von Reichtümern, wobei sich die Conversos hervortaten, die in Bildung, Handel und Produktion das Rückgrat der damals aufsteigenden Klasse bildeten. Sempronio selbst ist nicht dieser Auffassung; im neunten Akt behauptet er das genaue Gegenteil (und die Prostituierte Areusa wird ihm dort aufrichtig entgegenhalten, was Sempronio hier nicht aufrichtig gesprochen vorbringt). Um die schärfste Kritik seines Stücks zu artikulieren, versteckt sich Rojas hinter dem Rücken des zynischen Dieners und der furchtlosen Hure.

Äquivokation als ästhetischer Wert

Außer als Reflex im Doppelspiel von Bedeutungen wie von Bewußtseinszuständen findet Äquivokation in *Celestina* noch andere Ausdrucksformen. Beispielsweise haben auch Gegenstände eine doppelte Bedeutung: Der Gürtel, den der »kranke« Calisto von Melibea erbittet, ist einerseits bloß ein Talisman, andererseits steht er für das Aufheben der Keuschheitsschranken (jene »Heilung«, die Calisto ja für seine »Krankheit« sucht). Weiter liegt Doppelsinn in Situationen, das heißt im ironischen Gegensatz zwischen dem, was eine Gestalt sagt, und der Situation oder dem Gesprächszusammenhang, der sie sofort widerlegt, zum Beispiel Calistos Worte über die alles besiegende Wahrheit und Sempronios Predigt über Frömmigkeit. Äquivokation liegt auch darin, daß Prostituierte, Diener und die Kupplerin Celestina sich philosophischer Aphorismen bedienen. Das ist, wie Rojas etwas prahlerisch erklärt, eines der wichtigen ästhetischen Bauelemente des Stückes; aber es ist nichtsdestoweniger eine Form von Maskenball. Der Diener, der das Epigramm nicht verfaßt hat und den Eindruck erweckt, er wäre gar nicht imstande, es zu kennen, verbreitet kluge Sprüche wie ein Schauspieler, der Rollen oder Gesichter wechselt. Für ihn wie für Celestina in der Verführungsszene wird Sprache zur Maske. Selbst wenn eine Rede wahr ist, ist sie falsch oder zumindest irreführend, da sie nicht eine subjektive Wahrheit ausdrückt, sondern häufiger ihr Gegenteil oder das völlige Fehlen subjektiver Wahrheit. Darin liegt eine sprachliche Imitation des marranischen Lebens, das ebenfalls in Doppelzüngigkeit und Heuchelei befangen ist. Zwischen Sprache und Sprecher, zwischen Geste und Sinn, zwischen dem herrschenden gesellschaftlichen Kodex und dem inneren Leben eines Menschen verläuft ein Bruch, der für die Marranen geradezu zur Lebensform geworden ist.

Darüber hinaus zeigen der lockere Wechsel und die sprachliche Manipulation von Meinungen und Urteilen, daß Rojas eine gewisse Verwirrung in die Ideen bringt und hinsichtlich der etablierten sozialen Werte ein gewisses Maß an Distanz und Ironie walten läßt. Jede Figur in diesem Stück kann Beliebiges sagen und dem ihre eigene groteske oder ironische Bedeutung unterlegen. Jeder Diener kann wie ein Geistlicher oder Theologe Weisheiten verbreiten. Jeder Satz kann auf jede mögliche Weise geäußert werden: wörtlich, allegorisch, äquivok, in zynischer Clownerie, und muß entsprechend durchschaut werden; er kann zustimmend, leidenschaftlich oder kritisch gemeint sein. Alles ist möglich.

Auch Rojas' sozialkritische Worte müssen in diesem Sinne gelesen werden. Er greift (immer unter der Maske eines Dieners oder einer Prostituierten) die Vorstellungen von äußerlicher Ehre und von der Reinheit des Blutes an. Damit leiht er dem Protest der übrigen Conversos seine Stimme, deren Blut nicht »rein« war und die wie die Prostituierte Areusa forderten, die Ehre müsse sich nach Taten bemessen, nicht nach der

Abstammung. Viele Conversos gehörten der aufsteigenden Bürgerschicht an und waren bestrebt, durch ihren Reichtum und Fleiß einen sozialen Status zu erringen, und zwar in einem Land, in dem die traditionellen Werte immer noch überaus mächtig waren, obgleich sie nicht mehr in Übereinstimmung mit der Wirklichkeit standen, und in dem Arbeit als etwas Niedriges und Verachtenswertes angesehen wurde. Doch *Celestina* ist kein Werk der Tendenzliteratur. Auch wenn Rojas sich mit den genannten Werten der Conversos identifizierte, schrieb er nicht als ein überzeugter Sozialreformer, sondern eben als Künstler, der Ideen wie Masken wechselt und nach Belieben seinen Gestalten diese und jene Worte in den Mund legt. Letztlich verliert in diesem Werk die Sprache ihre Eindeutigkeit und funktioniert wie ein Karneval der Masken. *Das ist nicht länger eine praktische Notwendigkeit, sondern jetzt auch ein ästhetischer Wert.* In diesem Spiel, das der Autor mit seinen Lesern und das alle Gestalten miteinander treiben, ist schwer zu sagen, ob Sprache der Kommunikation oder der Verkleidung dient; jedenfalls dient sie der Unterhaltung und der Verwirklichung einer künstlerischen Konzeption.

Natürlich lag darin für Rojas die einzige Möglichkeit, sich zu schützen und das Überleben seines Werkes zu sichern. Rückblickend ist ihm das gelungen. Aber zu diesem Zweck mußte er ein Gewebe anspielungsreicher und mehrdeutiger Sprache spinnen, das eine eigene literarische Gattung begründete. Auf diese Weise verband er die in seinem Werk verkörperten formalen und ästhetischen Werte mit seinem eigenen historischen Lebenszusammenhang.

Es ist unmöglich, alle Äquivokationen und Maskierungen in *Celestina* aufzuzählen. Der Text ist voll davon. So stütze ich mich, wenn es mir (im nächsten Abschnitt) um Rojas' direkte Anspielungen auf das Marranentum und um seine immanente Metaphysik geht, auf Textbeispiele, die häufig zugleich Belege für Äquivokation und Maskenspiel sind, und ich möchte dem Leser empfehlen, sie auch unter diesem Gesichtspunkt zu lesen. Denn was immer wir noch in diesem Werk finden werden, Äquivokation wird meist zugleich dabei sein, unter Umständen als Träger anderer Bestandteile.

Um es vorwegzunehmen, in Pármenos Huren-Monolog (einer der Schlüsselstellen des Stückes) findet sich ein Gegensatz zwischen der fröhlichen Feier irdischer Liebe und der ihr vorgehaltenen Maske der Schuld. In dieser »marranesken« Struktur verbirgt sich eine vitale Wahrheit hinter dem Schleier christlicher Heuchelei. Die Wahrheit ist das Prinzip der Natur, der Leidenschaft, der Liebe, das in allen Lebewesen gegenwärtig ist, das vom Christentum jedoch verkehrt und in eine »alte

Hure« verwandelt worden ist. Hinter dieser Maske steht nun nicht mehr das Judentum, sondern eine quasi heidnische Welt, die über beide Religionen hinausgeht.

Auch der Bericht über Celestinas Machenschaften ist ein wahrer Karneval der Masken (S. 56). Man denke nur an die nächtliche Prozession zur Kirche, in deren Schutz wollüstige Begegnungen stattfinden, an die impliziten Hinweise auf Autodafés und an die unmißverständliche Anspielung auf die Opfer der Inquisition. Man beachte Celestinas marranenhafte Gewohnheit, sich zu verstellen, indem sie nie die Messe oder die Vesperandacht versäumt, ihre Meisterschaft im Verfertigen von Schminken und »Jungfernschaften herzustellen« (S. 56) – alles Künste der Maskierung. Schließlich die Generalisierung: »Und alles war nichts als Lug und Trug.« Man erinnere sich an die groben pikaresken Masken, wenn Sempronio zu seiner Geliebten kommt und nun seinerseits in einem doppelbödigen Spiel, das Celestina und das Mädchen über seinen Kopf hinweg spielen, hintergangen wird. Diese Szene und ihre Fortsetzung im dritten Akt sind eine glänzende Illustration für ein Spiel auf zwei Ebenen, der sprachlichen und der Handlungsebene, wo zum Ergötzen des Publikums jeder jeden betrügt.

Mit der komplexen und subtilen Szene der Verführung Melibeas erreicht das Maskenspiel einen Höhepunkt (4. Akt, dann weiter im 6. Akt). In dieser faszinierenden Szene dreht sich alles um ein beständiges Versteckspiel, das auf einer zentralen sprachlichen Zweideutigkeit aufbaut, die von einer Fülle sekundärer (verbaler und nonverbaler) Mehrdeutigkeiten begleitet wird. Melibeas Verführung, die mehrere Stadien der Selbsttäuschung durchläuft, verbindet die beiden Hauptelemente, die wir hier untersuchen: mehrdeutige Sprache und ein Maskenspiel, das sich nicht nur zwischen der inneren und äußeren Person, sondern auch (wie bei Melibea) innerhalb der Person selbst abspielt.

Komplexe Dualismen: Das Wesen unter dem Einfluß seiner äußeren Erscheinung

Bei der Dialektik von Verstellung und doppeltem Bewußtsein spielt die wechselseitige Beeinflussung zwischen Wesen und Erscheinung eine große Rolle. Das Maskenspiel folgt nicht einem einfachen dualistischen Modell, wonach es einerseits ein vollständiges, verborgenes, ungebrochenes Wesen gibt, andererseits, ihm gegenüber, eine verzerrte äußere Erscheinung. Wesen oder Wahrheit werden ihrerseits modifiziert, indem sie sich in der Erscheinung spiegeln, und das macht sie häufig selbst ambivalent und fragmentarisch. Bei dem Marranen, dessen Erfahrung hier gemeint ist, handelt es sich nicht notwendig um den Judaisierenden, der einen ungebrochenen, festgegründeten, geheimen Glauben besitzt, den er unter einer rein äußerlichen christlichen Schale verbirgt. Solche Marranen waren in der Minderzahl; aber auch bei ihnen drang das Christentum, die Schale, aufgrund von Erziehung und der Internalisierung von Symbolen und auch aufgrund der inhärenten Dialektik von Wesen und Maske ins Innere ein. Es ist unmöglich, ein Wesen unberührt zu erhalten und zu bewahren, wenn dieses Wesen immer abstrakter wird, sich zu einem immer abgehobeneren Ideal entwickelt und allmählich seinen Einfluß auf das tatsächliche Leben verliert. Das Wesentliche und das Tatsächliche stehen also an zwei entgegengesetzten Polen: Das Wesen erwartet man im verlorenen Judentum, weil dieses aber zunehmend fernrückt und abstrakt wird, gewinnt das Leben auf der Ebene der christlichen Maske an Wirklichkeit. Das Wesen spielt daher nicht mehr seine Rolle, das Wesentliche im Leben zu sein. Dennoch wird die Erscheinung dadurch nicht befreit und erlangt keine ungebrochene Bedeutung, denn Tiefe und Wahrheit bleiben ihr entzogen. An jedem dieser Pole stehen Leiden oder Entfremdung und die Unmöglichkeit, Einheit oder Versöhnung zu erreichen. Das eigene Wesen widerspricht der eigenen Wirklichkeit und ist dennoch wie in einem Zerrspiegel in ihr gespiegelt. So durchdringt die Dualität im Bewußtsein oder die Identitätsspaltung das Leben der judaisierenden Marranen.

Aber diese waren in der Minderheit. Bei den anderen lassen sich die verschiedensten Zustände denken: der Marrane, der (teils in Selbsttäuschung) versucht, für sein neu gewonnenes Christentum einzutreten; der Marrane, der die Verbindung zum Judentum aufrechterhält, allerdings ohne große Überzeugung und ohne Eifer; der Marrane, der das Christentum begierig aufgreift und zugleich eine innere Distanz dazu behält; der gläubige judaisierende Marrane, der die Grundlagen jüdischen Wissens und historischer Überlieferung verloren hat; der Marrane, der ohne Überzeugung konvertiert ist und der von anderen weiterhin als Jude angesehen wird; und schließlich der Marrane, der zwischen den beiden Religionen hin und her gerissen ist, der nicht mehr weiß, wo sein »Wesen« endet und seine »Maske« anfängt. Aufgrund seiner gesellschaftlichen und existentiellen Erfahrung muß er notgedrungen in einer Welt des Versteckspiels und der Doppelzüngigkeit leben, so daß sich die Grenze zwischen Äußerem und Innerem verwischt. Wir sollten im Auge behalten, daß Marranen aller Schattierungen unter der Drohung und dem Terror der Inquisition lebten, die nach Belieben sowohl Judaisierende als auch gute Christen in ihre Verliese zu stecken pflegte, und daß daher unausweichlich auch, wo es nicht so viel zu verbergen gab, zur Tarnung Überlebenstechniken und Strategien der Camouflage entwickelt werden mußten. Wie Pármeno sagt: »Und alles war nichts als Lug und Trug.«

Romeo und Julia marranisch?

Es gibt die Auffassung, die marranische Situation läge in der Fabel von *La Celestina*: Calisto ist Altchrist, Melibeas Eltern dagegen zählen zu den reichen Neuchristen. Eine Heirat der beiden Liebenden, wodurch die Tragödie vermieden worden wäre, ist daher undenkbar.[46]

Eine marranische Version von *Romeo und Julia* also? Diese Interpretation ist verlockend, widerspricht aber leider dem Text. Mehrfach wird erwähnt, Melibea gehöre einem hohen Adelsrang an, einem höheren noch als Calisto. In der Bankettszene im neunten Akt (in der das ungeschminkte Gespräch vorherrscht) sagt Sempronio, »daß Calisto ein Caballero ist, ein Ritter, und Melibea eine Tochter aus vornehmem Hause (*hijadalgo*) ... Gleich zu gleich gesellt sich gern« (S. 226). Später sprechen Melibeas Eltern in Unkenntnis der Affäre hinter verschlossenen Türen (wo Verstellung nicht nötig ist) über die Heiratsaussichten ihrer Tochter und meinen, keine Familie im Land würde eine Verbindung mit ihnen ausschlagen. Das deutet darauf hin, daß, wenn jemand, dann Calisto durch die Ehe mit Melibea aufsteigen würde, wobei der Unterschied ihres gesellschaftlichen Ranges einer möglichen Verbindung nicht im Wege stünde. Wenn sie nicht heiraten, so muß die Ursache woanders liegen.

Das Marranische liegt also nicht in der Fabel der *Celestina*. Ebensowenig läßt sich das Stück einfach wie ein Schlüsselroman lesen. Vielmehr müssen wir den Text des Werkes auf den Gebrauch von doppeldeutiger Sprache, auf spezifische Anspielungen und schließlich auf seine verborgene immanente Metaphysik hin untersuchen.

3. Die zugrundeliegende Metaphysik von *La Celestina*: Liebe als Störfaktor in einer Welt reiner Immanenz

Wir haben gesehen, daß viele Conversos dazu gebracht wurden, die Grundlagen sowohl des Christentums als auch des Judentums so sehr in Frage zu stellen, daß sie jede bestimmte religiöse Identität verloren und für sich selbst im Inneren alle theistische Weltanschauung hinter sich ließen. Religiöser Skeptizismus, philosophischer Deismus (ob nun populär oder hochentwickelt) und die Auffassung, das Diesseits sei die gesamte Realität, gehörten zu den Folgen. Diese Erscheinungen, die mit Spinoza ihren Höhepunkt erreichten, sind für viele Conversos früherer Generationen bekannt und dokumentiert, auch für Rojas' eigene Familie (seinen Schwiegervater Álvaro de Montalbán). Daß dies für Rojas selbst ebenfalls zutraf, steht aufgrund des Inhalts von *La Celestina* außer Zweifel.

Das geistige Universum des Stückes ist weder christlich noch jüdisch. Rojas, als Künstler von Terenz und Plautus beeinflußt, zog sich als Denker aus dem religiösen Universum des Mittelalters auf das des alten Rom zurück, wobei er sowohl über das Alte wie über das Neue Testament hinausging – oder anscheinend beide hinter sich ließ. Das heißt nicht, daß Rojas zur römischen Welt in ihrer historischen Realität zurückkehrte.[47] Es war vielmehr ein Bild, dem er sich zuwandte, ein Reflex der alten Welt, wie sie sich aus seiner Sicht darstellte, die ihrerseits bereits von der christlichen Erfahrung geprägt war. Darin war Rojas (unter anderem) von der italienischen Renaissance, besonders von Petrarca, beeinflußt, allerdings mit einem großen Unterschied. Rojas' Rückkehr zur römischen Welt ist keine rein gelehrte oder ästhetische Rückwendung, auch zielt sie nicht wie bei Petrarca darauf ab, die christliche Kultur zu erneuern und mit neuem Leben zu erfüllen. Rojas begegnet der Antike auf einer tieferen philosophischen und existenziellen Ebene wieder, denn er überschreitet das Universum des Christentums und des Theismus. In dieser Hinsicht beruht, wie ich später zeigen werde, Rojas' Affinität zur heidnischen Kultur weniger auf einem positiven Entschluß, sondern drückt seine Verneinung der jüdischen und christlichen Weltanschauung und aller transzendenten Lebensdimensionen aus.

»Ich bin Melibeer«

Ketzerische Stimmen hört man von Anfang an in dem Stück. In seiner Liebesekstase lästert Calisto Gott. Der bestechliche Diener Sempronio weist seinen Herrn mit frommer Miene zurecht.

Calisto: Was meinst du?
Sempronio: Ich meine: Da sei Gott vor! Denn was du grad gesagt hast, ist eine Art Ketzerei.
Calisto: Warum?

Sempronio:	Weil, was du sagst, dem Christentum zuwiderläuft.
Calisto:	Na und? Was schert das mich?
Sempronio:	Bist du etwa kein Christ?
Calisto:	Ich? Melibeer bin ich, und ich bete zu Melibea, glaube an Melibea und liebe Melibea. (S. 30 f.)

Calisto ist kein Christ, sondern »Melibeer«: Seine irdische Geliebte nimmt den Platz des Erlösers ein. Das ist nicht nur ein grandioser Versprecher. Der gleiche Gedanke kehrt im Untertitel des Stückes wieder und auch in Aussprüchen wie dem von Calisto, Celestina müsse ihm zu seiner Rettung verhelfen. (Das ist ein weiterer Beleg für Celestinas Rolle als Symbol für die Kirche – die »alte Hure«.) Der gleiche Gedanke wiederholt sich in der folgenden Stelle:

Calisto:	Was hast du an mir zu bemängeln?
Sempronio:	Daß du die Würde des Mannes der Unvollkommenheit und Schwachheit des Weibes anheimgibst.
Calisto:	Des Weibes? O du ungeschlachter Tolpatsch! Einer Gottheit, einer Gottheit!
Sempronio:	Glaubst du das im Ernst, oder sagst du das zum Spaß?
Calisto:	Zum Spaß? Für mich ist sie göttlich, ich bekenne mich zu dieser Gottheit und glaube nicht, daß es eine andere Hoheit im Himmel gibt, auch wenn ihre Herrlichkeit mitten unter uns auf Erden weilt. (S. 33)

Calisto stellt in seiner lästerlichen Rede Eros höher als Christus. Ja, er spricht dem Himmel alle übernatürliche Kraft ab und präsentiert seinen »Gott« Melibea als eine irdische Kreatur, die »mitten unter uns auf Erden weilt«. Folglich existiert nichts als diese Welt – ihre Wünsche, ihre Abenteuer, ihre Freuden.

Und wem überläßt Rojas die Aufgabe, die Religion zu verteidigen? Keinem anderen als dem korrupten Sempronio, der dies mit einem groben Scherz tut und dabei das fromme Gesicht eines Gläubigen macht, der über den Niedergang des Glaubens klagt. Sein Zynismus wird dadurch verstärkt, daß er zu sich selbst spricht – im Drama gewöhnlich ein Zeichen für Ehrlichkeit, hier jedoch um einer clownesken Wirkung willen eingesetzt.

Die Blasphemien Calistos wurden viele Jahre später von der Inquisition gestrichen. Wären die Zensoren klug gewesen (was sie selten sind), dann hätten sie nicht nur die Worte des Herrn, sondern auch die des Dieners beseitigt. Sempronios scheinheilige Rede ist allemal ein größeres Sakrileg als das direkte Lästern seines Herrn. Denn der Protest gegen Calistos halb heidnische Häresie hat aus dem Munde dieses intriganten und korrupten Schurken Sempronio eine scharfe, zynische Wirkung, die den Protest selbst unterhöhlt.[48]

Die Ode an die alte Hure

Eine weitere wichtige Stelle, die ein heidnisches Weltverständnis zum Ausdruck bringt, ist Pármenos Monolog, in dem er seinem Herrn eine Beschreibung Celestinas, der »alten Hure«, gibt. Calisto ist das unangenehm, doch Pármeno beruhigt ihn:

> Warum solch ein Lamento? Meinst du etwa, der Name, mit dem ich die da titulierte, klinge in ihren Ohren wie eine Schmähung? O nein! Wenn sie hört, daß sie so benamst wird, ist sie so stolz wie du, wenn die Leute sagen: »Calisto ist ein wahrer Caballero.« Überdies ist sie als solche stadtbekannt und unter diesem Titel weitberühmt. Kommt sie zwischen hundert Frauenzimmern daher und einer ruft: »Alte Hure!«, so wendet sie ganz ungeniert den Kopf und gibt Antwort mit strahlendem Gesicht. Bei Gastmählern, Festen, Hochzeiten, bei Zunftfeiern der Laienbruderschaften, bei Leichenbegängnissen – überall, wo die Leute sich versammeln, ist sie ein gerngesehener Gast. Durchquert sie die Meute streunender Hunde, so klingt das Gekläff wie die Proklamation jenes Titels. Wird sie umschwirrt von Vögeln, so verkündet deren Gesang nichts anderes als dieses ihr Amt. Nähert sie sich einer grasenden Herde, so vermeldet das Geblök aller Welt, wer da kömmt; gesellt sie sich zu den Maultieren, so rühmt sie das röchelnde Wiehergeschrei: »Alte Hure!« Die Frösche in den Pfützen quaken stundenlang nur diesen einen Namen. Treibt sie sich bei den Ambossen herum, schmettern ihn die Hämmer. Tischler und Harnischfeger, Hufschmiede, Kesselflicker, Wollschläger – ein jedes Handwerk, das mit dröhnenden Werkzeugen betrieben wird, erhebt den Hall ihres Namens in den Himmel... Die Bauern in den Gärten, auf den Äckern, in den Weinbergen und auf dem Stoppelfeld knurren ihn bei der täglichen Knochenarbeit von morgens bis abends vor sich hin. Verliert einer am Spieltisch, erschallt alsbald ihr Lob. Ein jedes Ding, das tönt, frönt bei ihrem Erscheinen der Deklamation besagten Namens.

> [Oh, was bekam ihr Ehemann alles zu hören! Was fehlte noch, den armen Hahnrei zu verhöhnen?][49] Daß ein Stein, wenn er an den anderen klackt, lauthals sagt: »Alte Hure!« (1. Akt, S. 54 f.)

Diesen Text kann man auf zweierlei Weise lesen. Auf der Maskenebene soll er – wie ein naiver Leser erwarten dürfte – Celestina ihren Platz zuweisen. Daß sie auf den Titel »alte Hure« stolz ist, verstärkt nur den Eindruck ihrer Verdorbenheit: Sogar ihre Werte sind von Grund auf verkehrt. Ähnlich soll ihre Zugehörigkeit zu einer niederen Schicht von Handwerkern und Arbeitern ohne gesellschaftliches Ansehen, ja geradezu zu den Haustieren sie scheinbar verunglimpfen. Ihren Namen – alte Hure – führt jedermann im Munde wie ein gebräuchliches Schimpfwort, das das gemeine Volk sich zuwirft und das durch die Luft schwirrt.

Doch all das ist durchsichtige Tünche. Im Grunde ist diese Stelle ein Lobgesang, eine Ode auf das, was Celestina verkörpert: eine freie, mächtige Naturkraft, die Macht des Eros und der Liebe, die das Universum erfüllt und all seine Kreaturen durchdringt. Sogar in der unbelebten Welt wirkt sie als verkörperte und heimliche Kraft (vgl. die beiden Steine am Ende des Textes). Machen wir uns von dem fingierten christlichen Kontext frei, und lesen wir diesen Text ohne Ironie, dann finden wir hier die dichterische Kraft eines griechischen Päan an die Natur.

Aber diese vitale kosmische Macht, die irdische Liebe, erscheint hier in der pejorativen Gestalt einer »alten Hure«. Darin zeigt sich nicht nur die Notwendigkeit literarischer Tarnung, sondern auch eine wesentliche Aussage: Schaut, was das Christentum der heidnischen Macht des Eros und der Liebe angetan hat – es hat ihre Natur verkehrt und sie in eine »alte Hure« verwandelt.[50] Solche Verkehrung der Werte – wie die Notwendigkeit, sich hinter einer Maske zu verstecken – ist selbst eine Verkehrung von Natur und Wirklichkeit. Die christliche Kultur hat dem Eros die kosmische Macht genommen, und sie hat, indem sie ihm einen negativen Sinn von Sünde und Schande verlieh, ihn in eine alte Hure verwandelt.

Aber Rojas' Kunst bewirkt auch das Gegenteil. Je weiter wir lesen, desto mehr verliert in dieser poetisch-ironischen Passage die Bezeichnung »alte Hure« ihre negative Bedeutung und wird zu einem Synonym für die heidnischen Naturkräfte, die über den christlichen Kontext hinausgehen und ihn überwinden.

Die Ode an die alte Hure ist eine der Schlüsselstellen des Stückes. Es geht um die irdische Liebe in ihrem Verhältnis zur Struktur des Universums. Das ist, nach meiner Interpretation, ein zentrales Thema von *La*

Celestina, das sich in der Fabel verkörpert und hin und wieder im Text explizit zum Ausdruck kommt. Celestina ist stolz und sicher »im Vertrauen auf die Macht meiner Magie« (3. Akt, S. 104) und sagt an anderer Stelle im intimen Gespräch mit ihren Anhängern: »Groß ist die Macht der Liebe: sie durchquert nicht nur die Länder der Erde, auch das Meer überwindet sie, gewaltig, wie sie ist. Ohne Unterschied übt sie allerorten ihre Herrschaft aus, über Menschen jeglicher Art. Alle Hindernisse durchbricht sie.« (9. Akt, S. 229)

Doch der zentralen Idee des Stücks entsprechend, beeilt sie sich, auch die verderbliche Seite der Liebe zu nennen: »Ein gieriges, ängstliches und eiferndes Wesen ist sie; nichts entgeht ihrem ruhelos kreisenden Blick [*en derredor*].« (S. 229)

In der Tat hat diese Medaille zwei Seiten. Obgleich die Liebe eine kosmische Macht ist, müssen wir uns davor hüten, bei Rojas die Liebe romantisch zu interpretieren. Eine Naturkraft ist nicht an sich bereits Gegenstand der Bewunderung und Idealisierung. Ein Übermaß an Macht zerstört die Ordnung der Dinge und ist eine der Quellen für das Leiden und für die pessimistische Weltsicht, die letztlich aus *La Celestina* hervorgeht. Gewiß, Liebe als solche birgt in sich keine Sünde im christlichen Sinne, aber im Sinne heidnischer Philosophie birgt sie eine moralische Gefahr – die Gefahr des irrationalen Exzesses.

Dieser Geist spricht auch aus der Klage des alten Pleberio, Melibeas Vater, mit der zum Schluß die Summe des Stücks gezogen wird. Die Macht der Liebe ist für Pleberio ein weiteres Anzeichen für die fundamentale Unordnung des Universums. Die ungeheure Kraft der Liebe ist nur ein Teil im Spiel der Kräfte, das ganz natürlich, irdisch und ohne jede transzendente Bedeutung ist und dessen Wechselfällen wir unterworfen sind. »O Liebe«, klagt der alte Mann, »... Wer hat dir soviel Macht gegeben?« (S. 404) Bei diesen Worten klingt in unseren Ohren noch Celestinas stolzer Ausruf nach: »im Vertrauen auf die Macht meiner Magie«. Celestina verkörpert als Naturkraft tatsächlich sowohl die vitale wie die verderbliche Seite der Liebe. Von diesem Standpunkt aus, das heißt in ihrem Verhältnis zu den unheilvollen und dämonischen Seiten des Lebens, wird sie zu Recht als »Hexe« bezeichnet. Dieses komplexe Wesen der Liebe ist eine wesentliche Aussage des ganzen Stücks. Die Liebe regiert und trägt das ganze Universum – aber das Universum, das sie trägt, ist nicht notwendig harmonisch. Celestina, die Priesterin der Liebe, ist durch dieselbe Rolle der unheilvollen Seite des Lebens und dem Element des Chaos im Universum verwandt.[51]

Pleberios Klage

Ein rhetorischer Höhepunkt von *La Celestina* ist die abschließende Klage Pleberios, des edlen und reichen Vaters von Melibea. Während des gesamten Stückes stand Pleberio im Hintergrund; in der letzten Szene tritt er auf einmal ins Rampenlicht, und wir hören seine eindrucksvolle Klage und sehen seinen Untergang, als sei er der verborgene wahre Held des ganzen Schauspiels gewesen. Aus rein dramaturgischer Sicht wirkt die letzte Szene etwas angestückt; doch inhaltlich ist sie die bedeutungsvollste der *Celestina*, denn sie läßt die immanente Metaphysik und areligiöse Weltanschauung, die Rojas' Werk zugrunde liegt, plastisch hervortreten.

Pleberio klagt im Stil antiker Moralphilosophen, die angesichts der Welt und ihrer Launen die Wechselfälle des Schicksals und das unerklärliche Leiden des Menschen betrachten und den Wert von Leben und Tod abwägen. Diese lange und wohlgesetzte Rede verrät kein Fünkchen christliche Empfindung. Sie erwähnt Gott, Jesus, Maria oder andere christliche Heroen nicht ein einziges Mal. Manch einer fühlte sich durch Pleberio an einen hebräischen Propheten oder an Hiob erinnert; aber die Ähnlichkeit ist oberflächlich. Die Rede Pleberios enthält auch nichts Jüdisches. Wäre er »Hiob«, dann ein ungläubiger Hiob, der weder aus einem Gott, der durch das Gewitter spricht, noch aus einer verborgenen göttlichen Gerechtigkeit Trost zieht. Im Gegenteil, für ihn bleibt das Universum letztendlich ohne Ziel und Bedeutung. An die Propheten erinnert bestenfalls und nur formal Pleberios hohes Pathos, das in seinen Worten mitschwingt, oder auch Momente, die dem nahekommen, was man Erhabenheit nennen könnte. Der Sache nach ist er jedoch Welten von ihnen entfernt. Anders als die Propheten beklagt Pleberio nicht das Los eines sündigen Volkes, auch nicht den Abfall von Gottes Wort und Bund, sondern seine persönliche Tragödie: den Tod seiner geliebten Tochter und die Verzweiflung, die sein Leben seither bestimmt. Der Gegenstand von Pleberios Klage hat nichts mit Gott im Himmel oder seinen Kindern auf Erden zu tun. Er sieht nur seine persönliche Beziehung zu einem anderen Gegenstand oder einem anderen Menschen in dieser Welt. Der Wert des Lebens hängt hier vollständig vom persönlichen Schicksal ab oder von der besonderen Bindung an ein anderes Individuum in dieser Welt.[52]

Pleberio transzendiert damit sowohl das christliche wie das jüdische Universum. Nur in einer Welt ohne göttliche Gnade und ohne transzendenten Sinn kann das Leben aufgrund eines persönlichen tragischen Ereignisses in dieser Welt, wie dem Tod der Tochter, so ganz und gar leer werden. Das Jenseits tröstet Pleberio ebensowenig, wie es ihm Angst macht; es existiert einfach nicht. Dementsprechend betrachtet Pleberio den Selbstmord seiner Tochter (wie verschiedene Interpreten hervorgehoben haben) nicht als Sünde. In einem heidnisch-stoischen Zusammenhang kann Selbstmord, wenn das Leben all seinen Wert verloren hat, gerechtfertigt werden und zuweilen sogar als erhaben und heldenhaft gelten; im Judentum und Christentum dagegen ist Selbstmord eine unentschuldbare Sünde.

Pleberios Klage wendet sich nicht an Gott. »O unbeständige Fortuna …« (S. 398), ruft er aus, »O jammervolles Dasein, jederzeit bedroht von Not und Elend! O Welt, Welt!« (S. 400), »O Liebe, Liebe!« (S. 404) Sie alle haben ihm Schaden zugefügt; gegen sie klagt er. Weder Jesus noch die Vorsehung noch irgendeine göttliche Autorität, nur der Lauf der Welt ist für Pleberios Leiden verantwortlich, einer Welt, deren Indifferenz Pleberio aus eigener Erfahrung kennengelernt hat. Diese Einsicht wandelt seinen Pessimismus in Realismus. Er beklagt nicht das Fehlen metaphysischer Erlösung, denn an sie hat er nie geglaubt. Sein Glück, der Sinn seines Lebens liegt in dieser Welt – einer Welt, in der er zu Ehren gekommen, ein Vermögen ererbt, Bäume gepflanzt, Schiffe gebaut und vor allem seine einzige Tochter gehegt und gepflegt hat, die sein Leben verkörperte, sein Werk, seine Liebe, alle Dimensionen seines Daseins. All das – der wahre Sinn seines Lebens in dieser Welt – ist mit Melibea dahingegangen. Und so lädt der alte Pleberio ganz im Geiste der Stoa den Tod ein, ein Leben zurückzunehmen, das seinen Inhalt verloren hat.

> O Welt, Welt! Viele haben schon vielerlei von dir gesagt, viele haben sich schon mit der Deutung deiner Wesenszüge befaßt. Nach dem Hörensagen haben sie dies und jenes von dir behauptet; ich aber kann aus bitterer Erfahrung sprechen … Einst, in den Jahren grüner Unerfahrenheit, dachte ich, daß du samt allem, was in dir und durch dich geschieht, von einer gewissen Ordnung bestimmt würdest. Nun aber, nachdem ich das Für und Wider deiner Segnungen erfahren habe, erscheinst du mir als ein Labyrinth der laufenden Irreführung, als eine grauenhafte Wüste, eine Raubtierhöhle, ein Tummelplatz von Narren, die im Kreise rennen … ein steiniger Acker, eine Aue, wimmelnd von Schlangen, ein Garten voll Blütenzauber, doch ohne Frucht, eine Quelle nie versiegender Sorge, ein Strom der Tränen, ein Meer unzähligen Scheiterns … vergebliche

> Hoffnung (*vana esperanza*), falsche Freude, wahrer Schmerz… Viele wandten sich ab von dir, zogen sich zurück, weil sie befürchteten, daß du sie mir nichts, dir nichts im Stich lassen würdest; sie werden sich seligpreisen, wenn sie sehen, mit welchem Lohn du den armen alten Kerl abspeist, der dir so lange gedient hat. (21. Akt, S. 400 f.)

Das ist kein christliches Bild, in dem das Erdenleben im Vergleich zur künftigen göttlichen Welt als unbedeutend und minderwertig angesehen wird. Das Diesseits ist vielmehr das Ganze, und *als solches* ist es eine metaphysische Wüste und »ein Labyrinth der laufenden Irreführung«. Bei diesem Stand der metaphysischen Dinge bezieht das Leben seinen Sinn nur aus Werken, Gefühlen und Liebesobjekten *innerhalb* der Welt. Aber auch sie sind den Wechselfällen des Schicksals unterworfen, und der Mensch bleibt in einem leeren Universum und metaphysisch nackt zurück.

»Warum hast du mich allein gelassen, allein und traurig in diesem Tränental?« (S. 405) Damit endet Pleberios Klage, und so endet das Drama. Sein letzter Aufschrei – das Echo eines Ungläubigen auf Jesus am Kreuz – symbolisiert die Grundsituation des Menschen. Das Universum ist immer ein Tal der Tränen gewesen, und der Mensch ist aufgrund seiner Natur darin verloren. Aber die Wirrungen des irdischen Lebens, einschließlich Liebe und Ehrgeiz, verbergen diese Wahrheit, unterdrücken sie oder drängen sie an den Rand des Bewußtseins. Der »Diener der Welt« muß einen schrecklichen Schock erleben, damit diese latente Wahrheit in einer scharfen und schmerzlichen Offenbarung ins Zentrum seines Bewußtseins dringt. Das ist Pleberio geschehen, der nun aus »bitterer Erfahrung« spricht und nicht mehr als abstrakter Philosoph. In schmerzlicher Einsicht nimmt die Welt für ihn nun die Form an, die sie schon immer besaß – aber so schmerzlich klar und genau, daß nichts sie auslöschen könnte. Was Pleberio geschieht, nimmt vorweg, was ein Jahrhundert später einem bekannteren tragischen Helden geschieht, Macbeth: Mit dem Verlust des irdischen Elements, das dem Leben seinen Sinn geben soll (dort: Ehrgeiz, hier: Liebe), offenbart sich das Universum als *von Grund auf* bedeutungslos. (Auch *Macbeth* ist kein christliches Stück.)

Obwohl der Ausruf Pleberios an den Aufschrei Jesu am Kreuz erinnert (»Mein Gott, mein Gott, warum hast du mich verlassen?«), ist die Anspielung eindeutig, ja fast provokativ ketzerisch. Der alte Mann wendet sich nicht an Gott, sondern an seine Tochter. *Sie* hat ihn im »Tränental«

zurückgelassen. Die Tochter steht an der Stelle Gottes als die einzige, die dem Leben Pleberios Bedeutung und Hoffnung geben kann. Im Grunde ähnelt diese Häresie dem Geständnis Calistos (»Ich bin Melibeer«) zu Beginn des Stücks und ist genauso ernst gemeint. Wenn auch von verschiedener Charaktertiefe, setzen beide, der Liebhaber wie der Vater, Melibea an die Stelle Gottes.

Diese innere Verbindung zweier ketzerischer Positionen, die im Drama so weit auseinander liegen (eine Verbindung, die andere Kritiker offenbar unbeachtet ließen), liefert mir den Beweis, daß Pleberios Klage organisch mit dem Rest des Stückes und der Metaphysik verbunden ist, die insgeheim in ihm herrscht. Wenn diese Welt keine transzendente Dimension besitzt, dann kann irgendeine einzelne Entität in ihr unter Umständen metaphysische Bedeutung erlangen und auch von jemandem zur geheiligten Grundlage seines Lebens gemacht werden. Das ist nicht bloß »Heidentum«, sondern geradezu Götzendienst.

Pleberios Klage kommt ohne die formalen Elemente aus, die sonst im Stück fast allgegenwärtig sind: Ironie und Verstellung. Außer einigen wenigen zwiespältigen Andeutungen finden sich keine ironischen Ausdrücke. Das unterstreicht vielleicht die außerordentliche Rolle dieser Rede, ist für sie aber auch innerlich notwendig. Eine tragische Klage ist mit Ironie nicht vereinbar. Pleberio kann keine Anspielungen machen und keine zweideutigen Reden führen, da der dramatische Eindruck seiner Worte, sein Versuch, Größe und gar Erhabenheit auszudrücken, nur möglich ist, wenn man fühlt, daß er aus dem Herzen spricht. Auch aus dieser Sicht läßt die letzte Szene die Maske fallen, und wir erhaschen flüchtig einen kostbaren Einblick in die Tiefen von Rojas' eigener Welt.

Liebe als unromantisches Durcheinander

»O Liebe, Liebe«, ruft der alte Mann aus, »... wer hat dir einen Namen gegeben, der dir nicht gebührt? Wenn du Liebe wärst, würdest du diejenigen lieben, die dir dienen. Wenn du sie liebtest, würdest du ihnen kein Leid bereiten.« (S. 404) Pleberio schildert die Liebe als eine chaotische, irrationale Macht, als Quelle von Leiden und Verrücktheit: »Du Feind von Freunden, Freund von Feinden – warum verhältst du dich so widersinnig, so ungereimt (*sin ordem ni concierto*)?« (S. 405) Das Universum als ganzes charakterisiert Pleberio genauso. Hier besteht eine klare Analogie (die allerdings durch das ganze Stück hergestellt wird) zwischen der Macht der Liebe und der Struktur des Universums. Die Liebe steht für die der Natur im allgemeinen innewohnende Macht und Unordnung; und die Geschichte von Calisto und Melibea – eine Geschichte exzessiver Liebe und der daraus folgenden verrückten Handlungen – steht dadurch in einer inneren Beziehung zu Pleberios Aussagen über das Universum und seine Bedeutung.

Dieses unromantische Bild der Liebe paßt auch gut zur Liebe, die von der verwelkten Celestina und nicht mehr vom zärtlichen Cupido verkörpert wird. Rojas ist hier, gegen seinen Willen, von der christlichen Auffassung der körperlichen Liebe beeinflußt. Freilich liegt in der Liebe als solcher keine Sünde; Liebe ist eine primäre und wahre Naturkraft. Doch besitzt die Liebe keine innere Schönheit und Harmonie – ebensowenig wie die Natur als ganze. Anders als das antike Heidentum und wiederum anders auch als das Heidentum Spinozas ist Rojas' Naturalismus völlig frei von sakralen Elementen. Es gibt nur Natur; aber Natur ist ein Spiel widerstreitender, extremer Kräfte, die ohne inneren Wert, ohne Schönheit, ohne göttliche Attribute sind. Hätte Rojas die Metaphysik, die in seinem Werk aufscheint, dichterisch in Worte gefaßt, so hätte er vielleicht gesagt, die Natur selbst sei eine alte Hexe.

Diese unromantische Auffassung von Liebe[53] drückt sich nicht nur in der Fabel der *Celestina* aus, sondern auch in der emotionalen Struktur des Stückes. Es gibt nicht eine Liebesszene, die Zärtlichkeit, Wärme oder Schönheit ausstrahlte. Die Liebe brennt wie ein kaltes Feuer; es ist mehr Leidenschaft als Liebe, fast Besessenheit, die die Liebenden verrückt macht. Alles ist von Leidenschaft, Verführung und Eroberung geprägt. Calisto leidet an seiner Liebe wie an einer Krankheit, die an Verrücktheit grenzt. Melibea erwidert seine Liebe, als kämpfe sie mit der Versuchung um ihr Leben. Sie unterwirft sich ihm völlig, doch ohne Zärtlichkeit. Beide treibt die Liebe zum Exzeß, ohne daß sie Augenblicke von Anmut und Freude in dieser Liebe genießen. Auch der Liebesakt selbst ist mehr als Eroberung verstanden, mit der eine Besessenheit befriedigt wird, denn als Erfahrung beglückender Freude. Hier liegt auch der emotional-dramatische Unterschied zwischen *La Celestina* und anderen berühmten Liebesgeschichten.[54]

Auch in bezug auf Liebe ist Rojas meilenweit von Spinoza entfernt. Beide vertreten die strikte Immanenz des Daseins, aber für Spinoza ist Liebe als kosmisches Prinzip ein göttliches Ordnungsprinzip, parallel zur Vernunft; sie ist ein anderer Aspekt der universal-göttlichen, allumfassenden Ordnung und Rationalität des Gott-Universums und wird folglich als »intellektuelle« Liebe verstanden. Spinoza übernimmt dabei einen neuplatonischen Gedanken, den insbesondere Leone Ebreo entwickelt hat. Rojas läßt nur freudlose, obsessive Liebe zu, der Harmonie und Wärme fehlen und die als kosmisches Prinzip zum Chaos und zur Irrationalität einer Welt paßt, wie Rojas sie schildert. Es gibt nur Immanenz, und deren Bild ist die zerstörerische Liebe.

Wie die Liebe durchzieht auch die umfassendere philosophische und metaphysische Botschaft, für die sie steht, das ganze Stück. Während Otis Green sich allein auf die leidenschaftliche und höfische Form der Liebe konzentriert, spielt in Gilmans Interpretation der *Celestina* die Liebesgeschichte nur eine untergeordnete Rolle. Rojas, so sagt er, richtet die *Sicht* auf die Liebenden, seine *Absicht* aber gilt Pleberio,[55] dessen Epilog die Essenz des Stückes bilde. Doch selbst wenn wir bei der Literaturinterpretation den Begriff der Absicht zulassen, können wir nicht einfach die Absicht auf irgendein abgelegenes, fast unabhängiges Textstück verschieben, das der Autor seinem Werk angehängt hat. Um sagen zu können, daß ein Werk tatsächlich eine Absicht verkörpert, muß diese sich auch in der Struktur manifestieren und darf nicht nur wie ein ideologischer *deus ex machina* hinzugefügt sein.

Diese Bedingung ist erfüllt, wenn man *La Celestina* folgendermaßen liest:

Erstens: Das Grundthema von *La Celestina* ist das Wesen der Liebe und ihr Verhältnis zum metaphysischen Bau des Universums. Liebe steht für Natur, die die einzig vorhandene Wirklichkeit ist. Doch folgt daraus keine romantische Idealisierung der Liebe. Liebe ist eine zweischneidige Macht, die alles durchdringt und belebt, aber auch das rechte Maß überschreitet. Liebe steht daher für das Universum als Ganzes, das ein Theater widerstreitender und exzessiver Kräfte ist – eine Art herakliteisches System ohne Logos und Harmonie, dessen Spiel der Gegensätze und Umkehrungen die Wünsche des Menschen gefrieren läßt und seine Hoffnungen zunichte macht.

Zweitens: Diese beherrschende, recht düstere Metaphysik verleiht *La Celestina* eine gewisse innere Einheit. Sie ist keine abstrakte Idee, die dem Werk »aufgeklebt« ist, sondern eine, die im realen künstlerischen Material des Stückes verkörpert ist. Sie manifestiert sich erstens in der Fabel der Liebesgeschichte und ihren Wechselfällen, zweitens im Garn der Gefühle, aus dem die Beziehungen zwischen den Liebenden gewoben sind, drittens in der Gestalt der Celestina als einer dämonischen Gottheit, die an die Stelle des zärtlichen Knaben Cupido tritt, viertens in dem etwas rätselhaften Vorwort und natürlich fünftens in Pleberios Klage am Ende, in der all dieses zusammengefaßt ist und die implizite metaphysische Bedeutung hervorgehoben wird. Nur so kann dieser wichtige Monolog seine entscheidende Stellung einnehmen, nicht als getrennter Text, sondern organisch mit dem Rest des Stückes verbunden und als Erklärung dessen, was dem Stück durchweg zugrunde liegt.

Dies alles führt, wie Gilman und andere zu Recht bemerkt haben, zu einer »heidnischen« Weltanschauung. Doch auch hier sind Präzisierungen notwendig. Gilman betrachtet die Welt Pleberios (und Rojas') als »neu-stoisch«. Die Stoiker schrieben dem Universum jedoch Vernunft und innere Ordnung zu, ja sie sahen in der Welt-Vernunft eine göttliche Macht; und das widerspricht Pleberio.

Pleberio ist kein stoischer Weiser. Er ist nicht selbstgenügsam; im Gegenteil, seine Abhängigkeit von Melibea ist total. Er hat kein stolzes Selbstbewußtsein und meistert die Welt nicht, indem er seiner selbst Herr wird. Ebensowenig sieht er eine innere Ordnung in der Welt, weder eine christliche noch eine stoisch-rationale. Er besitzt tatsächlich stoische Züge wie Tapferkeit, Diesseitsgewandtheit, Stärke im Leiden, eine philosphische Einstellung zum Tod; aber er trägt auch die Züge einer skeptischen Weltsicht und dessen in sich, was wir Heraklitismus ohne Logos nannten. Für ihn ist die Welt ein Spiel aufeinanderprallender Kräfte, ein irrationaler Exzeß; und sein Naturalismus (anders als der der Stoiker vor ihm und der Spinozas nach ihm) läßt keine Anbetung oder Vergöttlichung der Natur als solcher zu.

Diese Aussage bedarf der Spezifikation. Auch wenn in Pleberio ein unbezweifelbar »heidnisches« Element zu finden ist, sollte man dieses Heidentum eher negativ, als einen Rückzug vom christlichen und jüdischen Universum, auffassen und nicht als eine positive Weltsicht. Es macht einen Unterschied, ob das Christentum nicht da ist, weil es nie existiert hat und sich niemand seiner bewußt war, oder ob ein christliches System negiert wird, das bereits existiert, aber brüchig geworden ist. Die Erinnerung an etwas, das war, aber nicht mehr ist – das, worauf die Negation, vielleicht sogar als verlorene Illusion, gerichtet ist –, gehört dialektisch notwendig zum Prozeß und zur Bedeutung seines Ergebnisses. Und tatsächlich zieht sich Rojas von der theistischen Kultur zurück, ohne eine wirklich positive und integrale heidnische Welt an ihre Stelle zu setzen. Seinem Substitut fehlen Fülle und Gewißheit der ursprünglichen heidnischen Welt. In seinem Innersten ist eine Leere, ein Vakuum. Das Heidentum war außerordentlich lebensbejahend, es verherrlichte das Leben oder bejahte wie in der Stoa die Rationalität des Universums mit all seinen zwingenden Notwendigkeiten; doch bei Rojas finden wir das nicht.

Das Heidentum hatte auch Raum für pantheistische Elemente: Das Dasein selbst war geheiligt; es wurde zu einem Wert an sich oder erhielt göttliche Attribute. Pleberios und allem Anschein nach auch Rojas' metaphysischem Skeptizismus fehlt alles Pantheistische und Heilige. Sein Naturalismus ist »nackt«, ohne inneren Wert. Von seinem eher ironischen Standpunkt aus denkt Rojas weiterhin in christlichen, das heißt theistischen Kategorien. Für ihn ist, wie für die Theisten, Gott ohne transzendenten Ursprung nicht möglich; verschwindet diese Transzendenz, dann löst sich der ganze Bereich des Göttlichen mit auf, und das Universum wird zum Labyrinth und zur metaphysischen Wüste, wie Rojas es darstellt.

Rojas' metaphysische Position ist daher Welten entfernt von der Spinozas, obgleich er ihn nicht nur in abstracto, sondern als mögliches Produkt marranischer Kultur und Erfahrung vorwegnimmt. Spinoza entledigte sich viel rigoroser der Überreste einer christlichen (und jüdischen) Weltsicht; die Welt ohne transzendenten Gott wird damit nicht zu einer sinnlosen Arena, sondern vergöttlicht sich und nimmt selbst die Stelle Gottes ein. Rojas seinerseits antizipiert eher den modernen metaphysischen Skeptizismus, als daß er das antike Heidentum wiederaufleben ließe; und sein Abstand zu Nietzsche ist nicht größer als der zu Vergil oder Seneca.

Rojas ist weder ein jüdischer Prophet noch Hiob, noch ein gläubiger Christ; er kehrt hauptsächlich in der Form der Negation zu einer heidnischen Welt zurück, ohne sie wirklich zu erreichen. Der Name Gottes fehlt in Pleberios Rede, Jesus wird nie erwähnt, und das Werk enthält nicht eine einzige, wirklich christliche Gestalt, so daß die Aufgabe, das Christentum zu verteidigen, dem zynischen Diener Sempronio überlassen bleibt. Rojas vermittelt ein Weltbild, das die geschichtlichen Religionen und mit ihnen jegliche Transzendenz negiert.[56]

Rojas contra Spinoza

Hier liegt die Hauptdifferenz zwischen Rojas und Spinoza, dem Philosophen, der sowohl sein Nachfolger als auch sein Kontrahent war. Spinozas neues Weltbild besaß eine innere Kraft und Kohärenz, die Rojas fehlte. Die Differenz besteht jedoch nicht im Gegensatz zwischen dem systematischen Denker Spinoza und dem Dichter Rojas. Sie liegt jenseits aller Fragen der Form, Methode und Rigorosität, sondern in den tieferen Schichten ihrer jeweiligen Metaphysik. Daß Spinozas Welt viel kohärenter und geordneter ist, hat seinen Grund auch darin, daß sie ihrem metaphysischen Gehalt nach innere Bedeutung und Einheit besitzt und nicht ein Zwitter aus zwei verlorengegangenen Religionen ist, sondern eine neue, positive Entität: eine vergöttlichte Natur, die die absolute Positivität, Göttlichkeit und Erhabenheit des alten transzendenten Gottes geerbt hat. Diese innere Eigenart von Spinozas Universum, die ihm innewohnende Kraft und Kohärenz manifestiert sich in der logischen Kohärenz seines philosophischen Systems. Doch darüber hinaus ergibt sie sich auch aus der Tatsache, daß Logos oder Vernunft der natürlichen Welt in gleichem Maß zurückgegeben sind, in dem die Perspektive auf einen transzendenten Gott aus ihr verbannt worden ist. Die Vernunft selbst ist bei Spinoza vergöttlicht zu dem Prinzip, das die Natur/Gott beherrscht. Anders als Rojas vor ihm und anders als Nietzsche danach, sieht Spinoza in der Naturnotwendigkeit rationalen Sinn, und rationaler Sinn ist für ihn göttlicher Sinn. Dieser hat für den wahren Philosophen dieselbe belebende Kraft (oder wird sie haben) und dieselbe Funktion, die der Glaube an einen transzendenten Gott und an das Jenseits für religiös Gläubige hat, und zwar eine diesseitige Form der Erlösung zu sein, die diesem Leben selbst immanent ist. Überdies befreit sich Spinoza von den Spuren der christlichen Weltsicht, die wir bei Rojas noch finden, mit denen Nietzsche ringt und die man nietzscheanisch »die Schatten des toten Gottes« nennen könnte. Für Spinoza bedeutete die Abschaffung des transzendenten Gottes nicht, die Welt dem christlichen Verständnis gemäß einer niedrigeren, gottlosen Sphäre zu überlassen; vielmehr ist die Welt selbst vergöttlicht. Gott oder das Absolute ist dahin gerückt, wo es hingehört – im Gegensatz zu seiner Verzerrung in den geschichtlichen Religionen. Vor allem können, meiner Meinung nach, weder Rojas noch Nietzsche etwas für sich in Anspruch nehmen, das gerade den Sturm gegen Spinoza hervorgerufen und ihm das Brandmal des gefährlichsten Atheisten aufgedrückt hat: die völlige Befreiung von den Spuren des Judentums wie des Christentums.

5. KAPITEL

Spinoza, die Menge und die mehrdeutige Sprache

Die vorigen Kapitel haben gezeigt, daß einige Züge, die für Spinoza besonders charakteristisch sind, ihren Ursprung in der marranischen Kultur haben: Skepsis hinsichtlich geschichtlicher Religion, eine immanente Metaphysik, der Gebrauch einer mehrdeutigen Sprache und die Suche nach einem alternativen Erlösungsweg. Bis jetzt war unser Augenmerk auf marranische Denker vor Spinoza gerichtet. Wir wollen nun auf Spinoza selbst zurückkommen und zeigen, wie diese Elemente in seinem Denken eingesetzt und verändert werden. Dazu möchte ich zwei Fragenkomplexe aus der Philosophie Spinozas eingehender analysieren: Zum einen geht es um die Menge, zum anderen um den Weisen. In diesem Kapitel untersuche ich, was Spinozas Gebrauch verschiedener Sprachebenen mit seiner Theorie der Menge zu tun hat. Im nächsten Kapitel folgt eine Interpretation des intuitiven Wissens, jenes Erlösungsweges, den Spinoza den wenigen Auserwählten weist. Mit der Behandlung beider Komplexe als eigenständige philosophische Probleme wird sich auch zeigen, wie wichtig und erhellend Spinozas Rolle als Marrane der Vernunft für das Verständnis seines Denkens ist.[1]

Die Sprache der Marranen

Die Vorliebe der Marranen für mehrdeutige Sprache, die Rojas uns so reich vor Augen führt, herrscht auch in anderen Werken von Kunst und Wissenschaft. Sie ist besonders evident im pikaresken Roman, jenem spezifisch spanischen Beitrag zur Weltliteratur. Der Picaro ist der Anti-Hidalgo, ein Mensch niederer Herkunft, der wie ein Zerrspiegel den spanischen Kult um den Hidalgo und die Reinheit des Blutes reflektiert, wobei er selbst dieses Wertesystem vollkommen verwirft und grobe oder subtile Späße darüber macht. Einige der bekanntesten pikaresken Romane sind von Conversos geschrieben worden (darunter *Guzmán de Alfarache* und wahrscheinlich *Lazarillo de Tormes*, die ersten dieses Genres); und wie *Celestina* bedienen sie sich einer verschlüsselten Sprache und sind voller Winke und Anspielungen auf die marranische Erfahrung. Später läßt Cervantes, dessen neue Kunst pikareske Elemente einschließt und der vermutlich auch ein Converso war, Sancho Panza wiederholt beteuern, er sei ein guter Altchrist, und nimmt an vielen Stellen direkt und indirekt auf das Marranentum und seine Stellung in der spanischen Gesellschaft Bezug.

Bei Spinoza, ebenfalls ein Meister dieser Kunst, diente die doppel- oder mehrdeutige Sprache eher einem philosophischen als einem ästhetischen Zweck. Hatten Rojas und andere Dichter die äquivoke Sprache der Marranen aus einer Notwendigkeit in einen künstlerischen Wert verwandelt, so verwandelte Spinoza sie in ein philosophisches Instrument. In beiden Fällen diente die doppeldeutige Sprache zu mehr als bloß zur Vorsicht und Verstellung; sie wurde Bestandteil eines über solche gesellschaftlichen Funktionen hinausgehenden kulturellen Unternehmens, sei es eines Romans, eines Dramas oder eines philosophischen Systems. Das ist eines der (im zweiten Kapitel untersuchten) Hauptkennzeichen, die Spinoza zu einem Marranen der Vernunft machen.

Die Menge als philosophisches Problem

Die Menge war für Spinoza von besonderem philosophischem Interesse. Der Philosoph lebt in der Menge, ist von allen Seiten von ihrer mächtigen Präsenz umgeben. Er kann sein Ziel nicht in asketischer Isolation erreichen, und ebensowenig kann er realistischerweise erwarten, daß alle Menschen sich zu einem Leben der Vernunft erheben. So wird für Spinoza die Frage, wie mit der Menge umzugehen sei, selbst zu einer philosophischen Kernfrage – ja sogar Teil der allgemeinen Frage, was das gute Leben und was das Leben der Philosophie sei.

Spinoza betrachtet die Menge als eine eigene Kategorie. Einzelne können die Ebene der *imaginatio* überschreiten und das Leben der *ratio*, der Vernunft, sogar die höchste Stufe der *scientia intuitiva* erreichen, die große Mehrheit aber ist dazu nicht imstande – und die Menge steht für diese Mehrheit. Daher wird es die Menge immer geben: gelenkt von den

Kräften der Imagination der ihr eigenen Massenpsychologie, die sie hervorbringt.

Gewöhnlich erzeugt die Psychologie der *imaginatio* Streit, Uneinigkeit, Gewalt und Krieg, auch Fanatismus und die verschiedensten Formen der Intoleranz. Sie ist die Quelle der Lebensunsicherheit und der gesellschaftlichen Instabilität. Müssen wir aber, so fragt Spinoza, selbst wenn wir damit rechnen müssen, daß die Menge immer von der Imagination regiert werden wird, dieses Verhalten und seine katastrophalen Folgen akzeptieren? Vielleicht gibt es ja einen natürlichen Weg, die Imagination umzugestalten und ihre Wirkungen auf die Menge so zu lenken, daß ihre zerstörerischen Ergebnisse neutralisiert werden und ein Verhalten aufkommt, das gesellschaftlich nützlich ist.

Diese Frage bestimmt Spinozas philosophisches Programm im *Theologisch-Politischen Traktat* und zieht sich wie ein roter Faden durch das ganze Buch. Es verfolgt letztlich das Ziel, geistige und institutionelle Mechanismen zu entwickeln, die die Imagination in eine äußerliche Nachahmung der Vernunft verwandeln, wobei staatliche Macht und eine gereinigte Volksreligion als Vehikel eines quasi rationalen Zivilisationsprozesses dienen. Dieses Programm wird im theologischen wie politischen Teil des *Theologisch-Politischen Traktats* ausgeführt und macht die systematische Einheit des Werkes aus. Es enthält Spinozas zentrale Antwort auf die Frage: Was soll man mit der Menge machen? – eine Frage, die den *Theologisch-Politischen Traktat* beherrscht.

Spinozas Lösung besteht nicht darin, die Menge auf die Ebene der Vernunft zu heben, das hält er für unmöglich. Er sucht vielmehr, da die Mehrheit der Menschen unausweichlich von der *imaginatio* beherrscht bleiben wird, die Wirkungen dieser *imaginatio* in quasi rationale Muster abzuändern und sie zu institutionalisieren. Dieser zivilisierende Eingriff in den urwüchsigen Gang der Natur wird durch einen seinerseits ganz natürlichen Mechanismus bewerkstelligt, der auf wissenschaftlicher Erkenntnis der Leidenschaften und ihrer Wirkungen beruht; es gibt zwei solche Mechanismen: einen religiösen und einen politischen.

Der Mensch der *imaginatio* wird sein Handeln nicht auf wahres Wissen (»die adäquaten Ideen«) oder rein rationale Motive gründen. Er wird weiterhin an äußere Autoritäten glauben (den Willen Gottes, die Bibel, den transzendenten Status moralischer und rechtlicher Regeln und so fort) und wird des staatlichen Zwangs bedürfen, um seine gesellschaftszerstörerischen Leidenschaften mit Hilfe noch mächtigerer Leidenschaften in Schranken zu halten. Ganz im Gegensatz zum Philosophen bezieht der Mensch der Menge seine Motivation aus dem Gehorsam gegenüber einer Autorität und der Angst vor Bestrafung. Trotzdem werden sich diese grundverschiedenen Menschentypen in ihrem äußeren Verhalten wenig oder gar nicht unterscheiden, denn jeder wird auf seine Weise in Übereinstimmung mit den Regeln der Gerechtigkeit und des wechselseitigen sozialen Nutzens handeln. Eine bereinigte Religion und der vernünftige Staat sind so eingerichtet, daß sie in der Menge dasselbe Verhalten hervorrufen, das der rationale Entwurf verlangt, auch wenn es durch nichtrationale Kräfte und inadäquate Ideen motiviert ist.

Daher der enge Zusammenhang zwischen dem Problem der Menge und dem Problem der Sprache. Spinozas Programm für die Menge kann nicht klare und deutliche Ideen und ihre verbalen Entsprechungen als Vehikel benutzen. Um auf die Zielgruppe die gewünschte Wirkung auszuüben, muß das Programm deren geistigen Kräften und Tendenzen angepaßt werden. Das heißt, der Philosoph muß Sprache rhetorisch einsetzen, damit seine Rede beim Adressaten die gewünschten Wirkungen auslöst. Der rhetorische Sprachgebrauch hat eine gesellschaftliche und kulturelle Aufgabe, die durchaus nicht unwürdig erscheint und die für Spinoza als Bestandteil seiner generellen Theorie des Diskurses philosophische Bedeutung gewinnt. Ebenso wie es Menschen gibt, die von der Imagination, und andere, die von der Vernunft geleitet werden, muß es, passend für jede Gruppe, auch verschiedene Arten des Diskurses geben – sowie einen Diskurs, der gelegentlich den Übergang erlaubt, indem er zuläßt, daß die Vernunft die Imagination inspiriert und von außen umformt.

Die Psychologie der Menge

Wenn es also um das Problem der Menge geht, nimmt es nicht Wunder, daß der *Theologisch-Politische Traktat* mit einer kurzen Diskussion ihrer Psychologie beginnt. Das Hauptcharakteristikum der Menge ist Unsicherheit, die aus Unkenntnis der wahren Ursachen und aus dem Mangel an adäquaten Ideen herrührt. Unsicherheit läßt den Menschen der Menge ohne hinreichenden Grund zwischen Furcht und Hoffnung schwanken. Von seinen Leidenschaften beherrscht, folgt er Zielen, die an sich schon schwankend und unsicher sind (Reichtum, Vergnügen, Ruhm). Infolgedessen ist sein Seelenzustand *fluctuatio animi*, ein Schwanken des Gemüts,[2] das für die bekannte Unzuverlässigkeit der Menge charakteristisch ist: das schnelle Umschlagen ihrer Meinung und die Starrköpfigkeit und Intoleranz, mit der sie jeden beliebigen Standpunkt vertritt.

Unsicherheit erzeugt auch Aberglauben, nach Spinoza das Wesen der geschichtlichen Religion. Je größer der Mangel an Gewißheit und rationalem Selbstvertrauen, desto größer die Versuchung, sich auf abergläubische Erklärungen zu verlassen. *Fluctuatio animi*, das Schwanken zwischen Furcht und Hoffnung, erklärt auch die unbeständige Natur der Menge, ihre Ausbrüche in Grausamkeit und Gewalt und ihre Neigung zu Intoleranz und Fanatismus (jener falschen Form von Selbstvertrauen). Denn obgleich die Menge Meinungswechseln unterworfen ist, hält sie mit brennendem Eifer an der jeweils aktuellen Meinung fest. Paradoxerweise führt die Grundunsicherheit des Menschen der *imaginatio* nicht zur Toleranz, sondern zu einem Zyklus dauernd wechselnder absoluter Standpunkte.

Um dieses Bild aus dem *Theologisch-Politischen Traktat* abzurunden, muß man berücksichtigen, was die *Ethik* über Assoziationspsychologie und anthropomorphe Erklärungen sagt. Das Weltbild der Menge beruht auf zufälligen Ideenassoziationen, denen in der Realität nichts Konstantes und Objektives entspricht. Daraus ergibt sich eine kognitive Instabilität, die die emotionale Instabilität des Gemüts speist und prägt. Ohne die nötige Ordnung und Regelmäßigkeit öffnet ein auf Assoziation gegründetes Weltbild einem Aberglauben Tür und Tor, der durch die anthropomorphe Natur der Imagination ihre Tendenz, alles nach menschlichen Zwecken und Absichten zu erklären, noch verstärkt wird. Zusammen erzeugen sie eine unwiderstehliche Neigung, an okkulte, menschenähnliche Mächte zu glauben, die eigenmächtig handelnd hinter den natürlichen Phänomenen stehen und die besänftigt oder anderweitig durch Schmeichelei, Unterwerfung, Opfer und ähnliche irrationale Akte beeinflußt werden müssen.

Vana religio *als Entfremdung*

So überträgt Spinoza seine Analyse der kognitiven Struktur des Aberglaubens auf die geschichtlichen Religionen, die auf Kult, Gebet und Offenbarung beruhen. Jede geschichtliche Religion ist für Spinoza *vana religio*, eine Scheinreligion der Imagination. Ihre Herrschaft über Leben und Geist ihrer Anhänger ist eine Form der Unterdrückung, ja der Selbstunterdrückung, denn die Furcht, die diese Unterdrückung möglich macht, erwächst aus der eigenen Schwäche der Menge und entspricht deren psychologischen Bedürfnissen. Dieser Zustand geistiger Knechtschaft wird von einer Form politischer Knechtschaft ausgenutzt und verstärkt sie; religiöser Aberglaube wird zum Instrument der Tyrannei. Das tiefste Geheimnis der Königsherrschaft, sagt Spinoza (und bezieht seine Kritik hier auf alle monarchischen Regierungsformen gleichermaßen), ist, daß sie die Furcht, die sie ihren Untertanen einflößt, in das trügerische Gewand der Religion kleidet, so daß die Menschen so tapfer »für ihre Knechtschaft kämpfen, als sei es für ihr Heil« (Vorr. S. 6). Hier scheint Spinoza den Begriff der Selbstentfremdung vorwegzunehmen, wie er später in philosophischen und psychologischen Diskussionen zum Tragen kam. Die Psychologie der Menge muß, solange sie nicht auf quasi rationale Weise verändert ist, wie der *Theologisch-Politische Traktat* empfiehlt, aus ihrer eigenen Dynamik selbstentfremdende religiöse und politische Institutionen schaffen, in denen das Individuum dazu angehalten wird, sich gegen sich selbst zu kehren und seine Fesseln als Freiheit und als eines Opfers wert anzusehen und so seine Unfreiheit zu vergrößern.

Ein Programm für die Menge

Die nach Spinozas Vorschlag reformierten religiösen und politischen Institutionen sollen diese Entfremdung mildern, auch ohne daß die Menge auf die Ebene wahrer Rationalität gehoben wird. Dieses Programm muß in zwei Stufen verwirklicht werden: einer theologischen und einer politischen.

Erste Stufe: Die allgemeine Volksreligion

Auf der ersten Stufe geht es darum, geschichtliche Religion als *vana religio* zu unterminieren. Das ist die negative, geradezu subversive Seite der Religionskritik. Ihre Aufgabe ist es, bei denen, die dazu fähig sind, den Freiraum für ein wahrhaft rationales Leben zu schaffen, beim Rest der Bevölkerung den Freiraum für einen quasi rationalen Ersatz. Der Ersatz ist die *religio catholica* (die allgemeine Religion), die im theologischen Teil des *Theologisch-Politischen Traktats* behandelt wird. Sie ist eine volkstümliche Version der Vernunftreligion, die in Leidenschaft und Imagination verwurzelt bleibt und die nur äußerlich oder als Nachahmung rational ist. Für die Menge, nicht für wahre Philosophen geschaffen, liegt der universelle Charakter dieser Religion in ihrer Betonung derselben Verhaltensmuster, die die Vernunft gebietet; doch setzt sie kein wirkliches Wissen, sondern nur Gehorsam voraus. Folglich ist ihre Universalität nicht selbstgesetzt, sondern geliehen. Um ihren eigenen Gehalt zu kennen und um das Modell, dem sie folgen soll, zu bilden, kann die reformierte Religion sich nicht auf sich selbst verlassen, sondern muß sich an eine ihr äußerliche Autorität wenden – an die Vernunft. Das macht den Gebrauch der Vernunft nicht wirklich vernünftig, denn entgegen ihrer Natur wird die Vernunft hier ohne Verständnis gebraucht als eine andere äußere Autorität, der man bloß Gehorsam zollt. Daher ist diese Art Religion quasi rational, eine bloße Nachahmung der Vernunft im Reich der Imagination.

Darüber hinaus hat diese Form der Religion einen zweiten Herrn: die Autorität der Offenbarung oder der Bibel, der der Mensch der Imagination zu gehorchen bereit ist und durch die, nach Spinozas Plan, die Menge dazu gebracht werden kann, sich dem quasi rationalen Modell zu fügen. Das erfordert jedoch, daß der Inhalt der Bibel uminterpretiert wird, damit er der Botschaft der neuen allgemeinen Religion entspricht. Obgleich Spinoza darauf besteht, die biblische Hermeneutik müsse eine objektive und autonome Wissenschaft werden, erwartet er von ihr auch, daß sie zur Reform der geschichtlichen Religion beiträgt, indem sie die wahre Bedeutung der Propheten und das, was für das Wort Gottes gehalten wird, auf einen knappen Bestand an allgemeinen und eher säkularen Prinzipien reduziert wie Gerechtigkeit, Solidarität und gegenseitige Hilfe.

Während also die Autorität der Vernunft das Beispiel liefert, nach dem sich das Verhalten zu richten hat, wird die Motivation für dieses Verhalten weiterhin aus der Offenbarung gewonnen oder genauer aus der beharrlichen Anhänglichkeit der Menge an sie. Spinoza behandelt diese Anhänglichkeit als eine eigene psycho-kulturelle Kraft, durch die der Mechanismus der reformierten Imagination auf ganz natürliche Weise in Gang gesetzt werden kann, um die Leidenschaften der Menge von ihrem gewöhnlich destruktiven Kurs ab- und zu günstigen und sozial stabilisierenden Ergebnissen hinzuleiten.

Zweite Stufe: Staatsgesetze interpretieren das Wort Gottes

Die zweite – politische – Stufe in Spinozas Programm für die Menge ist um ihrer selbst willen sowie zur Ergänzung der theologischen Stufe nötig. Die zentrale Lehre von Gerechtigkeit, Solidarität und gegenseitiger Hilfe, auf die die Offenbarungsreligion und ihr Gotteswort reduziert werden, sind als Grundlage des Handelns viel zu vage. Die Prinzipien müssen in einer besonderen Gesetzgebung ausformuliert und auf den sozialen Kontext zugeschnitten werden, für den sie passen sollen.

Nichts davon läßt sich a priori bestimmen, weder durch bloßes Philosophieren noch, indem man die Schrift zu Rate zieht. Die Bibel sollte keine konkrete politische Verfassung sein, außer für ein Volk, nämlich die alten Hebräer, deren Staat vor langer Zeit zerstört worden ist. Daher sind alle in der Bibel enthaltenen, speziellen Gebote heute veraltet und für Nichtjuden wie für moderne Juden gleichermaßen irrelevant. Nur der abstrakte moralische Kern der biblischen Lehre besitzt weiterhin Gültigkeit, die allgemeinen Prinzipien sozialer Ethik, die überkonfessionell sind und daher von den weltlichen Behörden jedes Staates interpretiert, das heißt in gültige Gesetze übersetzt werden müssen.

Indem Spinoza die politische Autorität zum alleinigen Interpreten dessen macht, was als das Wort Gottes angesehen wird, sichert er der weltlichen Regierung ein Monopol über den normativen Bereich insgesamt, das heißt über Richtig und Falsch, Recht und Unrecht in allen gültigen Anwendungen. Da es nach Spinoza keine gültige Norm geben kann außer aufgrund durchsetzbarer Gesetze irgendeines bestehenden Staates, beschneidet er die überstaatliche Autorität, die Priester, Rabbiner und andere Geistliche für sich beanspruchen, und leugnet ihr Recht, Religion als Staat im Staate zu etablieren. Die Geistlichkeit mag wohl am Kampf der Ideen teilnehmen, aber sie sollte keinerlei institutionelle Privilegien genießen. Ähnlich wird Spinoza die moralischen Ansprüche weltlicher Intellektueller als bedeutungslos zurückweisen müssen, die einen übernatürlichen oder transzendenten Standpunkt einnehmen, von dem aus sie die von der Regierung erlassenen Gesetze kritisieren, obgleich er ihnen freilich nicht das Recht verweigert, gehört zu werden; logische und politische Legitimität sind scharf voneinander getrennte Begriffe.

Sofern die staatlichen Gesetze, die genauer bestimmen, wie Gerechtigkeit und gegenseitige Hilfe innerhalb des jeweiligen Gemeinwesens praktiziert werden sollen, als Interpretation des wahren Gotteswortes angesehen werden, benutzt das politische System religiöse Gefühle und religiöse Autorität als Hilfsmittel. Aber der Staat hat natürlich auch sein eigenes unabhängiges System, um Gehorsam zu erzwingen. Indem der Staat das Monopol über Macht und Recht, Gewalt und Justiz, indem er ungeteilte Souveränität und als einziger die Fähigkeit besitzt, zu strafen, abzuschrecken und den Gesetzen Geltung zu verschaffen, ist der Staat der mächtigste Mechanismus, um bei der Menge die Macht der Imagination umzugestalten.

Das gilt vor allem für einen Freistaat, dessen Gesetze einem rationalen Paradigma nahekommen. Aber Spinoza meint, selbst willkürliche Gesetze seien den schweren Gefahren der Gesetzlosigkeit und Anarchie vorzuziehen (wie sie die Europäer im Dreißigjährigen Krieg vor nicht langer Zeit erfahren hatten). Der *status civilis* ist ein realistisches Zwischending zwischen zwei hypothetischen Extremen: dem Zustand des Krieges aller gegen alle, in dem es keine Regierung gibt, und dem Zustand allgemeiner Rationalität, in dem keine Regierung notwendig ist. Würden alle Menschen einzig aus Vernunft handeln, so herrschten automatisch Gerechtigkeit und Solidarität, und die Staatsgewalt wäre überflüssig. Obwohl kein rationaler Mensch in seinen Motiven altruistisch ist, wissen rationale Menschen, was wirklich vorteilhaft ist, und sind daher veranlaßt, sich anderen gegenüber in einer Weise zu verhalten, die (in den meisten Fällen) die gleiche Wirkung hat wie Altruismus.

Die Menge dagegen, der solch rationales Wissen fehlt, braucht eine andere Kraft, einen anderen natürlichen Mechanismus, um ihre Leidenschaften in Richtung auf ein gesellschaftlich wünschenswertes Verhalten umzuleiten. Dafür sorgen die Autorität des Staates und seine Gesetze. Indem er Gehorsam, Furcht und andere nichtrationale Kräfte benutzt, kann der Staat bei seinen Bürgern das gewünschte Verhalten auslösen, obgleich er ihre grundlegenden Motivationen nicht ändern und auch nicht die innere Qualität ihres Lebens reformieren kann. Überdies kann der Staat dieses Ziel nicht durch Furcht und Einschüchterung allein erreichen, sondern durch die routinemäßige Anwendung seiner Gesetze und durch die Umformung der assoziativen Gewohnheiten des gemeinen Volkes, bis sie ein rationales Paradigma widerspiegeln oder nachahmen.

Der Staat wird daher bei Spinoza nicht nur zu einem Machtmechanismus, sondern auch zum Mittel der Zivilisation, zum Instrument der Erziehung. So oder so benutzt er Massenpsychologie, um eine institutionalisierte Form der Quasi-Rationalität zu schaffen, durch Gehorsam aufgezwungen und durch Gewohnheit, Wiederholung und die Erinnerung an vorteilhafte Ergebnisse verstärkt. Das bedeutet nicht, daß der Staat seinen Bürgern irgendeine spezielle Lehre aufzwingen sollte; im Gegenteil muß der Staat allen widerstreitenden Ansichten und Ideologien gegenüber tolerant sein. Doch gerade das Funktionieren des Staates als Institution kann die Psychologie und Gewohnheiten der Bürger formen und dadurch den Staat stärken.

Ein solches Programm hat seine Gefahren. Spinoza läßt die Differenz zwischen Erziehung und Manipulation der Menge zu unbestimmt; er verwendet viel zu wenig Überlegung auf die nötigen Kontrollen und

Gegengewichte, die die konzentrierte Macht des Staates verteilen könnten, ohne seine Autorität zu gefährden oder seine Souveränität zu spalten. Allgemeiner: er schenkt der Gefahr einer Despotie der Vernunft wenig Beachtung, die Spinoza für inkohärent gehalten haben würde, die die historische Erfahrung aber seither bestätigt hat und gegen die Spinozas Theorie nicht ausreichend gefeit ist.

Dies alles sind wichtige und offene Fragen, die einer eigenen Diskussion bedürfen. Meine Skizze von Spinozas Programm im *Theologisch-Politischen Traktat* zeigt jedoch, wie wichtig der nichtphilosophische Diskurs bei der Durchführung dieses Programms sein muß. Die Verwendung von Metaphern, Anspielungen, Äquivokationen und anderen rhetorischen Figuren ist für Spinozas Programm von ausschlaggebender Bedeutung (nicht weniger als ein strikt philosophischer Diskurs). Daß eine solche nichtphilosophische Form unverzichtbar ist, wird um so deutlicher, wenn wir den besonderen Charakter des *Theologisch-Politischen Traktats* berücksichtigen, der nicht nur ein theoretisches Werk ist, sondern ein Fall von *philosophie engagée*. Dieser Traktat war nicht nur als Abhandlung über Religion, die Bibel und den Staat gedacht, sondern sollte auf die soziale und kulturelle Entwicklung seiner Zeit Einfluß nehmen und sollte durch die Art des Diskurses die Durchführung seiner eigenen Empfehlungen schon im Akt ihrer Präsentation veranlassen und vorantreiben. Mit diesem praktischen, geradezu performatorischen Ziel setzt der *Theologisch-Politische Traktat* verschiedene Diskursebenen gleichzeitig ein, richtet sich in ein und demselben Text an verschiedene Adressaten, nutzt die Konnotationen bekannter Wörter zu völlig neuen Zwecken und gebraucht Sprache generell anders als zur bloßen Beschreibung und philosophischen Argumentation. Es ist für Spinoza bezeichnend, daß diese rhetorischen Formen eigene philosophische Bedeutung gewinnen, da sie in einer allgemeinen Diskurstheorie vorkommen, die der Philosoph ausarbeiten muß, um der eigentlich philosophischen Frage gerecht zu werden, wie man in der Menge leben soll, das heißt einfacher, wie man leben soll.

Die gebildete Menge

Zwei Fragen sind hier zu bedenken. Erstens: Wie kann ein Buch wie der *Theologisch-Politische Traktat* an die Menge gerichtet sein, wenn er lateinisch geschrieben war? Zu Spinozas Zeiten las die Allgemeinheit kaum Bücher, auch nicht in der Umgangssprache. Die Antwort lautet: Spinoza hatte zwei Typen von Menge vor Augen: die rohe und die gebildete. Das erinnert an Maimonides, den mittelalterlichen jüdischen Philosophen, der selbst eine Zeitlang so etwas wie ein Marrane war und von dem Spinoza sich in der Kunst der philosophischen Rhetorik hat inspirieren lassen. Maimonides' größtes Interesse galt nicht den gänzlich Ungebildeten, sondern denjenigen, die er »die rabbinische Menge« nennt (oder »die Menge der Gesetzestreuen«). Damit ist die mittlere religiöse Führungsschicht gemeint, die sowenig metaphysische Kenntnisse besaß wie das gemeine Volk und ebenso abergläubisch war wie dieses, obgleich sie die Autorität der etablierten Orthodoxie genoß, deren Mehrheit sie bildete. Maimonides unterscheidet in der gebildeten Menge verschiedene Stufen und schließt die hochmütigen Metaphysiker ein, die sich Gott in weltlichen Kategorien vorstellen. (In dieser Hinsicht war Maimonides der radikalste Philosoph der Transzendenz, wie sein rebellischer Schüler ein halbes Jahrtausend später das beste Beispiel eines Philosophen der Immanenz wurde.) In Maimonides' Werk *Führer der Unschlüssigen* ist es der gewöhnliche Theologe, der durchschnittliche Gesetzeslehrer, der die wichtigsten und vorherrschenden Züge der Menge verkörpert. Ebenso bestand für Spinoza die gebildete Menge in erster Linie aus den jüdischen Rabbinern und dann, wichtiger noch, aus Calvinisten und anderen christlichen Theologen, die, wie er in seinen Briefen an Oldenburg hervorhob, für ihn das Publikum bildeten, an das er vor allem dachte. Spinoza wandte sich an die Unbeugsamsten der gebildeten Menge zum einen um ihrer selbst willen, zum anderen, um durch sie seine reformerischen Ideen schließlich auch zu den Ungebildeten gelangen zu lassen.

Dann aber erhebt sich sofort eine weitere Frage. Gehörten zur gebildeten Menge auch Schüler Spinozas? Und gibt es folglich auch in der *Ethik*, in Spinozas »geometrischer« Erklärung der Wahrheit, ein rhetorisches Element? Ganz allgemein ist die *Ethik* bei weitem der reinste philosophische Text Spinozas und der eindeutigste. Doch Spinoza spricht darin nicht zu sich selbst. Er hat seine Leserschaft im Auge und berücksichtigt deren Ausgangspunkt. Beispielsweise wenden sich die ersten elf Lehrsätze an Verfechter der Neuen Philosophie in der stillen – polemischen wie didaktischen – Absicht, sie von Descartes weg und zu Spinozas Position hinzuziehen. Ohne diese Intention hätte Spinoza seine Deduktion anders beginnen können. Weiter hat die geometrische Methode selbst bei Spinoza eine subtile rhetorische Funktion, ebenso seine Wahl traditioneller theologischer Begriffe. Doch die Rhetorik ist nicht unbedingt irreführend; sie hat, wie ich noch in diesem Kapitel (zum Teil gegen die These von Strauss) zeigen werde, eine konstruktive hermeneutische Funktion. Vor allem solche Begriffe wie »Gott« und seine Ableitungen sind ernstgemeint, ebenso *pietas*, *religio* oder *salus*. Nicht nur, was den Kunstgriff mehrdeutiger Sprache angeht, erwies sich Spinoza als Marrane der Vernunft, sondern ebenso in seiner Suche nach einem alternativen Erlösungsweg. Und er setzte sein Sprachgeschick dafür ein, auch dieses Ziel zu erreichen. Er sprach nicht von Gott und von Erlösung, um sein Publikum zu täuschen, sondern um zu versichern, daß er endlich gefunden habe, was Gott wirklich ist und wie Erlösung erreicht werden kann.

Der wissenschaftliche (oder »geometrische«) Diskurs

Zuallererst geht es in der *Ethik* um die wissenschaftliche Methode. Sprache darf hier nur adäquaten Ideen dienen; ihr Modell ist ein formaler deduktiver Kalkül, *ordine geometrico* und in vollkommener Transparenz konstruiert. Nach diesem Modell muß alles am Anfang vollständig definiert und schlüssig festgelegt sein, ohne daß unklare Ränder oder unbestimmte Reste bleiben. Definitionen gelten als stipulativ und erschöpfend; sie sollen die volle semantische Reichweite eines jeden Ausdrucks festsetzen und allen weiteren semantischen Input, stillschweigende Konnotationen oder andere periphere Bedeutungselemente ausschließen, die den Ausdruck in seinem natürlichen Gebrauch umgeben mögen. Die am Anfang erreichte Klarheit muß ohne jede Einbuße oder Verzerrung auf alle weiteren Schritte übertragen werden. Daher wird auf jeder Stufe der Erklärung jedes Stück des Diskurses dem gleichen Prinzip absoluter Genauigkeit unterworfen, ohne Unschärfe oder Hof an den semantischen Rändern.

Das heißt auch, daß die wissenschaftliche Sprache vollkommen synchron ist. Was Sprache bedeutet, hängt allein von den inneren und simultanen Beziehungen zwischen ihren Komponenten ab. Um einen Terminus zu verstehen, dürfen wir weder, noch müssen wir über das gegebene Sprachsystem hinausgehen: auf die natürliche Sprache etwa, Geschichte und Etymologie der Wörter oder die Sprachgewohnheiten bestimmter Sprecher. Ebensowenig dürfen oder müssen wir die Rolle von Metapher, Konnotation, zusätzlichen semantischen Inputs und Begleiterscheinungen berücksichtigen. Die gesamte Information, die nötig und wichtig ist, um diese Sprache ganz zu verstehen, soll im System selbst enthalten sein, als ob dieses ein formal-deduktiver Kalkül wäre.

Ich sage »als ob«, denn dieses Ideal ist weder von Spinoza tatsächlich erfüllt worden, noch kann es, wenn es um bedeutsame philosophische

Probleme geht, erreicht werden. Tatsächlich ist Spinoza in seinem philosophischen Diskurs diesem Modell auch nicht gefolgt. Die beiden politischen Traktate sind nicht *more geometrico* geschrieben. Der *Theologisch-Politische Traktat* ist außerdem voller nichttheoretischer Sprache, voller Metaphern und rhetorischer Kunstgriffe. Selbst die *Ethik*, in der Spinoza seine reinste und wörtlichste philosophische Sprache spricht, erreicht das deduktive Modell nur näherungsweise.

Die Definitionen in der *Ethik* bestimmen nicht den ganzen semantischen Bereich ihrer Gegenstände. Spinozas anscheinend stipulative Definitionen sind im Grunde theoretische; sie bieten eine neue, manchmal revolutionäre Interpretation eines traditionellen philosophischen Gegenstandes, den der neudefinierte Ausdruck meint. Wenn Spinoza »Gott«, »Substanz« oder »Freiheit« definiert, legt er daher nicht einfach eine Konvention fest. Er nutzt das Vorhandensein dieser Wörter im traditionellen philosophischen Diskurs, um eine eigene Theorie über die entsprechenden Gegenstände vorzuschlagen, indem er sagt, was Gott, Substanz und Freiheit wirklich sind. Seine ersten Definitionen liefern also den Keim philosophischer Lehren, die häufig nichts Geringeres enthalten als die wichtigsten revolutionären Einsichten Spinozas. Und ein gut Teil des dann folgenden Systems dient einfach dazu, sie zu explizieren. Überdies könnte, wie Leser der *Ethik* häufig feststellen, die Reihenfolge, in der diese Einsichten *more geometrico* ausgedrückt sind, häufig umgekehrt werden; es könnte ein Theorem anstelle einer Definition stehen oder eine Definition anstelle eines Axioms und umgekehrt.

Ferner bietet das lineare Vorgehen Spinoza die Möglichkeit, ein im Grunde geschlossenes, zirkuläres System auszudrücken. Seine Konturen sind vorweg festgelegt und leiten implizit die Deduktion (obwohl sie den deduktiven Prozeß brauchen, um explizite Gestalt anzunehmen). Der ganze Umfang des Systems ergibt sich erst, wenn zwei notwendige Bedingungen erfüllt sind: Erstens muß der aktuelle deduktive Prozeß durchgeführt und zweitens seine lineare Form schließlich transzendiert werden in Richtung des synoptischen Überblicks der *scientia intuitiva*.[3]

Das impliziert eine Unterscheidung zwischen dem Wahrheitssystem an sich (im »unendlichen Verstand Gottes«) und der kognitiven Ordnung, in der es vom Bewußtsein rekonstruiert und erkannt wird. In etwa vergleichbar einer Landkarte, auf der die gekennzeichneten Orte ein einziges festes Beziehungsmuster bilden, jedoch über verschiedene Wege erreicht werden können. Daher kann in der Metaphysik die kognitive Reihenfolge (*ordo cognoscendi*) variabel sein, vorausgesetzt, ihre Wege verlaufen nach demselben Plan (und vorausgesetzt natürlich, sie beachtet die logischen Regeln für Schlußfolgerungen, die allein ihr als Vehikel dienen können). Doch wenn am Ende das schrittweise Vorgehen durch ein ganzheitliches und simultanes Erfassen der Karte ersetzt werden kann, wird die Frage der kognitiven Reihenfolge obsolet.

Das geometrische Modell als Metapher

Diese Überlegungen sollten die zuweilen übertriebene Rolle modifizieren, die Kommentatoren der *Ethik* der geometrischen Ordnung und ihrer spezifischen Realisierung in diesem Buch zusprechen. Spinoza hat eine geometrische Darstellung von Descartes' Philosophie herausgegeben, obgleich er mit einem gut Teil ihres Inhalts nicht einverstanden war, und er verzichtete auf die geometrische Form bei seinen eigenen politischen Traktaten. Das geometrische Modell ist für Spinoza also nicht so sakrosankt, wie vielfach angenommen, da es die Wahrheit weder garantiert noch für sie unerläßlich ist. Das geometrische Modell ist eher eine Frage von Form und Stil der Philosophie; es betont das Erfordernis der Genauigkeit, Klarheit und Folgerichtigkeit Schritt für Schritt als notwendige Bedingungen für Rationalität und verlangt philosophische Gelassenheit bei der Behandlung der leidenschaftlichsten Probleme. Das geometrische Modell dramatisiert also bestimmte Hauptzüge von Spinozas philosophischer Botschaft. Doch Spinoza behauptet nicht, der unendliche Verstand Gottes nähme denselben Weg, wie ihn die *Ethik* vorzeichnet, ebensowenig gibt er seinem Buch wirklich die Gestalt eines formaldeduktiven Kalküls. Wie jeder Leser sehen kann, stützt sich die *Ethik* stark auf die natürliche Sprache und das traditionelle philosophische Vokabular. Sie enthält also inhaltliche Elemente, Anspielungen, Konnotationen und ähnliches, was ein wirklich formales Modell als semantisch undurchsichtig ausschließen müßte. Und wenn die *Ethik* dergleichen zuläßt, dann deshalb, weil ihre Sprache *nicht* wirklich »geometrisch« ist und aufgrund ihres Gegenstandes das auch nicht sein kann. Spinozas Diskurs ist, selbst in reiner Philosophie, im Grunde nicht formal, sondern hängt von Geschichte, natürlicher Sprache und dem menschlichen Erfahrungsschatz ab, auch wenn er in Anlehnung an ein formales System organisiert ist.

Also ist das geometrische Modell, die Antithese zum metaphorischen Diskurs bei Spinoza, in diesem Sinne selbst eine Art Metapher.

Die Verwendung überlieferten Vokabulars

In einer knappen, aber ganz entscheidenden Anmerkung erklärt Spinoza seine Verwendung philosophischer Begriffe und deren Abhängigkeit von kulturellen Konnotationen:

> Daß diese Wörter im gemeinen Sprachgebrauch eine andere Bedeutung haben, weiß ich wohl. Indessen ist es ja nicht mein Vorhaben, die Bedeutung der Wörter, sondern die Natur der Dinge zu erklären, und die Dinge mit den Ausdrücken zu bezeichnen, deren Bedeutung im Sprachgebrauch sich gegen die Bedeutung, in der ich sie gebrauchen will, nicht gar zu sehr sträubt. (*Ethik*, T. 3, Definitionen der Affekte: 20. E.)

Obwohl sich Spinozas Erläuterung auf Begriffe der Moral und Psychologie bezieht, gilt sie für die gesamte *Ethik*. Sie stellt klar, daß Spinoza überlieferte Begriffe bevorzugt, die Relevanz oder Affinität zu dem von ihm dargelegten Gegenstand besitzen.[4] Ob es nun Gott, Substanz, Freiheit, Liebe, Neid oder Irrtum ist, der Gegenstand wird durch den entsprechenden Ausdruck zitiert, dann von Spinoza neu definiert oder neu interpretiert. Sein Ziel ist es, wie er andeutet, nicht lexikalische Definitionen zu liefern, sondern erklärende (theoretische) Definitionen, die nicht die Bedeutung eines Ausdrucks im gewöhnlichen Sprachgebrauch wiedergeben, vielmehr das wahre Wesen des Gegenstandes, den der Ausdruck ins Bewußtsein ruft und zu dessen Bezeichnung er gebraucht wird.

Das setzt natürlich voraus, daß philosophische Probleme historische Kontinuität besitzen und daß traditionelle Ausdrücke imstande sind, diese Probleme (oder Gegenstände) richtig zu bezeichnen, auch wenn die Ausdrücke falsch oder verdreht interpretiert werden. Zum Beispiel kann Gott sehr wohl unser Gesprächsgegenstand sein, auch wenn wir sein Wesen mißdeuten. Ein Thema anzugehen und seine Gegenstände richtig zu interpretieren sind zwei verschiedene Akte, die logisch von einander unabhängig sind: Dem ersten ist am besten gedient, wenn man traditionelle Ausdrücke verwendet, während der zweite erfordert, daß diesen Ausdrücken neue Definitionen gegeben werden, die manchmal wirklich auf semantische Revolutionen hinauslaufen. Nur die neue Definition soll den jeweiligen Gegenstand, den andere Definitionen verfehlt haben, erfassen; doch um zu wissen, worauf wir zielen (und um die Rede vom »Verfehlen« oder »Erfassen« sinnvoll zu machen), müssen wir, wenn auch nur in vagen Umrissen, den allgemeinen Bereich umschreiben; und das, meint Spinoza, geschehe am besten durch Festhalten an traditionellen Ausdrücken, selbst wenn ihre Bedeutung einen grundlegenden Wandel erfahren hat.

Des weiteren soll die Verwendung des überlieferten philosophischen Vokabulars die affektiven Konnotationen des herkömmlichen Wortes ausnutzen, um dessen semantisches Feld durch Neudefinition auf einen neuen Gegenstand zu übertragen, zu dem es eigentlich gehören soll. Auf diese wichtige Verwendung philosophischer Ausdrücke werde ich später im Zusammenhang mit der »hermeneutischen« Funktion der Sprache noch eingehen.

Zusammenfassend läßt sich sagen: Solange Philosophie sich mit substantiellen und ewigen Fragen zu befassen hat, kann sie nach Spinozas Auffassung nicht auf eine rein formale und synchrone Diskursform reduziert werden. Aus diesem Grunde konnte Spinoza das geometrische Ideal weder erfüllen noch etwas anderes im Auge haben als eine schwache Ähnlichkeit mit ihm. Trotzdem gibt es einen gültigen Begriff des »strengen« Philosophierens, der Genauigkeit, Klarheit und einen Diskurs verlangt, der offen, wörtlich, unzweideutig, frei von Metaphern und Äquivokationen ist und der nicht versucht, den Leser suggestiv, persuasiv oder anderweitig rhetorisch zu beeinflussen. Der Philosoph wird an dieser Art des Diskurses festhalten, wenn er mit sich oder anderen, die seinen Standpunkt teilen, räsoniert. Doch gibt es andere Zusammenhänge, in denen er aus philosophischen Gründen auch andere Formen des Diskurses wählen muß. Diesen wenden wir uns nun zu.

Der rhetorische Kontext

Spinoza war ein Meister nicht nur der Klarheit und Genauigkeit, sondern auch der Äquivokation und doppeldeutigen Sprache. Sein rhetorischer Sprachgebrauch wurde geradezu zur Kunst. Als esoterischer Denker, der in der Welt gefangen inmitten der Menge lebt, brachte Spinoza eine Stilform zur Perfektion, in der schon seine Vorfahren, die Marranen, sich über Generationen hervorgetan hatten.[5]

Indem rhetorische Sprache inadäquate Ideen gebraucht, paßt sie sich dem Bewußtsein ihres Zielpublikums an, und zwar in der Absicht, dessen Imagination so zu beeinflussen, daß wünschenswerte (das heißt quasi rationale) Wirkungen in seiner Wahrnehmung, seinen Gefühlen und vor allem in seinem Verhalten hervorgerufen werden. Spinoza schreibt dem rhetorischen Sprachgebrauch drei Hauptfunktionen zu: eine passive oder defensive, eine aktive, ja durchaus aggressive und eine dritte konstruktive und hermeneutische Funktion.

a. Die passive oder defensive Funktion: Vorsicht

Caute stand nicht nur in Spinozas Ring geschrieben. Vorsicht war für ihn weit mehr als eine individuelle Strategie oder Charaktereigentümlichkeit. Vielmehr war es ein eigenes philosophisches Problem, was *ratio* einem Philosophen für ein vernünftiges Leben empfiehlt. Angesichts der Allgegenwärtigkeit der Menge, wird die Frage, wie mit ihr umzugehen sei, zu einer wichtigen ethischen Frage. Der Philosoph kann sein Ziel nicht in Isolation erreichen, ebensowenig kann er erwarten, daß alle Leute seine Stufe erklimmen werden. Zugleich muß er sich um öffentliche Angelegenheiten kümmern (oder am öffentlichen Diskurs teilnehmen), da es ja zu seinen Zielen gehört, wenn möglich anderen dabei zu helfen, ihren Aberglauben abzulegen und am vernünftigen Leben teilzuhaben. Doch in diesem Ziel steckt kein missionarischer Eifer; da es rationalen Motiven entspringt, wird es von Realitätssinn und einer Art väterlichem Wohlwollen seitens des Philosophen in Grenzen gehalten. Da er weiß, daß die meisten Menschen zu einem wirklich rationalen Verhalten nicht fähig sind, wird er sie nicht zu provozieren suchen und ihr Leben nicht umsonst erschüttern. Er ist sich auch der Gefahren seines Unternehmens durchaus bewußt, so daß sich Wohlwollen und Vorsicht verbinden und beide von rein rationalen Motiven genährt werden. Manche Menschen sind jedoch fähig, sich aus ihrer Situation zu lösen, und der Philosoph muß sie suchen und über einen differenzierten Diskurs ausfindig machen, der mit verschiedenen Stimmen verschiedene Untergruppen anspricht, obwohl er eigentlich an alle Menschen gleichermaßen gerichtet ist.

Mit anderen Worten, der Philosoph muß den schwierigen und schmalen Pfad zwischen zwei widerstreitenden Imperativen gehen: Er muß bei denen, die dazu fähig sind, eine rationale Wandlung hervorrufen und seine wahre Botschaft vor denen verbergen, denen sie nicht wohl täte, ja die ihn gar bedrohen könnten, weil er sie geäußert hat. Beide Aufgaben diktiert ihm die Vernunft; als rationaler Mensch muß er sowohl die erste Gruppe erziehen helfen als auch vermeiden, die andere zu provozieren. Und da sein Hauptinstrument der öffentliche Diskurs ist (der sich erklärtermaßen an jedermann richtet), wird ein rhetorischer und mehrdeutiger Sprachgebrauch für den Philosophen zur rationalen Notwendigkeit.

Da der Philosoph nicht jedem sein wahres Denken eröffnen kann, ist er erst dann für ein Leben der Vernunft fähig, wenn er gelernt hat, wie man Sprache defensiv einsetzt, also sein wahres Ziel und seine wahren Absichten kaschiert, einigen verborgene Mitteilungen macht und mit demselben Text oder demselben Satz andere irreführt. Eine der wirkungsvollsten Masken ist die Verwendung von frommen Phrasen, Bildern und Formeln aus der Heiligen Schrift oder von religiösen Glaubenssätzen.

Beispielsweise erwähnt Spinoza im *Theologisch-Politischen Traktat* mehrfach den Willen Gottes, seine Entscheidungen, Gedanken und Gebote, er zitiert Verse aus der Bibel, bezieht sich auf das christliche Dogma, auf die Vorsehung, auf Gottes Sohn, auf Geschehnisse, bei denen Gott als individuell handelnde Person wirkte, und hüllt sich damit in eine Sprache, die seine Philosophie strenggenommen als abergläubisch abweisen müßte. Spinoza führt sogar eine Liste von »Glaubensartikeln« an, die, nimmt man sie wörtlich, seiner metaphysischen Lehre schlechthin widersprechen (sie beziehen sich auf einen persönlichen Gott, den Gerechtigkeit und Liebe bewegen, nicht Notwendigkeit, etc.). Doch praktisch jeder dieser Artikel enthält einen Kern, der sich in eine streng spinozistische These übersetzen läßt, so daß der Artikel selbst nur deren metaphorische Maske darstellt.

In seinem *Briefwechsel* verwandte Spinoza eine ähnliche Technik. Viele seiner Feststellungen klingen wie das gängige theologische Idiom, sind aber ihrer inneren Bedeutung nach unverblümt ketzerisch. Daß seine Vorsicht ihm den Vorwurf des Atheismus nicht erspart hat, mag die Grenzen sprachlicher Camouflage bezeugen. Spinoza war schließlich kein Reformator der Offenbarungsreligion, sondern ihr entschiedenster Gegner. Seine Philosophie der Immanenz (sein sogenannter Pantheismus) widersprach nicht nur den anerkannten Religionen, sondern auch aller rationalen Philosophie, die Gottes transzendenten Status und die Dualität zwischen Gott und Welt behauptete. Spinoza war in dieser Hinsicht auch unter den wenigen wagemutigen Ketzern ein Einzelgänger. Bei dem Abgrund, der ihn von seinen Zeitgenossen trennte, konnte er seine Gedanken nicht ausreichend verbergen, ohne seine intellektuelle Identität und seine Ziele über ein für ihn erträgliches Maß hinaus zu kompromittieren. Gleichzeitig trieb Spinoza in wechselndem Maß Versteckspiel und lebte – auch in den vergleichsweise toleranten Niederlanden – als eine eigene Art von Marrane, als Marrane der Vernunft. Seine verborgene, zu wahrer Erlösung führende esoterische Wahrheit war nicht das Judentum im Gegensatz zum Christentum, sondern die immanente Vernunftreligion im Gegensatz zu allen geschichtlichen Religionen.

b. Die offensive Funktion: Überredung und Polemik

Spinoza verwendet Sprache rhetorisch auch, um bei seinem Publikum Zweifel zu wecken und die schädlichen Wirkungen der *vana religio* zu bekämpfen. Diese offensive Funktion der Sprache ist von der defensiven unabhängig und wäre auch dann vorhanden, wenn es das Problem der Vorsicht nicht gäbe. Im offensiven Sprachgebrauch schlägt sich nieder, daß der Philosoph jene erreichen muß, die vielleicht für ein rationales Leben geeignet sind, und daß er ihren eingefleischten Glauben in Vorbereitung auf die Philosophie zerstören muß. Dadurch soll eine Art geistiger Läuterung bewirkt werden ähnlich der, die Descartes durch seine Methode des Zweifelns und den dahinterstehenden freien Willen zu erreichen suchte. Spinoza erkennt einen freien Willen nicht an, nur kausale Prozesse. Er verwendet die Sprache rhetorisch, um durch den natürlichen Lauf von Ursache und Wirkung bei seinem Publikum Zweifel und Fragen zu evozieren. Während Maimonides, Spinozas Obermentor in Sachen Rhetorik und Menge, einen *Führer der Unschlüssigen* verfaßte, wollte Spinoza zunächst einmal Verwirrung stiften, um den Griff des Aberglaubens, der die Menge gepackt hält, zu lockern und sie der Annahme neuer, rational geleiteter Autoritäten (einschließlich des säkularen Staates) geneigt zu machen und um für wenige Auserwählte die Voraussetzungen für ein echtes Leben der Vernunft zu schaffen.

Keines dieser Ziele ist bloß durch eine Argumentation *more geometrico* zu erreichen. Damit rationale Argumente sich überhaupt gegen eingefleischte religiöse Glaubenssätze durchsetzen können, muß der Adressat die höhere Autorität der Vernunft gegenüber der Offenbarung bereits anerkennen. Doch das ist gerade die eiserne Barriere, vor der Spinoza steht, ein tiefer Abgrund, den keine Form des Vernunftgebrauchs überbrücken, sondern der nur durch völlige Konversion überwunden werden kann. Vielleicht ist das ein Circulus vitiosus, doch Spinoza meint, er könne mit Hilfe minder rationaler Faktoren durchbrochen werden, die den Aufstieg zur Rationalität vermitteln. So bilde der rhetorische Sprachgebrauch eine imaginäre, quasi rationale Brücke, wo eine wirklich rationale Brücke nicht gebaut werden könne. Da der Mensch der Imagination den rationalen Standpunkt des Philosophen nicht zu teilen vermag, wird sich der Philosoph auf die Sprache und das Niveau seines Gesprächspartners einstellen, um ihren Sinn zu verändern und schließlich ihre Autorität gegen sie selbst zu kehren. Das erfordert dialektische Fähigkeiten und den großzügigen Gebrauch von Metaphern, Allegorien und Äquivokationen. Mit der Verwendung mehrdeutiger Sprache kann der Philosoph seine Rede der Menge anpassen und trotzdem immer eine Diskursebene beibehalten, auf der seine Aussagen philosophisch wahr sind. Diese Dualität erlaubt ihm, wirksam und doch nicht vollkommen irreführend zu sein. Sie nimmt das rationale Ergebnis vorweg, das die Metapher letztlich hervorbringen soll, und verstärkt daher die erzieherische Rolle metaphorischer Rede, für die es sonst nach Spinoza keine Rechtfertigung gäbe. So verfällt Spinoza – dieser Feind von Allegorisierungen, wenn er die Bibel liest – in allegorische und metaphorische Sprache, wenn der Text, um den es geht, weder die Heilige Schrift noch im engeren Sinne Philosophie ist, sondern ein Diskurs, mit dessen Hilfe die letztere die Autorität der ersteren unterminieren soll.

Ein anderes vertrautes Verfahren, die Autorität der Bibel zu untergraben, besteht darin, daß man Widersprüche in ihr aufdeckt. Aber auch das setzt voraus, daß der Kraft der Vernunft ein gewisser Glaube geschenkt wird. Auch wenn die Widersprüche der Sache nach den biblischen Aussagen entnommen sind, so ist es ja erst die Vernunft, die das Urteil fällt und diese Widersprüche als Fehler (und nicht etwa als Zeichen von Gottes unergründlicher Weisheit) brandmarkt. Das mag uns daran erinnern, daß die Dichotomie zwischen Vernunft und Offenbarung häufig nicht so sauber definiert ist, wie ein abstraktes Modell voraussetzt; religiös Gläubige, die auf ihre Vernunft hören, sind oft zutiefst verstört, wenn sie die Irrationalität der Heiligen Schrift zugestehen müssen, wenngleich das nicht unbedingt ihren Glauben erschüttert. Alles in allem gilt: Je mehr einer nachfragt und schon zweifelt, desto wirkungsvoller wird diese Technik sein. Auch hier haben wir es (bestenfalls) mit einem Werkzeug zum allmählichen Wandel, nicht mit einem alles auf einmal wegwischenden Bekehrungsinstrument zu tun.

An dieser Art der Polemik erkennt man, daß Vernunft ihre eigene Überlegenheit nicht beweisen kann, sondern zu guter Letzt behaupten muß. Ein rationalistischer Standpunkt wie der von Spinoza oder Descartes enthält eine existentielle Einstellung, die nicht durch einen Beweis garantiert werden kann. Natürlich werden beide Philosophen einer solchen Beschreibung nicht zustimmen; für sie ist die Vernunft ein sich selbst erleuchtendes Licht und trägt ihre eigene Rechtfertigung unmittelbar in sich. Aber auch nach der Theorie der Rationalisten erwächst die Rationalität nicht aus Argumentation und Beweis, sondern aus einer Art intellektueller Intuition, die sie *lumen naturale* nennen: eine Art weltlicher Offenbarung, die jedermann offenstehen soll und die keine religiösen Konnotationen besitzt. Diese rationale Erleuchtung tritt entweder ein und ergreift dann vom Bewußtsein vollständig Besitz, oder sie bleibt aus. Was aber, wenn sie ausbleibt? Was soll man tun, wenn das Bewußtsein immer noch von falschen Vorstellungen besetzt und noch nicht vorbereitet ist, klare und deutliche Ideen aufkommen zu lassen? Es gibt nur eine Antwort, man muß die Rationalität durch minder rationale Mittel vorwegnehmen und die Horizonte der Vernunft eher als Reiz denn als in sich selbst ruhendes Wahrheitsfundament präsentieren. In diesem Stadium muß die Rationalität selbst Gegenstand der Überredung sein.

c. Die konstruktive hermeneutische Funktion

Zwar ist es üblich, Spinoza als einen ahistorischen Denker anzusehen, doch seine Theorie der Sprache und der Menge scheint das zu widerlegen. Hier argumentiert Spinoza in prozessualen, nicht in abstrakten, dichotomischen Kategorien. Er hat keine radikale, einmalige Revolution vor Augen, sondern ein allmähliches Hervorwachsen der Rationalität aus dem Bereich der *imaginatio*, und er hält es für die Aufgabe des Philosophen, das Werkzeug für die verschiedenen Formen dieses Übergangs zu liefern. Er selbst hat solches Werkzeug mit seiner Theorie der Allegorie, der Metapher, generell des nichtwissenschaftlichen Diskurses geliefert.

Während ein Teil der Menge, dessen dogmatischer Diskurs erschüttert worden ist, schließlich zur echten Rationalität fortschreiten wird, verbleibt der größte Teil im Bereich der Leidenschaften und der Imagination, was nach Spinozas Plan in eine äußere Nachahmung der Vernunft umorganisiert werden muß. In beiden Fällen hat rhetorische Rede nicht nur eine defensive und subversive, sondern auch eine konstruktive hermeneutische Funktion. Für die erste Gruppe hilft solche Rede, an der quasi religiösen Dimension festzuhalten, die Spinoza auch für die rationale Wahrheit als wesentlich erachtet; und für die zweite, größere Gruppe soll der hermeneutische Gebrauch von Metapher und Äquivokation dazu beitragen, jene quasi rationale Imagination zu schaffen, die Spinozas Antwort auf das Problem der Menge ist.

Ich verwende den Ausdruck *hermeneutisch* in dem allgemeinen Sinne, daß einem Sprachkorpus, das eine kulturelle oder traditionelle Bedeutung besitzt, eine neue Bedeutungsstruktur hinzugefügt oder entnommen wird. Spinozas konstruktive Hermeneutik läßt sich an zwei Stellen ablesen: 1. Bei seiner Interpretation der Bibel entnimmt Spinoza einem Text, der sonst ein Werkzeug der Imagination zu sein und als solches zu dienen scheint, einen rationalen Sinn.[6] Und 2. In seinen systematischen Werken nutzt er das Feld affektiver Konnotationen, das bestimmte traditionelle Ausdrücke, vor allem »Gott« und verwandte Begriffe, besitzen, um der Vernunftphilosophie als Ersatz für Religion Gewicht zu verleihen.

Metaphorisch-systematische Äquivalenz Es gibt eine ganze Reihe von Ausdrücken, die Spinoza als Metaphern dienen, die sich aber ebensogut in strenge philosophische Sprache übersetzen lassen. Indem Spinoza diese traditionellen Ausdrücke neu definiert, überträgt er den semantischen Kern aus dem Reich der Einbildungskraft ins Reich der Vernunft. Auch wenn der wörtliche Sinn eines Ausdrucks vielleicht sehr irreführend ist (zum Beispiel »der Wille Gottes«), gibt es einen anderen, einen philosophischen Sinn, in den er übersetzt werden kann und der seine unausgesprochene neue Bedeutung bildet.

Das folgende Zitat bietet ein Beispiel für eine solche Übertragung:

> Wer aber fragt, warum Gott nicht alle Menschen so geschaffen hat, daß sie allein der Leitung der Vernunft gehorchen, dem antworte ich nichts anderes als: weil er Stoff genug hatte, alles zu schaffen, vom höchsten Grade der Vollkommenheit bis zum niedrigsten; oder eigentlicher zu reden [*vel magis proprie loquendo*]: weil die Gesetze seiner Natur so umfassend waren, daß sie ausreichten alles hervorzubringen, was von einem unendlichen Verstande begriffen werden kann. (*Ethik*, T. 1, Ende des Anhangs)

Spinoza sieht eine unausgesprochene Äquivalenz zwischen der ersten Aussage, die die übliche theologische Sprache verwendet (Gott als allmächtiger Schöpfer), und der zweiten Aussage, die diese ungenaue Metapher in eigentliche philosophische Sprache übersetzt (vgl. *Ethik*, T. 1, L. 16 und andere Lehrsätze, die die logische Notwendigkeit ausführen, daß Gott sich in endliche Dinge partikularisieren muß). Die zweite Aussage verwendet adäquate Ideen, um dasselbe zu sagen, was die erste in ungeeignete Worte und inadäquate Ideen gekleidet hatte. Der Philosoph, der eine solche Sprache gebraucht (oder liest), weiß, daß die wahre Bedeutung der ersten Aussage in Wirklichkeit mit der zweiten gegeben ist, obwohl aus Gründen der Rhetorik die Äquivalenz nicht an die Oberfläche treten darf.[7]

Wir können die Relation zwischen dieser Art von Metaphern und ihren rationalen Äquivalenten folgendermaßen darstellen:

$$\begin{gathered}\text{(Met)}\\ P \equiv P'\end{gathered}$$

Das ist natürlich eine spezielle Art der Äquivalenz; *P* und *P'* sind nicht in ihrer wörtlichen Bedeutung austauschbar, obwohl beide in ihrem jeweiligen Idiom im Grunde Übersetzungen derselben Idee sind. Wörtlich genommen haben beide Äußerungen verschiedene Bedeutung und entgegengesetzte Wahrheitswerte; doch wie der Modifikator (Met) zeigt, ist nur eine von ihnen autonom und wörtlich zu nehmen; die andere bezieht ihre Bedeutung aus der ersten und dient als ihre rhetorische Hülle.

Diese Relation vorausgesetzt, können wir ein paar Übertragungen von metaphorischen Ausdrücken dieser Art in ihre systematischen Äquivalente vorlegen:

Geist Gottes: Die Gesamtheit adäquater Ideen (einschließlich aller individuellen Essenzen und aller wahren Lehrsätze und Theorien über das Universum) in ihren Wechselbeziehungen.

Wille Gottes: Die Totalität von Dingen, Ereignissen und Prozessen im Universum in ihren notwendigen Kausalbeziehungen.

Macht Gottes: Das gleiche wie Gottes Wille (mit einer subjektiven Betonung auf Faktizität).

Schöpfung: Die innere Partikularisierung der Substanz nach den logischen Gesetzen ihrer Natur. (*Ethik*, T. 1, L. 16)

Erlösung: Erkenntnis der dritten Art verbunden mit geistiger Liebe zur Gott-Natur.

Allgegenwart Gottes: Der Umstand, daß alle Modi in der Substanz sind.

Gottes Ratschlüsse: Die ewigen Naturgesetze.

Gott liebt Gerechtigkeit und Güte: Gerechtigkeit und gegenseitige Hilfe sind Nachahmungsmodelle für das Verhalten.

Je nach Kontext können die jeweiligen Ausdrücke auf der linken Seite entweder metaphorisch oder direkt als Substitute für die Ausdrücke auf der rechten Seite verstanden werden. Spinoza verwendet sie auf beiderlei Weise, um rationale Ideen anzudeuten oder vorwegzunehmen, und vor allem, um darin Prinzipien, durch die die Imagination zur praktischen Nachahmung der Vernunft umgestaltet werden soll, zu verkörpern und zu verkapseln. Der metaphorische Diskurs dient ihm hier als ein *konstruktives* Vermögen, als Baustoff für die quasi rationale Imagination.

Beispiel: Die »Glaubensartikel« Das zeigt sich, vielleicht nicht besonders raffiniert, in den »Glaubensartikeln«, die Spinoza für die Menge als Postulate für ihr Handeln entwirft. Obgleich Spinoza sagt, sie müßten selbst nicht wahr sein, wenn nur der Handelnde sie für wahr hält, und obwohl er diese Überzeugungen in eine besonders gewichtige theologische Ausdrucksweise kleidet, läßt sich mindestens für sechs von den sieben Prinzipien auch eine allgemeine philosophische Interpretation geben. Daß Gott existiert, daß er einer und einzig, allgegenwärtig ist und daß er das höchste Recht (die höchste Macht) und Herrschaft über alles besitzt, daß seine Verehrung ausschließlich darin besteht, ein Leben in Gerechtigkeit und in Nächstenliebe zu führen, und daß nur diejenigen (und alle diejenigen), die Gott gehorchen, indem sie ein solches Leben führen, »erlöst« werden – all diese Aussagen sind sowohl mit Aberglauben als auch mit philosophischer Wahrheit vereinbar, je nach Art der Interpretation.[8]

Spinoza erklärt selbst, wie diese Dualität funktioniert. In einer anderen aufschlußreichen Nebenbemerkung sagt er, das Diktum, Gott liefere das Modell für das wahre Leben, könne entweder bedeuten, 1. daß Gott eine Person ist, die von Gerechtigkeit und Gnade beseelt ist (Aberglauben), oder 2. daß Gott der natürliche Grund aller Dinge und Ideen ist, einschließlich der Ideen des Philosophen über das gute Leben (spinozistische Wahrheit). Wenn wir diese Aussagen im einzelnen untersuchen, wird die Kluft zwischen dem wahren und dem abergläubischen Gehalt deutlicher hervortreten; aber die Menge, so betont Spinoza, braucht sich nicht um eine detaillierte Interpretation zu kümmern, um diese Überzeugungen als Postulate für ihr Handeln zu gebrauchen. In diesen Beispielen enthüllt Spinoza wiederum seine Technik der metaphorischen Äquivalenz und zeigt uns, welch konstruktive Rolle er ihr bei der Herausbildung einer quasi rationalen Imagination zuschreibt.

Gott und andere Nicht-Metaphern: Der quasi religiöse Kern Doch nicht alle metaphorischen Ausdrücke können in neutrale Äquivalente übertragen werden, ohne (von Spinozas philosophischem Standpunkt aus) bedeutende Einbußen zu erleiden. Diese Warnung gilt vor allem für das Wort

Gott und manche seiner Ableitungen, aber auch für solche Ausdrücke wie »Frömmigkeit«, »Seligkeit«, »Liebe« und ähnliche, die die Verwandtschaft der rationalen Philosophie mit religiösen Gefühlen und Belangen aufrechterhalten. Obgleich Spinoza die Religion säkularisiert, schafft er doch zugleich ein System des naturalistischen Rationalismus, das einige der höchsten Ziele der verworfenen geschichtlichen Religionen bewahrt. Es ist daher für Spinoza wesentlich, daß die quasi religiöse Dimension der Philosophie nicht mit den vielen irrtümlichen und abergläubischen Vorstellungen verlorengeht, die sie in der Vergangenheit beherrscht haben. Auch der Philosophie Spinozas geht es um Gott oder das Absolute und die Identifikation der Seele mit ihm, und letztlich strebt sie nach Weisheit und einer neuen Form der Erlösung. Das ist ein wesentlicher Unterschied zwischen Spinoza und naturalistischen Philosophen nach ihm, die zumeist solch hohe Ansprüche ablehnten und sich mit geringeren spirituellen Ergebnissen beschieden. (Freud, in gewisser Weise ein moderner Spinozist, ist ein interessantes Beispiel dafür.)[9]

Obgleich bei Spinoza das Leben und die Ethik der Vernunft vom Naturalismus geprägt sind, werden sie dadurch nicht banal oder prosaisch. Im Gegenteil sind in Spinozas naturalistischem Rationalismus noch Triebkräfte am Werk, die in der Vergangenheit Religion und sogar Mystizismus belebt haben. Und um dieses wichtige Moment zu bewahren, ist es unverzichtbar, einen Teil des alten Wortschatzes weiterhin zu gebrauchen, vor allem das Wort *Gott* in seiner neuen und gewagten Assoziation mit »Natur«. Keines dieser beiden Wörter ist verzichtbar, denn gerade in ihrer Verbindung zu *deus seu natura* liegt Spinozas eigentliche Botschaft: sowohl eine Naturalisierung Gottes wie eine Sakralisierung der Natur.

Daher braucht er nicht nur das Wort *Gott*, sondern auch andere aufgeladene Ausdrücke, deren spirituelle Hochspannung sich bei ihrer Neudefinition auf das richtige Objekt überträgt. Streng formal oder »geometrisch« betrachtet, sind die Ausdrücke *deus* und *natura* austauschbar; aber *natura* allein kann wegen der historisch gegebenen Konnotationen die Immanenz und Inhärenz des Göttlichen in jedem natürlichen Gegenstand nicht ausdrücken. Das semantische Feld dieses Ausdrucks, so wie er jahrhundertelang benutzt und jedem europäischen Bewußtsein von Kindheit an eingewurzelt ist, besitzt negative Seiten, die etwas dem Göttlichen völlig Entgegengesetztes suggerieren und etwas, das des Göttlichen wesentlich entbehrt. Spinoza dagegen sucht die erhabenen Bewußtseinszustände, die traditionellerweise mit Gott und mit den göttlichen Dingen assoziiert sind, auf ihre wahren, nämlich natürlichen Gegenstände zu übertragen; folglich muß er auch in seinem streng philosophischen Diskurs bestimmte theologische Ausdrücke verwenden, die er allerdings auf revolutionäre Weise neu definiert. (Aus diesem Grunde ist, wie wir schon an anderer Stelle gesehen haben, für Spinoza eine ganz durchsichtige und synchrone Sprache nicht möglich.)

Die Ausdrücke »Frömmigkeit« und »Religion« haben eine ähnliche Funktion wie »Gott«. Aber betrachten wir ein anderes Beispiel, das nicht unmittelbar mit Theologie zusammenhängt. Bei der Behandlung des Naturrechts gebraucht Spinoza den Begriff *jus* austauschbar für *potentia* (Macht oder Fähigkeit). Nur »Macht« ist aber strenggenommen der richtige Ausdruck; im Naturzustand, bevor sich irgendeine politische Autorität gebildet hat, hat der Rechtsbegriff keinen Sinn, wie immer man ihn interpretieren mag. Das sogenannte natürliche Recht des Menschen umfaßt alles, wonach seine Triebe verlangen und was seine Macht erreichen kann, und er wird sich das allein aus Naturnotwendigkeit aneignen: Kein wie immer geartetes normatives Konzept kann hierbei eine Rolle spielen. Doch Spinoza, der darauf besteht, diese natürliche Macht als »Recht« zu bezeichnen, verfolgt damit wieder einen rhetorischen Zweck. Er nutzt die hehre Bedeutung, die *jus* traditionell und außerhalb des spinozistischen Diskurses hat (als etwas Transzendentes, das höher steht als bloße Natur), um dieselbe Bedeutung der natürlichen Macht zukommen zu lassen. Genaugenommen kann hier jedoch von Recht nicht die Rede sein, und der Ausdruck *jus* ist parasitär verwendet, um einer ganz anderen Sache ein Umfeld positiver Konnotationen zu verschaffen.[10]

Schluß Die konstruktive Rolle der Hermeneutik zeigt sich da besonders deutlich, wo Spinoza traditionelle Ausdrücke in Bausteine seines eigenen neuen Systems verwandelt. Während das häufig semantische Revolutionen bewirkt, bewahrt Spinoza auch immer gewisse Elemente des uminterpretierten herkömmlichen Ausdrucks, die er aus seinem Kern oder seinem semantischen Feld herauslöst. Mit Hilfe solcher uminterpretierten Ausdrücke bezog sich Spinoza stets auf die wirklich philosophischen Probleme oder Gegenstände, welche die herkömmlichen Wörter immer meinten und vage in den Blick nahmen, aufgrund falscher oder vorurteilsbeladener Definitionen aber nie greifen konnten.[11]

In diesem Sinne ist Spinoza, der offizielle Verfechter der geometrischen Methode, stärker historisch orientiert, als es den Anschein hat. Da er bei seinem Schreiben auf eine vorgegebene Menge von Überzeugungen und Vokabularien beschränkt bleibt, die seit langer Zeit die philosophischen Belange seiner Kultur ausgedrückt haben, kann Spinoza nicht von einer sprachlichen tabula rasa aus zu philosophieren anfangen, wie das Descartes' Methode nahezulegen scheint. Ja selbst in seinem »geometrischen« Argumentationsgang vollbringt Spinoza viel hermeneutische Arbeit, indem er herkömmliche Begriffe benutzt, um andere umzuinterpretieren, und zugleich manches von ihrem denotativen und konnotativen Gehalt beibehält. Im großen und ganzen bleibt er innerhalb des breiten Feldes einer philosophischen Forschung, das frühere Philosophen abgesteckt, aber falsch vermessen haben.

Natürlich bedeutete die Aufgabe, die wahren Gegenstände dieser Forschung neu zu definieren, in Spinozas Fall nicht weniger als eine folgenschwere Revolution. Seine Abkehr von den herrschenden Trends der Philosophie und Theologie war radikal. Doch auch diese Revolution mußte sich unvermeidlich in dem historischen und sprachlichen Kontext ausdrücken, den sie zugleich veränderte. Außerdem hat sie auch andere soziale und strategische Ziele, die einen vielseitigen Sprachgebrauch und eine Anpassung an die verschiedenen Funktionen verlangen, die wir in diesem Kapitel untersucht haben. Historisch tradierte Ausdrücke, Metaphern und Äquivokationen haben alle ihren Platz in diesem Schema. Wir haben gesehen, wie sie defensiv aus Vorsicht, offensiv als Waffe gegen den Aberglauben und konstruktiv als hermeneutisches Werkzeug gebraucht werden, um die veränderte, quasi rationale Imagination zu schaffen, die Spinozas positives Programm für die Menge bildet. Überdies spielt im eigentlich rationalen Diskurs konstruktive Hermeneutik eine Rolle, sofern historische Ausdrücke und/oder ihr konnotatives Umfeld eingesetzt werden, um der alten Philosophie und Theologie noch lebendige Elemente zu entnehmen, und insbesondere um für Spinozas Philosophie der Vernunft eine affektive und halbrationale Dimension zu gewinnen, denn diese Philosophie ist nicht nur auf Wissen, sondern auf einen Wandel von Herz und Sinn und letztlich auf eine neue Art der Erlösung aus.

Eine Bemerkung zur Einsicht von Strauss und ihren Grenzen

Seit der Veröffentlichung von *Persecution and the Art of Writing* haben Strauss' Ideen über esoterisches Schreiben heftige Reaktionen hervorgerufen, sowohl vehement zustimmende als auch (und das mehr) vehement ablehnende. Das mag andere als rein methodologische Gründe haben, vielleicht verletzte religiöse Gefühle oder Strauss' Neigung zu elitärer Esoterik. Sicherlich ist eine ausgeglichenere (und gelassenere) Einschätzung nötig. Dann wird man den grundsätzlich richtigen Punkt bei

Strauss anerkennen und zugleich auf seine Grenzen und seine manchmal undifferenzierte Interpretation hinweisen müssen. Außerdem kann man ohne Widerspruch in der Texthermeneutik ein »Straussianer« sein, ohne zum Rest seiner Philosophie Stellung zu beziehen. (Im 4. Kapitel habe ich Ähnliches in bezug auf Américo Castro gesagt.)

Es ist beinahe eine definitorische Wahrheit, daß Äquivokation auch eine exakte, wörtliche Lesart zulassen muß. Dann fallen einzelne Textpassagen bei der Entscheidung, ob eine Äquivokation beabsichtigt ist, weniger ins Gewicht;[12] wichtiger sind die umfassende Kohärenz und Plausibilität der vorgeschlagenen Interpretation, sind die äußeren Evidenzen, die den Autor, seine Situation, die Sprachtradition, die er übernommen hat, und ähnliches betreffen. Zum Schluß muß jedoch unbedingt eine Art direkte Bestätigung stattfinden, wobei äquivoke Sprache einfach daran festzustellen ist, daß sie einem im Text begegnet.

Das verlangt Sensibilität und Augenmaß, eine Offenheit diesem Phänomen gegenüber und eine gesunde kritische Reserve als Gegengewicht. Es ist ebenso absurd, das Vorhandensein mehrdeutiger Sprache zu leugnen, wie es absurd ist, in jedem Satz nach Mehrdeutigkeiten zu fahnden. Zugleich ist es nicht mit frommem Glauben an wörtliche Deutung getan. Das übliche Motto »getreu dem Wort des Autors« wird uns kaum aus dem Zirkel der Äquivokation herausbringen, denn wenn der Autor Mehrdeutigkeit beabsichtigt hat, wird unsere wörtliche Deutung ihm *nicht* getreu sein.

Literarische Äquivokation hat es seit alters her gegeben, auch in der Bibel. Ketzerische Autoren der Frühaufklärung haben sie verwendet – Hobbes, Spinoza, Bayle und andere – wie auch zeitgenössische sowjetische Schriftsteller und westliche Satiriker. Doch Strauss neigt dazu, den Begriff »Verfolgung« (persecution) und die Rolle von Vorsicht und Heuchelei überzubetonen. Sprachspiele haben noch vielen anderen Zwekken gedient: der Verführung, der Unterhaltung, der Diplomatie oder der Selbsttäuschung. Auch Spinoza und Maimonides, die großen Beispiele von Strauss, verwenden dieses Genre für andere Zwecke. Maimonides erkennt, daß jede Gruppe von Menschen entsprechend ihrer Verständnisfähigkeit angesprochen werden muß, nicht um sie bloß zu manipulieren, sondern um ihr *positive* metaphysisch-religiöse Substanz und einen Abglanz der Wahrheit zu vermitteln.[13] Später legte Hegel eine historisierte Version derselben Theorie vor, derzufolge die Wahrheit in eine Hierarchie von (vor allem auch religiösen) Bildern gekleidet ist, aus denen sie sich in den folgenden Phasen der Geschichte nach und nach selbst erklärt.

Obwohl Spinoza eine allegorische Deutung der Bibel ablehnte, akzeptierte er doch eine protohistorische Sicht, bei der tradierte Ausdrücke übernommen und gemäß ihren wahren rationalen Begriffen uminterpretiert werden. Diese »konstruktive« hermeneutische Funktion und die positive Rolle, die sie der Metapher und Äquivokation verleiht, ist von Strauss und seinen Nachfolgern nicht ausreichend gewürdigt worden. Hinzu kommt, daß Strauss, da er dazu neigt, Spinozas theologische Sprache größtenteils als Verstellung abzutun, der religiösen Absicht und dem religiösen Substrat, das hinter Spinozas Bemühen liegt, nicht gerecht werden kann. Vielleicht deshalb nicht, weil Strauss die Bedeutung von Spinozas marranischem Hintergrund überhaupt nicht erkannt hat – der allerdings Strauss eine causa proxima zur Stützung seiner berühmten These hätte liefern können.

Als Marrane der Vernunft war Spinoza nicht nur ein Meister vielschichtiger Sprache, sondern auch ein Sucher nach einer Erlösung neuer Art. Das setzt ihm Grenzen, religiöse Sprache nur als Verstellung zu gebrauchen. Das Wort *Gott* und seine Ableitungen und auch solche Ausdrücke wie »Religion« oder »Erlösung« sollen nicht bloß die Maske des Atheisten sein, sondern auch und in erster Linie ein Mittel, um wesentliche Elemente von Religion in Spinozas neuer Philosophie der Vernunft zu bewahren, um sie so zu einer *Religion* der Vernunft zu machen. Erkenntnis ist nicht bloße Wissenschaft, sondern in ihrer höheren Form intuitive Vernunft; sie soll die spirituelle Rolle der Religion übernehmen, und zwar bis hinauf zum höchsten religiösen Ziel: der Erlösung. Damit werden wir uns im nächsten Kapitel beschäftigen; es ist sowohl ein systematisches Problem bei Spinoza als auch eine neuerliche Illustration seiner Existenz als Marrane der Vernunft.[14]

6. KAPITEL

Wissen als alternative Erlösung

Erlösung findet man nicht in Jesus, sondern im Mosaischen Gesetz. Das war, wie die Inquisitionsberichte bestätigen, die ständige Behauptung judaisierender Marranen und das verbindende Geheimnis, das sie zu einer esoterischen Bruderschaft machte. In ihrem Besitz befand sich der größte Schatz, den ihre Kultur zu bieten hatte. Nur die verfolgte Minderheit besaß den Schlüssel zur Erlösung; sie allein konnte erlangen, was das herrschende christliche Establishment ständig entstellt, verdreht und daher verfehlt hatte.

Wie Georg Simmel meint, kann die Teilhabe an solch einem verborgenen, exklusiven Besitz die Identität einer geheimen Gruppe fördern und die Treue des einzelnen zu ihr verstärken, selbst wenn andere soziologische Indikatoren auf Zerstreuung, Uneinigkeit oder geringe Kommunikation hinweisen. Die Marranen verband jedoch nicht nur ein metaphysisches Geheimnis, sondern auch ihr »unreines Blut«. Das machte sie zur »Nation« (wie sie tatsächlich genannt wurden), nicht nur zu einer geheimen Sekte. Aber die Judaisierenden hatten innerhalb dieser »Nation« auch Züge einer geheimen religiösen Bruderschaft, die weder christlich noch wirklich jüdisch war, sondern von einem Weg zur Erlösung zusammengehalten wurde, der dem in ihrer Umgebung geltenden, traditionellen Erlösungsweg zuwiderlief.

Auch Spinoza besaß, wie wir im zweiten Kapitel gesehen haben, diese Züge eines Marranen, nur übersetzt in rationale und weltliche Termini. Auch er glaubte sich im Besitz des Schlüssels zur wahrhaften Erlösung, die nur für einen auserwählten Kreis zugänglich ist, und stellte damit die geltende Tradition in Frage. Während jedoch die judaisierenden Marranen sich innerhalb der geschichtlichen Religion hielten, indem sie Christus durch Moses ersetzten, lehnte Spinoza alle geschichtlichen Religionen und ihre Kulte als Aberglauben ab. Erlösung liegt weder in Christus noch im Gesetz Mosis, sondern in den Gesetzen der Vernunft, die zur dritten Gattung der Erkenntnis führt. So liefert die Vernunft die gleichen erhabenen Ergebnisse, die herkömmliche Religion und Mystizismus zu erreichen beanspruchen, doch aufgrund der irrationalen Wege, die sie gingen, immer verzerrt haben. Spinoza bietet deshalb über die gewöhnliche Rationalität hinaus eine Religion der Vernunft, die sich in Wissenschaft und praktischer Ethik ausdrückt. Rationalität hat zwei Formen: Sie ist diskursiv und intuitiv, fragmentarisch und synoptisch, emotional unempfänglich und emotional explosiv. Und durch die höhere Form der Rationalität – die, wie wir sehen werden, die erste voraussetzt und nicht unmittelbar in einem Sprung erreicht werden kann – ist einzig die Vernunft imstande, zu einer immanenten, das heißt zu einer Erlösung in dieser Welt zu führen: Dann durchdringt Ewigkeit das zeitliche Dasein, ist Endlichkeit aufgehoben, sind Leidenschaften in freie, positive Gefühle verwandelt, und die innere Qualität des ganzen eigenen Lebens erreicht den Punkt einer »zweiten Geburt«; das Individuum realisiert durch Wissen und geistige Liebe seine Einheit mit Gott (das heißt mit dem vergöttlichten Universum).

Das Vehikel dieser Erlösung ist die dritte Gattung der Erkenntnis. Damit kommen wir zu einem der schwierigsten und umstrittensten Aspekte in Spinozas System. Ich will in diesem Kapitel zum einen eine neue Interpretation der dritten Gattung der Erkenntnis liefern, wie sie in der *Ethik* (Spinozas reifer Position) vorkommt; zum anderen will ich dadurch auch die Dimension bei Spinoza illustrieren, die ihn zum »Marranen der Vernunft« macht, und zeigen, wie diese Dimension zudem systematische Probleme erhellen und einen Verständniszusammenhang liefern kann.

Ich behaupte nicht, daß das, was ich hier als Interpretation anbieten werde, von Spinoza klar und explizit vertreten worden ist (obgleich er das wahrscheinlich gemeint hat), sondern ich behaupte, daß seine Texte eine solche Interpretation als plausible Rekonstruktion nahelegen. Da meine Rekonstruktion weitgehend davon abhängt, wie ich andere Probleme in Spinozas System interpretiere, werde ich auch sie kurz erwähnen müssen.

6. KAPITEL

Die dritte Gattung der Erkenntnis: Die Grundzüge

Die *Ethik* ist bekanntermaßen wortkarg in bezug auf die dritte Gattung der Erkenntnis. Mehr noch, ein Teil dessen, was sie zu diesem Thema sagt, ist verwirrend, wenn nicht gar (von Spinozas reifem Standpunkt aus) offenkundig falsch. Ich denke insbesondere an ein berühmtes Beispiel, das aus Spinozas frühesten und weniger ausgereiften Werken (der *Abhandlung über den Verstand* und der *Kurzen Abhandlung*) stammt. Dort erklärt Spinoza intuitives Wissen, indem er an die Art und Weise erinnert, wie einem Mathematiker das Wesen der Proportion blitzartig klar wird. Wenn die dritte Gattung der Erkenntnis nichts anderes ist als eine gewöhnliche mathematische Intuition, die, wie Spinoza hinzufügt, jeder haben kann, dann fragt sich, warum eine solche Banalität für sein System so wichtig sein soll. Wer würde im Traum daran denken, diese ganz gewöhnliche Art der Erkenntnis als Werkzeug geistiger Emanzipation einzusetzen – geschweige denn der Erlösung?[1]

Die dritte Gattung der Erkenntnis dagegen ist eindeutig eine Sache der wenigen Glücklichen. Sie ist Spinozas Weg zur weltlichen Erlösung – ein rationaler, nicht durch ein historisches Credo vermittelter Weg zu eben dem gepriesenen Ziel, das herkömmliche Religion und Mystizismus nach Meinung Spinozas vergeblich durch irrationalen Glauben und irrationales Handeln zu erreichen suchten. Daß Spinozas philosophisches Bestreben letztlich auf dieses Ziel gerichtet war, geht aus seinem gesamten Werk, von den ersten Zeilen der *Abhandlung über den Verstand* bis zum Schluß der *Ethik*, unmißverständlich hervor.

In seinem ersten philosophischen Werk[2] setzt Spinoza ein ethisches Ziel, das »höchste Gut«, worauf die Philosophie und alles menschliche Streben gerichtet sein sollten. Er sucht eine radikal neue Lebensweise, in der man etwas Dauerhaftes und Ewiges für sich zu gewinnen hofft. Die gleiche Perspektive beherrscht später Spinozas reifes Denken und erklärt auch, weshalb er für sein Hauptwerk den Titel *Ethik* wählte, obgleich sich das Buch hauptsächlich mit Metaphysik, Erkenntnistheorie und der Theorie der Affekte befaßt. Diese Zweige der Erkenntnis sollen zusammen mit den Naturwissenschaften zunächst auf der niedrigeren Ebene der *ratio* (der diskursiven Rationalität) einem ethischen Ziel dienen und dann durch die dritte Gattung der Erkenntnis für die wenigen Auserwählten zur Erlösung führen.

Manchem heutigen Leser mag dieses sich durchhaltende Ziel störend oder seine Ausarbeitung inkohärent erscheinen; aber diese Dimension ließe sich aus Spinozas Denken nur um den Preis ausschließen, daß viel von seiner philosophischen Bedeutung verlorenginge.[3] Ohne die dritte Gattung der Erkenntnis wäre Spinoza ebenso verkrüppelt wie Platon ohne die Ideen. Eine angemessene Vorstellung vom *Rest* des Systems, ohne daß man in Betracht zieht, wohin es führen soll, wäre bei beiden unmöglich.

Die karge Information, die uns die *Ethik* über die dritte Gattung der Erkenntnis gibt, kreist um die folgende, zweimal vorkommende Definition:

> Die dritte Gattung der Erkenntnis schreitet von der adäquaten Idee [der formalen Wesenheit] einiger Attribute Gottes fort zu der adäquaten Erkenntnis der Wesenheit der Dinge. (T. 2, L. 40, Anm. 2; T. 5, L. 25, B.; an der zweiten Stelle fehlt das Eingeklammerte.)

Fügt man noch den Gedanken des »auf einen Blick« oder der Synopse hinzu, so versteht man, daß die dritte Gattung der Erkenntnis eine vielgliedrige Kette von Ableitungen auf einen Blick erfaßt, wobei das Wesen eines Dinges aus Gott folgt, und zwar durch eines seiner Attribute. Das letztere ist entscheidend, da die dritte Gattung der Erkenntnis nicht nur durch die Erkenntnisweise bestimmt ist, sondern auch durch die Art des Gegenstandes, der sich dadurch bildet und offenbart. Im Falle der dritten Gattung der Erkenntnis wird eine Vielzahl einzelner Erkenntnisse auf neue Art synthetisiert, so daß ein neuer, dieser Art der Erkenntnis gemäßer Erkenntnisgegenstand gebildet wird. Worin besteht dieser Gegenstand, und welche zusätzliche Erkenntnis oder Einsicht gewinnen wir durch ihn?

Ich will erst einmal den moralischen und existentiellen Gewinn, der der dritten Gattung der Erkenntnis zugeschrieben wird, außer acht lassen. Zunächst frage ich, ob sie wohl etwas Neues zu unserem *Wissen* beiträgt. Stellt sie einen kognitiven Nettogewinn gegenüber der zweiten Gattung der Erkenntnis dar? Soll sie uns kognitiv bereichern, noch bevor sie ihre vermeintlich heilsame Wirkung tut?

Um meine Antwort auf diese Fragen vorwegzunehmen: weder ja noch nein. Nein, denn durch die dritte Gattung der Erkenntnis gewinnt man keine zusätzliche Information. Alle Informationen, die wir über unseren Untersuchungsgegenstand brauchen und besitzen können, hat bereits die *ratio* geliefert, die wissenschaftliche Erforschung, die den Gegenstand einem Raster mechanistischer Naturgesetze unterwirft. Ja hingegen, denn sie bringt einen bestimmten kognitiven Gewinn mit sich, weil das, was wir bereits durch äußere Kausalität über den Gegenstand wissen, jetzt verinnerlicht wird,[4] um Einsicht in sein besonderes Wesen und damit auch in die logisch-immanente Art und Weise zu gewinnen, wie er sich von der Gott-Natur herleitet und ihr inhärent ist.

Das ist ein Perspektivenwechsel, der uns, ohne Hinzufügung oder Abstriche, durch eine neue Verarbeitung oder Synthese der gleichen Informationsbestandteile einen tieferen Einblick in dasselbe Ding gestattet. Zuvor hatte man nur äußere Ursachen und allgemeine Gesetze, um ihnen gemäß ein bestimmtes Ding zu verstehen, oder eher die Art und Weise, in der dieses Ding eine Reihe abstrakter allgemeiner Eigenschaften gewissermaßen instantiiert. Jetzt dagegen vereinigen sich alle früheren Informationen zu Einem, nämlich dem besonderen Wesen dieses Dinges, wie es sich, einem logischen Vereinzelungsprinzip gemäß, immanent aus einem der göttlichen Attribute ergibt.

Bezeichnenderweise ist Spinoza der Meinung, daß beide Zugangsweisen dieselbe Grundinformation ausdrücken und denselben ontologischen Bezugspunkt haben. Die höhere Form der Rationalität (*scientia intuitiva*) ersetzt nicht ihre gewöhnliche Form (*ratio*), sondern ist nur ein komplementärer und tieferer Ausdruck für dieselbe metaphysische Wahrheit. Überdies ist (nach Auffassung des reifen Spinoza) die äußerliche Betrachtung eine notwendige Bedingung der inneren Sicht. Das ist eine entscheidende Neuerung in der *Ethik*. Es gibt keinen direkten Zugang zu immanenten Wesenheiten. Erst müssen wir den Gegenstand im Schnittpunkt mechanistischer Kausalgesetze äußerlich erklären, und nur wenn ein Sättigungsgrad erreicht ist, wenn ein Netz gesetzesartiger Erklärungen sich gewissermaßen von allen wichtigen Seiten um den Gegenstand gelegt hat, können wir erwarten, daß die dritte Gattung der Erkenntnis stattfindet. Blitzartig intuitiv wird nun die gesamte kausale Information zu einer neuen Synthese verarbeitet, so daß das besondere Wesen des Dinges und der innere Weg offenbar werden, auf dem das Einzelwesen mit logischer Notwendigkeit aus einem der Attribute der Natur folgt.[5]

Diese Erklärung der dritten Gattung der Erkenntnis ist viel weniger mystisch als die in der *Kurzen Abhandlung*. Was noch halbwegs mystisch bleibt, erinnert an Platons Übergang von der *dianoia* zum *nous*, von der Erklärung der Welt durch die diskursiven Wissenschaften zum Sehen ewiger Wesenheiten. Und für Spinoza wie für Platon setzt intuitive Vernunft wissenschaftliche Erkenntnis als notwendige Bedingung voraus.

Überflüssig zu sagen, daß diese Interpretation der dritten Gattung der Erkenntnis auf Spinozas Metaphysik beruht, derzufolge sich alle Dinge nach einem logischen Prinzip immanent von der göttlichen Substanz ableiten (*Ethik*, T. 1, L.16, 18, 25 und F.) und die neben den Naturgesetzen, so sehe ich es, besondere Wesenheiten zuläßt, um für dieselbe Entität adäquate Erklärungen zu geben.

Die dritte Gattung der Erkenntnis: Der Kontext

Mehrere Themen im Hintergrund bilden den Kontext für meine Interpretation der dritten Gattung der Erkenntnis. Ich beziehe mich insbesondere auf das, was Spinoza-Forscher (nach Curley und anderen) »vertikale« und »horizontale« Verursachung nennen, dann auf die Logik der Komplementarität, die Spinozas System beherrscht, und schließlich auf seine Auffassung von Naturgesetzen und besonderen Wesenheiten. Ich werde all dies kurz diskutieren, bevor ich die kognitive Bedeutung der dritten Gattung der Erkenntnis zusammenfasse. Im letzten Teil des Kapitels geht es dann um ihre Rolle als weltliche Erlösung.

Vertikale und horizontale (immanente und transitive) Kausalität

Spinoza erklärt ein Einzelding auf zweierlei Art. Nach der *Ethik* (T. 1, L. 28) wird jedes Ding von anderen endlichen Dingen in einer endlosen Kette äußerlicher Verursachung hervorgebracht. Das ist die »horizontale« Linie, die das Universum ausdrückt, wie es vom Standpunkt des Mechanismus und der Endlichkeit aus erscheint. Wie weit wir auch immer in der Kausalkette zurück- oder vorwärtsgehen, wir bleiben immer im Bereich des Endlichen und der äußeren Determinierung.

Andererseits haben nach der *Ethik* (T. 1, L. 16 und weiter L. 18 bis 25) Einzeldinge ihre immanente Ursache in Gott und folgen einem *logischen* Prinzip der Vereinzelung. Das ist die »vertikale« Kausallinie. Sie verläuft von der Substanz über ein Attribut zu einer Reihe unendlicher Modi (direkter und vermittelter), bis sie das einzelne Individuum erreicht und bestimmt.

Ich interpretiere die unendlichen Modi als den Ort der Naturgesetze bei Spinoza. Naturgesetze sind individuelle Entitäten, die die Macht und die Notwendigkeit Gottes vermittels eines seiner Attribute übertragen. Sie dienen dadurch als Vermittler bei der Erzeugung der Einzeldinge. Spinoza versteht Naturgesetze als wirkliche Kräfte, unter die die aktualen Ursachen der Einzeldinge fallen. Gesetze beschreiben nicht nur, wie ein endliches Ding sich verhalten wird, sie *veranlassen* es, sich so zu verhalten.

Spinoza ist offensichtlich der Meinung, daß die horizontale und die vertikale Kausallinie den gleichen Vorgang ausdrücken, nämlich den der kosmischen Vereinzelung. Doch wie soll man sich ihre Relation zueinander vorstellen?

Ich glaube, die Antwort ist, daß horizontale Kausalität vertikale Kausalität verwirklicht, indem sie ihren inneren logischen Charakter in äußerliche, mechanistische Bedingungen überträgt. Diese Verwirklichung betrifft vor allem den entscheidenden letzten Schritt in der vertikalen Linie, den Übergang vom niedrigsten Gesetz oder unendlichen Modus zum endlichen Einzelnen. Wie bestimmt ein Gesetz einzelne Dinge? Laut Spinoza nicht direkt, sondern indem es bestimmt, wie *andere* einzelne Dinge sich verhalten und darauf einwirken werden. Nehmen wir an, *A* ist von *B*, *C* und *D* als seinen mechanistischen Ursachen bestimmt, und diese Ursachen wirken in Übereinstimmung mit dem Gesetz *G*. Wir können sagen, daß *G* insofern *A* bestimmt, als es festlegt, wie *B*, *C*, und *D* auf *A* einwirken werden. Und wenn wir mit Spinoza bereit sind, die folgenden beiden Aussagen als äquivalent anzusehen:

1. *A* ist bestimmt durch die logische Notwendigkeit des Gesetzes *G*,
2. *A* ist bestimmt von den mechanistischen Ursachen *B*, *C* und *D*, deren Wirkung sich nach dem Gesetz *G* richtet und dieses instantiiert,

dann haben wir die Äquivalenz oder Komplementarität der vertikalen und horizontalen Betrachtungsweise der Verursachung anerkannt.

Diese doppelte Perspektive impliziert, daß wir zwischen dem unterscheiden müssen, was die Existenz eines Gesetzes verursacht, und dem, was die Existenz eines Einzeldinges gemäß diesem Gesetz verursacht. Das Gesetz wird in der Natur durch immanente logische Ableitung hervorgebracht. Das Einzelding dagegen wird nach dem Gesetz von anderen Einzeldingen hervorgebracht, die alle in endlosen Ketten äußerlicher Kausalität miteinander verknüpft sind.

Spielen wir das am eben genannten Schema durch. Wenn ein Auto auf der Straße fährt, dann ist es vertikal von einem System mechanischer Gesetze bestimmt, die im obersten Gesetz von Ruhe und Bewegung verankert sind. Dieses Gesetz ist der »unendliche Modus« in der Welt der Ausdehnung, der dem Universum als ganzem ein festgelegtes Verhältnis von Ruhe und Bewegung zuweist. Dadurch bestimmt es die Regel, an die alle Veränderung im Universum gebunden ist, und formt das Universum selbst zu einem einzigen Individuum. Die Naturgesetze sind die dauerhaften Charakteristika dieses globalen Individuums. Ihre Verknüpfung ist dem Universum sozusagen als unwandelbares »Gesicht« eingeschrieben (*facies totius universi*, »Gesicht des gesamten Universums«).[6]

Diese Gesetze oder eine Teilmenge davon bestimmen auch die Bewegung des Autos auf der Straße. Aber wie? Indem sie sowohl allgemein als auch für diesen besonderen Fall bestimmen, wie Benzin verbrennt, Gänge gewechselt werden, Kraft übertragen wird und Metalle Druck aushalten, kurz, wie die horizontalen Faktoren sich verhalten, die das Auto eigentlich ausmachen und für seine Bewegung sorgen.

Die Gesetze bestimmen also das Einzelding vertikal durch die Vermittlung über andere Einzeldinge, die es horizontal beeinflussen. Und so glaubt Spinoza, daß der Lehrsatz 28 das im Lehrsatz 16 enthaltene logische Prinzip übersetzt und verwirklicht, und demzufolge hält er das vertikale und horizontale System für äquivalent.

Die Logik komplementärer Systeme

Diese Komplementarität ist kein Mittel ad hoc, sondern die für Spinoza typische Art, mit Dualitäten umzugehen. Um seinen radikalen Monismus aufrechtzuerhalten, ohne zu den Ergebnissen des Parmenides oder zu einer hegelianischen Dialektik zu gelangen, erklärt Spinoza die fundamentalen Dualitäten im Universum zu komplementären Aspekten von ein und demselben. Diese Logik der Äquivalenz ist bei Spinoza weiter verbreitet, als es auf den ersten Blick scheint. Offiziell soll sie zwischen Ausdehnung und Denken, Körper und Geist, der Ordnung und Verknüpfung von Dingen und der Ordnung und Verknüpfung von Ideen bestehen. Aber sie findet Anwendung auch auf die Relation zwischen *natura naturans* und *natura naturata* (d. i. zwischen den endlichen und unendlichen Aspekten der Natur, zwischen Natur als Totalität und Natur als einer Vielfalt endlicher Dinge). Denn diese Unterscheidung ersetzt den traditionellen Dualismus zwischen dem Schöpfer und den Dingen, die er schafft. Sie bezieht sich auch auf die Relation zwischen Wahrnehmung und die sie begleitenden Gefühle, zwischen dem »Geist« Gottes und seinem »Willen« – und auch auf die Relation zwischen logischer Ableitung und mechanistischer Verursachung. Das sind zwei parallele oder äquivalente Arten, dasselbe Universum und denselben Prozeß der Vereinzelung zu erklären, der in diesem Universum stattfindet.

Eine ähnliche Logik gab es schon vor Spinoza, aber nur in bezug auf Gott, nicht auf die Natur und auf endliche Dinge. Gott galt als so verschieden von der Welt, daß man ihm eine eigene Ontologie zuschrieb, und es ist oft gesagt worden, Wissen, Willen und Schöpfung seien bei Gott ein und dasselbe. Spinoza eliminiert die Transzendenz Gottes und überträgt Gottes radikale Einheit auf die Natur – sowie die spezielle Ontologie, die damit verbunden ist.

Um Mißverständnisse zu vermeiden, müssen einige Punkte hervorgehoben werden. Erstens, Äquivalenzen sind bei Spinoza nicht notwendig Dualitäten. Sie funktionieren nicht immer paarweise, wie wir im Falle der Attribute, die zahlreich sind, sehen können. Selbst zu dem Paar, über das wir gesprochen haben, logische Ableitung und mechanistische Verursachung, kann noch ein etwas dunkleres Drittes hinzutreten: die kosmische Liebe, die alle Dinge vereint (*Ethik*, T. 5, L. 35–37).

Auch gebe ich zu, daß die Analogie zu den Attributen unvollständig ist.[7] Doch mehr als die Unterschiede im Detail zählt der allgemeine methodische Ansatz: die Logik der Komplementarität, die Spinozas Denken durchzieht.

Schließlich möchte ich etwas ausführlicher zeigen, daß endliche Modi bei Spinoza ebenso ewig sind wie die Substanz, aus der sie sich herleiten. Die vertikale Kausallinie sollte nicht als ein Prozeß der »Schöpfung« oder »Emanation« verstanden werden, sondern als ontologische Abhängigkeit oder Stütze. *Sub specie aeternitatis* (durch ihre Wesenheiten) nämlich sind endliche Dinge ebenso ewig und ursprünglich wie die ihnen zugrundeliegende Substanz. Der Unterschied besteht darin, daß das Wesen endlicher Dinge keine Existenz impliziert, sondern daß das Wesen der Substanz für seine Existenz notwendig ist. Diese Abhängigkeit ist dagegen ewig. Es ist eine logische, zeitlose Relation, durch die die Modi als einzelne Wesenheiten Gott voraussetzen. Sie inhärieren Gott als ihrem ontologischen Träger und sind Implikationen des göttlichen Wesens, aber sie sind so ewig da wie Gott selbst.

Entstehen und Vergehen treten bei Spinoza als besondere Wesenheiten auf, die im Bereich von Dauer und äußerer Kausalität in konkrete Dinge übersetzt werden. Hier löst die horizontale Kausalität die vertikale ab, und das Sein erhält eine zeitliche Dimension. Das ist *natura naturata*, die Welt abhängiger Dinge, gesehen (und existierend) *sub specie durationis*. Aber dasselbe System der Endlichkeit besteht *sub specie aeternitatis* und kann so gesehen werden. Und in diesem Fall werden die Einzeldinge in ihm als ohne Anfang und ohne Ende aufgefaßt.

Daher kann die Ewigkeit (und das immer und ewig Währen) der Welt der Einzeldinge auf zweierlei Weise interpretiert werden: 1. das Subsystem der *natura naturata* ist ewig, obgleich in ihr einzelne Modi entstehen und vergehen; 2. auch Einzeldinge sind ewig, wenn man sie in ihrem Wesen betrachtet, obgleich ihre Zeitspanne innerhalb der *duratio* notwendig begrenzt ist.

Folglich sind *natura naturans* und *natura naturata* gleichzeitig ewige Systeme, die unabhängig von Anfang oder Ende existieren. Das System, das die Substanz, die Attribute und die unendlichen Modi umfaßt, gibt den endlichen Dingen eine ontologische Stütze, ihre Natur und ihre Gesetze; es schafft sie nicht so sehr (zeitlich), als daß es sie (zeitlos) konstituiert. Für ein endliches Ding bedeutet das Eintreten in die Zeit, die vertikale Relation in eine horizontale zu verwandeln, die als eine weitere Facette desselben Systems anzusehen ist. Daher sind Ewigkeit und Dauer schließlich im Sinne der Äquivalenzlogik ebenfalls eine paarige Dualität.

Diese Interpretation ist möglich und unumgänglich, weil Einzeldinge ewige Wesenheiten besitzen, die logisch (und daher gleichzeitig) im Wesen Gottes impliziert sind.

Unendliche Modi, Gesetze und besondere Wesenheiten

Um dieses Bild zu vervollständigen, müssen wir uns nun den Status von Naturgesetzen und Wesenheiten bei Spinoza ansehen. Oben habe ich Naturgesetze als unendliche Modi, als die Ursachen der Einzeldinge, die sie beherrschen, interpretiert. In Spinozas metaphorischer Sprache verkörpern die Naturgesetze Gottes unwandelbaren »Willen« oder seine »Gebote«[8] – das heißt, sie drücken die Notwendigkeit Gottes aus, in gewissen Modi zu sein und zu wirken. Wenn Gott sich aus innerer Notwendigkeit vereinzeln muß, dann vermitteln die unwandelbaren Muster, in denen diese Vereinzelung stattfindet, zwischen Gott als dem Einen und Gott als das Viele, zwischen *natura naturans* und *natura naturata*. Sie drücken die Einheit und Unendlichkeit Gottes in einer Vielfalt hierarchisch geordneter Muster aus und übertragen seine Kraft und Notwendigkeit nach unten in die Welt endlicher Modi.

Wenn Spinoza Gesetze »unendlich« nennt, so meint er, daß Gesetze, ebenso wie das Attribut, in einem unendlichen Bereich von Erscheinungen, die unter sie fallen, überall dieselben sind. Gerade so wie das Attribut der Ausdehnung in allen ausgedehnten Körpern vorhanden ist, so sind alle diese Körper gleichermaßen den Gesetzen der Bewegung unterworfen, vom höchsten Gesetz (dem direkten unendlichen Modus) bis zu den spezielleren Gesetzen, die sich davon ableiten.

Unendlichkeit hat noch eine zweite Bedeutung, worin sich Gesetze vom Attribut unterscheiden. Gesetze sind im Sinne der Dauer permanent und unveränderlich. Sie sind immer und ewig und gehören zur *natura naturata*, zur Welt als einer Vielfalt von Modi. Das Attribut ist ewig im Sinne der Zeitlosigkeit und gehört zur *natura naturans*, der Welt aus dem Blickwinkel der Totalität.

Die Rede von Naturgesetzen statt von Gattung und Art ist charakteristisch für die neue Naturwissenschaft zur Zeit Spinozas. Von alters her hat man geglaubt, eine typische wissenschaftliche Erklärung verlange die Subsumption eines Einzelnen unter irgendein universales Prinzip. Platon hatte von unabhängigen universalen Wesenheiten gesprochen, während die aristotelische Wissenschaft diese Wesenheiten in die aktualen Individuen als die ihnen innewohnende Gattungsform hinein verlegte. Erklärung bestand im großen und ganzen in der Klassifikation nach Wesenheiten, Zuordnung eines bestimmten Dinges nach Gattung und Art, worunter auch die Idealform des jeweiligen Dinges verstanden wurde. Das verlieh der Wissenschaft eine teleologische Ausrichtung und eindeutig qualitativen Charakter.

Die wissenschaftliche Revolution des siebzehnten Jahrhunderts ersetzte Arten durch Naturgesetze als das universale Prinzip, wodurch die Wissenschaft fortschreitet. Gesetze sind indifferent gegenüber Gattung und Art; sie schneiden durch qualitativ verschiedene Bereiche und lassen nur einseitig wirkende Ursachen gelten. Daher eignen sie sich für eine mechanistische und quantifizierende Erklärung der Natur, die Zwecke, ideale Modelle und universale Wesenheiten ausschließt.

Spinoza war ein Verfechter der neuen Wissenschaft, sofern auch in seinem Denken die kausalen, mechanistischen Naturgesetze Gattung und Art als universale Prinzipien ersetzt haben, durch die die Wissenschaft fortschreitet. Damit sind universale Wesenheiten abgeschafft, nicht aber der Begriff des Wesens als solcher. Neben der modernen Kategorie des Naturgesetzes hält Spinoza an der Gültigkeit der älteren Kategorie des Wesens fest, die ihm sogar als eine tiefere wissenschaftliche Kategorie gilt – allerdings tauscht er die universalen Wesenheiten gegen besondere aus.

Das universale Wesen ist eine Fiktion, ein leeres Wort. Aber Wesenheiten gibt es, und zwar als *besondere* Wesenheiten. Jedes Ding im Universum hat sein eigenes Wesen, das seine Besonderheit ausmacht. Das Wesen eines Einzeldinges ist die einzigartige Stelle, die es in der Wirklichkeit einnimmt; es ist sozusagen der logische oder metaphysische »Punkt«, der auf der alles umfassenden Karte des Seins einzig und allein *ihm* gehört. Natürlich ist dieser spezielle Punkt durch die anderen Dinge und die Koordinaten auf der Karte mit bestimmt – das heißt durch alles, was das Ding in seiner Existenz und in dem ihm gemäßen Wirken bestimmt. Und das stellt eine logische Verknüpfung, sogar eine Äquivalenz her zwischen dem, was das Ding ist, und dem Kausalgeflecht, das es zu dem macht, was es ist. Mit anderen Worten, das besondere Wesen eines Dinges ist ontologisch äquivalent dem Prozeß seiner Bestimmung (ein Gedanke, der Spinoza bereits in der *Abhandlung über den Verstand* gekommen war und an dem er sich dort schon versuchte).[9]

Besondere Wesenheiten existieren aktual (*formaliter*) in Gott und zeigen sich dem »unendlichen Verstand« als Ideen. Nach T. 1, L. 16 und seinen Folgesätzen (inklusive eines sehr viel späteren, aber entscheidenden Folgesatzes in T. 5, L. 29, Anm.) vereinzelt Gott sich selbst in ein unendlich vielfältiges System von Einzeldingen oder existierender (im Jargon des siebzehnten Jahrhunderts »formaler«) Wesenheiten, die, vertikal gesehen, alle ebenso ewig und notwendig sind wie Gott selbst. In diesem Sinne erhalten die besonderen Wesenheiten Spinozas einen ähnlichen Status wie die platonischen Ideen. Sie sind rein und unwandelbar, sogar im überzeitlichen Sinne ewig, doch jede bezieht sich nur auf ein Einzelding. Sofern sie als einzelne Teile im Attribut des Denkens (oder in Gottes unendlichem Verstand) bestehen, sind sie objektive metaphysische Definitionen, die jedem Ding seinen spezifischen Platz im Sein zuweisen oder, was auf dasselbe hinausläuft, durch die die Einzigartigkeit eines jeden Dinges unmittelbar in Gott konstituiert und erzeugt worden ist. (Diese Einzigartigkeit kann einen speziellen Verlauf oder eine besondere Biographie implizieren: Wesenheiten sind ihrer Natur nach umfassend und können komplexe Geschichten und Prozesse enthalten; jede Wesenheit aber läuft auf die notwendige und hinreichende Erklärung von genau einer Entität hinaus, und alle sind a priori: zeitlos in einem von Gottes Attributen [oder in Gottes unendlichem Verstand] enthalten, von wo sie sich herleiten.)

Wie Spinoza sagt:

> Wenn Gott ... alle Menschen so geschaffen hätte wie Adam ..., so hätte er dann eben allein Adam geschaffen, und nicht Peter und Paul. Aber gerade das ist die rechte Vollkommenheit in Gott, daß er allen [individuellen] Dingen von den kleinsten bis zu den größten ihre Wesenheit gibt ... (*Kurze Abhandlung*, I, 6, [7])

> Und darum müssen die Dinge ... übereinkommen mit ihren besonderen Ideen, deren Wesen eine vollkommene Wesenheit sein muß,

> und nicht mit den allgemeinen Ideen, weil sie dann gar nicht da wären. (Ebd., I, 10, [3])

> Peter [muß also] mit der Idee von Peter notwendigerweise übereinstimmen ... und nicht mit der Idee des Menschen ... (Ebd., I, 6, [9])

Dieselbe Ansicht kehrt in den *Metaphysischen Gedanken*[10] und in der *Ethik* wieder. In der *Ethik* ist die besondere Wesenheit als etwas definiert (T. 2, Def. 2), das die Individualität eines Dinges konstituiert, und die Definition eignet sich als Erklärung sowohl vom Standpunkt logischer Wesenheiten als auch vom Standpunkt vollständiger mechanistischer Determination.[11]

Da die Wesenheiten den inneren Grundriß der Natur und alles in ihr Vorhandene offenlegen, bieten sie auf der Basis derselben Information einen tieferen Einblick in die Welt. Darin liegt der kognitive Gewinn der dritten Gattung der Erkenntnis. Auch können wir daraus ersehen, daß Spinoza, obgleich in einem bestimmten Sinne Nominalist, kein Positivist ist, denn er schreibt den Dingen ein metaphysisches Inneres zu und macht dieses der dritten Gattung der Erkenntnis zugänglich. Dieses Innere zu verstehen ist keine unmittelbare mystische Offenbarung, sondern basiert auf diskursiver, mechanistischer Wissenschaft; die neue Erkenntnis fügt ihr nicht neue Informationen hinzu, sondern erreicht nur eine neue Synthese der alten Informationen.

Eine letzte Bemerkung über die Wesenheiten ist hier angebracht. Daß Spinoza an den Wesenheiten wie an mechanistischer Kausalität festhält, verweist auf seine Stellung zwischen zwei verschiedenen wissenschaftlichen Kulturen, der alten und der modernen, eine Stellung, die in seiner Weisheitslehre und seiner Lehre von der intellektuellen Erlösung noch deutlicher hervortritt. Hinsichtlich der Wesenheiten hat Spinoza dagegen die Grenzen seines Zeitgeistes nicht überschritten. Andere Philosophen unternahmen ebenfalls den Versuch, eine mechanistische Wissenschaft mit Entitäten zu versöhnen, die ein inneres Wesen besitzen (Leibniz) oder ewig Gott innewohnen (Malebranche). Auch sie beschrieben die ewigen Wesenheiten als in der Geschichte ihrer Dinge sich entfaltend (Leibniz). Und doch weigert sich Spinoza im Gegensatz zu Leibniz, diese Wesenheiten als Substanzen zu betrachten; für ihn sind sie individuelle Kristallisationen der Kausalprozesse selbst. Darin steht er, glaube ich, dem modernen Standpunkt näher. Außerdem besteht vielleicht eine gewisse Affinität zwischen Spinozas Denkungsart und manchen zeitgenössischen Theorien darüber, wie Dinge mit Hilfe kausaler Prozesse, die zu ihnen hin (oder von ihnen weg) führen, individuiert werden können. Bei Spinoza findet das jedoch in einer einzigen Welt statt, da die Idee vieler möglicher Welten ein Widerspruch in sich ist.

Die dritte Gattung der Erkenntnis noch einmal betrachtet

Im Prinzip kann die dritte Gattung der Erkenntnis jedes Einzelding betreffen; doch da Spinoza diese Art des Wissens als alternative Erlösung anbietet, macht er kein Geheimnis daraus, daß er ein bevorzugtes Objekt dafür hat: den Philosophen selbst, seinen Körper, seinen Geist und seine Umgebung. Die dritte Gattung der Erkenntnis ist vorzugsweise, wenn auch nicht ausschließlich eine Form der Selbsterkenntnis. Aber sie ist das Gegenteil unmittelbaren Selbstbewußtseins. Es handelt sich nicht um eine subjektive Form der *cognitio*, nicht darum, sich selbst unmittelbar zu erfassen, sondern um eine komplizierte Form vermittelter Selbsterkenntnis. Das intuitive Element kommt erst zum Schluß hinzu, um den Prozeß wissenschaftlicher Objektivierung zu krönen.

Was ich unmittelbar bewußt als mein »innerstes Selbst« fühle, ist nur eine verzerrte Idee meines Körpers unter dem Einfluß äußerer Ursachen. Daher muß ich, um Selbsterkenntnis der dritten Gattung zu erlangen, nicht mein unmittelbares Selbstbewußtsein entwickeln (wie bei Yoga und mystischen Erfahrungen), vielmehr muß ich es als eine Form der *imaginatio* gerade ausschalten. Wahre Selbsterkenntnis beginnt mit Überwindung der Illusion reiner Subjektivität und der Objektivierung des *cogito*, indem man es dem Körper zurechnet und beide in die Kausalordnung der Natur als ganzer einbezieht. Um das zu tun, bedarf es einer mühevollen wissenschaftlichen Erforschung (meines Körpers, meines Bewußtseins, meiner Lage), bei der ich mich mir »von außen« annähere, und zwar über die mechanistischen Naturgesetze und andere natürliche Entitäten, die mein Sein in der Welt determinieren.

Man könnte meinen, das bringe eine Art Selbstentfremdung mit sich. Doch das scheint nur so. Objektivierung ist vielleicht oft mühevoll und schwer durchzuführen, doch ist sie nicht notwendig Entfremdung, denn auf diese objektivierte Weise nähere ich mich gerade meinem wahren Sein statt einem fiktiven, illusorischen Selbst. Denn nach Spinozas Ontologie bin ich, als Körper wie als Bewußtsein, das Produkt einer unpersönlichen Gott-Substanz, die keine menschenähnlichen Züge trägt und nicht vermenschlicht werden darf. Mit anderen Worten, die natürlichen

Prozesse, die mich hervorbringen, haben keine Ähnlichkeit mit meiner eigenen Subjektivität: Sie wirken nicht intentional und zweckgerichtet, haben keine bevorzugte Affinität zu menschlichen Angelegenheiten und gestehen der Geschichte keinen Spielraum oder spezielle Gesetze zu, die sie vom Rest der Natur unterschieden. Werde ich mir dessen bewußt, kann ich mich von religiösen und metaphysischen Illusionen frei machen, werde dann aber auch ihren beruhigenden Trost verlieren.[12] Gerade dieses »harte« Element in der Befreiung (ich nenne es »dunkle Aufklärung«) machte Spinoza für Nietzsche so anziehend und forderte die Kritik Hegels heraus.[13] Das ist auch ein Grund, weshalb wahre Philosophie – auch auf der Ebene der *ratio* – bei Spinoza nie eine Sache für die Menge ist.

Ebenso schmerzlich ist es zu akzeptieren, daß das eigene Selbst, das einem lieb und am vertrautesten ist, bloß eine wirre Idee sein soll. Doch solange nichts die Menschen dazu bringt, ihre Meinung von sich selbst zu objektivieren und zu externalisieren, werden sie nicht imstande sein, Selbsterkenntnis zu erlangen, weder in der äußerlichen Weise der *ratio* noch in der intuitiven Weise, wie sie in der dritten Gattung der Erkenntnis vorkommt; denn die letztere basiert auf der ersten als ihrer notwendigen Voraussetzung.

In der gewöhnlichen rationalen Weise (*ratio*) studiert sich der Philosoph anhand der allgemeinen, mechanistischen Naturvorgänge. Er begreift seine körperliche Existenz als von all den kausalen Abläufen bestimmt, die von der Physik und ihren Verzweigungen – Chemie, Biologie, Medizin (und wie wir heute hinzufügen würden: Genetik, Neurophysiologie, Biochemie etc.) – erklärt werden. Ebenso studiert er sein Bewußtsein mit Hilfe der Psychologie und ihrer verschiedenen Ableger, wie zum Beispiel Soziologie, Linguistik und Politik (heute können wir noch hinzufügen: Psychotherapie und Psychologie des Unbewußten). Beide Wissenschaftszweige sind unabhängig voneinander und nicht aufeinander reduzierbar, aber beide geben ein und dieselbe ontologische Entität wieder. Überdies geschieht die Forschung in beiden Erkenntniszweigen in Übereinstimmung mit dem mechanistischen Erklärungsparadigma, das Spinoza in allen Wissenschaften für gültig hält. Alles geschieht aus äußeren, transitiven Ursachen und gehorcht den Naturgesetzen.

Diese wissenschaftliche Erkenntnis wird von einem zugrundeliegenden metaphysischen Rahmen ergänzt oder besser umgeben. Der Philosoph betrachtet die Welt als eine einzige Substanz (äquivalent mit Gott), der wir alle als Modi inhärieren. Das ist, grob gesagt, der Inhalt des ersten Teils der *Ethik*, hier in der zweiten Gattung der Erkenntnis begriffen. Sie gibt der Masse wissenschaftlicher Erkenntnisse zwar schon eine metaphysische (sogar eine fast theologische) Interpretation, verwandelt diese Interpretation aber nicht in lebendige Erfahrung.

Sammle ich jedoch mehr wissenschaftliche Erkenntnis über meinen Körper und mein Bewußtsein, nähere ich mich sozusagen mir selbst von allen wichtigen kausalen Blickwinkeln aus, dann ist der Grund für die dritte Gattung der Erkenntnis gelegt. Das Netz transitiver Ursachen hat die einzigartige Stellung meines Körpers innerhalb der Natur als ganzer geortet und definiert. In einem Blitz der Intuition wird all diese Kausalinformation nun auf neue Weise synthetisiert, die ihren epistemischen Gegenpart produziert: mein besonderes Wesen. Nichts wird der wissenschaftlichen Information, die bereits vorhanden ist, hinzugefügt. Doch alle ihre Bestandteile verschmelzen in der Bildung (oder Reproduktion) dieses Wesens zu einer neuen Synthese, die das metaphysische »Innere« des Dinges, das ich bin, offenbart, und auch, wie ich unmittelbar (oder vertikal) von Gott als meiner immanenten logischen Ursache abhänge.

Daher stellt die dritte Gattung der Erkenntnis einen rein kognitiven Gewinn gegenüber der zweiten dar: Sie vermittelt mir einen neuen und tieferen Blick auf mich selbst und auf die Welt, obwohl dabei kein anderes Material benutzt wird als zuvor.

Die zweite Art der Erkenntnis gibt mir nur eine partielle Erklärung der Wirklichkeit. Sie zeichnet die gesetzesartigen Wege nach, auf denen transitive Ursachen in endloser Abfolge Wirkungen produzieren. So dient sie als angemessene Explikation für T. 1, L. 28, nicht aber für die entscheidende Stelle T. 1, L. 16. Was ihr fehlt und was die dritte Gattung der Erkenntnis bietet, ist das Verständnis der Dinge gemäß ihren besonderen Wesenheiten, wie sie immanent von Gott herkommen. Damit verändert sich nicht nur die mentale Qualität unserer Wahrnehmung, sondern damit verändern sich auch die darin eingebetteten Kategorien. Dinge versteht man durch ihre besonderen Wesenheiten, nicht allein durch ihre universellen Gesetze, und die Ursachen, die die Dinge determinieren, versteht man als logisch und immanent, nicht als mechanistisch und transitiv. Das gestattet dem Philosophen, nun in den inneren Entwurf der Natur vorzudringen, während er vorher nur deren Außenseite hatte.

Es ist entscheidend zu sehen, daß das gleiche auch in der anderen Richtung geschieht. Ich begreife jetzt nicht nur mich, und zwar, wie ich in und durch Gott existiere, sondern ich begreife auch Gott, also die Totalität, durch ein konkretes Einzelnes, nämlich mich selbst, und nicht mehr als einen abstrakten Begriff oder eine abstrakte Entität. Das ist im Hinblick auf meine frühere metaphysische Erkenntnis ein entscheidender

Wandel. Eine angemessene Idee von Gott oder von der Gesamtheit der Natur besaß ich auch vorher; aber sie war allgemein und abstrakt. Ich wußte, daß Individuen im Prinzip in Gott sind und daß Gott sich im Prinzip in Einzeldingen ausdrücken muß. Doch diese ganze Erkenntnis blieb für mich abstrakt; sie wurde mir nicht als ein aktuales Bewußtsein klar. Mit der *scientia intuitiva* kommt unmittelbares Bewußtsein nun wieder zum Vorschein, nicht mehr als ein erster und alles umfassender Zustand, sondern als die letzte Stufe eines langen rationalen Beweisprozesses. Erst nachdem ich genau untersucht habe, wie mein besonderes Wesen vom Universum als ganzem bestimmt wird, kann ich diese Erkenntnis auch verinnerlichen und mir auf einmal bewußt werden, daß und wie ich gerade so in Gott existiere, wie Gott notwendig in mir existiert und sich ausdrückt. Das ist eine mächtige Einsicht, die alles erlöst, befreit und überwältigt, nicht in der diffusen Art eines romantischen Pantheismus, sondern vom rationalen Verständnis geleitet (weshalb die Liebe zum Universum, die daraus hervorwächst, als »intellektuelle Liebe« beschrieben wird). Und es ist der Gehalt dieser Einsicht, nicht nur ihre intuitive Art und Weise, die ihr die mächtige, affektive Wirkung verleiht, die sie hat.

Durch den fünften Teil der *Ethik* kehrt der Forscher zum ersten Teil zurück und versteht ihn in seinem wahren und einem tieferen Licht. Auch unser metaphysisches Verständnis ist in die Phase der *scientia intuitiva* eingetreten. Was wir zuvor als äußere Abstraktion kannten, erfahren wir nun als volle Verwirklichung. Noch einmal: nichts hat sich an den materiellen Bestandteilen dieser Erkenntnis geändert; wenn wir sie beschreiben sollten, geschähe das mit genau denselben Aussagen. Und doch handelt es sich nicht mehr um denselben kognitiven Gegenstand und nicht mehr um dieselbe Erfahrung.[14]

Diese tiefere Einsicht in die Totalität (und den Ort des aktualen Einzeldinges in ihr) kann nicht im Stadium bloß diskursiver *ratio* erreicht werden. Aus diesem Grunde ist der erste Teil der *Ethik* erst dann ganz zu verstehen, wenn man sich ihm vom Standpunkt des fünften Teils aus nähert. Spinozas Buch hat ebenso wie sein System insgeheim eine solche Zirkel- oder Spiralform, die seine scheinbare Linearität überformt. Lineare Progression ist eine notwendige Bedingung, um die dritte Gattung der Erkenntnis zu erreichen, aber sie ist in den neuen, holistischen und intuitiven Zugriff verwandelt und darin aufgehoben.

Die dritte Gattung der Erkenntnis als innerweltliche Erlösung

Bisher habe ich mich auf den kognitiven Gewinn konzentriert, den die dritte Gattung der Erkenntnis mit sich bringt. Nun will ich kurz ihre ethischen Wirkungen ins Auge fassen, die sie zur Erlösung machen.

Diese Wirkungen sind von zweierlei Art: psychologisch und metaphysisch. Psychologisch wird von der dritten Gattung der Erkenntnis erwartet, daß sie Kraft, Freude, Liebe und ein starkes Gefühl der Befreiung hervorruft, die imstande sind, die ganze Person bis zum Punkt einer »Wiedergeburt« zu transformieren; metaphysisch soll sie die Endlichkeit des Geistes überwinden und ihn mit Unsterblichkeit oder vielmehr (um Spinozas Ansicht genauer wiederzugeben) mit Ewigkeit ausstatten. Ich will diese zwei Aspekte kurz erläutern.

Erlösung als geistige Transformation

Erkenntnisse sind bei Spinoza affektive Ereignisse. Zu jeder Idee gehört eine entsprechende affektive Reaktion, und beide sind nicht getrennte Entitäten, sondern dieselbe Sache, von zwei verschiedenen Seiten betrachtet. (Das ist eine weitere spinozistische Äquivalenz.) Der Anspruch, den die dritte Gattung der Erkenntnis stellt oder der mit ihr einhergeht, der mächtigste Affekt, der stark genug ist, alle anderen zu besiegen, wird von Spinoza sowohl durch die Art dieser Erfahrung plausibel gemacht als auch durch deren Gehalt (obgleich, glaube ich, in erster Linie durch den letzteren).

Der Art nach ist die dritte Gattung der Erkenntnis eine intensive Intuition, in der eine Vielzahl einzelner diskursiver Erkenntnisse zu einem einzigen kognitiven Gegenstand komprimiert und auf einen Blick erfaßt werden. Eine solche Konzentration kann die Erfahrung außerordentlich mächtig und intensiv werden lassen, unabhängig davon, was sie enthält.

Und doch spielt der Gehalt der dritten Gattung der Erkenntnis bei der Erzeugung ihrer wohltuenden Wirkungen relativ eine viel größere Rolle als ihre Art. Die Intuition verbindet nur, was an sich bereits eine außerordentliche psychologische Kraft besitzt. Denn was die Intuition komprimiert, ist nicht weniger als meine detaillierte und konkrete Einsicht, daß ich in Gott existiere und Gott durch mich existiert, ein Einssein, das mit den exaltiertesten Zuständen von Mystikern und großen religiösen Gestalten konkurriert (und sich ihrer auf ihre Weise bemächtigt). Es handelt sich um eine rationale Übersetzung des Ideals der *unio mystica*, in der der Einzelne seine Einheit mit Gott verwirklicht und sich ihrer mit Macht bewußt wird.

Hier will ich einhalten und in Betracht ziehen, wie sich Spinozas marranischer Hintergrund im revolutionären neuen Kontext der immanenten Vernunft widerspiegelt. Wie die Marranen war Spinoza auf der Suche nach einer alternativen Erlösung, die sich von den in der etablierten Kultur akzeptierten Wegen abwandte. Doch während die Marranen diesen Weg in einer anderen geschichtlichen Religion zu finden hofften (im Gesetz Mosis anstelle des christlichen), suchte Spinoza ihn jenseits aller geschichtlichen Religionen. Durch die dritte Gattung der Erkenntnis, durch ein rational-intuitives Verfahren, das an keinen überlieferten Kult, an keine Offenbarung, keine Auserwähltheit, keinen Bund oder ähnliches geknüpft ist, sollten die Philosophen schließlich fähig sein zu erlangen, was die großen Mystiker und die religiösen Sucher immer erstrebt und unweigerlich verfehlt haben, weil sie sich auf abergläubische Überzeugungen und Praktiken verließen. In ihren Gottesbegriffen strebten sie nach etwas Wahrem und Wirklichem, verfehlten aber das, worauf sich ihre Begriffe in Wahrheit bezogen.

Ich glaube, diese Dimension ist ganz entscheidend, will man die moralischen und metaphysischen Wirkungen, die der dritten Gattung der Erkenntnis zugeschrieben werden, interpretieren. Spinoza war kein Mystiker, aber er erkannte in der Mystik eine fehlgeleitete Form einer Sehnsucht und eines Strebens. Werden sie von der Vernunft und der dritten Gattung der Erkenntnis nur richtig verändert, so wird daraus der Erlösungsweg des rationalen Philosophen, ein Gewinn, der ebenso selten und schwer zu erreichen ist wie der, den Mystiker mit irrationalen Mitteln zu erreichen suchten. Mit anderen Worten, es wird eine weltliche und wahrhaft universale Form der Erlösung sein.

Diese weltliche Erlösung hat auch eine metaphysische Dimension, die sich bei Spinoza mit Ewigkeit und Unsterblichkeit verbindet. Ohne alle mit seiner Theorie zusammenhängenden Schwierigkeiten damit zu beseitigen, meine ich, eine richtige Interpretation muß zwischen den Begriffen Ewigkeit und Unsterblichkeit unterscheiden und Erlösung oder die Überwindung der Endlichkeit als einen Zustand ansehen, der eher *in diesem Leben* als danach erreicht wird. Was immer sie sonst noch ist, sie bereichert das immanente, diesseitige Leben des Philosophen und hat darüber hinaus keine große Bedeutung.

Erlösung und Unsterblichkeit

Besondere Wesenheiten sind ewig im Sinne der Überzeitlichkeit. Aber in ihrem Fall (anders als bei Gott) bedeutet Wesen nicht zugleich auch Existenz. Das heißt, sie können entweder zu einer bestimmten Zeit an einem bestimmten Ort oder auch nicht existieren. Letzterenfalls existieren sie logisch, sofern sie in Gottes Attributen impliziert sind (*Ethik*, T. 2, L. 8), und ihre Ideen sind in Gottes unendlicher Idee enthalten,[15] aber sie haben keine *Dauer*. Ein Wesen tritt dann ins Reich der Dauer ein, wenn spezielle mechanistische (äußere) Ursachen da sind, die das Ding hervorbringen, dessen Wesen es ist. Die Existenz eines Wesens in zeitlicher Dauer ebenso wie das Ende seiner Dauer sind in allen Attributen gleichzeitig ausgedrückt. Daher muß die Dauer des Geistes zugleich mit der des Körpers enden. Der Geist kann nicht als getrennte Entität fortdauern.[16]

Wie ist dann Unsterblichkeit möglich? Die Antwort ist kurz: Sie ist nicht möglich. Wenn die dritte Gattung der Erkenntnis statt hat, kenne ich mich selbst durch mein besonderes Wesen, wie es Gott innewohnt. Dieses Wesen ist so ewig wie die Idee, durch die ich es kenne; und im Akt der Erkenntnis wird die Idee, durch die ich mich selbst kenne, mit einem Teil der komplexen Idee, die mein Bewußtsein ist, identisch, so daß mein Bewußtsein in diesem Maße Ewigkeit erlangt. Doch erlangt es diese Ewigkeit in diesem Leben und nicht darüber hinaus. »Ewigkeit« heißt nicht »immer und ewig«; es ist ein metaphysischer Zustand oder eine Qualität, die keine unendliche Existenz bezeichnet und von der hier angenommen wird, daß sie die Dauer durchdringt und sich in ihr vollendet und verwirklicht. Mit anderen Worten, das Bewußtsein erlangt eine Form der Ewigkeit innerhalb dieses Lebens und solange auch der Körper fortdauert.

Das verlangt, daß man bei Spinoza zwischen Ewigkeit, Erlösung und Unsterblichkeit unterscheiden muß. Während jedes endliche Ding eine ewige Seite besitzt, ist nichts unsterblich, und nur ein kleiner Kreis menschlicher Wesen kann Erlösung finden.

Jedes endliche Ding hat aufgrund dessen Ewigkeit, daß es ein ewiges Wesen und eine Idee besitzt, die dieses Wesen im unendlichen Geist Gottes reflektiert. Aber kein endliches Ding ist unsterblich, wenn wir damit meinen, daß es unendlich im Reich der Dauer und der äußeren Ursachen fortbesteht. Kein endliches Ding, das in der Dauer existiert, kann diese Art des Daseins unendlich aufrechterhalten; zu einem gewissen Zeitpunkt werden die äußeren Ursachen sein Streben besiegen und zerstören.[17] Diese Zerstörung wird Körper und Bewußtsein betreffen, da das Bewußtsein (*mens*) aus den Ideen von seinem Körper (und reflexiv auch von sich selbst) besteht, so wie sie, Körper und Bewußtsein, in der Dauer existieren, nicht wie sie sind, vom Standpunkt der Ewigkeit aus betrachtet. Daher stirbt das Bewußtsein mit seinem Körper; was bleibt, ist das ewige Wesen, das die ganze Zeit über da war.[18]

Wir können sagen, daß das besondere Wesen ewig, das Bewußtsein hingegen vergänglich ist. Erlösung besteht in der Vereinigung der beiden, des vergänglichen Bewußtseins und des ewigen Wesens, so daß beide von einem bestimmten Punkt an identisch werden. Nach Spinoza *hat* das Bewußtsein nicht Ideen, sondern es *ist* der Komplex seiner Ideen. Eine wahre Idee ist jedoch zeitlos und einmalig und ist, wann und wo immer sie auftritt, immer gleich. Daher gilt, je mehr wahre Ideen ich kenne, um so größer ist der Teil meines wirklichen oder existentiellen Bewußtseins, das aus zeitlosen Bestandteilen besteht. Das ist bei Spinoza die kognitive Basis der Erlösung, von der alles übrige abhängt. Es ist etwas, das innerhalb dieses Lebens und in dieser Welt geschieht, wobei Ewigkeit mein wirkliches Dasein durchdringt und es in seiner Qualität und seiner Ausrichtung umformt.

Zuweilen wird Spinoza so aufgefaßt, als behaupte er, mein ewiges Wesen werde von der Erkenntnis, die ich im Laufe meines Lebens gewonnen habe, modifiziert: Ich träte mit einem Wesen ins Leben und schiede mit einem anderen aus ihm. Aber eine solche Deutung Spinozas ist inkohärent. Per definitionem kann nichts ein ewiges Wesen beeinflussen. Nur mein wirkliches existentielles Bewußtsein kann von der dritten Gattung der Erkenntnis beeinflußt werden, wenn größere Teile von ihm mit ewigen Ideen identisch werden. Doch das geschieht im Leben und kann keinesfalls beeinflussen, wie »Ich« nach dem Tode sein werde, zumal es ohne meinen Körper kein »Ich« geben wird – kein individuelles *ego cogito* und keinen *conatus*, der mich tragen könnte. Einzig ein ewiges besonderes Wesen wird unabhängig von der Zeit da sein (wie es schon vor meiner Geburt da war).

So bleibt Spinoza selbst dort, wo er eine Theorie der Erlösung bietet, strikt bei seiner Philosophie der Immanenz. Die transzendent-religiöse Idee von einem Leben nach dem Tode, in dem unsere Existenz danach modifiziert werden wird, was wir im diesseitigen Leben getan haben, ist ihm fremd. Sein berühmter Ausspruch, der Lohn der Tugend sei sie selbst, impliziert dasselbe. Als Marrane der Vernunft vereint Spinoza Diesseitigkeit mit einer neuen Weise der Erlösung, einer Art, die nicht nur auf Vernunft und Erkenntnis statt auf religiösen Kulten beruht, sondern die die Erlösung auch zu einer immanenten Angelegenheit macht, zu etwas, das sich in dieser Welt und in diesem Leben erfüllt.

Deshalb besteht metaphysische Erlösung nicht in Unsterblichkeit, sondern in der Verwirklichung von Ewigkeit in der Zeit. Die dritte Gattung der Erkenntnis hilft mir, meine Endlichkeit, nicht meine Sterblichkeit zu überwinden. Ich bin erlöst, solange ich lebe. Ich genieße einen Zustand zeitloser Notwendigkeit inmitten meiner Dauer, doch wenn ich sterbe, wird alles vorbei sein außer einem unpersönlichen Wesen, einer Idee, die in Gottes unendlichem Verstand existiert. Das bloße Vorhandensein dieser Idee ist mir kein Trost und bedeutet nicht meine Erlösung; es ist nur eine Vorbedingung dafür. Alle Dinge im Universum haben solche Ideen, mein Hund, Kaiser Caligula, sein Pferd, die Bombe von Hiroshima. Was nutzt es zu wissen, daß meine Idee wie die von Caligulas Pferd zeitlos ist? Dadurch wird keiner von uns beiden erlöst. Erlösung bedeutet, daß eine zeitlose Idee Teil meines wirklichen, fortdauernden Bewußtseins geworden ist. Und das kann nur geschehen, solange ich existiere.

Ewigkeit an sich bedeutet keine Erlösung. Ewigkeit wird erst dann zur Erlösung, wenn sie in das Leben des Individuums als eines sterblichen und in der Dauer existierenden Dinges eindringt. Das Ewige beeinflußt das Zeitliche oder wird auf seinem Gebiet verwirklicht. Das allein, meint Spinoza, kann einen existentiellen Unterschied ausmachen und plausibel als weltliche Form der Erlösung gelten, als jener »seltene und schwierige« Lohn, nach dem Spinoza als Philosoph und als Marrane der Vernunft gesucht hat.

7. KAPITEL

Epilog: Spinoza und sein Volk – Der erste weltliche Jude?

Kaum ein Philosoph ist so einsam gewesen wie Baruch Spinoza. Doch ungeachtet der romantischen Legende war seine Einsamkeit nicht sozialer Natur. Im Gegenteil, Spinoza war ein geselliger Mensch, und ihn umgaben treue Freunde wie auch wißbegierige Intellektuelle. Einige Freunde kümmerten sich sogar um seinen Lebensunterhalt, was eine weitere Legende widerlegt: Der einsame und geächtete Spinoza sei, dem Hungertod nahe, gezwungen gewesen, für seinen Broterwerb Linsen zu schleifen, eine Arbeit, die seinen Tod beschleunigt habe. Tatsächlich hatte Spinoza durch die Ausübung dieser außerordentlich anspruchsvollen Kunst zusätzliche Einnahmen, doch er betrieb sie in erster Linie aus Interesse an der Optik, einer Wissenschaft, die damals eine lebhafte Entwicklung erfuhr. Seit Galilei war die Optik für viele Gelehrte ein theoretisch wie praktisch attraktiver Gegenstand. Auch Christian Huygens, der große holländische Naturwissenschaftler (später Sekretär der von Ludwig XIV. gegründeten Académie des sciences), widmete sich zusammen mit seinem Bruder Constantijn dem Linsenschleifen. Und ihre eigenen wissenschaftlichen Experimente weckten ihr Interesse an der Methode Spinozas, die sich von ihrer eigenen unterschied. »Wie steht es mit unserem Juden aus Voorburg?« fragt Huygens seinen Bruder in einem Brief aus Frankreich, womit er sich auf die jüngsten Fortschritte ihres Konkurrenten im Linsenschleifen bezieht. Mit dieser Frage wirft Huygens nicht nur ein Licht auf Spinozas Beschäftigung mit der Entwicklung fortschrittlicher Techniken, sondern indirekt auch auf dessen existentielle Lage als Jude. Aus der jüdischen Gemeinde ausgestoßen, gleichgültig gegenüber dem jüdischen Gesetz und vom Gotte Israels wie von den Göttern aller anderen geschichtlichen Religionen abgewandt, gilt Spinoza, trotz seiner Zugehörigkeit zur internationalen Gelehrtengemeinschaft, noch immer als »unser Jude aus Voorburg«.

An Spinoza zeigt sich daher beispielhaft die Situation des modernen Juden, der – weltlich, sich assimilierend und nur der Nationalität nach Jude – in keine dieser Kategorien so richtig paßt. Unzählige Juden sollten sich in den nachfolgenden Jahrhunderten in einer ähnlich mißlichen Lage finden. Die weltlichen Juden suchten ihr Judentum über ihr Volk (ihre Nationalität) zu definieren; die Assimilierten versuchten ihr Volk zu verlassen und in der nichtjüdischen Gesellschaft aufzugehen. Doch meist wurden sie durch die Haltung der Nichtjuden (oder durch das, was Sartre deren »Blick« nennt) wieder auf ihre jüdische Existenz zurückgeworfen, der sie zu entkommen suchten. Auch Spinoza sah, daß der Jude nicht imstande war, seiner Situation zu entfliehen, wußte aber keinen Ausweg.

Daß die Welt ihn als Juden ansah, prägte Spinozas existentielle, nicht soziale Isolation. Er lehnte es ab, sich einer der kulturellen oder religiösen Gesellschaften seiner Zeit anzuschließen. Er war ein Einsamer, das Individuum par excellence, das einzig nach seinem privaten Dasein und seinen Überzeugungen beurteilt werden will, nicht nach irgendeinem sozialen oder historischen Rahmen, der ihm die wesentlichen Bestandteile seiner Identität zu liefern hätte. Die einzige Einordnung, die Spinoza zumindest theoretisch akzeptierte, war eine politische. Er betrachtete sich als Bürger der Republik der Vereinigten Niederlande, die er sogar als seine »Heimat« bezeichnete. Trotzdem lebte er in vielerlei Hinsicht (ethnisch, sprachlich und zum Teil auch politisch) als Fremder in diesem Land. Als ein Sohn ehemaliger Einwanderer hatte er seine familiären Wurzeln in Spanien und Portugal, den Erzfeinden der Niederlande. Ursprünglich war seine Familie (zumindest nach außen) katholisch, dann jüdisch. Beide Bekenntnisse standen im Widerspruch zu der in der jungen niederländischen Republik vorherrschenden calvinistischen Kultur.

Ebensowenig genoß Spinoza das volle Bürgerrecht, das Christen von Geburt gewährt wurde. Im relativ fremden Milieu des jüdisch-portugiesischen Viertels von Amsterdam geboren, sprach er die Landessprache wahrscheinlich nicht ganz fließend. Ja, es ist unklar, welche der ihm geläufigen Sprachen er vorrangig als seine eigene ansah. Offenbar sprach er als Kind zu Hause portugiesisch; zur gleichen Zeit lernte er Spanisch, das ihm als Erwachsener für Gelegenheitslektüre (Reisebeschreibungen, Dramen, Geschichte etc.) zustatten kam. Später kam Latein hinzu, das er für seine philosophischen Untersuchungen brauchte. Als Kind schon konnte er Hebräisch, allerdings nur als Studiersprache in Schule und Jeschiwa, nicht als lebendige Konversationssprache; und er scheint das Holländische insoweit »eingesogen« zu haben, als es für das praktische Leben erforderlich war, ohne es jedoch zu seiner aktiven Sprache zu machen. Nur eines seiner Werke, die *Kurze Abhandlung*, die etwa zweihundert Jahre nach seinem Tod entdeckt wurde, ist auf holländisch geschrieben, aber einige Forscher vertreten die Ansicht, es handle sich dabei um eine fremde Übersetzung aus Spinozas Latein.

Welches ist also Spinozas eigentliche Sprache gewesen? Mit einem Wort: keine. Wie viele Juden war er polyglott, ohne eine bestimmte Sprache zu haben, in der er ausschließlich und ursprünglich zu Hause gewesen wäre und die sein Leben und sein semantisches Universum beherrscht hätte, so wenig wie es eine bestimmte Gesellschaft gab, der er angehörte. Nachdem er aus der jüdischen Gemeinde ausgeschieden war, hat er in der niederländischen Republik niemals ganz Fuß gefaßt. Seine Zugehörigkeit war mehr ein abstrakt politischer Zustand als wirkliche Lebenserfahrung. Spinoza betrachtete den Staat als unmittelbaren Bezugsrahmen des Individuums, der nicht der Vermittlung durch Religion, Kirche, Körperschaften oder irgendeine andere Institution bedurfte, die beansprucht, ein Staat im Staate zu sein. Eine solche intellektuelle Einstellung unterscheidet sich jedoch deutlich von einem Zugehörigkeitsgefühl im existentiellen Sinne.

Mit dem Sturz der Regierung 1672 und dem Mord an Johan de Witt, dem Führer der Republik und der herrschenden Oligarchie, den Spinoza unterstützt hatte und mit dem er vielleicht befreundet war (wenn auch nicht so eng, wie die Legende vorgibt), entwickelte sich dieser Unterschied zum regelrechten Bruch. »*Ultima barbarorum!*« (der Gipfel der Barbarei) rief Spinoza aus, als de Witt und sein Bruder mitten in Den Haag, nur wenige Straßen von Spinozas Haus entfernt, unter den Augen der Gesetzeshüter vom Mob niedergemetzelt und in Stücke gerissen wurden. Spinozas Reaktion war kein Augenblicksgefühl. Das Messer, das den ermordeten republikanischen Herrscher zerriß, zerriß auch den Staat Spinozas. Die Rückkehr zur Monarchie war von einem Anwachsen der Macht des Pöbels begleitet, denn das Haus von Oranien verdankte seine Stärke den Volksmassen, die es gegen das liberale Bürgertum unterstützten. Monarchie und Mob waren alliierte politische Kräfte, die Spinoza sein Leben lang fürchtete. Mit der Beseitigung der republikanischen Herrschaft schwand wohl auch Spinozas Bindung an sein Heimatland, nicht nur (oder nicht notwendig) wegen seiner Abkunft und seines Nonkonformismus, sondern auch, weil er sich in den im Lande herrschenden politischen Praktiken und Werten nicht wiederfinden und seinen Frieden mit ihnen nicht machen konnte.

In einer Zeit, in der es praktisch für niemanden möglich war, außerhalb des bestehenden religiösen Rahmens zu leben und dort seine Identität zu finden, verließ Spinoza, das Individuum par excellence, die jüdische Gemeinde, ohne jedoch der christlichen Kirche beizutreten. Er verweigerte die Taufe und schloß sich auch keiner der damals in den Niederlanden florierenden radikalen Sekten an: weder den Mennoniten noch den Arminianern, obgleich er mit einigen ihrer politischen Positionen einverstanden war; weder den Quäkern, in deren Diensten er nach seiner Exkommunizierung eine Zeitlang seinen Lebensunterhalt verdiente, noch den Kollegianten, bei denen er in Rijnsburg eine Weile lebte und unter denen er Freunde und Schüler fand. Auch die Bezeichnung »Schüler« bedarf der genauen Bestimmung, denn sie wirft ebenfalls ein Licht auf Spinozas Isolation. Spinozas neue Lehre wurde nicht einmal von der Mehrheit derer richtig verstanden, die sich als seine Schüler ansahen. Sie suchten seine Gesellschaft, gewährten ihm Freundschaft, und manche von ihnen unterstützten ihn sogar finanziell und halfen ihm, seine Werke zu veröffentlichen. Doch letztlich war er allein, denn sie begriffen nicht, was er meinte. Sie konnten seine radikale und doch reiche und differenzierte Position nicht ermessen.

Selbst unter den rationalistischen Philosophen war Spinoza einzigartig bis zur Einsamkeit. Er ging über die Begriffswelt von Descartes und Leibniz hinaus und über den skeptischen Deismus nicht minder als über die Welt des traditionellen Glaubens. Diese anderen Denker postulierten in ihren rationalen Systemen einen »Gott der Philosophen«, behielten jedoch seine außerweltliche Rolle als Schöpfer und Erste Ursache bei. Einzig Spinoza weigerte sich, Gott eine solche Rolle zuzuschreiben. Stattdessen identifizierte er Gott mit der Gesamtheit des Universums. Sein Konzept blieb in den Annalen der Philosophie einzig.[1] Die Folge war, daß Spinoza nicht nur vom traditionellen philosophischen Establishment, sondern auch von den kartesianischen Neuerern und Revolutionären zurückgewiesen und verachtet wurde.

In der Identifikation Gottes mit der Welt liegt eine tiefere Ablehnung von Judentum und Christentum als im gewöhnlichen Atheismus. Spinoza behauptet nicht, es gebe keinen Gott, es gebe nur die niedere natürliche Welt. Eine solche Behauptung ist selbst getränkt mit christlicher Weltanschauung. Spinoza behauptet im Gegenteil, daß aufgrund der Identifikation von Gott und Welt die immanente Wirklichkeit selbst den Status des Göttlichen erlangt. Nur hält das Christentum an und für sich die Welt des Hier und Jetzt für so niedrig und unbedeutend, daß mit der Leugnung einer transzendenten, ihr Sinn gebenden Gottheit die Welt jeglicher Bedeutung beraubt wird. Das Problem und Bestreben moderner Skeptiker und Atheisten hat gewöhnlich christliche Wurzeln und beruht auf christlichen Kategorien. Spinoza ist in seiner Ablehnung christlicher (und jüdischer) Kategorien viel radikaler als gewöhnliche Atheisten – und bildet so auch unter ihnen eine Ausnahme.

Spinoza verweist selbst auf die Seltenheit wahrhaft philosophischer Weisheit, auf ihre einzigartige und schwierige Natur. Nur wenige können zur geistigen Liebe Gottes gelangen und in ihr Verständnis eingeweiht werden. Die Menge reagiert auf philosophische Wahrheit mit Wut und Intoleranz, nicht nur weil diese jenseits ihres Auffassungsvermögens liegt, sondern weil sie ihre Vorurteile bedroht und die geheiligten Bilder, die der Menge vom »Aberglauben«, das heißt von den verschiedenen Formen geschichtlicher Religion, eingeprägt worden sind, unterminiert. Daher Spinozas Motto, vorsichtig zu sein; daher der ambivalente, zuweilen verbergende Stil, den er in seinen freimütigeren Schriften, besonders in seinem Briefwechsel und im *Theologisch-Politischen Traktat* verwendet; und daher auch generell die besondere Strategie, die er in bezug auf das Problem der Menge verfolgt, das er für vorrangig wichtig hält und dem seine Überlegungen zu Politik und populärer Religion gewidmet sind. Spinoza war einer der ersten, wenn nicht überhaupt der erste, der das Problem der Menge als eigenes philosophisches Problem behandelte.

Spinozas Lehren sind daher höchst esoterisch, so wie sie ein Philosoph vorträgt, der weiß, daß nur einige wenige ihm folgen können. Diese Art der Esoterik ist gewöhnlich den Mystikern und geheimen Sekten vorbehalten. Bei Spinoza, dem »Mystiker der Vernunft«, wird sie zu einer Esoterik der dritten Gattung der Erkenntnis. Zweifellos ist allgemeine Vernunft (*ratio*), die sich mit wissenschaftlichen Gesetzen und logischen Schlüssen befaßt, vielen (und mit der Zeit vielleicht der Mehrheit) zugänglich. Aber *ratio* ist nur die niedrigere Stufe der Vernunft, da sie noch unfähig ist, die eigene Persönlichkeit zu verändern oder eine Revolution des inneren Lebens hervorzubringen. *Ratio* liefert keine Basis für die geistige Liebe zu Gott, keinen Schlüssel zur Erlösung und zur Ewigkeit der Seele. Was die synoptische und intuitive Stufe der Vernunft anbetrifft (die Spinoza einfach die »dritte Gattung der Erkenntnis« nennt und in der der Schlüssel zu all diesen Persönlichkeitsveränderungen liegt), so hält Spinoza sie nur für ganz wenige Individuen für erreichbar. »Alles Vortreffliche ist ebenso schwer wie selten«: diese einfachen und großen

Worte beschließen Spinozas Hauptwerk, die *Ethik*. Dieser Satz ist nicht nur ein Widerhall seines lebenslangen Bestrebens, sein eigenes Ideal zu erreichen, nicht nur ein Echo seiner Einsamkeit und Esoterik, sondern vielleicht auch ein Echo der Erfahrung seiner marranischen Vorväter. Wie Spinoza hielten sie standhaft an einer geheimen Wahrheit fest, die allein ihre war: Sie, und nicht die christliche Menge um sie her, besaßen den wahren Schlüssel zur Erlösung. Sie allein wußten, daß Erlösung einzig durch das Gesetz Mosis käme und nicht durch Christus. Spinoza, der »Marrane der Vernunft«, bewahrte (wie wir im zweiten Kapitel gesehen haben) Erfahrungen und Lebensmuster, deren Wurzeln in seinen marranischen, judaisierenden Vorvätern lagen.

Wir sahen, daß Spinoza in den beiden wichtigsten Perioden seines Lebens »Marrane der Vernunft« gewesen ist: als Mitglied der jüdischen Gemeinde, wo er, schon lange vor dem formalen Bruch mit ihr, Zeichen von Häresie zeigte; und später als Mitglied der holländischen Gesellschaft, wo er den größten Teil seiner Gedanken für sich behielt und es vorzog, sie nur sparsam seinen Freunden und »Schülern« zu enthüllen, in zweideutigem Stil zu schreiben, an ein großes Publikum gerichtete Texte anonym zu veröffentlichen und bis zu seinem Ende seine eigentliche philosophische Abhandlung, die *Ethik*, unter Verschluß zu halten. So lebte Spinoza in einer doppelten Spannung zwischen dem Äußeren und dem Inneren, zwischen seinen Gedanken und dem inneren Wirken seines Geistes einerseits und seiner Anpassung an die Gesellschaft andererseits.

In seiner Jugend und seinem frühen Mannesalter zögerte Spinoza mit Rücksicht auf den Vater, seine skeptischen Gedanken in offener Rebellion hervorbrechen zu lassen. Erst nach dem Tode des Vaters kam es zum offiziellen Bruch mit dem Judentum. Doch auch nachdem Spinoza das jüdische Viertel verlassen hatte und unter den Holländern lebte, blieb er ein »Marrane der Vernunft« – nicht weil sein Leben gefährdet war, sondern wegen der Spaltung zwischen seiner inneren Selbsterkenntnis und dem, was er glaubte, leben und sagen zu können. Holland war ein christliches Land, das im calvinistischen Fieber glühte, während Spinoza allen Religionen und deren organisatorischen und begrifflichen Begleiterscheinungen abgeschworen hatte.

Spinozas Parteinahme für die Weltlichkeit macht ihn wirklich zu einem Vorboten der Moderne. Doch das neue Prinzip, das er verkündete, konnte sein eigenes, persönliches Leben nicht ändern, denn dieses Prinzip war in der sozialen Realität noch nicht zu verwirklichen. Da nur ein einzelnes Individuum dieses Prinzip beispielhaft vertrat, war es sein

Schicksal, eine entfremdete Existenz zu erleiden. Die Religionszugehörigkeit war für den Einzelnen der Paß zur gesellschaftlichen Anerkennung. Es war möglich, sich vom Katholizismus abzuwenden, jedoch nur, um statt dessen den Protestantismus (Lutheranertum, Calvinismus etc.) oder in Ausnahmefällen den Islam oder das Judentum anzunehmen. Alle geschichtlichen Religionen abzulehnen war dagegen gleichbedeutend mit der Entscheidung für soziale und existentielle Isolation. Die Mitgliedschaft allein im weltlichen Staat war, wie Spinoza feststellen mußte, noch keine lebensfähige Form der sozialen Identität. Trotzdem drückte er in seiner Person aus, was mit der Zeit zum alles beherrschenden Prinzip des modernen Lebens werden sollte.

Das gleiche läßt sich in Hinsicht auf Spinozas Beziehung zu seinem eigenen Volk und auf das sagen, was wir Säkularisierung des jüdischen Lebens nennen können. Allein und entfremdet, verkörperte er, was spätere Generationen als »jüdischen Säkularismus« bezeichnen sollten. Damit trug Spinoza zur Entstehung einer Erscheinung bei, die zu seinen Lebzeiten weder lebbar noch möglich war.

Spinoza und die Juden

Wir müssen zwischen dem unterscheiden, was Spinoza selbst über das Judentum dachte oder schrieb, und dem, was die besondere Existenz als Jude für ihn bedeutete, ohne daß er sich dessen voll bewußt sein konnte. Zunächst will ich Spinozas Bild vom Judentum und die damit verbundenen Implikationen herausarbeiten sowie gewisse jüdische Motive in der Tiefenstruktur seines Denkens. Dann will ich darüber reden, welche Bedeutung sein Leben für uns heute hat.

Im Zentrum unserer Diskussion steht der Begriff der Weltlichkeit. Spinoza versucht die jüdische Geschichte zu säkularisieren, um Geschichte im allgemeinen zu säkularisieren, und kommt dann dazu, bestimmten impliziten jüdischen Werten universale Bedeutung für die moderne säkulare Welt beizumessen. In beiden Fällen macht Spinoza die jüdische Geschichte zum Modell und Hebel der Weltgeschichte, wenn auch ohne göttliche Vorsehung und ohne Prädestination.

Spinozas Zugang zum Judentum ruht auf einer streng philosophischen Basis, lebendig eingefärbt durch eigene Erlebnisse. Seine philosophische Position steht insofern mit seiner Lehre als ganzer in Einklang, als er versucht, das besondere Schicksal des jüdischen Volkes im Lichte natürlicher Ursachen und ohne Bezug auf göttlich-transzendente Sinngebung zu betrachten. Mit anderen Worten, er wendet den immanenten Zugang auch auf die Geschichte der Juden an. Das jüdische Volk gilt traditionell als der Träger geschichtlicher Bedeutung schlechthin. Zufällig sind es auch Spinozas eigenes Volk und seine Gemeinde, in denen er gehindert war, seine Gedanken frei auszudrücken, in denen er statt dessen herabgewürdigt und unerbittlich aus der Herde vertrieben wurde.

Der rhetorische Kontext

Die Spuren dieser bitteren Erfahrung sind in Spinozas Sprache durchaus wahrnehmbar. Wenn er auf seine jüdischen Mitmenschen zu sprechen kommt, verliert Spinoza seine philosophische Nüchternheit. Seine Schriften verraten den Groll gegen die Widersacher seiner Jugend, gegen die Rabbiner, die seinen Bann sanktioniert oder eigentlich veranlaßt haben. Hier und da hört man auch einen Aufschrei des Herzens, den Schrei eines Juden, der mit seinen Brüdern um die paradoxe Natur einer jüdischen Existenz ringt, in der Glaube und Vernunft unversöhnlich aufeinanderprallen. Hier gibt es keine einfachen Antworten. Trotz seiner Ablehnung der jüdischen *Religion* zeugen Spinozas Werke, wie wir sehen werden, von einem persönlichen, geradezu intimen Gefühl der Verwandtschaft mit dem jüdischen Schicksal und folglich von einem starken Bewußtsein der Entfremdung.[2]

Um den Kontext zu verstehen, müssen wir berücksichtigen, daß Spinoza hauptsächlich für ein christliches Publikum schrieb und daß er versuchte, dessen Aberglauben in Mißkredit zu bringen. Deshalb verwendet er eine rhetorische Sprache, die seinen Lesern und seinen Zwecken angepaßt ist (siehe Kapitel I. 5). Für Spinoza ist das Christentum nicht minder eine *vana religio* als das Judentum. Aber um sein Ziel zu erreichen, muß er offensichtlich die Prinzipien des Christentums akzeptieren und von dessen Standpunkt aus argumentieren. Das ist eine marranische Technik, die, so schwierig sie für ihn auch gewesen sein mag, rhetorisch notwendig war.

Unter anderem aus diesem Grund gewährt Spinoza Jesus eine Vorrangstellung unter den Propheten – jedoch nur als einem Menschen, nicht als göttlichem Wesen. Die Göttlichkeit Jesu hält Spinoza für eine irrationale Vorstellung.[3] Spinoza verwendet hier ein altes jüdisches Argument gegen das Christentum, allerdings vorsichtig in Doppeldeutigkeit gekleidet. Wenn er schreibt, daß er »nicht weiß«, was unter der Vorstellung von der Göttlichkeit Jesu zu verstehen ist, so will er das sicherlich verstanden wissen als: »Die Vorstellung ist absurd und *an sich* sinnlos.« Aber man könnte es natürlich auch lesen als: »Die Vorstellung ist so tiefgründig, daß sie meine geistigen Kräfte übersteigt«, womit er bestimmten Lesern eine Alternative offenläßt.[4]

In Spinozas rhetorischen Rücksichten gegenüber dem christlichen Publikum steckt auch sein antirabbinischer Groll, zum Beispiel wenn er die Rabbiner, für christliche Ohren außerordentlich pejorativ, als Pharisäer bezeichnet.

Wir sollten uns jedoch erinnern, daß schon Da Costa in seiner Polemik gegen das rabbinische Establishment den gleichen Ausdruck verwendet hat und daß Sarkasmen und wüste Invektiven durchaus typisch waren für die innerjüdische Kritik späterer Opponenten an den Orthodoxen. Verglichen mit der Rhetorik aufgeklärter Juden (*maskilim*), Nationalisten, Häretiker und Zionisten Generationen nach Da Costa und Spinoza erscheint Spinozas Schmähung vergleichsweise blaß.

Mit einem Unterschied natürlich: spätere Kritiker, oder die meisten von ihnen, suchten nach einer jüdischen Alternative. Spinoza, zwei Jahrhunderte früher und ohne jede Alternative, wandte sich ganz von der jüdischen Gesellschaft ab. Trotzdem hilft eine solche Erinnerung, um Spinozas Beschimpfungen im rechten rhetorischen Licht zu sehen.

Judentum – Eine politische Religion und ein historischer Anachronismus

Spinozas Bild vom Judentum ist in einer These verankert, die sich sowohl für spätere jüdische Reformatoren als auch für Antisemiten gleichermaßen als nützlich erwiesen hat. Spinoza betrachtet das Judentum als eine wesentlich politische Religion, die speziell für die alten Hebräer als Grundlage ihrer theokratischen Herrschaft konzipiert ist. Nach der Zerstörung des Tempels, als die Juden ihrer politischen Existenz beraubt waren, verlor auch ihre Religion die Bedeutung; das Judentum wurde historisch obsolet und ein Widerspruch in sich.

Diese Auffassung klingt nach christlicher Logik. Schließlich waren die Christen die ersten, die behaupteten, seit Jesus die Welt erlöst habe, sei das Judentum aufgehoben: Gottes »auserwähltes Volk« seien nun die, die der christlichen Kirche angehörten. Doch das ist bloße Rhetorik. Spinoza hält das Judentum nicht für anachronistisch, weil die Auserwählten Gottes nun die Christen seien: Spinoza lehnt gerade den Begriff des Auserwähltseins ab. Nicht ein theologisches Argument erweist das Judentum als obsolet, sondern eine ganz profane Analyse, die die Geschichte als ein natürliches Kausalsystem behandelt, ohne daß dabei göttliche Vorsehung im Spiele wäre.

Das Judentum hat nach Spinoza seinen geschichtlichen Sinn verloren, weil die politische Natur der jüdischen Religion nicht mehr mit dem unpolitischen Dasein der Juden in der Diaspora übereinstimmte. Ohne einen jüdischen Staat ist jüdische Religion überflüssig. Um diese Ansicht zu stützen, muß Spinoza eine sozialgeschichtliche Analyse vornehmen und zeigen, daß das Wesen der alten jüdischen Religion theokratisch war, das heißt eine politische Herrschaft, in der die Gesetze Gottes auch die höchste staatliche Autorität darstellen. Entscheidende Abschnitte der Kapitel 3 und 17 des *Theologisch-Politischen Traktats* sind dieser Analyse gewidmet, Spinozas Alternative zu traditionellen theologischen Interpretationen des Judentums.

Während das methodologische Prinzip Spinozas richtig ist, ist seine Erklärung im einzelnen ungenau. Wie wir wissen, wurde der alte jüdische Staat zeit seines Bestehens von einem unerbittlichen Kampf um seine Umwandlung in eine Theokratie erschüttert. Dieser Kampf wurde jedoch nie wirklich entschieden. Selbst wenn die jüdische Religion, wie Spinoza behauptet, das Ideal eines theokratischen Staates vor Augen hatte, war sie nie stark genug, ihn konkret zu verwirklichen. Vor der Zerstörung des Zweiten Tempels wuchs der Einfluß der Pharisäer beträchtlich (deren Vorstellungen dem theokratischen Modell am nächsten kamen), aber der große Durchbruch ereignete sich paradoxerweise nach der Zerstörung des Zweiten Tempels. Damals erhielt Rabban Jochanan ben Sakkai auf seine Bitte hin vom römischen Kaiser die Befehlsgewalt über »Jawne und seine Provinzen«, um dort ein Zentrum jüdischer Kultur und jüdischen Rechts einzurichten. Rabban Jochanan, über den Spinoza recht gut Bescheid wußte, gilt daher als der Grundsteinleger eines autonomen jüdischen Lebens in der Diaspora. Diese Autonomie basiert auf dem Einverständnis der nichtjüdischen Regierung und auf der gezielten Entwicklung eines Systems rabbinischer Vorschriften als Ersatz für den jüdischen Staat. In dieser Entwicklung wird bis zu einem gewissen Grad auch ein Triumph des pharisäischen Weges gesehen.[5]

Von Spinozas Standpunkt aus ist es absurd und unsinnig, wenn die Gesetze einer Religion, deren ganzer Zweck die politische Verfassung eines konkreten und wirklich theokratischen Staates ist, erst dann beherrschenden Einfluß über die Wirklichkeit erringen, *nachdem* der Staat selbst vernichtet ist. Von nun an können die Pharisäer die Gestalt zukünftiger jüdischer Geschichte bestimmen. Doch unter den gegebenen Umständen sind die theokratischen Gesetze auf verzerrte und absurde Weise übernommen worden. Ohne konkreten Staat schuf die Phantasie, genährt von Frömmigkeit und dem Haß anderer Völker, ein Phantom als Ersatz, und diese bloß vorgestellte »Heimat« wurde von den Juden überallhin ins Exil mitgenommen. Die Juden betrachten sich nicht nur weiterhin als ein eigenes Volk, sondern auch als ein eigenes politisches Gemeinwesen, ganz gleich wie bizarr und unvereinbar mit der Realität das auch sein mag.

Natürlich liegt Spinozas Hauptinteresse in der Gegenwart, wenn er das jüdische Leben im Exil analysiert und von da aus in die jüdische Vergangenheit zurückblickt. In Palästina haben die Juden nie unter einer absoluten Theokratie gelebt. Die fast vollständige Einheit von Gesetz und Religion besteht nur in dem Phantomstaat, den Spinoza kritisiert – und mit dem er, so können wir hinzufügen, einen existentiellen Zusammenstoß hatte. Nur für das Exil kann man wie Spinoza schmerzlich vorwurfsvoll sagen: »Wer von der Religion abfiel, hörte auf, ein Bürger zu sein, und wurde allein deshalb als Feind angesehen.« (*Theologisch-Politischer Traktat*, 17. Kap., S. 254) In einer solchen Realität mußte ein Religionskritiker wie Spinoza auf seine Mitgliedschaft in der jüdischen Gemeinde verzichten. Im alten jüdischen Staat gab es dagegen, sowohl zur Zeit des Ersten als auch des Zweiten Tempels, viele Juden, die die religiöse Autorität nicht anerkannten oder ihre Gesetze übertraten, ohne daß sie als Feinde angesehen wurden. Und es gab solche, die sich (wie die Sadduzäer) auf eine Auseinandersetzung mit der mündlichen Tradition und insbesondere mit dem Prinzip der Theokratie einließen und die trotzdem anerkannte, ja sogar einflußreiche Staatsbürger waren. Leute wie Da Costa und Spinoza wären im alten Israel entschieden besser dran und sicherlich weniger entfremdet gewesen. Und es ist sehr wahrscheinlich, daß Spinoza mit seiner Darstellung der idealisierten und gewissermaßen imaginären Theokratie der alten Israeliten das Negativbild dessen entwerfen wollte, was er für das verkehrte Leben des jüdischen Exils hielt.

Die Fortexistenz der Juden

Auch wenn das Judentum mit der Zerstörung des Tempels seine Existenzgrundlage verloren hat, besteht das jüdische Volk fort. Seit Jahrhunderten bewahrt es fanatisch das Phantom seiner »Heimat«, das in Wirklichkeit im religiösen Aberglauben wurzelt. Überdies behauptet es sich (wie Spinozas Eltern und andere Marranen) sogar angesichts von Zwangsbekehrung und grausamer Verfolgung und kehrt nach Generationen heimlicher Glaubensausübung offen zum Judentum zurück. Logisch betrachtet ist daran etwas Unverständliches, gewissermaßen ein theoretischer Skandal; und empirisch gibt das, zumindest auf den ersten Blick, ein Rätsel auf.

So steht Spinoza auf seine Weise vor demselben Problem, das Juden und Christen gleichermaßen ein Rätsel war: die bewundernswerte Fortexistenz des jüdischen Volkes. Die Juden behaupten, sie seien Gottes auserwähltes Volk, und sie verlangen trotz ihrer Sünden nach Erlösung. Die Christen dagegen behaupten, die Juden seien Gottes auserwähltes Volk *gewesen* und sie seien, weil sie Jesus als Messias ablehnten, selbst von Gott verworfen worden.

Spinoza muß natürlich beide Erklärungen als transzendent zurückweisen. Es bedarf einer ganz natürlichen Erklärung, die auf sozialen und psychologischen Ursachen beruht. Bezeichnenderweise zehrt die zweifache Erklärung, die Spinoza hier anbietet, teilweise von seinem marranischen Hintergrund. Er sagt, was die Juden bewahrt habe, sei von außen der Haß der Nichtjuden gegen die Juden und von innen die Macht ihres religiösen Glaubens (»Aberglaubens«) gewesen.

Der Haß der Nichtjuden gegen die Juden steigert nach Ansicht Spinozas ihre Überlebenskraft. Die Juden unterscheiden sich so sehr von anderen Völkern, daß sie unweigerlich Feindschaft und Ablehnung hervorrufen. Infolgedessen befördert der äußere Druck das Überleben der Juden als Gruppe, auch wenn viele einzelne geächtet werden und für ihr Volk verloren sind. Das ist eine moderne, durchaus weltliche Erklärung, die heute gängig geworden ist (der letzte bedeutende Autor, der sie vertrat, war Sartre).[6] Spinoza war jedoch einer der ersten, wenn nicht gar der erste, der sie so bündig formulierte.[7] Spinozas Ansicht ergibt sich aus der gesammelten Erfahrung des jüdischen Volkes im allgemeinen und aus der seiner marranischen Vorväter im besonderen.

> Heutigentages haben daher die Juden gar nichts mehr, was sie sich vor allen Völkern zuschreiben könnten. Daß sie sich aber so viele Jahre hindurch in der Zerstreuung und ohne eigenes Reich erhalten haben, ist durchaus kein Wunder, nachdem sie sich einmal in einer Weise von allen Völkern abgesondert, die ihnen den Haß aller zugezogen hat, eine Absonderung nicht nur in äußeren Gebräuchen, die den Gebräuchen der anderen Völker entgegengesetzt sind, sondern auch im Zeichen der Beschneidung, das sie gewissenhaft beobachten. (*Theologisch-Politischer Traktat*, 3. Kap., S. 63)

Nach einem Beispiel aus der Geschichte der Marranen (auf das wir noch zu sprechen kommen werden) fährt Spinoza fort:

> Das Zeichen der Beschneidung halte ich dabei für so bedeutungsvoll, daß ich überzeugt bin, dies allein werde das Volk für immer erhalten. Ja, wenn die Grundsätze ihrer Religion ihren Sinn nicht verweichlichen, so möchte ich ohne weiteres glauben, daß sie einmal bei gegebener Gelegenheit, wie ja die menschlichen Dinge dem Wechsel unterworfen sind, ihr Reich wieder aufrichten und daß Gott sie von neuem auserwählt. (Ebd., S. 63)

Da Spinoza, auch wenn er sich mit solch hoch emotionalen Dingen befaßt, auf eine objektive, wissenschaftliche Position aus ist, postuliert er eine Analogie zwischen Juden und Chinesen mit Bezug auf den gleichen anthropologischen Prozeß.

> Ein augenfälliges Beispiel hierfür bieten uns die Chinesen, die auch ein gewisses Zeichen am Kopf aufs gewissenhafteste bewahren, durch das sie sich von allen anderen absondern, und in dieser Absonderung haben sie sich so viele Jahrtausende erhalten, daß sie ihrem Alter nach alle übrigen Völker weit hinter sich lassen. Auch sie haben ihr Reich nicht immer behauptet, aber nachdem sie es verloren, haben sie es wiedererlangt, und ohne Zweifel werden sie es auch noch wiedererlangen, wenn der Sinn der Tataren durch das Wohlleben des Reichtums und durch Bequemlichkeit zu erschlaffen beginnt. (Ebd., S. 63 f.)

Dieser Diskurs über das jüdische Volk sollte in Verbindung mit dem siebzehnten Kapitel gesehen werden. Dort stellt Spinoza fest, daß der Haß der Nichtjuden auf die Juden psychologisch motiviert ist, und zwar durch die eigene Xenophobie der Juden gegenüber den Nichtjuden, die ihrerseits wieder vom jüdischen Überlegenheitsgefühl aufgrund ihres einzigartigen religiösen Glaubens herrührt. Spinoza unterstreicht jedoch auch hier die durch den äußeren Druck erzeugte Solidarität und zitiert noch ein Beispiel aus den Annalen seiner marranischen Brüder:

> Daß aber der Haß der Völker es ist, der sie in erster Linie erhält, das hat schon die Erfahrung gezeigt. Als einst der König von Spanien die Juden zwang, die Landesreligion anzunehmen oder in die Verbannung zu gehen, da nahmen sehr viele Juden die Religion der

> Päpstlichen an. Da aber denen, welche diese Religion angenommen hatten, alle Rechte der geborenen Spanier eingeräumt und sie aller Ehrenstellen für würdig erachtet wurden, vermischten sie sich gleich so mit den Spaniern, daß binnen kurzem keine Spur und kein Andenken mehr von ihnen vorhanden war. Das Gegenteil war bei denen der Fall, die der König von Portugal die Religion seines Reiches anzunehmen zwang. Obwohl sie zu dieser Religion bekehrt waren, lebten sie doch von allen abgesondert, weil eben der König sie aller Ehrenstellen für unwürdig erklärte. (Ebd., S. 63)

Manche Forscher haben Spinozas historische Auffassung mit Recht in Frage gestellt.[8] Wenn er vom Ausschluß der Conversos von »allen Ehrenstellen« spricht, dann bezieht er sich auf die sogenannten »Statuten über die Reinheit des Blutes« (*limpieza de sangre*). Doch seltsamerweise bezieht er sich nur auf die portugiesischen Statuten und läßt die spanischen unbeachtet. In der Tat waren bis Ende des sechzehnten Jahrhunderts die meisten der ursprünglich spanischen Marranen nahezu assimiliert, wohingegen die portugiesischen Marranen sich viele Generationen lang durchhielten. Zudem ist das Wiedererwachen des Marranentums in Spanien Ende des sechzehnten Jahrhunderts auf die Einwanderung portugiesischer Marranen nach Spanien zurückzuführen. Hinsichtlich der für die Marranen geltenden Beschränkungen war, wie Yerushalmi schreibt, in beiden Ländern die Lage mehr oder weniger gleich; in Portugal trat sie nur später ein.[9] Doch als die Regelungen über die Reinheit des Blutes wirksam verschärft wurden, hatte die Assimilation der Marranen in Spanien bereits ihren Höhepunkt erreicht. Ja, als die Vorschriften durch königlichen Erlaß in Kraft gesetzt wurden, blickte Spanien bereits auf hundertsiebzig Jahre marranisches Leben zurück (1391–1566), und sieben Jahrzehnte waren seit der Vertreibung verstrichen, jenem Datum, mit dem Spinoza seine Zählung beginnt. Zwar heben diese Tatsachen Spinozas Irrtum nicht auf, aber sie mildern vielleicht den Vorwurf seiner Kritiker, er habe sich tendenziös, gar hemmungslos über die Fakten hinweggesetzt.[10]

Die oben zitierte Stelle gibt uns einen interessanten Einblick in die geheimen Winkel von Spinozas Bewußtsein sowie einen Eindruck von seinem Selbstbild. Um seine These zu veranschaulichen, wählt Spinoza nicht gewöhnliche Juden, sondern Marranen, und nicht nur judaisierende Marranen, sondern jegliche Conversos, auch solche, die sich willentlich assimiliert hatten. Sie alle bezeichnet er als »Juden«. (Die Bedeutsamkeit dieses *nomen universalis* wird gleich klar werden.) Hier zeigt Spinoza, daß seiner Meinung nach auch die, welche der jüdischen Religion abgeschworen hatten, nicht dadurch bereits von der »Nation« oder vom jüdischen Schicksal getrennt waren – und wenn auch nur aufgrund der feindlichen Haltung der Nichtjuden gegen sie. Zweifellos verwandelt Spinoza hier seine eigene Erfahrung in eine gewagte Verallgemeinerung. Er, Baruch Spinoza, wird weiterhin von anderen als Jude im empirisch-historischen Sinn dieses Wortes angesehen und sieht sich infolgedessen selbst implizit ebenso.

Doch Spinozas implizites Bild ist das eines verlorenen und entfremdeten Juden, gefangen in einem Paradox, weder imstande, positiv als Jude zu leben, noch fähig, seine grundlegend jüdische Identität abzulegen.

Das Bild jüdischer und marranischer Erfahrung in der Ethik

Spinozas Beschäftigung mit diesem Problem findet in seinem rein systematischen Werk, der *Ethik*, eine recht kräftige und erstaunliche Resonanz. Ich beziehe mich auf den dritten Teil des Buches, in dem es vornehmlich um die Psychologie der Gefühle geht. Durchgängig befaßt sich Spinoza hier mehr mit Individual- als mit Sozial- oder Gruppenpsychologie. Er handelt von Freud und Leid, Liebe und Haß, Hoffnung und Furcht und ähnlichem jeweils so, wie sie der Einzelne erfährt. Und dann finden wir uns plötzlich ohne Ankündigung im Reich der Sozialpsychologie, und zwar wenn Spinoza sich mit dem Haß auseinandersetzt, mit jener Form von Haß, die für das Fortbestehen des jüdischen Volkes so entscheidend ist. Dem Stil nach ist dieser Lehrsatz ebenso trocken und wissenschaftlich wie das übrige Buch, trotz seiner geometrischen Rede zeugt er aber von so intensiven Gefühlen, daß er manchmal unter dem Gewicht seiner übermäßig wissenschaftlichen Neutralität zu explodieren scheint.

> Lehrsatz 46. Wenn jemand von einem Angehörigen irgend *einer anderen Klasse oder eines fremden Volkes* in Freude oder Trauer versetzt worden ist, unter Begleitung der Idee von ihm unter dem allgemeinen Namen dieser Klasse oder dieses Volkes als der Ursache, dann wird er nicht bloß diesen einen, sondern auch alle anderen Angehörigen der selben Klasse oder des selben Volkes lieben oder hassen. Beweis: Der Beweis hierfür erhellt aus Lehrsatz 16 dieses Teils. (Hervorhebung Y.Y.)

Ein rätselhafter Lehrsatz: Wie und warum verfällt Spinoza plötzlich aus der Individualpsychologie in diese Sozialtheorie? Oberflächlich gesehen, handelt es sich um einen rein wissenschaftlichen Lehrsatz, den sechsundvierzigsten in einer Deduktionskette, die die mächtigsten Gefühle zerlegt, »als wären sie Punkte, Flächen und Körper«. Analog könnte der Inhalt dieses Satzes im Grunde für jede andere »Klasse« oder jedes andere »fremde Volk« gelten, die durch eine solche Assoziation, wie sie im Text beschrieben wird, zum Gegenstand entweder von Liebe oder wahrscheinlicher und der Intention des Autors eher entsprechend zum Gegenstand von Haß werden. Was hingegen unter der trockenen soziologischen Verallgemeinerung und ihrer ungewöhnlichen Stellung innerhalb des Textes hervorbricht, ist das einzigartige Schicksal des jüdischen Volkes und in ihm das Schicksal der Marranen. Wer sonst als die Mitglieder dieser »Nation« (*natio*; *nação*, wie sie in Portugal gemeinhin genannt wurden) hatte kollektiv derart unter dem Haß und den Vorurteilen zu leiden, die von böswilligen individual-kollektiven Stereotypen genährt wurden? Zudem handelt es sich um Spinozas eigene »Nation«, die unter eben diesem »Allgemeinbegriff« (*nomen universalis*)[11] subsumiert wird, so daß er, auch nachdem er sich aus der Gemeinde zurückgezogen hat, weiterhin leiden muß. Offenbar ist dieser implizite Bezug auf die »Nation« der Marranen und auf das jüdische Volk insgesamt dafür verantwortlich, daß dieser ungewöhnliche Lehrsatz in der Deduktionskette der *Ethik* erscheint.

Nicht minder bemerkenswert als der Lehrsatz selbst ist sein Beweis. Als Beweis nennt Spinoza einfach einen bestätigenden Lehrsatz, der in der Lehrsatzkette etwa dreißig Schritte entfernt ist. Das unterstreicht den Status von Lehrsatz 46 als formalisierte »flüchtige Bemerkung«, die ebenso an irgendeiner anderen Stelle eingefügt sein könnte. Spinoza entscheidet sich, sie gerade hier einzufügen, weil es an dieser Stelle um Haß geht: denselben Haß, der Juden und Marranen vor dem Untergang bewahrt hat und dem auch Spinoza notgedrungen ausgesetzt ist.

So könnte ein scharfsichtiger Leser diesen trockenen, lakonischen Beweis, der in seiner Einfachheit so schockierend scharf ist, ergänzen und schreiben:

> Beweis: Der Beweis hierfür erhellt aus Lehrsatz 16 dieses Teils *und aus der gesamten Geschichte der Juden und Marranen.*

Spinoza hat das nicht geschrieben, aber es muß über seiner Feder geschwebt sein.

Die Macht des Aberglaubens

Der Haß der Nichtjuden ist nicht die einzige Erklärung, die Spinoza für das erstaunliche Überleben der Juden gibt. Er postuliert auch eine dem jüdischen Leben inhärente Erklärung: die einzigartige Kraft des jüdischen Glaubens. Als Philosoph muß Spinoza diesen Glauben als »Aberglauben« ablehnen, doch ist er gezwungen, seine Macht als ein natürliches Phänomen anzuerkennen, das ihm ambivalente Gefühle wie Empathie und Bewunderung abnötigt. Wie wir sehen werden, spricht aus Spinoza auch hier wieder die marranische Erfahrung und färbt seine These.

Diese zusätzliche Erklärung wird im siebzehnten Kapitel des *Theologisch-Politischen Traktats* erwähnt, tritt aber in Spinozas Briefwechsel noch deutlicher zutage. Spinoza schreibt an einen gläubigen, wenig begabten jungen Mann namens Albert Burgh, der nach Rom gegangen und Katholik geworden war. Dieser hatte Spinoza in der Absicht geschrieben, ihn von der Wahrheit des katholischen Glaubens zu überzeugen. Spinoza antwortet barsch und in einem Ton, dessen er sich nicht oft bedient:

> O Sie geistverlassener Jüngling, wer hat Sie so verhext, daß Sie glauben jenes höchste und ewige Wesen verschlingen und in den Gedärmen haben zu können? (*Briefwechsel*, 76. Brief, S. 286)

Solche Verspottung der Eucharistie war bei Juden im Mittelalter und bei judaisierenden Marranen in Spanien und Portugal (wie auch unter den radikalen Protestanten) verbreitet. Der übrige Brief ist ebenfalls voller antikatholischer Sarkasmen. Wir müssen auf diesem Hintergrund lesen, was Spinoza über die Juden sagt.

Burgh hatte seinen neuen Katholizismus damit gerechtfertigt, daß sich die Kirche Gottes in ununterbrochener Folge fortgepflanzt habe, wodurch eine Generation nach der anderen in Besitz der katholischen Botschaft gekommen sei. Spinoza, der ehemalige Jeschiwa-Schüler, der mit den Schriften von Rabbi Jehuda Halevi und anderen wohl vertraut war, antwortet: »Das ist bei den Pharisäern [d. h. den Rabbinern] ganz dieselbe Leier ... die mit ähnlicher Hartnäckigkeit wie die Zeugen der Römer Gehörtes als Selbsterlebtes berichten.« (Ebd., S. 287) Der entrüstete Spinoza merkt nicht, daß er wenige Zeilen später in die gleiche Falle gerät. Und während er zweifellos an sich, nicht nur an Jesus denkt, fügt er inzwischen hinzu:

> Zweifellos sind alle Ketzer aus den Pharisäern hervorgegangen, während diese beständig, so viele tausend Jahre hindurch, ohne irgendwelchen staatlichen Zwang, bloß durch die Wirksamkeit des Aberglaubens bestehen geblieben sind. (Übersetzung modifiziert, Y.Y.; vgl. ebd., S. 287)

Wiederum stehen wir vor dem Wunder, dem Skandal, dem Anachronismus: Wie kann dieses jüdische Volk apolitisch, ohne einen Staat und ohne eine Regierung fortbestehen? Diesmal beruft sich Spinoza mit seiner Antwort nicht auf den Haß der Nichtjuden, sondern auf den »Aberglauben«, eine Bezeichnung, die er für alle geschichtlichen (für die jüdische wie für die nichtjüdischen) Religionen gleichermaßen verwendet. Was die Juden unterscheidet und ihrem Glauben eine solche »Wirksamkeit« verleiht, ist ihre besondere (widerrationale) Leistung, Patriotismus (das heißt Heimattreue) in Treue zu ihrem religiösen Aberglauben umzumünzen. So kommt es zu Erscheinungen von Heldentum und Selbstaufopferung, die Spinoza, der rationalistische Philosoph, aber auch Marranensohn, irritiert-ehrfürchtig und mit einer Mischung aus Widerwillen und Faszination betrachtet. Wenn er von jüdischem Märtyrertum spricht, wird erneut sein marranischer Hintergrund sichtbar. Ohne seine Abneigung gegenüber religiösem Fanatismus abzuschwächen, beweist diese Abneigung die Affinität und Empathie, die Spinoza mit all denen gemein hat, die das Erhabene wahrnehmen können, ohne seine Quellen gutzuheißen.

> Aber worauf sie sich am meisten zugute tun, ist, daß sie weit mehr Märtyrer zählen als irgendeine Nation, und daß die Zahl derer, die für den von ihnen bekannten Glauben mit besondrer Seelenstärke leiden, noch täglich wächst. Das ist keine Lüge: ich selbst weiß unter anderen von einem gewissen Juda, genannt der Treue, der mitten in den Flammen, als man ihn schon tot glaubte, eine Hymne zu singen begann, »Dir, Gott, befehle ich meine Seele«, und der so mitten im Gesang den Geist aufgab. (Ebd., S. 287)

Dabei bemerkt Spinoza nicht, daß er wie die Pharisäer, die er mißbilligt, nahe daran ist, »Gehörtes als Selbsterlebtes [zu] berichten«. Spinoza konnte unmöglich Augenzeuge dieses Ereignisses gewesen sein. Die Inquisition betätigte sich auf der Iberischen Halbinsel (und in Amerika); Spinoza dagegen hat die Niederlande nie verlassen. Seine Kindheit war jedoch reich an Berichten und Geschichten über die Inquisition und ihre

Autodafés, und diese können sich dem Bewußtsein des Knaben so tief eingeprägt haben, daß er sie später so lebhaft erinnerte, als habe er sie wirklich selbst erlebt.[12]

Wer war »Judah, der Treue«? Es war »Judah, der *Gläubige*«, über den der rekonvertierte Marrane Isaac Cardoso in seinem Buch *Las excelencias y calumnias de los Hebreos* (1679) schreibt. Dieser Judah (mit ursprünglichem Namen Don Lope de Vera y Alarcon) war kein Marrane, sondern konvertierter Christ, der sich selbst beschnitten und Hebräisch erlernt hatte. Von der Inquisition gefangengenommen, weigerte er sich zu widerrufen und bestieg, Psalmen singend, den Scheiterhaufen. Daß Spinoza ihn »den Treuen« und nicht »den Gläubigen« nennt, zeigt meiner Meinung nach, daß Spinoza hier in hebräischer Sprache und in hebräischen Assoziationen denkt. Die Wörter *creyente* und *fidus* haben weder im Spanischen noch im Lateinischen die gleiche Wurzel. Im Hebräischen hingegen haben die beiden Wörter (*mahamin, neheman*) dieselbe Wurzel (*amn*) und sind nahe verwandt. Und wenn Spinoza hier irrt, ohne es zu merken, beweist das, wie tief die hebräische Sprache seinem Geiste eingewurzelt war.

Es kann natürlich auch ein Freudscher Versprecher sein, ein Symptom für Spinozas tiefe Gespaltenheit hinsichtlich des Märtyrertums. Als rationalistischer Philosoph fühlte er sich von religiösem Fanatismus nicht nur abgestoßen, sondern war, wie er zugab, unfähig, Selbstmord und Selbstverleugnung zu verstehen. Das ist für Spinoza (wie für Hobbes) ein generelles philosophisches Problem, das mit dem Judentum nichts zu tun hat. Hinzu kommt, daß Spinoza als Kritiker des Judentums Märtyrertum als Fanatismus und Verrücktheit hätte ablehnen müssen. Statt dessen fühlt er sich von der Erhabenheit dieses Phänomens nicht nur stark angezogen, es spielt auch in seinem eigenen Leben eine schmerzliche und ambivalente Rolle. Und war nicht schließlich er, Spinoza, vom jüdischen Standpunkt geradezu das Gegenteil eines Märtyrers? Kurz vor Spinozas Bann war die Amsterdamer Gemeinde von einem anderen Fall marranischen Märtyrertums schockiert, als Abraham Nuñez Bernal in Spanien auf den Scheiterhaufen kam (siehe Kap. I. 1). Der Gegensatz war jedem offenbar – nicht zuletzt Spinoza selbst. Er, der Häretiker, muß die Gemeinde als Verräter verlassen; der andere opfert für seinen Glauben sein Leben und wird als Held gefeiert. Dieser Gegensatz kerbte sich tief in Spinozas Bewußtsein ein und kehrt dann plötzlich in einer Schlüsselpassage des *Theologisch-Politischen Traktats* wieder:

> Darum waren in diesem [dem hebräischen] Staate bürgerliches Recht und Religion ... ein und dasselbe. Die Dogmen der Religion

> waren nämlich nicht Lehren, sondern Rechtssätze und Befehle, Frömmigkeit galt als Gerechtigkeit, Gottlosigkeit als Ungerechtigkeit und Verbrechen. *Wer von der Religion abfiel, hörte auf, ein Bürger zu sein, und wurde allein deshalb als Feind angesehen; wer für die Religion starb, der galt als fürs Vaterland gestorben.* (*Theologisch-Politischer Traktat*, 17. Kap., S. 254; Hervorhebung Y. Y.)

Eine sehr aufschlußreiche Passage, die zugleich Spinozas allgemeine These über das Judentum und seine ganz persönliche Erfahrung enthält. Die Personen, auf die sich das Ende des Zitats bezieht, sind keine abstrakten Typen, sondern haben Namen: Der eine ist Spinoza, der andere Nuñes Bernal. In einem schmerzlichen Akt der Selbstverständigung, in der Reflexion über seine eigene Situation, vermag Spinoza durch diese hindurch die allgemeine Struktur des Judentums als ein Ganzes zu sehen. Hier liegt die existentielle Quelle seiner These über die politische Natur der jüdischen Religion. Diese politische Natur zwang ihn, als er zum Ungläubigen wurde, sein »Bürgertum« in der jüdischen Gemeinde aufzugeben; und dieselbe politische Natur bringt das Märtyrertum im Judentum zu Ansehen; es wird zur Verteidigung des Phantoms »Heimat«, das die Juden in ihrer abergläubischen Phantasie mit sich tragen, wo immer sie hingehen, und um dessentwillen sie zu Handlungen fanatischer Tollkühnheit und Erhabenheit fähig sind.

Das Zusammenspiel von Haß der Nichtjuden und Aberglaube, den beiden Elementen, die den Bestand der Juden gesichert haben, wird im siebzehnten Kapitel des *Theologisch-Politischen Traktats* erklärt; man sollte dieses Kapitel als Ergänzung zum dritten Kapitel lesen. Doch finden sich im siebzehnten Kapitel noch eine Reihe neuer Punkte. Zum Beispiel zeigt sich, daß die einzigartige Verschmelzung von Patriotismus und religiöser Frömmigkeit bereits im alten Staat existierte und im Exil bloß nachgeahmt wurde. Des weiteren lesen wir, daß der Haß der Nichtjuden gegen die Juden das Ergebnis des jüdischen Hasses gegen die Nichtjuden ist, der von ihrem Aberglauben und ihrem Bewußtsein der Einzigartigkeit und Überlegenheit genährt wurde. »War es doch ein Haß, der aus tiefer Verehrung oder Frömmigkeit entsprang und der für fromm gehalten wurde, und einen tieferen und hartnäckigeren Haß kann es nicht geben« (17. Kap., S. 267), so erwiderten die anderen Völker diese Gefühle der Juden und zahlten sie ihnen »mit dem erbittertsten Haß« zurück. All das, fügt Spinoza hinzu, war geeignet, »den Sinn der Hebräer zu stärken, daß sie fürs Vaterland alles mit einzigartiger Standhaftigkeit und Tapferkeit ertrügen« (ebd., S. 268). Das siebzehnte Kapitel ergänzt die Bemerkungen Spinozas über die Fortexistenz der Juden am Ende des dritten Kapitels. Liest man die beiden Abschnitte als eine Einheit, entdeckt man, daß Spinoza beide Gründe für die Fortexistenz der Juden anführt, nicht nur den Haß der Nichtjuden (wie Yerushalmi offenbar glaubt).[13] Religiöser Aberglauben veranlaßt die Juden, auf Nichtjuden herabzusehen und sie zu hassen. Das wiederum nährt den Haß der Nichtjuden gegen sie selbst, was ihre innere Solidarität und Widerstandskraft noch erhöht. So erklärt das wechselseitige Zusammenwirken des internen und des externen Faktors das Phänomen.

Die Marranen und der existentielle Antisemitismus

Wie Spinoza aus eigener Erfahrung und aus der Geschichte der Marranen wußte, kann der externe Faktor noch lange weiterwirken, nachdem der interne Faktor seine Gültigkeit verloren hat. Aus diesem Grunde glaubte Spinoza offenbar, daß die Juden, selbst wenn sie als einzelne vollkommen säkularisiert würden, dennoch als Gesamtheit weiterhin Juden wären (und auch als solche bezeichnet würden); insofern würde der Haß der Nichtjuden sie in perpetuo erhalten.

Es war daher außerordentlich scharfsichtig von Spinoza, zur Illustration seiner Thesen die Marranen und nicht gewöhnliche Juden zu wählen. Die Marranen litten schon etliche Jahrhunderte vor Beginn des modernen Antisemitismus unter einer besonderen Form des Antisemitismus. Zum ersten Mal in der jüdischen Geschichte stammte der Antisemitismus nicht aus der Gegnerschaft zur jüdischen Religion, sondern aus der Feindseligkeit gegen die jüdische Existenz selbst: Es war ein existentieller Antisemitismus. Der Converso, der die jüdische Religion verleugnete und ernsthaft versuchte, sich der christlichen Gesellschaft zu assimilieren, sah sich aufgrund seiner Vorfahren und seines Blutes immer noch diskriminiert. Dieser existentielle Antisemitismus tauchte im neunzehnten und zwanzigsten Jahrhundert erneut auf und fand in den Gaskammern von Auschwitz seinen unerbittlichsten Ausdruck. Seine frühe Form finden wir in Iberien in den späten Tagen der Renaissance. Der von den modernen Antisemiten geprägte Begriff der »rassischen Reinheit« und der von ihren iberischen Vorläufern geprägte Begriff der »Reinheit des Blutes« sind zwei Seiten ein und derselben Medaille: Der Haß gegen den Juden beruhte nicht mehr auf dessen Religion, sondern ankerte in seinem bloßen Dasein. Schon in der Existenz des Juden sah man etwas Makelhaftes, Verachtenswertes, Abstoßendes. Der Jude kann sich zum

Christentum bekehren oder wie Spinoza jegliche Religion aufgeben; ob er will oder nicht, wird er weiterhin unter den »allgemeinen Namen« subsumiert, wie es im Lehrsatz 46 heißt, und damit ein Gegenstand des Hasses bleiben.

Auschwitz ist die logische Folge dieser Art von Antisemitismus; denn wenn das Stigma geradezu in der Existenz des Juden liegt, dann kann es nur durch physische Ausrottung getilgt werden. Doch die iberische Inquisition dachte nicht im Traum daran, so weit zu gehen. Im Mittelalter und in der Renaissance war Exil das übliche Verfahren, die Juden loszuwerden. Erst die »aufgeklärte« moderne Epoche machte tatsächlich physische Ausrottung möglich. Durch die Geschichte der Marranen konnte Spinoza eine Tiefenstruktur der jüdischen Existenz erspähen: Er machte eine Entdeckung, die er begrifflich noch nicht fassen konnte, nämlich daß die jüdische Existenz mehr ist als die jüdische Religion und daß beide nicht einfach gleichgesetzt werden können.

Spinozas »Zionismus«

War Spinoza insgeheim »Zionist«? Vielleicht sah er in der Erneuerung der jüdischen Souveränität eine Antwort auf die Anomalie der jüdischen Existenz im Exil. Jedenfalls betrachteten drei Generationen von Zionisten ihn als ihren Vorläufer – alle auf der Grundlage seiner etwas dunklen, wenn auch bewegenden Bemerkungen am Ende des dritten Kapitels des *Theologisch-Politischen Traktats*. Nach der Erklärung, daß der Haß der Nichtjuden für den Fortbestand der Juden verantwortlich ist, fährt Spinoza fort:

> Das Zeichen der Beschneidung halte ich dabei für so bedeutungsvoll, daß ich überzeugt bin, dies allein werde das Volk für immer erhalten. Ja, wenn die Grundsätze ihrer Religion ihren Sinn nicht verweichlichen, so möchte ich ohne weiteres glauben, daß sie einmal bei gegebener Gelegenheit, wie ja die menschlichen Dinge dem Wechsel unterworfen sind, ihr Reich wieder aufrichten und daß Gott sie von neuem auserwählt. (3. Kap., S. 63)

Diese Stelle steht in dem »Von der Berufung der Hebräer« überschriebenen Kapitel, das die Aufgabe hat, das gesamte Konzept der Auserwählung zu zerstören. Spinozas Verwendung des Ausdrucks *Gottes Auserwählung* ist in Wahrheit metaphorisch und bedeutet »erfolgreiche politische

Existenz«.[14] Er behauptet, auch aus der Sicht der Bibel (eine Sicht, die er in rhetorischer Absicht einnimmt) beziehe sich die Auserwählung der Hebräer einzig »auf ihr Reich und auf leibliche Annehmlichkeiten« (S. 64). Das impliziert auch, daß die Auserwähltheit zeitlich begrenzt und nicht ewig ist; und während Spinoza als Philosoph keine von beiden anerkennt, benutzt er Sprache und Autorität der Bibel als Waffe gegen sie selbst. Wenn die »Auserwähltheit« der Hebräer ein bloß zeitgebundenes, irdisches (ja, empirisches) Ereignis ist, bleibt nichts von der Idee eines ewigen, transzendenten Auserwähltseins. Daher bestreitet Spinoza die Idee einer »historia sacra« ganz und gar, indem er die jüdische Geschichte und konsequenterweise die gesamte Menschheitsgeschichte säkularisiert. Alles geschieht in Übereinstimmung mit den Naturgesetzen, das ist die Bedeutung (und zum Teil die Absicht) der Bemerkungen Spinozas über die Rückkehr nach Zion.

Obwohl Spinozas Anliegen streng philosophisch ist, hat es einen besonderen Bezug zu aktuellen Problemen seiner Zeit. Spinoza schreibt nur wenige Jahre nach dem von Sabbatai Zwi geschürten Aufruhr. Der falsche Messias hatte eine Welle mystischen Enthusiasmus' in der ganzen jüdischen Diaspora, von Marakesch bis Wilna, von Thessaloniki bis Hamburg entfesselt. Die Auswirkung war in Amsterdam besonders heftig, wohl wegen des marranischen Hintergrunds der Amsterdamer Juden.[15] Spinoza muß, auch wenn er nicht mehr der Gemeinde angehörte, recht gut informiert gewesen sein. Dieser Ansicht war zumindest Oldenburg, der Sekretär der Royal Society in London (wo chiliastische Gefühle ebenfalls verbreitet waren). Er schreibt in einem Brief an Spinoza:

> Hier [ist] in aller Munde ein Gerücht von der Rückkehr der mehr als 2000 Jahre zerstreuten Israeliten in ihr Vaterland. Nur wenige glauben es hierorts, aber viele wünschen es. Wollen Sie Ihrem Freunde mitteilen, was Sie darüber hören und was Sie davon halten ... Ich bin begierig zu erfahren, was die Amsterdamer Juden darüber gehört haben und welchen Eindruck eine derartige Nachricht auf sie macht, die, wenn sie wahr wäre, doch offenbar eine allgemeine Weltkatastrophe im Gefolge haben würde.[16] (*Briefwechsel,* 33. Brief, S. 153 f.)

Wir kennen Spinozas Antwort nicht. Vielleicht hat er nie geantwortet, vielleicht ist sein Brief verlorengegangen oder vernichtet worden. Im dritten Kapitel des *Theologisch-Politischen Traktats* gibt er jedoch eine indirekte Antwort, nicht nur Oldenburg und seinen Freunden, sondern den

Sabbatianern selbst (und auch Spinozas altem Freund und Gegner Isaac La Peyrère, dem Autor von *Du rappel des Juifs*). Diese Antwort stellt eine Antithese zur sabbatianischen Unruhe und Verrücktheit dar (wie Spinoza sie auffassen mußte) und zugleich eine andere – rationale und säkulare – Version der messianischen Sehnsucht, die dunkel in den Herzen der Sabbatianer schlug. Da alles Menschliche vergänglich ist, sagt Spinoza, ist auch die Erneuerung des jüdischen Staates nicht unmöglich;[17] wenn aber die Rückkehr nach Zion stattfinden sollte, dann aufgrund der immanenten Naturgesetze und nicht aufgrund von Vorsehung, durch göttliches Auserwähltsein oder Messianismus. Für Spinoza ist die jüdische Version der Erlösung (traditionell als »Befreiung von der Herrschaft der Völker« verstanden) nicht ohne Sinn, aber ihr Inhalt ist gänzlich geschichtlich und weltlich.[18]

Das also ist der Sinn von Spinozas »zionistischem« Ausspruch, auf den sich spätere Zionisten beriefen. Sie haben nicht gesehen, daß Spinoza nicht die Errichtung eines jüdischen Staates propagiert; er hält ihn nur unter den Bedingungen der säkularen Geschichte für eine Möglichkeit. Überdies schließt die Logik seiner Position eine solche Empfehlung theoretisch aus. Gewiß, ein jüdischer Staat würde einen großen Bruch im jüdischen Leben heilen, nämlich die Kluft zwischen dem politischen Wesen des Judentums und dem apolitischen Charakter der jüdischen Existenz in der Diaspora. Doch das würde die Erneuerung der alten theokratischen Herrschaft zur Folge haben, eine Lösung, die Spinoza unter keinen Umständen akzeptieren könnte, denn als politischer Philosoph tritt er für religiöse Toleranz und die Trennung von Kirche und Staat ein.

Wäre dann nicht ein säkularer jüdischer Staat eine Lösung? Vermutlich gäbe er den Juden eine greifbare Heimat zurück, höbe die ihrer gegenwärtigen Situation innewohnende Entfremdung auf und ermöglichte einem Menschen wie Spinoza, in einem jüdischen Milieu als gleichberechtigter »Bürger« zu leben. Aus dieser Sicht scheint der heutige Staat Israel (solange er säkular bleibt) für viele der Grundprobleme, mit denen Spinoza sich plagte, eine Lösung zu bieten.

Das ist jedoch eine anachronistische Lösung, die in einer gänzlich anderen Situation wurzelt. Zu Spinozas Zeiten hätte sie keine soziale Basis gehabt und war nicht einmal ein Schimmer am Horizont des Bewußtseins. Nach Spinoza sollte natürlich jeder Staat weltlich sein, das ist seine grundlegend neue Botschaft an das Zeitalter, das er einleitete. Aber ein säkularer jüdischer Staat war für ihn noch unvorstellbar.

Aus seiner eigenen Erfahrung und der marranischen Geschichte heraus markiert Spinoza die Kluft zwischen der jüdischen Religion und der jüdischen Existenz, gibt ihr aber keine theoretische Untermauerung. Weder definiert er die Kluft positiv, noch entwickelt er daraus das Konzept einer von der Religion getrennten jüdischen »Bestimmung« oder einer von ihr unabhängigen »Nation«. Wir könnten sagen, Spinoza fehlten die theoretischen Mittel, um in Worte zu fassen, was er existentiell erfahren hat. So gesehen, war er nicht nur seiner Zeit, sondern tatsächlich auch sich selbst voraus: Sein Leben war weiter als der Stand seines eigenen Bewußtseins.

Noch hält Spinoza an einigen im jüdischen Bewußtsein besonders tiefsitzenden Motiven fest: der Ewigkeit Israels, der Vision von der Erlösung (als politische Befreiung verstanden) und dem Bund mit Gott, versinnbildlicht in der Beschneidung. Aber sich selbst treu, unterwirft er sie alle einer äußerst prosaischen, natürlichen und säkularen Interpretation. Die Ewigkeit Israels beispielsweise ist zufällig und von Ursachen abhängig, wie sie ähnlich auch bei den Chinesen gelten. Ein jüdisches Ohr mag von dem Vergleich beleidigt sein, aber so paraphrasiert Spinoza, der jüdische Häretiker, die Worte des Propheten Amos zugunsten seines neuen Gottes Natur: »Ihr seid mir nicht mehr als die Kuschiter, ihr Israeliten« (Amos, 9,7). Mit anderen Worten, auch ihr seid wie andere Völker den Naturgesetzen unterworfen, die allein Ausdruck von Gottes »Willen« und »Ratschlüssen« sind. Auch ihr seid demselben Kausalsystem der säkularen Geschichte unterworfen, die die einzige ist, die es gibt. Daraus folgt nicht, daß an der jüdischen Geschichte nichts Einzigartiges ist, im Gegenteil, mit Sicherheit gibt es so etwas. Und wer könnte das besser wissen als der Sohn rekonvertierter Marranen, die auf diese Weise die gleichsam messianische Hoffnung, *esperanza*, erfüllt haben, die sie in ihrem »Exil« in Iberien begleitet hatte? Dennoch ist auch die Einzigartigkeit des Judentums das Ergebnis natürlicher Ursachen. Und wenn die Hoffnung auf Rückkehr sich jemals verwirklichen sollte, so wird das allein durch Vermittlung weltlicher Geschichte geschehen.

Darin liegt vielleicht eine bedeutsame Botschaft an den modernen Zionismus, der ja beschloß, nicht auf eine transzendente oder messianische Erlösung zu warten, sondern für eine jüdische Erlösung im Lauf der weltlichen Geschichte zu arbeiten. Spinoza mag Zionismus nicht als ein Ziel definiert haben, aber er gab den methodischen Ansatz dafür. Zionismus kann nur als Entwicklung innerhalb der säkularen Geschichte sinnvoll sein und nicht als mystische Lehre über ein auserwähltes Volk, das von Gott unter dem Trommelschlag des Messias zu seinem geheiligten Land geführt wird. Alles, was Spinoza über *vana religio* gesagt hat, gilt für den falschen Messianismus und den religiösen Fanatismus, die heute den

Staat Israel gefährden. Spinoza, der sündige Jude, der Häretiker, der verfrühte Weltbürger, der auf den Irrsinn des sabbatianischen Messianismus mit der Feststellung antwortete, es gebe einzig weltliche Geschichte und sie müsse respektiert werden, wenn sich die jahrhundertealten Hoffnungen der Juden erfüllen sollen – er kann in dieser Hinsicht seinem Volk immer noch ein zeitgemäßer Ratgeber sein.

Elemente von Spinozas jüdischem Selbstbild

Bis zu welchem Grad blieb Spinoza in einem subjektiven Sinn jüdisch? Ich will kurz die teilweise schon erwähnten Belege dafür anführen, daß auf verschiedenen Ebenen von Spinozas Bewußtsein ein jüdisches Selbstbild fortbesteht.

Conversos beispielhaft für Juden Daß Spinoza Marranen als Beispiel für die jüdische Geschichte heranzieht, zeigt, daß er auch sich selbst auf irgendeiner Ebene seines Bewußtseins als Juden sieht – vielleicht aus deterministischer Notwendigkeit. Er zitiert nicht nur judaisierende Marranen, sondern die gesamte Converso-»Nation«, einschließlich derer, die erfolglos versuchten, sich dem Christentum zu assimilieren. Sie alle nennt er direkt und ohne Doppelsinn »Juden«. Daher paßt diese Bezeichnung auch auf ihn. Zwar war Spinoza ein Marrane der Vernunft und nicht des Christentums, doch wiederholt sich bei ihm deren Lebensmuster, und unabhängig von seinen Ansichten war seine Zugehörigkeit zur selben Gruppe oder »Nation«, wie er wußte, unaufhebbar.

Das Schicksal der »Nation« Ähnlich impliziert der Lehrsatz 46 im dritten Teil der *Ethik*: 1. die strukturelle Übereinstimmung von Juden und Marranen; 2. aufgrund des »allgemeinen Namens« Spinozas Zugehörigkeit zu beiden Gruppen und folglich zum gemeinsamen Schicksal der Mitglieder dieser »Klasse« oder »Nation«.

Die Akzeptanz der jüdischen Lebensumstände Allgemeiner können wir sagen, Spinoza bleibt »unser Jude aus Voorburg« nicht nur in den Augen der Nichtjuden, sondern auch in seinen eigenen. Seine Weigerung, und sei es nur um des äußeren Anscheins willen, Christ zu werden, zeigt ebenfalls seine besondere Bewußtheit, nicht nur seine abstrakte geistige Integrität. Sie zeigt, daß Spinoza die Unausweichlichkeit seines Schicksals verstanden und internalisiert und es zum Bestandteil seines wirklichen Bewußtseins gemacht hat, wie es der spinozistischen Ethik entspricht. In dem »allgemeinen Namen« jüdische »Klasse oder Nation« ist auch Spinoza mit eingeschlossen, und daher ist er naturnotwendig demselben gemeinsamen Schicksal unterworfen. Indem Spinoza die Naturgesetze als entscheidenden und alleinigen Ausdruck der »göttlichen Ratschlüsse« annimmt (oder unmetaphorisch gesagt, als eine immanente, rationale, von Gott als der Totalität des Seins herstammende Notwendigkeit), akzeptiert er, Jude zu sein, und versucht nicht, dem zu entgehen. Als Individuum kann er jedoch für sein heterodoxes Jüdischsein keinen positiven Ausdruck finden und bleibt entfremdet, ein Opfer zweifacher Ausgrenzung. Mit den Worten des scharfsichtigen Heine: »Er wurde feierlich ausgestoßen aus der Gemeinschaft Israels und unwürdig erklärt, hinfüro den Namen Jude zu tragen. Seine christlichen Feinde waren großmütig genug, ihm diesen Namen zu lassen.«[19]

Nebenbei: zweifache Ausgrenzung war auch das Los der iberischen Marranen. Die Nichtjuden lehnten die christlichen Konvertiten unter ihnen als Juden ab, und die Rabbiner (oder zumindest die meisten von ihnen) lehnten die Judaisierenden unter ihnen als Götzendiener ab. Auch darin entspricht Spinoza einem lange etablierten marranischen Muster, wenn auch in anderem Zusammenhang.

Die Bewahrung jüdischer Motive in säkularer Form Spinozas Judentum tritt auch in seiner Verwendung einer Reihe klassischer jüdischer Motive zutage, die er verweltlicht und aus ihrem ursprünglichen Kontext löst. Wie wir oben festgestellt haben, bewahrt Spinoza Vorstellungen wie die von der Ewigkeit Israels, von der Erlösung und vom Bund mit Gott. Zwar füllt er jeden dieser Begriffe mit einer neuen, heterodoxen Bedeutung, die ganz prosaisch und den Naturgesetzen gemäß ist; doch die Tatsache bleibt, daß er sie in seinem neuen säkularisierten Universum bewahrt. Der diese Dinge schreibt, ist nach wie vor Jude, auch wenn er schon Häretiker oder quasi säkularisiert ist. Hinsichtlich der Wiedererrichtung des Staates Israel haben wir gesehen, daß Spinoza diesen Gedanken zwar nicht ausdrücklich befürwortet, ihm aber zumindest ambivalent gegenübersteht. Oldenburg lag nicht ganz verkehrt, als er annahm, der Jude Spinoza würde eine solche Möglichkeit begrüßen. Auch hinsichtlich des Märtyrertums (eines für Spinoza quälenden Problems) hat er gemischte Gefühle. Als Rationalist kann er Selbstmord nicht rechtfertigen und beklagt er den »hartnäckigen Aberglauben«, aber als jemand, der mit diesen Werten aufgewachsen ist, kann er sich auch des Sinns für das Erhabene und vielleicht sogar eines Gefühls des Stolzes nicht erwehren, die das Märtyrertum in ihm wecken.

Sogar bestimmte Ausformungen der Idee vom »auserwählten Volk« sind bei Spinoza erhalten. Implizit spielt das Judentum bei der Gestaltung einer neuen säkularen Welt eine besondere Rolle, denn es ist sowohl ein Gegenstand paradigmatischer Kritik als auch die Quelle für eine neue universale Botschaft.

Die Säkularisierung jüdischer Geschichte als eine neue Botschaft an die Welt

Die Kritik am Judentum ist in erster Linie als Hebel gedacht für die allgemeine Verweltlichung und Modernisierung der Kultur, und zwar durch Negation religiös-transzendenter Grundlagen. Spinoza sucht das zu erreichen, indem er die Prinzipien von Auserwähltsein und Theokratie, wie sie dem Judentum eigen sind, untergräbt; auf dialektische Weise behält bei ihm das Judentum also eine zentrale Rolle für die Gestaltung der neuen Welt.

Es ist kein Zufall, daß ein Jude die Geschichte seines eigenen Volkes revidiert, um der übrigen Welt eine revolutionäre Botschaft zu vermitteln. Mit gewissen inhaltlichen Unterschieden erinnert das an die ersten jüdischen Christen, besonders an Paulus und seine Schüler, nur daß diesmal das Muster in Form einer Säkularisierung auftritt, die Christentum wie Judentum gleichermaßen hinter sich läßt.

Die frühen jüdischen Christen sahen die Erfüllung der mosaischen Botschaft in ihrer Metamorphose in eine »universale« Kirche unter der Ägide des Erlösers, des Gottessohnes. Praktisch erreichten sie jedoch keine wirkliche Universalität, sondern schufen nur einen weiteren historischen Glauben. Das Christentum wurde zu einer eigenen Religion, im Wettstreit mit anderen Religionen und in erster Linie mit dem Judentum selbst, das die Christen mit Gesetzen und Waffengewalt verfolgten. Für Spinoza dagegen muß die Universalisierung des Judentums zur Herrschaft der Vernunft führen, die *alle* geschichtlichen Religionen, die der Verfolger wie der Verfolgten, gleichermaßen ersetzen und religiöse Verfolgungen abschaffen wird, indem sie Gleichheit und Toleranz für alle (einschließlich der Juden, die Juden bleiben wollen) sicherstellt.

Des weiteren impliziert Spinozas Position, daß die Säkularisierung des Judentums als Botschaft für die ganze Menschheit eher das Christentum unterminieren als das Judentum zerstören wird; letzterem prophezeit Spinoza ja, wie wir gesehen haben, Ewigkeit. Daher begeht Spinoza, wenn er seine Kritik an der jüdischen Geschichte zu einer Botschaft für die Menschheit verallgemeinert, keine solche »Apostasie« oder ein

»Überlaufen zum Feind«, wie Juden das bei den zum Christentum Bekehrten angekreidet haben. Auch von diesem Standpunkt aus ist es bezeichnend, daß Spinoza sich weigerte zu konvertieren, obgleich er dem paulinischen Muster folgte. Allerdings brachte er dieses, im Gegensatz zu Paulus, nun auf der Ebene universaler Vernunft zur Geltung, und zwar in Überwindung aller religiösen Partikularität und in Verneinung jeder Art religiöser Verfolgung.

Die Modernisierung der Politik durch Kritik an der jüdischen Theokratie Im besonderen sollte die Kritik am Judentum ein Hebel zur Modernisierung der Politik (und der politischen Theorie) sein. Hier kritisiert Spinoza beide Formen der jüdischen Theokratie: diejenige, die, wie er glaubt, in der alten Zeit bestand, und diejenige, die sich im Exil zu einem »Staat im Staate« entwickelte.

Wenn Spinoza beschreibt, wie die politische Herrschaft Gottes durch seine priesterlichen Vertreter ausgeübt wird, so denkt er mehr an die Rabbiner in der Diaspora als an Moses und die Leviten. Seine Zielscheibe ist aber vor allem die christliche Welt. Er zielt auf die politischen Ansprüche des Papstes und der katholischen Hierarchie, auf die Forderungen der calvinistischen *Predikanten* in Holland, auf die iberische Inquisition und auf das angeblich moderne Prinzip, das sich aus den Religionskriegen ergab (*cuius regio eius religio* – wessen das Reich, dessen die Religion). Statt wahrhaft modern zu sein, schien Spinoza dieses Prinzip vielmehr ein Höhepunkt dessen zu sein, was wir heute unter Mittelalterlichkeit verstehen, denn das Prinzip unterstützt den Gedanken der Staatsreligion, wenn es auch eine Pluralität von Staatsreligionen zuläßt. Spinoza dagegen fordert, den Staat als solchen von allen konfessionellen Bindungen und anderen Glaubensformen und Ideologien zu trennen. Das ist das moderne Prinzip der Trennung von Staat und Religion (und zugleich, gegen Hobbes, das Prinzip des liberalen Staates). Und all das präsentiert Spinoza seinem Publikum aus »Theologen« und weltlichen Intellektuellen vermittels einer Kritik an der jüdischen Theokratie.

Das jüdische Leben in der Diaspora ist ein weiteres Beispiel für die mittelalterliche Auffassung von politischer Organisation, die Spinoza tilgen will. Hobbes folgend, ist für Spinoza der ideale Staat eine einzige, alles umfassende souveräne Körperschaft, die von allen anderen Autoritäten unabhängig ist und in der der Bürger oder Untertan aufgrund seiner individuellen Identität anerkannt wird und nicht aufgrund von Kollektiveigenschaften, die er besitzen mag. Der mittelalterliche Staat beruhte auf der Vermittlung durch autonome Gruppen (der Korporation, der Klasse, des Feudalherrn, der Kirche, der Gilde etc.), denen das Individuum angehörte, denen es zur Treue verpflichtet war und durch die es zur größeren politischen Einheit (dem Königreich oder Staat) in Beziehung stand. Die Juden der Diaspora verkörpern dieses mittelalterliche Prinzip in der Verpflichtung gegenüber dem Phantom-»Staat«, den sie über die Gesetze des irdischen Staates hinaus in sich tragen. Und obgleich Spinoza das nicht ausdrücklich sagt, erkannten die Nichtjuden den jüdischen »Staat im Staate« und seine Autorität über seine eigenen »Bürger« dadurch an, daß sie den Juden eine kommunale Autonomie zugestanden. Im modernen, auf die Universalität der Vernunft gegründeten Staat hätte eine solche Autorität keinen Platz.

Während Spinozas Kritik am Judentum als Hebel zur Modernisierung der Politik gedacht war und den zukünftigen weltlichen und egalitären Staat ankündigte, war sie auch für das jüdische Leben selbst von Bedeutung. Implizit forderte sie nämlich religiöse Toleranz und gleiche Bürgerrechte für die Juden, aber auch die Abschaffung ihrer kommunalen Autonomie und die unmittelbare Staatsbürgerschaft des einzelnen Juden. Man kann also schon bei Spinoza die beiden Merkmale ahnen, durch die die politische Stellung der Juden im Westen nach der Französischen Revolution charakterisiert sein sollte. Dazu gehört eine dritte Entwicklung, die Spinoza vorhersah: die neue, existentielle Form des Antisemitismus, die sich nicht mehr an der Religion, sondern an der Person des Juden selbst festmachte. Diese drei Entwicklungen haben die typische Situation des modernen Juden hervorgebracht, der seiner jüdischen Identität nicht entfliehen kann (oder nicht entfliehen will). Nachdem sich seine traditionelle »Ghetto«-Gemeinschaft aufgelöst hat, soll er dann seine Zugehörigkeit zum Judentum bloß als Individuum oder in einer freiwilligen Gruppe oder in einem eigenen souveränen Staat oder in irgendeiner anderen Weise ausdrücken?

Die Logik der spinozistischen Analyse scheint eine quasi zionistische Lösung nahezulegen. Da die moderne Politik den »Staat im Staate«, der das jüdische Leben in der Diaspora gekennzeichnet hat, nicht mehr zulassen kann, müssen die Juden entweder auf jede Selbstherrschaft verzichten und sich als einzelne unter den Nichtjuden zerstreuen oder ihren eigenen politischen Staat gründen. Aus spinozistischer Sicht läge also der einzig akzeptable Weg, um eine jüdische Selbstherrschaft in der Moderne fortzusetzen, in einem souveränen jüdischen Staat. Diese Konsequenz (die Spinoza nicht ausdrücklich zieht) mag Zionisten wie David Ben-Gurion, Nahum Sokolow und Joseph Klausner noch mehr zu Spinoza hingezogen haben als dessen berühmte Bemerkung im *Theologisch-Politischen Traktat.*

Die jüdische Religion des tätigen Lebens als Modell einer allgemeinen Religion Spinoza will eine »allgemeine Religion« für die Massen, die nicht auf subjektiven Glaubensüberzeugungen beruht, sondern nur auf der Befolgung von Verhaltensregeln, die mit den Forderungen einer allgemeinen praktischen Vernunft übereinstimmen. So packt der Philosoph Spinoza das Problem an, eine aufgeklärte Gesellschaft zu schaffen, obgleich die meisten Menschen wahre Rationalität nicht erlangen. Und als Modell für die populäre »allgemeine Religion« verwendet Spinoza die Grundzüge des Judentums, das seiner Meinung nach auf praktische Anweisungen und nicht auf kognitive Glaubensinhalte gegründet ist. Mit der Behauptung, *jede* wahre Religion schreibe nur Handlungen, nicht Meinungen vor (damit folgt er einer ganz jüdischen Denkrichtung), erhält Spinozas Bild vom Judentum eine Schlüsselstellung in seinem theologisch-politischen Programm und verallgemeinert dessen Grundcharakter zu einer Botschaft für die Menschheit. Mit anderen Worten, obwohl Spinoza das Judentum als spezielle geschichtliche Religion ablehnt, verwendet er eine seiner fundamentalen Lehren als Grundprinzip der allgemeinen Religion, von der er hofft, daß sie alle geschichtlichen Religionen ersetzen wird.[20]

Indem Spinoza das Judentum als rein praktische Religion darstellt, folgt er einer Tendenz des mittelalterlichen Judentums selbst. Und indem er es politisch nennt, will er das Judentum nicht herabsetzen oder schmälern (wie später Kant oder Hegel). Im Gegenteil ist nach Spinoza die eigentliche Aufgabe der Religion eine *politische* (darin folgt er Machiavelli und Hobbes). Sie dient dem Staat und soll seine Grundziele (nach Spinoza Sicherheit und Freiheit) fördern, indem sie das Volk zu einem gerechten und solidarischen Leben erzieht; und diese Werte können ihren konkreten Inhalt nur von der bürgerlichen Regierung und deren gewöhnlicher, säkularer Gesetzgebung erhalten.

In dieser Hinsicht wäre die allgemeine Religion eine politische Religion, und ihre Funktionen wären in der Unteilbarkeit der souveränen Autorität vereint. Das ist ein fundamental »jüdisches« Modell, bloß daß das theokratische Prinzip umgekehrt ist. Doch selbst die alte hebräische Theokratie ist Regierungsformen vorzuziehen, in denen die politische Autorität zwar von der religiösen getrennt ist, aber ihren Geboten gehorcht. Zumindest im alten Israel war Religion wesentlich politisch und wirkte als Ausdruck des Staates. Spinoza möchte dieses »jüdische« Prinzip wiederherstellen und zugleich sein inneres Gleichgewicht umkehren: Innerhalb der Einheit von Staat und Religion soll sich das religiöse Wirken dem politischen unterordnen und nicht umgekehrt.[21]

Seiner Grundstruktur nach ist das Programm des *Theologisch-Politischen Traktats* also eine Art Universalisierung des Judentums. Das Judentum als »politische« Religion, die nur praktische Anweisungen gibt, wird zum Paradigma dessen, was in der Welt als Voraussetzung für rationalen Fortschritt stattfinden muß. Die Botschaft des Judentums wird zu einem universellen System erweitert, in dem das historische Judentum, obgleich es als eine besondere Religion abgeschafft ist, das System, das an seine Stelle tritt, von Grund auf mitbestimmt.[22] Jüdische Universalisten der folgenden Jahrhunderte, ob sie nun Spinozisten waren oder nicht (ein hervorragendes Beispiel ist Moses Hess), konnten darin Spinozas wichtigste Botschaft für sich sehen.

Das Judentum ist also weiterhin der Träger des Menschheitsfortschritts, und die negative wie positive Kritik am Judentum ist der Hebel dieser Evolution. Auch wenn Spinoza diesen Gedanken nicht bewußt ausgesprochen hat, so hat er sein Bewußtsein sicherlich beeinflußt und bildet eine deutliche Unterströmung seines Denkens.

Der erste weltliche Jude?

War also Spinoza der erste weltliche Jude? Sicher kann man sagen, daß Spinoza den ersten Schritt zu dem getan hat, was schließlich auf die Säkularisierung des jüdischen Lebens hinauslief, und zwar indem er es empirisch als ein Naturphänomen untersucht hat, das allein den Kräften der säkularen Geschichte unterworfen ist. Damit schlug er eine Bresche und ließ jüdische Religion und traditionelle Gemeinde auf der einen Seite und die Totalität des jüdischen Lebens auf der anderen. Doch bleibt die Frage, wie dieses neue Judentum zu interpretieren ist. Zahlreiche Alternativen, manche (nicht alle) in Widerspruch zueinander, bieten sich an, die alle als logische Möglichkeiten in Spinozas Position enthalten sind, obgleich er selbst in seiner historischen Situation nicht imstande war, zwischen ihnen zu wählen.

1. *Assimilation*, wodurch das Individuum unmittelbar in die universelle Dimension der Gesellschaft gestellt würde; in diesem Falle wäre seine Staatsbürgerschaft die einzige verpflichtende Bindung.
2. *Religionsreform*, wodurch die jüdische Bindung an eine autonome politische Autorität gelöst würde und aus den Gläubigen deutsche, französische, amerikanische etc. Bürger »mosaischen Glaubens« würden.

3. *Säkularer Nationalismus*, der das Konzept des jüdischen Volkes (unabhängig von Religion und Staatsangehörigkeit) als grundlegende existentielle und kollektive Dimension jüdischer Identität betont.
4. *Zionismus*, der die Erneuerung der jüdischen politischen Existenz innerhalb eines unabhängigen Staates zur Folge hat.

Diese Alternativen sind weder vollständig, noch schließen sie sich gegenseitig aus, und aus jeder ergeben sich eine Reihe weiterer Nuancen. Ebensowenig sind sie, von Spinozas Position aus gesehen, alle gleich naheliegend. Assimilation kann, Spinozas Theorie zufolge, für Individuen eine Lösung sein, nicht aber für das ganze Volk, da schon die Feindseligkeit der Nichtjuden allein das jüdische Volk ewig bewahren wird. Eine religiöse Reform im Rahmen des Judentums war, obwohl mit Spinoza vereinbar, nicht sein Anliegen; die einzige Reform, die er vor Augen hatte, ging in Richtung einer populären allgemeinen Religion. Hinsichtlich der Erneuerung des jüdischen Staates konnte Spinoza nicht für eine theokratische Form eintreten; zugleich war eine weltliche Variante für ihn noch ohne Sinn. Obwohl er wußte, daß man Juden, Marranen und einen Ungläubigen wie ihn selbst zur selben Nation zählte (und daß sie unter gleichen Bedingungen zu leiden hatten), hatte er nicht einmal theoretisch einen Begriff von einer nationalen, von der Religion unabhängigen jüdischen Existenz. Existentiell, das heißt in seinem individuellen Leben und seiner Erfahrung, war Spinoza tatsächlich der Künder dieser Idee, aber er artikulierte sie nicht bewußt, nicht einmal als persönliche Forderung. Hätte Spinoza für sich das Recht beansprucht, der Religion abzuschwören und doch in der Gemeinde zu bleiben, dann hätten wir ihn als den »ersten bewußt weltlichen Juden« ansehen können. Aber wie wir im dritten Kapitel gesehen haben, gebührt dieser Titel, wenn überhaupt jemandem, so seinem weniger begabten Freund Dr. Daniel de Prado, der auf seinem Recht bestand, der jüdischen Gemeinde anzugehören und zugleich die rabbinischen Vorschriften in Frage zu stellen.[23]

Prado selbst war sich der weitreichenden Bedeutung seiner Forderung nicht bewußt. Seine Einstellung war eher persönlich bestimmt und eigennützig. Dennoch verkörpert Prados verworrene Persönlichkeit mehr noch als Spinoza das aufkommende säkulare Judentum. Prado wehrte sich standhaft gegen das Prinzip, dem Spinoza sich fügte, daß nur die Religion »Bürgerrecht« in der jüdischen Gemeinde gewährt. Er beharrte – vergeblich – auf seinem Recht, der Gemeinde und dem jüdischen Volk anzugehören, auch nachdem er aufgehört hatte, an die Thora zu glauben und ihre Vorschriften zu befolgen.

Spinoza stellte keine solchen Forderungen. Von weitreichenden geistigen Interessen erfüllt, galt seine Säkularisierungsbotschaft der ganzen Welt. Er kam schließlich zu der (seinerzeit richtigen) Auffassung, daß dieser Kampf innerhalb des Judentums hoffnungslos sei, und er war sicherlich von Da Costas Erfahrung beeinflußt. Was ihn tragischerweise im Privaten hielt, war, daß er keine Möglichkeit sah, innerhalb des Judentums eine Änderung zu bewirken. Einerseits wußte er, daß er seiner jüdischen Existenz nicht entgehen konnte, und er versuchte das auch nicht; doch ebensowenig versuchte er, sich als Jude zu rehabilitieren (nicht einmal eindeutig im Sinne eines weltlichen Judentums). So war er in einer doppelten Negation befangen, von den Nichtjuden als Jude und von den Juden als Häretiker abgelehnt. In dieser Situation lebte Spinoza, ohne einen Ausweg zu wissen. Dennoch wies sein Leben den Weg zu Möglichkeiten, die in den nachfolgenden Generationen historische Bedeutung erlangen sollten.

Säkularisierung und das neujüdische »Bürgerrecht«

Da der Begriff des weltlichen Judentums modern ist und unvermeidlich eine soziale Dimension besitzt, kann es nicht von der traditionellen Gemeinde verwirklicht werden. Die jüdische Körperschaft, der der weltliche Jude als »Bürger« angehören möchte, ist nicht mehr die autonome mittelalterliche Gemeinde, sondern das jüdische Volk. Zu Spinozas Zeit konnte jedoch nur die mittelalterliche Gemeindestruktur Zugehörigkeit zum Judentum ausdrücken. Auch aus dieser Perspektive muß das, was Prado und Spinoza geschah, in bezug auf einen »jüdischen Säkularismus« als Anachronismus angesehen werden, wenngleich es diesen Säkularismus zweifellos antizipiert.

Ich verwende den Begriff *Anachronismus* deskriptiv, ohne pejorativen Beiklang. Im gleichen Sinne anachronistisch könnte man, wenngleich mit weniger Berechtigung, Spinoza den »ersten assimilierten Juden« nennen. Das war in seinem Fall nur eine abstrakte Möglichkeit, und die Unterscheidung zwischen bloßen Möglichkeiten und ihrer Verwirklichung ist entscheidend. Keiner dieser Begriffe – weltliches Judentum, jüdischer Nationalismus, Zionismus, nicht einmal Assimilation – besitzt eine apriorische oder überzeitliche Definition; sie gewinnen nur im historischen Kontext Bedeutung. Ohne Bezug zu einer historischen Realität erscheinen sie abstrakt und in gewissen Fällen absurd. Zu Spinozas Zeit war noch nicht einmal der Begriff der Säkularisierung etabliert, geschweige denn die komplexere Vorstellung eines jüdischen Säkularismus. Die Menschen wurden in erster Linie nach ihrer Religion identifiziert, und das galt besonders für die Juden. Um einer bestimmten Gesellschaft anzugehören, mußte man ihr religiöses Bekenntnis teilen. In der Tat nutzte Spinoza seine Kritik am Judentum, um gegen diese Koppelung von »Bürgerrecht« und Religion anzukämpfen. Doch während er der Gesellschaft insgesamt eine eindeutig weltliche Botschaft brachte, hatte er für das Judentum als solches keine Lösung. Spinoza focht für die Säkularisierung von *Individuen* und *Staaten*, aber es fehlte ihm der moderne Begriff einer nicht politischen, weltlichen, jüdischen Nation. Die marranische Geschichte und sein eigenes Schicksal als »Marrane der Vernunft« statteten ihn mit einer Sehkraft aus, die ihm erlaubte, der jüdischen Situation auf den Grund zu gehen und zwischen der Religion der Juden und ihrer tatsächlichen, tiefer liegenden Existenz zu unterscheiden. Aber Spinoza entwickelte diese Einsicht nicht über die Theorie hinaus, wonach die Feindschaft der Nichtjuden die Juden erhält und immer erhalten wird. Während Spinoza der westlichen Gesellschaft eine klare und positive Lehre der Säkularität bescherte, hatte er für sein eigenes Volk nur einen Protestschrei. Er konnte die Verbindung zwischen »Bürgerrecht« und religiöser Observanz im Judentum weder akzeptieren noch einen Weg finden, sie zu zerreißen. Daher besaß er zu seiner Zeit, selbst wenn er Teil seines Volkes hätte bleiben wollen, weder die theoretischen noch die soziologischen Möglichkeiten dazu.

An dieser Stelle wird ein großer existentieller Unterschied zwischen Spinoza und der heutigen Situation des Juden sichtbar. Heute kann ein Jude aufhören, die religiösen Vorschriften zu beachten, und er kann den göttlichen Ursprung seiner Religion leugnen, ohne sein jüdisches »Bürgerrecht« weder in den Augen der Nichtjuden noch in denen seines eigenen Volkes zu verlieren. Heute gibt es nicht nur atheistische Juden, sondern in seltenen Fällen sogar atheistische Rabbiner. Im Staat Israel sagen die meisten jüdischen Bürger von sich, daß sie die Religionsgesetze nicht einhalten, oder bezeichnen sich direkt als areligiös. Jüdische Identität steht nicht in Frage, selbst wenn ihr Inhalt strittig ist. Obgleich die mit dem jüdischen Säkularismus einhergehenden Probleme nicht gelöst sind, ist dieser heute ein lebendiger, unter gegebenen geschichtlichen Bedingungen auf Resonanz stoßender Begriff sowohl für die Juden in der Diaspora als auch insbesondere im Staat Israel. Spinoza trug dazu bei, diese Revolution in Gang zu setzen, nicht etwa, weil er sie ausdrücklich angekündigt hätte, sondern weil sie die größte Herausforderung war, die sein Fall für die folgenden Generationen darstellte.

In den vergangenen zweihundert Jahren, in denen die traditionellen jüdischen Gemeinden durch die Emanzipation von innen ausgehöhlt und durch den Holocaust von außen zerstört wurden, haben sich neue Formen jüdischer Existenz herausgebildet. Manche davon sind noch in der Entwicklung, manche sind bereits am Absterben, doch alle sind auf der Suche nach historischer Legitimation. Sie umfassen eine Vielheit von Ansätzen; manche entstammen dem Pluralismus, der auch in der Vergangenheit die jüdische Kultur beeinflußt hat, andere heben ihn auf. Doch Spinoza selbst, der diese Entwicklungen prophezeit hat, kam nicht mehr in den Genuß ihrer Ergebnisse, sondern war gezwungen, als verlorener, entfremdeter Jude zu leben, befangen in zwei Negationen und zwei falschen Identitäten, von denen keine notwendig mit seinem eigenen Selbstbewußtsein übereinstimmte. Selbst wenn er ein loyaler »Bürger« seines Volkes hätte bleiben wollen (wofür wir keinen Beweis, höchstens ein paar undeutliche Textstellen haben), wäre ihm das nicht möglich gewesen, nicht nur, weil die Juden ihn ablehnten, sondern auch, weil die christliche Gesellschaft noch nicht bereit war, jemanden unabhängig von seiner religiösen Zugehörigkeit anzuerkennen. Zugleich trug Spinoza zum Aufkommen des europäischen Säkularismus und dadurch indirekt zur Säkularisierung des Judentums bei. Daher erinnerte man sich, als dieser Prozeß schließlich auch die jüdische Gesellschaft erfaßte, eines Baruch Benedictus de Spinoza: jüdischer Häretiker, verloren, entfremdet, und dennoch Jude, dessen persönliches Schicksal sowohl das Schicksal seines Volkes in späteren Generationen verkörperte und vorhersagte als auch die vielen Formen, wie es versuchen würde, mit der Moderne zurechtzukommen.

Aufhebung des Banns

Von Zeit zu Zeit werden Anträge gestellt, Spinozas Bann annullieren zu lassen. 1925 stand der jüngst verstorbene israelische Historiker Joseph Klausner in Jerusalem auf dem Berg Skopus und rief aus: »Baruch Spinoza, du bist unser Bruder.« Anfang der fünfziger Jahre leitete Israels Ministerpräsident David Ben-Gurion eine Kampagne zur Aufhebung des Banns. Und 1953 antwortete der damalige Oberrabbiner von Israel, Yizak (Isaak) Halevi Herzog, auf eine Eingabe von G. Herz Shikmoni, dem damaligen Direktor des »Spinozaeums« in Haifa, ob denn die

Exkommunizierung vom Standpunkt der *Halacha* noch in Kraft sei. In der Frage, ob die Exkommunizierung nur zu Lebzeiten Spinozas hatte gelten sollen oder auch für spätere Generationen, legte Rabbi Herzog sich nicht fest, sondern ließ die Sache zwecks weiterer Erwägungen offen. Doch was die Ächtung von Spinozas Werken anging, war das rabbinische Urteil klar:

> Ich habe den Text der Ächtung [den zu Beginn von Kapitel I.1 zitierten Exkommunikationserlaß] geprüft und festgestellt: (a) am Ende steht, bezogen auf seine Bücher und Schriften, nur »es wird bekannt gemacht, daß« und nicht »es wird die Exkommunizierung bekannt gemacht«; (b) auch wenn man sagt, man kann vom Anfang auf das Ende schließen, zeigt die Ausdrucksweise des obigen Satzes, daß er für zukünftige Generationen nichts präjudizierte, sondern nur für Spinozas Lebenszeit galt. Möglicherweise hielt man es für unnötig, die Zeit der Ächtung zu verlängern, und möglicherweise wollten die Behörden aus Bescheidenheit nicht für zukünftige Generationen entscheiden. Wie auch immer, es scheint, daß der Bann, der auf der Lektüre von Spinozas Büchern und Schriften lag, nicht mehr gilt.[24]

Mit anderen Worten, eine juristische Spitzfindigkeit hat es dem Oberrabbiner ermöglicht zu bestimmen, daß die Spinoza-Lektüre nicht mehr unter Bann steht. Und vom Anfang des Briefes her gewinnt man den Eindruck, daß Rabbi Herzog auch nach einem Ausweg suchte, um möglichst auch die Exkommunizierung für nicht mehr gültig zu erklären.

Doch all diese Versuche, den Bann widerrufen zu lassen, gehen am Wesentlichen vorbei. Spinoza braucht keine Bescheinigung irgendwelcher Behörden, wer immer sie auch sind. Und man kann sich nur wundern über die erstaunliche Diskrepanz zwischen Spinozas andauerndem Einfluß auf die Geistesgeschichte und den Versuchen, ihm verspätet institutionelle rechtliche Anerkennung zukommen zu lassen. Sinn des Banns war es, Spinoza von der jüdischen Gemeinde seiner Zeit zu isolieren, und wer auch immer den Bann heute widerrufen will, kommt dreihundert Jahre zu spät. Die Forderung, den Bann zu widerrufen, klänge nur dann nicht anachronistisch, wenn sie eine gewisse symbolische Bedeutung haben sollte – national vielleicht oder ideologisch, weniger rein religiös. Dieser Fall schlösse jedoch den Widerspruch ein, daß der religiöse Begriff des Banns (in der Forderung, Spinozas Bann zu widerrufen) sowohl angenommen als zugleich auch abgelehnt würde (indem sein Sinn verändert wird).

Schließlich, und das ist vielleicht der springende Punkt bei der Sache: Wer in der heutigen jüdischen Welt wäre denn berechtigt, Spinoza wieder in die jüdische Gemeinschaft aufzunehmen? Der Lubavitscher Rebbe? Der Premierminister von Israel? Der Rat des Jüdischen Theologischen Seminars? Der B'nai B'rith? Es gibt heute das eine normative Judentum nicht mehr – eine Entwicklung, deren Vorbote Spinoza selbst war.

Mit seiner Ablehnung des gesetzestreuen Judentums seiner Tage und mit der Weigerung, zum Christentum überzutreten, verkörperte Spinoza unwissentlich die Alternativen, die die Juden späterer Generationen, nach dem Zusammenstoß des Judentums mit der modernen Welt, erwarteten. Ein Ergebnis dieses Zusammenstoßes ist, daß es heute nicht mehr nur eine Norm jüdischer Existenz gibt. Es gibt orthodoxe und weltliche Juden, konservative und Reformjuden, Zionisten und Antizionisten und Nuancen und Untergruppen bei allen diesen. In Wirklichkeit bestimmt sich das Judentum heute danach, wie Juden es heute *leben*, und nicht nach irgendeinem obligatorischen Modell. Da das so ist, gibt es auch keine Institution und keine Einzelperson mehr, die berechtigt wäre, aufzunehmen oder auszuschließen, zu exkommunizieren oder jemanden der Herde wieder zuzuführen (und sei es auch nur symbolisch). Da Spinoza selbst diese Entwicklung vorhergesehen hat (weniger in seiner Philosophie als durch seine Biographie), ist er für das heutige Denken über das Judentum und die Schwierigkeiten seiner Existenz und Fortexistenz wieder zentral geworden.

Postscriptum

Als dieses Buch in Druck ging, stellte ich bei einem Besuch des neu eröffneten Jüdischen Museums in Amsterdam mit Interesse fest, daß Spinoza ohne viel Aufhebens von seiner früheren Gemeinde wieder aufgenommen worden ist. In einer der »jüdischen Identität« gewidmeten Abteilung erklärt ein Museumstext, während vieler Jahrhunderte habe Jude zu sein bedeutet, der orthodoxen jüdischen Gemeinde anzugehören; doch seit dem Gesetz über die Gleichheit der Bürger (1796), das den holländischen Juden politische Emanzipation zubilligte, habe »jedes jüdische Individuum entscheiden können, wie es sein Jüdischsein ausdrükken« und in welchem Verhältnis es zur jüdischen Gemeinde stehen wollte. Danach zählt Spinoza gewiß zu den Juden – und so wird das in diesem Museum auch gesehen. Den Text illustriert eine eindrucksvolle

Reihe jüdischer Charaktertypen, alle unbenannt, aber manche leicht zu identifizieren. Da ist ein orthodoxer Jude, ein weltlicher Intellektueller, ein reformierter Kantor, eine kokette Matrone aus dem neunzehnten Jahrhundert, eine moderne Frau mit Gebetstuch, zwei orthodoxe Jungen mit Schläfenlocken (*peot*), ein mittelalterlicher Jude mit orientalischer Kappe, ein Jude im Europa der Nazizeit mit dem gelben Davidstern, ein israelischer Säugling mit der wollenen Jarmulke (zionistisch-orthodox), ein junger Mann von heute mit offenem Kragen –, und da sind die vertrauten Züge von Baruch Spinoza sowie ganz zum Schluß das strenge und charaktervolle Antlitz des großen Amsterdamer Rabbi Isaak Aboab, eines der Unterzeichner von Spinozas Bann. So kommen sie schließlich zusammen in diesem kleinen Pantheon jüdischer Vielfalt: der geächtete Häretiker und der rabbinische Ächter. Wieviel besser ist der Weg der Amsterdamer Gemeinde, daß sie Spinoza nicht durch eine deklamatorische Geste wie die Aufhebung des Banns wieder aufnimmt, sondern indem sie mit viel Sinn für die Geschichte die neue jüdische Situation anerkennt, die Spinoza mit seinem Fall vorweggenommen und tragisch verkörpert hat.

II. TEIL

DIE ABENTEUER DER IMMANENZ

Vorwort

Der nun folgende zweite Teil ist die Fortsetzung von *Der Marrane der Vernunft* und zugleich ein eigenständiges Werk. Beide Bücher verbindet die philosophische Revolution, die Spinoza hervorgerufen hat, sowie das ihr zugrundeliegende Prinzip, das ich *Philosophie der Immanenz* nenne. Wir haben gesehen, daß diesem Prinzip zufolge die irdische Existenz alles ist, was es gibt, daß sie die einzige Quelle ethischer Werte und politischer Autorität ist und daß, dies anzuerkennen, eine Vorbedingung für die menschliche Emanzipation ist.

Der erste Teil ortete die Ursprünge der Idee der Immanenz in den Unterströmungen der marranischen Kultur, aus der Spinoza stammte, und analysierte eine Reihe von Strukturen des marranischen Lebens und der marranischen Erfahrungen, die sich bei ihm wiederfinden. Dazu gehörte die gespaltene religiöse Identität, die Hinwendung zum diesseitigen Leben, die metaphysische Skepsis, die Suche nach einer der offiziellen Lehre entgegengesetzten, alternativen Erlösung, der Gegensatz zwischen innerem Glauben und der äußeren Welt, die Gabe zu doppeldeutiger Sprache und Äquivokation. Bei Spinoza werden diese marranischen Strukturen jedoch umgeformt und aus der Welt der transzendenten geschichtlichen Religion in den weltlichen Bereich der Vernunft und der Immanenz übertragen. Aus diesem Grunde habe ich Spinoza den »Marranen der Vernunft« genannt.

Dieser zweite Teil geht nun einen anderen Weg und verfolgt die Abenteuer der Immanenzphilosophie nach Spinoza, und zwar in den Werken jener Denker, die dazu beigetragen haben, die moderne Welt zu formen.

Zwei Jahrhunderte lang lag Spinozas Einfluß auf das europäische Denken weitgehend im Dunkeln und Verborgenen.[1] Er blieb in dieser Hinsicht ein »Marrane« auch über seinen Tod hinaus. Erst seit Ende des achtzehnten Jahrhunderts gewann Spinoza in Deutschland für Dichter-Philosophen wie Lessing, Goethe und Heine sowie in den Hauptströmungen der nachkantianischen Philosophie von Fichte bis Hegel und darüber hinaus an Bedeutung. Heute wird Spinoza wie Descartes, Hume und Kant als Klassiker der modernen Philosophie angesehen und gelesen. Doch trotz seiner Anerkennung blieb er im Grunde marginal; seine Theorien wurden niemals dem engeren philosophischen Kanon zugezählt, und weiterhin übte er auf Nichtphilosophen große Anziehungskraft aus. Es ist bezeichnend, daß Spinoza im Denken nichtprofessioneller Philosophen ebenso geschätzt wird wie in der akademischen Philosophie. Kein Zufall also, daß einige der innovativsten und am wenigsten orthodoxen Geister der letzten zweihundert Jahre (Goethe, Marx, Nietzsche, Freud, Einstein und andere) gewissermaßen tief verwurzelte Spinozisten gewesen sind oder, wie Freud sagte, in einer vom spinozistischen Geist geprägten Atmosphäre gearbeitet haben.

Allerdings verband sie mit Spinoza mehr als das geistige Klima, nämlich ein gemeinsamer systematischer Kontext: 1. Immanenz ist der einzige, alles umfassende Horizont des Seins; 2. ebenso ist sie die einzige Quelle von Werten und Normen; und 3. diese Erkenntnis in sein Leben aufzunehmen ist Auftakt und Vorbedingung, gleich welcher Befreiung oder Emanzipation der Menschheit. Von diesem Kernpunkt aus läßt sich darüber streiten, wie die Welt der Immanenz richtig zu verstehen ist. Zum Beispiel: 1. Ist sie Natur wie bei Spinoza oder eher Geist, Geschichte, Wille oder irgendeine andere metaphysische Konstruktion? 2. Sollte man sie als eine einzige, unendliche Totalität ansehen? 3. Soll sie auch vergöttlicht werden? 4. Welche Struktur hat sie: mechanische Kausalität, organische Teleologie, dialektische Logik – oder eine noch flüssigere, flexiblere Struktur? 5. Hat sie diese Struktur ewig? Ist unsere spinozistische Suche nach festen, ewigen Gesetzen wohlbegründet oder bloß eine vorphilosophische Neigung, vielleicht ein Überrest theologischen Denkens? 6. Soll dem Menschen (als Subjekt oder als Naturgattung) eine besondere Stellung in der Welt der Immanenz zugewiesen werden? Wenn ja, inwieweit? Und was folgt aus der Beantwortung der vorhergehenden Frage für die Rolle der Menschheitsgeschichte? Schließlich: 7. Soll die Befreiung der Menschheit (deren Voraussetzung die Immanenzrevolution ist) die Übertragung der religiösen Auffassung von Erlösung in eine ebenso absolute säkulare Eschatologie sein, oder soll sie (gerade wegen ihrer Weltlichkeit) eine bescheidenere, durch Kritik begrenzte Vision darstellen?

Diese Fragen und Alternativen werden sich nach und nach ergeben, wenn wir die Abenteuer der Idee der Immanenz bei einigen großen Denkern verfolgen, die der modernen Kultur ihren Stempel aufgedrückt haben. Wir werden sehen, wie jeder von ihnen als Antwort auf die Mängel, die er entweder in Spinozas ursprünglichem Modell oder in damit konkurrierenden Varianten fand, seine eigene alternative Version entwickelt und damit implizit an einer vielstimmigen Debatte teilnimmt. *Die Abenteuer der Immanenz* erzählt letztlich die Geschichte dieses Begriffs und zeichnet die Landkarte der logischen Möglichkeiten, eine Immanenzphilosophie zu konstruieren, Möglichkeiten, die im Laufe der Geschichte aufgetaucht sind. Darüber hinaus hoffe ich, daß dieser Ansatz hinsichtlich der hier diskutierten Philosophen neue Perspektiven eröffnet, wenn man sie von dem von mir hier eingenommenen Standpunkt aus betrachtet.

Der Epilog dieses zweiten Teils ist eine philosophische Betrachtung, bei der ich die Konturen dieser Karte benutze, um zwischen einer dogmatischen und einer kritischen Immanenzphilosophie zu unterscheiden, wobei ich behaupte, die letztere müsse auch eine Philosophie der *Endlichkeit* sein. Obgleich Spinoza in meiner Schlußbetrachtung öfter kritisiert wird, zeigt sie hoffentlich, daß er auch heute noch als Herausforderung gelesen werden kann, ebenso wie die vorausgehenden Kapitel gezeigt haben, daß er im modernen Denken viel stärker präsent ist, als gemeinhin vermutet wird.

Jede Auswahl hat etwas Zufälliges, und meine macht da keine Ausnahme. Ich nehme Heine mit auf, weil er einfach unwiderstehlich ist, Hegel ziehe ich Fichte und Schelling vor, und statt auf Schopenhauer gehe ich auf Nietzsche ein, weil der Einfluß von Hegel und Nietzsche auf das heutige Denken größer ist und ihre Modelle der Immanenz stringenter sind. Aber ich bin gerne bereit zuzugeben, daß man die Liste noch erweitern könnte (und würde solche Versuche nur begrüßen).

Zum Schluß noch ein Wort über meinen Sprachgebrauch. Den Begriff einer *Philosophie der Immanenz* halte ich für fundamentaler und daher für besser geeignet, um Spinozas Grundgedanken zu vermitteln, als die gebräuchlicheren Ausdrücke »Pantheismus« oder auch »Naturalismus«. Pantheismus ist nur eine spezielle Art der Immanenzphilosophie. Von den hier behandelten Fällen zeigen nur Hegel und Spinoza pantheistische Neigungen, während alle anderen – vor allem Marx, Nietzsche und Freud – die Vergöttlichung des immanenten Seins als Illusion ablehnen. Was den »Naturalismus« angeht, so wird dieser Ausdruck, wie man ihn üblicherweise gebraucht, kaum Spinozas komplexe Auffassung der

Natur vermitteln, die für ihn eine nicht weniger mentale und logische als eine physische Realität ist. Wichtiger noch, »Naturalismus« ist sowohl zu weit als zu eng. Der Begriff kann auch den Glauben des Deisten mit umfassen, es gebe einen transzendenten Gott, der die Natur geschaffen hat und sie dann allein nach ihren Naturgesetzen funktionieren läßt (was eine zutiefst unspinozistische Auffassung ist). Andererseits schließt er solche unbestreitbaren Spinozisten wie Hegel und Marx aus: Hegel, weil er die immanente Wirklichkeit nicht nur als Natur ansieht, sondern als ihre Aufhebung durch Geschichte und Geist; Marx, weil seine konkrete Wirklichkeit *humanisierte* Natur ist (also wiederum Geschichte) und nicht Natur als factum brutum oder in einem physikalischen Sinne.

Der Begriff Immanenzphilosophie vermeidet solche Paradoxe und eignet sich meiner Ansicht nach besser, den *fundamentalen* Gedanken Spinozas zu fassen, den andere Philosophen übernommen oder uminterpretiert haben. Bevorzugen wir »Immanenz« statt des engeren Begriffs »Naturalismus«, so erlaubt uns das, Kant in diesen Diskurs miteinzubeziehen, obwohl er der am wenigsten »spinozistische« in der Gruppe ist und den Naturalismus nicht minder kritisiert als die transzendente Metaphysik und die Religion. Das Wort »Häretiker« sollte man cum grano salis ironisch nehmen. Ich verwende es zur Bezeichnung von Denkern, die, wenn man sie richtig versteht, vom Standpunkt ihrer *eigenen* orthodoxen Tradition als ketzerisch angesehen werden müssen. Fast jede Orthodoxie brandmarkt denjenigen als Ketzer, der nicht unterschreibt, was sie ihrerseits für die Wahrheit hält. Auch die Ablehnung von Aberglauben oder von falschen Autoritäten wurde häufig als Häresie qualifiziert. Die Inquisition betrachtete die Marranen, der Papst die Protestanten als Ketzer. Deshalb verwende ich diesen Ausdruck ohne abschätzige Untertöne; wer als Leser darin eine Spur ironischer Sympathie entdeckt, liegt sicherlich nicht ganz falsch.

Indem Spinoza die immanente Totalität als zeitloses, absolutes Sein vorstellt, bringt er die Züge dessen ans Licht, was Kant einen nicht kritischen Rationalismus genannt hat. Später radikalisierte Nietzsche die kritische Bewegung, indem er diejenigen philosophischen Ideale kritisierte, die Gewißheit und Unveränderlichkeit heilig halten. Doch Nietzsche nahm fälschlich an, daß die Umkehrung dieser Werte notwendig die Rationalität als solche verdammen müsse. Wie der Epilog zeigt, ist das Prinzip der Immanenz durchaus mit einer kritischen Auffassung von Rationalismus vereinbar, die die Endlichkeit der menschlichen Vernunft und ihre konstitutionelle Ungewißheit anerkennt und den immer zögerlichen und sich ständig selbst modifizierenden Charakter der Produkte dieser Vernunft ebenso akzeptiert wie die Form, die sie ihnen gibt. Immanenz und endliche Rationalität sind in der Tat Zwillingsbegriffe, die sich wechselseitig rechtfertigen.

Zum Schluß möchte ich mit Blick auf die neueren Ereignisse in Europa unterstreichen, daß der soziale und politische Messianismus, der seit dem neunzehnten Jahrhundert solche Verblendungen und noch mehr Leiden verursacht hat, einer jener Exzesse ist, die hätten vermieden werden können, wenn die Immanenzphilosophie auf Endlichkeit begrenzt worden wäre. Spinoza selbst, indem er das Streben des Menschen nach Erlösung ganz auf die immanente Welt richtet, hat daraus keine Angelegenheit der Politik oder für die Menge gemacht und weder die Vergöttlichung des Menschen noch der Geschichte akzeptiert, wie sie der politische Messianismus von Hegel bis Marx und darüber hinaus letztlich vertritt. Unter politischem Gesichtspunkt blieb Spinoza ein kritischer Philosoph der Immanenz. Sein alternativer Weg zur Erlösung war nur für die Wenigen gangbar, eine metaphysische, keine soziale, eine individuelle, keine kollektive Erlösung, die durch intuitives Wissen, nicht durch politisches Handeln oder politische Mitwirkung zu erreichen war.

Die Politik galt Spinoza als niedrigere Sphäre, die die Menge bis zu einem gewissen Grad emanzipieren kann, die jedoch niemals eine Wahrheit oder einen absoluten Wert verkörpert. Wenn, was *unmöglich* ist, jedermann ein spinozistischer Weiser werden könnte, wären Politik und Staat überflüssig. Besser gesagt, die Politik ist ein halbrationales System, das auf einer modifizierten Imagination beruht (vgl. Kap. I. 6) und das dem Irrtum und der Ungewißheit einen legitimen Platz einräumt. Das erlaubt Spinoza, zugleich metaphysischer Monist und politischer Pluralist zu sein, ein Verteidiger der Toleranz und dessen, was wir heute liberale Demokratie nennen. Daß sich spätere Denker nichtsdestoweniger der Idee der Immanenz bedient haben, um einen historischen Messianismus zu befördern, war Spinozas eigener Intention sicherlich fremd, obwohl man ihnen andererseits auch nicht einfach eine Verfälschung vorwerfen kann. Man versteht diese Vorgänge weitaus besser, wenn man sie, wie ich es vorschlage, als integralen Teil der Abenteuer einer Idee ansieht, die benutzt wird und ihren Beitrag zur Moderne leistet und weiterhin wirksam ist.

1. KAPITEL

Spinoza und Kant: Religionskritik und biblische Hermeneutik

Bibelinterpretation als Vorbereitung zur Philosophie

Stellen wir uns vor, ein religiöser Fanatiker hätte die posthumen Werke Spinozas gestohlen, bevor sie veröffentlicht wurden, um die Welt und spätere Generationen vor einem gefährlichen Häretiker zu bewahren. In diesem Unglücksfalle hätten wir auf die *Ethik* verzichten müssen,[1] und Spinoza wäre in der Geschichte der Philosophie eine Randfigur geblieben.

Aber Spinoza hätte selbst dann in der Geschichte einer anderen Disziplin, der Bibelkritik nämlich, seine zentrale Stellung behalten, denn was er dazu im *Theologisch-Politischen Traktat* sagt, genügt, ihm diesen Platz zu sichern. Spinozas Beitrag zur Bibelkritik ist demnach von seinem Beitrag zur allgemeinen Philosophie unabhängig und ließe sich fast ohne Bezug auf sie untersuchen.

Aus Spinozas Sicht gehört aber beides eng zusammen. Seine biblische Hermeneutik ist nicht nur eine eigene unabhängige Wissenschaft; sie ist auch und in erster Linie eine Waffe zur Bekämpfung geschichtlicher Religion und ein Vehikel, um ein gereinigtes Substitut für sie zu schaffen.

Für Spinoza sind die geschichtlichen Religionen (vor allem Judentum und Christentum) die größten Hindernisse auf dem Weg zu klarer, philosophischer Erkenntnis und allmählicher Einsicht in das Prinzip der Immanenz. Die rationalitätswidrige Kraft, die Descartes dem »Vorurteil« und der Tradition im allgemeinen zuschreibt, die wie ein Schleier das natürliche Licht der Vernunft verdunkeln, legt Spinoza mutiger und radikaler insbesondere den geschichtlichen Religionen zur Last, ihren Dogmen, Bildern und eingewurzelten Überzeugungen. Daher muß aller positiven Philosophie der Immanenz eine Kritik dieser Religionen vorausgehen, um das Bewußtsein von transzendenten Bildern freizumachen und um für seine Erweckung (oder seine Aufklärung) den Boden zu bereiten, damit es dem Ruf der immanenten Vernunft folge. Mit anderen Worten, Verunsicherung und Skepsis in bezug auf die geschichtliche Religion sind notwendige Voraussetzungen, um zu wahrer Erkenntnis und durch diese zu einem lebenswerten Leben, ja sogar zur Erlösung zu gelangen.

Spinoza selbst hatte den Vorteil, daß ihm sein marranischer Hintergrund half, sich vom Judentum wie vom Christentum gleichermaßen zu lösen und das zu werden, was wir im ersten Buch einen »Marranen der Vernunft« nannten. Doch dieser ungewöhnliche, spezielle Hintergrund kann kein allgemeines Paradigma sein; außerdem wollte Spinoza keineswegs gerne wie ein Marrane in seiner Philosophie isoliert bleiben, während der Rest der Welt ihr feindlich gegenüberstand oder sie gar verachtete. Anders als die im ersten Buch beschriebenen, früheren Häretiker unter den Marranen betrachtete Spinoza seine rationalistische Philosophie nicht als Privatsache. Was ihn zu einem modernen Denker macht, sind nicht allein seine Ansichten, sondern der Wunsch, seine Botschaft zu verallgemeinern und sie zur Basis für ein neues kulturelles und soziales Universum zu machen, das auf Vernunft, Säkularisierung, mechanistischer Wissenschaft, sozialer Toleranz und politischer Freiheit gegründet ist und daher im Gegensatz steht zu den wesentlichsten Aspekten der mittelalterlichen Welt. Dazu brauchte Spinoza eine kulturelle Kraft, die geeignet war, den religiösen Aberglauben aus den Köpfen nicht einer esoterischen Minderheit, sondern der *Menge* zu vertreiben – eine Kategorie, die bei Spinoza einen eigenen philosophischen Status erhält. Diese Kraft findet Spinoza in der Religionskritik und der dazu gehörenden biblischen Hermeneutik.

Auch Sokrates hat nach einem Mittel gesucht, die Seele von Vorurteilen zu reinigen; er fand es in einer sich selbst aufhebenden Sophistik, die über Paradoxe und Aporien zu fruchtbarer Verwirrung führte. Zwei Jahrtausende später suchte Descartes mit der Proklamation eines philosophischen Neuanfangs diese Reinigung durch einen einzigen, kraftvollen Willensakt zu erreichen, der auf sich selbst gerichtet ist und auf jegliches Urteil verzichtet, sofern keine rationale (auf evidente Wahrheiten gegründete) Gewißheit vorhanden ist. Descartes hoffte, dadurch die ganze Last der Tradition auf einen Schlag abstreifen zu können, um damit das Bewußtsein als eine Art tabula rasa auf die Erfahrung der inneren Offenbarung des »natürlichen Lichts« und seiner rational klaren und deutlichen Ideen vorzubereiten.

Ob Descartes selbst ganz und gar Cartesianer war oder ob er in religiösen Dingen kompromißbereit und konventionell blieb, ist eine offene Frage. Jedenfalls muß Spinoza die cartesianische »Vorbereitung zur Philosophie« als inadäquat zurückweisen, da er den Akt des freien Willens, auf den Descartes baut, für eine metaphysische Illusion hält. Es gibt keinen freien Willen; ebensowenig gibt es ein spezielles Urteilsvermögen, das fähig wäre, unsere Ideen in einem eigenen Akt zu bejahen oder zu verneinen, oder das imstande wäre, willkürlich auf ein solches Urteilen zu verzichten. Für Spinoza ist Urteilen ein integraler Bestandteil des Akts der Ideenbildung, kein zweiter, ihm hinzugefügter Akt (*Ethik*, T. 2, L. 49 Anm.). Wir urteilen, während wir wahrnehmen (oder begreifen); genauer, wir können keine Idee haben, ohne automatisch die Existenz ihres Gegenstandes zu behaupten und die Eigenschaften, die sie repräsentiert, als diesem Gegenstand zugehörig anzusehen. Auch Negation ergibt sich aus der affirmativen Kraft, und zwar einer *neuen* Idee, die mit der vorherigen nicht übereinstimmt und sie daher ersetzt. Das geschieht bei jedem kognitiven Vorgang: wenn eine wahre Idee eine falsche korrigiert, wenn ein neuer Aberglaube einen alten ersetzt und auch wenn der Geist in Zweifel und Verwirrung hin und her schwankt, was dazu beitragen kann, daß fest eingewurzelte Überzeugungen zerstört werden und für die Philosophie der Weg freigemacht wird. Welche Haltung wir auch haben, was immer uns geistig widerfährt, ist nicht von einem illusionären »Willen« abhängig, sondern von kausalen Gedankenketten, die unser Bewußtsein gesetzmäßig beeinflussen und ändern.[2]

In ebendiesen kausalen Prozeß möchte Spinoza eingreifen, indem er Wahrheit und Metapher richtig dosiert. Seine Religionskritik ist, wie wir sehen werden, eine Mischung aus philosophischer Erkenntnis und Rhetorik. Sie beruht auf klaren und deutlichen Ideen, die häufig in Metaphern, Umgangssprache und dialektische Tricks verpackt sind, und sie gebraucht das Idiom und die Autorität der Tradition als Hebel, um eben diese Autorität zu untergraben. Religionskritik und biblische Hermeneutik sollen daher in der Menge dieselben oder ähnliche Wirkungen zeitigen, wie sie sich für Spinoza ehedem aus seinem marranischen Hintergrund ergaben und wie sie Descartes vergeblich durch seinen einmaligen reinigenden Willensakt hervorzubringen suchte.

Der »wahren Idee« den Weg freimachen: Das Problem der Methode

Spinoza wollte zunächst in Descartes' Fußstapfen treten. In seinem ersten Werk, der *Abhandlung über die Verbesserung des Verstandes*, machte er sich daran, seinen eigenen »Discours de la Méthode« zu schreiben, der seiner eigentlichen Philosophie vorausgehen sollte. Aber als er ihn schrieb, kam ihm das Unternehmen undurchführbar und in sich widersprüchlich vor. Methode, entdeckte Spinoza, ist »reflektierte Erkenntnis«, ist »die Idee einer Idee«. Als solche setzt sie eine zugrundeliegende substantielle Idee voraus, die reflektiert wird. Eine Theorie der Erkenntnis (oder der Methode) kann nicht rein a priori formuliert werden. Um zu wissen, was wahre Erkenntnis ist, und um eine Strategie zu entwerfen, solch eine Erkenntnis zu erlangen und zu erweitern, müssen wir bereits irgendeine wahre substantielle Erkenntnis besitzen, die wir dann auf ihre typischen Kennzeichen und Voraussetzungen hin untersuchen. Wir müssen, wie Spinoza sagt, bereits mit einer *idea vera*, einer wahren Idee beginnen, um zu wissen, was daraus folgt, eine solche Idee zu haben.

Um ihre Aufgabe zu erfüllen, kann die erste *idea vera* überdies nicht auf ein äußeres Kriterium der Wahrheit bauen, sondern muß ihre Rechtfertigung in sich selbst haben. Das erinnert an die Selbstevidenz der cartesianischen »klaren und distinkten Ideen« (die auch Spinoza anerkennt). Aber keine reicht aus. Die zugrundeliegende wahre Idee bei Spinoza erfüllt ihren Zweck nur dann, wenn ihr Gegenstand zugleich seine eigene Seinsursache ist, das heißt, wenn die Totalität des Universums als Gott aufgefaßt wird. Wir beginnen mit der Erkenntnis, daß Gott mit allem, was es gibt, identisch und daher die einzige existierende Substanz ist – notwendig, Ursache seiner selbst und ewig, enthält er alle Aspekte und Dimensionen der Realität in sich: Materie und Geist, Ausdehnung und Denken, Endliches und Unendliches und so fort. Daraus sollen das übrige System und alle speziellen Ideen im Universum als die *interne* Explikation der allumfassenden ersten Idee folgen.

Daß Spinozas *idea vera* so neuartig und revolutionär sein soll, stellt ein Problem dar. Wenn diese Idee selbstevident ist, warum hat die Menschheit sie nicht eher entdeckt, und warum ruft sie weiterhin so viel Feindseligkeit hervor? Spinoza, der, anders als Kant oder Hegel, keine Theorie vom geschichtlichen Wachsen der Vernunft hat und dem, anders als Freud, eine Theorie der Verdrängung und des Widerstandes fehlt, beruft sich erneut auf seine herrschende Kategorie des religiösen *Aberglaubens*. Was der wahren Idee im Wege steht und sie revolutionär aussehen läßt, ist das enorme Gewicht der Offenbarungsreligion mit ihren falschen Bildern von der Gottheit, die durch Angst und Unkenntnis der wahren Ursachen in der Phantasie genährt, zu einer theistischen Theologie sublimiert und durch Erziehung und Sprache von Generation zu Generation weitergegeben wird. Infolgedessen kann die inhärente Selbstevidenz der *idea vera* sich im wirklichen Bewußtsein nicht geltend machen, ohne daß zuvor eine Kritik des religiösen Aberglaubens stattfindet, und zwar nicht als ein rein logisches Argument, sondern auch als eine soziale und kulturelle Kraft.

Kant und die humanistische Immanenz

In diesem Zusammenhang kommt uns Kant als Pendant und Gegenpart zu Spinoza in den Sinn. Trotz ihrer ansonsten großen Unterschiede treffen sie sich hier auf gemeinsamem Boden. Beide benutzen die Religionskritik, um das Bewußtsein von falschen Vorstellungen zu reinigen und um die sozialen und institutionellen Hindernisse, die darauf aufbauen, auszuschalten. Überdies verwenden beide biblische Hermeneutik, um die Neigung ihrer Leser von der Transzendenz weg auf eine immanente Vernunftreligion zu lenken.

Doch Kant kann, trotz seiner radikalen Religionskritik, nicht ohne nähere Bestimmung ein Philosoph der Immanenz genannt werden. Hinsichtlich von Erkenntnis vertritt er die Position *kritischer* Immanenz, und in der Ethik gelangt er zu einer transzendenten Position, die dem spinozistischen Naturalismus einen Sein/Sollen-Dualismus gegenüberstellt. Wo es am meisten zählt, bleibt Kant jedoch dem Prinzip der Immanenz treu; denn hinsichtlich der *Grundlagen* der natürlichen und der moralischen Welt erlaubt Kant keine Berufung auf dem Menschen übergeordnete Mächte oder Autoritäten. Kein Schöpfergott ist vonnöten, um das Wirken der Natur zu erklären, und kein göttlicher Gesetzgeber darf die Gesetze der Moral vorschreiben. Religion selbst muß die Vorstellung von Gott aus ihren Grundlagen verbannen und soll ausschließlich in der Autonomie des vernünftigen Willens des rationalen Menschen begründet sein. Auch für Offenbarung, das Mosaische Gesetz oder die Liebe und Passion Christi ist kein Platz, außer in rhetorischer Funktion, um die Menge zu bilden. In Akten vernünftiger Spontaneität schreibt der menschliche Geist sich selbst die Grundgesetze von Moral und Religion vor, gerade so, wie die universellen und notwendigen Muster, denen die Natur selbst gehorcht, seiner Gesetzgebung entstammen.

Kants kopernikanische Wende etablierte eine humanistische Philosophie der Immanenz (Heine, der das erkannte, bezeichnete sie, wie ich zeigen werde, fälschlich als »Pantheismus«). Sie rückt den Menschen ins Zentrum des Seins und gründet alle wichtigen Bereiche der Realität auf seine freien rationalen Kräfte. Und sie ist gleichermaßen eine Theorie der Emanzipation, denn sie befreit den Menschen aus seiner Selbst-Unterjochung durch falsche transzendente Bilder und stellt ihn, wie Kant sagt, unter seine eigene »Vormundschaft«, macht ihn zum Richter, Meister und Lehrer seiner selbst und zum kritischen (daher begrenzten) Maß aller Dinge, die um ihn sind.

Zugleich versteht Kant die Vernunft als etwas außerhalb der Natur (auch der Natur im Menschen) Stehendes, als eine fremde Kraft, die von außen der Natur ihre Gesetze auferlegt. Vernunft kann nicht als Teil der tatsächlichen Welt verstanden werden, sondern sie bildet eine zweite, getrennte Welt über ihr, wobei der Mensch an beiden als ihr »Bürger« teilhat. Das ist ein Überrest des alten christlichen Dualismus; hier wird die Vorstellung vom Menschen als eines vom Himmel mit göttlichen Fähigkeiten ausgestatteten Wesens ins Säkulare übertragen. Das ist die Stelle, an der Kant sich von einer strengen Philosophie der Immanenz löst, die verlangt, daß jede Normativität, jeder Ursprung bindender Werte in der tatsächlichen Welt verankert sein muß. Seine Lösung vom Immanenzprinzip ist ein Sproß desselben Dualismus, der Kant durchweg die größten Schwierigkeiten bereitet hat; daß der Dualismus hier wiederkehrt, ist weder ungewöhnlich noch besondere Absicht.

Kants eingeschränkte Philosophie der Immanenz ist dadurch sowohl auf den Menschen konzentriert als auch antinaturalistisch, zwei Züge, die Kant an Hegel weitergegeben hat, was ich im nächsten Kapitel behandeln werde. Auch Kant versucht, geschichtliche Religion zu zerstören und seine rationale Ethik und Metaphysik auf ihren Ruinen aufzubauen. Die Kritik der Vernunft ist für Kant zugleich ihre Unabhängigkeitserklärung. Trotz – und wegen – ihrer Endlichkeit übernimmt menschliche Vernunft die Rolle Gottes als Gesetzgeber für Natur wie für Moral. Unfähig, die Existenz Gottes (und andere wichtige theologische Behauptungen) zu beweisen oder zu widerlegen, versteht menschliche Vernunft diese Endlichkeit als bindende Norm, die es ihr verbietet, sich auf äußere Autoritäten zu verlassen, und die ihre Kraft bestätigt, die metaphysischen Eigenschaften natürlicher Gegenstände und die grundlegenden moralischen Imperative aus sich selbst heraus zu schaffen, als Entfaltung ihrer eigenen inneren Struktur.

Kant betrachtet die *Endlichkeit* der menschlichen Vernunft und ihre *autonome* Kraft als zwei komplementäre Seiten derselben Kritik der Vernunft. Als »transzendentales Ich« bestimmt der menschliche Geist – nicht Gott – das metaphysische Substrat der Natur, das heißt das System der Kategorien und logisch-synthetischen Gesetze, die die Gegenstände möglich machen. Und als rationaler Wille legt wiederum menschliche Vernunft (und nicht göttliche Gesetzgebung) die obersten Gesetze der Ethik wie die letzten Ziele von Politik und Geschichte fest. Die ganze Moral mit ihrem absoluten Wert und ihrer ehrfurchtgebietenden Erhabenheit gründet nicht auf dem Willen eines transzendenten Gottes, dessen Existenz wir nicht kennen können und die nicht vorausgesetzt werden darf, sondern auf dem Willen des Menschen, der sich als universale praktische Vernunft manifestiert, deren innere Gesetze er ausdrückt und befolgt. Selbst Religion – Kants »Vernunftreligion« – besteht darin, die der menschlichen Vernunft inhärenten Befehle als göttlich anzusehen. Kant säkularisiert damit den historischen Begriff der Göttlichkeit und heiligt seine eigene humanistische Moral. In der Religionsschrift reduziert Kant religiöse Gefühle, Motive und Symbole durchweg auf einen rein moralisch-säkularen Zusammenhang. Auch sein berühmtes moralisches Argument für die Existenz Gottes hat eine rein humanistische Funktion.[3] Nicht nur, daß der Gottesbegriff der Moral entstammt, er sagt uns nicht einmal etwas über Gott, sondern nur etwas über die menschlichen Kräfte und eine *moralische Teleologie*, die dem Universum zugrunde liegt. Das moralische Argument berechtigt uns zu nicht mehr, als zu glauben, daß Menschen die Fähigkeit haben, die vorhandene Welt in das »höchste Gut« zu transformieren – ein moralhistorisches Ideal, das der rationale Wille als Pflicht auferlegt. Doch sowohl die Pflicht als auch die Fähigkeit sind unsere, und von Gott wissen wir am Ende so wenig wie am Anfang, nämlich nichts.

All dies würde aus Kant nicht den Gottesmörder machen, den Heine in ihm sah (siehe Kap. II. 3), sondern es würde ihn den religiösen Häretikern der Aufklärung zuordnen, deren Vorläufer Spinoza war. Kants Angriff auf die geschichtliche Religion ist nach Inhalt und Stil ebenso scharf wie der Spinozas. Manche seiner abwertenden Ausdrücke sind umgangssprachlich (»Pfaffentum«), sogar vulgär (»Afterdienst«). Seine Darstellung des Judentums, des Katholizismus, der byzantinischen Kirche und der auf die Reformation folgenden Religionskriege ist voller

Abscheu und moralischer Entrüstung, zuweilen mit dem Gift des Sarkasmus versetzt. Kants mehrdeutige Sprache und seine persuasiven Metaphern nehmen einem nicht das Gefühl, daß der alternde Kant, über die reine Philosophie hinaus, es den Übeltätern seiner, wie er es nennt, »Jugendsklaverei« in der Pietistenschule, die er als Kind besuchte, heimzahlt. In jenen frühen Tagen war ihm die Lektüre römischer Autoren einschließlich des Lukrez ein Trost; und Lukrez war der große epikureische Religionskritiker, der für jene Tradition das Modell abgab, die über Spinoza bis zu Kant reichte. Kein Wunder, daß Kant Jahrzehnte später bei der Abfassung seiner eigenen Religionskritik den alten Ausruf des Lukrez gebrauchte, *tantum religio potuit suadere malorum* (zu so viel Üblem kann die Religion raten).[4]

Es ist zweifelhaft, ob Kant Spinozas *Theologisch-Politischen Traktat* gelesen hat. Doch aller Wahrscheinlichkeit nach war er indirekt von Spinozas Ideen beeinflußt, wobei Moses Mendelssohn, Kants jüdischer Freund und Rivale, mit seinem Buch *Jerusalem* das Verbindungsglied darstellte.[5] Kant übernimmt Spinozas Vorstellungen über die Juden und ihren alten Staat und führt sie weiter aus. Er behauptet wie Spinoza (und, ohne es zu wissen, wie viele mittelalterliche jüdische Rabbiner), daß die Bibel keinen Anspruch auf Erkenntnis erhebe und kein Wissen vermittle, sondern nur eine moralische Lektion erteile. Es sei eine Menge historische und philologische Gelehrsamkeit erforderlich, um von dieser Lektion Gebrauch zu machen. Im Gegensatz zu Spinoza ordnet Kant diese biblische Gelehrsamkeit äußerlichen moralischen Interessen unter und gerät so in unlösbare Probleme. Aber indem er die Notwendigkeit dieser Art von historischer Bildung beschwört, wiederholt er die revolutionäre Forderung, die als erster Spinoza aufgestellt hat.[6]

Biblische Hermeneutik als Aktionsform des Philosophen

Selbst wenn wir mit Gebhardt[7] annehmen, daß Spinoza für die Bibelkritik als eine objektive, immanente Wissenschaft den Grundstein gelegt hat, folgt daraus nicht, daß seine eigenen Bibeluntersuchungen unvoreingenommen gewesen wären. Leo Strauss zeigt, wie Spinoza sich diesem besonderen Wissenszweig in der Absicht zugewandt hat, seine neuen, subversiven Ideen zu verbreiten und religiöse Autorität und Praktiken zu bekämpfen. Doch Spinoza scheint geglaubt zu haben, daß, angesichts der Eigenart der Bibel und der prophetischen Inspiration, ein objektiver, wissenschaftlicher Zugang der Autorität der Heiligen Schrift schädlicher sein würde als jeder voreingenommene Angriff, als sei auch hier (wie im Fall der höchsten Form des Wissens) Rationalität eine Tugend um ihrer selbst willen. Diese Auffassung birgt innere Schwierigkeiten, denen ich mich später zuwenden werde; hier will ich nur sagen, daß Spinoza in der Bibelinterpretation auch ein Mittel für umfassendere Zwecke sah.

Dies ist im Falle Kants noch klarer. Das Studium der Bibel erscheint Kant von bloß antiquarischem Interesse und wertlos, es sei denn, es dient moralischen Zwecken und stärkt den Willen, sie zu verwirklichen. Bloß als wissenschaftlicher Gegenstand ist die Bibel tot; ihre Bedeutung liegt nur in ihrer Fähigkeit zu beeinflussen. Wird die Bibel jedoch buchstäblich genommen, übt sie zumeist eine verkehrte Wirkung aus, sowohl unter moralischen wie unter kognitiven Gesichtspunkten. Daher wird man zumeist eine allegorische Interpretation vorziehen, auch auf die Gefahr hin, daß man die ursprüngliche Intention des Autors bewußt verfälscht. Allegorische Interpretation ist jedoch keine rigide Regel. In jedem Fall ist das einzige Kriterium zur Bestimmung der richtigen Interpretation das moralische Interesse. Daher ist für Kant Bibelexegese *nur* ein Mittel für andere Zwecke.

Sowohl bei Spinoza wie bei Kant dient die Religionskritik des Philosophen solchen umfassenderen Zwecken, sofern sie die vorhandene Wirklichkeit umzuformen sucht. Diese Kritik ist keine reine Religionswissenschaft, sondern zugleich ein Instrument der Veränderung. Der Philosoph gibt sich nicht damit zufrieden, allein für sich selbst zu wissen, daß Wunder oder individuelle Vorsehung ontologisch unmöglich sind, daß *superstitio* eine Art Opium für die Massen ist, daß Religion aus Furcht und *imaginatio* geboren ist oder daß überrationale Fähigkeiten (und ihre greifbaren Dokumente) in Wahrheit der Vernunft unterlegen sind. Er will dieses Wissen mit der Menge teilen und so deren Leben und Institutionen von der Herrschaft irrationaler Mächte reinigen und für eine emanzipierte Lebensweise sorgen. Ein Religionsverständnis, das zu diesem Prozeß gehört, ist etwas nicht bloß Akademisches, sondern ipso facto Befreiung vom Aberglauben – darin liegt seine Hauptbedeutung.

Die Demokratisierung der Vernunft, der Ehrgeiz, ihre Wirkung auf die Massen auszudehnen und durch sie die Menschheitsgeschichte zu formen, signalisiert einen Bruch mit mittelalterlichen Einstellungen – einen klaren Bruch im Falle Kants, während Spinoza noch Vorbehalte hat. Der wirklichkeitsfremdere Kant glaubt, die rationale Einstellung ließe sich im großen historischen Maßstab verbreiten. Zu dieser Meinung war er durch seine Auffassung gezwungen, daß die im menschlichen Subjekt begründete oder durch es konstituierte Vernunft etwas strikt Universale's sei, sowie durch die Dichotomie zwischen reiner Moral und gar keiner. Der nüchternere Spinoza vermeidet die Kantische Alternative des Entweder-Oder, er will Früchte rationaler Aufklärung verbreiten, die in sich durchaus nicht völlig rational sind: eine reformierte Volksreligion, einen aufgeklärteren Staat und ähnliches. Für Spinoza bleibt reine Rationalität die Sache einer Minderheit und in ihrer höchsten Form sogar esoterisch.

Während Spinoza und Kant die Kraft der Vernunft einerseits zwar überschätzten, erkannten sie andererseits doch auch die Bedeutung psychologischer und institutioneller Hindernisse. Das größte Hindernis für die Religionskritik ist der Glaube an die überrationale Autorität der Bibel, an die buchstäbliche Wahrheit ihrer Geschichten und an die geheiligte Gültigkeit des umfangreichen dogmatischen, rituellen und institutionellen Apparates, der um sie herum gewachsen ist. Um wirkungsvoll zu sein, muß der Kritiker eine Affinität zum Bewußtsein seines Publikums haben. Solange die Allgemeinheit in *vana religio* versunken ist, ist ein sinnvoller Dialog nicht möglich und noch weniger eine Einstellungsveränderung, solange der Ausgangspunkt der Zuhörerschaft außer Betracht bleibt. Hier hat die Bibelexegese ihre Funktion: Sie dient als fiktive gemeinsame Basis zwischen dem Kritiker und seinem Publikum. Da der an die Offenbarungsreligion Glaubende die Grundprinzipien des Philosophen nicht teilen kann, muß dieser, indem er sich auf die Bibel beruft, *erscheinen*, als teile er die Grundsätze des Gläubigen, während er in Wahrheit diese gegen sie selbst wendet.

Damit ist nicht gesagt, daß Spinoza nicht auch andere Gründe hatte, sich auf die Bibel zu berufen, zum Beispiel aus Vorsicht und zu seiner persönlichen Sicherheit. Die Werke Spinozas sind ein Musterbeispiel für Anspielung und doppeldeutige Sprache und für das, was Strauss »die Kunst, in der Verfolgung zu schreiben«,[8] nannte.

In geringerem Maße wohl stand auch Kant mit der Bürokratie in Konflikt und hatte auf seine Schritte zu achten. Sein offener Konflikt mit der Zensur Friedrich-Wilhelms II. ist nur ein Beleg dafür.[9] Klar ist also, daß Kant und Spinoza die Bibelexegese zur persönlichen Sicherheit benutzten: Sie hilft dem Philosophen, den schwierigen Pfad zwischen Treue zu den eigenen Ideen und scheinbarer Treue zur herrschenden Tradition zu finden.[10] Das ist jedoch weder die einzige noch die Hauptfunktion bei der Verwendung der Bibel. Selbst wenn sie auf ihre Sicherheit keine Rücksicht genommen hätten, kann man ruhig behaupten, daß beide Philosophen noch aus einem anderen Grund die Bibel herangezogen haben würden, nämlich um die Massen zu erreichen und deren eingefahrene Haltungen zu untergraben. Überdies erfordert Vorsicht nicht die Herausbildung allgemeiner hermeneutischer Methoden (ja schreckt manchmal eher davon ab); die Methoden Kants waren eine offene Herausforderung für das fromme Bewußtsein. Auch wenn Spinoza und Kant unnötige Risiken vermeiden wollten, zeigt ihre Beschäftigung mit der Bibel im Grunde ihre Entschlossenheit, die unvermeidlichen Risiken auf sich zu nehmen. Daß Bibelexegese der Verteidigung dienen kann, ist eine strategische Folge; sie ergibt sich aus derselben Eigenschaft, die Bibelexegese anfangs als offensive Waffe empfehlenswert machte. In diesem Sinne ist Bibelauslegung eine aggressive Handlung, die dem Philosophen eine Art Teilnahme an den sozialen und kulturellen Prozessen seiner Zeit ermöglicht.

Kant betrachtete die Aufklärung und die freie Verbreitung von Ideen als das eigentliche Geschäft des Philosophen, wodurch sich Politik und Gesellschaft nicht minder als das Bewußtsein des Publikums beeinflussen lassen. Und Spinoza behauptete in seinem *Theologisch-Politischen Traktat*, freies philosophisches Denken sei für Stärke und Stabilität des Staates vonnöten. Doch beide waren der Meinung, der Prozeß der Befreiung des Denkens mit seinen sozialen und politischen Folgen könne nur dann historisch wirksam sein, wenn er durch eine Kritik der Offenbarungsreligion hindurchgegangen sei und in den heiligen Dokumenten Unterstützung gefunden habe. So gesehen ist die Bibelinterpretation keine Nebensache, sondern ein zentraler Weg zur sozialen und praktischen Beteiligung des Philosophen.

Die Ziele der Religionskritik

Bei diesem Hintergrund verwundert es nicht, daß Spinoza und Kant das fundamentale Interesse teilen, die geschichtliche Religion zu »rationalisieren«,[11] sie aus sich heraus zu einem rationalen Substitut umzuarbeiten. Allerdings muß dieses Ziel bei beiden verschieden aussehen, vor allem weil Spinoza und Kant als Philosophen unterschiedliche Auffassungen von Rationalität, von ihrer Natur und Aufgabe haben.

Um Spinozas Intention zu erfassen, müssen wir uns klarmachen, daß er in dreifachem Sinne von Religion spricht. Im ersten und höchsten Sinne ist Religion mit dem Zustand von Existenz identisch, der durch die »dritte Gattung der Erkenntnis« und *amor dei intellectualis* (die geistige

Liebe zu Gott) erreicht wird, was soviel heißt wie, wahre Religion erreicht zu haben.[12] Das ist die quasi religiöse Dimension in Spinozas Denken, der alternative Erlösungsweg, der sich wenigen Glücklichen erschließt. Daß Spinoza in diesem Zusammenhang auf der Beibehaltung des Wortes *Religion* besteht, hat denselben Grund, aus dem er das Wort *Gott* (mit seinen Konnotationen und seinem Anklang an Erhabenheit) zur Bezeichnung der Gesamtheit des Universums beibehält. Spinoza hat wirklich eine neue Religion im Sinn, eine höhere metaphysische und geistige Befreiung, eine halb mystische Vereinigung mit Gott, die das Unendliche innerhalb des Reiches der Endlichkeit erkennt, die das von mächtigem Gefühl und Liebe erfüllte Individuum als ganzes verwandelt und einen völlig neuen Lebenslauf prägt. Doch dieser erhabene Zustand ist so schwierig wie selten zu erreichen und ist keine Perspektive für die Menge. Man muß damit rechnen, daß die meisten Menschen die wahre Religion gar nicht erreichen. Für sie muß eine andere Art der »Religion« – eine bloß soziale – erfunden werden.

Spinoza behandelt daher eine zweite Art der Religion, die *religio catholica* (»Universalreligion« oder »allgemeine Religion«, die nicht mit dem Katholizismus zu verwechseln ist, obwohl sie dessen Anspruch auf Universalität zu übernehmen sucht). Diese Volksreligion bleibt im Bereich der *imaginatio*, versucht jedoch, im Effekt eine äußere Nachahmung der *ratio* (Vernunft) zu sein, wobei sie zu diesem Zweck das Prinzip des Gehorsams gegen Gott benutzt, das selbst ein Produkt der *imaginatio* ist. Hier hat der Ausdruck *Gott* tatsächlich eine ganz andere, nämlich metaphorische und irreführende Bedeutung und wird mit Absicht so gebraucht. Vom Standpunkt metaphysischer Wahrheit aus gibt es überhaupt keinen persönlichen Gott, keine göttliche Entität, die mit einem Willen ausgestattet wäre und Befehle erteilte. Der Gott der Bibel dagegen hat Befehle erteilt, jedenfalls glauben die meisten Menschen das und meinen, sie müßten seinem Willen gehorchen. Ziel der *religio catholica* ist es, unterstützt von einer geeigneten Bibelinterpretation, diesen Glauben sozial nutzbar zu machen. Diese Interpretation soll den imaginären »Willen Gottes« auf eine Reihe sozial vorteilhafter Regeln reduzieren: Gerechtigkeit, gegenseitige Hilfe und Gehorsam gegenüber den Gesetzen des Staates (der zum maßgeblichen Interpreten des »göttlichen Willens« wird).

Diese volkstümliche Art der Religion ist rein sozial und weltlich; und obgleich sie auf die niederen Kräfte der *imaginatio* baut, bewirken diese Kräfte kein zügelloses, willkürliches Verhalten mehr, sondern sind so reguliert, daß sie ein Verhalten möglich machen, das dem durch Vernunft hervorgerufenen ähnlich ist.[13]

An dritter Stelle steht die krude geschichtliche Religion (*vana religio*), die auf phantastischen Erzählungen, heiligen Geschichten, Ritualen und einer überwiegend politischen Organisation beruht. Vom alten Heidentum bis zu den kontingenten Elementen des Judentums und Christentums entstammen alle Erscheinungen dieser dritten Religionsform dem Aberglauben und haben ihre Wurzeln in Ängsten und Leidenschaften der Menschen. Ihre inhaltlichen Aussagen erklären sich aus Mangel an Wissen über die wahren Ursachen, was bei den Massen Staunen und Aberglauben hervorruft und sie dazu bringt, an Wunder, Zweckursachen und das Wirken geheimer Kräfte in der Natur zu glauben. Die praktischen Seiten der Offenbarungsreligion haben im Grunde politischen Charakter; sie zielen darauf ab, Furcht und Unwissen zum Nutzen der Herrschenden auszubeuten – seien diese nun weltliche oder theokratische Herrscher. Diese Form der Religion ist Spinoza besonders zuwider und Zielscheibe seiner schärfsten Angriffe.

Anhand dieser dreifachen Bestimmung können wir nun die Ziele von Spinozas Religionskritik definieren. Es ist klar, daß er die unechte Religion vollständig abgeschafft wissen will. Es ist ebenso klar, daß er letztlich, zumindest in der Theorie, wollte, daß alle Menschen zur Religion im philosophischen Sinne gelangen. Das hätte bedeutet, nicht nur auf geschichtliche Religion, sondern auch auf die Zwischenform der »allgemeinen Religion« zu verzichten. Doch die Massen von *vana religio* zur Philosophie zu erheben, ist, wie Spinoza wußte, eine langwierige, wenn nicht überhaupt hoffnungslose Aufgabe. So richteten sich seine Bemühungen hauptsächlich auf das realistischere Ziel, die schädigenden Wirkungen der Religion zu neutralisieren und sie zwar im niederen geistigen Bereich zu belassen, aber vielleicht sozial nutzbar zu machen. Das Ergebnis wäre letzten Endes eine Religion, die in Glaubensdingen völlige Freiheit läßt und sich auf allgemeine (und vage) Gebote sozialer Gerechtigkeit und gegenseitiger Hilfe beschränkt.[14]

Die »Reinigung« geschichtlicher Religion soll dadurch bewerkstelligt werden, daß die Wirkungen des Vorstellungsvermögens (der niedrigeren Geisteskräfte) einer äußeren Nachahmung der Vernunft entsprechen. Dabei ist nicht beabsichtigt, vom Aberglauben zu wissenschaftlicher Erkenntnis vorzudringen, Religion soll gar keine, wie auch immer geartete Erkenntnisleistung erbringen. Ebensowenig ist beabsichtigt, von den Leidenschaften und einem vom Aberglauben bestimmten Verhalten zu Handlungen und positiven Gefühlen (*actiones*) überzugehen, die ihren Ursprung in der Vernunft haben. Religion, auch die gereinigte Religion, bleibt im Reich der Imagination und Offenbarung, und jegliches Verhalten, das von Religion gesteuert ist, rührt nicht von der Vernunft oder *scientia intuitiva*, sondern vom Gehorsam her.

Die gereinigte Religion ist daher weder Aberglaube noch Philosophie, sondern eine Art allgemeine Volksmoral. Geschichtlich ist dieser Gedanke nicht neu, doch ist seine Stellung im spinozistischen System bemerkenswert. Nach der Erkenntnistheorie der *Ethik* zu urteilen, gibt es kein Zwischenglied zwischen Vorstellungsvermögen und Vernunft oder zwischen der ersten und der zweiten Art der Erkenntnis.[15] Im Bereich des Verhaltens bietet Spinoza dagegen eine solche Brücke. Dieses Thema ist nur im *Theologisch-Politischen Traktat* ausführlich entwikkelt, das Prinzip läßt sich jedoch auch in der *Ethik* nachweisen:

> Das beste also, was wir tun können, solange wir eine vollkommene Erkenntnis unserer Affekte nicht haben, ist, uns eine richtige Lebensweise oder gewisse Lebensregeln im Verstande zu entwerfen, *diese unserer Erinnerung einzuprägen*, und sie auf die besonderen Fälle, die im Leben häufig vorkommen, beständig anzuwenden, *damit so unser Vorstellungsvermögen von ihnen weitgehend beeinflußt werde* und sie uns jederzeit vor Augen stehen. (*Ethik*, T. 5, L. 10, Anm.; Hervorhebungen Y.Y.)[16]

Das ist im wesentlichen das gleiche Programm wie im *Theologisch-Politischen Traktat*, nur ohne die weitreichenden historischen Ambitionen und daher ohne sich auf die Bibel und die Macht des Gehorsams stützen zu müssen. Im wesentlichen erinnert Spinozas Idee hier an die aristotelische *hexis* und bildet die Grundlage, um das Vorstellungsvermögen als eine Nachahmung der Vernunft zu gebrauchen.

Der ganze *Theologisch-Politische Traktat* ist nichts als die Ausarbeitung von Spinozas Programm; er stellt die Verbindung zwischen dem »theologischen« und dem »politischen« Teil her und verleiht ihnen systematische Einheit. Der Traktat als ganzer befaßt sich mit der Menge, nicht mit dem Philosophen und behandelt sie als ein eigenes philosophisches Problem. Was mit der Menge geschehen soll, ist die dem Werk zugrundeliegende generelle Frage und ist in beiden Teilen ausgedrückt. Die allgemeine Antwort lautet: die die Menge leitende kognitive und emotionale Kraft, das, was Spinoza *imaginatio* nennt, zu einer äußerlichen Nachahmung der *ratio* umzugestalten und die Autoritätsgläubigkeit zu benutzen, um das Ergebnis zu stärken und zu institutionalisieren.

Dieses Programm wird in zwei Schritten durchgeführt, einem theologischen und einem politischen. Erstens wird die Botschaft der Heiligen

Schrift durch Bibelauslegung auf eine noch unentwickelte universale Sittenlehre reduziert, wobei der Bibel jegliche kognitive Bedeutung abgesprochen wird. Diese Minimalmoral – Gerechtigkeit und gegenseitige Hilfe – ist der Inhalt der neuen, für die Menge bestimmten »allgemeinen Religion«, die auf Achtung und Gehorsam gegenüber dem »Wort Gottes« baut, wie es in der Bibel festgehalten ist. Natürlich ist das nicht mehr der Gehorsam gegen all die einzelnen, wechselnden prophetischen Forderungen, sondern nur gegen ihren quasi rationalen Kern – ihren »wahren Sinn«, wie er durch die Bibelauslegung definiert ist. Doch das Bedürfnis, sich auf einen vom Vorstellungsvermögen geschaffenen prophetischen Text und auf Gehorsam gegen eine äußere Autorität zu stützen, zeugt davon, daß die *imaginatio* immer noch wirksam ist, obwohl ihre Inhalte sich gewandelt haben: Sie haben sich nun gegen ihre gewöhnliche aggressive und spalterische Natur gekehrt und zeitigen sozial erwünschte Wirkungen.

Die »gereinigte« Bibel wird daher zum Eckpfeiler, wenn es darum geht, das Vorstellungvermögen zu einer Nachahmung der Vernunft umzugestalten. Doch erfordert das auch eine politische Ergänzung und Institutionalisierung. Für sich genommen, sind die Prinzipien der Gerechtigkeit und der gegenseitigen Hilfe leer und abstrakt. Wie sollen sie unter der geltenden Gesetzgebung praktiziert werden? Wer wendet sie auf konkrete soziale Situationen an? Spinoza, der keine andere Autorität oder normative Kraft anerkennt als die politische, gibt eine eindeutige Antwort. Der Staat, die politische Führung soll der einzige wahre »Interpret« des moralisch-religiösen Kerns sein, auf den die Botschaft der Heiligen Schrift durch die biblische Hermeneutik reduziert worden ist.

Auch Kant suchte die Religion rational zu reinigen, ihr kognitiven Gehalt abzusprechen und sie allein auf praktische Prinzipien zu reduzieren. Doch Kants Verständnis vom Wesen der Rationalität unterscheidet sich von dem Spinozas.

Zum einen ist Kant ganz im Gegensatz zu Spinoza durchaus daran interessiert, die gereinigte Fassung von Religion auf eine echte rationale Ebene zu heben. Wie der übrige Bereich des Praktischen gründet auch die Religion nicht mehr in der Einbildungskraft, sondern in der reinen Vernunft und genießt sogar den Primat, den Kant der praktischen vor der theoretischen Vernunft zuschreibt. Mit der Beschränkung der Religion auf den Bereich des Praktischen weist Kant ihr daher eine Rolle zu, die rational par excellence ist. Innerhalb des Bereiches, den Kant »Religion« nennt, ist jegliche Handlung von rein rationalen Imperativen geleitet, ohne Beimischung sinnlicher oder natürlicher Beweggründe. Religion und Sittlichkeit sind grundsätzlich dasselbe, nur daß sich Sittlichkeit primär auf Individuen bezieht, während Religion das handelnde Individuum mit einem moralischen Ganzen verbindet (»ethisches gemeines Wesen« oder »unsichtbare Kirche« genannt) und zur moralischen Erziehung und Verbreitung des ethischen gemeinen Wesens institutionelle Hilfen zur Verfügung stellt (»die sichtbare Kirche«).

Spinozas Verwendung der biblischen Hermeneutik als Mittel zur äußerlichen Nachahmung der Vernunft ließe sich kantisch als Antwort auf das Problem des Schematismus im Bereich des Handelns auffassen (das heißt des Brückenschlags zwischen dem Rationalen und dem Empirischen).[17] Spinozas Verfahren deutet noch auf einen weiteren kantischen Begriff, den der »Legalität«, demzufolge eine Handlung äußerlich dem Gesetz der Moral entspricht, tatsächlich aber natürlichen Wünschen entspringt. Beide Vorstellungen sind selbstverständlich nicht miteinander vereinbar. Es ist bezeichnend, daß Kant es vermied, die Legalität zur »Schematisierung« rationaler Handlung einzusetzen, und sich statt dessen komplizierteren Vermittlern zuwandte,[18] dabei aber auf der unüberwindbaren Kluft zwischen Moralität und Legalität bestand, weil ohne diese Unterscheidung seine ganze Ethik zusammenbräche. So kann Kant nicht nur in Spinozas Programm keine Hilfe sehen, er muß ihm sogar widersprechen.

Anders als Kant konzipiert Spinoza seine Ethik weder als eine Lehre absoluter Imperative, noch läßt er die Moralität von der Art der subjektiven Entscheidungen abhängen. Deshalb hat er Raum für eine äußere Ähnlichkeit zwischen den sinnlichen und den rationalen Motiven und kann ein solch quasi rationales Verhalten höher einstufen denn als bloße Willkür. Kant muß diese Lösung als »bloße Legalität« zurückweisen und muß die Religion, um sie zu reinigen, auf die höchste – und einzige – Stufe der Rationalität heben.

Legalität regiert bei Kant Politik und Recht. Diese bilden nur den institutionellen Rahmen, um das wahre ethische gemeine Wesen zu stützen und zu verkörpern. Gesetzlichkeit und innere Moralität ergänzen einander und bilden das Endziel der Geschichte; aber sie genießen nicht denselben Status: Nur das innere sittliche System ist ein Zweck an sich, der dem übrigen System, auch den rechtlichen und politischen Institutionen, Wert und Bedeutung verleiht.

Das führt uns zu einer weiteren bezeichnenden Differenz. Kant und Spinoza stimmen darin überein, daß die Politik von der geschichtlichen Form der Religion, die auf Furcht, Aberglauben und einer Priesterschaft basiert, vollkommen getrennt werden muß. Diese Art der Religion darf in keiner Weise in das Leben des Staates eingreifen. In welcher Beziehung soll jedoch die gereinigte Religion zum Staat stehen? Darin unterscheiden sich Kant und Spinoza erneut. Kant, indem er Religion auf innere Sittlichkeit reduziert, stellt sie auf eine höhere Stufe als die Politik: Der Staat muß selbst moralische Prinzipien verkörpern und muß der Verbreitung des ethischen gemeinen Wesens dienen. Spinoza dagegen unterstellt einfach die gereinigte Religion der weltlichen Obrigkeit, die er zu ihrem wahren Interpreten ernennt. In beiden Fällen wird die gereinigte Religion zu einer säkularen Lebensform, aber bei Kant teilt sie den unabhängigen und erhabenen Status der Moral, während Spinoza sie dem Staat unterordnet und ihr eine politische Rolle zuweist.

Darin spiegelt sich Spinozas Pessimismus – oder Realitätssinn – hinsichtlich der Menge. Hätte er gemeint, daß *vana religio* sich in reine philosophische Religion verwandeln ließe und sich allgemein durchsetzen würde, so hätte er sie vom Staat befreit und sogar den Staat selbst für überflüssig gehalten.[19] Spinoza meint jedoch, »die menschliche Natur [sei] ganz anders beschaffen«, folglich konzentriert er sich auf die gemeinverständliche Religion des Gehorsams und ermächtigt die weltliche Regierung, das in der Bibel liegende Prinzip der Gerechtigkeit in konkrete Gesetze umzusetzen.

Die Methoden der Bibelauslegung

Spinoza faßt seine Methode in der Aussage zusammen: »Darum muß die Erkenntnis von allen diesen Dingen, d. h. von fast allem, was in der Schrift enthalten ist, aus der Schrift selbst geschöpft werden, gerade so wie die Erkenntnis der Natur allein aus der Natur« (*Theologisch-Politischer Traktat*, 7. Kap., S. 115; *Opera*, Bd. 3, S. 99). Doch wie schon eine einfache Überprüfung zeigt, drückt dieser hermeneutische Wahlspruch (der die damals in protestantischen Kreisen gängige Rede *sola scriptura* reflektiert) Spinozas Intentionen nicht angemessen aus. Die Bibel selbst liefert uns nicht alles nötige Material, um sie in Spinozas Sinne zu verstehen. Die Kenntnis von Grammatik und Etymologie, die Geschichte eines jeden Buches, die Umstände jeder Epoche und ähnliches werden nicht einfach aus den Bibeltexten abgeleitet, sondern in erster Linie aus Hilfswissenschaften. Daher sollte man dem Rat von Leo Strauss folgen und Spinoza etwa auf die gleiche Weise lesen, wie er mit der Bibel umgeht,[20] nämlich seinen Wahlspruch aus dem Zusammenhang seiner Argumentation heraus interpretieren. Spinoza ist nicht der Meinung, daß die Bibel als einzige Informationsquelle dienen, sondern daß der biblische Text allein der methodologische Ausgangspunkt sein sollte. Der eigentliche Inhalt der Bibel darf nicht auf eine vorgefaßte (theologische oder philosophische) Idee festgelegt werden, der die Bedeutung des Textes dann angepaßt wird. Vielmehr ist das Dokument selbst der Ausgangspunkt der Untersuchung, von dem aus man darangehen kann, ein allgemeines Muster zu finden.

Gerade in der starken Vereinfachung kann Spinozas Vergleich zwischen Bibelkritik und Naturwissenschaft zum Verständnis dieses Punktes beitragen. Wie wir in der Naturforschung von einfachsten Daten ausgehen und durch Enumeration und Deduktion zur Definition aller Phänomene voranschreiten müssen, so auch beim Studium der Bibel. Wobei der Unterschied darin besteht, daß die Daten dort physikalische oder biologische sind, während sie hier biblische Texte und die historischen und philologischen Fakten umfassen, die zum Verständnis dieser »Naturphänomene« relevant sind.

Aus der Ablehnung vorgefaßter Deutungsschemata folgt, daß eine allegorische Bibelauslegung verworfen und wörtlicher Interpretation der Vorzug gegeben werden muß. Das ist jedoch keine strikte Regel. Auch die wörtliche Bedeutung liegt ja nicht offen zutage, sondern erfordert gewöhnlich eine mühsame Entzifferung. Darin liegt der Hauptunterschied zwischen dem Ansatz Spinozas und anderen Doktrinen wörtlicher Auslegung. Spinoza betont, daß es eine Kluft gebe zwischen der wirklichen buchstäblichen Bedeutung und dem, was als solche erscheint. Der Leser wie der antike Autor sind von kulturellen und persönlichen Assoziationen, von Vorstellungen und vom Sprachgebrauch ihrer Zeit beeinflußt. Um die ursprüngliche Bedeutung des Textes zu verstehen, müssen wir die Wirkung, die diese Faktoren auf uns ausüben, abziehen und berücksichtigen, wie sie auf die Autoren der biblischen Bücher eingewirkt haben mögen. Das aber erfordert eine eingehende, zum großen Teil auf außerbiblischem Material basierende Untersuchung. Spinoza nennt diese Faktoren nicht im einzelnen, noch viel weniger die Gesetzmäßigkeiten, nach denen sie miteinander verknüpft sind und sich gegenseitig neu bewerten; aber seine allgemeinen Kriterien sind klar, und seine ausführlichen Beispiele liefern uns einschlägige Details. Im *Theologisch-Politischen Traktat* gelingt es ihm, die Prinzipien und einen Teil des detaillierten Apparates darzulegen, mit deren Hilfe die Bibel als rein wissenschaftlicher Gegenstand allein nach den Normen von Vernunft und Erfahrung untersucht werden kann.[21]

Spinozas Ablehnung allgemeiner Schemata gilt nicht uneingeschränkt. Sie bezieht sich nur auf Schemata, die der Bibel von außen auferlegt werden und die damit a priori eine Voreingenommenheit herstellen. Dagegen gibt es hermeneutische Verallgemeinerungen, die aus dem objektiven Bibelstudium selbst folgen; sie sind nicht nur legitim, sondern für die richtige Auslegung unabdingbar. Das liegt daran, daß sich die Texte so, wie sie überliefert sind, nicht von selbst erklären und daß jede echte Methode ein gewisses Maß an Deduktion und Applikation erforderlich macht. »Bei der Untersuchung der Naturdinge suchen wir vor allem die allgemeinsten und der ganzen Natur gemeinsamen Dinge zu erforschen ... und von diesen schreiten wir Stufe für Stufe zu anderen, minder allgemeinen fort. Ebenso muß auch aus der Geschichte der Schrift zuerst erforscht werden, was das Allgemeinste, was Basis und Grundlage der ganzen Schrift ist ...« (*Theologisch-Politischer Traktat*, 7. Kap., S. 119) Die Erforschung der Bibel beruht wie die Erforschung der Natur auf zwei Verfahren, nämlich (cartesianisch gesprochen) der Enumeration und der Deduktion.[22] Das erste ist eine Art Induktion, eine »biblische Geschichte« (analog zur Naturgeschichte, *historia naturalis*), in der alles wissenschaftlich relevante Material gesammelt und katalogisiert wird. Diesen Datenkomplexen müssen wir entnehmen: 1. bleibende Prinzipien, die die Gesamteinstellung und den Geist der Bibel ausdrükken, und 2. Auslegungsregeln für besondere Problemtypen. Hat man diese zur Verfügung, so kann man jeden Bibelvers und jede biblische Geschichte beurteilen. Wenn die buchstäbliche Bedeutung den Grundprinzipien der Auslegung entspricht (obgleich sie mit der religiösen Lehre oder der philosophischen Wahrheit im Widerspruch stehen kann), sollte sie als solche akzeptiert werden. Wenn dagegen die buchstäbliche Bedeutung eines einzelnen Punktes mit den hermeneutischen Regeln, die wir extrahiert haben, nicht übereinstimmt, dann müssen wir sie ablehnen, auch wenn sie zufällig im Interesse der Vernunft oder der Religion liegen sollte, denn dann ist die Geschichte als absichtliche allegorische Darstellung und sind die Worte als Metaphern zu verstehen (*Theologisch-Politischer Traktat*, 7. Kap., S. 114 f., 117; *Opera*, Bd. 3, S. 99, 102). So funktioniert die korrekte Methode immanenter Auslegung.

Hat Spinoza seine eigene Methode befolgt? Man kann darauf nicht uneingeschränkt mit »Ja« antworten. Seine Einstellung zur Bibel war nicht frei von vorgefaßten Prinzipien und Annahmen.[23] Deren wichtigste war gerade die Forderung nach einem immanenten Ansatz. Mit seiner Entscheidung für eine objektive wissenschaftliche Methode setzt Spinoza ein fundamentales Prinzip voraus, das die Heiligkeit der Bibel leugnet und die Autorität der Offenbarung bestreitet, indem sie diese durch Vernunft ersetzt. Hier haben wir die strukturelle Grenze des

»immanenten Ansatzes« erreicht. Doch hat man diese entscheidende Voraussetzung einmal zugestanden, so setzt Spinozas Methode darüber hinaus nichts mehr voraus. Die Forderung, »nur aus der Bibel« zu lernen, ist eigentlich die Forderung, nur aus der *Wissenschaft* der Bibel, das heißt aus einschlägigen wissenschaftlichen Untersuchungen zu lernen. Das schließt die unbedingte Ablehnung jeglicher religiösen Autorität und ihren Ersatz durch Vernunft und Wissenschaft ein. Biblische Hermeneutik, die der Kritik an der Offenbarung dient und sie stillschweigend voraussetzt, soll also dazu beitragen, bei den Massen zu erreichen, was Spinozas marranischer Hintergrund bei ihm selbst erreicht hat.

Man könnte sagen (und darin folge ich P. F. Moreau), daß Spinoza in der Bibelinterpretation eine zweite Revolution vollzogen hat (die erste Revolution wurde im sechzehnten Jahrhundert von den Humanisten und ihrer Philologie ausgelöst).[24] Die neue Renaissancephilologie galt in erster Linie den weltlichen, auch heidnischen antiken Autoren; man betrachtete Vergil, Terenz und Cicero in einem anderen, neuen Licht. Spinoza wendet diese Philologie auf die Bibel an, indem er fordert, deren Autoren als eine weitere Gruppe antiker weltlicher Schriftsteller zu betrachten. Zwar hat die humanistische Philologie auch in der Bibelforschung beachtliche Fortschritte erzielt. Und ironisch genug, war es die mehrsprachige Bibelausgabe von Kardinal Cisneros (einem ehemaligen Großinquisitor und Marranenverfolger, der aus der Wissenschaft der Marranen Kapital schlug), die zur philologischen Erforschung der Bibel einen entscheidenden Anstoß gab. Diese Bewegung erreichte ihren Höhepunkt mit Richard Simon; er war der größte Bibelforscher seiner Zeit und zusammen mit Spinoza der »Vater« der modernen Bibelkritik. Obgleich Spinoza ein großer Bibelforscher war, konnte er mit dem immensen Wissen Simons nicht konkurrieren; doch was die *Methode* betrifft, lieferte er einen radikaleren Ansatz: die Entgöttlichung des Textes.

Moreau meint, die Humanisten hätten die Bibel aus einer bloßen Geschichte in einen »Text« verwandelt, während Spinozas zweite Revolution aus ihr ein »Dokument« gemacht habe. »Zu einem Text werden« heißt, daß der Leser nicht nur der Morallektion, sondern auch dem Materialgehalt und dem Kontext Aufmerksamkeit schenkt; und »Dokument« heißt, daß der Text auf eine Weise, die der Arbeit des Archäologen ähnelt, zum Indikator anderer, außertextlicher Faktoren und Prozesse (kultureller, mentaler, intentionaler usw.) gemacht wird. Doch das ist nicht die einzige Neuerung. Entscheidend ist, daß die Bibel als Text und als Dokument aufgehört hat, eine Bekundung göttlichen Willens, der Offenbarung zu sein, und zum Gegenstand der banalen und weltlichen Autorität der Bibelwissenschaften wurde. Anders gesagt: mit Spinoza wurde die Bibel zum *weltlichen* Dokument.

Die Interpretationsmethode Kants

Kant hat seine Methode der Bibelinterpretation nicht als eigenen Gegenstand abgehandelt; aber fragmentarische Bemerkungen und vor allem Dutzende von Fällen, in denen Kant Bibelverse verwendet, verschaffen uns das notwendige Material. Zum Beispiel:

> Das hier Gesagte muß nicht dafür angesehen werden, als ob es *Schriftauslegung sein solle, welche außerhalb den Grenzen der Befugnis der bloßen Vernunft liegt.* Man kann sich über die Art erklären, wie man sich einen historischen Vortrag moralisch zu Nutze macht, ohne darüber zu entscheiden, ob das auch der Sinn des Schriftstellers sei, oder wir ihn nur hineinlegen: wenn er nur für sich und ohne allen historischen Beweis wahr, dabei aber zugleich der einzige ist, nach welchem wir aus einer Schriftstelle für uns etwas zur Besserung ziehen können, die sonst nur eine unfruchtbare Vermehrung unserer historischen Erkenntnis sein würde. (*Religion innerhalb der Grenzen der bloßen Vernunft*, *Werke*, Bd. 6, S. 43 Anm.; Hervorhebungen Y. Y.)

Hier redet Kant einer Methode das Wort, die Spinoza zuwiderläuft. Da er einen rein wissenschaftlichen Zugang zur Bibel ablehnt, kann er mit den wirklichen Intentionen der Autoren wenig anfangen. Zugleich billigt Kant, ja er empfiehlt sogar, dem Text Bedeutungen zuzuschreiben, die äußeren, vorgefaßten Schemata, in diesem Fall seiner eigenen Moralphilosophie, entnommen sind. Und das führt ihn zu der Auffassung, nicht die Bibel als ganze verdiene unsere Aufmerksamkeit, sondern nur jene ausgewählten Schriftstellen, die man als Allegorien in den Dienst der Moral stellen kann:

> Man muß nicht ohne Not über etwas und das historische Ansehen desselben streiten, was, ob es so oder anders verstanden werde, nichts dazu beiträgt, ein besserer Mensch zu werden, wenn, was dazu beitragen kann, auch ohne historischen Beweis erkannt wird und gar ohne ihn erkannt werden muß. (Ebd.)

Kant faßt seine Ablehnung des wissenschaftlichen Zugangs zur Bibel in der Feststellung zusammen:

> Das historische Erkenntnis, welches keine innere, für jedermann gültige Beziehung hierauf hat, gehört unter die Adiaphora, mit denen es jeder halten mag, wie er es für sich erbaulich findet. (Ebd.)

In einem Abschnitt mit dem Titel »Der Kirchenglaube hat zu seinem höchsten Ausleger den reinen Religionsglauben«[25] greift Kant das Problem später von einer anderen Seite wieder auf. Moralischer Fortschritt im großen historischen Maßstab erfordert eine Wechselbeziehung zwischen Offenbarungsreligion und Moralphilosophie, die durch Schriftauslegung hergestellt werden muß. Der gemeine Mann kann nicht mit einemmal eine rein rationale Position einnehmen. Er muß einen Prozeß durchlaufen, in dem die in den sinnlichen Stoff der Bibelsprache gekleideten moralischen Prinzipien durch die richtige (das heißt absichtsvolle) Interpretation allmählich ans Licht gebracht werden.[26]

Kant meint, daß in allen historischen Glaubensrichtungen sich ein latent rationaler Kern in verschiedenen Schattierungen sinnlicher Ummäntelung ausdrücke, daher auch in der Bibel. Doch kann er nicht in *jedem* Bibelvers oder *jeder* Bibelstelle vorhanden sein. Wo er fehlt und wo die passende Rechtfertigung zu finden ist, sagt Kant, sollen wir die moralische Bedeutung auch durch Abweichung vom wörtlichen Sinne hervorbringen.[27]

In einer Kontroverse mit dem Bibelforscher Johann D. Michaelis[28] stellt Kant die rhetorische Frage, »ob die Moral nach der Bibel, oder die Bibel vielmehr nach der Moral ausgelegt werden müsse« (*Werke* Bd. 6, S. 110 Anm.). Kant spricht sich eindeutig für die zweite Möglichkeit aus. Autonome, weltliche Moral setzt sich selbst wie der Bibel die Norm. Und Kants Religionsschrift ist dementsprechend reich an oft scharfsinnigen und geistreichen allegorischen Verfälschungen von Bibelversen; mehr als einmal nimmt er sich die Freiheit, den Text ungenau zu zitieren, ohne jedoch auf Anführungszeichen zu verzichten.

In seinem Buch *Der Streit der Fakultäten* führt Kant die Argumente aus der Religionsschrift fort. Er weist die gängige Behauptung zurück: »Als Offenbarung muß die Bibel aus sich selbst und nicht durch die Vernunft gedeutet werden«[29] – eine Variante der protestantischen Devise *sola scriptura*, die Spinoza gegen sie selbst gekehrt hatte. Kant lehnt die Methode *sola scriptura* ab, nicht weil sie Widersprüche in der Bibel aufdeckt (das war das Argument des katholischen Gegenreformators Francisco Suarez gewesen), sondern weil die Bibel ohne eine geeignete rationale Interpretation moralisch nutzlos ist. Genau weil sie [bloße] *Offenbarung* ist, sagt Kant mehrdeutig, bedarf die Bibel der Führung durch die moralische Vernunft, die allein ihre göttliche Natur ans Licht bringen kann.

Offensichtlich wird die Göttlichkeit der Heiligen Schrift hier (wie in der Religionsschrift) an ihrer Übereinstimmung mit der autonomen menschlichen Ethik bemessen. Kant schließt, »die Vernunft sei in Religionssachen die oberste Auslegerin der Schrift« (S. 41). Wenn Sätze aus der Bibel der moralischen Vernunft widersprechen, »*müssen* [sie] zum Vorteil der letzteren ausgelegt werden« (S. 38); und das muß (geradezu ein Imperativ) »absichtlich« geschehen.

Die Rechtfertigung der Kantischen Methode

Was kann diesen Ansatz rechtfertigen? Kant meint, Vernunftreligion sei in den antiken Texten selbst latent, »weil lange vor diesem [Volksglauben] die Anlage zur moralischen Religion in der menschlichen Vernunft verborgen lag« (*Religion*, *Werke* Bd. 6, S. 111). Aber diese vage und allgemeine Folgerung findet sich natürlich nicht in einem einzelnen Vers. Die Kantische Allegorie beruht auf der traditionellen Ehrfurcht der Leserschaft gegenüber der Bibel; der Verfechter einer allegorischen Interpretation hat selbst an dieser Ehrfurcht keinen Anteil und weiß vielleicht ganz genau, daß das, was er einem bestimmten Vers zuschreibt, in diesem weder explizit noch implizit jemals vorhanden war.

Ist das dann nicht eine Verletzung des Wahrheitsprinzips, die an Zynismus grenzt? Kants Antworten in der Religionsschrift klingen wie Entschuldigungen[30] und liefern keine theoretische Basis für seine Interpretationsmethoden. Aber Kants System kennt eine andere Art der Rechtfertigung, woraus sich die sogenannten »Postulate« der reinen praktischen Vernunft ergeben. Dabei handelt es sich um theoretische Aussagen (wie »Gott existiert« oder »der Wille ist frei«), die mit kognitiven Mitteln weder zu beweisen noch zu widerlegen sind. Sie als wahr anzunehmen ist hingegen eine Vorbedingung, um moralisches Handeln zu fördern. Das, so behauptet Kant, ist Grund genug, sie zu akzeptieren und nach ihnen zu handeln, denn da, wo eine Verifizierung nicht möglich ist, hat das moralische Vernunftinteresse Vorrang vor allen anderen Interessen.

Daher behaupte ich, Kants Methode der Bibelauslegung läßt sich als Erweiterung der Postulatenlehre verstehen, worin sich seine Auffassung reflektiert, daß (Spinozas ungeachtet) die wissenschaftliche Erforschung der Bibel im ganzen unmöglich ist und die ursprünglichen Absichten der Autoren uns für immer unerreichbar bleiben.

Kant räumt jedoch einer besonderen Art der Bibelforschung, der »Schriftgelehrsamkeit« (*Religion*, *Werke* Bd. 6, S. 112), einen Platz ein, deren Aufgabe es ist, zwischen Vernunftreligion und den Massen zu vermitteln. Wo immer möglich, mobilisiert der Schriftgelehrte seine moralische Einsicht und enzyklopädische Kenntnis, um im Wortlaut des Textes einen moralischen Sinn zu entdecken oder, wo das nicht möglich ist, eine passende allegorische Deutung zu bieten. Auf diese Weise übernimmt der moralisierende Bibelkenner die traditionelle Rolle des Priesters oder Theologen und wird zur unmittelbaren Autorität für die Massen. Kant tröstet sich, daß ein solcher Gebrauch von Autorität, der »freilich der menschlichen Natur nicht sonderlich zur Ehre gereicht«, nur ein vorübergehender historischer Zustand sei.

Was hätte Spinoza Kant zur Antwort gegeben? Wir können die Antwort aus der Kritik Spinozas an Maimonides erschließen, der auch eine Methode philosophischer Allegorie vertrat. Den Text im Zeichen der Vernunft zu manipulieren, sagt Spinoza, ist ein Selbstwiderspruch der Vernunft. Mehr noch, solch eine voreingenommene Interpretation würde nur »eine neue Art von Priestern oder Päpsten, die beim Volke wohl mehr Spott als Verehrung finden würde[n]«, zustande bringen (*Theologisch-Politischer Traktat*, 7. Kap., S. 134; *Opera*, Bd. 3, S. 114).

Der Gegensatz zwischen den Auslegungsmethoden von Kant und Spinoza spiegelt bis zu einem gewissen Grade den Unterschied der philosophischen Temperamente beider wider, besonders wenn wir der objektiven Einsicht in die Notwendigkeit bei Spinoza die imperative Moral Kants gegenüberstellen. Wichtiger noch sind aber ihre unterschiedlichen Interessen in puncto Religionskritik sowie einer Reihe spezieller Auffassungen dazu. Um seinem System eines rationalen Naturalismus treu zu bleiben, muß Spinoza auch die Bibel zum Gegenstand wissenschaftlicher Erforschung machen, denn ausnahmslos alles in der Welt kann zum Gegenstand der Wissenschaft gemacht werden. Hinzu kommt, daß er der Meinung war, die Bibel sei ein Produkt der *imaginatio*, so daß er erwarten konnte, eine unvoreingenommene Erforschung der Bibel werde, abgesehen von ihrem wissenschaftlichen Ertrag, auch das praktische Ergebnis haben, die Irrtümer der Bibel aufzudecken und ihre Autorität zu untergraben. Spinoza muß sich bewußt gewesen sein, daß wissenschaftliche Forschung die Autorität der Bibel nicht zerstören kann, es sei denn, diese Autorität wird bereits von Anfang an abgelehnt, weil Wissenschaft als höchste Urteilsinstanz gilt. Folglich beginnt er nicht damit, was jemand sagt, sondern benutzt Interpretation als rhetorisches Mittel, um Nichtphilosophen zu verblüffen und zu bekehren. Kant seinerseits glaubte, das menschliche Bewußtsein besitze eine Neigung zur Vernunftreligion. Daher konnte er erwarten, daß seine allegorische Methode allmählich das moralische Potential des Menschengeschlechts entwickeln und ans Tageslicht befördern werde.

Das hängt mit Kants Geschichtsauffassung zusammen.[31] Für Kant ist Geschichte der Prozeß, durch den die Vernunft ihre latenten Kräfte ans Licht bringt und sich allmählich aus der Umhüllung der Sinnlichkeit befreit und die objektive Welt nach ihrem Bilde formt. Eine solche Auffassung von Geschichte ist nicht bloß evolutionär, sondern teleologisch. Geschichte ist nicht einfach ein Übergang von einem Zustand in den anderen; sie verwirklicht ein zugrundeliegendes menschliches Potential oder das Wesen des Menschen: Vernunft und Autonomie. Vernunft hat sich von alters her unter dem Deckmantel von Mythos und Ritual der verschiedensten geschichtlichen Religionen manifestiert. Sie alle sind Stadien in einem alles umfassenden Prozeß und sollten benutzt werden, ihn voranzutreiben. Daher muß man von der Bibel und von den geschichtlichen Religionen ausgehen, sie jedoch aus ihrer Sinnlichkeit, das heißt aus ihrer *wörtlichen Form*, herausführen. Kants Methode der Exegese reflektiert seine Geschichtsauffassung also in zweifacher Weise. Die Bibel ist ein Beispiel für die sinnliche Verkörperung des rationalen Gehalts und zugleich ein Mittel, die Fortentwicklung dieses Gehalts voranzutreiben und seiner sinnlichen Schale zu entkleiden.

Spinoza und die Geschichte

Hat Spinoza eine historische Perspektive? Sicherlich nicht, wenn wir dabei die Kantische Vorstellung einer latenten Rationalität im Auge haben, die die Geschichte beherrscht und sich durch ihre Kämpfe und Wechselfälle zur Geltung bringt. Eine solche Auffassung würde Spinoza (wie wir im Kapitel über Hegel sehen werden) als teleologische Illusion und als Relikt der Vorstellung von einer göttlichen Vorsehung zurückweisen. Spinozas Rationalismus, die Auffassung, alles im Universum bis hin zu den kleinsten Einzeldingen sei von der Vernunft (die das immanente Wesen Gottes darstellt) geprägt und strukturiert, dieser Rationalismus ist von Grund auf atemporal und ahistorisch, *sub specie aeternitatis* gefaßt. Die rationalen Gesetze und Wesenheiten der Natur übersetzen die Vorstellungen von der Gegenwart Gottes in weltliche und wissenschaftliche Ausdrücke, doch sind diese rein mechanistisch und deduktiv, ohne Entwicklung oder Zweck.

Kant – und Hegel – haben die rationale Struktur des Universums auf die Geschichte als besonderen, ja sogar bevorrechteten Bereich ausgedehnt, der von einer zielgerichteten Vernunft beherrscht wird. Diese Position ist Spinoza vollkommen fremd. Geschichte hat keinen besonderen ontologischen Status. Sie ist nichts anderes als die Art und Weise, wie wir Menschen unsere Erfahrung natürlicher Geschehnisse nach unserem Interesse, unseren Wünschen also, zurechtschneiden. Geschichtliche Ereignisse sind von der gleichen Art wie Naturereignisse und unterliegen den gleichen ewigen Naturgesetzen. Daher ist die Erforschung der Geschichte nur ein Zweig der Naturforschung, nur daß ihre Fakten wegen des zeitlichen Abstands gewöhnlich unklarer sind. Eben dies macht Spinozas Bibelkritik deutlich: Sie liefert ein Musterbeispiel für die Art Naturwissenschaft der Geschichte, wie sie nach Spinoza allein möglich ist.

Und doch impliziert Bibelauslegung, wie Sylvain Zac zeigt, auch auf seiten Spinozas im Keim ein historisches Bewußtsein.[32] Spinoza setzt voraus, daß Kultur, Sprache, Sitten und Mentalitäten sich wandeln und entwickeln und dabei ihre entzifferbaren Spuren hinterlassen; und sie münden in die Gegenwart, wo sie uns eine Tradition vermitteln, innerhalb derer eine neue Revolution stattfinden kann. Darüber hinaus versucht Spinoza aus der Bibel den Kern einer quasi rationalen Moral zu entnehmen als Grundlage jener allgemeinen Religion, die er für die Massen bestimmt hat. Das impliziert, daß er Tradition zum Mittel für historischen Fortschritt uminterpretiert. Vergangenheit und Gegenwart sind durch eine Revolution voneinander getrennt, aber auch durch ein hermeneutisches Unternehmen miteinander verbunden. Er schreibt sogar, die Bibel enthalte *tatsächlich* den Kern der Volksmoral, wenn wir diese Feststellung als bare Münze nehmen (was wir vielleicht besser nicht tun sollten); und da Spinozas Auslegungsmethode angeblich die ursprüngliche Intention der Autoren aufdeckt, folgt, daß er, vielleicht unabsichtlich, eine allgemeine moralische Einsicht postuliert, die für Jahrhunderte biblischer Schriftstellerei die Grundlage bildet und unter verschiedensten Gestaltungen der Einbildungskraft ein Element der Kontinuität zwischen Vergangenheit und Gegenwart, zwischen Aberglauben und Vernunft birgt.

Das gleiche läßt sich in vergrößertem Maßstab an Spinozas reiner Philosophie feststellen. Wenn Spinoza sich entscheidet, solche Worte wie

Gott, Freiheit, Glückseligkeit oder *Recht* beizubehalten, oder wenn er Ausdrücke wie »Gottes Verstand«, »Gottes Macht«, »Liebe Gottes« und ähnliche verwendet, dann spielt er nicht bloß ein subtiles Versteckspiel. Er benutzt die Ausdrücke, mit denen traditionell bestimmte entscheidende Probleme und immer wiederkehrende philosophische Aufgaben lokalisiert und gekennzeichnet wurden, obwohl man bei dem Versuch, die wahren Gegenstände dieser Ausdrücke zu bestimmen, in die Irre gegangen war. Und Spinoza hat das Gefühl, daß seine Philosophie zum ersten Mal damit Erfolg hat. Spinozas Aktionsfeld enthält die unzulänglichen Vorstellungen der Vergangenheit (mit ihren Namen, den Worten, mit denen sie bezeichnet wurden) als notwendiges Substrat, innerhalb dessen seine eigene begriffliche und semantische Revolution stattfindet. Unter dem Deckmantel des »mos geometricus« verfolgt Spinoza ein umfassendes hermeneutisches Unternehmen, das demjenigen nicht unähnlich ist, das seine Bibelinterpretation impliziert (wenngleich jetzt an ein philosophisches, nicht an das allgemeine Publikum adressiert) und das auch ein aufkeimendes historisches Bewußtsein einschließt.

Spinoza hätte zu diesem Bewußtsein auch durch genaue Selbstbetrachtung gelangen können. Sein Leben war von frühester Kindheit an in ein folgenschweres historisches Abenteuer verstrickt: die Rückkehr der Marranen vom Katholizismus zum Judentum und ihr intensives Bestreben, eine neue-alte Kultur zu schaffen. Auch das war zu einem guten Teil ein hermeneutisches Unternehmen. Die Amsterdamer Juden arbeiteten daran, die Vergangenheit als Mittel zur Schaffung einer neuen Gegenwart und Zukunft umzuinterpretieren. Sie bemühten sich ständig, frühere Symbole und Traditionen zu unterdrücken und andere neu zu deuten, um ihre frühere Identität zu überwinden und eine neue Kultur zu schaffen. Spinoza hatte ein ähnliches Anliegen, ging jedoch, indem er sich von den Juden löste, in die entgegengesetzte Richtung. Ihnen ging es darum, eine noch ältere religiöse Tradition wiederzubeleben, Spinoza dagegen suchte das religiöse Universum insgesamt hinter sich zu lassen. Doch das hebt seine Stellung als Marrane der Vernunft erst recht hervor. Auch hier ist Spinoza den ehemaligen Marranen wieder einen Schritt voraus: er wahrt das Erfahrungs*muster*, wendet aber dessen *Inhalt* diametral gegen sie.

Die Geschichte, die sich um Spinoza herum abspielte, war aufregend. Der Aufstieg der Niederländischen Republik, die Religionskriege, die Revolution in England, die neue Sonne in Versailles – und Descartes, Huygens, die Royal Society in London: Sie können trotz ihres Gewichts noch als gewöhnliche Geschichte durchgehen, nicht jedoch das messianische Fieber, das in Spinozas Umgebung unter Juden und Nichtjuden gleichermaßen grassierte. Da war etwas Absolutes, die Evidenz göttlicher Fügung. Schon die Rückkehr der Marranen zum Judentum wurde als eine messianische Erlösung en miniature verstanden, ein Umstand, der, wie Gershom Scholem hervorhebt, dem messianischen Aufruhr um Sabbatai Zwi, der wenige Jahre nach Spinozas Bann ausbrach, eine besondere Amsterdamer Note verlieh, war Sabbatai Zwi doch der erregendste falsche Messias der jüdischen Geschichte.[33] Spinoza war darüber von dem selbst zum Chiliasmus neigenden Oldenburg in einem Brief aus London befragt worden. Obgleich uns Spinozas Antwortbrief nicht überliefert ist, kennen wir seine Antwort sehr wohl; er gibt sie im *Theologisch-Politischen Traktat*, Ende des dritten Kapitels. Spinoza vertritt dort den Standpunkt, *historia sacra* sei ein Mythos und der Messianismus eine Täuschung. Es gebe nur Natur mit ihren gleichförmigen natürlichen Ursachen; Geschichte existiere nicht als eigener Bereich, und alles in ihr sei das Ergebnis natürlicher Ursachen – auch wenn diese Ursachen die erstaunlichsten Phänomene zeitigten: zum Beispiel den Fortbestand des jüdischen Volkes, die Befreiung der Marranen, möglicherweise gar die Rückkehr der Juden zu politischer Unabhängigkeit in ihrem angestammten Land. Indem er über seinen persönlichen Hintergrund und das Schicksal seines früheren Volkes und vor allem über Phänomene, die gewöhnlich durch Vorsehung erklärt werden, reflektierte, entwickelte Spinoza also Sinn für eine Geschichte, die weltlich und naturalistisch war.

Und das entspricht genau dem Ansatz, den er für die Bibelauslegung propagiert.

Zum Schluß noch ein Wort über die inneren Grenzen, an die Spinozas und Kants Methoden der Bibelkritik stoßen. Spinozas Hauptproblem liegt darin, daß seine Annahme der Grundsätze der Gläubigen fiktiv ist und daß er seine Gegner im Grunde von Anfang an seinen eigenen rationalen Kriterien unterwirft. Seine Behauptung, die Vernunft stimme ethisch mit der Bibel überein, ist irreführend, denn Spinoza will nicht sagen, die Vernunft sei mit der Bibel, wie sie uns vorliegt, vereinbar, sondern nur mit der kritisch interpretierten Bibel, das heißt, nachdem sie von eben dieser Vernunft auf ihren Kern reduziert und ausgelegt worden ist. Die angebliche Übereinstimmung von Vernunft und Offenbarung ist bei Spinoza rhetorisch, ein Lippenbekenntnis, das er den Religiösen und Gläubigen zollt, und ein Köder, den er für sie auslegt.[34]

Kants Hauptschwierigkeit liegt im möglichen Zusammenstoß zweier rationaler Interessen: Wahrheit und moralische Erziehung. Eine Auslegungsmethode, die bewußt bereit ist, über historische Wahrheit hinwegzusehen, ist mit Kants eigenem aufgeklärten Geist und der Autonomie objektiver Erkenntnis unvereinbar. Von geringem Nutzen ist seine Lehre von den sittlichen Postulaten, weil deren Prinzip in sich brüchig ist.[35]

Die inneren Grenzen sowohl der Methode Spinozas wie der Kants rühren also von ihrem Versuch her, eine fiktive Parallele zwischen dem praktischen und dem wissenschaftlichen Interesse an der Bibelauslegung aufrechtzuerhalten. Kant ordnete das eine dem anderen unter, und Spinoza nahm eine prästabilierte Harmonie zwischen beiden an (oder gab vor, sie anzunehmen). Wenn aus diesen Versuchen eine philosophische Lehre zu ziehen ist, dann die, daß eine radikale Trennung zwischen den beiden Interessen nötig ist. Wird das eine Interesse zum Werkzeug des anderen, ergeben sich daraus theoretische Widersprüche und praktische Verzerrungen, wofür Selbsttäuschung, Zensur und Gehirnwäsche nur einige wenige Extrembeispiele sind. Die Lehre, die wir daraus zu ziehen versuchen, ist mit anderen Worten ein noch rigoroserer Spinozismus. Wenn Trennung angesagt ist, soll Trennung sein.[36]

2. KAPITEL

Spinoza und Hegel: Der immanente Gott – Substanz oder Geist?

Im vorigen Kapitel haben wir gesehen, welche Vorarbeit die Religionskritik für die Philosophie leisten muß, um das Bewußtsein von transzendenten Vorstellungen und religiösem Aberglauben freizumachen. Nur wenn solche Hindernisse beseitigt oder zumindest weitgehend abgebaut sind, können die klaren und deutlichen Ideen der Vernunft hervortreten und ihre Selbstevidenz im Bewußtsein des Philosophen behaupten.

Erste und wichtigste Idee ist die Anerkennung der absoluten Immanenz Gottes und seiner Identität mit der Gesamtheit der Wirklichkeit. Das ist Spinozas höchste rationale Intuition, die allererste und umfassendste *idea vera*, von der seine Philosophie ausgeht (auch wenn die formale Anordnung in der *Ethik* eine andere ist). Das ganze übrige System soll diese Idee erklären und spezifizieren.

Das ist ein höchst gewagter und ketzerischer Gedanke, nicht nur für die Theologen, Spinozas gewöhnliche Gegner, sondern auch in der Geschichte der Vernunftphilosophie selbst. Unter den großen Philosophen vertrat nur Hegel eineinhalb Jahrhunderte später einen ähnlichen Standpunkt wie Spinoza, wobei er versuchte, diesen Gedanken in eine kohärentere und seiner Ansicht nach geistigere Perspektive umzuformen. Hegel ist auch der einzige häretische Denker in unserer Abhandlung, der nicht nur die Idee der Transzendenz leugnet, sondern darüber hinaus das Reich der Immanenz als göttlich ansieht – ein Schritt, den die anderen nicht tun wollten und den Nietzsche als Illusion und Irrweg verurteilte.

Das gibt Spinoza und Hegel eine gemeinsame Grundlage und eine tiefe philosophische Affinität, ist aber auch ihr größter Streitpunkt. Denn ist der immanente Gott erst einmal als absolute Totalität etabliert, kommt die Frage auf: Wie ist diese Totalität geartet? Ist sie als Substanz oder als Geist aufzufassen? Soll man sie als einen absoluten Anfang oder als Resultat verstehen? Und ist das Göttliche tatsächlich in der physischen Natur oder vielleicht nur in der menschlichen Geschichte als einem ontologisch höheren Bereich vorhanden?

Ein Musterbeispiel dialektischer Kritik

Hegels Kritik an Spinoza ist dialektisch, denn sie zielt darauf ab, in einem anderen und »höheren« System das Wesentliche der spinozistischen Lehre zu erhalten. Diese Kritik kann als Muster für jede dialektische Widerlegung in der Philosophie dienen.

Hegel hat tatsächlich Spinoza im Auge, wenn er sein methodologisches Prinzip klar und entschieden so formuliert:

> In Rücksicht auf die Widerlegung eines philosophischen Systems ist ... daraus die schiefe Vorstellung zu verbannen ..., als ob das System als durchaus *falsch* dargestellt werden solle und als ob das *wahre* System dagegen dem falschen *nur entgegengesetzt* sei ... Ein solcher Standpunkt [wie das kritisierte System] ist daher nicht als eine Meinung, eine subjektive, beliebige Vorstellungs- und Denkweise eines Individuums, als eine Verirrung der Spekulation [= echt philosophischen Denkens] anzusehen; diese findet sich vielmehr auf ihrem Wege notwendig darauf versetzt, und insofern ist das System vollkommen wahr. – Aber es *ist nicht der höchste Standpunkt.* Allein insofern kann das System nicht als *falsch,* als der *Widerlegung* bedürftig und fähig angesehen werden; sondern nur dies daran ist als das *Falsche* zu betrachten, daß es der höchste Standpunkt sei. Das *wahre* System kann daher auch nicht das Verhältnis zu ihm haben, ihm nur *entgegengesetzt* zu sein; denn so wäre das Entgegengesetzte selbst ein Einseitiges. Vielmehr als das Höhere muß es das Untergeordnete in sich enthalten.[1]

Hegel kennt zwei eigentliche Formen dialektischer Widerlegung. Die eine ist geschichtlich und geschieht in der Aufeinanderfolge einzelner Systeme in der Zeit; bei der anderen handelt es sich um eine systematische Widerlegung, die den gleichzeitig bestehenden Wechselbeziehungen zwischen den Bestandteilen eingeschrieben ist, die das endgültige System der Philosophie ausmachen.

Historisch sind philosophische Systeme dann eigentlich widerlegt, wenn die in ihnen enthaltene Teilwahrheit akzeptiert wird und zugleich ihre logischen Implikationen so weit entwickelt sind, daß die Unstimmigkeiten ans Licht kommen, an denen sie wegen ihrer Partialität und der Einseitigkeit des sie beherrschenden Prinzips leiden. Wenn wir ein solches System übernehmen und verinnerlichen, erfahren wir auch seine Fehler als unsere eigenen, und das veranlaßt uns, das System zu transzendieren und eine befriedigendere Position zu finden, eine Position, bei der die zugrundeliegende Wahrheit des früheren Systems in kohärenterer Form bewahrt ist. Nach Hegel setzt sich dieser Prozeß solange fort, bis die letzte Synthese der Philosophie, bis das System erreicht ist, das er »absolutes Wissen« nennt.

Wenn das geschieht, dann steht uns ein überzeitlicher Standpunkt zur Widerlegung früherer Philosophen zur Verfügung. In diesem letztgültigen System können wir nun die gesamte Geschichte der Philosophie wie in einem Schattenriß erkennen. Jeder große Philosoph der Vergangenheit stellt jetzt ein »Moment« (oder einen logischen Bestandteil) in der Gesamtsynthese dar. Seine individuellen Züge sind verschwunden, zugleich ist seine historische Partikularität aufgehoben und sein Anspruch, die ganze Wahrheit auszudrücken, negiert; er ist zu einem begrifflichen Bestandteil innerhalb der Totalität des letztgültigen Systems kristallisiert.

In seiner Spinoza-Kritik wendet Hegel dieses Prinzip mit geradezu beispielhafter Präzision an:

> Die einzige Widerlegung des Spinozismus kann daher nur darin bestehen, daß sein Standpunkt zuerst als wesentlich und notwendig anerkannt werde, daß aber zweitens dieser Standpunkt *aus sich selbst* auf den höheren gehoben werde. Das Substantialitätsverhältnis [die Hauptkategorie Spinozas], ganz nur *an und für sich selbst* betrachtet, führt sich zu seinem Gegenteil, dem *Begriffe* [Hegels Hauptkategorie], über. Die im letzten Buch [Hegels Logik I] enthaltene Exposition der Substanz, welche zum *Begriffe* überführt, ist daher die einzige und wahrhafte Widerlegung des Spinozismus.[2]

Unter den vielen Vorläufern, die Hegel als »Momente« seinem neuen System assimilieren wollte, nimmt Spinoza eine bevorzugte Stellung ein, vergleichbar nur der von Aristoteles und Kant. Spinozas absoluter Monismus, der die frühen griechischen Philosophen wieder aufleben läßt, liefert Hegel das nötige Substrat und den Ausgangspunkt der *gesamten* Philosophie. Wichtiger noch, für Hegel bildet Spinoza mit seiner Auffassung, das Objekt, das Universum selbst, sei inhärent von der Vernunft (vom *logos*) strukturiert und beherrscht, den Kulminationspunkt traditioneller, objektorientierter Metaphysik. Hegel nannte diesen Standpunkt »objektive Logik«,[3] seine eigene, etwas ungewöhnliche Umbenennung dessen, was Kant als »dogmatische Metaphysik« bezeichnet hatte.

Hatte Kant in seinem Vorläufer Christian Wolff den »größten unter allen dogmatischen Philosophen«[4] gesehen, reserviert Hegel diesen Titel für Spinoza. »Wenn man anfängt zu philosophieren, so muß man zuerst Spinozist sein«, sagt er in einem charakteristischen Ausspruch.[5] Es ist das System Spinozas, das in Hegels *Wissenschaft der Logik*, entsprechend abgewandelt, den ganzen Gang der traditionellen Philosophie zu einem Höhepunkt führt und in der »objektiven Logik« kristallisiert. Diese rein objektivistische Lehre wurde von Kants idealistischer Revolution verdrängt, derzufolge die Struktur des Objekts mit der Struktur des rationalen Subjekts identisch ist (und von ihr bestimmt wird). Hegel sieht darin eine bedeutsame Entdeckung, die der traditionellen Metaphysik ein Ende gesetzt hat. Sie etablierte den Standpunkt der »subjektiven Logik« oder des modernen Idealismus, der dann in Hegels eigener Philosophie seine angemessene Form finden sollte: seine dialektische Gleichsetzung von Objekt und Subjekt, von Realität und »Selbstkonzeptualisierung« durch den Menschen.

Für Hegel ist das Absolute weder eine dingähnliche Substanz (wie bei Spinoza) noch ein bloß subjektives »Ich denke« (wie, Kant folgend, bei Fichte), sondern umfaßt beide als Momente einer höheren Synthese, die er »Begriff« nennt. Hegel schreibt Spinoza damit eine Position zu, die seiner eigenen analog ist. Indem Spinoza die gesamte, vor dem Auftreten des Idealismus liegende Geschichte der Philosophie zu einem Höhepunkt gebracht hat, steht er an einem entscheidenden Wendepunkt der Metaphysik: zwischen Tradition und Moderne, zwischen dogmatischem Objektivismus und (Hegels eigenem) dialektischem Idealismus.

Aus Hegels Sicht ist es die dialektische Verbindung von Spinoza und Kant, die seine eigene Synthese möglich macht. Wie Kant die einseitige, dingorientierte Metaphysik Spinozas korrigiert, so verhilft Spinoza mit seinem Begriff der absoluten Totalität Hegel dazu, die Hauptmängel, die er bei Kant sieht, zu beseitigen, besonders dessen radikalen Dualismus und die Ansicht, die menschliche Vernunft sei endlich und von der tatsächlichen Wirklichkeit (vom sogenannten »Ding an sich«) getrennt. Das Ergebnis bei Hegel ist eine idealistische Version des Spinozismus: dialektisch, dynamisch und, wie wir sehen werden, historisiert.

Dieselbe Position eines Dreh- und Angelpunktes schreibt Hegel Spinoza in einem anderen wichtigen Werk zu, der *Phänomenologie des Gei-*

stes (1807). »Es kommt nach meiner Einsicht«, erklärt er im Vorwort, »alles darauf an, das Wahre nicht [nur] als *Substanz*, sondern ebensosehr als *Subjekt* aufzufassen und auszudrücken.«[6] Die Anspielung auf Spinoza ist offensichtlich. Spinozas Substanz muß als Grundlage genommen werden, doch die Züge eines dialektischen Subjekts erhalten. Das schließt, wie wir sehen werden, den Prozeß der Selbst-Konstituierung ein, wodurch das Subjekt ein von sich Unterschiedenes wird und dann durch eine »zweite Negation« sein wahres Selbst in und durch dieses Andere wiedererlangt und *verwirklicht*. Schließlich bedeutet das auch, daß das Absolute bei Hegel nicht *simpliciter* den Zustand der Ewigkeit (Überzeitlichkeit) genießen kann, sondern durch einen zeitlichen Verlauf und innerhalb der menschlichen Geschichte in diesen Zustand kommt – eine Neuerung, die in ihrer schieren Ketzerei selbst über Spinoza hinausgeht.

Ich will jetzt die zentralen Punkte der Hegelschen Kritik an Spinoza rekonstruieren, wobei ich umfangreichere Auslegung und Sekundäres (das bei Hegel jedoch oft wichtig ist) vermeide. Zur größeren Klarheit gebe ich erst eine analytische Zusammenfassung der wichtigsten Behauptungen Hegels, wie sie sich aus allen relevanten Quellen ergeben.[7] Dann werde ich diese Punkte nach Hegels *Geschichte der Philosophie* und der *Logik* vervollständigen und im einzelnen ausführen.

Aus dieser logischen und ontologischen Analyse will ich dann die weniger abstrakten Implikationen für Religion und Geschichtsphilosophie entwickeln. Im letzten Teil dieses Kapitels soll der Kern der Spinoza-Hegel-Kontroverse auf eine mögliche Diskrepanz zwischen dem ketzerischen lutheranischen Philosophen und dem ehemaligen Ex-Marranen und jüdischen Häretiker abgeklopft werden. Schließlich wird mein Kommentar zur Kritik Hegels darauf hinauslaufen, daß Spinoza Hegel näherstand, als dieser zugab, daß jedoch die verbleibenden Differenzen unüberwindbar sind. Indem ich zeige, weshalb Spinoza Hegels dialektische (und teleologische) »Aufhebung« ablehnen mußte, mache ich deutlich, wie sich daraus zwei andere große Alternativen ergeben, mit einer *nicht*-teleologischen Philosophie der Immanenz fortzufahren, nämlich der von Marx und der von Nietzsche.

Überblick über Hegels Spinoza-Kritik

Ganz allgemein gesagt, betrachtet Hegel seine Kritik an Spinoza als Versuch darzulegen, unter welchen Bedingungen Spinozas Prinzipien, vor allem seine Idee von Gott als immanenter Totalität, kohärent gemacht werden können. Weil Hegel Spinozas Prinzip absoluter Totalität akzeptiert und beibehalten will, möchte er andere Aspekte aus Spinozas Denken, die eine kohärente Erklärung dieser Hauptidee unmöglich machen, beseitigen.

Analytische Zusammenfassung der Kritik Hegels

Hegel kritisiert insbesondere Spinozas einseitige Auffassung der Negation, seine undialektische (und daher inkohärente) Konstruktion des Begriffs der Totalität und seine daraus folgende Auffassung, die Totalität sei etwas Unbewegliches, eine Substanz und kein organisches und bewußtes Subjekt. Hegels einzelne Kritikpunkte sind zumeist nicht spezifisch hegelianisch, sie könnten auch von Nicht-Hegelianern geäußert werden (und sind auch geäußert worden). Hegel versucht jedoch die verschiedenen Schwierigkeiten, die er bei Spinoza findet, zu *systematisieren*, indem er sie auf eine gemeinsame Wurzel zurückführt, nämlich Spinozas einseitige Auffassung der Negation, die ihn zu seinem undialektischen Begriff von Totalität geführt habe. Hegel nennt folgende zentralen Mängel in Spinozas Denken:

1. Substanz qua Substanz ist nur reines Sein und einfache Identität ohne jede Negation.
2. Damit muß das Absolute alle inneren Unterschiede und alle Besonderung ausschließen.
3. Aus diesem Grunde kann Spinoza nicht zeigen, daß überhaupt Einzeldinge notwendig existieren; der Endlichkeitsaspekt des Universums bleibt unerklärlich und bestenfalls kontingent.
4. Auch wenn die endlichen Modi kontingent sind, kann Spinoza ihnen keine Wirklichkeit zusprechen. Obgleich sie für wirklich erklärt werden, muß man sie als Frucht einer »äußeren Reflexion« oder der *imaginatio* ansehen.
5. Ähnlich können die sogenannten Attribute nicht als Selbstspezifikationen der Substanz gelten, sondern nur als äußerliche und subjektive Projektionen unseres Bewußtseins.
6. Das Absolute existiert als Anfang, nicht als Ergebnis; die Modi hängen einseitig von der Substanz ab und sind ihrerseits keine Bedingung der Möglichkeit der Substanz selbst. Die Substanz ist *causa sui* für sich selbst, noch bevor sie die Ursache einzelner Modi ist und unabhängig von diesen. (Das ist für Hegel der schla-

gendste Ausdruck eines undialektischen, nicht reziproken Systems.)

7. Die vorangegangenen Punkte laufen auf einen fundamentalen Bruch zwischen beiden Aspekten des Universums hinaus, dem Unendlichen und dem Endlichen, *natura naturans* und *natura naturata*. Der von Spinoza beabsichtigte Monismus spaltet sich in Wahrheit zu einem Dualismus – ein aus Spinozas Sicht unerwünschtes Ergebnis, das wiederum daraus folgt, daß ihm die dialektische Logik mit ihrer Bewegung der doppelten Negation nicht zur Verfügung stand.
8. Da die Totalität als solche keine innere Negativität besitzt, hat sie auch keine Entwicklung und kein Leben. Zwischen den einzelnen *Modi* gibt es zwar Bewegung (mechanische Bewegung), jedoch keine Bewegung als innere Entwicklung ihres Einheitsprinzips; die Totalität qua Einheit bleibt unbeweglich, statisch.
9. Schließlich (und zum Teil infolge des Vorhergehenden) wird das Absolute als bloßes Ding (*res*) aufgefaßt, als unbewußtes Objekt ohne Subjektivität, Persönlichkeit und Geist.

Die Punkte 1 bis 7 fassen das *Fehlen einer dialektischen Logik bei Spinoza* zusammen. Punkt 9 zeigt das *Fehlen von Subjektivität* an, und Punkt 8 dient als Verbindung zwischen beidem. Dementsprechend schlägt Hegel zwei dialektische Korrekturen vor (die er in der *Logik* ausführt), um die Unzulänglichkeiten bei Spinoza auszugleichen.

Erstens muß die Totalität durch die Negation der Negation (oder dialektische Reziprozität) geschaffen und geleitet sein; mit anderen Worten, das Absolute darf nicht als von Anfang an fertig, sondern muß als Ergebnis angesehen werden.

Zweitens ist die Totalität auch als Subjekt zu betrachten. Die erste dialektische Korrektur findet auf der Ebene der Substanz (oder der »objektiven Logik«) statt; die zweite Korrektur vollendet den Übergang von der Substanz zum Subjekt.

Atheismus, Akosmismus und Pantheismus Spinoza wurde Atheismus vorgeworfen. Hegel kehrt diesen Vorwurf um und behauptet, Spinozas Problem sei im Gegenteil, daß es »bei ihm ... zu viel Gott« gebe.[8] Mit anderen Worten, nicht Gott, dem Unendlichen, sondern den endlichen, den besonderen Modi wird aktuale Wirklichkeit abgesprochen. Das macht Spinozas System nicht atheistisch, sondern, in der polemischen Ausdrucksweise Hegels, »akosmistisch« (es leugnet die Wirklichkeit der Welt der endlichen Dinge).

Hegels Kritik stützt sich auf systematische Implikationen der Lehre Spinozas, nicht auf seine explizite Position. Da Spinoza von absoluter Einheit und Identität ausgeht und ihm eine dialektische Logik fehlt, ist er, so behauptet Hegel, nicht imstande, an der Wirklichkeit besonderer, endlicher Dinge festzuhalten. Seine Totalität wird zu einem übermächtigen Prinzip, in dem alle Unterschiede verwischt sind. Diese unbegrenzte Totalität läßt keine wirklichen Unterscheidungen im Universum zu, nur modale Variationen desselben. Was immer uns unterschieden und spezifisch erscheint, ist so nur aufgrund des Vorstellungsvermögens oder, in der Sprache Hegels, aufgrund »äußerer Reflexion« – und nicht kraft seines objektiven ontologischen Status. Nur die an sich (*in se*) existierende und durch sich (*per se*) erkennbare Substanz ist ein wirkliches Individuum, wobei die endlichen Modi nur vorübergehende und fluktuierende »Affektionen« oder Zustände dieser einzigen Substanz sind. Hegel meint Spinozas Unfähigkeit, dem Reich des Endlichen gerecht zu werden, wenn er sagt, bei Spinoza gebe es »zu viel Gott«.

Zugleich rühmt Hegel das Verdienst Spinozas, die Realität strukturell als eine einzige Totalität aufgefaßt zu haben, in der die Dualität von Gott und Welt, von Schöpfer und Geschöpf, von Transzendentem und Immanentem überwunden ist. Dieser Pantheismus dient Hegel zur Grundlage seines eigenen Systems; doch erhält er bei ihm eine prozessuale und geistige Dimension. Die absolute Totalität existiert nicht wie bei Spinoza von vornherein und ewig, sondern produziert sich selbst als absolute erst im Prozeß der Geschichte; und statt als unbewegliche, dingähnliche Substanz begreift Hegel die Totalität Gottes als ein freies Subjekt.

Hegels modifizierte Version des spinozistischen Pantheismus ist vom Standpunkt herkömmlicher Theologie nicht minder »ketzerisch«, ganz im Gegenteil. Trotz aller Gewagtheit seiner Ideen hielt Spinoza doch daran fest, daß Gott ewig und nicht dem Werden und Wandel unterworfen ist. Bei Hegel dagegen ist Gott nicht nur seiner absoluten Transzendenz beraubt, sondern selbst Produkt eines zeitlichen Prozesses (nämlich der Selbstverwirklichung des Geistes in der Menschheitsgeschichte). Statt von Anfang an absolut und ewig zu sein, tritt Gott, die absolute Einheit des Immanenten und Transzendenten, bei Hegel als Ergebnis eines dialektischen Prozesses der Selbstkonstituierung und Selbstvermittlung hervor. Diese Auffassung vom »Werden Gottes« müßte Hegel vom Standpunkt der traditionellen Theologie aus eine noch drückendere Dornenkrone eingebracht haben, als es die war, die Spinozas Haupt zierte. Doch Hegel schrieb, als bereits ein anderer »Zeitgeist« wehte, das ist der Unterschied.

Deduktion und Methode Hegels zweiter Kritikpunkt betrifft Spinozas Verwendung der geometrischen, das heißt der formal-deduktiven Methode. Hegel ist der Meinung, diese Methode solle aus der Philosophie verbannt werden, denn die Philosophie müsse die »innere Bewegung« ihres eigenen Gegenstandes reflektieren. Schon Kant hatte die »mathematische« Methode von der »philosophischen« unterschieden. In der Philosophie (so Kant) kann die Vernunft nur auf sich selbst bauen und sich vom weniger Klaren und Deutlichen zum Klareren und Deutlicheren vorarbeiten. Klarheit und Deutlichkeit kann man in der Philosophie nur am Ende und nicht wie im deduktiven System am Anfang erwarten. Dementsprechend, schließt Kant, sei die Methode der Philosophie die *allmähliche Selbstexplikation der Vernunft*. Bei der »mathematischen« Methode erlangt man dagegen auf allen Stufen der Deduktion vollkommene Klarheit und schlüssige Gewißheit; dort bewegen wir uns nicht wie in der Philosophie von geringerer zu größerer Klarheit ganzer Zusammenhänge, sondern schreiten auf der Ebene absoluter Klarheit von einem Punkt zum nächsten.[9]

Hegel akzeptiert die Stoßrichtung dieses Kantischen Arguments, fügt jedoch spezielle eigene Gründe hinzu. Erstens hängt Verifikation in der Philosophie vom ganzen systematischen Zusammenhang ab und läßt sich nicht vor dessen voller Entfaltung erreichen (»das Wahre ist das Ganze«). Zweitens ist die logische Genese einer philosophischen Idee integraler Bestandteil ihrer Bedeutung und Wahrheit; sie kann nicht als ein einzelner »Schluß« mitgeteilt werden und trotzdem ihre Bedeutung oder ihren Wahrheitswert behalten. Ebenso ist der »Beweis« keine äußerliche Leiter, die entbehrlich wird, sobald der nächste »Lehrsatz« gefunden ist. In der formal-deduktiven Methode dagegen gehört der Prozeß der Beweisführung nicht zum nachfolgenden Schluß; dieser besitzt unabhängig von seiner Genese einen Wahrheitswert und eine eigene Bedeutung. Die logische Ausstattung mit »Beweisen«, »Lehrsätzen« und ähnlichem zeugt von einem äußeren Verhältnis zwischen Vorgehensweise und Folge und eignet sich daher nur für die formalen und empirischen Wissenschaften (Mathematik, formale Logik, Physik etc.) sowie für die alltägliche Argumentation und rationale Kalkulation (einschließlich praktischer Argumente und Strategien), nicht jedoch für die Philosophie. Drittens beruht Philosophie auf (konkreter) Vernunft, nicht auf (formalem) Verstand; ihr Gegenstand ist aktuale Wirklichkeit. Diese läßt sich nur in einer logischen Form ausdrücken, die die Merkmale ihres Gegenstandes trägt, nämlich die der organischen Totalität, und kann keine Reihe einzelner Lehrsätze sein. Viertens (und noch allgemeiner) kann man in der Philosophie Form und Inhalt, Methode und Gegenstand nicht voneinander trennen. Der Philosoph soll der immanenten Bewegung des Gegenstandes, »der Sache selbst«, folgen, wie sie sich in Widersprüchen und deren Teillösungen entwickelt. Und die »Methode« der Philosophie ist nichts anderes als die Struktur des abgeschlossenen Prozesses, wie sie sich retrospektiv darbietet. Philosophie besitzt also keinerlei apriorische Methode; sie überläßt es ihrem Gegenstand, sich Schritt für Schritt *selbst zu strukturieren*; die dabei sich ergebende Gestalt nennt man »Methode«.

Offensichtlich entspringen alle diese Argumente einer zentralen Quelle, nämlich Hegels »organischer« Auffassung von philosophischer Wahrheit als einer sich selbst entfaltenden dialektischen Totalität. Hegel wendet also seine ontologische Kritik an der »starren« Totalität Spinozas auch auf die Methode an. Dabei verkennt er allerdings, daß Spinoza sein großer Vorgänger gewesen ist, weil er (zumindest in der *Abhandlung über den Verstand*) eine apriorische Methode ablehnt.

Von Bacon und Galilei über Descartes bis hin zu Locke und Kant haben die modernen Philosophen Fragen der Methode – allgemeiner gesagt, Fragen der Erkenntnistheorie – logische Priorität gegenüber den substantiellen Wissenschaften eingeräumt. Um etwas zu wissen, sollte man erst herausfinden müssen, was Wissen ist und wie es richtig erlangt werden kann. Wie es damals Mode war, legte Spinoza mit seiner *Abhandlung über den Verstand* erst einmal seine eigenen Überlegungen zur Methode nieder, bevor er begann, sein substantielles System zu entwikkeln. Doch dann erging es ihm wie Bileam in der Bibel, der fluchen wollte und schließlich segnete. Spinoza beginnt also mit der Untersuchung der Methode, ohne zuvor substantielles Wissen zu besitzen, kehrt dann aber seine ursprüngliche Position um: Methode als die Form wahren Wissens läßt sich nur hinterher erkennen, indem man über die Struktur und Eigenschaften irgendwelchen wahren Wissens reflektiert, das wir bereits besitzen. Methode ist Idee einer Idee (das heißt reflektives Wissen); doch um diese Reflexion zu haben, müssen wir zuerst die zugrundeliegende wahre Idee haben. Methode ist um so besser zu verstehen (und die Fähigkeit, wahres Wissen zu erlangen, wird um so mehr verbessert), je mehr substantielles Wissen wir tatsächlich erlangen.

Ob Spinoza sich an dieses Ergebnis gehalten hat, ist eine andere Frage. Zumindest kommt aber der wörtliche Text der *Abhandlung über den Verstand* Hegels Ablehnung einer apriorischen Methode der Philosophie näher als je ein anderer bedeutsamer Vorläufer oder Nachfolger.

Das Absolute als eine ungeistige Substanz Der dritte Kritikpunkt Hegels in seiner *Geschichte der Philosophie* überschneidet sich mit seiner ausführlicheren Diskussion in der *Logik*; ich werde beide verbinden.

Mit der Ablehnung der formal-deduktiven Methode lehnt Hegel auch die undialektische Auffassung der Negation ab, die darin impliziert ist. Hier treffen die methodischen und die inhaltlichen Mängel, die Hegel in der Metaphysik Spinozas sieht, zusammen:

> Das Prinzip der Subjektivität, Individualität, Persönlichkeit findet sich dann nicht im Spinozismus, weil die Negation nur so einseitig aufgefaßt wurde ... [das ist also die] Vertilgung des Moments des Selbstbewußtseins im Wesen.[10]

Das ist der wichtigste, von Hegel geäußerte Kritikpunkt und zugleich das Bindeglied für viele der oben einzeln aufgeführten Punkte. Insbesondere sehen wir, daß nach Hegel das Fehlen von doppelter Negation und dialektischer Logik auch für das Fehlen von Subjektivität im Absoluten verantwortlich ist. Die einseitige Auffassung der Negation scheint die Wurzel von Spinozas Problemen zu sein, daher lohnt es sich, damit zu beginnen.

Spinoza versteht die absolute Substanz als reines Sein und einfache Identität. Daß sie mit sich selbst in Einklang steht, beruht nicht auf einer früheren Selbstdifferenzierung. Anders als in einem dialektischen System, in dem die absolute Substanz als Rückkehr zum Selbst oder als Prozeß der Selbst-*Identifikation* aufgrund vorhergehender Selbst-Entzweiung erklärt wird, ist bei Spinoza die Identität der Substanz vorweg gegeben, einfach und unmittelbar, auf eine Weise, die jede weitere Differenzierung logisch unmöglich macht.

Diese Situation ist in erster Linie dem Umstand zuzuschreiben, daß Spinoza das Absolute, Gott, als reines Sein definiert, das keine Negation in sich schließt. Die Totalität ist absolute Affirmation, ohne daß ihr das Prinzip der Negativität inhärent wäre. Doch das, behauptet Hegel, macht es ihr unmöglich, innere Unterschiede zu besitzen, sich zu vereinzeln und endliche Modi oder irgendeine andere Form der Begrenzung oder auch Bewegung, Wandel, Leben entstehen zu lassen. Mit anderen Worten, daß von der Substanz als Substanz Negativität ausgeschlossen wird, muß zu einer Einheit führen, wie Parmenides sie vertrat, bei der alle Unterschiede aufgehoben und bei der alle endlichen Entitäten, jeglicher Wandel und jede Dynamik ontologisch unmöglich sind.

Nach Hegel ist diese Kritik immanent. Sie fußt auf Spinozas eigenem, von Hegel über alle Maßen gepriesenen Prinzip, wonach gilt, *determinatio negatio est*, sowie auf der traditionellen Logik der Besonderung, wie sie seit den Vorsokratikern galt und wonach jede Differenzierung und Bewegung in dem »Einen« das Wirken eines negativen Prinzips auf das Sein voraussetzt (bei Parmenides dessen, »was nicht ist«).

Wenn die Negation der Substanz äußerlich ist, können endliche Dinge keine ontologische Wirklichkeit besitzen, sondern müssen, wiederum nach der Art des Parmenides, als Produkte einer minderen Stufe der Erkenntnis, der *imaginatio* (oder wie Hegel sagt, einer »äußeren Reflexion«), angesehen werden. Das räumt, zumindest teilweise, auch Spinoza ein, wenn er behauptet, es gebe im Universum keine Realdistinktion, weder zwischen der Substanz und ihren Attributen oder Modi noch zwischen irgend zwei Modi. Mit anderen Worten, es gibt keine wirklichen Individuen in der Welt, es gibt nur die Welt als einzige Totalität; und alle Unterschiede müssen als oberflächliche Schwankungen oder vorübergehende Zustände derselben Entität angesehen werden. (Mit der Behauptung, Modi seien unwirklich, gibt Hegel nicht die offizielle Lehre Spinozas wieder, sondern ergreift Partei in einer bekannten Auslegungsdebatte.)

Selbst wenn wir um des Argumentes willen annehmen, daß die Modi als real aufgefaßt werden können, so bleiben sie doch bloß kontingent in dem Sinne, daß die Substanz sie nicht notwendig hervorbringen muß. Tatsächlich kann Spinoza nicht zeigen, daß es notwendig ist, daß überhaupt Einzeldinge existieren, und der Endlichkeitsaspekt der Wirklichkeit (*natura naturata*) bleibt unerklärlich oder bestenfalls kontingent. Nicht nur sind alle besonderen Modi kontingent (denn es ist nicht undenkbar, daß sie nicht da wären), sondern das Vorhandensein einer *natura naturata* überhaupt muß als kontingent angesehen werden. Da das Absolute der Negativität ermangelt, ist es durchaus denkbar, daß es überhaupt keine endlichen Dinge gibt. Im Gegensatz zu Hegels dialektischer Konzeption von Totalität, in der die kontingente Seite des Seins selbst logisch notwendig ist, ist es also bei Spinoza nicht logisch notwendig, daß es überhaupt kontingente Entitäten gibt; Kontingenz selbst ist kontingent.

Zu dieser Kritik könnte auch ein Nicht-Hegelianer kommen, wenn er einen der wichtigsten Lehrsätze in der *Ethik* genauer untersuchte: »Aus der Notwendigkeit der göttlichen Natur muß unendlich vieles auf unendlich viele Weisen folgen (das heißt alles, was Objekt des unendlichen Verstandes sein kann).« (T. 1, L. 16) Dieser Lehrsatz spricht zum ersten Mal von der Vielheit der Modi, die »notwendig« aus der Substanz folgen sollen. Allerdings ist der Lehrsatz 16 selbst gewissermaßen kontingent (oder willkürlich), denn er ist nicht aus den vorhergehenden Lehrsätzen oder Axiomen abgeleitet, sondern wird unabhängig davon bewiesen, so als stelle er ein neues Axiom dar.

Auch die sogenannten »Attribute« lassen sich nicht als innere Besonderungen der einen Substanz verstehen, und daher müssen wir sie als Produkte unseres subjektiven Bewußtseins vernachlässigen, als etwas, das wir auf die Struktur der Substanz projiziert haben. Mit dieser Kritik gibt Hegel eine weitere grundlegende Deutung für ein bekanntes spinozistisches Problem. Spinoza definiert ein Attribut als »*das, was der Verstand* an der Substanz als deren Wesenheit ausmachend *wahrnimmt*« (*Ethik*, T. 1, Def. 4, Hervorhebungen Y.Y.). Hegel liest das, als ob ein Attribut bloß subjektiv sei, und erklärt diesen Sachverhalt mit dem Mangel an innerer Negativität im Absoluten, wodurch diesem die objektive Selbstdifferenzierung genommen sei. Wiederum ergreift Hegel hier Partei in einer bekannten Interpretationskontroverse über das Wesen der Attribute; ja er setzt sie eigentlich in Gang.

Alle bisherigen Punkte deuten auf ein undialektisches Verständnis von Totalität. In der Tat ist seit den ionischen Naturphilosophen das Problem der Totalität, der Relation zwischen dem Einen und dem Vielen innerhalb eines einzigen Systems, nicht befriedigend gelöst worden. Entweder wurde das Eine als prädominant herausgestellt, wobei dem Vielen keine Gerechtigkeit widerfährt, wie bei Parmenides, *selbst* bei Plato und (nach Hegels Meinung) sicherlich bei Spinoza. Oder das Viele dominiert, wobei das Eine geopfert wurde und eine Form von Nominalismus oder Empirismus daraus folgte. Auch Dualismus war keine Antwort, zumindest nicht für einen erklärten Monisten wie Spinoza. Die einzig kohärente Erklärung der Totalität geschieht, nach Meinung Hegels, mit Hilfe der dialektischen Logik; jede andere Erklärung verfällt in einen neuen Dualismus oder opfert eine der beiden Seiten zugunsten der anderen. Schon der Begriff der Totalität enthält einen Widerspruch: ein System, das zugleich Eines und Vieles ist, Allgemeines und Besonderes, Sein und Werden. In der dialektischen Konstruktion des Totalitätsbegriffes werden all die alten Platonischen Gegensätze als sich in einem einzigen Prozeß miteinander vermittelnd gedacht. Das Allgemeine wird nur durch seine Selbstbesonderung zum Allgemeinen, wodurch es sich zu einem »konkret« Allgemeinen konstituiert. Das Eine wird zu dem, was es ist, nur durch die Vielen, die sich aus ihm entwickeln und in ihrer wiedererlangten Einheit das Eine ausmachen. Die Identität des Systems entsteht durch einen Prozeß der Selbstdifferenzierung und in der »Rückkehr zu sich selbst« aus dieser Differenzierung. Identität ist nicht unmittelbar und einfach gegeben, sondern Ergebnis eines Prozesses der *Reidentifikation*. Eine dialektische Konstruktion der Totalität erfordert zuerst, das Absolute als etwas zu verstehen, das in seiner inneren Verfassung Negation mit umfaßt, und dann als das Ergebnis eines Prozesses der Selbstbesonderung zu verstehen, durch den es seine dialektische Einheit und dadurch eben seinen Status als Absolutes (wieder) erlangt. Aus diesem Grunde besteht der größte Mangel, den Hegel in Spinozas Theorie der Substanz sieht, darin, daß die Modi einseitig von der Substanz abhängen; die Substanz ist zuerst *causa sui*, unabhängig von den Modi, und dann soll sie in einem unterschiedenen und zweiten Akt die Ursache der Modi sein.

Die erste dialektische Korrektur

In der *Logik*, im Kapitel über das Absolute, geht es Hegel vor allem darum, diese Auffassung zu widerlegen und eine erste dialektische Korrektur an Spinoza vorzunehmen, eine Korrektur, die noch auf der Ebene von Substanz und »objektiver Logik« stattfindet. In Hegels verbesserter Version ist das Absolute Ergebnis seines eigenen Prozesses der Selbstkonstituierung, eines Prozesses, der durch die Vermittlung der endlichen Modi stattfindet. Sicherlich, die Substanz ist die Ursache ihrer selbst, doch was ist dieses »sie selbst«, dessen Ursache sie ist? Ist es eine tautologische Identität, oder ist es ihr eigenes »Selbst« in Form eines »Anderen«? Nur das letztere genügt dem dialektischen Begriff von Totalität sowie den Kohärenzbedingungen, unter denen ein solcher Begriff verteidigt werden kann. Die Substanz ist Ursache ihrer selbst, sofern sie die Ursache der Unendlichkeit der Modi ist, die nichts anderes sind als die Substanz selbst in Form ihres Gegenteils; oder der unendliche, ewige, einheitliche Aspekt des Universums ist Ursache seiner selbst, sofern er die Ursache des endlichen, zeitlichen, pluralistischen Aspekts des Universums ist – beides entgegengesetzte Momente desselben Systems, derselben dialektischen Einheit. Die Welt als *natura naturans* und die Welt als *natura naturata* sind eins, sagt Spinoza; er muß das demnach so erklären, daß *natura naturans* nicht direkt und an sich *causa sui* ist, sondern daß sie die Ursache der *natura naturata* ist, die nichts anderes ist als *natura naturans* in der Form der Andersheit. Mit einem Wort, der Begriff der *causa sui* verwirklicht sich, indem die eine Substanz sich in die Modi vereinzelt und *dadurch, daß sie die Ursache der Modi* ist, Ursache ihrer selbst wird. Nur als Ergebnis dieser Vermittlung kann die absolute Totalität hervortreten und sich als solche konstituieren.

Die zweite dialektische Korrektur: Das Absolute als Subjekt

Dadurch daß wir das Absolute mit Negativität versehen haben und es als Ergebnis ansehen, haben wir die Substanz als organische Totalität reinterpretiert. Eine dialektische Totalität ist organisch, sofern ihre Einheit das Ergebnis der Wechselbeziehung der vielen Einzelnen ist, die ebenfalls nicht ursprünglich sind, sondern sich aus ihrem Vereinigungsprinzip ergeben, während sie dieses Prinzip zugleich neu konstituieren. Eine organische Totalität ist jedoch ein subjektähnliches System. Der Begriff des Subjekts bezeichnet bei Hegel nicht nur ein bewußtes Wesen, sondern in einem allgemeineren Sinne jede organisierte Totalität, die derselben Logik gehorcht wie die, die die Tätigkeit des »Ich« leitet. Die Einheit eines Subjekts im Sinne von »Ich« oder Selbstbewußtsein ist, wie schon Kant gezeigt hat, nicht als Identität vorweg gegeben, sondern entsteht allererst aus einem Prozeß der Selbstidentifikation. Nur indem sich das Subjekt seine vielen Gedanken als eigene Besonderungen zuschreibt, kann es auch seine eigene Identität als Selbst konstituieren und erkennen. Der Hauptunterschied zwischen Kant und Hegel in diesem Punkt liegt darin, daß bei Kant die Vielfalt der Gedanken (*cogitationes*) äußerlich gegeben ist, während Hegel diese Vielfalt als Selbstbesonderungen des Subjekts bezeichnet. Doch stimmen sie darin überein, daß die Identität konstituiert wird und nicht unmittelbar gegeben ist. Auf diese Weise ist *die Struktur des Subjekts als »Ich« ein Modell der Struktur jeder dialektischen Totalität.* Das Ich, sagt Hegel, ist der Begriff des Begriffs. Und da wir bereits auf der Ebene der Substanz eine dialektische (oder organische) Totalität gefunden haben, bedeutet das, wir haben dort eine subjektähnliche Struktur gefunden. Mit anderen Worten, wir haben unser eigenes logisches Bild als menschliche Subjekte in dem impliziert gefunden, was eine bloß »objektive« und »dingähnliche« Substanz zu sein schien. Die erste dialektische Korrektur führt so zur zweiten: Die gesamte Sphäre der Substanz mit ihrer objektiven Logik wird »aufgehoben« und ergibt mit Kant die revolutionäre Entdeckung, daß die Struktur des Objekts im Grunde die gleiche ist wie die Struktur des Subjekts. Hegel verbindet die idealistische Entdeckung, daß das Subjekt für die Wirklichkeit des Objekts konstitutiv ist, mit seiner dialektischen Logik. Letztere ist eine

Kohärenzbedingung, um das erste behaupten zu können. Die Art und Weise, wie sich ein Subjekt partikularisiert und durch die Mannigfaltigkeit – sein »Anderes«, zu dem es wird – Selbstidentität erlangt, ist das Paradigma aller philosophischen Logik.

Dadurch daß wir in die spinozistische Totalität eine dialektische Logik eingeführt haben, haben wir nicht nur die objektive Logik auf die Spitze getrieben, sondern auch den rein objektivistischen Zugang zur Welt negiert. Indem wir Spinozas Totalität zu einer organischen werden lassen, entdecken wir unser eigenes subjektives Bild in dem, was wir die ganze Zeit als etwas rein Äußerliches angesehen haben, das uns nur gegenübersteht. Indem wir jedoch die äußere Welt als Totalität betrachteten und versuchten, die spinozistische Auffassung kohärenter zu machen, kehrte sich unser Denken auf sich selbst zurück und fand seine eigene Gestalt und seinen eigenen Charakter in dem, was eine untätige Substanz zu sein schien. Aber unser Denken wurde nicht auf sich selbst als bloßes Subjekt zurückgeworfen, das einem ewigen Objekt gegenübersteht, sondern auch auf sich selbst als ein Prinzip der objektiven Welt. Das ist das idealistische Prinzip, das jetzt in den Vordergrund getreten ist, nämlich die grundlegende Einheit der Struktur des Objekts und der Struktur des Subjekts.

An diesem entscheidenden Punkt zeigt sich wiederum die Spinoza-Kant-Synthese. Dialektische Logik ist für Hegel, wie wir gesehen haben, die Logik subjektähnlicher Systeme. Sie verleiht dem Kantischen Prinzip, wonach das »Ich denke« für den Gegenstand konstitutiv ist, also der kopernikanischen Wende die wahre Bedeutung. Nur dialektisch verstanden, läßt sich diese große Kantische Entdeckung, die Spinoza unbekannt war (und von ihm sicherlich kritisiert worden wäre), richtig erklären und kohärent behaupten. Zugleich kann aber auch Spinozas eigene zentrale Idee der absoluten Totalität (der Kant widerspricht) nur dann als kohärent bestehen bleiben, wenn sie dialektisch, das heißt subjektähnlich verstanden wird. Die dialektische Logik stellt daher die Vermittlung her, sie ist die Brücke, die Leiter, über die Kant und Spinoza aus ihren jeweiligen – einseitigen und angreifbaren – Positionen in einen kohärenteren Stand überführt und zugleich miteinander versöhnt werden können. Und das ergibt wiederum Hegels bedeutsame »Aufhebung«, die – obwohl sie als eine Synthese früherer Systeme, die einander zu widersprechen schienen, konstruiert war – so neu und gewagt ist, daß sie ihrerseits als revolutionär gelten kann.

Subjekt und Geist: Die Rolle der Geschichte

Mit seiner Subjektivierung hat Hegel das Absolute zu einem Resultat gemacht und mit einer Art Werden ausgestattet. Doch in der Beschränkung dieser Veränderung auf die Logik (oder die reine Metaphysik) erschöpft sich die Bedeutung von Geist nicht. »Subjekt« und »Geist« sind keine Synonyme. Es liegt noch eine Strecke Wegs zwischen der ersten, der logischen Subjektivierung des Absoluten, und der Verwirklichung des Geistes in seinem vollen Sinne. Das Absolute als Geist zu betrachten, heißt, es erstens mit Selbstbewußtsein und Personalität und zweitens mit einem Werden auszustatten, das durch menschliche Geschichte vermittelt ist. Nur so, erklärt Hegel, können wir uns in diesem Absoluten »zu Hause fühlen« und unsere dialektische Identität mit ihm verwirklichen. Nach Hegel ist das auch der richtige Weg, die Mythen und anthropomorphen Elemente der Offenbarungsreligion zu interpretieren, die hinter Metaphern und sinnlichen Bildern (den Vorstellungen, die Spinozas *imaginatio* entsprechen) eine tiefe philosophische Wahrheit verbergen.

Die Historisierung des Absoluten bei Hegel bedeutet keine Relativierung. (Das wäre ja ein begrifflicher Widerspruch.) Es gibt bei Hegel einen Endpunkt, in dem alle früheren Stufen des Prozesses kulminieren und »aufgehoben« sind und in dem der absolute Standpunkt des Geistes hervortritt. Vor dieser Stufe ist in der Tat alles partiell und dadurch relativ; aber es ist relativ zu etwas Absolutem, das dem Prozeß zugrunde liegt und aus ihm hervorgeht. Ferner bestimmt sich die Partialität einer jeden Phase eben gerade durch das nachfolgende Absolute, das sie möglich macht und durch das sie ersetzt wird.

Das geschichtliche Werden des Absoluten verweist dieses nicht nur in die soziale und politische Geschichte. Letztere ist zwar das Substrat und die Vorbedingung für das Werden des Absoluten, nicht aber dessen Wesen. Wie Aristoteles und Spinoza (und anders als Kant oder Marx) betrachtet Hegel philosophische Erkenntnis und Kontemplation als höchstes Ziel, ja als den höchsten Zustand des Seins. Doch um ihn zu ermöglichen (darin liegt Hegels Originalität), ist die ganze Geistesgeschichte der Menschheit auf der Grundlage der Evolution sozialer und politischer Praxis und ihrer Institutionen notwendig. Die Philosophie faßt die aktuelle menschliche Erfahrung in Begriffe, die im Leben, in der gängigen Praxis, in den Normen, in den religiösen Überzeugungen und in der künstlerischen Sensibilität einer Epoche oder dem »Zeitgeist« verkörpert sind. Kein einzelnes Individuum, wie begabt es auch sein mag, kann zu philosophischer Wahrheit gelangen, wenn seine Kultur und sein Zeitgeist nicht entsprechend gereift sind. Diese Reifung setzt die Geschichte der Philosophie und generell der Gesellschaft, des Staates und der Kultur voraus. Daher gilt, daß nur wenn in der sozialen Wirklichkeit und im religiösen Bewußtsein der Zeit im Prinzip Freiheit verwirklicht ist, auch ihr philosophischer Gegenpart, nämlich absolute Erkenntnis, möglich ist.

Zum Subjekt philosophischer Erkenntnis und Erziehung, das seit Platon der einzelne Denker (ein Glaukon, ein Theätet etc.) war, wird bei Hegel das Menschengeschlecht in seiner historischen Entwicklung. Die Selbstentwicklung dieses Kollektivsubjekts hat die Rolle der Bildung und intellektuellen Biographie übernommen, die bei Platon der einzelne Philosoph innehatte. Da ferner (und das folgt bereits aus Hegels Spinozismus) alles Sein eine einzige Totalität ist, kann das, was dem Menschengeschlecht, sofern es seiner selbst bewußt ist, in der Geschichte widerfährt, der Totalität als einem einzelnen, organischen Ganzen – das heißt Gott – zugesprochen werden. Durch die Entwicklung der Menschheit und die Wechselfälle ihrer Geschichte erlangt die Totalität Selbsterkenntnis, und Gott verwirklicht sich als absoluter Geist.

In Hegels evolutionärem Idealismus ist Selbstbewußtsein ein Modus des Seins, ein höherer Grad von Wirklichkeit sowohl für das Individuum wie für die Totalität. Die Historisierung des Absoluten hat daher bei Hegel nicht nur eine kulturelle und soziopolitische, sondern auch eine ontologische Bedeutung. Sie ist nicht allein ein menschliches Ziel, sondern das *telos* der Wirklichkeit selbst. Durch die menschliche Geschichte und das kollektive Bewußtsein (immer durch wirkliche Individuen vermittelt) kommt die Wirklichkeit, das Objekt, zu Selbstbewußtsein und verwirklicht sich selbst als Subjekt-Objekt. Die Entwicklung innerhalb der Totalität oder in Gott führt zu einem Zustand, in dem das begriffliche Verständnis dieser Totalität in ihr als Teil ihrer selbst vorkommt. Durch dieses Selbstbewußtsein ist das Absolute sich selbst nicht einfach nur bekannt, sondern wird wirklich, das heißt, es erreicht einen höheren (ja den höchsten) Zustand des Seins. Nur auf dieser Stufe kann es überhaupt eine absolute Entität geben, ein Subjekt-Objekt, das seine Teilmomente, inneren Dualitäten und Widersprüche aufhebt. Wir können sagen, daß Gott durch die menschliche (sowohl kulturelle wie soziale) Geschichte Selbsterkenntnis erlangt und sich selbst verwirklicht, obgleich er am Ende seine Historizität überwindet und in eine dialektische Zeitlosigkeit übergeht.

Das ist bei Spinoza und bei allen anderen bedeutenderen Vorläufern Hegels unbekannt. Bei Spinoza geht dem Absoluten persönliches Selbstbewußtsein gänzlich ab,[11] es genießt den höchsten ontologischen Rang ewig, unabhängig von Zeit und Wandel und sicherlich unabhängig von den trivialen Wechselfällen der menschlichen Geschichte (und natürlich aller besonderen Ereignisse im Universum). Bei Aristoteles hat Gott einen Begriff von sich – ja er *ist* dieser reine Begriff seiner selbst, der das übrige Universum als erster Beweger bewegt; doch auch dies ist ein ewiger, zeitloser Zustand reiner Wirklichkeit. Nur Hegel verwandelt dieses Stadium in das Ergebnis eines temporalen, durch die ganze Menschheitsgeschichte vermittelten Prozesses.[12]

Dieser radikale Wandel ergibt sich aus Hegels Dialektik; man kann aber auch sagen, daß Hegel sich so den Mythos von Christus als dem Sohn Gottes übersetzt. Hegels Philosophie der Geschichte hat eine starke quasi religiöse Tendenz.[13] Anders als Spinoza, der geschichtliche Religion rundweg als *superstitio* abtut (siehe Kap. II. 1), bietet Hegel mit seinem dialektischen Ansatz eine philosophische Reinterpretation mancher großen Mythen und Symbole der geschichtlichen Religion, indem er diese als metaphorischen Ausdruck einer verdeckten philosophischen Wahrheit nimmt. Damit billigt er gewissen anthropomorphen Tendenzen in der Religion, vor allem ihrer archetypischen Verkörperung im Mythos des Gott-Menschen, rationale Gültigkeit zu.

Da der absolute Geist seinen ewigen und überzeitlichen Status nur in der Zeit und innerhalb der Menschheitsgeschichte verwirklichen kann, gewinnt er dialektisch jene menschliche Dimension, die nach Meinung Hegels der Mythos vom »Gottessohn« besetzt hielt. Die ganze menschliche Entwicklung mit Leiden, Leidenschaften, Begierden und Kämpfen – ihrem realen menschlichen Fleisch und Blut – macht die dialektische Verkörperung oder »Inkarnation« des absoluten Geistes aus und vermittelt zwischen ihm und dem menschlichen Individuum. In diesem Sinne ist Gott in allen Menschen »inkarniert« und entwickelt sich durch sie zu seiner eigenen Selbsterkenntnis und seiner Wirklichkeit. Die Menschheitsgeschichte ist damit der eigentliche Vermittler nicht nur zwischen dem einzelnen Menschen und Gott, sondern auch zwischen Gott und Gott selbst. Nur indem er Mensch wird, wird Gott Gott, erfahren wir aus Hegels Philosophie der Geschichte (und grundlegender aus seiner Metaphysik). Gott ist nicht von vornherein absoluter Geist, ewig und vollkommen. Gott selbst unterliegt einem Werden, das für seine Selbstkonstituierung wesentlich ist; und er selbst bedarf, um wirklich zu werden, der Vermittlung mit menschlichen Individuen, in denen allein er lebt und sich selbst erkennt.

Mit einem religiösen Ausdruck (den Hegel selbst vermeidet) könnten wir sagen, daß Christus ebenso Gott wie die Menschen erlöst; oder anders gesagt, durch Christus, das Symbol dialektischer Vermittlung, erlöst der Mensch Gott ebenso, wie Gott den Menschen erlöst.[14] Die Vermittlung zwischen endlichem und unendlichem Bewußtsein ist für beide gleich notwendig, um wirklich zu werden. In dieser Hinsicht hat Hegels *Phänomenologie des Geistes*, sein größtes systematisches Werk vor der *Logik*, insgeheim eine nicht minder protestantisch-ketzerische Struktur als seine populärere Philosophie der Geschichte. Der Vermittler zwischen dem Endlichen und dem Unendlichen ist nicht einfach die Geschichte der Kirche, eine übergeschichtliche Institution oder irgendeine kirchliche Bürokratie, sondern die Weltgeschichte. Die Vermittlungsfunktion beschränkt sich nicht auf irgendeine klerikale Institution oder Bürokratie (das sagt Hegel gegen die katholische Kirche), sondern sitzt im Herzen und Leben wirklicher menschlicher Erfahrung – im Geist, in Handlungen, Konflikten und im Leiden von Männern und Frauen, in denen Gott Mensch werden muß und deren Geschichte, auch wenn sie willkürlich und zufällig erscheint, tatsächlich diese latent verallgemeinernde Bedeutung hat, daß Gott durch sie entfremdet, dann erlöst und schließlich seiner selbst bewußt wird. Hegel weicht von der Orthodoxie (auch von der protestantischen Orthodoxie) ab, sofern sein philosophisches Verständnis des religiösen Symbols dessen unmittelbaren religiösen Sinn aufhebt (das ist Hegels eigene dialektische Art, an geschichtlicher Religion Kritik zu üben), und auch (vielleicht in erster Linie), weil Hegel behauptet, Gott müsse temporalisiert und in Geschichte verkörpert sein, um wahrhaft Gott zu werden. Das ist keine Handlung Gottes, die zu seiner Absolutheit hinzukäme, sondern deren Vorbedingung; und kein Akt der Gnade, der Liebe oder des Erbarmens spielt bei der Menschwerdung Gottes eine Rolle – allein dialektische Notwendigkeit.

Darin liegt ein wirklicher und grundlegender Unterschied zwischen Hegel und Spinoza, den auch eine Analyse der Tiefenstruktur nicht mehr beseitigen kann. Dialektische Logik und die Lehre vom werdenden Gott sind für das System Hegels wesentlich; beide erklären seine Forderung, das Absolute als Geist zu verstehen, – und beide müßten von Spinoza unbedingt abgelehnt werden.

Spinoza kann einer dialektischen Logik nicht zustimmen, weil sie gegen das Gesetz des Widerspruchs verstößt, das für ihn der Eckpfeiler der Rationalität ist, und weil sie latent theologisch ist.[15] Statt dessen bevorzugt Spinoza seine eigene Logik der komplementären Aspekte eines und desselben, die seiner Meinung nach ihren Zweck erfüllt, ohne über den Rahmen der (kausalen) Rationalität hinauszugehen. Den Begriff des (historisch) »werdenden« Gottes muß Spinoza ablehnen, weil er Teleologie, Anthropomorphismus und die Vorstellung von einer insgeheim die Welt leitenden Vorsehung, von einer *historia sacra*, einschließt. Alles das sind metaphysische Fiktionen, deren Beseitigung eines der fundamentalen Systemprinzipien ist, auf denen Spinozas Philosophie beruht.

Spinoza hat daher ausreichend systematische Gründe, Hegels Forderung, Gott als Geist zu verstehen, abzuweisen. Sind diese Gründe aber erschöpfend? Sind wir nicht berechtigt, in spinozistischer Manier nach einem komplementären Erklärungszusammenhang zu suchen, der zwar außerhalb des Systems liegt, jedoch durch dieselbe Art geistiger Alchimie in dessen logische Struktur verwandelt ist, wie wir es in anderem (ästhetischen) Kontext bereits bei Fernando de Rojas gesehen haben?[16]

Der existenzielle Kontext: Ehemaliger Marrane contra Lutheraner

Mehrfach betont Hegel die jüdische (oder »orientalische«) Herkunft Spinozas, um bestimmte Grundzüge seines Denkens zu erklären. Hegel erwähnt auch die portugiesischen Vorfahren Spinozas und berichtet von seiner Auseinandersetzung mit den Rabbinern.[17] Es war der Jude in Spinoza, behauptet Hegel, der Descartes' Dualismus ablehnte und auf der absoluten Einheit Gottes bestand, auf der strengstmöglichen Form des Monismus und Monotheismus. Und wieder ist es der Jude oder der »Orientale« in Spinoza, der die (eher christliche) Idee ablehnte, ein »Drittes« einzuführen, das zwischen dem Endlichen und dem Unendlichen in Gott vermitteln soll.[18] Diese Idee ist für Hegel die eigentliche Botschaft des Christentums, ebenso wie ihr Fehlen für ihn das Hauptcharakteristikum des Judentums ist. In seinen *Vorlesungen über die Philosophie der Religion* und an anderer Stelle beschreibt Hegel die unüberbrückte Kluft zwischen dem Endlichen und dem Unendlichen als Ursache der schrecklichen Furcht und des Zitterns, die der jüdische Gott bei seinen Untertanen auslöst, wodurch der Mensch zur Nichtigkeit entfremdet und herabgewürdigt wird.[19]

Aus Hegels Bemerkungen über Spinoza mögen die üblichen antijüdischen Töne widerhallen;[20] aber Hegel hat, vielleicht unwissentlich, eine treffende Bemerkung gemacht. Vielleicht ist es wirklich der Jude oder ehemalige Marrane in Spinoza, der in der christlichen Idee eines vermittelnden »Gottessohnes« einen noch größeren Aberglauben sieht als in den Mythen des Alten Testaments.[21] Vielleicht ist es auch der ehemalige Marrane in Spinoza, der, da er sich außerhalb aller Offenbarungsreligion stellt und sich in einen folgenschweren Kampf um die Säkularisierung der gesamten Geschichte verwickelt, der subtilen Weise, in der Hegel eine neue Version der Vorsehung und *historia sacra* in philosophischer und angeblich rationaler Verkleidung wieder einführt, opponieren müßte. Und vielleicht ist es wiederum der ehemalige Jude Spinoza, der die Legitimität eines solchen Schrittes (und die zugrundeliegende dialektische Logik) kritisieren und der sich weigern würde, solch eine trinitarische Logik anzuerkennen, die das Gesetz des Widerspruchs verneint, ganz so wie Spinozas Vorfahren, die mittelalterlichen Rabbiner, in der Auseinandersetzung mit der christlichen Theologie sich weigerten, die Dreieinigkeit und Fleischwerdung anzuerkennen, und die bei ihrem Versuch zu zeigen, daß diese Ideen und folglich die ganze Grundlage der christlichen Lehre unlogisch und inkohärent ist, am Widerspruchsgesetz festhielten.

Es ist wiederum der strikte Rationalist Spinoza, der Jude und Schüler von Maimonides, der alle Formen des Anthropomorphismus (mitsamt der Teleologie) und vor allem den christlichen Archetypus anthropomorphen Denkens, den Mythos vom Gott-Menschen, zurückweist. Hegel fordert, Gott menschlich zu sehen, als Geist, das heißt als Person und als geschichtlich verkörpert, denn sonst könnten wir in ihm nicht »zu Hause sein«. Diese Vertrautheit hält Spinoza für falsch. Wir nähern uns Gott nicht, indem wir ihn auf menschliche Maße reduzieren, sondern indem wir uns zur »dritten Gattung der Erkenntnis« erheben, in der Gott alle menschenähnlichen Züge verliert und wir uns mit dem Absoluten als Unendlichem und Ewigem identifizieren. Wenn Hegel klagt, in solch einem erhabenen und dingähnlichen Absoluten seien wir »nicht zu Hause«, würde Spinoza darauf erwidern, eben dies sei beabsichtigt; denn nur so können wir Gott und nicht eine imaginäre Projektion unserer selbst erreichen. Spinozas Weg ist sicherlich psychologisch schwieriger und für wenige Menschen von höherer Begabung gedacht (ebenso wie später bei Nietzsche). Wenn Spinoza seine *Ethik* mit der Bemerkung schließt, »alles Erhabene ist ebenso schwer wie selten«, könnte er dies auch zu Hegel gesagt haben.

Die Divergenz zwischen Hegel und Spinoza läßt sich auch, obgleich nicht ausschließlich, als Kluft zwischen dem protestantischen häretischen Philosophen und dem ex-marranischen jüdischen Häretiker verstehen. Hegel bleibt im Grunde dem christlichen, sogar lutherischen Standpunkt treu. Er behauptet eine dialektische Dreieinigkeit als höchste philosophische Logik; er unterstreicht die Notwendigkeit, Gott (oder Geist) müsse im Leben und Leiden der Menschheit »Fleisch werden«; und er besteht allgemeiner darauf (und da spricht er ausdrücklich gegen den »Juden« Spinoza), daß ein Vermittler notwendig sei zwischen Gott und Mensch, zwischen dem Unendlichen und Endlichen, nicht einfach in der Form einer Kirche als mystischem Leib Christi, sondern in den wirklichen Lebenserfahrungen der Menschheit. Geschichte ist daher symbolisch das neue Corpus Christi – aber sie ist auch Corpus Dei, die notwendige Verkörperung und Entfremdung von Gott selbst, durch die er absolut wird. Diese dialektische Notwendigkeit, daß Gott Ergebnis seines sich selbst erzeugenden Prozesses ist, macht Hegel zu einem Revisionisten und Häretiker sogar in seinem eigenen Lager und ist vielleicht auch dafür verantwortlich, daß er letztlich der Philosophie den Vorrang vor der Religion einräumt, dem »Begriff« vor dessen metaphorischem Ausdruck.

Natur, Geschichte und die Gegenwart Gottes

Mit seinem historischen Pantheismus führt Hegel Spinozas Philosophie der Immanenz weiter, setzt sich aber auch unwiderruflich von Spinoza ab. Trotz seiner Heterodoxie kann man diesen Hegelschen Standpunkt auch als eine umständliche Rückwendung zum Christentum verstehen, unter Mißachtung dessen, was Spinoza mit Natur wie Geschichte gemacht hat. Natur läßt sich nicht vergöttlichen, und Geschichte sollte in ihrer Substanz nicht verweltlicht werden.

Hegel überträgt die Gegenwart Gottes, das pantheistische Element bei Spinoza, von der Natur auf die menschliche Geschichte als ein höheres und umfassenderes Reich der Wirklichkeit. Dadurch heiligt er stillschweigend Geschichte, während er die Natur, die Spinoza als mit Gott identisch erklärt hatte, entheiligt. Bei Hegel kann es keine *natura sive deus*, eher eine *natura sine deo* geben. Natur als solche ist eine träge Substanz, eine niedere Seinsform, untauglich, die göttliche Gegenwart aufzunehmen. In der Metapher des christlichen Dogmas ausgedrückt, stellt die Natur für Hegel nur das Moment der »Schöpfung« dar – die geistlose Externalisierung Gottes zur Natursubstanz –, doch noch nicht »Fleischwerdung«, die allein die göttliche Gegenwart innerhalb eines natürlichen Universums wiederherstellt, das an sich ihrer ermangelt.[22] Inkarnation erfordert jedoch Geist – erstens den endlichen Geist von Individuen, von einzelnen, wirklichen Menschen, und zweitens den allgemeinen

Geist, der durch ihre wechselseitigen Beziehungen zustande kommt und sich entfaltet. Der letztere ist Geist im göttlichen Sinne, der Mensch werdende Gott, der durch die Menschheitsgeschichte zur Selbsterkenntnis und Verwirklichung gelangt. Natur ist in diesem Prozeß das träge Substrat menschlichen Lebens und Handelns, das der Geschichte dient und von ihr überwunden wird. Die Menschheitsgeschichte gewinnt einen speziellen ontologischen Status und einen verborgenen sakralen Sinn; sie ist die Verkörperung und das Vehikel der Selbstschöpfung Gottes.

Das ist Spinozas Theorie der Geschichte diametral entgegengesetzt (wie wir am Ende von Kap. II.1 skizziert haben). Spinoza will mit den Vorstellungen von Vorsehung und *historia sacra* insgesamt aufräumen, indem er alle Ereignisse und Entitäten im Universum auf ein einziges System rein natürlicher Ursachen zurückführt. Dadurch säkularisiert er Geschichte vollständig und gesteht ihr keinen eigenen besonderen Status zu. Welche Göttlichkeit in den menschlichen Dingen auch immer vorhanden ist, sie unterscheidet sich nicht von der Göttlichkeit in jedem anderen Teil der Natur und drückt sich in den rein kausalen Gesetzen aus, die die Natur überall beherrschen.[23]

»Die Gesetze Gottes stehen nicht in der Bibel, sondern in der Natur«, war unter marranischen Häretikern eine gängige Meinung, die Spinoza teilte und systematisierte. Die Göttlichkeit der Natur manifestiert sich in ihren allgegenwärtigen Kausalgesetzen, die an ihren Schnittpunkten die besonderen Wesenheiten aller Dinge hervorbringen. Spinozas Universum ist als Substanz von göttlicher Gegenwart erfüllt, sofern es durch und durch verständlich und rational durchsichtig ist, ohne jedoch solche Kategorien zuzulassen wie Zweck, innere Tendenz und Ziel (von göttlicher Fügung und Wundern gar nicht zu reden) oder andere, von Menschen geschaffene Bilder und Fiktionen, die wir, meint Spinoza, aus unseren tiefsten Wünschen und den daraus folgenden selbsttäuschenden Visionen auf das neutrale kausale Universum projizieren. Es ist gerade das von solch selbstgemachtem fiktionalem Zierrat befreite Universum, mit dem sich der menschliche Geist durch die dritte Gattung der Erkenntnis vereinigen soll, die sich in eine mächtige Liebe verwandelt und die höchste Form der Emanzipation verschafft.

Diese Emanzipation ist das Gegenteil von Selbsttäuschung, dem Zustand der Sklaverei; sie verlangt, den metaphysischen Trost eines menschenähnlichen Gottes, eines teleologischen Universums und einer von der Vorsehung (in welchem Gewand auch immer) vorherbestimmten Geschichte aufzugeben und zu lernen, daß die unendliche Bedeutsamkeit des Universums aus den ewigen Kausalverknüpfungen zu entnehmen ist, in denen sich das Göttliche hinreichend und in allein gültiger Form ausdrückt.

Diese Einstellung machte Spinoza (im Gegensatz zu Hegel) zu einem der großen »dunklen Aufklärer« des modernen Denkens. Sie unterstreicht auch eine Linie, die von Spinoza zu anderen »dunklen Aufklärern« führt, alles Philosophen der Immanenz der nachhegelianischen Periode, einschließlich Freud und vor allem Nietzsche. Während Hegel (in Reaktion auf Spinoza) sagt, in einem Universum ohne Teleologie und ohne Mensch gewordenen Gott könnten wir nicht zu Hause sein, behauptet Nietzsche später, daß sogar die *kausale* Rationalität Spinozas noch ein »Schatten des toten Gottes« sei. Sie sei eine weitere Fiktion, die wir auf das Universum projizierten, aus unserem Verlangen nach imaginärem Trost und nach Beherrschung eines völlig chaotischen und irrationalen Universums; letzterem müßten wir uns in einem höchsten Akt verherrlichender Anerkennung fügen – *amor fati* anstelle Spinozas *amor dei intellectualis*.

Einschätzung von Hegels Kritik

Wie sollen wir Hegels Spinoza-Kritik einschätzen? Hegel scheint Deutung und Kritik zu verwechseln, wenn er sagt, in Spinozas System seien die endlichen Dinge irreal und die Attribute Gottes bloß subjektive Projektion.[24] Welche Schwierigkeiten Spinoza auch haben mag, seine Ansichten zu stützen, es besteht für ihn kein Zweifel, daß die Attribute reale Aspekte des Universums sind und daß endliche Dinge (das ist noch offensichtlicher) ihren eigenen Modus realer Existenz (*duratio*) und ihre eigene Form wirklicher Individualität (*conatus*) haben, ja daß sie sogar ewige Wesenheiten besitzen, die sich zeitlos aus Gott herleiten. Blickt man überdies aus Sicht der *scientia intuitiva* auf die Relation zwischen dem Endlichen und dem Unendlichen, kann man, Spinozas Position plausibel interpretierend, schließen, daß sie wechselseitig voneinander abhängig sind. Gott im Lichte der Unendlichkeit als *natura naturans* ist nur dadurch die Ursache seiner selbst, daß er die Ursache seiner eigenen endlichen Erscheinung als *natura naturata* ist.

Das macht die erste, von Hegel geforderte dialektische Korrektur überflüssig. Mehr noch, wenn wir bedenken, daß Spinoza schon vor Hegel eine apriorische Methode für die Philosophie ablehnte, daß seine wahre Methode unter dem Deckmantel der »Deduktion« die innere Explikation einer grundlegenden *idea vera* ist und daß seine Analyse der qualitativen und nicht quantitativen und unbegrenzten Unendlichkeit Gottes der Analyse Hegels vorausging (und sie sicherlich beeinflußt hat), dann wird sichtbar, daß Spinoza in der Tiefenstruktur seines Systems Hegel bereits sehr viel näher gekommen ist, als dieser sah oder anerkannte.

Und doch trennte sie ein Abgrund.[25] Für Spinoza verbietet es sich, den zweiten, entscheidenden Schritt zu tun, nämlich das Absolute als Subjekt und Geist zu sehen und statt der Natur die Geschichte zu vergöttlichen. Das ist kein Fehler Spinozas, sondern eine Frage des philosophischen Prinzips. Spinoza könnte seinerseits das Hegelsche System kritisieren, besonders dessen trinitarische Logik, seine durchgängige Teleologie, den tiefsitzenden Anthropomorphismus, die Vergöttlichung der Geschichte, die Wiederherstellung der Begriffe Vorsehung und *historia sacra* in neuer Gestalt, und daß Hegel in einem bloß natürlichen Universum metaphysischen Trost sucht, indem er ein falsches menschliches Bild darauf projiziert, um dann mit dieser Fiktion eine imaginäre »Vereinigung« zu vollziehen. In diesen wichtigen Punkten (die alle in Hegels Vergeistigung des Absoluten impliziert sind) ist ein Einklang zwischen beiden Philosophen nicht möglich – und sicherlich auch keine »Aufhebung« Spinozas im Stile Hegels. Wenn unsere Analyse die Differenzen zwischen Spinoza und Hegel abgeschwächt hat, so hat sie deren Kern zugleich erhärtet.

Das bedeutet natürlich nicht, daß Spinoza recht hat. Im Gegenteil, Hegels Haupteinwand gegen Spinoza ist durchaus gerechtfertigt, vorausgesetzt, wir verstehen ihn als Kritik und nicht als Interpretation. Es gibt in der Tat einen Bruch zwischen der endlichen und der unendlichen Erscheinung des Universums – eine dem Standpunkt des von Spinoza intendierten Monismus gerade zuwiderlaufende Folge.[26] Angesichts seiner Auffassung von Negation[27] kann Spinoza die wechselseitige Implikation, die er zwischen den Einzeldingen und der Totalität zu etablieren sucht, tatsächlich nicht aufrechterhalten, und die beiden Facetten des Universums bleiben, entgegen seinem Wunsch, unüberbrückt. Zudem kann Hegel zu Recht behaupten, daß nur eine dialektische Konstruktion der Totalität diesen Begriff kohärent macht und daß allgemein die Dialektik die Brüche und Sackgassen eines Dualismus, wie wir ihn seit den Vorsokratikern kennen, überwinden kann.

Doch der Weg Hegels ist Spinoza aus den gerade genannten Gründen verschlossen. Die Hegelsche Dialektik geht mit Teleologie und mit verschiedenen illusionären Implikationen des absoluten Geistes Hand in Hand. Wenn Hegel recht hatte mit seiner Diagnose der logischen

Schwierigkeiten Spinozas, so bot er eine Alternative, die die Lage nur verschlimmerte, denn sie beruhte auf menschlichen Einbildungen, deren Abschaffung die ganze Stoßkraft von Spinozas Philosophie galt. Letztlich war Hegel kein »dunkler Aufklärer«, sondern ein metaphysischer Besänftiger.[28]

Kreuzwege nach Hegel: Übergang zu Nietzsche und Marx

Gibt es denn eine Alternative, die den teleologischen Fehlschluß und die Illusion (mitsamt ihrer Erscheinung als verkleidete Vorsehung) vermeidet und doch strenge Immanenzphilosophie bleibt? Das wird unsere Leitfrage sein, wenn wir uns ansehen, welche anderen bedeutenden Versuche es nach Hegel gegeben hat, eine Philosophie der Immanenz zu konstruieren, die mit der Spinozas verwandt ist und konkurriert. Vor allem mußten die nachhegelschen Versuche die Vorstellung von der Göttlichkeit des Universums aufgeben, ja sogar (wie Nietzsche das tat) den Gedanken einer rationalen Totalität selbst.

Warum soll man eine Welt reiner Immanenz als eine rationale und organisierte Totalität auffassen? So läßt sich Nietzsches Einwand formulieren. Ist das nicht eine andere, tiefsitzende Form von Anthropomorphismus, den Spinoza zu Recht mied? Ein konsequenterer Spinozismus muß, so wäre zu argumentieren, das Universum auch von den kausal-mechanischen Relationen freimachen, die für Spinoza dessen Göttlichkeit ausmachten, die Nietzsche jedoch als Überreste derselben metaphysischen Illusion identifiziert, welche Spinoza in der Teleologie erkannt hatte. Das Universum wird so aller rationalen und selbstverständlich aller göttlichen Attribute entkleidet und als reine, formlose Immanenz gesehen, ein ewiger »Wille zur Macht«, dem keine rationale Bedeutung zukommt. Doch gerade dieses nackte und entmenschlichte Universum soll Gegenstand eines lustvollen und preisenden Zustandes sein, gar einer Art paradoxer Liebe, eines *amor fati*, der ebenso selten und schwer zu erreichen ist wie Spinozas *amor dei* und derselben oder ähnlicher geistiger Kraft bedarf.

Eine andere Alternative zu Hegels inhärenter Teleologie hat Marx angeboten. Während die rohe Natur als solche keine inhärenten Ziele besitzt, wird der Natur durch die menschliche Arbeit, vor allem durch zielgerichtete materielle Produktion, eine Form der Zweckdienlichkeit verliehen. Die Produktion übernimmt bei Marx die Rolle, die im deutschen Idealismus das »reine Subjekt« zur Bestimmung der Welt und selbst des Schicksals der Menschheit innehatte. Marx hält damit am allgemeinen Muster der kopernikanischen Wende fest, das bei Kant zuerst auftrat und von Hegel erweitert wurde, aber er verändert das Substrat und bringt die Sache auf den Boden der Wirklichkeit und zur Natur zurück – das heißt wieder in Spinozas Richtung.

Hinzu kommt, daß Marx Hegels Auffassung von der Geschichte als dem Vehikel des Fortschritts teilte, sogar als Vehikel dessen, was die religiöse Metapher als »Erlösung« bezeichnet. Doch wie Spinoza widersprach er Hegels Auffassung von der Geschichte als Überwindung der äußerlichen trägen Natur durch den göttlichen Geist. Er betrachtete Geschichte spinozistisch als vollkommen säkularisiert, als integralen Bestandteil der Natur selbst, der sich nach den immanenten Naturgesetzen entwickelt, wodurch der Begriff der Natur dialektisch bereichert wird.

Marx und Nietzsche verkörpern daher im neunzehnten Jahrhundert zwei große Alternativen eines Spinozismus, der Hegels idealistische Korrektur ablehnt und wie Spinoza gegen kulturelle Ideologien und Selbsttäuschungen ankämpft. Doch betrachtet Marx wie die Linkshegelianer vor ihm die immanente Wirklichkeit noch immer als rational faßbar und glaubt, sie führe aus eigenem Antrieb zu einer Form menschlicher Erlösung, die sich von der unterscheidet, die geschichtliche Religionen versprachen. Nietzsche gehört dagegen zur Richtung des irrationalen Spinozismus (und führt ihn zu einem Höhepunkt); weitere Repräsentanten sind vor ihm Schopenhauer und später Bergson. Bei Freud kommt die Nietzschesche Version des Spinozismus wieder in Einklang mit der wissenschaftlichen Vernunft. Dabei werden die »göttlichen« Eigenschaften, die die Vernunft bei Spinoza hatte, geopfert, nicht aber ihre emanzipatorischen Kräfte. Das mag als systematischer Aufriß dienen, um die Geschichte späterer spinozistischer Einflüsse und um die Abenteuer der Idee der Immanenz zu betrachten.

3. KAPITEL

Spinoza bei Heine, Hess und Feuerbach: Die Naturalisierung des Menschen

Eine Affinität zu Spinoza kennzeichnete bereits das linkshegelianische Milieu, das Nährboden und Ausgangspunkt für Marx gewesen ist. Die radikalen Junghegelianer führten den Menschen von dem, was sie für die abstrakten Höhen des Hegelschen *Geistes* hielten, zu Spinozas *natura* zurück und verkündeten die Einheit von Geist und Materie, die sie für ein wesentlich spinozistisches Prinzip hielten und von der aus manche von ihnen zu sozialistischen Überzeugungen gelangten. Ich möchte drei Gestalten des Linkshegelianismus untersuchen, und zwar sowohl um ihrer selbst willen als auch, weil sie eine aufschlußreiche Brücke zu Marx darstellen, und zwar insbesondere Heine.[1]

Spinoza war ein Heros der Linkshegelianer: »der Moses der modernen Freidenker und Materialisten«, so Ludwig Feuerbach, der auf den jungen Marx großen Einfluß ausübte, über den ehrwürdigen Spinoza. Es ist keine Frage, daß Feuerbach von sich dasselbe dachte. Spinoza war, sowohl seiner negativen als auch seiner positiven Philosophie wegen, für die Linkshegelianer attraktiv. Vor allem hatte er in seiner Religionskritik die transzendente Welt als illusorisch gebrandmarkt. Religionskritik war für die Linkshegelianer eine Hauptvoraussetzung für die Emanzipation des Menschen, wenn nur die religiösen Vorstellungen nicht schlicht abgelehnt, sondern aus ihrem Ursprung in den Bedürfnissen, geistigen Konflikten, Wünschen und aus dem falschen Bewußtsein des Menschen erklärt würden. Die religiösen Vorstellungen waren auf das Reich der Immanenz zurückzuführen und als Verkehrung, als auf dem Kopf stehende und nach außen projizierte Welt zu erklären. Die Linkshegelianer bemühten sich um eine durch Hegelsche Kategorien und Techniken bereicherte Religionskritik, die über Spinozas aus dem Geist der Aufklärung geborene Kritik hinausging. Sie vertieften die Analyse und verflachten zugleich deren Ergebnisse auf eine fast eindimensionale These; viele zeichneten sich durch einen vollmundigen, schlagwortartigen Stil aus, wobei die Tiefe dem zum Opfer fiel, was sie »Praxis« nannten (das heißt, der Notwendigkeit zu überzeugen).

Spinoza war auch über seine Religionskritik hinaus für die Linkshegelianer attraktiv, denn er schien mit seinem sogenannten Pantheismus dem irdischen, diesseitigen Leben und dem Menschen als natürlichem (und körperlichem) Wesen wieder Wert und Bestand zu geben. Die Einheit von Materie und Geist war ein linkshegelianisches Schlagwort und Ideal, das wohl Spinoza, aber nicht Hegel erfüllte. Hegel sah den Menschen vorwiegend als Geist, der seine sinnliche Natur aufhebt und überwindet. Darin blieb Hegel ein christlicher Denker. Von den modernen Philosophen stellte einzig Spinoza Materie und Geist, Ausdehnung und Denken, Körper und Bewußtsein auf die gleiche Ebene, als zwei gleichwertige Manifestationen derselben immanenten menschlichen Natur, die einander auch gleichermaßen bedürfen. Das war die wesentliche Botschaft, in der eine freie, selbstemanzipierte menschliche Existenz proklamiert wurde, eine Botschaft, die die Linkshegelianer aus ihrer eigenen Kritik am Christentum ableiteten und die sie bei Spinoza klar definiert fanden. Der abtrünnige jüdische Philosoph, der zwei Jahrhunderte früher alle transzendente Religion abgeschafft hatte, war der neue Held der Moderne, der »Philosoph der Zukunft«, wie Heine ihn nannte, ein neuer Moses, auf gleicher Stufe mit Jesus von Nazareth und, wie diese beiden Propheten, der Künder einer neuen Epoche.

Dieser junghegelianische Enthusiasmus verdient Beachtung. Manches von seiner Stimmung wie von seinem Gehalt übertrug sich auf Marx' System und persönliches Wirken. Allerdings verlor der junghegelianische Enthusiasmus bei Marx seine Jugendlichkeit und ein gut Teil seiner Naivität, nicht dagegen das Feuer eines weltlichen Messianismus, das vom Gewicht wissenschaftlicher Analyse und eines schwerfälligen Jargons im *Kapital* bestenfalls gedämpft, nicht aber ausgelöscht werden konnte. Die Erlösung zeigte sich am Horizont; allerdings sollte sie nicht dadurch geschehen, daß einer indifferenten Natur eine moralische Utopie übergestülpt wurde, vielmehr in spinozistischer Manier dadurch, daß die inneren Gesetze und Kräfte der Natur selbst (der vom Menschen geprägten Natur, versteht sich – der Natur der ökonomischen Produktion) aufgedeckt und allgemein zugänglich wurden. Spinoza war dabei bestenfalls ein weltlicher heiliger Johannes, der eine Ära taufte, der er nicht angehörte. Der wirkliche neue Moses (oder Christus), der wissenschaftliche Prophet der Erlösung war ein anderer ehemaliger Jude: Marx, der zwei Jahrhunderte später (nicht in Amsterdam, sondern in Trier) geboren wurde.

Heine

»Alle unsere heutigen Philosophen, vielleicht oft ohne es zu wissen, sehen sie durch die Brillen, die Baruch Spinoza geschliffen hat.« Der Autor dieser Worte, Heinrich Heine, leugnet nicht, daß eine ebensolche Brille auch auf seiner eigenen Nase sitzt.[2] Heine ist vor allem für seine Dichtung berühmt, durch die er sich in der deutschen Literatur einen Platz neben Goethe erworben hat. Er war aber auch ein freimütiger Sozialkritiker, Essayist, Visionär, Journalist, Kulturhistoriker, der witzigste Kopf des neunzehnten Jahrhunderts und – einer der ersten Linkshegelianer. Als Student besuchte Heine Hegels Vorlesungen in Berlin (1821–1823) und unterhielt persönliche Kontakte zu seinem Lehrer. In typisch linkshegelianischer Verkehrung meinte er bei Hegel gehört zu haben, der Mensch sei an die Stelle Gottes getreten, er sei vergöttlicht worden. Dieser Gedanke sollte Heines Prosa und einen Teil seiner Dichtung lange Zeit prägen.

Mit achtundzwanzig Jahren trat Heine von einem Judentum, an das er nicht mehr glaubte, zu einem Christentum über, das er nie wirklich annahm. Es war eine Konversion aus praktischen Erwägungen, die allerdings nicht die erhofften Vorteile brachte. So mußte sein Onkel, der Millionär Solomon Heine, den Neffen, Renegaten und linken Revolutionär weiterhin unterstützen und erntete zum Dank für sich und die jüdischen Kapitalisten manch wohlgezielte Spitze aus Heines Feder.

»Als die Sonne der Juliusrevolution in Frankreich aufging«, zog Heine, damals dreiunddreißig Jahre alt, nach Paris, ins »Vaterland des Champagners und der Marseillaise«,[3] wo er bis zu seinem Ende lebte. In Paris galt er als Kenner der deutschen intellektuellen Szene und konkurrierte darin mit Victor Cousin und Mme de Staël. Den Franzosen erzählte Heine, das befreiende Element der zeitgenössischen deutschen Kultur sei der Pantheismus und Spinoza sein Prophet. Eine Zeitlang war er auch von den sozialistischen Ideen des Saint-Simonismus eingenommen, dem weltlichen »Neuen Christentum«, das sein linkshegelianisches Denken färbte, aber nicht dominierte. Später fühlte er sich zu Marx hingezogen, mit dem ihn – trotz der Unterschiede in Charakter und Alter (Marx war zwei Jahrzehnte jünger) – eine persönliche Freundschaft verband. Als

Marx von der französischen Regierung gezwungen wurde, Paris zu verlassen, schrieb er, der sonst so wenig sentimental war: »Von allem, was ich hier an Menschen zurücklasse, ist mir die Heinesche Hinterlassenschaft am unangenehmsten. Ich möchte sie gern mit einpacken« (Heine nannte Marx seinen »viel verstockteren Freund«).[4]

Heine wurde im Laufe seiner Entwicklung immer philosophischer; er war ein Dichter-Philosoph, der sich subjektiven Stimmungen und Schwankungen hingab und dem Reiz von Stil und Bonmots nicht widerstehen konnte. Seine sorglose, geistreiche Prosa überspielte seine unverkennbare und von Leiden gekennzeichnete Tiefe, seine erdgebundene Sehnsucht nach Erlösung und seine gelegentlich herzerfrischende Naivität.

Heines Vorliebe für Epigramme und Bonmots ist nicht das einzige, was ihn mit Nietzsche verband. Mehr noch seine Anbetung des Lebens, eines reinen, sich selbst bestärkenden Lebens in einer gottlosen Welt. Schon vor Nietzsche (den er möglicherweise inspirierte) hat Heine erklärt, Gott sei tot,[5] Kant habe ihn »über die Klinge springen lassen«, so daß der Oberherr der Welt nun »unbewiesen in seinem Blute« schwimme.[6] An anderer Stelle beschreibt Heine, wie sich der alte Gott Jehova zum Tode bereitet: »Hört ihr das Glöckchen klingeln? Kniet nieder – Man bringt die Sakramente einem sterbenden Gotte.«[7] Der jüdische Gott ist also, wie Heine, getauft und stirbt als Christ.

Gottes Tod macht den Menschen nicht zur Waise, sondern zu seinem eigenen potentiellen Herrn, einem Minigott, dem Schöpfer aller Werte und seines eigenen Universums. Doch der Mensch ist noch sich selbst, das heißt anderen Menschen unterworfen und von ihnen ausgebeutet; daher bedarf es ergänzend zur religiösen einer sozialen und politischen Revolution. Hier tritt Heines Sozialismus und politisches Engagement an die Stelle seiner proto-nietzscheanischen Haltung und nimmt sie in sich auf. Daß diese beiden scheinbar widersprüchlichen Tendenzen in ein und derselben Person vorkommen und Zweige desselben Stammes, nämlich seiner spinozistischen Erfahrung des Lebens als reiner Immanenz, sein sollen (was sie meiner Meinung nach sind), das wird nur die überraschen, die gewohnt sind, in rigiden Ex-post-facto-Kategorien zu denken. Marx hätte jedenfalls durch seinen Freund Heine so etwas wie das Nietzschesche Universum kennengelernt und dort vielleicht mehr Affinitäten zu sich und zu seinem eigenen Hintergrund gefunden haben können, als später der offizielle Marxismus jemals bereit gewesen wäre zuzugeben.

Wie bei Nietzsche herrscht auch bei Heine an erster Stelle das Leben – ein reines, sinnliches, diesseitiges Leben, in dem »jeder Augenblick ... mir ja eine Unendlichkeit« ist.[8] Das irdische Leben als solches, sagt Heine, sollte die Spiritualität wiedergewinnen, die Juden und mehr noch Christen ihm jahrhundertelang abgesprochen haben, die Spinoza aber (der wie Heine weder Jude noch Christ war) schließlich wiederhergestellt hat. Das Leben, das irdische Leben ist das Ganze und der Sinn des Ganzen, von Heine wie von Nietzsche leidenschaftlich bejaht, sowohl in seiner überschäumenden Kraft als auch angesichts von Tragik und Leiden (und Heine kannte beides). »Ich brauche mir von keinem Priester ein zweites Leben versprechen zu lassen, da ich schon in diesem Leben genug erleben kann«, sagt Heine in seinen jugendlichen *Reisebildern*. »In meinen Adern kocht das rote Leben, unter meinen Füßen zuckt die Erde, in Liebesglut umschlinge ich Bäume und Marmorbilder, und sie werden lebendig in meiner Umarmung.«

Das sind die Worte eines Olympiers, der eine kosmische Befreiung erfährt. Sein erster Lebensinhalt ist es, das Leben zu genießen – ein reines, immanentes Leben –, und so genießt er Freuden und Erfüllungen, schöpft jeden Augenblick bis auf den Grund aus, zieht aus dem Reich des Sinnlichen die ihm innewohnende Geistigkeit und macht die Freude zu einer befreienden menschlichen Erfahrung. Sein Genuß ist sinnlich wie metaphysisch, materiell und geistig zugleich. Und auch das ist für Heine Spinozismus, die »pantheistische« Botschaft, die er in seiner *Geschichte der Religion und Philosophie in Deutschland* vertritt und dichterisch in *Deutschland. Ein Wintermärchen* besingt.

Das *Wintermärchen* beginnt mit Heines Reise nach Deutschland, nach dreizehn Jahren der Abwesenheit. Er begegnet seiner alten Welt in der Gestalt eines kleinen Mädchens, das mit Gefühl und etwas falscher Stimme ein bekanntes, rührendes Lied singt:

Sie sang von Liebe und Liebesgram,
Aufopfrung und Wiederfinden
Dort oben, in jener besseren Welt,
Wo alle Leiden schwinden.

Sie sang vom irdischen Jammertal,
Von Freuden, die bald zerronnen,
Vom Jenseits, wo die Seele schwelgt
Verklärt in ew'gen Wonnen.[9]

Heine kennt das Lied. Es ist der alte Ratschlag, mit dem das Volk, der »große Lümmel«, immer hypnotisiert und zur Unterwerfung veranlaßt wurde. Heine bringt dem Mädchen ein anderes Lied:

Ein neues Lied, ein besseres Lied,
O Freunde, will ich euch dichten!
Wir wollen hier auf Erden schon
Das Himmelreich errichten.
[...]
Es wächst hienieden Brot genug
Für alle Menschenkinder,
Auch Rosen und Myrten, Schönheit und Lust,
Und Zuckererbsen nicht minder.[10]

Es folgt Heines berühmter Vers:

Den Himmel überlassen wir
Den Engeln und den Spatzen.

Da ist wieder Heines »Spinozismus«: Die imaginäre Welt eines Jenseits soll abgeschafft und das irdische, materielle Leben in einen spirituellen Zustand erhoben werden. Das Göttliche ist in die Menschheit und Natur selbst zurückgeholt; und die Lebensfreude um ihrer selbst willen ersetzt die falsche »Spiritualität« christlicher Kasteiung. Das wahre Leben ist konkret, irdisch, sinnlich, aus Brot und Zuckererbsen, aber auch aus Rosen, Schönheit und Lust; und insofern ist es göttlich, der Stoff, aus dem das Himmelreich gemacht ist.

An dieser Stelle erinnern wir uns an Fernando de Rojas, der, ebenfalls ein »neu-heidnischer« Künstler jüdischer Abstammung, vier Jahrhunderte früher bereits eine Welt ohne Transzendenz verkündete. Doch Rojas blieb in einer metaphysischen Wüste ohne inhärente Bedeutung zurück, in einem bloßen »Tränental«[11]. Heine lehnt das Motiv des »Tränentals« als eine christliche Erfindung ab und beschreibt die Welt der Immanenz als für sich genommen geistig und bedeutsam, sogar als göttlich und potentiell befriedigend – wenn sie vom Menschen nur zu dem gemacht wird, was sie sein kann und soll. Heine steht in dieser Hinsicht Spinoza näher als Rojas, obgleich er seinen Spinozismus mit Hegelschen Elementen umgibt, die den Menschen ins Zentrum rücken, was Spinoza ablehnt. Sodann beschreibt Heine in seinem Gedichtzyklus,[12] wie beim Grenzübergang »preußische Douaniers« pflichtgemäß sein Gepäck

»beschnüffeln«. Die armen Dummköpfe, sinnt er, wissen nicht, daß er seine Schmuggelware nicht in den Koffern, sondern in seinem Kopf mitbringt. Denn in der Tat schmuggelt er Edelsteine, »der Zukunft Krondiamanten«, die einen unchristlichen »neuen Gott« verkünden. Heine sieht gar eine neue, irdische Heilige Familie kommen. Frau Europa ist bereits dem Geist der Freiheit in Liebe verbunden, und obwohl kein Priester die beiden mit Weihwasser gesegnet hat, sind sie untrennbar geworden. Bald werden aus ihrer heiligen Ehe Kinder geboren werden.

Ein menschlicher Prophet einer neuen Verkündigung, ein profaner Apostel eines neuen Glaubens, verliert Heine nicht seine Selbstironie. Bei seiner Rheinüberquerung fragt der alte Fluß nach den Franzosen, erinnert sich, wie sie unter Napoleon ihr »Siegergewässer« mit seinem Wasser vermischt haben, doch scheint er ihre »Spötterzunge« und ihren Esprit zu vermissen. Heine beruhigt den Fluß:

»Oh, fürchte nicht, mein Vater Rhein,
Den spöttelnden Scherz der Franzosen;
Sie sind die alten Franzosen nicht mehr,
Auch tragen sie andere Hosen.
[…]
Sie philosophieren und sprechen jetzt
Von Kant, von Fischte und Hegel.
Sie rauchen Tabak, sie trinken Bier,
Und manche schieben auch Kegel.«[13]

Wer aber hat bei den Franzosen das Interesse für »Fischte« und Kant geweckt, wenn nicht derselbe »Henri« Heine, der sich jetzt über seinen eigenen Erfolg lustig macht?[14] In Heines *De l'Allemagne*, der französischen Version seiner *Geschichte der Religion und Philosophie in Deutschland*,[15] die ein Jahrzehnt vor dem *Wintermärchen* erschienen ist, drückt sich in lebendiger, essayistischer Form dieselbe Grundphilosophie der Immanenz aus wie in dem Gedichtzyklus.

Zur Geschichte der Religion und Philosophie in Deutschland ist in einer gleichsam hegelschen Manier geschrieben, das Material so organisiert, wie es im Hinblick auf das beabsichtigte Ergebnis am günstigsten ist. Dieses Ergebnis ist die Hegelsche Philosophie, der Höhepunkt der idealistischen Revolution in Deutschland, die Heine als »die letzte Konsequenz des Protestantismus« bezeichnet.[16] Das gleiche Hegelsche Ergebnis wird jedoch auch »Pantheismus« genannt und mit dem »Gesichtspunkt« (wenn auch nicht dem buchstäblichen System) Spinozas gleichgesetzt, der damit eine ebenso hervorragende Stelle einnimmt wie Hegel selbst. Wenn Hegel den Prozeß auf den Höhepunkt bringt, so bildet Spinoza dafür die Grundlage.

Heine spricht sehr wenig direkt über Hegel. Aus seiner Einschätzung des Philosophen ergibt sich ein Hegel, der all das getan hat, was Schelling tun sollte, aber nicht geschafft hat. Hegel ist auch ein Neuerer, der die soziale und religiöse Ordnung unterminiert und eine neue Epoche der Freiheit verkündet hat. Wie Spinoza ist er Pantheist und Naturalist, von aufklärerischen Ideen erfüllt und trägt eine Maske der Vorsicht (die ihn vor den Unbilden der Restauration schützen soll). Heine revidiert nicht nur das konservative Hegelbild, er sieht sich auch selbst als den Entschleierer der deutschen Idealisten seit Kant, deren wahre, umstürzlerische Botschaft im nebelhaften Jargon verborgen und in scholastische Formeln gekleidet war, die ihre Bedeutung verdunkelten und sogar verkehrten. Kant hat im deutschen Bewußtsein eine ebenso grundlegende und sogar dauerhaftere Revolution vollbracht als die politische Revolution in Frankreich. »Wie hier in Frankreich jedes Recht, so muß dort in Deutschland jeder Gedanke sich justifizieren, und wie hier das Königtum, der Schlußstein der alten Ordnung, so stürzt dort der Deismus, der Schlußstein des geistigen alten Regimes.«[17] Kant gilt als derjenige, der das Werk Spinozas zu Ende geführt hat. Er ist der »große Zerstörer im Reiche der Gedanken«, der »an Terrorismus den Maximilian Robespierre weit übertraf«[18] (auch wenn sich in beiden die Selbstgerechtigkeit des »Spießbürgertums« zeigte). Der Franzose tötete einen König, Kant und seine Anhänger töteten einen Gott.

Kant mit Spinozas »Pantheismus« in Verbindung zu bringen ist mehr als zweifelhaft. Aber Heine hat hier, glaube ich, die Rolle beider als Kritiker transzendenter Religion, oder wie er es nennt, des »Deismus«[19] im Auge.

Bei Kant ist die menschliche Vernunft, das heißt die Menschheit in ihrem immanenten Dasein, zugleich als ihr eigener Gesetzgeber und Untertan sich selbst überlassen, Herr und Sklave ihrer selbst. Daher ist sie autonom oder wesentlich frei, ohne daß eine göttliche Autorität sie von oben leiten oder unterdrücken müßte (vgl. Kap. II. 1).

Auf dieser negativen und quasi formalen Grundlage sieht Heine einen gewichtigeren Pantheismus Gestalt annehmen. Bei Fichte wurde das Kantische »Ich« ein »zum Bewußtsein gekommene[s] allgemeine[s] Welt-Ich«[20] und daher eine subjektivierte Form der spinozistischen Welt-Substanz. Ähnlich hat Schelling, als er noch Philosoph war, eine Naturphilosophie vertreten, die »ja im Grunde nichts anderes [ist], als die

Idee des Spinoza, der Pantheismus«[21], die unverblümteste Proklamation der »Heiligung der Natur und die Wiedereinsetzung des Menschen in seine Gottesrechte«. In der Kunst war es niemand anderes als Goethe, der ihn »am bestimmtesten« aussprach; sein *Werther*, der *Faust* und vor allem die Balladen veranlaßten Heine zu dem Ausspruch: »Die Lehre des Spinoza hat sich aus der mathematischen Hülle entpuppt und umflattert uns als Goethesches Lied.«[22] »Goethe war der Spinoza der Poesie«,[23] sagt Heine, er war ein erklärter Pantheist, der sich sein ganzes Leben mit der Philosophie Spinozas beschäftigt hat.

Mit Hegel ist »unsere philosophische Revolution ... beendigt. Hegel hat ihren großen Kreis geschlossen«.[24] Merkwürdig, aber typisch ist, daß Heine das Hegelsche System als eine Art »Naturphilosophie« ansieht, eine eigenartige Bezeichnung für jemanden, der den Geist über die Natur gestellt hat und letztere als unbewegte Substanz, als bloße Selbst-»Entäußerung« Gottes betrachtete. Heine liest Hegel durch dieselbe Brille, »die Baruch Spinoza geschliffen hat« – und er verliest sich; er versucht aus beiden eine Synthese zu machen, die in die Richtung Spinozas zurückweist, und so scheint auch sein Hegel der Natur und dem Geist als zwei Aspekten derselben immanenten Totalität den gleichen Status zuzubilligen und das menschliche Bewußtsein als eine Selbstreflexion der Natur zu verstehen, die ihr integraler Bestandteil bleibt. Damit verläßt Heine endgültig den wirklichen Hegel und bewegt sich hin zu Spinoza.

Unabhängig davon, daß Spinoza den ganzen Rest der *Geschichte* durchzieht, widmet Heine ihm noch einen eigenen Abschnitt in seinem Bericht über die deutsche Philosophie.[25] Wie Hegel nimmt Heine sich Zeit, Spinozas Leben und Hintergrund zu schildern (was beide sonst nicht tun). Er rühmt Spinoza in gewählten Worten: Liest man ihn, wird man »angeweht wie von den Lüften der Zukunft«; in Spinoza ist »ein gewisser Hauch«, »eine Gedankengrandezza«, die von seinen unmittelbaren Vorfahren, den spanisch-jüdischen Märtyrern, ererbt sein muß; ja, »der Geist der hebräischen Propheten ruhte vielleicht noch auf ihrem späteren Enkel«, der in seiner Reinheit und mit der Dornenkrone auf dem Kopf auch noch einem anderen Vorfahren ähnelte, Jesus Christus.[26] Kein Wunder, daß Heines üblicher Spott, mit dem er weder sich selbst noch diejenigen verschonte, die er bewunderte oder mit denen er einer Meinung war, vor Spinoza halt machte.

Wie Hegel betont auch Heine Spinozas jüdische Herkunft, jedoch in ganz anderem Ton und aus enger Lebensvertrautheit heraus. Heine spürte sicherlich in Spinoza den Bruder, nicht den Bruder in Jesus, nicht in Moses, sondern in etwas Neuem, das über beide hinausging. Heine stichelt gegen die Exkommunikatoren Spinozas, die bombastisch auf dem Schofar bliesen, jenem altertümlichen Symbol religiöser Ehrfurcht, das Heine kühl und in profaner Rache zu dem prosaischen Stück eines Bockshorns degradiert, das es tatsächlich ja ist. Spinoza wurde von den Rabbinern für »unwürdig erklärt, hinfüro den Namen Jude zu tragen«, sagt Heine, doch »seine christlichen Feinde waren großmütig genug, ihm diesen Namen zu lassen«.[27] Heine kennt diese Erfahrung nur zu gut. Spinoza kündet ihm das Los des modernen Juden, der gleichermaßen über Judentum wie Christentum hinausgegangen ist und doch noch einen Glauben weiterträgt an einen neuen, irdischen Weg zu einer Art Erlösung. Die Hoffnung, die Botschaft und der messianische Antrieb werden der weltlichen Gesellschaft eingeflößt – und Heine konnte, als er eine Zeitlang dem Saint-Simonismus zuneigte, nicht überrascht sein, wie viele Juden sich in dessen Führungsrängen befanden,[28] wie er sicherlich nicht über das Ex-Judentum seines »verstockten« Freundes Marx, des wissenschaftlichen Propheten, verwundert war, ebensowenig über dessen zwanghaften und geradezu auto-antisemitischen Kampf gegen diesen überwundenen Teil seiner selbst.

Aber Spinoza ist für Heine nicht nur ein Individuum; sein Leben ist mit dem Pantheismus verwoben, den er verkündet. Was bedeutet dieser Begriff für Heine? Kurz gesagt enthält er hauptsächlich zwei miteinander verbundene Aspekte.

Pantheismus ist zum einen die metaphysische Lehre von der Identität Gottes mit der Welt. »Der Gott der Pantheisten unterscheidet sich also von dem Gotte der Deisten dadurch, daß er in der Welt selbst ist, während letzterer ganz außer, oder was dasselbe ist, über der Welt ist. Der Gott des Deisten regiert die Welt von oben herab, als ein von ihm abgesondertes Etablissement.«[29] Heine legt hier die ethischen und politischen Folgerungen aus dem Theismus bereits in dessen Definition. Wenn Gott außerhalb der Welt ist, dann herrscht er als absoluter Monarch über sie. Nur über die Art dieser Herrschaft sind sich die Theisten uneinig.

> Die Hebräer denken sich Gott als einen donnernden Tyrannen, die Christen als einen liebenden Vater; die Schüler Rousseaus, die ganze Genfer Schule, denken sich ihn als einen weisen Künstler, der die Welt verfertigt hat, ungefähr wie ihr Papa seine Uhren verfertigt, und als Kunstverständige bewundern sie das Werk und preisen den Meister dort oben.[30]

Heine muß sich klar darüber sein, daß diese »Uhrwerk«-Theologie (die als einzige unter seinen Beispielen die Bezeichnung *Deismus* verdient) kein Genfer Monopol ist; Leibniz und gewisse »okkasionalistische« Cartesianer bekannten sich dazu, und allgemeiner kennzeichnet sie die ganze Richtung »Gott der Philosophen« – mit Ausnahme Spinozas natürlich. Heine teilt uns hinter seinen Scherzen mit, daß Spinoza einzigartig war, nicht nur unter Juden und Christen, sondern auch unter den rationalistischen Philosophen. Doch nun nicht mehr, zumindest nicht in Deutschland:

> Der Pantheismus ist das öffentliche Geheimnis in Deutschland. In der Tat, wir sind dem Deismus entwachsen. Wir sind frei und wollen keinen donnernden Tyrannen. Wir sind mündig und bedürfen keiner väterlichen Fürsorge. Auch sind wir keine Machwerke eines großen Mechanikus. Der Deismus ist eine Religion für Knechte, für Kinder, für Genfer, für Uhrmacher.[31]

Trotz Genf zeigt Heines Rhetorik, daß er metaphysische Argumente per se kaum braucht. Der Theismus hat unrecht und der Pantheismus hat recht, aufgrund ihrer Implikationen für das Selbstbild des Menschen, für sein Leben, seine Ethik und Politik. Auch wird der Theismus nicht so sehr widerlegt, als daß er sich überlebt hat. Er ist eine Etappe in der Menschheitsentwicklung, die von Unreife gekennzeichnet ist, und er wird überwunden, wenn die Menschheit durch Selbstbildung heranwächst und ihre eigene Autonomie und Göttlichkeit geltend macht. Heine folgt hier Kant, Herder, Schiller und anderen Denkern der Aufklärung, die er hegelianisch bemäntelt und auf Spinoza zurückführt.

Wenn Heine jedoch von der Göttlichkeit des Menschen und nicht einfach von seiner Autonomie spricht, dann hegelianisiert er Spinoza weit über das hinaus, was dessen Lehre zuläßt. Statt Hegel auf Spinoza zurückzuführen, geht Heine den umgekehrten Weg. Gott ist mit der Natur identisch, sagt Heine. Er manifestiert sich in Pflanzen und Tieren. Die Menschen aber haben entschieden einen Vorteil, denn im Menschen erlangt die Göttlichkeit Selbstbewußtsein, behauptet Heine in vertrauten Hegelschen Termini. Mehr noch, »von der ganzen Menschheit kann man mit Recht sagen, sie ist eine Inkarnation Gottes«, und »Gott ist daher der eigentliche Held der Weltgeschichte«.[32] Das ist genau der Standpunkt von Hegels »Absolutem als Geist«, was Spinoza eindeutig ablehnen muß. Es ist jedoch nicht der Hegelsche »Geist«, der die Natur aufhebt; es ist die Natur selbst, gerade in ihrer Individualität, die im Menschen das Selbstbewußtsein hervorbringt. Selbst da, wo Heine in Richtung eines spezifisch Hegelschen Gedankens über Spinoza hinausgeht, »spinozisiert« er sozusagen auch diesen Gedanken.

Die zweite Hauptbedeutung des Pantheismus liegt für Heine in der Einheit von Materie und Geist. Auch hier führt Heine Hegel wieder auf Spinoza zurück. Er hebt den Vorrang des Hegelschen »Geistes« gegenüber der Natur auf und stellt ihre Parallelität und Komplementarität wieder her. Aus dem Pantheismus folgt, erklärt Heine, »die Rehabilitation der Materie, die Wiedereinsetzung derselben in ihre Würde, ihre moralische Anerkennung, ihre religiöse Heiligung, ihre Versöhnung mit dem Geiste«.[33] »Heilige Materie«[34], ruft Heine in Umkehrung des christlichen Heiligen Geistes. Er will den Geist nicht abschaffen, sondern ihn gleichrangig mit der Materie vereinen. Damit kehrt er zu Spinoza zurück und stellt sich wie dieser Jahrhunderten christlicher und jüdischer Kultur entgegen. Die Juden, sagt Heine, verachteten den Körper und traten für strenge Spiritualität ein, die sie der heidnischen Welt in Form des Christentums vermachten. (An anderer Stelle hält Heine das für eine subtile Rache Judäas an Rom für die Unterdrückung – eine weitere proto-nietzscheanische Idee).[35] Das Christentum ging sogar noch weiter, bestand auf unnatürlichen Forderungen, die unmöglich zu erfüllen waren, und brachte dadurch das Böse und die Heuchelei in die Welt. Das Christentum kasteite das Fleisch und verdammte den Körper als an sich böse und verdorben. Dadurch zwang es alle Menschen zur Sünde und hatte sie dann durch die Furcht vor Gottes Vergeltung in der nächsten Welt in seiner Gewalt. Die beiden Aspekte des Theismus sind hier von einem politischen Standpunkt aus verbunden. Das Christentum mußte überdies die wirkliche Welt der Herrschaft Cäsars »und seiner jüdischen Kammerknechte«[36] überlassen, das heißt schierer Macht, Habsucht, Begierde und der Unterdrückung des Volkes, der es sich letztlich anschloß; dialektisch hatte das Christentum, indem es erhabene und abstrakte Geistigkeit forderte, die wirkliche Welt aller Geistigkeit beraubt.

Heine, weit davon entfernt, ein Materialist zu sein, versucht die Verbindung zwischen dem Wirklichen und dem Geistigen wiederherzustellen. Er besteht darauf, daß der Geist innerhalb der materiellen Welt zu Hause ist, in den Bedürfnissen und sinnlichen Wünschen der Menschheit, dem einzigen Subjekt von Göttlichkeit und Wert, und daß das höchste Maß an Geistigkeit, das Reich Gottes selbst, »aus Sauerteig gebacken« und aus »Zuckererbsen« und raffinierteren Freuden gemacht ist.

Dieses Konzept hat mehrere Konsequenzen, politische wie ästhetisch-moralische. Indem der Materie ihr Wert zurückgegeben wird, gewinnt die Politik eine neue sozialistische (und ökonomische) Dimension. Von nun an muß sich die politische Revolution das materielle Wohlergehen des Volkes zum Ziel setzen als etwas, das an sich einen moralischen und geistigen Wert besitzt,[37] und darf sich nicht mit formaler Demokratie und politischer Freiheit allein zufriedengeben, als sei das eine »reinere« Sphäre, in der sich, wie bei Hegel, die Geistigkeit manifestieren könnte. Diese anti-hegelsche und vor-marxsche Forderung erscheint bei Heine als eine Folge des bei Spinoza gefundenen Pantheismus.

Außerdem sollte der Sozialismus keinen Kult der Armut und strenger Individualmoral betreiben. Heine tadelt die Selbstverleugnung vieler Revolutionäre, die nur eine neue Form des Christentums sei. Ihm geht es nicht um die Verteilung des Mangels, sondern um die Fülle des Lebens – reich, voller Überfluß, sinnlich, festlich.

> Wir stiften eine Demokratie gleich herrlicher, gleich heiliger, gleich beseligter Götter. Ihr verlangt einfache Trachten, enthaltsame Sitten und ungewürzte Genüsse; wir hingegen verlangen Nektar und Ambrosia, Purpurmäntel, kostbare Wohlgerüche, Wollust und Pracht, lachenden Nymphentanz, Musik und Komödien.[38]

Das erinnert, auch in der Ausdrucksweise, an Spinozas bekannte Worte:

> In je größere Freude wir versetzt werden, zu desto größerer Vollkommenheit gehen wir über … Dem weisen Manne, sage ich, ziemt es, sich mit Maß an wohlschmeckenden Speisen und Getränken zu laben und zu stärken, ebenso auch an Wohlgerüchen, an der Lieblichkeit grünender Pflanzen, an Schmuck, Musik, körperlichen Spielen, Theatern und anderen derartigen Dingen. (*Ethik*, T. 4, L. 45 Anm.)

Lust ist für Heine eine sinnliche und metaphysische Erfahrung, Lust heißt, das Selbst als autonom zu genießen, indem man das sinnliche Leben genießt. Eine solche Lust sollte man nicht als bloß hedonistisch oder utilitaristisch auffassen. Aber zugleich darf sie nicht ihre konkrete Sinnlichkeit verlieren und als Metapher verstanden werden (die übliche Strategie der Theologen). Materie und sinnliches Leben sind geistig in ihrem eigenen Sein, in ihrer Natürlichkeit, und beide Aspekte beruhen aufeinander: Materie, der Lebensstoff, ist durch und durch Ambrosia. Selbst Brot und Erbsen sind Ambrosia, wenn wir sie so sehen wollen, und Heine meint, wir sollten das tun.

Im Mai 1848 ging Heine zum letzten Mal durch die Straßen von Paris. Er starb nach acht weiteren Jahren der Bettlägerigkeit in seiner »Matratzengruft«, wie er sie nannte, wo er an fortschreitender Muskelatrophie litt, von Morphium und Opium, seinem neuen Ambrosia, lebte, mit seinen Feinden, den nächtlichen Gespenstern, seiner Vergangenheit und seinem Selbstmitleid kämpfte und wo er neue Gedichte und Polemiken schrieb. Mit seiner Gesundheit brach auch Heines finanzielle Lage zusammen, und Geld spielte für ihn eine große Rolle. Diese langen letzten Jahre sind Heines eigentlich nietzscheanische Phase, in der er angesichts akuter Schmerzen und eines bevorstehenden Todes leidenschaftlich das Leben bejahte und die Quellen von Kunst, Schönheit, Geist und Humor mobilisierte, um das Leiden in eine Lebenskraft zu verwandeln. Aber Heine war kein theoretischer Nietzscheaner mehr. Sein Atheismus war zusammen mit seiner Gesundheit und seinem Lebensunterhalt zerbrochen (und beide braucht man im Überfluß, um ein überzeugter Atheist zu sein, sinnt Heine in seinen *Geständnissen*). Das war Heines »Bekehrung«, wie man sie manchmal, vielleicht übertrieben, genannt hat.[39] Heine sagt, er habe ein Manuskript über Hegels Philosophie den Flammen übergeben,[40] und er nimmt die Hauptgedanken seiner *Geschichte der Religion und Philosophie in Deutschland* in einem neuen Vorwort, das er 1852 verfaßte, zurück. »Der Deismus lebt, lebt sein lebendigstes Leben«, sagt Heine jetzt. Der gute Kant konnte ihm nicht wirklich etwas anhaben. Ja Kant hat, wie Heine jetzt erkennt, die Existenz Gottes nicht widerlegt, sondern die Sache im Prinzip unentschieden gelassen, denn die Menschheit könne sich nur auf ihre autonome Vernunft stützen; und die ganze »spinnwebige Berliner Dialektik« (natürlich Hegel) kann nicht einmal eine Katze töten, geschweige denn einen Gott.

Jetzt klammert sich »der gescheiterte Metaphysiker« wieder fest an die Bibel.[41] Durch die Bibel versucht Heine mit seinem angenommenen Protestantismus und seinem nie ganz aufgegebenen Judentum zurechtzukommen. Die Rückkehr zu seinen jüdischen Ursprüngen zeigt sich nicht in Religionszugehörigkeit, sondern in seinem historischen Empfinden und seinem Stolz,[42] woraus seine *Hebräischen Melodien* hervorgingen. Nichtsdestoweniger findet Heine in der Bibel, dem von Luther neuentdeckten und verbreiteten protestantischen Buch, eine neue Rechtfertigung seiner Abtrünnigkeit, die bei ihm schwerer gewogen haben mag als der einfache Kleiderwechsel, als den er sie zunächst darstellte. Ähnlich wie Heine in seiner *Geschichte der Religion und Philosophie in Deutschland* die paradoxe Behauptung aufstellte, der Protestantismus sei der Ursprung des befreienden Atheismus, der später in Deutschland aufkam, so betrachtet er den Protestantismus jetzt als die echte Religion der Bibel, deren neu entdeckte Lebensquelle. Heine akzeptiert Luther nicht als Person, jedoch als Quelle derjenigen geistigen Verdienste, die ihm selbst gerade wichtig sind.[43]

Auch Heines soziale Vision verdunkelte sich gegen Ende. Er war ein Freund von Lassalle, schreckte jedoch vor dem »kommunistischsten Kommunismus« zurück, der wie der Industriekapitalismus die ganze Menschheit zu einer Seichtheit einzuebnen und Schönheit und Poesie zu vernichten drohte. Er begann, das Volk als Plebs anzusehen, und fürchtete sich vor einer Zukunft, die unheilvoller erschien, als sein jugendlicher Enthusiasmus sie sich ausgemalt hatte. Sein früherer Traum von einer hellenischen Einheit zerfiel nun in die Bruchstücke der Reliefskulptur seines eigenen Sarkophags: In einem seiner späten Gedichte träumt Heine, er liege im Sarg, als die teils mit griechischen, teils mit hebräischen Motiven verzierten abgefallenen Steine um ihn sich mischen und befehden; und die geheimnisvolle *Mouche* blüht als Passionsblume, entsprossen aus dem Blut Christi, über dem Dichter, um sich dann in eine sinnliche, liebende Frau zu verwandeln.[44]

Dieses Grabmal schuf Heine für sich, während er in seiner »Matratzengruft« lag.

Das war ein recht treffendes Selbstportrait, wenn auch vielleicht nicht komplex genug. Trotz seiner vermeintlichen »Bekehrung« starb Heine als der Dualist, der er immer gewesen war (selbst zu Zeiten seines tief empfundenen Hellenismus), schwankend zwischen Athen und Jerusalem, zwischen Sozialismus und Kunst und vor allem zwischen einem Atheismus, an den er nicht mehr glaubte, und einem neuen religiösen Gefühl, dem er nicht ganz traute.

Doch (leider) ist es nicht der späte Heine, der uns hier interessiert, sondern der Heine vor 1848 und besonders zwischen den beiden Revolutionen. Ich will mit einer Zusammenfassung seiner Beziehung zu Spinoza und seiner Rolle im Gesamtbild schließen.

Der Kontext, in dem Heine schrieb, war vom Pantheismusstreit gekennzeichnet, der ungefähr eine Generation früher in Deutschland wütete. Friedrich Heinrich Jacobi, der Vertreter übersinnlichen Glaubens, behauptete, keine Vernunftphilosophie könne die Wahrheit der Religion erweisen. Im Gegenteil, wenn die Vernunftmetaphysik am kohärentesten sei, dann sei sie dazu verurteilt, im spinozistischen Pantheismus zu enden, der von Grund auf atheistisch ist. Jacobi behauptete auch, Lessing habe ihm vor seinem Tode gestanden, er stimme grundsätzlich mit Spinoza überein. Jacobi forderte Moses Mendelssohn zu einer Antwort heraus; Mendelssohn, der Freund Lessings und ein Vernunftmetaphysiker, vertrat die Auffassung, die Existenz Gottes, die Unsterblichkeit der Seele und andere religiöse Vorstellungen ließen sich rational beweisen. Die dann folgende Kontroverse zündete wie ein Feuer; Kant, Goethe und Herder wurden unter anderen mit hineingezogen; Kant versuchte (wie er an Jacobi schrieb), sich vom Spinozismusverdacht zu befreien[45], Goethe und Herder bemühten sich, Spinoza vom Vorwurf des Atheismus zu entlasten. Dieser Streit war für die deutsche Kulturgeschichte soziologisch viel bedeutsamer als die Sache selbst. Und wie Heine erkennt, stellte der Streit Spinoza ins Zentrum des deutschen Idealismus; Fichte, Schelling und Hegel, jeder versuchte auf seine Art, Kant und Spinoza vereinbar zu machen.

Eine Generation später blickt Heine auf die Auseinandersetzung zurück und findet sich selbst in ihr wieder. Er überschüttet Jacobi in jeder möglichen Weise mit Hohn, nennt ihn einen »zänkischen Schleicher«, der sich in den »Mantel der Philosophie vermummt ... bei den Philosophen einschlich«, und ähnliches. Aber nachdem alles gesagt und getan ist und der Sarkasmus nachläßt, sehen wir, daß Heine der These Jacobis gefolgt ist: Spinozas Pantheismus ist wirklich die logische Folge der Vernunftphilosophie, und sie ist wirklich Atheismus. Aber es gibt nichts zu verbergen oder zu entschuldigen: Dies ist die neue Reife des deutschen Geistes, der im Namen Spinozas eine neue Ära der Befreiung ankündigt. Jacobi hat den Kampf um die Auslegung gewonnen, den wirklichen Streit aber verloren.[46]

Wie steht Heine zu Spinoza und Hegel? Heine begann mit Hegel, kam dann aber auf verschiedenen Wegen zurück zu Spinoza. Erstens stattete er Hegel wieder mit aufklärerischen Elementen aus, die Spinoza vorausgesagt hatte, über die Hegel aber bereits hinausgegangen war. Heines Hegel ist erfrischend weniger dialektisch, eher ein Kritiker (besonders der Religion) als ein Systematiker, ein Hegel, der, in seine Jugend zurückgekehrt, zum Junghegelianer wird. Dadurch wird er unausweichlich auch flacher und leidet unter der gleichen Einseitigkeit, die der wirkliche Hegel als Schwäche der Aufklärung ansah.

Zweitens hebt Heine den Vorrang des Geistes vor der Materie auf, der Hegels Denken bestimmt hatte, und ersetzt ihn durch eine streng spinozistische Parallelität. Hegels Pantheismus war historisch; Heine faßt, Spinoza folgend, Natur wieder als ursprüngliche und umfassende Kategorie, wobei Materie und Geist, das Ideale und das Reale gleichrangige und komplementäre Aspekte sind. Das ermöglicht es Heine, die Materie, wie er sagt, zu heiligen und ihr ihren moralischen und religiösen Wert zurückzugeben. Dennoch ist Heine kein Materialist; wie Spinoza ist er gegen den metaphysischen Materialismus, das heißt gegen die Ansicht, der Geist ließe sich auf Materie reduzieren oder sei als Epiphänomen von ihr abgeleitet. Ebenso ist er gegen Materialismus als Ethik, das heißt gegen die hedonistische (und utilitaristische) Betonung der rohen Materie als solcher und um ihrer selbst willen. Dem Widerwillen Heines gegen das rein fleischlich Laszive des Römischen Reiches entspricht nur noch seine Aversion gegen dessen Gegengift, die übertriebene christliche Spiritualität.

Heine trifft sich mit Spinoza in seiner antichristlichen (und wie er mit viel weniger Grund meint, antijüdischen)[47] Wiederentdeckung der in der Materie und dem sinnlichen Leben des Menschen enthaltenen Geistigkeit. Das veranlaßt Heine einerseits zu seiner das diesseitige Leben verherrlichenden, antiasketischen Moral und andererseits zu seinem Sozialismus. Das Reich Gottes kann nur auf der Erde entstehen und muß materiellen Wohlstand und die Verteilung des Reichtums zur Folge haben. Formale Demokratie reicht nicht aus, es bedarf auch der ökonomischen Demokratie. Es ist nichts Schlechtes an den materiellen Bedürfnissen und Interessen der Menschheit, sie sind echte Ausdrücke des Menschseins und das notwendige Substrat für alle menschliche Befreiung.

Das führt über Hegel hinaus und, durch die Rückwendung zu Spinoza, weiter über Feuerbach zu Marx: Hegel verbannte die Welt der ökonomischen Produktion und des Austauschs in den Herrschaftsbereich egoistischer Partikularinteressen; es war ein Krieg aller gegen alle ohne innere rationale Bedeutung und im wesentlichen geistlos. Nur der Bereich von Politik und Recht war für Hegel etwas »Geistiges« und daher das geeignete Feld, in dem sich menschliche Befreiung erreichen läßt und die alten religiösen Ideale säkularisiert und in Geschichte projiziert werden können. Heine und die anderen Linkshegelianer (bis einschließlich Marx) machten durch ihre spinozistische Rehabilitierung der Materie als dem einzigen Ort, an dem Geist sein kann, Sozialismus als eine menschenwürdige Perspektive möglich, die die transzendenten religiösen Ideale ersetzt und der Welt der ökonomischen Kräfte und Interessen ethischen Wert und rationale Bedeutung beimißt.

Heine leistet daher eine Art Synthese (wie Lefêbvre sagt)[48] zwischen Spinoza und Hegel, die ganz allgemein für den Linkshegelianismus typisch ist, eine Synthese, die vereinzelte Elemente der Aufklärung enthält und einen stark spinozistischen Akzent hat. Doch diese »Rückkehr« zu Spinoza ist zukunftsorientiert: Sie erlaubt, über Hegel hinauszugehen und sich einer neuen Version des spinozistischen Naturalismus zu nähern, die um die Belange der Gegenwart bereichert und von einer sozialistischen Tendenz gekennzeichnet ist. Dieser neue Naturalismus ist wie bei Hegel historisiert, ohne daß der Geschichte ein solch überragender »geistiger« Status zugeschrieben würde. Die Geschichte bleibt vielmehr in rein spinozistischer Manier eine integrale Manifestation der Natur. Heine sieht wie D. F. Strauss, Hess und Feuerbach das Göttliche am ehesten in der menschlichen Geschichte verkörpert; aber selbst dieser hegelianische Schritt, den Spinoza nicht zulassen könnte, geschieht in spinozistischem Gewand. An die im Vergleich zur Natur alles beherrschende »Spiritualität« der Geschichte wird keine Konzession gemacht. Wie die Geschichte selbst naturalisiert wird, so wird das Selbstbewußtsein zur Reflektivität innerhalb der Natur; und die spinozistische Parallelität gleichrangiger Aspekte der Totalität ist streng gewahrt. Das ist der entscheidende Punkt, der es Linkshegelianern erlaubt, Naturalisten zu bleiben.

Heine hat nur als einer der ersten diesem neuen Denken Ausdruck gegeben, in dem Hegel auf Spinoza zurückgeführt und Spinoza historisiert wird, ohne daß er aufhörte, Naturalist zu sein. Das bedeutendste Denksystem, das daraus entwickelt wurde, ist das von Marx, und der einflußreichste Junghegelianer, der auf Marx wirkte, war nicht sein Freund Heine, sondern der systematischere Feuerbach.

Spinoza und Hess

Mehrere Jahre nach Heines *Geschichte der Religion und Philosophie in Deutschland* erschien das erste deutsche sozialistische Buch, ein merkwürdiges, unausgereiftes Werk, in vielerlei Hinsicht aber auch sehr aufschlußreich. Es stammte aus der Feder des jungen Moses Hess, des späteren Sozialistenführers, unbequemen Kollegen und gelegentlichen Genossen von Marx. Hess nannte sein Buch *Die heilige Geschichte der Menschheit* und zeichnete anonym: *»Von einem Jünger Spinozas«*. Ein recht paradoxer Titel, bedenkt man, daß Spinoza der erste war, der den Begriff der »heiligen Geschichte« abgeschafft hat und ihn nicht einmal im metaphorischen hegelianischen Sinne, in dem Hess ihn sicherlich gebraucht, zulassen konnte.[49]

Das Paradox wird noch größer, wenn wir sehen, welche Rolle der junge Hess Spinoza als dem dritten jüdischen Propheten nach Moses und Jesus zuschreibt. Die heilige Geschichte der Menschheit (ihr verborgener Sinn) entfaltet sich in einer Trinität der Reiche. Erstens gibt es das

Reich von Gott, dem Vater, das vom alten Judentum und dem Alten Testament geprägt ist; dann tritt mit der Geburt Jesu das Reich von Gott dem Sohn in den Vordergrund, geprägt vom Christentum und dem Neuen Testament. Schließlich wird das Christentum seinerseits durch die Geburt »unseres Meisters«, Spinoza, verdrängt; er eröffnet das dritte und letzte Reich, das des Heiligen Geistes, das Reich, in dem wir noch leben. Diese letzte Periode wird durch eine Reihe von Revolutionen (geistige in Deutschland [vgl. Heine], politische in Frankreich und den Vereinigten Staaten und noch weitere in der Zukunft) letztlich zur Erlösung der Menschengattung führen, wenn das Neue Jerusalem im Herzen Europas errichtet sein wird. Das wird eine vollkommene, sozialistische Gesellschaft sein, in der Privateigentum und Erbrecht abgeschafft, der Mammon und seine entmenschlichende Herrschaft entthront sein werden. Dann wird die innere Solidarität des menschlichen Herzens sich frei äußern können, unbehindert von den falschen gesellschaftlichen Institutionen, die die Solidarität bisher in einen egoistischen Kampf aller gegen alle verkehrt haben. Das, sagt Hess in prophetischem Jubel (ein neuer Jesaja transkribiert den alten), kündet das Ende der Tage, in denen die alte jüdische Botschaft, aus ihrer engen religiösen Schale befreit, angemessen übersetzt und im welthistorischen Maßstab verwirklicht werden wird. Und all das wird unter dem Banner Spinozas und zum schrecklichen Klang des Schofar geschehen, demselben Instrument, das den Bannfluch Spinozas begleitete (und von dem Heine mit Hohn sprach).

Der junge Hess schwelgt in einer faszinierenden Mischung aus jüdischen und christlichen Symbolen, wie sie früher hauptsächlich bei den Marranen und ihren Abkömmlingen vorkamen. Aber Hess ist kein Marrane; er ist ein linkshegelianischer jüdischer Häretiker, der zwar über die geschichtliche Religion hinausgeht, nichtsdestoweniger aber versucht, in der sozialistischen Utopie, dem Ziel aller Geschichte, sein eigenes verlorenes Judentum wiederzufinden. Das ist eine unverkennbare Triebkraft beim jungen Hess. Er proklamiert eine geistige Sammlungsbewegung der Juden sowie zwei Jahrzehnte später und nach verschiedenen Zwischenstadien auch deren reale Sammlung.

Diese Triebkraft erklärt auch eine Verfälschung, die Hess macht. Was Spinoza als Fehler des alten Judentums ansah, seine Verbindung von Politik und Religion, nennt Hess im Namen Spinozas einen Vorzug. Die Juden unterschieden nach Hess nicht zwischen dem inneren und dem äußeren Menschen, nicht zwischen der Wirklichkeit und ihrer geistigen Bedeutung; die Christen haben diese Einheit zerbrochen, haben Gott vom Kaiser getrennt und (wie Heine ihnen vorwarf) die reale Welt der Herrschaft roher Gewalt, der Habsucht und der Ausbeutung überlassen. Mit Spinoza werde jedoch die Einheit von Materie und Geist, von Realem und Idealem wiederhergestellt; nun könnten wir darangehen, Politik und ihre religiöse Bedeutung auf einer höheren Ebene wieder zu vereinen, nämlich auf der Ebene der kommunistischen Gesellschaft, die eine moralische Vision im realen Wirken der ökonomischen und politischen Kräfte verkörpern werde.

Hess hat sein Frühwerk, das eher enthusiastisch als stimmig und in seinem sozialistischen Denken unreif war, später widerrufen. Aber für Hess' Biographen ist das Buch ein Zeichen für die sich durchhaltenden Interessen seines Autors, und für uns stellt es die charakteristische Verbindung zwischen Spinoza und der Säkularisierung des religiösen Messianismus im linkshegelianischen sozialistischen Denken dar. Damit wird Spinoza hegelianisiert, zugleich aber auch Hegels Philosophie des Geistes zugunsten einer spinozistischen »Einheit von Materie und Geist« unterhöhlt. Diese Einheit kann als Erfüllung einer ethischen Vision innerhalb der brutalen Maschinerie von Politik und Ökonomie verstanden werden, als das große Tor für die sozialistische Assimilation Spinozas, die den »utopischen« Sozialisten und Marx gemeinsam ist. Was Marx von den utopischen Sozialisten unterscheidet, macht ihn um so spinozistischer, denn nach Marx spielt der reine moralische Wille als solcher – für Spinoza eine Illusion – keine Rolle, statt dessen weist er die Aufgabe, eine kommunistische Gesellschaft zu schaffen, der inneren (dialektischen) Zielrichtung des sozioökonomischen Systems selbst zu – Marx' neue *causa sui* und Welt der Immanenz.

Hess wurde nie Marxist in diesem Sinne. Er hat Marx inspiriert; er hat Engels von der Idee des Kommunismus überzeugt; er wurde von Marx und Engels (im *Kommunistischen Manifest*) unter dem höhnischen Titel »der wahre Sozialismus« angegriffen; später geriet er teilweise unter den Einfluß von Marx und eine Zeitlang auch unter dessen politische Vormundschaft. Der reife Hess war überzeugt (oder glaubte, er sei überzeugt), daß reine Ideen und der moralische Wille an und für sich unfähig sind, die Welt zu verändern, und daß die Produktivkräfte, Ökonomie, Proletariat, Arbeiterorganisationen und interessegeleitetes Handeln beim Zustandekommen der zukünftigen Gesellschaft das entscheidende sind. Trotzdem blieb Hess' Weg zum Sozialismus vor allem ethisch bestimmt, und in späteren Jahren schloß er sich mit Lassalle zusammen. Hess konnte mit den Zügen an Marx nicht in Frieden leben, deretwegen Heine ihn seinen »verstockten Freund« genannt hatte: mit dem rücksichtslosen Amoralismus, der in den Dienst menschlicher Erlösung gestellt war und den Lenin später seiner bolschewistischen Theorie einverleibte. Und Hess blieb zu sehr Moralist, als daß die »wissenschaftlicheren« (und in diesem Sinne spinozistischeren) Marxisten ihn akzeptieren konnten.[50]

Hess war, wie es ein bekannter Historiker des Sozialismus ausdrückte, »ein grundehrlicher Denker und ein Mensch, der, zum Haß unfähig, allgemein geliebt und respektiert war, eine Art jüdischer Heiliger, der unter die Revolutionäre gefallen war«.[51] Doch war Hess nicht zufällig in solche Gesellschaft geraten. Gerade als Jude – in dem von Spinoza geprägten, modernen häretischen Sinne, den Hess mit Heine, Marx, Lassalle und den jüdischen Saint-Simonisten gemein hatte – wurde Hess Revolutionär. Er war nicht so sehr dahin »geraten«, vielmehr hatte er sich in ihre Richtung entwickelt.

Hess betrachtete die sozialistische Vision als einen neuen messianischen Ruf, der über Judentum und Christentum hinausging, aber eine alte jüdische Botschaft, verweltlicht und verallgemeinert, wieder aufleben ließ. Anders als Marx (der seine jüdische Herkunft unterdrückte) oder Heine (der im Judentum einen Gegenstand ethnischer Identifikation und kulturhistorischer Forschung sah) versuchte Hess, der niemals konvertierte, das alte Judentum, dessen religiöse Form er hatte fallenlassen, im neuen, über es hinausgehenden, messianischen Sozialismus wiederzubeleben.[52] Nach Hess hatten moderne Juden wie er und sein Meister Spinoza als Leitlinien und Vermittler dieses Prozesses zu fungieren und ihn in ihrer Person zu verkörpern. Zuerst glaubte Hess, nur Juden könnten, indem sie solche Aufgaben übernehmen, erlöst werden; Jahrzehnte später kehrte Hess jedoch zum Judentum auch als nationaler Entität zurück. Er wurde der Vater des sozialistischen Zionismus. In *Rom und Jerusalem* (1862) trat er für die Rückkehr der Juden in ihr früheres Land ein; dort sollten sie das Modell einer sozialistischen Gesellschaft errichten, so daß die Vision der allgemeinen Erlösung von eben der Nation erfüllt würde, die über Jahrhunderte die Erlösung am innigsten ersehnt und sie am meisten vermißt hatte.

Über beträchtlichen Abstand hinweg erinnert das an einen anderen messianischen Träumer, der den »Rückruf der Juden« angekündigt hatte: Isaac La Peyrère. Hess war weit stärker an der Wirklichkeit orientiert, ein Mann der Tat, der rückblickend auch den Vorteil besaß, einen Teil seines Traumes fast wahr werden zu sehen. Doch in seinem messianischen Eifer stand er La Peyrère nicht nach. Wie dieser in seinen jungen Jahren, so gebrauchte auch er eine dreifache Periodisierung der *historia sacra*, um, wenn auch metaphorisch, den Gang der Menschheit zu einer immanenten Form der Erlösung auszudrücken.

Auch als reifer Mann blieb Hess bei der Verbindung von Kommunismus als dem Höhepunkt geschichtlicher Religion und dem vermenschlichten Pantheismus, den er Spinoza zuschrieb. Das läßt sich an einem bekannten Text zeigen, den er ein Jahrzehnt später zur Bildung der christlichen Arbeitermassen schrieb. Hess definiert Kommunismus als »Bekenntnis« und als »Universalreligion«, die, durchaus nicht unchristlich, dazu diene, das Christentum zur Vollendung zu bringen. Der Kommunismus tue dies, indem er die ursprünglichen christlichen Ideen von Liebe und Menschlichkeit bewahre, sie jedoch von einer jenseitigen Welt ins Diesseits zurückbringe, wo sie von der kommunistischen Gesellschaft verwirklicht werden sollen. Und hier wird Hess wie Heine pantheistisch (oder spinozistisch) in linkshegelianischer Manier:

> 71. Ist unser Gott ... etwas anderes als die *menschliche Gattung* oder *die in Liebe vereinigte Menschheit*? – Nein, nichts anderes.
>
> 72. Warum glaubten wir bisheran, daß der Teufel in uns, in der Welt, und daß unser Gott nicht in uns, nicht in der Welt, sondern im Himmel sei? – Weil wir selbst bisheran nicht in unserem Gotte, nicht in unserer Gattung, nicht in der Liebe lebten, sondern in der Trennung und Feindschaft ... darum glaubten wir, unser Gott sei außer uns und jenseits dieser schlechten Welt, der Teufel aber sei in uns, in dieser Welt, das Weltwesen selbst [vorher hatte er gesagt, der Teufel sei nichts anderes als »das verfluchte Geldwesen«].[53]

Das klingt wie Feuerbach und Heine, doch gibt es einen Unterschied. Hess ist mit Marx der Meinung, daß eine rein philosophische Kritik unser falsches Selbstbewußtsein nicht ändern kann. Die pantheistische Revolution, die Heine und andere Deutsche gepriesen hatten, sei wirkungslos, wenn nicht zuvor die Wirklichkeit verändert würde. Denn das im dualistischen Theismus implizierte falsche Selbstbewußtsein ist zum Teil, zwar nicht fundamental, aber *historisch* wahr, das heißt, solange Ausbeutung und Privateigentum bestehen. Deshalb kann Spinoza in bloßer Theorie vorläufig nicht siegen. Seine Theorie verifizieren hieße – so können wir den Gedanken von Hess marxistisch zu Ende führen –, die Welt so zu ändern, daß sie ihr entspricht.

Hess war in der Tat der erste, der die Notwendigkeit verkündete, Theorie und Praxis zu vereinen – eine weitere Facette des spinozistischen Parallelismus, die er Marx vererbte. Die Wirklichkeit, sagt Hess, wird durch Handlungen, nicht bloß durch Begriffe bestimmt. Der dem Verstand inhärente Zweck ist Handlung, und Handlung schafft eine neue Basis für den Verstand. Auch hier folgt Hess wieder Spinoza. In einem unveröffentlichten Kommentar zur *Ethik*[54] betont Hess, die Theorie Spinozas sei tatsächlich eine ethische Theorie. Der die Metaphysik betreffende Teil der *Ethik* sei die Vorbereitung für die praktische Lehre des dritten Teils. Freiheit bestehe in erster Linie im Handeln eines Individuums, das sein Handeln und seine Gefühle klar versteht, wie sie sich ursächlich aus der Natur des Verlangens ergeben; und das habe dann auch soziale Implikationen. Der Sozialismus sei also im ethischen Teil von Spinozas System verankert, obwohl er sich dessen nicht bewußt gewesen sei. Nach Hess' Auffassung in *Philosophie der Tat* (1843) sei die zukünftige Philosophie der Tat nur eine Weiterentwicklung von Spinozas *Ethik*.

Spinoza sei sich auch nicht bewußt gewesen, fügt Hess in *Die europäische Triarchie* hinzu, daß sein Absolutes bereits an sich ein Subjekt-Objekt und nicht bloß ein Objekt war; diese Implikationen seiner Lehre konnten nur von Hegel und Schelling entdeckt werden. Hess glaubt implizit, Spinoza habe dem immanenten Gott bereits beides, sowohl eine historische als auch eine natürliche Dimension, zugesprochen. Gott existiert und verwirklicht sich in der Menschengattung, indem diese sich zur Erlösung hin entwickelt. Das ist eine Übertreibung, ja ein falsches Spinoza-Verständnis; aber Hess blieb Spinoza nicht nur intellektuell, sondern auch persönlich und existentiell treu. Spinoza war für Hess, was Sokrates, Moses, Jesus oder Buddha für Philosophen oder für Gläubige bedeuten, die von einer Auffassung zu einer anderen übergehen und dabei immer am selben Lehrer festhalten. Hinzu kam, daß Spinoza keine ferne, halb legendäre Gestalt war, sondern eine konkrete Person, mit der Hess sich identifizieren konnte, ein Jude, der wie er selbst die überkommene Gemeinde verlassen hatte, um allein der modernen Welt gegenüberzutreten.

Wenn Hess Spinoza als Quelle in Anspruch nimmt und zugleich seinen buchstäblichen Sinn falsch darstellt, so verwendet er doch manch spinozistisches Motiv und paßt es seinen eigenen philosophischen und rhetorischen Interessen an. Zum Beispiel bestand Spinoza unerschütterlich darauf, die Regierung müsse vom Einfluß der Religion befreit werden, während Hess wiederholt eine Verbindung zwischen beiden forderte und den althebräischen Staat rühmte – und zwar im Namen Spinozas! –, weil er Religion und Staat so eng verknüpft hatte. Das ist paradox. Spinoza kritisierte gerade den althebräischen Staat als Beispielfall für

Theokratie und als Quelle für zwei weitere, schlimmere theokratische Deformationen: 1. das jüdische Leben in der Diaspora, wo Religion als imaginärer Staat fungierte; und 2. die Varianten christlicher Theokratie: vom Papst angefangen, der metaphysische Autorität über irdische Angelegenheiten beansprucht, über die Inquisition, die durch das Schwert der weltlichen Regierung (und Scheiterhaufen) eine monolithische Religion erzwingt; bis hin zu den Religionskriegen und dem daher rührenden Kompromiß *cuius regio eius religio*, was ja impliziert, daß es eine Staatsreligion *gibt*; und schließlich vor allem bis zum calvinistischen Establishment Hollands, das die laizistische Regierung zwang, seinen Direktiven zu folgen, und beanspruchte, wie Spinoza sagte, »einen Staat im Staate« (*imperium in imperio*) zu bilden. Spinozas Einwand gegen alle Formen der Theokratie hatte theoretische Gründe, war abstrakt, aber nicht unabhängig von drei für ihn existentiellen Lebensfaktoren (als Sohn ehemaliger Marranen, die unter der Inquisition gelitten hatten, als jüdischer Häretiker, der um seiner Ansichten willen ausgeschlossen worden war, und als ein politischer Neuerer, der der republikanischen Partei nahestand und die Staatsregierung vom Einfluß des Klerus befreien wollte, damit jedes Individuum als Bürger in unmittelbarer Beziehung zum Staat stünde).

Wie sollen wir nun verstehen, daß Hess die Theokratie der alten Hebräer rühmt, und das auch noch im Namen Spinozas?

Vielleicht liegt der Schlüssel im paradoxesten seiner Texte, in der *Heiligen Geschichte der Menschheit.* Hier lobt Hess die alten Hebräer, daß sie (anders als der Protestantismus) keine Spaltung zwischen dem inneren und äußeren Leben des Menschen oder (anders als der Katholizismus) zwischen der Wirklichkeit und ihrer geistigen Bedeutung anerkannt haben. Das Christentum hat diese alte Einheit zerstört und einen Dualismus an ihre Stelle gesetzt, der Gott und Kaiser trennt und damit die wirkliche Welt der Herrschaft von Habsucht und roher Gewalt überläßt. Nur Spinoza stellt mit seinem Pantheismus die Einheit des Realen und Idealen, des Materiellen und Geistigen wieder her. Daher wird es möglich, die Welt des Geldes und der Politik mit ihrer religiösen (das heißt geistigen) Bedeutung zu vereinen, und das werde in der sozialistischen Gesellschaft verwirklicht, in der ein erhabenes Moralprinzip die materielle Welt erfülle.

Der Sozialismus ist für Hess die höchste Form der Religion; daher ist sein eigentliches Ziel, den *Sozialismus* mit dem Staat zu vereinen. Hess lehnt den liberalen Staat ab, der, ohne eigenen ideologischen (das heißt geistigen) Inhalt, als neutraler Rahmen dient. Er betrachtet ihn als ein Instrument kapitalistischer Ausbeutung, das der wirklichen Welt jede geistige Dimension entzieht und sie einem Krieg aller gegen alle überläßt. Hess' Einwand gegen die Trennung von Staat und Religion ist in Wahrheit ein Einwand gegen die Trennung des Staates von moralischen und geistigen Werten. Und da die höchste politische Moral in der sozialistischen Ethik (also der wahren Religion) zu finden ist, hat Hess als idealen Staat den sozialistischen Staat im Auge, der in seinen politisch-ökonomischen Institutionen eine moralische Vision aktualisiert.

Zugleich (und hier macht Hess einen großen Sprung, fast einen Salto mortale) erfordern realistische Fortschrittsbedingungen auch eine weniger subtile, konkretere Religion, deren gesicherter Einfluß auf den Staat seine geistige Dimension ausdrücken soll (daher die Verbindung, die, wie Hess betont, nicht nur zwischen dem zukünftigen Staat und der sozialistischen Vernunftreligion bestehen muß, sondern auch zwischen dem gegenwärtigen Staat und der geschichtlichen Religion seiner Bürger). Hess meint freilich nicht Priesterherrschaft oder eine verbindliche Staatsreligion; er will vielmehr, daß die Regierung in ihrer Handlungsweise und ihren Institutionen den moralisch-religiösen Geist des Volkes verkörpert. Aber Hess versäumt es zu erklären, warum diese im Volk vorhandene Moralität dem religiösen Establishment anvertraut werden soll. Vielleicht hatte er nicht viel Vertrauen in die Gründlichkeit der Säkularisierung und erwartete, daß das öffentliche Bewußtsein noch lange Zeit mit Religion durchtränkt sein werde. Jedenfalls beschreibt er in der *Europäischen Triarchie* zustimmend das Beispiel Englands, wo eine offizielle Staatsreligion praktischen Einfluß auf Staatsangelegenheiten ausübt, ohne andere Religionen auszuschließen. Hess fordert auch religiöse Toleranz, die Emanzipation der Juden, die Zivilehe, und er kritisiert den preußischen Staat, diese Ziele nicht verwirklicht zu haben.

Hess' Ausdrucksweise grenzt zuweilen an Staatsvergötterung.[55] In einem charakteristischen Mißgriff behauptet er, Spinoza habe den Staat und irdische Institutionen ganz allgemein sakralisiert. Vielleicht wurde er von der Symmetrie in die Irre geführt. Da Religion säkularisiert wird und Erlösung einen irdischen Charakter annimmt, möchten irdische Institutionen wohl eine sakrale Dimension annehmen. Das letztere stimmt jedoch für Spinoza nicht. Der Staat übernimmt zwar die Autorität, die die religiösen Institutionen zuvor besaßen, nicht aber ihren sakralen Status; der Staat hat absolute Souveränität, jedoch keine religiöse Aura.

Spinoza in Hess' Zionismus

In seiner mittleren Schaffensperiode nahm Hess wenig auf Spinoza oder das Judentum Bezug. Da er für ein vorwiegend christliches Publikum schrieb, mußte er sich auf christliche Standpunkte und Symbolik stützen, um seine sozialistische Vernunftreligion zu propagieren. Doch in den sechziger Jahren gab es zwei bezeichnende Wenden in der Entwicklung von Hess, und beide führten ihn zurück zu Spinoza. Da war einmal die Gründung der deutschen sozialdemokratischen Partei, in der Hess mit Lassalle zusammenarbeitete; zum anderen (was Hess' Freunde als eine an Verrücktheit grenzende persönliche Grille ansahen) seine Rückkehr zum jüdischen Nationalismus und die Veröffentlichung von *Rom und Jerusalem*, durch welche Schrift Hess zum Vorläufer des säkularen Zionismus wurde.

Hess hatte immer geglaubt, moderne Juden wie er selbst und Spinoza, die sich außerhalb der religiösen Gemeinschaft gestellt hatten, seien besonders geeignet (Hess meinte, fast dazu bestimmt), für den Übergang des Menschengeschlechts von geschichtlicher Religion zu sozialistischer Befreiung und Vernunftreligion als Vermittler zu dienen. Lange Zeit war Hess auch überzeugt, die Juden müßten deshalb ihren Anspruch, ein eigenes Volk zu sein, aufgeben und sich als Individuen in die Gesellschaft der Zukunft einfügen. Doch in den sechziger Jahren kehrte Hess, desillusioniert vom europäischen Liberalismus und von der Haltung eines Teils seiner sozialistischen Genossen, zum Judentum als nationaler Entität zurück. Inspiriert von Guiseppe Mazzini und der italienischen Nationalbewegung, schrieb er das Buch *Rom und Jerusalem, die letzte Nationalitätsfrage*. Die Juden werden, behauptete er nun, ihre universale Mission in der Geschichte nicht als assimilierte Individuen, sondern als nationale Entität erfüllen, die ihren Platz in der Völkerfamilie einnimmt und mit wiedererlangter politischer Unabhängigkeit in ihrem alten Heimatland eine beispielhafte sozialistische Gesellschaft errichten wird.

Ohne von Hess' Buch zu wissen, veröffentlichte Theodor Herzl, der Begründer des politischem Zionismus, mehr als dreißig Jahre später seine Schrift *Der Judenstaat*. Als er schließlich *Rom und Jerusalem* las, war er trotz der Hegelianismen in Hess' Terminologie entzückt und schrieb: »Seit Spinoza hat das Judentum keinen größeren Geist hervorgebracht« als Moses Hess.[56]

Niemand hätte sich über den Vergleich mehr gefreut als Hess, der sich im Alter wieder Spinoza als dem Propheten der Moderne und Vorläufer der jüdischen nationalen Emanzipation zuwandte. Hess stützte sich auf eine berühmte Passage im dritten Kapitel des *Theologisch-Politischen Traktats*, wo Spinoza die Vision heraufbeschwört, es sei möglich, daß die Juden ihren Staat wieder errichten und »Gott sie von neuem auserwählt«. Hess war offenbar der erste, der diesen Text modern zionistisch las, so wie später andere zionistische Schriftsteller und Aktivisten, die Spinoza verehrten, wie zum Beispiel Nahum Sokolov, Joseph Klausner und David Ben-Gurion, der erste Ministerpräsident Israels, der wirklich den Judenstaat proklamierte. Aber Hess und jene anderen Zionisten überinterpretierten Spinoza. Er hat bloß die Möglichkeit der Erneuerung des jüdischen Staates erwogen, forderte aber nicht seine Errichtung. Die zitierte Stelle ist seine Antwort auf den messianischen Wahn, der 1666 um den falschen Messias Sabbatai Zwi blühte. Die Sabbatianer erwarteten, daß die unmittelbar bevorstehende Erlösung durch ein großes historisches Wunder geschehen werde. Spinoza, der rationalistische Schüler des Maimonides und Philosoph der weltlichen Geschichte, antwortete darauf: Da die Geschichte voller Wechselfälle sei, könne durchaus eines Tages eine Situation eintreten, die den Rückruf der Juden begünstigt; doch nichts geschehe aus Vorsehung oder durch Wunder. *Historia sacra* (trotz dem jungen Hess sei's gesagt) gebe es nicht, und alles im Leben von Nationen und Individuen habe ganz natürliche und notwendige Ursachen. Das ist der entscheidende Sinn von Spinozas »zionistischer« Äußerung. Er sagt kaum etwas über die *Wünschbarkeit* eines neuen jüdischen Staates, nur über dessen *Wahrscheinlichkeit* und auf welche Weise er allein zustande kommen kann.

Allerdings betrachtet Spinoza die Juden unabhängig von ihrer Religionszugehörigkeit als eine Nation oder eine ethnische Gruppe. Selbst die christlichen Marranen zählt er zu den Juden und bezeichnet ihre iberische Geschichte als beispielhaft für die jüdische Geschichte überhaupt.[57]

Vielleicht hat Spinoza auch eine zentrale These des klassischen Zionismus bestätigt (und indirekt inspiriert), welche Erlösung nämlich die Juden auch erlangen, wird nicht vom Messias abhängen, sondern davon, was die Juden selbst in der wirklichen, weltlichen Geschichte tun werden. In diesem eingeschränkten Sinne konnte Hess zu Recht über den modernen Messianismus bei den Juden sagen, daß »deren falscher Prophet Sabbathai Zewi, deren wahrer Spinoza war« (*Rom und Jerusalem*, 6. Brief).

Spinoza und Feuerbach

Ludwig Feuerbach war kein Sozialist,[58] aber kein anderer Linkshegelianer hatte einen größeren Einfluß auf Marx oder bessere Kenntnis von Hegel.[59] Doch bald entwickelte er seine eigene Kritik der Hegelschen Philosophie,[60] die zu seiner Form des »Materialismus« führte und zur Berufung auf Spinoza als seinen Meister. Feuerbachs Materialismus bewahrt das geistige Element in der Materie (und damit sein spinozistisches Erbe); er kehrt Hegel um, indem er der sinnlichen Form der Realität Vorrang gegenüber der begrifflichen zubilligt, ohne jedoch ihre substantielle Einheit aufzugeben. Das ist ein Hegelianismus, den Feuerbach auch Spinoza zuschreibt.[61]

Feuerbach ist ein strikter Immanenzphilosoph. Alle transzendenten Entitäten werden auf ihren Ursprung in der menschlichen Welt zurückgeführt und als deren Projektion und Selbstentfremdung erklärt. Es gibt nur den Menschen, den sinnlichen Menschen in der Natur (dessen Denken eine Selbstreflexion der Natur ist). Aber der Mensch projiziert sein Wesen nach außen in eine getrennte, göttliche Welt, die ihm als äußerliche und tyrannische gegenübersteht. Was wir sind, was wir wünschen und wollen, einschließlich unserer Sehnsucht nach Unendlichkeit, objektivieren wir zu einem fremden Wesen, das uns der Göttlichkeit, die uns als Menschen zukommt, beraubt. Religion ist demnach ein falsches und abwegiges Selbstbewußtsein der Menschen, obgleich sich der religiös Gläubige dessen nicht bewußt und daher getäuscht ist.

> [Für die Religion gilt:] Der Gegenstand des Subjekts ist nichts andres als das *gegenständliche Wesen* des Subjekts selbst. Wie der Mensch sich Gegenstand, so ist ihm Gott Gegenstand ... *Das Bewußtsein Gottes ist das Selbstbewußtsein des Menschen* ... Gott ist das *offenbare* Innere, das *ausgesprochene* Selbst des Menschen.[62]

> Die Religion ist das Verhalten des Menschen zu seinem eigenen Wesen ... aber zu seinem Wesen nicht als dem seinigen, sondern als einem andern, aparten, von ihm unterschiedenen, ja entgegengesetzten Wesen.[63]

Das ist nicht einfach Spinoza, auch nicht die traditionelle Religionskritik, die darin besteht, den Begriff »Gott im Bilde des Menschen« abzulehnen.

Feuerbach fügt dieser Kritik einen neuen Zug hinzu, der auf dem Begriff der Selbstentfremdung, besonders der religiösen Selbstentfremdung beruht, wie sie Hegel mit Bezug auf das »unglückliche Bewußtsein« analysiert hat und wofür seiner Meinung nach das Judentum das beste Beispiel ist.[64] An anderer Stelle habe ich dargelegt, daß diese Idee von Kants Begriff des Erhabenen ausgeht, wie er ihn in der *Kritik der Urteilskraft* analysiert: Durch eine Subreption der Einbildungskraft wird die Unendlichkeit, die der Menschheit (nach Kant: kraft ihrer kosmisch-moralischen Bestimmung) zugehört, in einen äußerlichen Naturgegenstand transponiert, von dem wir uns überwältigt fühlen.[65] Was Kant als Struktur einer ästhetischen Erfahrung diagnostiziert hat, dehnen Hegel und Feuerbach auf die Religion aus, und Marx überträgt dieselbe Struktur auf ökonomische und soziale Phänomene.

Feuerbach kehrt jedoch das Hegelsche Modell gegen Hegel selbst. Während andere Linkshegelianer, wie Heine und Strauss, Hegel die Vergöttlichung der Menschheit zuschrieben, kritisierte Feuerbach, daß Hegel es versäumt habe, sie zu erfüllen, weil er das wirkliche, also das natürliche und sinnliche Wesen des Menschen auf eine verdünnte Abstraktion reduziert habe, auf einen reinen, seiner selbst bewußten »Geist«. Allein in diesen Geist habe Hegel das Element des Göttlichen gelegt. Damit bleibe die wirkliche Existenz des Menschen außerhalb des Göttlichen und das Göttliche in der Art der christlichen Tradition allein auf den Geist als einen distinkten (und hypostasierten) »göttlichen Teil« des Menschen beschränkt. Hegel bleibe damit ein verkleideter christlicher Theologe, der selbst an einer charakteristischen Selbstentfremdung leide. Statt (wie Spinoza) das Menschliche und das Göttliche in der Totalität der menschlichen Existenz zu vereinen, habe Hegel ihrer Trennung nur eine neue und entwickeltere Form gegeben – ein Umstand, den nach Feuerbach »der gelehrte Pöbel« aus lauter Voreingenommenheit nicht erkannt habe.[66]

Nach Feuerbach erfordert die Abschaffung der Transzendenz, daß der Mensch in seinem natürlichen Sein seine Göttlichkeit wiedererlangt. Eine wahre Philosophie der Immanenz wird die Menschheit oder den Menschen-in-der-Natur zur neuen Totalität machen, in der alles andere enthalten ist und durch die die übrige Wirklichkeit erfaßt wird. Das impliziert, daß Anthropologie, die Untersuchung des natürlichen Menschen, an die Stelle von Theologie und Metaphysik als grundlegende und umfassende Wissenschaft tritt[67] und eine neue Art der *prima philosophia* bildet (passend zur »Philosophie der Zukunft«, die Feuerbach in einer Schrift gleichen Titels vorzubereiten sucht).

Auch hier, bei der Bestimmung der wesentlichen Merkmale der Menschheit, vollzieht Feuerbach eine von Hegel inspirierte Umkehrung

Hegels. Das Wesen des Menschen liegt in seiner Sinnlichkeit; doch diese Sinnlichkeit selbst ist bei Feuerbach humanisiert. »Wir brauchen daher auch hier nicht über das Gebiet der Sinnlichkeit hinauszugehen, um den Menschen als ein über den Tieren stehendes Wesen zu erkennen.«[68] »Der Mensch unterscheidet sich keineswegs nur durch das Denken von dem Tiere«, ebensowenig durch eine andere Fähigkeit wie freien Willen, religiöses Gefühl und ähnliches. Das sind alles Derivate, notwendige Folgen des Menschseins, doch nicht seine konstitutiven Ursachen. Was den Menschen ursprünglich unterscheidet, ist seine »*universelle* Sinnlichkeit« (eine Kategorie, die den Weg zur Marxschen Anthropologie bereitet). Unsere Universalität ist in unserer Sinnlichkeit oder unserem natürlichen Sein enthalten, in den Merkmalen des Menschseins, die das Christentum und seine philosophischen Entsprechungen – nicht jedoch Spinoza – zu besonderen »Fähigkeiten« hypostasierten und einem selbständigen, gottgegebenen »Geist« zuwiesen.

Geistiger Materialismus

Das heißt nicht, daß Feuerbachs Materialismus Geistigkeit beim Menschen ausschließt; er interpretiert sie nur um. »Universelle Sinnlichkeit ist Geistigkeit«, sagt Feuerbach. Wir sind geistige Wesen aufgrund des natürlichen Umstandes, daß wir zu unserer Gattung gehören und an ihrer besonderen Sinnlichkeit teilhaben. Da weiter diese Sinnlichkeit die Gesamtheit unserer Existenz durchzieht, humanisiert sie uns durch und durch. Wir sind menschlich nicht nur, während wir bestimmte »erhabene« Aufgaben erfüllen, sondern wann immer wir etwas tun (oder erleiden). Wir sehen und fühlen nicht nur anders als Tiere, wir atmen, verdauen und begatten uns auch anders als sie. Unser Körper, sowohl das Subjekt als auch das Objekt unserer Sinnlichkeit, ist der erste Ausdruck unserer spezifischen Menschlichkeit. Und dieser materiellen Existenz des Menschen, sagt Feuerbach, so wie sie durch und durch mit Geistigkeit ausgestattet ist, sollen die göttlichen Attribute als ihrem eigentlichen und einzig legitimen Träger zurückgegeben werden.

Der Feuerbachsche Typ des Materialismus unterscheidet sich (wie der Marxsche) von dem der französischen Materialisten des achtzehnten Jahrhunderts oder dem der Epikureer. Er reduziert die Wirklichkeit nicht auf ein Zusammenspiel bewegter, materieller Partikel, sondern auf ein vermenschlichtes Substrat, Sinnlichkeit, die sowohl Subjekt als auch Objekt, Körper und Geist zugleich ist. Feuerbach lehnt wie Marx die

Hegelsche »Geistigkeit« ab, ohne für einen kruden Materialismus, entweder in der Form des Physikalismus oder des Hedonismus, einzutreten. Materie hat ihre eigene geistige Dimension, denn sie ist die Objektseite desselben Fundamentalprinzips, nämlich der menschlichen Sinnlichkeit, die selbst geistig ist.[69]

Das ist sicherlich eine für alle Linkshegelianer wie für Marx typische Abwendung von Hegel und Hinwendung zu dem, was als Spinozismus galt. Zugleich aber (und das ist ebenso charakteristisch und sogar wesentlich für die Position, die wir hier untersuchen) wird damit von Hegel (und von Kant) die privilegierte Stellung des Menschen übernommen, des »Subjekts«, als eines speziellen Fokus, auf den bezogen das natürliche Universum angegangen und verstanden wird. Damit sind Marx und, in anderer Weise, Heidegger vorweggenommen. Allgemeiner zeigt es auch, daß Feuerbach innerhalb der Grenzen der von Kant ausgelösten kopernikanischen Wende bleibt, die gewöhnlich als »idealistisch« bezeichnet wird (was zeigt, wie sehr Etiketten in die Irre führen können) und die der menschlichen Subjektivität eine zentrale Rolle bei der Bestimmung der Form der Realität zuweist. Marx wird dann diese Rolle von einer epistemologischen in eine praktisch historische verwandeln, an ihr jedoch durchweg festhalten.

Zusammengefaßt: Feuerbach bot einen auf den Menschen konzentrierten Pantheismus, nicht *deus sive natura*, sondern *deus sive homo naturalis*. Mit der Abschaffung der Transzendenz ist der Mensch wieder ins Zentrum des Seins und der Reflexion gerückt, an einen Platz, den er als reines Kind der Natur, als ein Wesen absoluter Immanenz einnimmt. Er hat keine gottgegebene Seele, keine Gaben und Fähigkeiten mehr, die von einem imaginären metaphysischen »Jenseits« herrühren. Als solcher wird er zum Fokus, durch den die Totalität des Seins erreicht wird. Das ist zweifellos ein neuer Humanismus, doch auch (vielleicht unabsichtlich) gefärbt von einer sensualistischen Version des Kantischen (oder eher Hegelschen) Idealismus.[70] Bei Feuerbach wie bei Marx wird die Natur nicht weniger durch den Menschen als der Mensch durch die Natur gesehen. Der Mensch ist nicht eine von vielen Entitäten innerhalb einer einheitlichen natürlichen Substanz wie bei Spinoza; er nimmt, wie bei Kant, eine privilegierte Stellung ein, ist das Prisma, durch das Natur selbst und das ganze Reich der Immanenz bedingt ist und wahrgenommen wird.[71]

Diese schwierige Synthese, wenn man sie so nennen will, zwischen dem spinozistischen Standpunkt und einem kantartigen Idealismus (oder einer kopernikanischen Wende) ist das zentrale Thema dieses und des nächsten Kapitels. Die Linkshegelianer, einschließlich Marx, kehren von Hegels Geist zur Natur als der fundamentalen Kategorie einer Philosophie der Immanenz zurück, wobei sie die besondere Stellung des Subjekts, die Hegel mit Recht gegen Spinoza geltend machte, beibehielten. Wie kann man das (spinozistische) Prinzip der Immanenz »subjektivieren«, ohne daß es seinen strikt natürlichen Charakter verliert und ohne daß es in Teleologie oder versteckte Theologie zurückfällt?

Das ist die Perspektive, aus der heraus ich mich nun Marx zuwenden will. Ich will untersuchen, für welche philosophische Option er sich als Antwort auf das spinozistische Erbe und seine hegelianische Wendung entscheidet. Infolgedessen werde ich mich vornehmlich mit dem *Philosophen* Marx, nicht dem Sozialdenker, Ökonomen oder Revolutionär auseinandersetzen, auch wenn alle diese Aspekte aus Marx' *eigener* Sicht zusammenhängen.

4. KAPITEL

Spinoza und Marx: Der Mensch-in-der-Natur und die Wissenschaft von der Erlösung

Im Alter von dreiundzwanzig Jahren, etwa im gleichen Alter wie Spinoza, als er mit dem Bann belegt wurde, aber zweihundert Jahre später, vertiefte sich ein anderer Sohn jüdischer Eltern in Spinozas *Theologisch-Politischen Traktat* und seinen *Briefwechsel*. Er exzerpierte ausführlich aus Spinozas lateinischem Original und aus einer deutschen Übersetzung, ordnete die Auszüge in einer etwas eigenartigen Reihenfolge und heftete folgenden Titel an das Manuskript:

Spinozas
Theologisch-Politischer Traktat
von
Karl Heinrich Marx, Berlin 1841

Von Karl Marx? Ein klarer Fall von Plagiat also? Unter diesen Aufzeichnungen ist kein einziger Satz, den Marx nicht von Spinoza abgeschrieben hat. Doch vielleicht war das ein Akt philosophischer Aneignung.[1] Denn tatsächlich gehörte die Philosophie Spinozas, angepaßt an die philosophischen Bedürfnisse der Zeit, ebenso zu den Grundlagen von Marx' späterem Denken und blieb ebenso präsent wie ehedem für Hegel – und wie Hegel seinerseits für Marx.

Marx bediente sich der Philosophie Spinozas weit mehr, als er zugab. Spinoza war vor allem ein Gegengewicht und Korrektiv zu Hegel und restituierte den Begriff der Natur und des Menschen als konkreten Naturwesens, das sich sonst, so schien es Marx, in die luftigen und quasi religiösen Höhen des Hegelschen »Geistes« verflüchtigte. Marx tat diesen Schritt nicht unabhängig; er war vielmehr ein Sohn – gewiß ein gelehriger Sohn – seines eigenen »Zeitgeistes«, vor allem im linkshegelianischen Milieu, in dem er aufwuchs und von dem die sozioökonomische Analyse, die sich mit seinem Namen verbindet, ihren Ausgang nahm.

Wenn Marx die linkshegelianische Religionskritik als grundsätzlich unzureichend brandmarkte, so sah er sie doch auch als ein notwendiges Stadium an, das nun abgeschlossen ist.[2] Ihre Schwäche bestand, hegelianisch ausgedrückt, darin, daß sie ihre einseitige Rolle ausgespielt hatte. Marx blickte über die rein philosophische Analyse des Bewußtseins hinaus und suchte nach den *zugrundeliegenden* Ursachen des selbstentfremdeten Geistes, in dem Feuerbach die Wurzeln der religiösen Illusion gesehen hatte. Diese Ursachen fand Marx in den ökonomischen Produktivkräften und in dem durch sie bestimmten Netz sozialer Beziehungen. Dies war die wahre Realität, die allen menschlichen Verhältnissen zugrunde lag, einschließlich der dialektischen Beziehungen des Menschen zur Natur, zu sich selbst und zu anderen Menschen.

Dieses ökonomische Substrat machte Marx zur *archè*, zur ersten Ursache, zur Grundlage des ganzen Reiches der Immanenz. Ontologisch ausgedrückt, war das für ihn wie das Wasser für Thales, das Feuer für Heraklit, der Geist für Hegel und *deus sive natura* für Spinoza. Es war weder physische Materie noch reiner Geist, sondern eine praktische[3] Synthese beider, geschaffen aus menschlicher Arbeit und ihrerseits den Menschen schaffend. Religion, Recht, Politik, Kunst und alle metaphysischen Weltanschauungen waren verschiedene Konfigurationen, in denen diese praktisch-materielle Substanz – eine Art spinozistische *causa sui* – sich in kulturellen Bildern und Institutionen widerspiegelte.

Mit dieser Wendung findet Marx von Hegels absolutem Geist zu seiner Version des Spinozismus, die einen neuen Naturbegriff enthält: nicht mehr Spinozas einförmige Natur, in der der Mensch einfach eines unter anderen ist, Schlangen und Regenbogen gleichgestellt. Natur wird bei Marx vermenschlicht, doch, anders als bei Hegel, ohne sie zu vergeistigen und ohne eine inhärente Teleologie zur Folge zu haben. Durch menschliche Arbeit sowie durch materielle (und geistige) Produktion bilden Mensch und Natur eine dialektische Einheit, von der alles andere abhängt. Ihre Trennung wird Abstraktion, zum falschen Spiegelbild der Wirklichkeit, das jedoch unter den Bedingungen ökonomischer Entfremdung, in der wir leben, unvermeidlich ist und daher unser Denken, unsere Überzeugungen und unsere Kultur beeinflussen und präjudizieren muß.[4]

Marx' neue Philosophie der Immanenz geht, auch wenn sie von Hegel und seinem Umfeld stark beeinflußt ist, in mehr als einer Hinsicht auf

Spinoza zurück; ja, Spinoza ist in Marx' Denken fast immer präsent; weit mehr jedenfalls, als aus der ausdrücklichen Erwähnung seines Namens zu schließen wäre.[5] Im folgenden will ich versuchen, diese Präsenz in drei Hauptbereichen des Marxschen Denkens zu rekonstruieren: 1. in der vorbereitenden Religionskritik, die Marx (wie Spinoza, aber unter strengeren Bedingungen) als wirkliche Veränderungskraft ansieht; 2. in der Art und Weise, wie Marx das praktische Verhältnis zwischen Mensch und Natur als eine neue immanente Totalität faßt und Platz für eine künstliche Teleologie als objektives Merkmal der Wirklichkeit schafft; und 3. in der quasi wissenschaftlichen Form, die Marx im *Kapital*, als einer »Wissenschaft von der Erlösung«, seiner frühen ethischen Vision gibt. *Das Kapital* analysiert die Bewegungskräfte, durch die das Ziel der menschlichen Emanzipation »spinozistisch«, das heißt nach den eigenen inneren Gesetzen der Wirklichkeit erreicht werden kann, derselben praktisch-materiellen (oder ökonomischen) Realität, die Marx von früh an als die neue immanente Substanz betrachtet hat.

Die Kritik der Religion und die Rolle der Menge

Zur selben Zeit, als Marx Spinozas *Theologisch-Politischen Traktat* durcharbeitete und an die daraus emsig angefertigten Exzerpte seinen eigenen Namen heftete, brachte Feuerbach in seinem *Wesen des Christentums* (1841) Spinozas Religionskritik auf den neusten Stand. Die Verbindung zwischen beiden Büchern war zu passend und offensichtlich, als daß Marx sie übersehen haben konnte. In seinem Angriff auf die Religion übersetzte Feuerbach Spinoza in den Hegelschen Entfremdungsbegriff und, wichtiger noch, aktualisierte ihn gemäß der damaligen deutschen Situation. Damit vollendete Feuerbach, nach Marxscher Einschätzung, das Werk der Linkshegelianer, das nicht nur theoretisch, sondern auch eine Form des Handelns, eine Art sozialer Praxis war. Das machte den Weg frei für eine noch tiefere und radikalere Verschmelzung von Kritik und Praxis, die in Gang zu setzen, Marx als seine Aufgabe ansehen sollte.

In Spinozas *Theologisch-Politischem Traktat* konnte Marx, wenn nicht die erste Anregung, so doch zumindest eine starke Stütze für seine Idee gefunden haben, daß Theorie selbst als praktische Kraft und als Hebel zur Veränderung dienen kann, wenn sie erst dem Bewußtsein und den wirklichen Interessen der Menge angepaßt ist.[6] Wie Kapitel II. 1 gezeigt hat, schrieb Spinoza seinen *Theologisch-Politischen Traktat* mit eben diesem Ziel, nämlich um als Philosoph am subtilen Mechanismus der sozialen und kulturellen Evolution beteiligt zu sein. Doch der *Theologisch-Politische Traktat* ist mehr als ein punktuelles Engagement; er enthält auch eine generalisierte Metatheorie, die zeigt, wie Theorie zu einer praktischen Kraft werden kann, und die dazu spezielle Werkzeuge und Strategien anbietet. Unter anderem empfiehlt Spinoza, wie wir gesehen haben, die bestehenden Institutionen Sprache, Mythos und Auslegung so einzusetzen, wie es dem Bewußtseinsniveau der Menge angemessen ist und dazu beiträgt, ihren Sinn in sozial wünschenswerte Bahnen zu lenken.

Hier jedoch unterscheidet sich Marx in zwei wichtigen Punkten von Spinoza. Zum einen lehnt er Spinozas Verständnis der Menge als einer unteren Schicht ab, die zur wahren Erlösung unfähig sei und einer Art religiöser Illusion bedürfe beziehungsweise nur einen niedrigeren Wissensstand vertrage. Bei Marx ist es die Menge selbst, ins Proletariat verwandelt, die der übrigen Menschheit Erlösung bringen soll. Sie ist das Subjekt geistiger Emanzipation wie deren Objekt, und sie muß, um ihre Aufgabe zu erfüllen, ein ebenso klares, nüchternes und entmystifiziertes Bewußtsein von sich und von der Welt haben wie ein Philosoph, vielleicht in einfacheren Ausdrücken als den philosophischen, aber mit dem Vorteil, im wirklichen Leben verwurzelt zu sein. Hatte Spinoza die Menge und den Philosophen voneinander getrennt, so vereint sie Marx: Das Proletariat ist leibhaftige Philosophie, die materielle Waffe und Verkörperung der Philosophie.[7] Paradox vielleicht, aber bezeichnend, daß Marx die Eigenschaften herkömmlicher esoterischer Gruppen auf sein Verständnis der Menge überträgt, diese Kategorie dadurch freilich völlig aushöhlt und an ihre Stelle den Begriff des Proletariats als Avantgarde von Revolution und Erlösung setzt.

Zum zweiten besteht Marx darauf, daß Theorie, um in Praxis übertragen werden zu können, nicht bloß eine zeitlose Wahrheit ausdrücken dürfe (wie bei Spinoza), sondern daß sie den Massen ihre wirkliche Lage, die sie erfahren, zu Bewußtsein bringen müsse, und zwar indem ihre tatsächlichen Bedürfnisse sie zu dieser Einsicht bereit machen. »Die Theorie«, sagt er, »wird in einem Volke immer nur so weit verwirklicht, als sie die Verwirklichung seiner Bedürfnisse ist«[8] – und Marx meint das im historischen Sinne, also als hegelianische Korrektur Spinozas. Eine Theorie, die das Leiden und die Unzulänglichkeiten der Menschheit bloß im allgemeinen und ahistorisch darstellt, reicht nicht aus, denn sie hätte nicht die Wirklichkeit auf ihrer Seite und daher keine besondere Chance, die Wirklichkeit weiter zu beeinflussen.

Obgleich das sicherlich implizit eine Kritik an Spinoza ist, geschieht sie doch deutlich im Geiste Spinozas. Beide, Marx und Spinoza, betrachten die natürliche Kausalität als das einzige Vehikel sozialen Wandels, auch wenn sie sie unterschiedlich interpretieren. Spinoza würde als erklärter Determinist ohne Schwierigkeiten Marx' Prinzip akzeptiert haben (ja, er sagt es bereits voraus), wonach für die Zukunft empfohlene Veränderungen nicht bloß als Träume eines utopischen Wollens entworfen sein dürfen, sondern auf einem wissenschaftlichen Verständnis dessen beruhen müssen, was die wirkliche Lage bereits anzeigt. Aber als Kind des siebzehnten Jahrhunderts und dessen wissenschaftlicher Revolution versteht Spinoza alle Naturkausalität nach dem quasi mechanistischen Modell der Physik, während Marx, Hegel folgend, sozialen Wandel dialektisch sieht, das heißt an Geschichte gebunden und von ihr bestimmt.

An diesem wichtigen Punkt erhält Marx' Naturalismus ein deutliches Moment der Historisierung.[9] Es ist Hegelsches Erbe ohne den Hegelschen »Geist«, zurückgeführt auf Spinoza. Natur selbst ist nun das Substrat der Geschichte, ein Ansatz, der natürlich voraussetzt, daß der Begriff der Natur uminterpretiert wird. Natur erscheint bei Marx nicht mehr als eine abgeschlossene und fremde Entität, die uns einfach gegenübersteht, sondern als die Synthese aus praktischer menschlicher Subjektivität und dem rohen Stoff des Universums.

Nach Einschätzung von Marx kam Spinozas Religionskritik zu früh und war deshalb antizipatorisch und historisch abstrakt. Feuerbach und die Linkshegelianer hatten Spinoza gegenüber den Vorteil, daß sie wirkten, als die Bedingungen in Deutschland historisch reif waren. Jetzt kann ein enthusiastischer junger Marx erklären: »Für Deutschland ist die Kritik der Religion im wesentlichen beendigt« und hinzufügen, »die Kritik der Religion ist die Voraussetzung aller Kritik«.[10] Das ist eine doppelsinnige Aussage, in der, wie wir das von Hegel kennen, teilweise Zustimmung ein Mittel der Kritik ist. Auf der einen Seite wird die Arbeit von Feuerbach und anderen Linkshegelianern begrüßt, da sie auf der Ebene der Ideen – *bloßer* Ideen, wie Marx hinzufügen würde – die Fiktion der Transzendenz abgeschafft und Religion als eine geistige Form der Selbstentfremdung dargestellt haben, als ein verkehrtes Bewußtsein dieser Welt und einen illusionären Trost für das Elend (als »das Opium des Volks«, wie Marx es für den populären Gebrauch genannt hat).[11] Doch Feuerbachs Kritik hob sich selbst auf, weil sie nicht radikal genug war. Die doppelsinnige Aussage oben besagt auch, daß die Kritik an der Religion grundsätzlich nicht ausreicht; sie ist nur eine Voraussetzung wahrhafter Sozialkritik und trägt, wenn sie dabei stehenbleibt, nur zur Mystifikation bei und stärkt dadurch die Unterdrückung, die mit Religion einhergeht.

Nach einem bekannten Aphorismus von Marx:

> Die Aufhebung der Religion als des *illusorischen* Glücks des Volkes ist die Forderung seines wirklichen Glücks. *Die Forderung, die Illusionen über seinen Zustand aufzugeben, ist die Forderung, einen Zustand aufzugeben, der der Illusionen bedarf.* Die Kritik der Religion ist also im *Keim* die Kritik des Jammertales, dessen Heiligenschein die Religion ist. (»Zur Kritik der Hegelschen Rechtsphilosophie. Einleitung«, *MEW*, Bd. 1, S. 379; Hervorhebungen Y. Y.)

> Die Kritik der Religion endet mit der Lehre, daß der *Mensch* das höchste Wesen für den Menschen sei, also mit dem kategorischen Imperativ, alle Verhältnisse umzuwerfen, in denen der Mensch ein erniedrigtes, ein geknechtetes, ein verlassenes, ein verächtliches Wesen ist ... (Ebd., S. 385; Hervorhebung Y. Y.)

Diese Töne erinnern uns vielleicht an Heine, Marx geht jedoch weiter und richtet sich gegen die Linkshegelianer. Er verurteilt unreife und oberflächliche Aufforderungen zum Handeln, die (wie bei Heine) aus einem abstrakten sozialen Bewußtsein herrühren, das eine nüchterne (das heißt spinozistische) Analyse der Wirklichkeit verhindert. Die Kritik der »heiligen« Gestalt der Entfremdung – der Religion – muß zu einer umfassenden Kritik ihrer »unheiligen« Gestalten werden, erst eine Kritik an Recht und Politik, dann, tiefer, Kritik an Reichtum, Eigentum und ökonomischer Produktion als den zugrundeliegenden Bedingungen, die politische und religiöse Entfremdung zur Folge haben.

Da die Linkshegelianer es versäumten, die Bedeutung ihrer eigenen Arbeit zu ergründen, blieben sie bei den Symptomen stehen und übersahen die Ursache der Krankheit. Auf beiden Seiten der Theorie-Praxis-Gleichung läßt Marx sich auf eine Auseinandersetzung mit ihnen ein. Entweder vermieden sie gesellschaftliche Aktion, weil sie glaubten, durch bloß gedankliche Analyse die Welt bewegen und den Menschen emanzipieren zu können, oder sie verfielen in krude und übereilte Aufrufe zur Tat, zur bloß *politischen* Tat obendrein, die nicht von gründlicher Theorie geleitet und blind für die tieferliegende ökonomische Substanz war. So oder so verfehlten sie die eigentliche Funktion von Theorie, indem sie entweder deren Macht übertrieben oder ganz ohne sie auskommen wollten. So oder so waren sie nicht nur zum Scheitern, sondern dialektisch dazu verurteilt, der Sache derselben herrschenden Mächte zu dienen, die sie ausmerzen wollten.

Gilt diese Kritik auch für Spinoza? In den Grundzügen bestimmt. Aber wir müssen auch bedenken, daß die Kritik Spinozas Teil eines theologisch-*politischen* Traktats war, der eine ausgefeilte und ziemlich radikale Theorie des politischen Handelns vertrat. Diese Theorie stellte nicht nur fest, was wünschenswert war, sondern beschrieb auch ein gut Teil des sozialpsychologischen Mechanismus, durch den das Wünschenswerte zu befördern war. Marx war vielleicht mit Teilen der Sozialtheorie Spinozas uneins, einschließlich seines Begriffs der Menge und seiner Auffassung, irgendeine Illusion sei notwendig, um eine stabile politische Ordnung zu sichern. Und Marx sah in Spinoza sicherlich selbst einen Gefangenen der traditionellen Illusion der Metaphysik, dem die wahre Fundamentaltheorie fehlt, nämlich die Analyse ökonomischer Kräfte und ihrer Voraussetzungen.[12] Aber Marx, der den *Theologisch-Politischen Traktat* so eifrig studiert hatte, konnte nicht übersehen, welche Verbindung dort zwischen Theorie und Praxis einerseits und zwischen politischer und religiöser Emanzipation andererseits hergestellt wurde. Das mildert Marx' Kritik an Spinozas Religionskritik, wenn es sie auch nicht aufhebt.

Immanenz und von Menschen gemachte Teleologie

Die neue Causa sui

Mit der Abschaffung von Jenseits und Gott überläßt die Religionskritik den Menschen sich selbst. Er ist das Ganze und der Sinn des Ganzen, ein neuer Anfang und der wahre Zusammenhang von Sein und Reflexion. Der Mensch ist nicht nur für den *Menschen* das höchste Wesen (in dieser Hinsicht ersetzt er Gott), sondern er ist auch das handelnde Geschöpf, das allem übrigen Sein sinnvolle Form verleiht und durch das seine eigene Umwelt – und damit es selbst – geformt und hervorgebracht wird.

Der Mensch erbt diese ehemals göttlichen Rollen jedoch als endliches Wesen. Nicht der sich selbst genügende Mensch wird zum allumfassenden Prinzip, sondern ein Geschöpf mit Bedürfnissen, das zu seiner Umwelt in dialektischer Beziehung steht. Aufgrund seiner Endlichkeit hat der Mensch nicht sein ganzes Sein in sich selbst; er ist weder sich selbst genug, noch kann er aus eigener Kraft seine Existenz erhalten. Er bedarf ständig irgendwelcher äußeren Dinge, aus einer Natur, die an sich dem Menschen fremd ist und ein Element des »Anderen« enthält. Dieses Anderssein ist jedoch nicht absolut, denn die Natur wird durch die Menschengattung beständig verändert und umgestaltet und nimmt Formen und Bedeutungen an, in erster Linie Gebrauchsbedeutungen (die später in andere gesellschaftlich bestimmte Konfigurationen transformiert und entfremdet werden), die der Natur durch menschliche Arbeit und Praxis verliehen werden.

Die Endlichkeit des Menschen bedarf als Ergänzung der objektiven Natur; mit ihr zusammen und in dialektischer Beziehung bilden beide die neue immanente Totalität, die Spinozas Gott oder Substanz ersetzt und zugleich deren göttliche Konnotationen verwirklicht. Darin folgt Marx Hegel, daß er dem Menschen als Subjekt eine besondere konstitutive Rolle im Sein zuschreibt, wodurch das Sein nicht nur ein Objekt oder eine bloße Substanz, sondern Subjekt ist. Das geschieht jedoch durch menschliche Arbeit und Produktion, nicht durch Erkenntnis; die Rolle des Menschen für das Sein besteht darin, dieses Sein durch Praxis zu gestalten und zu humanisieren, nicht es, wie bei Hegel, zu einem spekulativen Selbstbewußtsein zu erheben. Überdies erfüllt die menschliche Spezies diese Rolle als natürliche Entität, nicht als höherer »Geist«, der die Natur übertrifft oder »aufhebt«.

Auf diese Weise von Marx als Subjekt mit einer privilegierten Stellung ausgestattet, ist der Mensch nicht ins Lager Hegels verwiesen, denn er spielt seine Rolle als Weltgestalter innerhalb der Natur und im Praxismodus Arbeit. Es handelt sich also, wie wir im nächsten Abschnitt sehen werden, um eine praktische und materielle kopernikanische Wende, eine neue Form der Vermittlung zwischen Spinoza und Hegel, die eine naturalistische »Subjektivierung« des Seins vollzieht (wie sie Marx' erste These über Feuerbach gefordert hatte).[13]

Hier ist eine methodologische Anmerkung angebracht. Marx' Ontologie – denn das ist es, was uns hier interessiert – ist nicht leicht zu bestimmen. Marx behandelt sie kaum als eigenen Gegenstand, seine Auffassungen sind vielmehr in seine Anthropologie und in die sozioökonomische Lehre, die er später *anstelle* der reinen Philosophie vorschlug, eingebettet. Obwohl meiner Meinung nach in dieser Frage keine Kluft den frühen vom späten Marx trennt, gibt es Zwiespältigkeiten in beiden Marxschen Perioden. Marx' ontologische Auffassungen haben sich nicht mit der Zeit geändert, sondern waren zu jeder Zeit mehrdeutig.

Das stellt uns vor die nicht gerade einfache Aufgabe, die zugrundeliegende Marxsche Ontologie aus Kontexten zu rekonstruieren, die selten explizit auf diese Ontologie Bezug nehmen.[14] Ich werde dafür den Schlüsselbegriff vom »Menschen-in-der-Natur« verwenden, mit der daraus folgenden neuartigen Beziehung zwischen Sein und Handeln, Objekt und Subjekt, dem An-sich und der Teleologie.[15]

Das An-sich in der Natur

Der Status der Natur vor aller menschlichen Tätigkeit und abgesehen von deren tatsächlicher (oder potentieller) Reichweite ist im Marxschen Denken unklar. Während Marx häufig anerkennt, daß dem Menschen eine rohe oder »unorganische« Natur (wie er sie nennt) gegenübersteht,[16] scheint es manchmal, als habe er diesen Gedanken als transzendente Abstraktion fallengelassen.[17] Ohne hier versuchen zu wollen, die Ambiguität aufzulösen oder Marx eine kohärentere Position zuzuschreiben, als er vertritt, lassen sich zwei Punkte ziemlich sicher festhalten.[18]

Erstens erkennt Marx zumindest ein An-sich als *Bestandteil* in der Natur an, dessen Vorgegebensein zugelassen und als solches bearbeitet werden muß. Obwohl dieses natürliche An-sich ein Korrelat menschlicher Sinnlichkeit ist (ein Gedanke, den der junge Marx von Feuerbach übernahm), kann es nicht auf etwas Menschliches reduziert werden; es ist ein dingliches Sein, das dem Menschen gegenübersteht und in dem er keine Spur seines eigenen Bildes finden kann. Oder, um den Ausdruck der Spinoza-Hegel-Diskussion zu verwenden, es ist bloße »Substanz«, ohne irgendwelche subjektiven Züge.

Zweitens aber kann dieser »rohe« Naturbestandteil schließlich mit Sinn nur aus dem Wechselspiel von Mensch und Natur angegangen werden, wobei sich beide gegenseitig gestalten und zugleich das Element von Dualität und Konfrontation in dieser ursprünglichen Verbindung beibehalten.[19] Wenn das stimmt, so können wir sagen, daß Natur im konkreten Sinne ein gestaltetes, ja sogar ein humanisiertes Sein ist und daß Marx von einer Einheit von Subjekt und Objekt ausgeht (einer praktischen, nicht einer kognitiven Einheit), die als Substrat für alles Folgende dient. Das Subjekt-Objekt als praktische Einheit ist bei Marx eine latente Struktur, die dem ganzen historischen Prozeß zugrunde liegt und ihn erzeugt. Das erklärt auch die dabei auftretende Entfremdung, denn nur vor dem Hintergrund einer latenten Einheit von Subjekt und Objekt oder des Menschen-in-der-Natur kann deren unnatürliche Trennung als »Entfremdung« und nicht einfach als Dualismus angesehen werden.

»Das Durchsichselbstsein der Natur und des Menschen«

Die Ursprünglichkeit des Menschen-in-der-Natur schließt jede Frage nach seiner Herkunft oder »Schöpfung« aus. In einem deutlich spinozistischen Gedankengang argumentiert der junge Marx in den *Ökonomisch-philosophischen Manuskripten*, wenn die Welt der Transzendenz eliminiert worden ist, sei es sinnlos, sich über die Entstehung der Welt als Ganzes Gedanken zu machen. Er spricht vom »Durchsichselbstsein der Natur und des Menschen«[20] und davon, daß die Immanenz als erstes Prinzip sich von sich selbst behaupte.

> Wenn du nach der Schöpfung der Natur und des Menschen fragst, so abstrahierst du also vom Menschen und der Natur. Du setzest sie als *nicht-seiend* und willst doch, daß sie ich [sic!] als *seiend* dir beweise. Ich sage dir nun: Gib deine Abstraktion auf, so gibst du auch deine Frage auf. (*Ökonomisch-philosophische Manuskripte*, »Privateigentum und Kommunismus«, *MEW*, Erg.-Bd. 1, S. 545)

Marx fährt fort:

> Oder willst du an deiner Abstraktion festhalten, so sei konsequent, und wenn du den Menschen und die Natur als *nichtseiend* denkend, denkst, so denke dich selbst als nichtseiend, der du doch auch Natur und Mensch bist. Denke nicht, frage mich nicht, denn sobald du denkst und fragst, hat deine *Abstraktion* von dem Sein der Natur und des Menschen keinen Sinn. Oder bist du ein solcher Egoist, daß du alles als Nichts setzt und selbst sein willst? (Ebd.)

Das sind zwei verschiedene Argumente. Das erste ist im Grunde spinozistisch. Es behauptet die Notwendigkeit und Selbstgenügsamkeit der immanenten Welt, indem es die Idee ihrer möglichen Nichtexistenz als logische Absurdität verwirft. Immanentes Sein (»Mensch und Natur«) ist für Marx umfassendes Sein; als solches ist es notwendig da – in sich abgeschlossen, selbstbegründet, es läßt keine äußeren Erklärungen zu und verlangt auch keine. Hatte Kant transzendente Aussagen aus der Philosophie verbannt, schließt Marx spinozistisch auch auf Transzendenz bezogene Fragen aus. Jede Rede von »Schöpfung« (das heißt Suche nach äußeren Ursachen der Wirklichkeit) setzt voraus, daß das Universum kontingent ist und als nicht vorhanden gedacht werden könnte; doch das ist, wie schon Spinoza gesagt hatte, der größte philosophische Trugschluß.

Im zweiten Teil des Zitats geht Marx vom menschlichen *ego cogito*, vom subjektiven Akt des Denkens aus, nicht mehr vom Universum insgesamt. Zunächst scheint sein Vorgehen cartesianisch, in Wahrheit bewegt er sich aber von Descartes weg in Richtung Kant und gelangt letztlich wieder zu Spinoza.

Im Kern sagt Marx, im Akt des Denkens bestätige ich meine eigene Existenz als erste unerschütterliche Tatsache. Aber ich tue das nicht cartesianisch als ein körperloses, weltloses Ich, sondern als Wesen *in* der Welt und *mit* der Welt. Hier tritt Marx vielleicht unabsichtlich für Kants zentrales Argument aus der transzendentalen Deduktion ein, wonach das Ich nur dann selbstbewußt denken kann, wenn ihm eine objektive, von ihm unterschiedene Welt gegenübersteht. Mit anderen Worten, ich kann mir meines eigenen denkenden Selbst nur bewußt sein, wenn es auch eine von mir unterschiedene Welt gibt, auf die ich mich (Kant sagt: konstitutiv) beziehe und derer ich mir ebenfalls bewußt bin.

Die von Kant eingeführte innere Verbindung zwischen dem »Ich denke« und der Welt wird von Hegel durch eine *praktische* Verbindung zwischen dem »Ich denke« und anderen Individuen ergänzt, als eine Zusatzstruktur, die Selbstbewußtsein möglich macht. Alle diese Verbindungen zwischen dem Selbst, der Welt und anderen Individuen werden als ursprünglich angesehen, das heißt, sie sind Voraussetzungen für das allererste Auftreten eines selbstbewußten Denkens.

Marx akzeptiert diese Ursprünglichkeit, auch wenn er sie nicht ausspricht, und wiederholt sie innerhalb des spinozistischen Kontexts. Der Mensch-in-der-Natur ist die ursprüngliche Tatsache, die uneliminierbar im selbstbewußten Denken impliziert ist. Und diese komplexe Tatsache mit *all* ihren Bestandteilen (dem Individuum, der Natur und den anderen Menschen – oder der Gattung) genießt bei Marx nun den Status der *causa sui* oder des sich selbst erhaltenden Seins. Dieses Sein unterliegt keinem Zweifel mehr und keiner Suche nach seinen transzendenten Ursachen, weil wir damit implizieren würden (hier kommt der spinozistische Gedankengang wieder zum Zuge), daß die neue immanente Totalität, Mensch-in-der-Natur, als nicht existierend gedacht werden könnte.

So ist also etwas umständlich der halb cartesianische Ausgangspunkt, revidiert durch Kant und Hegel, wiederum in spinozistischen Boden gepflanzt.

Ein Wort zur Vorsicht ist hier am Platze. Die neue *causa sui*, die ich Marx hier zuschreibe, ist natürlich cum grano salis zu nehmen. Marx' umfassendes Prinzip der Immanenz ist weder göttlich noch im quasi theologischen Sinne Spinozas notwendig. Marx vermeidet die überschwenglichen religiösen Konnotationen, die Spinoza absichtlich als seiner Gott-Natur zugehörig betont und für seine Theorie der Erlösung ausbeutet. Die neue *causa sui* von Marx hat eine prosaischere Bedeutung: Sie ist das allen natürlichen, als solchen notwendig endlichen und abhängigen Entitäten zugrundeliegende Prinzip. »Ein Wesen, welches seine

Natur nicht außer sich hat, ist kein natürliches Wesen«,[21] sagt Marx und hebt mit dieser Feststellung strenggenommen die Idee von einer einzigen und unendlichen Gott-Natur auf, einer Entität, die es bei Marx in der Tat auch nicht gibt.

Mit anderen Worten (und spinozistisch ausgedrückt), Marx hebt Spinozas *natura naturans* auf. Übrig bleibt die *natura naturata*, das heißt die immanente Totalität, vom Standpunkt der Endlichkeit aus betrachtet; und diese wird nun bei Marx zum allumfassenden Sein, eine neue (und andere) Art der *causa sui*. Es ist ein Universum, in dem reine Immanenz unausweichlich mit Endlichkeit verbunden und keine Gottheit weder innerhalb noch außerhalb zugelassen ist. Und es existiert als solches ursprünglich, aus sich selbst, verschließt sich allen Fragen nach Transzendenz und dient als absoluter Ausgangspunkt für Handlung und für jeden sinnvollen Diskurs und jede Reflexion.[22]

Mensch, Natur und Produktion

Noch in einem anderen Sinne findet sich eine Variante der *causa sui* bei Marx: der Mensch als Schöpfer seiner selbst. Die praktische Tätigkeit des Menschen verändert das natürliche An-sich und schafft damit das geschichtliche Universum, durch das der Mensch selbst geschaffen und verändert wird.

Marx folgt einer von Vico vertretenen Idee und gibt ihr eine weitreichende Neuinterpretation. Die Geschichte, deren Kind und zugleich Erzeuger der Mensch ist, ist nicht nur ein getrenntes Reich des Seins neben der Natur, sondern wird zu einer ausgedehnten Sphäre, die die Natur selbst als Moment der selbstproduktiven Tätigkeit des Menschen mit umfaßt. Die Relation »Mensch-in-der-Natur« gewinnt ihre konkrete Bedeutung erst in einem historischen Kontext. Mensch-in-der-Natur impliziert erstens die soziale Dimension menschlicher Existenz, die spezifische, von seinen gesellschaftlichen Banden bestimmte »Gattungstätigkeit« des Menschen. Zweitens impliziert Mensch-in-der-Natur die selbsterzeugende Tätigkeit, in der die »rohe« Natur transformiert wird und die Menschengattung sich selbst schafft und umgestaltet. Indem Marx die Relation Mensch-in-der-Natur historisiert, erhebt er Geschichte jedoch nicht in den quasi theologischen Stand des Hegelschen Geistes. Geschichte wird vielmehr auf Natur zurückgeführt als ihr voll entwickelter und dialektisch bereicherter Sinn.

Die selbsterzeugende Rolle des Menschen-in-der-Natur hat beim frühen Marx nicht nur soziale und anthropologische Implikationen, sondern auch ontische. Natürliche Entitäten sind (praktisch und kognitiv) Gegenstände menschlicher Sinnlichkeit, ein Umstand, der für sie konstitutiv ist. Natürlich sein *heißt* als tatsächliches oder mögliches Objekt menschlicher Sinnlichkeit auf diese Sinnlichkeit bezogen sein – nicht nur auf unsere Wahrnehmungen, sondern auch und in erster Linie auf menschliche Bedürfnisse und Wünsche (tatsächliche oder auch projizierte) und natürlich auf unsere praktische Umgestaltung. Das ist kein Idealismus Berkeleyschen Typs, sondern eine Fortführung von Feuerbachs spezifischem Materialismus, in dem materielle Gegenstände sowohl wirklich sind als auch notwendig mit der menschlichen Sinnlichkeit (als ihrer »vergegenständlichten« Seite) in Beziehung stehen.

Überdies ist die menschliche Sinnlichkeit selbst kein feststehender, zeitloser Faktor, sondern entwickelt sich in der Geschichte zusammen mit ihren Gegenständen und als Folge ihrer Beziehung auf sie. Wie neue materielle Produkte und kulturelle Erfahrungen verfügbar werden, wie sich Geschmacksrichtungen, Wissen und Lebensstile oder Lebensmuster entwickeln, so entwickeln sich die Formen unserer Sinnlichkeit. »Die Bildung der 5 Sinne ist eine Arbeit der ganzen bisherigen Weltgeschichte«, notiert Marx in einem Schlüsselsatz (in »Privateigentum und Kommunismus«, S. 541). Nicht nur unsere Bedürfnisse und Wünsche sind gesellschaftlich determiniert, auch die Wahrnehmung ist (materiell und geistig) von Kultur beeinflußt, die ihrerseits das geschichtliche Produkt des Menschen ist, der damit auch seine eigene »Natur« verändert, worin sich die einfachsten Gefühle und Wahrnehmungen widerspiegeln.

Die Menschengattung schafft und humanisiert sich selbst, indem sie sich in materiellen Gegenständen verkörpert. Der Mensch läßt seinen animalischen Zustand hinter sich, indem er den Gegenständen seiner Umwelt einen menschlichen (also seinen) Stempel aufdrückt, das heißt, indem er teleologisch die materiellen Gegenstände um ihn her verändert. Das spezielle menschliche Element, das die Griechen im *logos*, die Christen in der gottgegebenen Seele, Kant im transzendentalen Ich und Feuerbach in einer universalen Sinnlichkeit sahen, sieht Marx in der Produktion unserer Subsistenzmittel. Das ist »der erste geschichtliche Akt« und das grundlegendste menschliche Kennzeichen.[23] Bewußtsein, Religion, Logik und andere geistige Produkte der Kultur (durch die sich die Menschen ebenfalls von den Tieren unterscheiden) sind nur Derivate der materiellen Produktion. In ihr sieht Marx den ursprünglichen Ausdruck der Relation Mensch-in-der-Natur und der dialektischen Totalität, die dadurch entsteht.

Der Begriff der Produktion hat dabei eine metaökonomische Funktion, er verankert die Marxsche ökonomische Theorie in seiner Anthropologie und deren impliziter Ontologie.[24] Früher habe ich Marx eine Art ökonomischen Monismus zugeschrieben, der dem vorsokratischen Modell nachgebildet ist; doch das »ökonomische« Substrat der Wirklichkeit erhält seine Bedeutung aus den metaökonomischen Prämissen (Mensch-in-der-Natur, Produktion als teleologische Subjektivierung von Materie etc.) und sollte als deren *Konkretisierung* verstanden werden.[25]

Materielle Selbstproduktion ist zudem fundamentaler als die universelle Sinnlichkeit, durch die Feuerbachs spezieller Materialismus die Einzigartigkeit des Menschen zu bestimmen suchte. Marx akzeptiert die generelle (und ziemlich spinozistische) Neigung Feuerbachs, Universalität als das bestimmende Merkmal des Menschen beizubehalten und sie zugleich dem natürlichen Sein des Menschen wieder zu integrieren. Und natürlich teilt Marx Feuerbachs Auffassung vom Menschen als einem »Gattungswesen«, das von Natur aus zu anderen Menschen in Beziehung steht und diese Beziehung zu seinem primären Gegenstand macht. Aber auch hier ist Feuerbach nicht grundlegend genug. Die spezifische menschliche Sinnlichkeit ist keine primäre, natürliche Gegebenheit, vielmehr ein geschichtliches Produkt unserer Selbstvermenschlichung, die in der materiellen Produktion wurzelt, vor allem in der Produktion der *Produktionsmittel*. Das wird nun bei Marx zum allgemeinen und für die Menschengattung spezifischen universellen Merkmal.

> Zwar produziert auch das Tier. Es baut sich ein Nest, Wohnungen, wie die Biene, Biber, Ameise etc. Allein es produziert nur, was es unmittelbar für sich oder sein Junges bedarf; es produziert einseitig, während der Mensch universell produziert; es produziert nur unter der Herrschaft des unmittelbaren physischen Bedürfnisses, während der Mensch selbst frei vom physischen Bedürfnis produziert und erst wahrhaft produziert in der Freiheit von demselben; es produziert nur sich selbst, während der Mensch die ganze Natur reproduziert; sein Produkt gehört unmittelbar zu seinem physischen Leib, während der Mensch frei seinem Produkt gegenübertritt. Das Tier formiert nur nach dem Maß und dem Bedürfnis der *species*, der es angehört, während der Mensch nach dem Maß jeder *species* zu produzieren weiß ... der Mensch formiert daher auch nach den

> Gesetzen der Schönheit. (*Ökonomisch-philosophische Manuskripte*, »Die entfremdete Arbeit«, *MEW*, Erg.-Bd. 1, S. 517)

Als wesentliche Lebenstätigkeit des Menschen, durch die die gegenständliche Wirklichkeit gestaltet wird, übernimmt die materielle Produktion bei Marx die Rolle des Kantschen transzendentalen Ich, indem sie 1. die Universalität (und daher auch die Freiheit) des Menschen ausdrückt; 2. seine inhärente Verbindung zur menschlichen Gemeinschaft darstellt (hier zur als natürliche Entität verstandenen »Gattung«); und vor allem, indem sie 3. zeigt, wie der Mensch gegenüber der gegenständlichen Welt gestaltende und bestimmende Kräfte entwickelt, so daß die Natur als sein Werk und seine Wirklichkeit erscheint.

Arbeit und Selbstentfremdung

Marx' Anthropologie der Produktion ist auch die Quelle seines ethischen Verständnisses der Arbeit als Selbstausdruck und Selbstverwirklichung.[26] Durch seine produktive Arbeit prägt der Mensch der unorganischen Natur sein Bild auf, reproduziert sich im Gegenstand und kommt dadurch als wirklich menschlich wieder zu sich selbst:

> Der Gegenstand der Arbeit ist daher die *Vergegenständlichung des Gattungslebens des Menschen*: indem er sich [in der materiellen Produktion] nicht nur wie im Bewußtsein intellektuell, sondern werktätig, wirklich verdoppelt und sich selbst daher in einer von ihm geschaffnen Welt anschaut. (*Ökonomisch-philosophische Manuskripte*, »Die entfremdete Arbeit«, S. 517)

Das ist eine Analogie zu der seit Kant für den Deutschen Idealismus typischen Relation zwischen dem Bewußtsein und seinem Gegenstand, die Marx jetzt in einen praktisch-materiellen Kontext überträgt. Der Mensch behauptet sein wirkliches (und natürliches) Gattungssein, indem er sich der Welt der Gegenstände einprägt, eine Tätigkeit, die keinem anderen Zweck dient als der Selbstäußerung.[27] Materielle Produktion ist nicht bloß nützlich, sondern eine wesentliche Tätigkeit des Menschen, in der er sein Dasein ausdrückt und verwirklicht; insofern ist sie der Träger jener Werte, die früher mit höheren menschlichen Tätigkeiten verbunden waren, wie Erkenntnis, rationale Spekulation, religiöser oder moralischer Eifer und so fort. In diesem Sinne kommt der materiellen Produktion gerade in ihrer Materialität eine geistige Bedeutung zu. Sie verkörpert eine Einheit von Materie und Geist, die die Linkshegelianer, wie wir gesehen haben, vorschnell als Hauptzug des Spinozismus betrachteten.[28]

Wahre Menschlichkeit setzt voraus, daß Arbeit selbstorientiert (und daher frei und autonom) ist. Im Zustand der Entfremdung (der folglich genau genommen ein weniger menschlicher Zustand ist) betrachten die Arbeiter ihre »Lebenstätigkeit«, die Arbeit, dagegen nur als ein Mittel, um ihre bloße, physische Existenz zu sichern; und indem sie sie jemandem verkaufen, verwandeln sie den ursprünglichsten Ausdruck ihres Daseins in eine Ware. Wie Marx schreibt:

> Die Arbeit ist aber die eigene Lebenstätigkeit des Arbeiters, seine eigene Lebensäußerung. Und diese *Lebenstätigkeit* verkauft er an einen Dritten, um sich die nötigen *Lebensmittel* zu sichern. Seine Lebenstätigkeit ist für ihn also nur ein Mittel, um existieren zu können. (»Lohnarbeit und Kapital«, *MEW*, Bd. 6, S. 400)

Die Entfremdung schafft einen Teufelskreis. Die eigene ursprüngliche Lebenstätigkeit bloß als Subsistenzmittel zu betrachten, ist eine Art falschen Bewußtseins, zu dem ich durch die entfremdeten materiellen Bedingungen, unter denen ich lebe, gezwungen bin und durch das diese Bedingungen zugleich aufrechterhalten werden. Das Arbeitsprodukt, die vorgebliche Vergegenständlichung meines Selbst, wodurch ich mein Leben als Individuum verwirklichen und bereichern soll, wird mir nicht nur von der Macht des Marktes entrissen, sondern kehrt sich in Wirklichkeit gegen mich, weil es von vornherein in ein System integriert ist und beiträgt, dieses System zu erhalten, das gerade die subjektive Menschlichkeit, die es befördern sollte, blockiert, verkümmert und unterdrückt.[29]

Hier kommt Marx dem klassischen teleologischen Muster (vielleicht gefährlich) nahe, demzufolge der Mensch durch die Verwirklichung von etwas, das für sein Wesen gehalten wird, eine höhere Ebene erreichen soll. Die Menschengattung kann sich entweder richtig oder falsch humanisieren, letzteres geschieht unter der gegebenen historischen Bedingung des Kapitalismus. Solange kommunistisches Leben und die Befreiung der Arbeit und ihrer Produkte nicht gegeben sind, herrschen noch unmenschliche und unnatürliche Lebensumstände für den Menschen, selbst wenn dieser Zustand eine notwendige Vorbereitung seiner Emanzipation ist. Demnach markiert die Entfremdung mit ihren verschiedenen Gesichtern als weder vermeidbares noch ewiges menschliches Schicksal das langdauernde Zwischenstadium zwischen Animalität und Erlösung, den beiden Polen, die sich traditionell in getrennten Welten, der natürlichen und der göttlichen Welt, konkretisieren, wobei der Mensch an beiden teilhat, die Marx aber in der Geschichte als einer einzigen, dynamischen und natürlichen Totalität vereinigt.

Während das ein deutlich spinozistischer Schritt ist (immanent, naturalistisch und monistisch), ähnelt er doch auch Hegels Versuch, der Geschichte eine aus dem religiösen Bewußtsein entlehnte, latente Struktur zu unterlegen. Entfremdung ist bei Marx die weltliche Form der »Verderbtheit«, ist ein Zustand fehlerhaften Seins, von dem kein transzendenter Gott, kein Gottessohn, sondern der natürliche Lauf der Geschichte die Menschengattung erlösen soll, und zwar durch schwere Arbeit, Leiden und immer tiefere Entfremdung, die in diesem Kampf als Hebel dienen.

Die religiösen Untertöne sind unüberhörbar. Die Eschatologie der jüdischen Propheten ist in immanente ökonomische Begriffe übertragen (eine spinozistische Einheit von Geist und Materie) und die Hoffnung auf die Wiederkehr des Messias in eine Theorie der Revolution übersetzt, wobei dem Proletariat in diesem natürlich-dialektischen Erlösungsdrama die Rolle der Avantgarde zukommt.

Handelt es sich dabei insgeheim um eine Theologie (wie bei Hegel) und eine radikale Abkehr von Spinoza? Um diese Frage beantworten zu können, müssen wir trennen zwischen Theologie im allgemeinen und geschichtlicher Providenz im besonderen. Spinoza war der erste, der eine quasi theologische Hermeneutik als Vehikel der Säkularisierung konzipierte. Doch übernahm er nicht (auch nicht metaphorisch) alle religiösen Motive, und die Vorsehung war das erste, was er verbannte. Ferner war Spinoza als Marrane der Vernunft nicht minder vom Pathos der weltlichen Erlösung ergriffen als Marx, doch war für ihn Erlösung eine individuelle Sache, die nur für eine Minderheit in Frage kam und die Menge unberücksichtigt ließ (siehe Kap. I. 6). Die Menge hatte kein globales historisches Ziel und keine utopische Dimension. Bei Marx diente die Utopie dagegen sowohl zur Vorstellung der höchsten menschlichen Befreiung für die Massen als auch für die Annahme, die Kräfte der Wirklichkeit könnten dieses grandiose Ergebnis aus eigener Dynamik zeitigen. Paradoxerweise endete Marx, weil er versuchte, die Utopie zu vermeiden und den Weg des spinozistischen Realismus zu gehen, implizit bei einer neuen geschichtlichen Vorsehung, denn er unterstellte eine unwahrscheinliche Übereinstimmung zwischen dem, was die Kräfte der

Wirklichkeit hervorbringen werden, und dem, was die Menschheit zutiefst ersehnt und wonach sie strebt.

Ich werde bei meiner Diskussion des *Kapitals* auf Marx' Utopie zurückkommen. Inzwischen sollten wir uns der allgemeineren Frage der Teleologie zuwenden, die ja in erster Linie der Anlaß für die Marx-Diskussion war. Auf der Grundlage der vorangegangenen Analyse des Menschen-in-der-Natur ist zu fragen, wie Marx' Philosophie der Immanenz – ohne inhärente Teleologie, aber unter Aufrechterhaltung einer historischen Perspektive – sich einen eigenen Weg zwischen Hegel und Spinoza bahnt.

Teleologie, Fremdheit und Entfremdung

Der Weg führt, glaube ich, über Kant. Tatsächlich bietet Marx eine eigene Synthese aus Kant und Spinoza, die wir nun untersuchen wollen.

Kant und die Teleologie

Kant erbte das Problem der Teleologie von Leibniz und der wissenschaftlichen Revolution des siebzehnten Jahrhunderts. Das natürliche Universum muß als ein rein mechanistisches System gesehen werden, ohne innere Ziele und Zwecke. Als solches steht es dem Menschen als eine fremde Macht gegenüber, die den menschlichen Bedürfnissen, Sehnsüchten und moralischen Aufgaben gegenüber indifferent ist. Bei seinem Versuch, das mechanistische »Reich der Natur« mit einem teleologischen »Reich der Gnade« zu versöhnen, faßte Leibniz diese Reiche als zwei komplementäre Systeme auf, zwischen denen Gott dauerhafte Harmonie »prästabiliert« hat. Für Kant steht das transzendente Prinzip Gott jedoch nicht mehr zur Verfügung. Statt Gott ist es nun der Mensch, der die Harmonie (oder Synthese) zwischen Natur und Teleologie zu schaffen hat, indem er der vorgegebenen Natur seine praktischen und moralischen Ziele aufprägt; und aus der prästabilierten Harmonie wird bei Kant die Harmonie zur Aufgabe und zum Ergebnis menschlicher Bestrebungen in der Geschichte.

Das ist nicht einfach ein logisch-systematischer Wandel, sondern eine ganze neue Weltanschauung und geistige Revolution. Sie etabliert die moderne Geschichtsauffassung, deren (verschwenderischer) Erbe Marx war. Für unsere Analyse ist es auch bedeutsam, daß Kant, wenn auch vergeblich, versuchte, eine Erkenntnisform zu finden, durch die der Mensch der Wirklichkeit eine objektive teleologische Struktur verleiht.[30] Besonders dieses Scheitern weist den Weg von Kant zu Marx. Schon bei Kant bringt der Mensch als praktisch Handelnder und *homo faber*, nicht als *homo sapiens* Natur und Teleologie objektiv zusammen. Das drückt sich in dem großen Schritt aus, der Kant von der traditionellen kognitiven Metaphysik zu seiner neuen Metaphysik der moralischen Praxis führt. Teleologische Gestalt kann die tatsächliche Wirklichkeit nur durch das Handeln des Menschen annehmen, der die mechanistischen Naturgesetze nutzt, um die Natur den menschlichen Interessen und moralischen Forderungen entsprechend umzuformen. Das geschieht durch alle Formen der Zivilisation – technische, politische und vor allem moralische Zivilisation. Während die Natur als solche ohne innere Zweckmäßigkeit ist, muß der Mensch als praktisches Wesen der Welt sein Bild aufprägen und die bestehende Natur (einschließlich seiner eigenen »inneren« Natur) zu einer »neuen Natur« umgestalten, die der moralischen Idee entspricht. Das macht Geschichte zum allumfassenden teleologischen Kontext und verleiht auch der Welt selbst ihren objektiven »Endzweck«.[31]

Marx' Synthese von Spinoza und Kant

Mit gewissen wichtigen Modifikationen (alle in spinozistischem Geiste) übernimmt Marx dieses Kantische Grundschema, einschließlich des Primats der Praxis. Die Welt als solche besitzt keine innere Teleologie; aber der Mensch als praktisches Wesen (als *homo faber*) gibt der Natur eine teleologische Form, die sie von sich aus nicht hat. Doch wenn das einmal geschehen ist, dann ist die teleologische Form in die Struktur der Wirklichkeit verwoben und wird zu einem wirklich bestimmenden Faktor.

Mit dieser Position zerlegt Marx Hegels Synthese von Kant und Spinoza in ihre Grundbestandteile und setzt dann eine neue Synthese an ihre Stelle. Hegel behauptete, daß sich in der Tiefenstruktur dessen, was wie eine dingliche, objektive Wirklichkeit erscheint, ein subjektartiger Zug findet, weil der Wirklichkeit dialektische Logik zugrunde liegt, also die Logik subjektartiger Systeme. Nach dieser Auffassung hat das Universum als ein natürliches System bereits eine latent menschliche Form, so daß wir, wenn wir es »subjektivieren«, nur seine innere Struktur deutlich machen und erkennen. Diese Auffassung, die ich »ontologischen Anthropomorphismus« nennen möchte, brachte Hegel im weiteren zur

»Aufhebung« der Natur im gottgleichen Geist und zu seiner quasi theologischen Interpretation der Geschichte.

Gibt es einen ähnlichen ontologischen Anthropomorphismus bei Marx? Sicherlich nicht, wenn wir darunter verstehen, daß der natürlichen Welt menschliche Züge zugeschrieben werden, die in ihr latent sind. Marx schließt sich im Gegenteil Spinoza an und kennt kein der Natur innewohnendes Subjektivitätsprinzip. Die Subjektivierung der Natur geschieht durch die Menschengattung als ein gesondertes Naturprinzip, eine Macht, die der Natur an sich gegenübertritt und sie sich unterwirft, ohne zuvor darin ihr eigenes Bild erkannt zu haben. Wie bei Kant wird das Bild des Menschen der rohen Natur nur verliehen; es ist weder in ihr zu entdecken noch aus ihrer latenten Struktur zu explizieren.

Äußerstenfalls können wir per Implikation Marx die These zuschreiben, daß sich die Natur von sich aus zumindest teilweise der gestalterischen Tätigkeit des Menschen überlassen könne. Doch schließt das bei Marx kein externes Postulat ein (wie Kants göttliche Garantie), denn für Marx gehören Mensch und Natur zum selben Immanenzbereich.

Hier bleibt Marx grundsätzlich spinozistisch. Er folgt zwar dem Kantischen Schema, lehnt aber Kants Dualismus von Vernunft und Natur und die entsprechenden Konsequenzen ab (wie den Utopismus, die Gleichsetzung von Humanisierung und Moralisierung und die Auffassung der praktischen Vernunft als eines transzendentalen Prinzips, das sich der Natur von außen auferlegt). Bei Marx wird der Mensch selbst zu einem Naturwesen, wenn auch in einem speziellen (dialektischen) Sinne. Der Mensch ist nicht mehr ein Doppelwesen, das gleichermaßen an der Natur und an einem übernatürlichen Reich »reiner« Vernunft teilhat. Daher ist seine praktische Tätigkeit materiell und sinnlich, nicht rein moralisch und apriorisch, und er handelt in Erfüllung seiner ontologischen Rolle wie eine wirkliche, empirische Entität und nicht mehr als ein transzendentales Ich.

In diesem Sinne kann man sagen, durch den Menschen arbeitet die Natur an sich selbst – ein reflexiver Zug, durch den der immanente spinozistische Rahmen des Marxschen Systems gewahrt wird. Wir müssen aber auch einen großen Unterschied erkennen, der in Hegels Richtung weist. Der Mensch gehört zur Natur nicht in dem einfachen, einförmigen Sinne von Spinozas *res*, sondern dialektisch, das heißt sowohl als Subjekt als auch als Objekt. Der Mensch in seiner Arbeit ist ein natürliches Subjektivitätsprinzip, ein natürliches Für-sich, das sowohl zu seiner Subsistenz als auch in der Ausübung der für den Menschen typischen ontologischen Tätigkeit (der Produktion) von dem An-sich der Natur abhängt.

Aber er kann nicht auf dieses An-sich reduziert werden, und ebensowenig läßt er sich aus der bloß objektiven und mechanistischen Kausalität erklären und konstituieren. Marx' Materialismus ist, wie häufig festgestellt wurde, praktisch und ökonomisch, nicht ontologisch.

Eine materialistische kopernikanische Wende?

Das ist meiner Meinung nach Marx' große Neuerung gegenüber Hegel und gegenüber Spinoza. Er geht keinen »Mittelweg«, sondern zieht aus ihrer Gegensätzlichkeit seine eigene, spezifische Synthese. Man kann sie als eine naturalistische Version, die privilegierte Rolle des Menschen als eines die Welt gestaltenden Subjekts beizubehalten, auffassen oder als eine materialistische kopernikanische Wende. Natur im weiteren Sinne als das alles umfassende Reich der Immanenz (N_1) ist von Anfang an durch eine innere Spaltung gekennzeichnet: Auf der einen Seite steht ein träges natürliches An-sich (N_2 oder Natur im engeren, unorganischen Sinne), ihm steht ein natürliches Subjektivitätsprinzip gegenüber, das dieses An-sich in eine »humanisierte« Welt verwandelt. Keines der beiden Naturprinzipien kann auf das andere reduziert werden, und ihre Wechselbeziehung bildet den Menschen-in-der-Natur als die allumfassende Totalität (N_1). Und eben als natürliches (und praktisches) Wesen (im Sinne von N_1), nicht als selbstgewußter »Geist« behält der Mensch seine spezifische Macht und ontologische Rolle im immanenten Natursystem, dem er als Subjekt sowohl wie als Objekt angehört.

In diesem Sinne bleibt Marx in der Tradition des Deutschen Idealismus (oder besser gesagt, innerhalb der kopernikanischen Wende), obgleich er ihr eine praktische und metaökonomische Interpretation gibt.[32] Der Materialismus, den Marx sich selbst zuschreibt, impliziert vor allem den Primat der Praxis gegenüber spekulativer Erkenntnis (gegen Hegel) und der sinnlichen oder natürlich-materialistischen Praxis (Produktion) gegenüber der moralisch-transzendentalen (gegen Kant). Verglichen mit dem Deutschen Idealismus (oder dem kopernikanischen Prinzip), ist das eine Naturalisierung der Rolle des Subjekts, nicht aber seine Abschaffung. Marx' Materialismus bedeutet, daß das kopernikanische Prinzip materialisiert ist und der Mensch durch die materielle Produktion seine Rolle als natürliche und praktische Entität spielt. Das Ergebnis läßt sich als »praktischer Materialismus« bezeichnen und vom ontologischen Materialismus, mit dem es nicht vereinbar ist, unterscheiden.[33]

Zusammengefaßt: Bei Spinoza war Natur reine und einförmige Substanz, eine Subjektivierung der Natur war nicht möglich, weder von innen her (wie bei Hegel) noch von außen (wie bei Kant und Marx). Die teleologischen Projektionen des Subjekts waren reine Fiktionen, die an der Form der Wirklichkeit keinen Anteil hatten. Bei Hegel war dagegen ein teleologischer und subjektartiger Zug latent in dem, was eine dingähnliche Substanz zu sein schien. Bei Marx, darin folgt er Kant, verleiht der Mensch als praktisches Wesen einem natürlichen An-sich Zweckmäßigkeit, die es zuvor nicht hatte; das geschieht durch Arbeit und Produktion und deren sublimere kulturelle Nebenprodukte sowie vor allem durch die Herstellung der Produktionsmittel – eine Teleologie zweiter Stufe. In dieser materiellen Beziehung wird die Natur wirklich subjektiviert. Die Zweckmäßigkeit ist nicht mehr fiktiv und illusorisch wie bei Spinoza, sondern wird zu einem bestimmenden Faktor in der natürlichen Struktur der Welt. Sie bildet das »ökonomische« Substrat der Wirklichkeit, deren Erforschung zur neuen *prima philosophia* wird.[34]

Noch einmal Entfremdung

Das erklärt auch, warum bei Marx die Entfremdung als philosophisches Problem eine so wichtige Rolle spielt.[35] Das Entscheidende an der Entfremdung ist nicht, daß dem Menschen die Natur fremd ist, sondern daß sie in verzerrter Form humanisiert wird. Hätte der Mensch nicht von Anfang an so existiert, daß er sich seinen Naturprodukten aufprägte und sich in ihnen objektivierte, wäre das ontologische Problem der Entfremdung gar nicht entstanden.

Im Zustand der Entfremdung kehrt sich die Selbstobjektivierung des Menschen gegen ihn. Statt seine Befreiung und Selbstverwirklichung zu befördern, nimmt sie die Form eines sozialen und ökonomischen Systems an, das seine Menschlichkeit entwertet und verhindert (und trägt außerdem dazu bei, dieses System zu erhalten). Für den Zweck unserer Analyse brauchen wir die sozialen und ethischen Einzelheiten der Entfremdung nicht herauszuarbeiten, sondern nur auf das ihnen zugrundeliegende philosophische Prinzip zu verweisen. Das Problem besteht nicht darin, daß der Mensch von einer fremden Macht behindert wird, die ihm einfach gegenübersteht; das wäre *Fremdheit*, nicht (Selbst)-*Entfremdung*. Das Problem besteht vielmehr darin, daß die hindernde Kraft meine eigene materielle Verkörperung ist, durch die ich der fremden Natur eine zweckmäßige Form verleihen sollte, um mich zu verwirklichen und zu befreien. Während die Natur ursprünglich durch Praxis so subjektiviert werden sollte, daß die menschliche Entwicklung dadurch gefördert würde, wird das im sozioökonomischen System der Produktion verkörperte Menschenbild auf uns zurückgeworfen als eine Macht, die unsere Menschlichkeit zerstört. Marx' Hauptproblem, das Problem der Entfremdung, wurzelt daher in derselben Theorie, mit der er die Probleme der Teleologie und des Anthorpomorphismus angeht und durch die er sich von Hegel weg- und zu Spinoza hinbewegt.

Marx' Form, die Entfremdung zu überwinden, ist wiederum spinozistisch, wenn auch in anderem Sinne. Er setzt weltliche Erlösung zum Ziel und fordert einen wissenschaftlichen Weg, sie zu erreichen.

Spinoza und *Das Kapital*: Die Wissenschaft von der Erlösung

In seiner späteren Phase brach Marx ganz mit der reinen Philosophie und empfand Unbehagen wegen des moralischen Beiklanges seiner frühen Reflexionen. Das heißt jedoch nicht, daß seine Ontologie und Anthropologie sich erheblich geändert hätten oder er in der Art der Positivisten die Philosophie aufgegeben hätte. Im Gegenteil, Marx' ökonomische Theorie ist voller Elemente, deren metaphysische Herkunft unverkennbar ist. Doch hatte die Metaphysik keine unabhängige Stellung und keinen unabhängigen Anspruch mehr. Nachdem sie ihre Aufgabe als reine Theorie erfüllt hatte, brauchte sie nicht in den konkreteren Theorien der Ökonomie und des gesellschaftlichen Wandels aufzugehen oder aufgehoben (also auch bewahrt) zu werden, auch nicht in der revolutionären Aktion, in die diese Theorien überführt werden sollten.

»Ihr könnt die Philosophie nicht aufheben, ohne sie zu verwirklichen«, schrieb Marx in einem frühen Aufsatz (»Zur Kritik der Hegelschen Rechtsphilosophie. Einleitung«, *MEW*, Bd. 1, S. 384). Es war also eine besondere Einheit von Geist und Materie, in der die Linkshegelianer, wie wir gesehen haben, den Hauptpunkt des Spinozismus sahen. Der junge Marx hatte diese Einheit ebenfalls im Sinn, als er erklärte, das Proletariat sei »inkarnierte Philosophie«; später, als er im *Kapital* daran ging, das Proletariat mit entsprechendem theoretischem Selbstbewußtsein auszustatten, lieferte er auch den neuen Ersatz für die reine Philosophie: ihre in Praxis verkörperte Transformation.

Daher sehe ich, trotz der nicht zu leugnenden Unterschiede in Stil, Reichweite und wissenschaftlichem Charakter, keine wirkliche Zäsur zwischen dem frühen und dem reifen Marx. *Das Kapital* erweitert und konkretisiert Marx' ursprüngliche Vision, es gibt ihr einen wissenschaftlichen Ausdruck und dadurch, so können wir hinzufügen, eine spinozistische Form. Schon der junge Marx hatte entdeckt, was er für das ökonomische Substrat der Wirklichkeit hielt, auch die Selbstgestaltungstätigkeit des Menschen-in-der-Natur, die der ökonomischen Produktion zugrunde liegt. Der reife Marx machte sich im *Kapital* auf spinozistische Art und Weise daran, die grundlegenden Kategorien und Bewegungskräfte dieser Wirklichkeit zu entfalten und zu entziffern, womit er nicht nur eine ökonomische Theorie im engeren Sinne lieferte, sondern eine Art *prima philosophia* – Marx' eigenen immanenten Ersatz für traditionelle Theologie und Metaphysik. Marx' Ökonomie darf nicht als eine Einzeldisziplin unter anderen angesehen werden. Sie ist eine umfassende Fundamentalwissenschaft, der konkrete Ausdruck jener humanisierten Substanz und neuen *causa sui*, die die immanente Wirklichkeit konstituiert.

Das Kapital hat ferner die schwierige Aufgabe, die Wirklichkeit mit der ethischen Utopie zu versöhnen. Während Heine sagte, das Himmelreich bestünde aus Brot und Zuckererbsen, faßt Marx im *Kapital* diesen Gedanken in eine wissenschaftliche Theorie. Die trockene und zuweilen scholastische Weitläufigkeit dieses magnum opus ist Marx' Art, Spinoza folgend, ethische Visionen und mächtige menschliche Sehnsüchte zu diskutieren, als wären es Punkte, Linien und Körper. Ökonomische Analyse tritt an die Stelle von Spinozas *mos geometricus* und bietet statt dessen einen *mos oeconomicus* als Erlösungsweg.[36]

Genauer gesagt, der reife Marx hat noch den Wunsch, ja das Feuer, das die frühen *Manuskripte* beseelte: ein Kant ähnliches »Reich der Zwecke« im Bereich von ökonomischer Produktion und Tausch zu errichten, eben jenem Bereich, den Kant und Hegel nur für Kampf und Wettstreit geeignet fanden und deshalb einem egoistischen Krieg aller gegen alle überließen. Die gleiche Universalität auf der Grundlage wechselseitiger Anerkennung des Menschseins der anderen, die Kant zur Grundlage innerer Moral gemacht hatte und die Hegel auf die politischen Institutionen des Staates übertrug, suchte Marx in der Welt sozioökonomischer Beziehungen (Hegels »bürgerlicher Gesellschaft«) zu etablieren, da sie der grundlegende Bereich ist, der alle anderen bestimmt.

Doch dazu, betont Marx, muß man sich nach den Gesetzen der sozioökonomischen Wirklichkeit richten, danach, wie sie auf eine wissenschaftlich analysierbare und vorhersagbare Weise ihren eigenen dialektischen Verlauf bestimmt. An diesem entscheidenden Punkt bahnen Marx' Kantsche Züge seinem fundamentalen Spinozismus den Weg. Welche

Emanzipation für das Menschengeschlecht auch bereit steht, sie wird durch den inneren Gang und die immanenten Gesetze der Wirklichkeit selbst erlangt werden, nicht wie bei Kant und den utopischen Sozialisten, indem der Wirklichkeit ein äußerer moralischer Wille übergestülpt wird. *Das Kapital* sollte als Theorie dieser Entwicklung dienen und zugleich eine Fundamentalphilosophie, eine empirisch nutzbare Wissenschaft, eine auf den Boden der Realität heruntergeholte moralische Vision und das artikulierte Selbstbewußtsein des Proletariats, der neuen »universalen Klasse«, sein. Als solches bietet es auch die Art von Theorie, die dem Zeitalter des »Endes der Philosophie« angemessen ist, denn die Theorie ist in Praxis aufgegangen, ist möglicherweise selbst ein praktisches Werkzeug.[37]

Schon sehr früh tritt bei Marx die Forderung auf, Gesellschaft wissenschaftlich zu analysieren. Selbst als er noch von einer Mischung aus Aufklärung und linkshegelianischem Denken geprägt war und sich auf Politik als den hauptsächlichen Bereich, der zu reformieren sei, konzentrierte, schrieb der vierundzwanzigjährige Marx:

> Die Philosophie hat nichts in der Politik getan, was nicht die Physik, die Mathematik, die Medizin, jede Wissenschaft innerhalb ihrer Sphäre getan hat. Baco von Verulam erklärte die theologische Physik für eine gottgeweihte Jungfrau, die unfruchtbar sei, er emanzipierte die Physik von der Theologie und – sie wurde fruchtbar ... so begannen früher Machiavelli, Campanella, später Hobbes, Spinoza, Hugo Grotius, bis zu Rousseau, Fichte, Hegel herab, den Staat aus menschlichen Augen zu betrachten und seine Naturgesetze aus der Vernunft und der Erfahrung zu entwickeln. (»Der leitende Artikel in Nr. 179 der ›*Kölnischen Zeitung*‹«, *MEW*, Bd. 1, S. 103)

Diese wissenschaftlich realistische Haltung ist sogar dauerhafter als Marx' ökonomischer Materialismus. Die Philosophie, sagt der junge Marx, muß die inneren Gesetze der Gesellschaft aufdecken, die nicht minder als die Gesetze der Physik als Naturgesetze zu verstehen sind. Der reife Marx dehnt diesen Ansatz von der Politik auf die ökonomische Theorie aus und betrachtet die fraglichen »Gesetze« als dialektisch und nicht mehr in Analogie zu Physik oder Mathematik;[38] doch behält er diesen grundsätzlich spinozistischen Ansatz bei und erweitert ihn im *Kapital* zu einer ausgearbeiteten neuen Wissenschaft.

Marx' Ansatz ist in zweierlei Hinsicht spinozistisch: nicht nur, weil er die Gesellschaft als durch ihre naturwüchsigen Prozesse wissenschaftlich bestimmt betrachtet (das hatten, wie Marx anerkennt, schon Machiavelli und Hobbes vor Spinoza so gesehen), sondern auch, weil er diese Auffassung mit einer Perspektive weltlicher Erlösung verbindet, zu der die entsprechende Wissenschaft dienlich sein und Zugang verschaffen soll. In dieser Verbindung liegt der Unterschied zwischen Spinoza und Marx – und auch, was für beide ein großes Problem darstellt: Da beide Utopie und Voluntarismus ablehnen, weder Gott noch dem angeblich moralischen Willen eine Rolle in der Geschichte (oder der eigenen persönlichen Entwicklung) zugestehen, müssen Marx und Spinoza, jeder in Begriffen seines eigenen Systems, die Wirklichkeit so erklären, daß deren eigene Entwicklung als Vehikel zur Erlösung dient.

Bei Spinoza wird dieses Problem zum Paradox: Befreiung scheint das Ergebnis von Zwang zu sein. Metaphysische Freiheit ist da, wo es sie gibt, nicht erlangt, sondern sie *geschieht* uns einfach. Jedes Individuum ist zunächst unfrei, und sein Übergang von äußerer zu innerer Determiniertheit (Spinozas Definition von Freiheit) muß seinerseits von der Kette äußerer Ursachen, die ihm vorausgehen, bestimmt sein. Der in Freiheit lebende Mensch soll sich also innerer Determiniertheit erfreuen, doch um dahin zu kommen, muß er von der gleichen zwingenden Kausalität abhängig sein, die den Umschlag zur Freiheit bewirkt. Die Logik von Spinozas Universum läßt keinen Hiatus, keinen spontanen Sprung oder revolutionären »Augenblick« zu, obgleich seine Theorie der Befreiung etwas Derartiges zu fordern scheint.[39]

Die Marxsche Version des Problems ist gravierender – zumindest aus der Sicht von Teleologie und Vorsehung. Spinoza, der Erlösung als persönliche Angelegenheit betrachtet, kann ihr Auftreten als eine deterministische Wahrscheinlichkeit auffassen, die einigen wenigen zugute kommt. Er kann nicht stillschweigend eine alles umfassende Teleologie oder weltliche Vorsehung in Anspruch nehmen (und tut das auch nicht); sein Problem erwächst gewissermaßen aus einem Überschuß an Determinismus. Marx muß dagegen, weil er Erlösung historisiert und das gesamte Menschengeschlecht zu ihrem Gegenstand macht, eine Art weltlicher Eschatologie zugestehen. Erlösung ist nicht mehr durch Berechnung deterministischer Wahrscheinlichkeiten vorhersagbar, und der Schatten unerlaubter Teleologie taucht wieder drohend am Horizont auf.

Marx kann logisch nicht mehr tun, als zu behaupten, es sei eine historische Tatsache, daß wir uns dem Ziel nähern, und seine Behauptung auf eine dialektische Analyse vom Aufstieg des Kapitalismus und seinen inhärenten Krisen stützen zum Zeichen dafür, daß eine neue Ära im Entstehen begriffen sei. Aber gerade an diesem Punkt scheinen sich Voraussage und Teleologie zu vermischen (was vielleicht der Grund für manche übereilten Prognosen von Marx war, die bisher nicht eingetroffen sind). Überdies, selbst wenn man annimmt, daß die Voraussage streng auf seiner Theorie und den Fakten basiere, wie läßt sich auf metaphilosophischer Ebene die merkwürdige Korrespondenz erklären, wonach die Wirklichkeit durch ihre eigene Dynamik letztlich mit den tiefsten Wünschen und Sehnsüchten der Menschheit übereinstimmt? Wie Sartre erkannt hat, kann es in einer Welt ohne Vorsehung dafür keine Garantie geben.[40] Aber Sartre ist in dieser Hinsicht viel spinozistischer als Marx, der letzten Endes noch einem Rest Vorsehungstheologie anhängt. Wie bei Leibniz, wie in jeder Auffassung, die irgendeine »moralische Weltordnung« vertritt, scheint es bei Marx zumindest eine faktische Harmonie zwischen dem Reich der Natur und dem Reich der Freiheit zu geben, auch wenn kein Gott, keine Vorsehung und keine prästabilierte Harmonie dieses Wunder offiziell garantieren dürfen.

Marx' historische Utopie (mit der er sicherlich Spinoza widerspricht) hängt wiederum mit den Differenzen zusammen, was das Problem der Menge betrifft. Nach Spinoza war die universelle Erlösung weder für sich genommen ein denkbares Ziel noch (wie bei Hegel und Marx) Vorbedingung der Erlösung des Einzelnen. Aus diesem Grunde brauchte Spinoza eine besondere Theorie (oder Strategie) für die Menge, da diese immer außerhalb der Reichweite wahrhafter Erlösung bleiben wird. Marx hingegen wendet sich, da er Erlösung zwar im großen historischen Maßstab denkt, aber wie Spinoza erwartet, daß alles durch die immanenten Kräfte der Wirklichkeit geschieht, der Menge in Gestalt des Proletariats und der Massen zu und sieht in ihnen den Hebel universeller Erlösung.

Hier läßt sich ein ganzer Komplex von Unterschieden zwischen Marx und Spinoza ausmachen. Auch Spinoza hatte (ungeachtet der gängigen Meinung) eine geschichtliche Zukunftsperspektive und einen Zukunftsplan, die auf der Menge als dem Substrat des Wandels beruhten (siehe Kap. II. 1). Doch angesichts des Fehlens von Vorsehung und jeglicher verborgenen Teleologie hieß das für Spinoza, daß alle Veränderungen den niedrigeren natürlichen Fähigkeiten ihres Mediums, der Menge also, angepaßt sein müßten. So war nicht mehr zu erwarten (obwohl das selbst schon eine Revolution wäre), als daß die Menge auf die Ebene der gereinigten Imagination gehoben würde, wo, durch Gehorsam gegenüber der Autorität, eine quasi rationale Lebensführung gesichert ist, während alle persönlichen Meinungen und Gefühle (auch die niederen) gedeihen könnten. Dieses unausgesprochene Programm des *Theologisch-Politischen*

Traktats soll eine aufgeklärte soziale Umwelt schaffen, die auf Freiheit, Sicherheit, Toleranz und institutioneller Solidarität beruht, nicht aber auf der dritten Gattung der Erkenntnis. Wahre Erlösung wird dadurch vielleicht einfacher zu erreichen sein, bleibt aber Sache einer Minderheit.

Bei Marx wird die Demokratisierung der Erlösung unausweichlich zum höchst utopischen Zug seiner Theorie. Paradoxerweise ist das ein Resultat des Marxschen Spinozismus, seines Versuchs nämlich, Utopie zu vermeiden und die Hoffnung auf die Kräfte der Wirklichkeit zu setzen.[41] Das führte ihn dazu, die Massen mit weit größeren Kräften der Aufklärung und Selbsterkenntnis auszustatten, als realistisch erscheint, und führte ihn weiter dazu, die oben angedeutete, durch Vorsehung bewirkte Korrespondenz zwischen Wirklichkeit und Ideal vorauszusetzen. Darin ist Marx ebenso utopisch wie Kant, obgleich er doch behauptet, die Kantsche Utopie durch einen spinozistischen Naturdeterminismus zu ersetzen.[42]

Das ist nicht nur ein theoretischer Mangel. Historisch gesehen wurde es zur Ursache für viel Leid und Unterdrückung. Ein unrealistischer Begriff von den Massen führte unvermeidlich zur Spaltung zwischen diesen und ihrer angeblichen Vertretung in gewöhnlich bürokratischen Führern und Institutionen, die innerhalb der Diktatur des Proletariats das avantgardistische Prinzip der Geschichte verkörpern sollten, während sie in Wahrheit die Massen durch höheres Wissen und häufig mit Despotismus und Terror beherrschten.

Während auch Spinozas politische Theorie gegen mögliche Verletzung der Freiheit nicht gefeit ist,[43] macht ihr größerer Realismus sie menschlicher, insbesondere im Hinblick auf die Menge. Die Menschen werden nicht gezwungen, sich auf Ebenen zu begeben, denen sie nicht gewachsen sind;[44] weder gelten sie von vornherein als durch eine Ideologie mobilisiert, die angeblich ihr »wahres« Sein ausdrückt, noch als Verräter, wenn sie dieser Sache nicht beständig zu Diensten sind. Die verschiedenen Stufen menschlichen Bewußtseins und das Recht des Menschen anzuerkennen, sich mit einem niedrigeren als dem idealen Bewußtseinsstand zu bescheiden, ist ein Grundprinzip der Menschlichkeit, denn darin beweist sich Respekt für die Menschen, wie sie wirklich sind und wo immer man ihnen begegnet. Wohingegen der Versuch, alle Menschen auf die Höhe irgendeines Vernunftideals (oder eines moralischen, religiösen, nationalistischen oder sonstigen Ideals) zu heben, Tyrannei und Terror Tor und Tür öffnen kann.[45] Drängt man einer Welt eine Utopie gegen ihren Willen oder gegen ihre Natur auf, so wird sich die Utopie schnell in ihr Gegenteil verkehren, ein Umstand, den die Geschichte in wiederkehrenden Wellen des Leidens bezeugt. Spinoza konnte das durch die anderen Marranen und die Inquisition erfahren haben, und einige von Marx' Schülern haben dem in unserem Jahrhundert neuerlich Ausdruck gegeben. Und wenn Marx auch nicht für jede Untat, die in seinem Namen begangen wird, verantwortlich ist, so gibt es doch ein Element in seiner Utopie, das diese aufhebt und das fast unweigerlich zum Mißbrauch einlädt. Alles in allem, wenn am Ende dieses Kapitels eine zusammenfassende Tautologie erlaubt ist: Spinoza ist weit spinozistischer als Marx.

Auf der anderen Seite hatte Marx ein tiefer dringendes Verständnis der gesellschaftlichen Wirklichkeit, was ihn dazu führte, sowohl dem Begriff der Freiheit als auch dem Projekt der Selbsterkenntnis die unerläßliche ökonomische Dimension hinzuzufügen. Hierin mag Marx (und zwar im Sinne von Spinozas eigener Philosophie) Spinoza überlegen sein.

Spinoza nennt Freiheit als das Ziel des Staates, versteht Freiheit aber hauptsächlich, wenn nicht ausschließlich geistig und politisch. Marx fügte die entscheidende Modifikation hinzu, daß Freiheit auch und in erster Linie eine ökonomische Seite habe. Infolgedessen darf Freiheit nicht als Ziel allein des Staates angesehen werden, sondern der gesellschaftlichen Organisation im allgemeinen. Freiheit muß sich in dem sozioökonomischen System verkörpern, das dem Staat zugrunde liegt und ihn ermöglicht. Zweitens beruhen Selbsterkenntnis und Entmystifizierung bei Spinoza auf der Entdeckung der wahren, wenn auch verborgenen natürlichen Ursachen, die unser Dasein beeinflussen. Das ist eine zentrale spinozistische Idee. Aber Spinoza versteht diese Ursachen hauptsächlich physikalisch und psychologisch. Unwissenheit darüber, wie das Universum funktioniert, läßt religiösen Aberglauben und geistige Instabilität aufkommen; Unwissenheit darüber, wie der Geist natürlicherweise funktioniert, erzeugt Passivität und Selbstunterdrückung. Spinoza weist hier einen Weg, auf dem Marx und Freud folgen werden und den sie fortsetzen, jeder auf seine Weise. In dieser Hinsicht ist die Marxsche Entdeckung der ökonomischen Kräfte, die in verdeckter Form unser Leben und die Bilder, die wir uns davon machen, bestimmen, sehr spinozistisch, doch führt sie Spinozas Programm in entferntere Regionen und bereichert es.

Aber Marx versäumte es oder weigerte sich, Spinozas rigoroser Ablehnung aller Formen von Teleologie und Anthropomorphismus zu folgen. Mit seinem Entwurf eines weltweiten Erlösungsideals und der Entwicklung seines eigenen weltlichen Messianismus überschritt Marx die Grenzen der Immanenz, die (wie ich im Epilog zeigen werde) untrennbar mit Endlichkeit verbunden sind. Messianischer Kommunismus ist ein Fehlschlag. Das gilt jedoch für jeden Messianismus. Der Wert der Marxschen Entdeckungen und seine Bereicherung für die Philosophie der Immanenz werden nur bewahrt werden, wenn eine viel bescheidenere Auffassung von Emanzipation, eine partiale und endliche Auffassung, an die Stelle der utopischen Hoffnungen und Irrtümer tritt.

Spinozas strikte Ablehnung eines jeden Anthropomorphismus, die Marx nicht beachtet hatte, wird Nietzsche aufgreifen. Hätte dieser die Marxsche Lehre gekannt, würde er sicherlich gesagt haben, daß, obwohl Gott auch bei Marx tot zu sein scheint, seine »Schatten« noch lebendig sind und blühen und gedeihen. War Marx weniger spinozistisch als Spinoza, so werden wir sehen, daß Nietzsche es in gewisser Weise mehr war.

5. KAPITEL

Spinoza und Nietzsche: *Amor dei* und *Amor fati*

In der provokativen Formel *Amor fati* – Liebe zum Schicksal – faßt Nietzsche sein philosophisches Credo zusammen. Bei dieser Formel, die nie zuvor in der Philosophie verwendet worden ist,[1] handelt es sich offenbar um eine polemische Umformung von Spinozas *amor dei intellectualis*, wobei das Primat des Intellekts verworfen und *fatum*, das Schicksal, an die Stelle von Spinozas Gott-Natur als dem Gegenstand der Liebe gesetzt wird.

Das Begriffspaar *amor dei* und *amor fati* drückt sprachlich sehr gut die komplexe Beziehung zwischen Nietzsche und Spinoza aus, den beiden feindlichen Brüdern der modernen Philosophie. Vielleicht sind keine anderen zwei Philosophen so verwandt und doch so gegensätzlich. Hat Spinoza die moderne Philosophie der Immanenz initiiert und bildet er durchgehend ihren Hintergrund, treibt Nietzsche sie in die äußersten Konsequenzen – und kehrt diesen Punkt, wie wir sehen werden, gegen Spinoza.

Nietzsche erkennt seine Schuld und Verwandtschaft Spinoza gegenüber ausdrücklich an. Wenn er von seinen »Vorfahren« spricht, nennt er zu verschiedenen Zeiten verschiedene Ahnenreihen, immer aber erwähnt er Spinoza und Goethe – und zwar immer als Paar.[2] Das ist kein Zufall, denn Nietzsche meint, Goethe schließe Spinoza ein und antizipiere sein eigenes »dionysisches« Ideal.

Goethe, sagt Nietzsche, war »ein großartiger Versuch, das achtzehnte Jahrhundert zu überwinden durch eine Rückkehr zur Natur«; dabei nahm er »die Historie, die Naturwissenschaft, die Antike, insgleichen Spinoza zu Hilfe«. Goethe, so fügt Nietzsche hinzu, wollte »Totalität« (der Vernunft, der Sinnlichkeit, des Gefühls, des Willens); »er disziplinierte sich zur Ganzheit«, und »er schuf sich«.

> Goethe konzipierte einen starken, hochgebildeten, in allen Leiblichkeiten geschickten, sich selbst im Zaume habenden ... Menschen, der sich den ganzen Umfang und Reichtum der Natürlichkeit zu gönnen wagen darf, der stark genug zu dieser Freiheit ist; den Menschen der Toleranz, nicht aus Schwäche, sondern aus Stärke ... den Menschen, für den es nichts Verbotenes mehr gibt, es sei denn die *Schwäche*, heiße sie nun Laster oder Tugend.

Dieses ausgesprochen spinozistische Ideal Goethes wandelt Nietzsche dann in seinem Sinne:

> Ein solcher *freigewordner* Geist steht mit einem freudigen und vertrauenden Fatalismus mitten im All, im *Glauben*, daß nur das Einzelne verwerflich ist, daß im Ganzen sich Alles erlöst und bejaht – *er verneint nicht mehr*. Aber ein solcher Glaube ist der höchste aller möglichen Glauben: ich habe ihn auf den Namen des *Dionysos* getauft.[3]

In dieser aufschlußreichen Passage schreibt Nietzsche seine eigene Idee vom Übermenschen Goethe zu, wobei er sie in sanfteren, harmonischeren Farben malt. In gewisser Hinsicht ist Nietzsche tatsächlich eine Art maßloser Goethe, ein stürmischer Kulturradikaler, dem Goethes feine künstlerische Ausgewogenheit abgeht und der von widersprüchlichen Emotionen und den wilden Zügen seiner naturalistischen Revolte fortgerissen wird. Doch im Grunde erkennt Nietzsche in Goethes Ideal sich selbst wieder, identifiziert dieses Ideal mit seinem eigenen Dionysos und führt es teilweise auf Spinoza zurück. Daher spielt Spinoza bei der Entstehung von Goethes Position, die Nietzsche als Kern seiner eigenen ansieht, eine besondere Rolle.

Das Ausmaß ihrer Verwandtschaft wurde Nietzsche im Sommer 1881 schlagartig klar, wahrscheinlich nachdem er Kuno Fischers Buch über Spinoza gelesen hatte (in dem der Machtbegriff besonders betont wird). Auf einer Postkarte an seinen Freund Franz Overbeck äußerte er sich überrascht:

> Ich bin ganz erstaunt, ganz entzückt! Ich habe einen *Vorgänger* und was für einen! Ich kannte Spinoza fast nicht: daß mich *jetzt* nach ihm verlangte, war eine »Instinkthandlung«. Nicht nur, daß seine Gesamttendenz gleich der meinen ist – die Erkenntnis zum *mächtigsten Affekt* zu machen – in fünf Hauptpunkten seiner Lehre finde

> ich mich wieder, dieser abnormste und einsamste Denker ist mir gerade in *diesen* Dingen am nächsten: er leugnet die Willensfreiheit –; die Zwecke –; die sittliche Weltordnung –; das Unegoistische –; das Böse –; wenn freilich auch die Verschiedenheiten ungeheuer sind, so liegen diese mehr in dem Unterschiede der Zeit, der Kultur, der Wissenschaft. In summa: meine Einsamkeit, die mir, wie auf ganz hohen Bergen, oft, oft Atemnot machte und das Blut hervorströmen ließ, ist wenigstens jetzt eine Zweisamkeit.[4]

In seiner Begeisterung neigt Nietzsche dazu, die Unterschiede zwischen sich und Spinoza zu verkleinern, indem er sie unter anderem auf die zeitliche und kulturelle Distanz zurückführt. Bei anderen Gelegenheiten geht er dagegen recht scharf mit Spinoza ins Gericht. Begeistert war Nietzsche vor allem von Spinozas striktem Naturalismus und seinen zahlreichen Begleiterscheinungen (die er auf der Postkarte aufzählt) einschließlich der Abschaffung von Gut und Böse, der Leugnung einer der Welt eingebauten moralischen Ordnung und der Betonung von Eigeninteresse und Macht als der Grundlage des Lebens und als Vehikel des ethischen Fortschritts.

Nietzsche hebt auch die gemeinsame Neigung, »die Erkenntnis zum mächtigsten Affekt zu machen«, hervor, da er der Meinung ist, daß Erkenntnis zur instinktiven Seite des Lebens gehöre und kein autonom verfolgtes Interesse sei; daß ihr aber auch als Affekt eine Rolle bei der Befreiung des Lebens zukomme. Doch hier zeigt sich ein erheblicher Unterschied. Nietzsche schreibt (eher wie Sokrates) der Erkenntnis als Kritik, nicht als Doktrin eine heilsame affektive Kraft zu, also der Erkenntnis, die man durch Desillusionierung erlangt. Solche Erkenntnis vermittelt keine feststehende positive Wahrheit, sondern befreit das Individuum von dekadenten Bildern und falschem metaphysischen Trost, um es schließlich auf die selbstüberwindende Zustimmung zum *amor fati* vorzubereiten.

Bei Spinoza ist die unmittelbar affektive Tönung der Erkenntnis Lust, das Gefühl verstärkter Lebenskraft; Nietzsche betont dagegen unablässig den schmerzlichen Charakter der Erkenntnis und bemißt die Kraft (und den Wert) eines Menschen daran, »wieviel Wahrheit er ertragen kann«. Erkenntnis im Sinne von Desillusionierung oder kritischer Aufklärung ist ein Quell des Leidens und in erster Linie eine Versuchung zu verzweifeln, die der nietzscheanische Mensch überwinden und in eine dionysische Lust verwandeln wird. *Gaya scienza* – lustvolle Erkenntnis[5] – ist bei Nietzsche eine Aufgabe, ein Ziel, keine einfache Folge. Und selbst wenn dieses Ziel erreicht ist, bleibt die überwundene Versuchung zu verzweifeln unausweichlich ein Bestandteil der dionysischen Lust. Lust ist keine natürliche Folge, sondern das Ergebnis der Selbstüberwindung.

Das deutet bereits auf entscheidende Unterschiede zwischen Nietzsche und Spinoza hin. Ja, wenn Spinoza, wie Nietzsche es im Wortspiel ausdrückt, ihn aus seiner Einsamkeit erlöst und in einen Zustand der »Zweisamkeit« versetzt, beschenkt er ihn auch mit einer ernst zu nehmenden Alternative. Nietzsche und Spinoza bieten innerhalb ein und derselben Grundkonzeption, nämlich der vollständigen Immanenz, zwei konkurrierende Optionen. Beide erklären den transzendenten Gott für »tot« und betrachten das Leben in der Immanenz als das Ganze. Die Diesseitigkeit ist koextensiv mit Sein im allgemeinen. Mehr noch, das Universum besitzt (entgegen Hegel) keine subjektähnlichen Züge, keine innere Teleologie und bietet daher dem Menschen keinen tröstenden Abglanz seines eigenen, der Natur der Dinge aufgeprägten Bildes. Der Mensch selbst ist ein ganz immanentes (oder, spinozistisch ausgedrückt, »natürliches«) Wesen, ohne übernatürliche Fähigkeiten, Verpflichtungen oder Mängel; weder fehlt ihm etwas Höheres, das in einer höheren Welt beheimatet wäre, noch ist er mit besonderen Kräften ausgestattet, die aus einer solchen Transzendenz stammen. Der Mensch besitzt keine selbständige, ewige Seele,[6] kein »transzendentales Ich«, das an ihre Stelle treten könnte, keine apriorische Vernunft, die beanspruchte, sich von außen der Natur und dem Leben aufzuprägen. Als ein endlicher Modus ist der Mensch nur ein Tropfen im immanenten Universum und als solcher unweigerlich an es gebunden und in ihm befangen; dieses Faktum (oder Schicksal) muß er verinnerlichen, begreifen und mit der ganzen Intensität seines Lebens akzeptieren, wenn er seinem bloßen Dasein einen Sinn verleihen will, der mit den Grenzen der Immanenz vereinbar sein soll (Freiheit bei Spinoza, authentische Existenz bei Nietzsche). Darin steckt so etwas wie »Liebe zur Notwendigkeit«; entscheidend ist jedoch, wie diese Notwendigkeit zu interpretieren ist, ob als ein sich selbst rechtfertigendes System rationaler Gesetze oder als undurchsichtiges, unbestimmtes *fatum*, das mit rationalen Kategorien, Gründen oder Gesetzen weder zu rechtfertigen noch zu erfassen ist. Das ist (auf dem gemeinsamen Boden der Immanenz) der Grat, an dem sich Nietzsche und Spinoza scheiden und jeder für eine andere Immanenzerfahrung argumentiert, ja plädiert und wirbt.

Bei Spinoza besitzt die immanente Welt den Status des Göttlichen und viele Eigenschaften des toten transzendenten Gottes. Sich selbst begründend und rechtfertigend, ist sie ewig und unendlich sowohl quantitativ als auch in ihrer Vollkommenheit. Ihre Existenz folgt notwendig aus ihrem Wesen, sie wird von festen und ewigen Gesetzen regiert und ist durch und durch rational faßbar. Was den Menschen anbetrifft, so lebt er »in Gott« und hat an derselben universalen Rationalität teil, durch die er sich schließlich über seine Endlichkeit erheben und Ewigkeit innerhalb seines zeitlichen Daseins verwirklichen kann. Im Gegensatz dazu läßt Nietzsches Erfahrung der Immanenz keinen Raum für Ordnung, Konstanz, feste Gesetze, innere Rationalität oder Wahrheit; sie setzt ein Dasein voraus, aus dem nicht nur Gott, sondern, wie Nietzsche sagt, auch die »Schatten« Gottes beseitigt sind. Der Mensch lebt hier in einem sich stets verändernden Strom eines (kosmischen) »Willens zur Macht«, ohne Erlösung, ohne feste Wahrheit, ohne Erklärung für sein Leben, ohne Rechtfertigung für seinen Tod. Mit Notwendigkeit, also dem Gegenstand der Liebe, meint Spinoza, daß das Dasein aus dem Wesen Gottes fließt und es durch und durch vernünftig und göttlich ist, während bei Nietzsche die Notwendigkeit ein undurchsichtiges und uneinsehbares *fatum* ist, ohne inneres Wesen oder rationalen Grund und auf allen Kreaturen als eine unentrinnbare Bürde lastend.

Das sind zwei grundverschiedene Erfahrungen von der Welt; die eine sichert Ordnung, Konstanz, ja sogar auf pantheistische Art kosmische Bedeutung und eine Geborgenheit wie die alten Religionen (auch wenn deren geschichtliche Form geleugnet wird); die andere Erfahrung stellt den Menschen in eine metaphysische Wüste, eine Welt der Widersprüche und der Vergänglichkeit, die sich mit Vernunft nicht begreifen läßt und keinerlei metaphysischen Trost bietet. Infolgedessen muß die Billigung und verherrlichende Annahme der immanenten Existenz in Nietzsches *amor fati* die trotzige und selbstüberwindende Form eines »Dennoch« annehmen. *Amor fati* gründet auf einer grundsätzlichen Unstimmigkeit zwischen dem Individuum und der Welt, im Gegensatz zur einträchtigen Übereinstimmung und halb mystischen Identifikation in Spinozas *amor dei intellectualis*.

Wesensverwandtschaft

Die auffallende Wesensverwandtschaft zwischen Nietzsche und Spinoza soll nicht unerwähnt bleiben. Wenn Nietzsche von ihrer »Zweisamkeit« spricht, dann läßt er das Bild von zwei unabhängigen und solitären Philosophen hervortreten, die beide relativ isoliert leben, deren Leben fast vollständig in ihrer philosophischen Arbeit aufgeht und die verwirrende

Entdeckungen gemacht haben, durch die sie sich von den meisten ihrer Zeitgenossen (die in ihnen Nestbeschmutzer sahen) wie dem größten Teil der Tradition entfremdet haben. (Nietzsche konnte sich allerdings auf Spinoza stützen und mit ihm beim Aufbau einer Gegentradition wetteifern.) Steine des Anstoßes und Schreckgestalten, wurden sie als »atheistisch« oder »nihilistisch« verunglimpft (je nach dem zeitgemäßen Schimpfwort) und als gesellschaftsschädigend und grob unmoralisch gemieden. Und dennoch waren beide, Nietzsche wie Spinoza, obwohl sie die Begriffe von Gut und Böse ablehnten, zutiefst moralische Philosophen. Nicht in dem Sinne zwar, daß sie Vorschriften machten oder moralische Verpflichtungen setzten, aber doch insofern, als sie einen Weg zur Höherentwicklung und Vervollkommnung des Menschen wiesen und versuchten, ihre Leser auf diesen Weg zu bringen.

In ihrem überaus esoterischen Ideal spiegelt sich die existentielle Isolation und die elitäre Geisteshaltung beider Männer wider. Anders als Nietzsche war Spinoza gerüstet, mit dem Problem des Esoterischen zurechtzukommen, denn er hat eine besondere moralische Perspektive für die Menge ausgearbeitet und sie von der Perspektive der wenigen Auserwählten (vgl. Kap. I. 5) unterschieden. Nicht so Nietzsche. Zuweilen scheint er seine aristokratische Psychologie auf alle in der neuen Kultur anwenden zu wollen. Das ist sowohl inkohärent als auch gefährlich und ein Potential unvermeidlichen Mißbrauchs.

Mit der Isolation und einer revolutionären Botschaft – und bei Nietzsche auch mit seiner Vorliebe für das Tiefe und Aristokratische – ist bei beiden Männern die Vorliebe für Maskerade und Mehrdeutigkeit verbunden. »Alles, was tief ist, liebt die Maske«, sagt Nietzsche und beweist das in seinem Werk im Überfluß. Seine vielschichtigen, aphoristischen Äußerungen, absichtlich zweideutig, voller Anspielungen und ironischer Wendungen, sein Über- und Untertreiben, Täuschen, Wichtiges halb Gesagt-sein-lassen und bei Unwichtigerem Verweilen, das alles vermittelt dem Leser einen Reichtum an Einsichten – und stellt ihm Fallen. In dieser Art zu schreiben, zeigen sich nicht nur Nietzsches literarische Fähigkeiten oder seine bewußte Entscheidung für einen unsystematischen Stil oder sein Bedürfnis, seine Leser abzulenken, zu schockieren und zu verführen, sie verrät meiner Meinung nach auch ein existentielles Bedürfnis nach Maskierung als solcher. Tiefe erschließt sich nicht direkt, sie bedarf des Umwegs über Verstecken und Suchen, Überwältigen und sich Zurückziehen, worin notwendig Ironie enthalten ist. Nietzsches Tiefe ist oft dramatisch, aber selten pompös; und wie Heine weiß er, daß ein guter Stil nicht nur zur Vermittlung einer Botschaft nutzbar ist, sondern auch, um einen Schutzschild aufzubauen. Selbstenthüllung grenzt an schlechten Geschmack, und Treuherzigkeit ist die Tugend der Gewöhnlichen.

Durch seine geometrische Methode hatte Spinoza offenbar keine Schwierigkeiten, in einem direkten, unzweideutigen Stil zu schreiben, zumindest nicht, wenn es um streng philosophische Dinge und um den Austausch mit Eingeweihten ging. Aber Spinoza war auch ein großer Liebhaber von Masken und ein Meister der Äquivokation. Wenige waren ihm überlegen, wenn es darum ging, einen Diskurs gleichzeitig auf mehreren Ebenen zu führen, ein Verfahren, das er vor allem aus Vorsicht und zur Überzeugung anwandte, das ihm jedoch auch sichtlich intellektuell und ästhetisch Freude bereitete. Es war ihm nicht nur eine strategische Notwendigkeit, sondern auch *laetitia* – wenn nicht geradezu *amor – intellectualis*.

Doch hatte die Maske für beide Philosophen noch eine andere Funktion. Selbst Experten der Maskierung, waren sie ebenso sensibel für Gebrauch – und Mißbrauch durch andere, insbesondere wenn die Maske nicht bewußt benutzt wurde. Das hatten sie mit Philosophen wie Marx und Freud gemeinsam, die landläufige Begriffe und etablierte individuelle und gesellschaftliche Fassaden demaskierten, indem sie die uneingestandenen Motive und die dahinterliegenden Mechanismen, ergründeten.

Spinoza besitzt zwar keinen diffizilen Apparat, um die verschiedenen Formen von Selbsttäuschung und ideologischer Mystifikation zu erklären, aber er beteiligt sich an der modernen Tendenz (ja eigentlich ist er ihr Initiator), das Bewußtsein zu argwöhnischer Aufmerksamkeit sich selbst und seinen Projektionen gegenüber zu erziehen und nach einer tiefergehenden, vielleicht auch dunkleren Aufklärung zu suchen, als sie durch die offen vorgebrachten rationalen Überlegungen geliefert wird.

Daß eine solche Tendenz zur »dunklen Aufklärung« eng mit der Philosophie der Immanenz verbunden ist, beweist die Liste ihrer Hauptvertreter. Machiavelli und Hobbes, Spinoza, Darwin, Marx, Nietzsche, Freud, vielleicht Heidegger, auch Sartre, sie alle gehörten zu einer Philosophie, die den »göttlichen Teil« im Menschen und, damit verbunden, seinen Ursprung in einem Reich der Transzendenz in Frage stellt; sie alle arbeiteten daran, eitle Selbstbilder und angenehme Illusionen zu zerstören, und behaupteten, daß sie etwas Dunkles und Verwirrendes in der Struktur des Menschen und seiner Welt entdeckt hätten. Diese Art der »Erkenntnis« – immer schmerzlich, wie Nietzsche mehrfach sagt, mit ihrer kritischen »dunklen« Seite und der Desillusionierung als Heilmittel und dem unerbittlichen Streben, sie zu erreichen, sie zu einem mächtigen und heilsamen Affekt werden zu lassen –, diese Erkenntnis ist die gemeinsame Basis, die Nietzsche offenbar zwischen sich und Spinoza entdeckt hat.

Nietzsche bezieht sich an vielen Stellen direkt auf Spinoza. Manche seiner Bemerkungen sind wichtig, andere marginal, und alle sind stilistisch und inhaltlich davon beeinflußt, worauf Nietzsche jeweils gerade den philosophischen Akzent setzen wollte. Daher wäre es für unsere Zwecke nicht dienlich, dem Faden »Nietzsche als Leser Spinozas« zu folgen.[7] Statt dessen werde ich versuchen, die jeweiligen Positionen zu bestimmten philosophischen Schlüsselfragen zu rekonstruieren, insbesondere was das Wesen der Immanenz und die geeignete Antwort des Menschen auf sie angeht.

Conatus *contra Wille zur Macht*

Eine Konsequenz haben Nietzsche und Spinoza in ihrer Philosophie der Immanenz gemeinsam, nämlich daß sie in ihrer Theorie des Menschen an einem streng naturalistischen Monismus festhalten. Beide Philosophen sind überzeugt, im Menschen sei ein einziges Naturprinzip wirksam, das seine individuelle Existenz (wie auch alles andere in der Natur) begründe. Dieses Prinzip ist kein statisches Sein, sondern ein dynamisches Drängen, ein Streben oder Verlangen; als solches ist es auch das alleinige Prinzip, das allen Affekten, Trieben und den verschiedenen Formen menschlichen Verhaltens zugrunde liegt. Spinoza nennt es *conatus*, Nietzsche »Wille zur Macht«.

Conatus bei Spinoza ist im Grunde das Streben, sich selbst zu erhalten. »Jedes Ding strebt, ... in seinem Sein zu beharren« (*Ethik*, T. 3, L. 6), das ist das erste Prinzip, von dem sich der Rest ableitet, einschließlich aller menschlichen Affekte, vom gewöhnlichsten bis hin zum philosophischsten. Bei Spinoza ist der Seinsmodus einzelner Dinge *duratio* (Dauer), nicht im zeitlichen, sondern modalen Sinne verstanden. Es ist der Seinsmodus eines Dinges, dessen Existenz sich nicht notwendig aus seinem Wesen ergibt. Insofern bedarf es äußerer Ursachen, um existent zu werden, und es wird solange existent bleiben, wie es die äußeren Ursachen zulassen, und es wird dabei beständig den Bedrohungen und Gefahren, die diese Ursachen darstellen, widerstehen. Dieser Widerstand, der negative Aspekt von *conatus*, ist kein Attribut und keine den endlichen Dingen hinzugefügte Eigenschaft, sondern eben ihr Seinsmodus; er macht ihre Individualität als je einzelne Entitäten aus.

Indem der Mensch durch ein auf ihn selbst gerichtetes Verlangen definiert ist, ist *conatus* (wie Nietzsche zustimmend feststellt) geradezu das Gegenteil von Interesselosigkeit. Doch ergeben sich aus ihm nicht nur die üblichen Leidenschaften und Wünsche, sondern auch das Streben nach rationaler Erkenntnis (*conatus intelligendi*) sowie als höchste Emotion und Lebensform der *amor dei intellectualis*. Je nach Umständen, den Gesetzen der Psychologie und dem Wissensstand (das heißt dem Grad der Emanzipation) entstammen Aggression und Empathie, Gewalt und gegenseitige Hilfe diesem einzigen Naturprinzip. Solcher Monismus ist natürlich eine notwendige Folge von Spinozas striktem Naturalismus oder Immanenzprinzip. Da es keine transzendente Welt gibt, keine moralische Weltordnung, keine Normen und Verpflichtungen a priori, keine zweckgerichtete Organisation des Universums, sondern nur eine vom Spiel mechanischer Kräfte gelenkte Welt, muß das gesamte Leben des Einzelnen durch ein rein natürliches Prinzip des Strebens erklärt und darin begründet werden, was das Individuum als einzelne natürliche Entität individuiert. *Conatus* als das Streben eines jeden natürlichen Wesens, in seiner Existenz fortzudauern und zu diesem Zweck seine Lebenskraft zu stärken, wurde deshalb von Spinoza zu jenem einzigen Prinzip erhoben, von dem sich alles menschliche Verhalten und alle dadurch hervorgebrachten Phänomene ableiten.

Dieser Monismus findet sich auch bei Nietzsche, und zwar aus ähnlichen Gründen. Nietzsches Wille zur Macht wird wie der *conatus*, den er ersetzt, verstanden als »die primitive Affekt-Form…, [so] daß alle andern Affekte nur seine Ausgestaltungen sind«. Doch hier widerspricht Nietzsche Spinoza wieder. »Gerade an allem Lebendigen ist am deutlichsten zu zeigen, daß es alles tut, um *nicht* sich zu erhalten, sondern um *mehr* zu werden«[8], schreibt Nietzsche zu seiner Selbstverständigung und nennt speziell Spinoza als seinen Kontrahenten. An anderer Stelle betont er: »Vor allem will etwas Lebendiges seine Kraft *auslassen* – Leben selbst ist Wille zur Macht –: die Selbsterhaltung ist nur eine der indirekten und häufigsten *Folgen* davon.«[9] Der These Spinozas widersprechen vor allem die häufigen Fälle, die Spinoza nur als Verrücktheit erklären kann und in denen jemand bereit ist, sein Leben aufs Spiel zu setzen, um sich zu entfalten und über sich hinauszugehen:

> Sich selbst erhalten wollen ist der Ausdruck einer Notlage, einer Einschränkung des eigentlichen Lebens-Grundtriebes, der auf

> *Machterweiterung* hinausgeht und in diesem Willen oft genug die Selbsterhaltung in Frage stellt und opfert.[10]

Auch Spinoza spricht davon, es sei sein Ziel, die Lebenskraft (und Wirkungskraft) zu vermehren.[11] Häufig verbindet er dieses Ziel mit Selbsterhaltung (als Implikat oder Äquivalent), aber dann scheint er (zumindest an einer Stelle) davon auszugehen, daß es sich dabei um unabhängige Begriffe handelt.[12] Trotz dieser Ambivalenz läßt sich Spinozas Theorie nur so kohärent konstruieren, daß man das eine Ziel als dem anderen dienlich ansieht. Die Lebens- und Wirkungskraft zu vermehren, ist wünschenswert, weil sie die Aussicht auf Selbsterhaltung vergrößert. Bei Nietzsche ist Macht dagegen kein Instrument des Lebens, sondern sein durchgängiges Kennzeichen. Es ist nicht so, daß wir erst existieren und dann versuchen unsere Existenz zu verlängern, indem wir ihre Kraft steigern; vielmehr existieren wir von Anfang an als Wille zur Macht, das heißt als der dynamische Entwurf unseres Seins und als die eingebaute Stoßkraft, es zu vermehren und auszudehnen, wobei zuweilen das Leben bloß als solches aufs Spiel gesetzt wird.

Der Wille zur Macht ist daher ein Drang zur Übersteigerung seiner selbst, der für alle Menschen (und für alle anderen Wesen) natürlich ist. Nietzsche sieht (zu Recht, meine ich) keinen Widerspruch in dem Gedanken, daß immanente Entitäten – und andere gibt es nicht – von Natur aus danach streben, über ihre Grenzen hinauszugehen und »mehr zu werden«. Das verletzt das Prinzip der Immanenz nicht, denn wenn sie über sich hinausgehen, werden sie nicht notwendig von einem transzendenten Reich oder von apriorischen Normen geleitet, sondern entwerfen ihre eigene Existenz und drücken ihr Wesen aus. Daher brauchen wir für den Gedanken, daß alle diesseitigen Entitäten ihrer Natur nach als dieser selbstüberschreitende Drang existieren, keine jenseitige Welt anzunehmen.

Heidegger übernahm später diese nietzscheanische Idee der Selbsttranszendenz in der Immanenz für seine eigene Erklärung des menschlichen »Daseins« und der Bedeutung des »In-der-Welt-Seins«. Heidegger beschränkte jedoch seine Analyse auf den Menschen, dem er eine bevorzugte ontische Position im Sein einräumt. Damit stellte er sich innerhalb der Immanenzphilosophie auf die Hegelsche Seite und wurde wie Feuerbach zu einem Kritiker innerhalb dieser Bewegung. Nietzsche dagegen ergriff für die antihegelianische Auffassung Spinozas Partei, wonach den Menschen ontologisch nichts Besonderes zukommt, was sie vom übrigen Sein unterschiede und dem sie anzugleichen wären.

Diese Gleichartigkeit führt dazu, daß Nietzsche und Spinoza ihre Prinzipien auch auf physische Entitäten anwenden. Bei Spinoza liegt die physische Seite des *conatus* im Widerstand eines Körpers gegenüber äußeren Ursachen, die ihn zu verdrängen und sich an seine Stelle zu setzen drohen; der Körper nimmt daher sozusagen eine »defensive« Stellung ein, bemüht sich, den Übergriffen von außen standzuhalten und sein physikalisches Selbst zu bewahren. Bei Nietzsche besagt jedoch der physikalische Ausdruck des »Willens zur Macht« bezeichnenderweise genau das Gegenteil,[13] nämlich »daß jeder spezifische Körper danach strebt, über den ganzen Raum Herr zu werden und seine Kraft auszudehnen ... und alles das zurückzustoßen, was seiner Ausdehnung widerstrebt«.[14]

Zwei Dinge noch. Der Monismus des *conatus* und des Willens zur Macht erfordert eine Theorie, die erklären kann, wie die verschiedenen und gegensätzlichen Formen des geistigen und kulturellen Lebens aus ein und demselben ursprünglichen Prinzip hervorgehen können. Doch nur Spinoza gibt eine solche Erklärung. Bei Nietzsche bleiben wir im unklaren, wie der Wille zur Macht all die verschiedenen Formen annimmt, vor allem solche, die Nietzsche als abwegig, fremd oder in anderer Weise unecht ansieht. Der Wille zur Macht kann gesund oder entartet, dionysisch oder dekadent sein. Negativ wirkt er in der Moral des Ressentiments, in der christlichen Kultur und im Versuch der Rationalisten, die Welt zu beherrschen, indem sie sie einem imaginären Gewebe fester Kategorien und Gesetze unterwerfen. Was unterscheidet diese »negativen« Formen des Willens zur Macht von den »positiven«? Womit erklärt sich, wie die einen in die anderen übergehen (wie Spinoza zum Beispiel die Umwandlung eines »passiven« in einen »aktiven« Affekt erklärt). Warum hören wir nicht auf, eine Form »schwach« zu nennen, die menschliches Leben zwei Jahrtausende hindurch beherrscht hat? Nietzsche hätte sehr gut eine Theorie der Entfremdung brauchen können, mit der sich die Umschwünge im Modus des Willens zur Macht (von echt zu verkehrt und umgekehrt) erklären lassen und die sagt, wie dieser Wille zur Macht sich selbst im Wege stehen kann und wie das zu lösen ist.

Schließlich stimmt Spinozas Beharren auf Selbsterhaltung mit seiner Metaphysik der Selbstidentität und Permanenz überein, während Nietzsches Wille zur Macht, der allen immanenten Entitäten Selbsttranszendenz zuschreibt, mit seiner allgemeinen Theorie eines beständigen Wandels in Einklang steht, die jegliche Selbstidentität leugnet. Auf diese Weise gehören die Unstimmigkeiten über *conatus* und den Willen zur

Macht in die umfassendere Spinoza-Nietzsche-Diskussion über das Wesen der immanenten Welt. Wir werden darauf zurückkommen. Zuvor seien kurz die ethischen Implikationen des bisher Gesagten bedacht und was das für den Charakter des philosophischen Unternehmens bedeutet.

Moral und Selbstüberwindung

Obwohl Nietzsche und Spinoza Gut und Böse als in der Natur verkörperte oder sich ihr von außen auferlegende Werte ablehnen, sind sie, wie gesagt, insofern Moralphilosophen, als es ihnen auf die Vervollkommnung des Menschen ankommt. Beide wollen von ihren Lesern, daß sie eine ungewöhnliche ethische Leistung vollbringen: *amor dei* bei Spinoza, *amor fati* bei Nietzsche – oder zumindest, daß sie sich auf eine ihnen erreichbare Stufe existentieller Befreiung erheben. Ethik läßt sich jedoch nicht auf übernatürliche Mächte, Normen, Kategorien, transzendentale Vorschriften oder ähnliches gründen, das an die Stelle eines transzendenten Gottes tritt. Ebensowenig kann Ethik sich nach irgendeiner latenten Struktur des Universums richten, als gäbe es eine den Dingen aufgeprägte moralische Weltordnung, die als Leitlinie moralischer Verpflichtungen von ihnen abgenommen oder abgelesen werden könnte. Schon der Begriff der moralischen Verbindlichkeit (oder der moralischen Pflicht) macht in einem streng immanenten System keinen Sinn und muß bei Spinoza wie bei Nietzsche der *Selbstüberwindung* als ethischem Schlüsselbegriff weichen.

Ethische Ziele und Erfolge dürfen nichts als Natur zu ihrer Quelle, ihrem Substrat oder Prinzip haben. Da bei Nietzsche wie bei Spinoza strenger Naturalismus mit einem dezidierten ethischen Projekt Hand in Hand geht, muß dieses als eine Ethik der Selbstüberwindung konstruiert werden, wobei das immanente Naturprinzip (*conatus* bei Spinoza, Wille zur Macht bei Nietzsche) sich selbst zu etwas Höherem formt und einen Wert erzeugt, der weder mit der Natur in Widerspruch gerät noch sie in Richtung einer übernatürlichen Norm überschreitet, der vielmehr in der neuen Struktur und Qualität desselben Naturprinzips und der Lebensform beheimatet ist, die durch es hervorgebracht wird.

Selbstüberwindung unterscheidet sich daher radikal von dem, was bei Kant, bei den Stoikern, in der christlichen Moral und im christlichen Asketismus so genannt wird. Sie erlegt dem Leben und den Gefühlen keine äußeren Zwänge auf, sondern läßt das Leben sich selbst neu gestalten und sublimieren, wobei die einen Gefühle auf die anderen einwirken und sie formen. Nicht Vernunft gegen das Leben erzeugt Selbstüberwindung bei diesen beiden Philosophen der Immanenz, sondern das Leben modelliert sich selbst und stärkt sich selbst.

Das ist zugleich eine neue oder andere Interpretation für den uralten Begriff »Geist« oder »Spiritualität«, obwohl weder Spinoza noch Nietzsche diese Ausdrücke verwenden, um nicht unerwünschte Anklänge an christliche Askese und Priesterlichkeit zu wecken. Zwänge, die das Leben einengen, indem sie es irgendeinem höheren, über oder jenseits des Lebens liegenden Prinzip unterwerfen, müssen einen ungesunden und selbstverleugnenden Asketismus produzieren, den Spinoza ebensosehr scheut, wie ihn Nietzsche verabscheut. Geist (oder was dafür eingesetzt werden kann) ist kein selbständiges Prinzip aus einer anderen Welt oder aus dem reinen Autonomiebewußtsein des Menschen, ebensowenig ist er dazu da, das Leben einzuengen und zu unterdrücken. Geist (bei Nietzsche »freier Geist«) ist vielmehr das Leben selbst in seinem vollen Schwung und seiner affektiven Kraft, das sich durch diese Selbstüberwindung selbst gestaltet, sich einen Sinn gibt und so seine vitalen und kreativen Kräfte verstärkt, nicht reduziert. So gesehen ist das dionysische Leben auch das »geistigste« Leben.

Die immanente Ethik Nietzsches und Spinozas kann weder Altruismus noch eine Moral der Selbstverleugnung, des Mitleids oder der Schuld anerkennen. Zugleich lehnt sie ungebremste Zügellosigkeit und alle Formen des *laisser aller* ab. Auf die Prinzipien des *conatus* beziehungsweise des Willens zur Macht gegründet, sieht sie Tugend in einer gestalteten und sublimierten Selbstbejahung des Individuums, das heißt in der sich selbst stärkenden Form der Selbstüberwindung. Hier aber tritt ein wichtiger Unterschied zutage.

Bei Spinoza geschieht die Sublimierung der Affekte durch Vernunft und objektive wissenschaftliche Erkenntnis; sie folgt daher bestimmten Regeln und allgemeinen Mustern. Anders bei Nietzsche. Er versteht das Leben seines »Übermenschen« als ein offenes Lebensexperiment und erkennt kein objektives Wissen an, nur perspektivische Interpretationen. Selbstüberwindung hat daher bei Nietzsche einen hermeneutischen Aspekt; sie hängt mit der persönlichen Selbstinterpretation zusammen, durch die der Einzelne seinem Leben Sinn verleiht. Um diesen Punkt richtig einzuschätzen, müssen wir uns ansehen, in welchem Verhältnis bei Nietzsche und Spinoza Philosophie und Leben zueinander stehen.

Philosophie und Leben

Für Nietzsche gibt es keine objektive Wahrheit, nur »Perspektiven« und »Interpretationen«, die an existentielle Triebe und Interessen gebunden sind und ihnen dienen. Daher versteht er Philosophie oder besser das Philosophieren nicht als eine Suche nach objektiver Erkenntnis oder als eine neue Art der Wissenschaft. Es ist wesentlich eine bewertende Einstellung zum Leben, eine Einstellung, die sich in gewissen kognitiven Bildern sowohl ausdrückt als auch von ihnen unterstützt wird. Dementsprechend ist Nietzsches sogenannte »genealogische« Methode darauf angelegt, den Ursprung verschiedener kognitiver Überzeugungen und Wahrheitsansprüche in der typischen Psyche und den Lebenspräferenzen aufzudecken. (Der Ausdruck »Genealogie« steht zudem für die Suche verdeckter Ursprünge, die es offenzulegen und auch als »edel« oder »niedrig« zu bewerten gilt.)

Leben ist immer das Leben eines Einzelnen; so muß die Philosophie als eine Lebensform und Einstellung zum Leben einen individuellen Fokus, ein individuelles Ziel haben. Philosophieren heißt, daß ein bestimmtes Individuum eine Haltung zum Leben einnimmt, ihm Bedeutung verleiht, es bejaht oder verneint und ihm dadurch Form gibt. Dieser Prozeß ist nicht auf den Intellekt des Individuums beschränkt, sondern wird von der Fülle seines Lebens vollzogen, zu der auch die affektive (oder instinkthafte) Basis und der Wille zur Macht, den dieses Leben verkörpert und entwirft, gehören. Daher ist bei Nietzsche das Leben eine Art existentieller *causa sui*, verwendet man den Ausdruck im schwachen (psychologischen, nicht ontologischen) Sinne. Das Leben ist Subjekt und Objekt im Prozeß der Selbstinterpretation; es ist Erzeuger und Bewerter ebenso wie der Stoff, der geformt wird und Bedeutung und Wert erhält. Mit Jaspers' (eher ablehnenden) Worten: Der Mensch ist hier sein eigener Schöpfer im Zustand des »Selbstsein[s] ohne Gott«.[15]

Die selbstschöpferische Haltung des Individuums gegenüber seinem Leben ist kein Bewußtseinsmodus, sondern eine Form des *Seins*, in dem sein Instinktleben, indem es sich und der Welt (durch Handlung, Experimentieren, innere Erfahrung, Selbstdisziplin etc.) Bedeutung verleiht, auch seine rohe, wilde Substantialität übersteigt und formt. Selbstinterpretation soll dadurch mit Selbstüberwindung und mit der ethischen Perspektive des Lebens verbunden sein.

Diese Auffassung von Philosophie steht freilich im Gegensatz zum altehrwürdigen Ideal von Philosophie als Wissenschaft, dem Spinoza anhing und das er erneuert hat, das Nietzsche jedoch bis zu Sokrates und Platon zurückverfolgt. Seiner genealogischen Methode getreu, kritisiert Nietzsche dieses Ideal nicht nur als simplen philosophischen Trugschluß, sondern als eine dekadente Perspektive, die dem Selbstbild und den Lebenspräferenzen einer ungesunden und lebensmüden Kultur dient, dem Gegenteil seines dionysischen Ideals.

Die geometrische Methode Spinozas unterstreicht nicht nur das Ideal von Philosophie als Wissenschaft, Nietzsche scheint es auch, als rede sie einer kalten, repressiven Lebenshaltung und einem absoluten geistigen Asketismus das Wort:

> Non ridere, non lugere, neque detestari, sed in telligere! sagt Spinoza, so schlicht und erhaben, wie es seine Art ist. Indessen: was ist dies intelligere im letzten Grunde Anderes, als die Form, in der uns eben jene Drei auf Einmal fühlbar werden? Ein Resultat aus den verschiedenen und sich widerstrebenden Trieben des Verlachen-, Beklagen-, Verwünschen-wollens? Bevor ein Erkennen möglich ist, muß jeder dieser Triebe erst eine einseitige Ansicht über das Ding oder Vorkommnis vorgebracht haben ... Wir, denen nur die letzten Versöhnungsszenen und Schlußabrechnungen dieses langen Prozesses zum Bewußtsein kommen, meinen demnach, intelligere sei ... etwas wesentlich den Trieben Entgegengesetztes.[16]

Nietzsche fügt hinzu, bewußte Erkenntnis sei nur die Spitze des Eisbergs, unter der ein Kampf der Triebe wüte. Doch hat er offenbar vergessen, daß bei Spinoza rationale Einsicht die Gefühle nur ausschaltet, sie aber nicht abtötet; am Ende soll rationale Einsicht die Kräfte der Emotion stärken, indem sie in eine andere Richtung gelenkt werden und ihr Charakter sich von »passiv« (oder unterwürfig) in »aktiv« (oder frei) ändert. Darin liegt bei Spinoza das ethische und affektive Ziel der Philosophie. (Spinoza macht dieses Ziel ganz klar, von der programmatischen Einleitung in seine *Abhandlung über den Verstand* bis zur *Ethik*.) Wissenschaft mit ihrem ganzen Apparat einschließlich der geometrischen Methode ist nur eine Vorbereitung, um Freiheit, Lust, Tatkraft und die Verwandlung des eigenen Lebens in etwas zu erreichen, das einer weltlichen Erlösung gleicht.

Um diesen Zweck zu erfüllen, muß Erkenntnis natürlich »rein« sein, nicht in dem Sinne, daß sie zu existentiellen Bedürfnissen und Triebkräften keine Beziehung hätte, sondern in dem Sinne, daß Erkenntnis, um diesen Triebkräften richtig zu entsprechen, frei von Vorurteilen sein und ihrer eigenen Logik und den Bedingungen ihres Gegenstandes folgen muß. Sonst wird sie, neben anderen Übeln, Illusionen und Täuschungen zum Opfer fallen, von denen auch Nietzsche den Philosophen befreien will.

Demnach ist Spinoza nicht der repressive oder kalte Rationalist, der Leben und Philosophie entfremdet, als den Nietzsche ihn zuweilen polemisch zeichnet. Und doch sind die Differenzen zwischen beiden beträchtlich. Spinoza glaubte an eine objektive Welt und daran, daß wahre Erkenntnis sie erfassen könne (in der Formulierung eines Philosophen von heute: Erkenntnis als eine Art »Spiegel der Natur«, wenn auch der Spiegel in diesem Falle selbst Teil der Natur ist).[17] Spinoza deduzierte die Begriffe und Postulate der modernen Wissenschaft, als seien sie ewige Wahrheiten. Mehr noch, er wollte das Universum nicht nur als einen wissenschaftlichen Gegenstand, sondern auch als einen theologischen erfahren – als Gott. Daher wirft Nietzsche Spinoza vor, er sei kein entschiedener Philosoph der Immanenz gewesen. Er habe den transzendenten Gott abgeschafft, aber seine »Schatten« lebendig erhalten.

Immanenz und die Schatten des toten Gottes

Jahrhunderte nachdem Buddha gestorben war, erzählt Nietzsche seinen Lesern, zeigte man immer noch seinen Schatten in einer Höhle.[18] So ist es mit dem toten Gott: Sein Schatten schwebt noch in und über der Welt der Immanenz, und wenn er nicht ausgetrieben wird, wird er noch Tausende von Jahren überleben. Doch wir, beharrt Nietzsche (und meint die neuen Philosophen), müssen nicht nur Gott überwinden, sondern auch seine Schatten.

Was sind diese »Schatten des toten Gottes«? Zu ihnen gehört einerseits die Idee einer moralischen Weltordnung, eines Gut und Böse, das der Ordnung der Dinge eingeschrieben ist. Nietzsche erkennt an, daß schon Spinoza sich daran gemacht habe, diese Idee abzuschaffen. Andererseits gehören zu diesen Schatten auch die Postulate der Wissenschaft und des rationalen Denkens allgemein, die als objektive und ewige Wahrheiten auf das Universum projiziert werden. Hier steht Nietzsche Spinoza als direkter und gewissermaßen spezifischer Gegner gegenüber. Viele rationalistische Postulate, die Nietzsche kritisiert, hängen mit der Kategorie der Substanz, Spinozas zentralem Begriff, zusammen. Und Spinozas Vergöttlichung der Natur, die andere Rationalisten vermeiden und auf die die wissenschaftliche Auffassung auch nicht verpflichtet ist, fügt seinem Bild vom immanenten Universum einen besonderen »Schatten Gottes« hinzu. Wann wird die Welt für uns frei von Gott sein? ruft Nietzsche aus. Spinoza glaubte, mit dem Beharren darauf, daß die immanente Welt »Substanz« und nicht »Subjekt« sei, und mit dem Festhalten an einer strikt mechanistischen Erklärung der Welt, würde er alle Spuren von Anthropomorphismus vermeiden. Genealogisch aber, sagt Nietzsche, ist der Begriff der Substanz im Begriff des Subjekts stillschweigend vorausgesetzt, und Mechanismus ist nicht weniger, nur subtiler anthropomorph als Teleologie.

Mechanismus setzt den unbegründeten (für schwache und lebensmüde Menschen typischen) Glauben an vernünftige Notwendigkeit und konstante Gesetze voraus, ebenso wie auch einen Komplex von Begriffen und Postulaten, die diesen Glauben ermöglichen, auch wenn sie alle fiktiv sind und ihnen keine Wirklichkeit entspricht.[19] Sie sind unsere Vorstellungen, die zahlreichen menschlichen Bedürfnissen entgegenkommen: biologischen, psychologischen und existentiellen.

> Der Intellekt hat ungeheure Zeitstrecken hindurch Nichts als Irrtümer erzeugt; einige davon ergaben sich als nützlich und arterhaltende: wer auf sie stieß, oder sie vererbt bekam, kämpfte seinen Kampf für sich und seinen Nachwuchs mit größerem Glücke. Solche irrtümliche Glaubenssätze ... sind zum Beispiel diese: daß es dauernd Dinge gebe, daß es gleiche Dinge gebe, daß es Dinge, Stoffe, Körper gebe, daß ein Ding Das sei, als was es erscheine, daß unser Wollen frei sei, daß was für mich gut ist, auch an und für sich gut sei.[20]

Später und an anderer Stelle erweitert Nietzsche seine Liste von Fiktionen, die er auch »Glaubenssätze« nennt, noch um die Seele, das Subjekt, Ursache und Wirkung, Form und Inhalt, geometrische Entitäten (Linien, Flächen, Körper), teilbaren Raum und teilbare Zeit und so fort. Viele andere Glaubensartikel (vor allem der Glaube an mit sich selbst identische und meßbare »Dinge« und identische Fälle, auf die sich logische und natürliche Gesetze gründen) sind nicht bloß geistige Abstraktionen; sie durchdringen die tiefsten und unmittelbarsten organischen Funktionen und bauen sich in die Muster der »Wahrnehmungen der Sinne und jede[r] Art von Empfindung« ein. Sie schaffen sich sogar ein sie selbst immunisierendes System: »jene Sätze wurden selbst innerhalb der Erkenntnis zu den Normen, nach denen man ›wahr‹ und ›unwahr‹ bemaß – bis hinein in die entlegensten Gegenden der reinen Logik«.[21]

Um diesen Teufelskreis der Selbstimmunisierung zu durchbrechen oder einfach zu umgehen, bedient Nietzsche sich seiner genealogischen Methode. Sie akzeptiert rationale Wahrheitsansprüche nicht nach dem äußeren Anschein, sondern sucht nach deren Quellen in den verschiedenen Lebensbedürfnissen und Lebensfunktionen. »Reine Logik« ist weder rein noch ursprünglich; sie ist das Ergebnis eines Lebensprozesses, der seine Fiktionen braucht und voraussetzt.

Die Quellen der Logik

> Die Logik ist geknüpft an die Bedingung: *gesetzt, es gibt identische Fälle.* Tatsächlich, damit logisch gedacht und geschlossen werde, *muß diese* Bedingung erst als erfüllt fingiert werden. Das heißt: der Wille zur *logischen Wahrheit* kann erst sich vollziehen, nachdem eine grundsätzliche *Fälschung* alles Geschehens vorgenommen ist ... die Logik stammt *nicht* aus dem Willen zur Wahrheit.[22]

Zum Glück fürs Überleben tragen unsere Sinne dazu bei, diese Fiktion zu formen, denn »das gröbere Organ sieht viel scheinbare Gleichheit«.[23] Wie beim Verdauungsvorgang nimmt der Organismus so viel von dieser Fiktion, wie er braucht, und scheidet das Überflüssige aus. In der *Fröhlichen Wissenschaft* führt Nietzsche diese Idee gleichsam darwinistisch aus:

> Woher ist die Logik im menschlichen Kopfe entstanden? Gewiß aus der Unlogik, deren Reich ursprünglich ungeheuer gewesen sein muß. Aber unzählig viele Wesen, welche anders schlossen, als wir jetzt schließen, gingen zu Grunde: es könnte immer noch wahrer gewesen sein! Wer zum Beispiel das »Gleiche« nicht oft genug aufzufinden wußte, in Betreff der Nahrung oder in Betreff der ihm feindlichen Tiere, wer also zu langsam subsumierte, zu vorsichtig in der Subsumtion war, hatte nur geringere Wahrscheinlichkeit des Fortlebens als Der, welcher bei allem Ähnlichen sofort auf Gleichheit riet. Der überwiegende Hang aber, das Ähnliche als gleich zu behandeln, ein unlogischer Hang – denn es gibt an sich nichts Gleiches –, hat erst alle Grundlage der Logik geschaffen. (111)

Und Nietzsche fährt fort, als bezöge er sich direkt auf Spinoza (denn er stellt die Substanz ins Zentrum rationalistischer Fiktionen):

> Ebenso mußte, damit der Begriff der Substanz entstehe, der unentbehrlich für die Logik ist, ob ihm gleich im strengsten Sinne nichts Wirkliches entspricht, – lange Zeit das Wechselnde an den Dingen nicht gesehen, nicht empfunden worden sein; die nicht genau sehenden Wesen hatten einen Vorsprung vor denen, welche Alles »im Flusse« sahen. (Ebd.)

Dieser Vorsprung ist, wie Nietzsche oft zeigt, nicht nur biologisch, sondern geistig. Es ist so schmerzlich wie erschreckend, zu erfahren, daß die Welt eine vergängliche Unbestimmtheit ist. Gewöhnliche Menschen sehnen sich nach Konstanz, nach festen und unveränderlichen Entitäten, in denen sie Ordnung und Trost finden können. Wie Tiere mit genauerer Wahrnehmung biologisch benachteiligt waren, so laden scharfsinnigere Philosophen, Skeptiker und Kritiker rationaler Illusionen Leid und Angst auf sich. Nietzsche jedoch sucht in seinem Ideal vom Übermenschen die Folgen der gewöhnlichen Psychologie zu überwinden, um für den Mächtigen und Seltenen einen neuen, geeigneten Weg zu finden.

Nietzsches Kritik der »Logik« und rationalistischen Postulate kreist um den Begriff der mit sich selbst identischen »Dinge«, der auch die Basis für die Kategorie der Substanz, den Hauptbegriff Spinozas, ist. Ein »Ding« denkt man sich aber auch als eine mit sich selbst identische Einheit, die kausal wirkt (oder kausaler Wirksamkeit unterworfen ist); für Nietzsche ist allerdings Kausalität eine ebenso selbstgemachte Projektion wie Teleologie. Mit einem zustimmenden Verweis auf Hume behauptet Nietzsche, es gebe nichts, was unseren »Glauben« rechtfertigen könnte, daß Ereignis *A* irgend etwas enthalte, was Ereignis *B* beeinflußt oder hervorruft. Die Kausalität, die wir »Dingen« zusprechen, ist die vergegenständlichte Projektion unserer eigenen inneren Erfahrung, nämlich dessen, was wir als Kausalität unseres eigenen Willens fingieren.

»Wir glaubten uns selbst im Akt des Willens ursächlich; wir meinten da wenigstens die Ursächlichkeit *auf der Tat zu ertappen*.«[24] Daher schließen wir von unserem Willen auf die übrige Welt und schreiben auch äußeren Ereignissen Entitäten zu, die dem Willen ähnlich sind, und nennen sie »Kräfte«, »Agentien« oder »Ursachen«. Nach Nietzsches genealogischer Untersuchung sind Ursachen also magische Verkörperungen imaginärer Willensakte. Und Schopenhauer hat daher mit seiner bizarren Lehre, Sein sei Wille, nur »eine uralte Mythologie auf den Thron gehoben«.

> Ursprünglich [hat] der Mensch überall, wo er ein Geschehen sah, einen Willen als Ursache und persönlich wollende Wesen im Hintergrunde wirkend geglaubt ... der Glaube an Ursache und Wirkung [ist ihm] zum Grundglauben geworden, den er überall, wo etwas geschieht, verwendet, – auch jetzt noch instinktiv und als ein Stück Atavismus ältester Abkunft.[25]

Kausalität gründet sich ferner auf der Fiktion des seriellen Universums, das aus selbständigen, mit sich selbst identischen Entitäten zusammengesetzt ist. Nietzsche wendet sich nicht nur gegen die kausale Abhängigkeit zwischen Ereignis *A* und Ereignis *B*, sondern gerade gegen die Aufspaltung des Weltprozesses in solch punktuelle Einheiten wie Ereignis *A* und Ereignis *B*. »Ein Intellekt«, spekuliert Nietzsche, »der Ursache und Wirkung als continuum ... sähe, der den Fluß des Geschehens sähe, – würde den Begriff Ursache und Wirkung verwerfen und alle Bedingtheit leugnen.«[26]

Der Mythos vom Willen oder vom Subjekt als Handelndem liegt auch dem Begriff der Substanz zugrunde. Mehrmals analysiert Nietzsche den Begriff der Substanz als eine Folge des Begriffs des Subjekts, nicht umgekehrt. Und zwar weil das Subjekt »von uns aus interpretiert [wird], so daß das Ich als Subjekt gilt, als Ursache alles Tuns, als *Täter*«. Daher gilt:

> Die logisch-metaphysischen Postulate, der Glaube an Substanz, Akzidens, Attribut usw. hat seine Überzeugungskraft in der Gewohnheit, all unser Tun als Folge unseres Willens zu betrachten: – so daß das Ich, als Substanz, nicht eingeht in die Vielheit der Veränderung. – *Aber es gibt keinen Willen.*[27]

In diesem Lichte würde die Spinoza-Hegel-Kontroverse fiktiv erscheinen, da Hegel nicht wirklich über Spinoza hinausgeht und Spinoza nicht wirklich Hegel widerspricht, sondern vielmehr in seinem eigenen Begriff der Substanz Hegels Idee des Universums als Subjekt mit umfaßt.

Das Wesen der Immanenz und das Problem der Wahrheit

Wir brauchen nicht alle »Schatten Gottes« durchzugehen, die Nietzsche auszutreiben sucht, um sein Weltbild und seine Immanenzerfahrung in den Griff zu bekommen.[28] Doch bevor wir uns Nietzsches positivem Weltbild zuwenden, muß eine entscheidende Frage angesprochen werden: Welchen Status hat die dionysische »Wahrheit«? Wir haben gesehen, daß Nietzsche keine Fakten, nur Interpretationen anerkennt, keine objektive Erkenntnis, nur Perspektiven, die von existentiellen Interessen und Triebkräften abhängig sind. Dennoch gibt auch er detaillierte Erklärungen über die Natur des Universums ab, die sein Übermensch wahrnimmt und erfährt. Sind diese Urteile auch nur Perspektiven, oder gibt es da eine dionysische Wahrheit, die nicht dem Perspektivismus unterliegt und die vor allen Interpretationen auf die Welt zutrifft?

Das ist vielleicht das schwierigste Problem im Denken Nietzsches. Weder der Text noch die Logik seines Werkes liefern dafür eine befriedigende Lösung. Vielfach scheint Nietzsche zu suggerieren, es gebe eine nüchterne und genaue Sicht auf die Welt und das Leben, die *schlechthin* die Bezeichnung Wahrheit verdient. Je mehr wir von dieser Wahrheit an- und übernehmen können, desto stärker sind wir und desto freier werden wir. Oft spricht Nietzsche aber auch von denen, die Tragödie, Vergänglichkeit oder den facettenreichen Charakter der Existenz als beängstigende Wahrheit meiden oder davor fliehen; und er bezeichnet die entgegengesetzten Überzeugungen, die Postulate rationaler Wissenschaft und Metaphysik geradewegs als »Irrtümer« und »Fiktionen«. Mir scheint, daß sich in dieser Tendenz Nietzsches Ansicht direkter und spontaner verrät, wenn er es sozusagen seiner Leib-und-Magen-Philosophie überläßt, sich selbst auszudrücken, ohne die kritischen Beschränkungen, die er seiner philosophischen Methode zufolge hätte berücksichtigen müssen. Denn nach Nietzsches offizieller philosophischer Auffassung kann sich nichts dem hermeneutischen Prozeß entziehen, kann es keine »nackten« Tatsachen oder reine Wahrheit geben, die einer wertgeladenen Interpretation vorausgingen, vielmehr ist Perspektivismus die allgemeine Regel.

Wenn dem so ist, welchen Status hat dann die letztere Erklärung? Ist nicht diese Theorie selbst eine weitere Perspektive, eine *Meta*perspektive vielleicht, doch eine, die auch auf einer existentiellen Bindung beruht? Ja, würde ein Nietzscheaner antworten, es ist der kognitive Gegenpart zum dionysischen Leben, das er ermöglicht und zu dem er in Beziehung steht. Existentielle Optionen gehen mit den ihnen entsprechenden kognitiven Vorstellungen einher; aber die letzteren hängen von den ersteren ab, nicht umgekehrt.

Ob Nietzsche mit einer solchen Relativierung dessen, was er für seine schmerzliche und dramatische Entdeckung über das Universum hielt, zufrieden gewesen wäre, ist offen. Schließlich kann Nietzsche den Gedanken, die dionysische Weltauffassung sei eine nicht perspektivisch gebundene Wahrheit, weder akzeptieren noch ablehnen. Doch diese wichtige Frage tangiert unsere Diskussion hier kaum, denn wir stellen zwei widerstreitende Immanenzerfahrungen einander gegenüber; und es besteht kein Zweifel, daß, gleich in welcher Interpretation, das dionysische Weltbild bei Nietzsche als die Auffassung, die er vertritt und am meisten schätzt, eine bevorzugte Stellung einnimmt. Ob er dafür zum Teil auch kognitive oder nur existentielle Gründe hat, ist für unsere Zwecke zweitrangig. Das im Blick, können wir nun die Spinoza-Nietzsche-Gegenüberstellung, was ihr Bild von der immanenten Welt anbelangt, zusammenfassen.

Bei Spinoza ist die immanente Welt eine rationale *causa sui*, die ihren Grund, ihre Bedeutung und ihre Rechtfertigung in sich selbst hat. Durch und durch intelligibel, wird sie sozusagen von innen her vom Lichte der Vernunft erleuchtet, das jede Entität durchdringt und konstituiert. Das Universum nimmt die Rolle und den Status Gottes ein, und die allgegenwärtige Vernunft tritt an die Stelle der göttlichen Gegenwart oder Gnade. Der im immanenten Universum lebende Mensch existiert in Gott und kann zu einer detaillierten Erkenntnis dieser Beziehung gelangen mit all den geistigen Auswirkungen, die solch ein Bewußtsein zur Folge hat.

Mit anderen Worten, Gott ist bei Spinoza nicht tot. Er verschwindet nicht aus dem Horizont seiner Philosophie, sondern wird, meint Spinoza, zum ersten Mal richtig identifiziert. Alle Erhabenheit, die Unendlichkeit, die höchste »Weisheit« (das heißt Verständlichkeit), die Allgegenwart und Göttlichkeit des alten personalen Gottes sind hier dem übertragen, was als ihr wahres und einzig legitimes Subjekt gilt: das Universum oder die Gott-Natur. Spinoza naturalisiert nicht nur Gott, er vergöttlicht auch die Natur.

Die »Schatten Gottes« sind tatsächlich allgegenwärtig bei Spinoza. Substanz und Kausalität, Selbstidentität und Ewigkeit sind die hervorstechenden Merkmale seines Universums. Und obwohl es in der Welt Spinozas auch Vergänglichkeit gibt (jedes Einzelding ist unweigerlich vergänglich), hat auch das Einzelne einen ewigen Aspekt, wodurch es vom Standpunkt der Ewigkeit aus begriffen wird (und besteht). Einzelnes ist vollständig von Kausalgesetzen bestimmt. Diese sind weit davon entfernt, etwas Zufälliges oder »Opakes« über das Universum auszudrükken, vielmehr sollen sie dessen höchste Rationalität und Göttlichkeit verkörpern. Mechanische Ursächlichkeit gilt als gleichbedeutend mit logischer Ableitung; und auch die Einzeldinge, die durch äußere Ursachen existieren und nicht aufgrund ihres eigenen Wesens, werden vom

Ewigkeitsstandpunkt aus als logisch (nicht nur faktisch) notwendig betrachtet.

Bei Nietzsche hat die immanente Welt dagegen keine inhärente Vernunft, Ordnung oder Rechtfertigung. Auch ihre natürliche Notwendigkeit – die Grundlage des *amor fati* – kann nicht als ein rationales System von Ursache und Wirkung konstruiert werden. Dem Ausschluß der Teleologie bei Spinoza fügt Nietzsche die Abschaffung der mechanischen Kausalität hinzu, in der er eine weitere, subtilere Form von Anthropomorphismus sieht. Wie es nichts Festes und Greifbares in der Welt gibt, gibt es auch keine identischen, nicht einmal selbst-identische Ursachen und Ereignisse und daher keine Basis für konstante universelle Gesetze. Die Hauptkategorien und Postulate, durch die wir das Universum verstehen, sind nichts als nützliche Fiktionen; und selbst Logik wird als eine Illusion bloßgestellt, eine imaginäre Fixierung von etwas, das an sich unbestimmbar ist und sich allen »richtigen« oder »falschen« Abbildungen entzieht.

Spinozas so ganz rationaler, von Gesetzen geleiteter Gott-Natur stellt Nietzsche eine Welt gegenüber, die unaufhörlich im Fluß ist, niemals mit sich selbst identisch, niemals logisch in Ruhe, die niemals ihr Gleichgewicht (nach dem sie erfaßt und definiert werden könnte) oder einen festen Endzustand findet; es ist eine Welt, die weder reines Sein noch reines Werden ist, sondern immer zwischen beidem hin und her schwankt. Die Welt »des Ewig-sich-selber-Schaffens, des Ewig-sich-selber-Zerstörens«[29] muß als eine zufällige und irrationale Variante der *causa sui* erfahren werden. Obgleich sie keine transzendente Ursache und keine inhärenten rationalen Gründe hat, erhält sie sich aus sich selbst und lebt von sich selbst: »ihre Exkremente sind ihre Nahrung«. Nietzsche bietet verschiedene Varianten dieser Idee, indem er die Welt ein »sich selbst gebärendes Kunstwerk« nennt.[30] Die Kunstmetapher deutet an, daß die Welt bei Nietzsche doch *irgendeine* Organisation hat, auch wenn diese ästhetisch, nicht wissenschaftlich ist.[31] Aber man sollte die Metapher nicht überstrapazieren. Selbst als »Kunstwerk« bleibt die Welt unbestimmt und schwer faßbar, ein Sammelsurium von Perspektiven ohne feste Substanz; mehr noch, ihre Kunstformen sind selbst vergänglich und beständigem Wechsel und Wandel unterworfen.[32]

Damit sind wir also wieder bei der Frage des Flusses. Hat Spinozas rationale Substanz die Tradition des Parmenides fortgeführt, so schließt Nietzsche sich dem Kontrahenten Heraklit an, geht aber viel weiter als dieser vorsokratische Meister, da er auch den *logos* oder eine feste rationale Ordnung leugnet, die bei Heraklit der Weltbewegung zugrunde liegt.[33] Der Mensch hat folglich bei Nietzsche nichts Konstantes, an das er sich halten könnte; seine Erfahrung der Immanenz ist die einer metaphysischen Wüste, eines Joches, der unablässigen Zerstörung aller vergänglichen Formen, das Gefühl, daß ihm ständig das Sein unter den Füßen wegrutscht.

Am Schluß von *Der Wille zur Macht* entwirft Nietzsche in einem Gemisch aus poetischer und halbwissenschaftlicher Sprache seine »positive« Vision von der Welt; sie klingt, wie das folgende Zitat zeigt, wie die letzte Position der Vorsokratiker:

> Und wißt ihr auch, was mir »die Welt« ist?... Diese Welt: ein Ungeheuer von Kraft, ohne Anfang, ohne Ende, eine feste, eherne Größe von Kraft, welche nicht größer, nicht kleiner wird, die sich nicht verbraucht, sondern nur verwandelt... zugleich eins und vieles, hier sich häufend und zugleich dort sich mindernd, ein Meer in sich selber stürmender und flutender Kräfte, ewig sich wandelnd, ewig zurücklaufend, mit ungeheuren Jahren der Wiederkehr, mit einer Ebbe und Flut seiner Gestaltungen, aus den einfachsten in die vielfältigsten hinaustreibend ... und dann wieder aus der Fülle heimkehrend zum Einfachen, aus dem Spiel der Widersprüche ... ein Werden, das kein Sattwerden, keinen Überdruß, keine Müdigkeit kennt –: diese meine *dionysische* Welt des Ewig-sich-selber-Schaffens, des Ewig-sich-selber-Zerstörens ... mein »Jenseits von Gut und Böse«, ohne Ziel, wenn nicht im Glück des Kreises ein Ziel liegt, ohne Willen, wenn nicht ein Ring zu sich selber guten Willen hat, – wollt ihr einen *Namen* für diese Welt? ... *Diese Welt ist der Wille zur Macht – und nichts außerdem!* Und auch ihr selber seid dieser Wille zur Macht – und nichts außerdem! (*Der Wille zur Macht*, 1067)

Diese berühmte Stelle (von der wir wissen, daß Nietzsche sehr daran gefeilt hat) wirkt eher wie eine metaphysische Fabel denn als ausgearbeitete wissenschaftliche Theorie. Aber sie vermittelt die Art von Immanenz- und Welterfahrung, die für Nietzsche der Stoff für die dionysische Affirmation ist.

Eine andere einschlägige Fabel ist die von der ewigen Wiederkehr, die weniger dem Universum eine feste Ordnung verleiht, als daß sie die Unentrinnbarkeit der Immanenz dramatisch vor Augen führt. Denn die ewige Wiederkehr verhindert außerhalb wie innerhalb der Welt jegliche Lebensperspektive (auf eine bessere Zukunft), durch die das gegenwärtige Leben erlöst, geleitet oder mit Sinn ausgestattet werden könnte. Und da das Leben von außen keinen Sinn erhalten kann, muß es ihn aus seinem Charakter der Augenblicklichkeit beziehen.

Ewige Wiederkehr und amor fati

Ewige Wiederkehr ist nach Nietzsche die zentrale Lehre seines Zarathustra. Ich will nicht darüber diskutieren, ob ewige Wiederkehr auch als ausgearbeitete kosmologische Theorie gemeint war, sondern nehme sie als eine existentielle Fabel, in der sich jene Selbstüberwindung ausdrückt, die mit *amor fati* zusammenhängt. In dieser Form hilft mir die ewige Wiederkehr, *amor fati* besser zu verstehen und sein Vorhandensein zu testen.[34]

Vorrangige Bedeutung hat die ewige Wiederkehr bei Nietzsche als Thema eines großen Bejahungsaktes. Ob in Freude, Routine oder Leiden und obwohl er im Dasein keinen inhärenten Zweck und keinen gegebenen Sinn sieht, sagt der dionysische Mensch »ja« zu seinem Leben, so wie es ist, indem er sich wünscht, dieses Leben möge sich noch und noch wiederholen, gerade so, wie es war, ohne Neuerung, Verbesserung, Fortschritt oder ähnliches. In *Die fröhliche Wissenschaft* drückt Nietzsche diesen Gedanken als große Versuchung und Probe aus:

> Wie, wenn dir eines Tages oder Nachts, ein Dämon in deine einsamste Einsamkeit nachschliche und dir sagte: »Dieses Leben, wie du es jetzt lebst und gelebt hast, wirst du noch einmal und noch unzählige Male leben müssen; und es wird nichts Neues daran sein, sondern jeder Schmerz und jede Lust und jeder Gedanke und Seufzer und alles unsäglich Kleine und Große deines Lebens muß dir wiederkommen, und alles in der selben Reihe und Folge ... « – Würdest du dich nicht niederwerfen und mit den Zähnen knirschen und den Dämon verfluchen, der so redete? Oder hast du einmal einen ungeheuren Augenblick erlebt, wo du ihm antworten würdest: »du bist ein Gott und nie hörte ich Göttlicheres!« ... wie müßtest du dir selber und dem Leben gut werden, um nach Nichts *mehr zu verlangen*, als nach dieser letzten ewigen Bestätigung und Besiegelung?[35]

Das ist die äußerste Affirmation der Immanenz. Wenn ich verlange, daß jeder Augenblick, jede vorübergehende »Freude und jeder Seufzer« sich immerzu wiederhole, erkenne ich den geschlossenen Horizont der Immanenz als die Totalität des Daseins an und verwandle in der Form des *amor fati* diese Anerkennung aus einer Last in eine Lobpreisung. Es ist nicht Resignation, sondern die aktive Freude des sich selbst schaffenden Menschen, der vom äußeren Joch transzendenter Religion, Moral, Utopie oder Metaphysik befreit ist.

Dabei ist festzuhalten, daß es nicht nur der Inhalt aller Augenblicke ist, den ich endlos wiederholt haben möchte, sondern vor allem eben diese Augenblicklichkeit. Immanenz ist hier mit Gegenwart gleichgesetzt, mit dem, was jetzt und bloß vorübergehend existiert. Und indem ich wünsche, es möchte immer wieder erneut wiederkehren, wünsche ich auch, daß es vorübergeht; oder vielmehr, ich akzeptiere und erkenne die Seinsweise an, in der Vergänglichkeit die Regel ist.

Hierin liegt auch Nietzsches Alternative zu Goethes Faust. Faust verlangt, dem Augenblick sagen zu können, »verweile doch«; er möchte die Ewigkeit in diesseitige Augenblicke verlegen. Das will auch Nietzsche, doch für ihn enthalten die diesseitigen Augenblicke ihr Dahinschwinden in sich selbst. Deshalb kann Nietzsche dem Augenblick nicht sagen, »verweile«, sondern nur »wiederhole dich« ewig. Auf diese Weise hält er am Augenblick fest und bestätigt und akzeptiert zugleich dessen unausweichliche Vergänglichkeit.

Es ist bezeichnend, daß Nietzsche ewige Wiederkehr Heraklit zuschreibt, seinem Vorbild in Sachen Fluß und Vergänglichkeit. Aber Nietzsche hätte dieses Thema, in pessimistischer und »dekadenter« Färbung, in der Klage des Predigers finden können, es »geschieht nichts Neues unter der Sonne« und »Was ist's, das geschehen ist? Eben das hernach geschehen wird«. Das Buch Salomo schließt damit, daß alles eitel und das Leben eine Last sei; im Unterschied dazu sollen Zarathustra und seine Anhänger die letzte Bestätigung der Immanenz zum Grund für Lobpreisung machen.

Ewige Wiederkehr führt die Unausweichlichkeit der Immanenz vor Augen. Wenn ich bereit bin, jeden Augenblick meines Lebens unzählige Male wieder zu leben, dann verzichte ich auf jeglichen Anspruch oder irgendwelche Hoffnung auf eine »andere Welt«. Auch meine Zukunftshoffnung bezieht sich nicht auf einen besseren Zustand dieser Welt (wie bei Kant, Hegel, Marx und in der christlichen und jüdischen Eschatologie), sondern auf das gleiche Dasein, das immer wieder durchlebt wird. Was an die Stelle meines gegenwärtigen Lebens treten würde, ist noch einmal dasselbe Leben – das heißt, *nichts* würde an die Stelle meines gegenwärtigen Lebens treten. Es gibt nichts als das immanente Leben; fordere ich seine identische Wiederholung, dann nehme ich an, daß die Bürde der Immanenz mein einziger Horizont ist.[36]

Doch welche Art der Immanenz? Sicherlich eine Immanenz, die sich von der Hegels oder Spinozas stark unterscheidet. Bei Hegel eröffnet der historische Fortschritt zu Freiheit und Selbsterkenntnis eine Perspektive, wie sich die Menschheit (und durch sie auch das Sein) verwirklichen soll. Obgleich es außer der immanenten Welt nichts gibt, besitzt sie gewissermaßen eine innere transzendente Dimension – das *telos*, das sie zu werden und zu verwirklichen hat. Das verleiht bei Hegel auch der Zeit eine eigene Qualität; sie ist das Medium historischer Neuerung und Fortentwicklung. Spinoza läßt keine solche Teleologie zu und hält wie Nietzsche Zeit (oder besser, Dauer) für qualitativ neutral.[37] Günstigstenfalls hat die Vorstellung von Fortschritt bei Spinoza eine subjektive Bedeutung, je nach *conatus* und persönlichem Wunsch. Ein Individuum kann zwar zu einer rationalen Lebensweise gelangen, doch geschieht das durch mechanistische Ursachen und beweist keinerlei inhärente Struktur und kein Ziel der Weltsubstanz als solcher. Mit anderen Worten, Gott (das Universum) ist äußerlich dem menschlichen Schicksal und den ethischen und rationalen Errungenschaften des Menschen gegenüber indifferent.

Damit wird Spinoza für Nietzsche viel reizvoller als Hegel und die Hegelianer. Aber auch bei Spinoza muß Nietzsche eine eigene »ewige« und nicht historische »Transzendenz innerhalb der Immanenz« feststellen, denn Spinoza akzeptiert die ewige Substanz und die ewigen Naturgesetze als Grundlage der sich wandelnden Welt und als Reflex der inhärenten Rationalität und der Zeitlosigkeit Gottes. Selbst das, was Spinoza *natura naturata* nennt, die Welt der endlichen und vergänglichen Dinge, ist nicht wirklich im Fluß, weil sie ewig von der *natura naturans* geformt wird und weil die vergänglichen Einzeldinge dadurch, solange sie bestehen, Selbstidentität haben.

Ferner wird sogar gesagt, in der dritten Gattung der Erkenntnis und in der mit ihr einhergehenden Erfahrung des *amor dei intellectualis* gehe das transzendente Element der Zeitlosigkeit in das immanente Einzelne (das wissende Bewußtsein) ein und verändere es so, daß seine Endlichkeit aufgehoben und es in gewisser Weise unendlich wird. Hier hat das Eindringen der Ewigkeit in das Reich der Vergänglichkeit nicht nur wissenschaftliche, sondern halb mystische Konnotationen.

Nietzsches ewige Wiederkehr schließt sowohl eine geschichtliche als auch eine ewige Transzendenz aus.[38] Als einzige Ewigkeit läßt Nietzsche die endlose Wiederkehr vorübergehender Stadien zu, und darein legt sein dionysischer Philosoph allen Wert, den die Tradition der Dauer zuerkannt hat. Das ist keine passive Resignation, sondern die aktive Lust und

Kraft eines Menschen, der sich aus dem Griff transzendenter Religion befreit hat. Doch das, muß man betonen, ist eine außerordentlich schwierige Aufgabe, die eine neue Psychologie und einen neuen Menschen erfordert.

Man muß sich klar machen, daß *amor fati*, also die verherrlichende Anerkennung der Immanenz, der Psychologie gewöhnlicher Menschen zuwiderläuft. Gewöhnliche Menschen werden reine Immanenz als Joch und Bedrückung empfinden, meint Nietzsche; ihre natürliche Reaktion darauf und auf die Wiederkehr ist Pessimismus und Weltschmerz, die Abnahme ihrer Lebenskräfte oder die verschiedenen Formen von Eskapismus und Selbsttäuschung, die in Religion und traditioneller Philosophie (Spinoza nicht ausgenommen) üblich sind. Es bedarf einer Anstrengung, einer trotzigen Affirmation, eines höchsten »trotzdem«, um die Bedrückung durch die Immanenz in ihr Gegenteil zu verkehren, in Lust und lobpreisende Kraft; und das erfordert eine neue, seltene Psychologie, die den *Übermenschen* ausmacht und die er verkörpert.

Für diese Transformation braucht das Individuum die Unterstützung einer ganz neuen Kultur, die ihrerseits auf der Umwertung aller Werte beruht (deren Grundpfeiler daher *amor fati* und die ewige Wiederkehr sind): »Nicht mehr die Lust an der Gewißheit, sondern an der Ungewißheit; nicht mehr ›Ursache und Wirkung‹, sondern das beständig Schöpferische; nicht mehr Wille der Erhaltung, sondern der Macht.« Während diese neuen Werte Spinozas Lehre diametral entgegengesetzt sind, gibt es andere, auf denen auch Spinoza bestanden hat, wie: »Freiheit von der Moral«, »Beseitigung des ›Willens‹; – Beseitigung der ›Erkenntnis an sich‹«.[39]

Amor fati unterscheidet sich daher von Spinozas *amor dei* nicht nur nach Inhalt und Tenor, sondern auch hinsichtlich seiner mentalen Verfassung. Spinozas *amor dei* drückt eine harmonische Übereinstimmung mit dem Universum aus, während *amor fati* einen inneren Bruch, eine Distanz einschließt, die durch trotzige Affirmation überbrückt wird. Das hat mehrere Implikationen.

Erstens, die Struktur der trotzigen Affirmation stattet Nietzsches *Übermenschen* mit mehr Tatkraft aus, als seinem spinozistischen Gegenpart eingeräumt werden kann. Bei Spinoza ist jeder geistige Fortschritt durch kontinuierliche Reihen fast mechanischer logischer Schlüsse und durch psychologischen Determinismus bestimmt. Sogar Befreiung, einmal erreicht, wurde nicht durch uns hervorgebracht, sondern »geschah« uns. Bei Nietzsche dagegen erreicht ein Mensch *amor fati* durch trotziges Jasagen. Damit ruft er im gewöhnlichen Ereignisverlauf einen Bruch hervor, der dessen normalen (und beständigen) Ausgang negiert und statt dessen sein Gegenteil hervorbringt. Daher kann dem Menschen, auch ohne daß ihm ein freier Wille zugestanden ist, mehr Tatkraft und eben Freiheit eingeräumt werden, um den ethischen Zustand herbeizuführen, den er schätzt.

Zweitens, das Moment von Bruch und Trotz schließt alle mystischen Konnotationen des *amor fati* aus. Eine Form der *unio mystica* kann es (anders als bei Spinoza) hier nicht geben, weil die Trotzhaltung eine Distanz zwischen dem ja sagenden Menschen und dem Universum zur Folge hat, das er bestätigt oder liebt. *Amor fati* überbrückt diese Kluft, aber hebt sie nicht auf; im Gegenteil, in ihm ist die Spannung des »trotzdem« als ein konstanter Zug beibehalten. So steht Dionysos trotz seines mystischen Namens tatsächlich für eine ganz unmystische Haltung.

Schließlich ist *amor fati* eine Überwindung des Christentums, selbst in seiner atheistischen Verkleidung. Pessimistischer Atheismus bleibt eine im Grunde christliche Geisteshaltung, denn er gesteht der immanenten Welt als solcher keinen Wert zu. Was ist christlicher, als sich in einem gottlosen Universum elend und niedergedrückt zu fühlen? Nur wer der Versuchung des Pessimismus widersteht und die aller »Schatten Gottes« entkleidete Welt akzeptiert und sie als eine Quelle der Lust erfährt, der wird sein eigener Schöpfer; zum ersten Mal ist das Christentum überwunden, und Dionysos tritt an die Stelle von Christus.[40]

Die Versuchung des Pantheismus

In seltenen Augenblicken religiöser Versuchung, wenn der »gott*bildende* Instinkt mitunter wieder lebendig werden will«, nähert sich Nietzsche in der Darstellung eines unpersönlichen Gottes jenseits von Gut und Böse Spinoza an:

> Entfernen wir die höchste Güte aus dem Begriff Gottes: sie ist eines Gottes unwürdig. Entfernen wir insgleichen die höchste Weisheit … Gott *die höchste Macht* – das genügt! Aus ihr folgt Alles, aus ihr folgt – ›die Welt‹!

Und in anderem Tenor:

> Ist es nötig, auszuführen, daß ein Gott sich jederzeit jenseits alles Vernünftigen und Biedermännischen zu halten weiß? jenseits auch, anbei gesagt, von Gut und Böse?[41]

Aber diese Augenblicke religiöser (und pantheistischer) Versuchung werden für »unmöglich« erklärt, und Nietzsche widersteht ihnen. Spinozas *deus sive natura*, sagt Nietzsche, verrät die verbotene »Sehnsucht zu glauben, daß *irgendworin* doch die Welt dem alten geliebten, unendlichen, unbegrenzt-schöpferischen Gotte gleich sei – daß irgendworin doch ›der alte Gott noch lebe‹«.[42] Aber eben dies schließen *amor fati* und ewige Wiederkehr aus. Sogar Dionysos, das Symbol vergänglicher Immanenz, darf nicht vergöttlicht werden. Es ist wahr, daß Zarathustra in einem unvorsichtigen Augenblick erklärt, nur der würde an einen Gott glauben, der zu tanzen verstünde (Dionysos). Aber das, versichert uns Nietzsche später, war nur eine Redensart, ein kontrafaktisches Konditional: »Zarathustra sagt zwar er *würde* –; aber Zarathustra wird nicht«; denn »Zarathustra selbst freilich ist bloß ein alter Atheist«; er glaubt weder an alte noch an neue Götter.[43]

Die pantheistische Versuchung und das ihr Widerstehen zeigen uns noch etwas. Ein jenseits von Gut und Böse existierender Gott würde zwar zu Nietzsches Moralkritik passen, ist aber mit seinem Verständnis vom In-der-Welt-Sein, mit *amor fati* nicht vereinbar und wird daher abgelehnt. Mit dem Widerstand gegen die pantheistische Versuchung macht Nietzsche klar, daß seine Philosophie nicht ausschließlich Moralkritik ist, sondern auf eine Umwertung der gesamten Daseinserfahrung abzielt. Er sucht keine neuen moralischen Werte, sondern neue existentielle Modi und neue Antworten auf das Leben (wie die Liebe zur Vergänglichkeit, die Lust am Ungewissen usw.); sie konstituieren tatsächlich eine neue Psychologie, die mit Pantheismus nicht zusammen bestehen kann (wie sie aus anderen Gründen auch mit Mystizismus unvereinbar ist).

Politische Normativität

Amor fati und *amor dei* sind natürlich das Höchste, was Nietzsche und Spinoza als immanente Philosophen, die an eine Ethik der Selbstüberwindung gebunden sind, zu bieten haben. Aber dasselbe Prinzip radikaler Immanenz beeinflußt auch ihre Auffassung von den Quellen politischer Normativität.

Um in einer Welt, die keine inhärenten Werte und Normen besitzt, die Herkunft verbindlicher Verhaltensregeln zu erklären, hatte Spinoza auf Vertrag und Konsens zurückgegriffen – ein Umstand, der ihn zu einem der ersten modernen politischen Philosophen macht und seine protodemokratischen Auffassungen direkt in seiner Lehre von der reinen Immanenz verankert. Da es auf der Erde und über ihr nichts gibt, was verbindliche Normen und Pflichten festsetzen könnte, lassen sich diese nur aus der Zustimmung wirklich vorhandener Menschen ableiten. Sie bilden eine Regierung, die im Dienste der natürlichen Wünsche der Menschen die Macht ausübt und verteilt. Nur mit dem Staat also und seiner durchsetzbaren Gesetzgebung entsteht überhaupt in der Welt eine sinnvolle Normativität.

Dieses Zusammenspiel von Konsens und Macht bildet den Kern von Spinozas Auffassung von politischer Autorität. Es bedarf des Konsenses, um politische Institutionen zu errichten, und es bedarf der Staatsmacht, um sie wirksam sein zu lassen. Darüber hinaus sieht Spinoza im Konsens selbst eine Macht, die die Macht des Staates kontrolliert. Wenn eine Regierung als ungerecht oder illegitim empfunden wird, so wird das die politische Stabilität unterminieren und das Überleben der Regierung in Frage stellen. Andererseits kann Staatsmacht nicht ins Bewußtsein des Einzelnen eindringen und über seine inneren Gedanken herrschen (so glaubt Spinoza, der vor Stalin lebte). Daher ist liberale Demokratie (wie wir heute sagen) das bevorzugte System, nicht weil sie apriorische Werte oder angeborene Menschenrechte verkörperte, sondern weil sie sich am besten eignet, Staatsmacht mit der Macht des Denkens in Einklang zu bringen und eine relativ stabile und friedliche Regierung zu gewährleisten. Mit anderen Worten, Spinoza ist ein früher Demokrat, nicht weil er an transzendentale Normen glaubt, sondern weil die Demokratie sich am besten für eine Welt eignet, die keine solchen Normen besitzt, für eine Welt reiner Immanenz.

Indem Spinoza politische Autorität an die Zustimmung der Menschen knüpft, erweist er sich als ein Schüler von Hobbes. Aber er wendet sich gegen Hobbes' pessimistisches Bild von der natürlichen Haltung des Menschen anderen gegenüber; und vor allem geht Spinoza mit Hobbes als inkonsequentem Naturalisten ernsthaft ins Gericht. Hobbes wollte alle menschlichen Angelegenheiten einschließlich der politischen Autorität allein aus der Natur ableiten, blieb seinem eigenen Prinzip jedoch nicht ganz treu.

Hobbes gründete die Verbindlichkeit auf die bindende Kraft des Vertrags. Warum aber sollte man sich an den ursprünglichen Vertrag halten? Diese Meta-Verpflichtung konnte Hobbes nicht aus dem Vertrag selbst entnehmen, also verwies er sie in einen grauen Bereich vorvertraglicher Normativität, die er »natürliches Gesetz« nannte, eine eigenartige Bezeichnung und ein problematischer Begriff bei einem streng naturalistischen Philosophen, der Hobbes doch sein wollte. Der Begriff einer vorvertraglichen Normativität liebäugelt gefährlich mit dem Begriff einer »natürlichen moralischen Ordnung«, gegen die sich Spinoza wie Nietzsche wenden müssen. Hinzu kommt, daß Hobbes' Konzept des Vertrages eine gewisse Diskontinuität zwischen Natur und bürgerlichem Leben auftreten läßt. Mit der Überwindung des Naturzustandes des Menschen legt der ursprüngliche Vertrag die Grundlagen für ein zivilisiertes Leben als eine neue Domäne, eine Art »Reich im Reich«. Er sorgt für ein Universum, in dem der Mensch (durch diesen neuen Zustand) letztlich aus der Natur herausspringen soll; der ursprüngliche Vertrag schließt als ein gleichsam apriorisches Moment das »natürliche Gesetz« ein (mit seiner zweifelhaften naturalistischen Beglaubigung) und verursacht innerhalb der Natur einen Bruch, so daß Zivilisation als ein gewissermaßen autonomer Bereich hervortritt. Natur und Vernunft, der natürliche und der zivilisierte Zustand, sind miteinander verbunden, jedoch nicht ganz kontinuierlich. Hobbes scheint zugunsten der Überreste eines christlichen (oder platonischen) Dualismus vom streng naturalistischen Monismus abzuweichen, eines Dualismus, an den er um den Preis logischer Kohärenz, wie Spinoza meint, unannehmbare Zugeständnisse macht.

Spinoza macht, zumindest in seiner offiziellen Lehre, keine solchen Zugeständnisse. Er faßt den Übergang vom natürlichen zum politischen Zustand als Kontinuum und kennt keinen »inneren Sprung« in der Natur und kein durch die Zivilisation begründetes »Reich im Reich«. Streng genommen wird der Naturzustand durch den Staatsvertrag nicht überwunden, sondern setzt sich in anderer Weise fort. Aus diesem Grunde trifft letztlich (und nach Berücksichtigung notwendiger Nuancen) der Gedanke »Macht ist Recht« bei Spinoza ziemlich wörtlich zu. Aus diesem Grunde ist der *wirkliche* Konsens ebenso notwendig wie der ursprüngliche (und abstrakte) Vertrag, um ein stabiles politisches Leben aufrechtzuerhalten. Da nichts, auch nicht der ursprüngliche Vertrag, die Einhaltung von Verträgen garantieren kann, ist Staatsmacht nötig, um sie zu gewährleisten. Da aber Staatsmacht das Bewußtsein nicht zwingen kann, wird es unerläßlich, die Zustimmung der Regierten zur Autorität der Regierung zu erhalten. Wieder sehen wir, wie Spinozas strenger Naturalismus, der den Staat (auch die liberale Demokratie) als natürliches Spiel der Kräfte betrachtet, auch seinen demokratischen Tendenzen zugrunde liegt. Spinoza ist ein Vorbote moderner liberaler Demokratie (im Gegensatz zu Hobbes' tyrannischem Staat), weil er sich strenger an den Naturalismus und das Prinzip der Immanenz hält.

Spinoza lehnt Hobbes' düsteres und pessimistisches Bild von der natürlichen Haltung des Menschen anderen Menschen gegenüber ab.

Hobbes' *homo homini lupus est* beantwortet Spinoza provokativ mit *homo homini deus est.* Es gibt im Menschen eine natürliche Bereitschaft zu gegenseitiger Hilfe und Wohltat, die auf *conatus* und natürlichen Interessen gründet. Hobbes übersetzt mit seinem pessimistischen Menschenbild den christlichen Mythos der Ursünde ins Weltliche, bleibt aber in diesem Mythos gefangen. Von Natur aus hängt die Haltung des Menschen anderen Menschen gegenüber von äußeren Umständen und den psychischen Gesetzen der Assoziation und Ähnlichkeit ab. In gewissen Fällen werden sie Rivalität und Neid hervorrufen, in anderen Empathie und Mitgefühl. Der Mensch ist demnach von Natur aus moralisch indifferent, eine Position, die keine religiösen Motive mehr im Hintergrund hat und die Nietzsche gegen Hobbes begrüßen würde, so wie er auch Spinoza dafür preisen würde, daß er es ablehnt, dem Mitleid eine Schlüsselstellung in der Moral zuzubilligen.

Nietzsches dionysische Metaphysik der Macht ist oft als politische Lehre mißverstanden worden, die zur Politik Bismarcks und auch zum Faschismus und Nazismus geführt habe. Löst man diese groben Entstellungen und Mißverständnisse auf (was wir hier nicht tun können), so erhält man gleichwohl keine positive politische Lehre, die Nietzsche zuzuschreiben wäre. Aber es gibt viele Negationen: Nietzsche war gegen Nationalismus, den modernen Nationalstaat, Patriotismus, Rassismus, Antisemitismus, Liberalismus, Sozialismus, ja gegen die meisten Ideen, die zu seiner Zeit neu und im Trend waren und die auf dem Phänomen der Massengesellschaft beruhten. Nietzsches Kritik an diesen »modernen Ideen« könnte den Eindruck erwecken, er neige zu so etwas wie Konservatismus, doch das ist eine irreführende Maske; denn es gibt an der Vergangenheit wenig, was er zu erhalten wünschte. Er war ein Kulturradikaler, der eine Zukunft erhoffte, in der Politik für die menschlichen Angelegenheiten alle Bedeutung verloren hat. Die einzige große Politik, auf die er manchmal anspielt, betrifft die Vereinigung Europas und die Vermischung seiner Völker; aber auch das ist für Nietzsche ein kulturelles, kein politisches Ziel.

Nach Tenor, Geschmack und Empfindlichkeiten kann man Nietzsche allerdings dem rechten Spektrum der Politik zuordnen.[44] Aber über diese vagen Verallgemeinerungen hinaus kann aus Nietzsches Denken kaum eine positive politische Lehre abgeleitet werden. Daß er es versäumte, eine solche Theorie aufzustellen, ist vielleicht in erster Linie dem Umstand zuzuschreiben, daß er ein gänzlich antipolitischer Philosoph war, ein Kulturaristokrat, abseits von den fundamentalen Belangen der Massengesellschaft, die er von oben herab behandelt, der er aber nicht gewachsen ist. Alle politischen Ideologien widern ihn an, weil sie sich so sehr auf die Massen stützen. Und es gibt kaum etwas, das er heftiger kritisiert als den modernen Kult um Politik und Staat, diesen »neuen Götzen«, vor dem Zarathustra seine Anhänger warnt[45] und den Nietzsche immer wieder zum Feind der Kultur erklärt.[46]

Diese aristokratische Geringschätzung der Politik spiegelt eine gefährliche Verwirrung. Unausweichlich ist moderne Politik Massenpolitik. Die Träume eines seltenen dionysischen Helden mit der Wirklichkeit der Massengesellschaft zu verbinden (wozu sich Nietzsche in abwegigen Momenten verleiten läßt), ist sowohl unrealistisch als auch ein Aufruf zum Mißbrauch. Nietzsches *Übermensch* läßt sich nicht verallgemeinern, das heißt vulgarisieren, ohne logischen Widerspruch und ohne eine soziale und politische Katastrophe heraufzubeschwören. Faschismus, obwohl von Nietzsche verabscheut, ist eine der tragischen Karikaturen solch einer unmöglichen Kombination des Aristokratischen mit dem Vulgären. Wenn der Kaufmann, der Busfahrer und der kleine Intellektuelle mit dionysischen Qualitäten ausgestattet und jenseits von Gut und Böse gestellt sind, muß das Resultat bedrückende Dimensionen annehmen. Nietzsche selbst würde natürlich im Nazismus alles gefunden haben, was er verabscheute – extremen Nationalismus und Xenophobie, Massenkultur und Staatskult, Ressentiments und die Kennzeichen einer »Sklavenmoral«, die das Selbst nur behaupten kann, indem sie andere negiert. Doch Nietzsches allgemeine Lähmung, wenn es darum geht, sich mit politischer Theorie auseinanderzusetzen, sein Versäumnis, dem einfachen Menschen einen alternativen Emanzipationsweg anzubieten (bei Spinoza die Grundlage politischer Theorie), plazieren die Spannung und die Gefahr des Mißbrauchs mitten hinein in den Umkreis seiner eigenen Philosophie.[47]

Spinoza als genealogischer Skandal

Vielleicht wegen ihrer verblüffenden »Zweisamkeit« fühlte sich Nietzsche von Spinoza immer verfolgt. »Einsiedler, hab ich dich erkannt [das heißt demaskiert]?« fragt Nietzsche in einem Gedicht *An Spinoza*.[48] Hat er das wirklich?

Einige von Nietzsches Bemerkungen über Spinoza würden ebensogut auf ihn selbst passen. Nietzsche nennt Spinoza einen »einsiedlerischen Kranken«, einen »schüchternen« und »angreifbaren« Mann, der sich mit jenem »Hokuspokus von mathematischer Form ... panzerte und maskierte«, um seine ganz persönliche Philosophie vor einer neugierigen, vulgären Welt abzuschirmen. Die Metaphern wechselnd, nennt Nietzsche die Maske Spinozas auch einen »Keuschheitsgürtel« und seine persönliche Philosophie eine »Jungfrau«. Die erotische Anspielung paßt wiederum auf beide philosophischen Junggesellen (eine Verwandtschaft, die Nietzsche an anderer Stelle hervorhebt) und wirft mehr Licht auf den Ausdruck *Einsiedler.*[49]

Doch die Ähnlichkeiten verschwinden, wenn Nietzsche zur Kernfrage kommt, der Liebe zur Unwandelbarkeit und Ewigkeit. Hier kommt das Muster von den feindlichen Brüdern voll zum Zuge. Spinoza wird als Symbol für Schwäche und Dekadenz gebrandmarkt, ein von seiner eigenen Existenz niedergedrückter Mensch, voller Angst vor der dionysischen Wahrheit und unfähig, mit den quälenden Implikationen seiner eigenen Entdeckung fertig zu werden: daß nämlich immanente Existenz alles ist, was es gibt.

Nietzsche entwirft gewissermaßen eine »Psychologie der Metaphysik«, die für alle Rationalisten seit Platon gelten soll, und greift als bestes Beispiel Spinoza heraus. Er steht für jene, die den »Wechsel, die Vergänglichkeit« fürchteten, eine Position, von der er sagt, sie verrate »eine gedrückte Seele ... voller Mißtrauen und schlimmer Erfahrung«. Sogar *conatus*, Spinozas naturalistischstes Prinzip, wird als »Ausdruck einer Notlage« dargestellt, denn indem *conatus* die Selbsterhaltung betont, setzt er dem Willen zur Macht, dem wirklichen Lebensprinzip, schädliche Grenzen.[50] Kein Wunder, meint Nietzsche, daß das Überlebensprinzip von kranken Philosophen wie dem »schwindsüchtigen Spinoza« propagiert worden ist, denn »es waren eben Menschen in Notlagen«.

Das ist nicht alles. Nietzsche fährt fort, Spinoza Bosheit und subtile Rachsucht zuzuschreiben, die er gar für die psychologische Essenz seines Werkes hält:

> Diese Ausgestoßenen der Gesellschaft, diese Lang-Verfolgten, Schlimm-Gehetzten, – auch die Zwangs-Einsiedler, die Spinoza's oder Giordano Bruno's – werden zuletzt immer, und sei es unter der geistigsten Maskerade, und vielleicht ohne daß sie selbst es wissen, zu raffinierten Rachsüchtigen und Giftmischern (man grabe doch einmal den Grund der Ethik und Theologie Spinoza's auf!).[51]

Das steht im Zusammenhang mit Nietzsches Angriff auf die philosophischen Märtyrer, die »um der Wahrheit willen« gelitten haben sollen; aber mit kleinen Unterschieden sieht Nietzsche darin auch ein Ressentiment, das Spinozas Ethik und Metaphysik zugrunde liegt.[52] Indem Nietzsche in Spinozas Philosophie das »Gift« des Ressentiments aufdeckt, legt er Spinoza nicht nur die Fehler des Rationalismus zur Last, sondern paradoxerweise auch die Fehler seiner Vorfahren, der jüdischen Priester, von denen das Christentum die Welt übernommen hat.

Hier zeigt sich die Unstimmigkeit, zu der Nietzsche in seinem Spinoza-Bild genötigt ist. Nach Nietzsches Genealogie ist die Philosophie Spinozas als Ausdruck und Bestätigung eines bestimmten Menschentyps zu verstehen, der folgende Eigenschaften besitzt: Er liebt die Konstanz, ist daher dekadent und schwach, er entflieht, niedergedrückt von der Last der Immanenz und seiner eigenen Existenz, der schmerzlichen Aussicht auf die dionysische Wahrheit und rettet sich in einen illusionären metaphysischen Trost. Hinzu kommt, daß er kleinlich, voller Bosheit und Mißtrauen ist; ein Mensch des Ressentiments, der sich nur durch die Negation anderer selbst bestätigen kann und der seine Rachegelüste in die Schaffung verkehrter Werte und Theorien umsetzt (oder sublimiert). Ein solcher Mensch muß auch Leid und Mitleid glorifizieren, Schuldgefühle und Gewissensbisse wecken (und sich ihnen überlassen). Kurz gesagt, er ist genau der kleinliche, »sklavische« Moralist, den Nietzsche verabscheute. Aber er war doch froh zu entdecken, daß Spinoza *kein* solcher war.

So bringt Spinoza Nietzsches genealogisches System durcheinander. Obgleich er die Konstanz und Ewigkeit liebt, ist er wie Nietzsche selbst ein Philosoph der Kraft und Lust, der die Moral von Gut und Böse, Schuld und Mitleid ablehnt und der versucht, das Bewußtsein von negativen und selbstvergiftenden Gefühlen wie Neid, Haß, Bosheit und Ressentiment zu reinigen, in denen er eine Form des Leidens erblickt, das die Lebenskraft mindert.

Irgend etwas ist in Nietzsches Genealogie schiefgelaufen. Denn Spinoza, sein feindlicher Bruder, stellt ein schlagendes Gegenbeispiel dar. Er ist Nietzscheaner, und trotzdem liebt er Vernunft und Konstanz. Dadurch ist Spinoza für Nietzsche ein genealogischer Skandal, unmöglich, undenkbar und doch erstaunlich real.

Spinoza hat diese Unordnung stiftende Rolle schon früher gespielt. Das Bild des tugendhaften Atheisten, das er abgab, war für seine Zeitgenossen und für spätere Generationen ein Skandal. Atheismus hatte unausweichlich in moralische Anarchie und destruktive Gewalttätigkeit zu führen. Aber Spinozas Philosophie der ethischen Selbstbeschränkung und gegenseitigen Hilfe und die Legende über sein heiliges Leben schienen das Gegenteil zu beweisen. Nietzsche ist natürlich der erste, der behaupten muß, Atheismus und Barbarei seien nicht dasselbe; aber die von Spinoza vertretenen fast dionysischen Tugenden, an denen er trotz seines dekadenten Rationalismus festhält, haben Nietzsche in Verlegenheit gebracht. Das unterstreicht erneut die feindliche Bruderschaft zwischen den beiden Männern, denn dadurch, daß er halber Nietzscheaner ist, wirft Spinoza Nietzsches allzu sehr vereinfachte Demaskierung des Rationalismus über den Haufen.

Kann es einen rationalistischeren Nietzscheaner geben? War Goethe einer oder Heine? Ich glaube, daß Freud, unser nächstes Thema, im Hinblick auf diese Frage einen geeigneteren Fall abgeben wird. Freud spinnt den Nietzscheschen Faden der Immanenzphilosophie fort, schwächt ihn aber durch den Geist der Wissenschaft. Die fragilen und doch verläßlichen Errungenschaften der Wissenschaft helfen uns, in einer gottlosen Welt ein Leben ohne Illusionen zu führen und mutig und nüchtern *ananke* (die schicksalhafte Notwendigkeit) zu akzeptieren; sie ermöglichen auch (durch Selbsterkenntnis) eine Form der menschlichen Emanzipation, die jedoch das Drama von *amor fati* oder die seltene Ausnahme des *amor dei* nicht erreicht. Deshalb dämpft Freud die hochfliegenden Erwartungen und mäßigt die hochgestimmte Sprache von Nietzsche und Spinoza. Trotzdem ist er der moderne Denker, der *beiden* am nächsten kommt.

6. KAPITEL

Spinoza und Freud: Selbsterkenntnis als Emanzipation

Freud ist der größte jüdische Häretiker unseres Jahrhunderts. Spinoza, drei Jahrhunderte früher, war sein erster »Unglaubensgenosse« (ein von Heine geprägter Ausdruck, den Freud übernommen hat). Sie beide und Nietzsche, der ihnen in vielem ähnlich ist, gehören zu jenen Denkern, die ich »Philosophen der dunklen Aufklärung«[1] genannt habe: Leute, die darüber, was wir sind und was die Welt ist, der wir angehören, Grundlegendes und Revolutionäres ans Licht gebracht haben, das oft als dunkel und erschreckend empfunden wird.

Von Machiavelli und Hobbes über Spinoza bis zu Darwin und Marx und weiter zu Nietzsche, Freud und Heidegger hat dieser Prozeß der dunklen Aufklärung, dessen einzigartiges und beunruhigendes Paradigma Spinoza war, ein unsanftes Erwachen aus religiösen und metaphysischen Illusionen gezeitigt und dabei Schmerzen und Konflikte verursacht. Denn er stellte gewohnte Selbstbilder und geheiligte kulturelle Identitäten in Frage und gefährdete damit eine ganze Reihe verfestigter psychologischer Interessen. Doch gerade aus diesen Gründen war dieser Prozeß auch eine Emanzipationsbewegung, die dazu diente, im Menschen eine intensivere und klarere Selbsterkenntnis zu evozieren, selbst um den Preis wenig schmeichelhafter Folgen, die oftmals schockieren und erschrecken. Das ist der wahre »ödipale Trieb« – nicht des Freudschen Ödipus, sondern des ursprünglichen Protagonisten der Tragödie des Sophokles, einer von dessen eifrigsten Nachfolgern eben Freud selbst gewesen ist. Die Freudsche Ödipustheorie (unabhängig davon, wie exakt sie sein mag) ist eine moderne Form, den Wunsch des Sagenkönigs zu erfüllen, der nicht ruhte, bevor er die verborgene Wahrheit über sich selbst und über seine wahre Stellung in der Welt aufgedeckt hatte, selbst um den Preis seines Unglücks und des Verlusts seines Augenlichts. Freud hat wie die anderen »dunklen Aufklärer« die verborgenen Schichten der menschlichen Existenz, die in unbewußten Tiefen begraben lagen und deren keimendes Bewußtsein lange unterdrückt worden ist, ans Licht gehoben.

Der heftige Widerstand, dem Freuds Entdeckungen ausgesetzt waren, läßt sich nur mit der gewaltigen Gegenreaktion vergleichen, die Spinozas Auffassungen lange Zeit hervorriefen. Freud im Dienste von *ananke* (der schicksalhaften »Notwendigkeit«, Freuds gemilderter Version des *amor fati*) hätte sich mit dem Gedanken trösten können, daß eine solche Opposition unausweichlich war. War nicht seine eigene Theorie die erste, die mit den Begriffen »Verdrängung« und »Widerstand« diese Reaktion vorhersagen und erklären konnte? Aber man muß nicht unbedingt Freudianer sein, um sich klarzumachen, wie schwierig, ja unmöglich es ist, ein beruhigendes Bild von der Welt und von sich selbst, das einen gewissen metaphysischen und moralischen Trost bietet, zu zerstören, ohne Schmerzen und Qualen zu verursachen, die leicht in Aggression, Feindschaft und Aufschreie der Entrüstung und des Ärgers umschlagen. Das Bild, das wir uns von uns machen, ist nicht nur ein gehüteter Besitz, von dem wir uns nur ungern trennen; es ist auch ein integraler Bestandteil unseres Ich, ein Grundpfeiler unserer Identität. Die mit dem Verlust der Identität einhergehende Krise und das daraus folgende Leiden sind nicht leichter zu tragen als Eigentumsverluste und sind bekanntlich die Quelle der heftigsten Aggression, derer Menschen fähig sind.

Daß sowohl Spinoza als auch Freud Juden waren, kann man nicht übergehen, wenn man ihre Unruhe stiftenden Rollen bedenkt. Freud war sich dessen für sich selbst bewußt:

> Es ist vielleicht auch kein bloßer Zufall, daß der erste Vertreter der Psychoanalyse ein Jude war. Um sich zu ihr zu bekennen, brauchte es ein ziemliches Maß von Bereitwilligkeit, das Schicksal der Vereinsamung in der Opposition auf sich zu nehmen, ein Schicksal, das dem Juden vertrauter ist als einem anderen.[2]

Ersetzt man das Wort *Psychoanalyse* zum Beispiel durch *Immanenz* oder durch *die Identität Gottes und der Natur*, so läßt sich diese Aussage gleichermaßen auf Spinoza anwenden.

In seiner Einsamkeit und vielleicht seiner Zeit voraus nahm Spinoza noch ein anderes Phänomen vorweg, das später geläufig wurde und für das Freud ein besonders gutes Beispiel ist. Es ist das Phänomen des modernen Juden, der, nachdem er seinen religiösen Glauben und die meisten Bindungen an die Tradition verloren hat, viel von der ihn umgebenden nichtjüdischen Kultur aufgenommen hat (gewöhnlich in den allgemeineren, weniger konfessionsabhängigen Aspekten), sich darin vervollkommnet und oftmals auszeichnet, sie jedoch im Laufe der Zeit vielfach auch in Frage stellt oder zu revolutionieren sucht. (Wir haben ein ähnliches Muster bei Heine, Hess und Marx angetroffen.) Wie Spinoza war Freud der Fremde im eigenen Land, weder in die Gesellschaft ganz integriert noch von seiner Herkunft ganz abgeschnitten, ein Mensch, der drinnen und draußen stand, oder besser gesagt, der dadurch drinnen war, daß er draußen, daß er ein Außenseiter war. Das machte ihn distanziert, aber nicht neutral, nüchtern, aber nicht zynisch; er hatte ein Interesse, die Wirklichkeit zu verändern, das er mit beachtlicher Klarsicht verband, ohne sich durch Unterwerfung unter herrschende Ideologien oder sklavische Ehrfurcht vor sozialen und religiösen Tabus beirren zu lassen. So jemand ist durch seine Situation vielleicht besser imstande, die verborgenen Schichten des Lebens und des Bewußtseins aufzudekken, die anderen, die in der herrschenden Kultur besser integriert sind, leichter entgehen, auch wenn sie intellektuell auf gleicher oder höherer Stufe stehen.

Freud und die Philosophie

Freud stand der Philosophie ambivalent gegenüber. In jungen Jahren hatte er etwas Philosophie bei Franz Brentano (und anderen seiner Schule) studiert, sein Studium aber nie abgeschlossen, was ihn vielleicht in puncto Philosophie überempfindlich gemacht hat. Freud las philosophische Bücher mit Interesse, aber auch mit Vorbehalten. Was ihn abstieß, war der »spekulative« Charakter der Philosophie; er hatte den Eindruck, daß dieser dem »wissenschaftlichen« oder »empirischen« Charakter, den er für seine eigenen Forschungen beanspruchte, widersprach. Aus diesem Grunde, so Freud, habe er nie ernsthaft Nietzsche studiert, nicht weil Nietzsche ihm fremd war, ganz im Gegenteil. Er habe sich von Nietzsche so angezogen und seiner Welt so nah gefühlt, daß er ihn lieber nicht lesen wollte, aus Angst, in Sachen, die einen rein empirischen Zugang erfordern, von einem spekulativen Denker beeinflußt zu werden.

Nicht alle Freud-Forscher nehmen diese Aussage für bare Münze. Vielleicht hat Freud Nietzsche besser gekannt, als er zuzugeben bereit war. Es ist bemerkenswert, daß Freud mit Schopenhauer ähnliche Probleme hatte, und er versuchte sie zu lösen oder zumindest mit dem folgenden Kommentar zusammenzufassen:

> Sie werden vielleicht achselzuckend sagen: Das ist nicht Naturwissenschaft, das ist Schopenhauersche Philosophie. Aber warum, meine Damen und Herren, *sollte nicht ein kühner Denker erraten haben, was dann nüchterne und mühselige Detailforschung bestätigt?*[3]

Diese Bemerkung, die Freud über sein imaginäres Publikum an sich selbst zu richten scheint, paßt auch auf seine Einstellung zu Nietzsche und zu Spinoza.[4]

Freuds Bezugnahme auf Spinoza

Freud nennt Spinoza kaum jemals mit Namen; wenn er es aber tut, so immer in Anerkennung ihrer nahen Verwandtschaft. Auch er ist für Freud ein Philosoph, dessen Nähe ihn vorsichtig sein läßt. Im Gesamtwerk Freuds gibt es nur drei direkte Bezugnahmen auf Spinoza; sie stammen aus ganz verschiedenen Zeiten, zeigen jedoch eine bemerkenswerte Konsistenz, indem sie alle denselben Gedanken wiederholen: Freud und Spinoza verbindet eine »ähnliche Denkweise« und die »Atmosphäre« ihres gemeinsamen Milieus.

In seinem Aufsatz *Eine Kindheitserinnerung des Leonardo da Vinci* (1910) sagt Freud:

> Man hat Leonardo wegen seines unersättlichen und unermüdlichen Forscherdranges den italienischen Faust geheißen. Aber von allen Bedenken ... abgesehen ... möchte man die Bemerkung wagen, daß die Entwicklung Leonardos an spinozistische *Denkweise* streift. (*Gesammelte Werke*, Bd. 8, S. 142)

Jahre später bat Dr. Lothar Bickel, ein Spinozist mit psychoanalytischen Neigungen, den alten Freud um Auskunft, was er Spinoza verdanke und weshalb er Spinoza kaum erwähne. Freud antwortet offen und ohne zu zögern:

> *Meine Abhängigkeit von den Lehren Spinoza's gestehe ich bereitwilligst zu.* Ich habe keinen Anlaß genommen, seinen Namen direkt zu erwähnen, weil ich meine Voraussetzungen nicht aus seinem Stu-

> dium holte, sondern aus der von ihm geschaffenen *Atmosphäre.* Und weil es mir um eine philosophische Legitimation überhaupt nicht zu tun war.[5]

Freuds Antwort bestätigt seine »Abhängigkeit« von der Lehre Spinozas, doch keine buchstäbliche Abhängigkeit, sondern eine im intellektuellen Klima und in der »Atmosphäre«, die Spinozas Lehre geschaffen hat. Freuds Affinität zu Spinoza ist so groß, daß er das Gefühl hat, Spinoza hätte ihm eine philosophische Legitimation geben können, wenn er einer solchen bedurft hätte; aber wie bei der Nietzsche-Lektüre meidet Freud unerbetene Legitimation und spekulativen Einfluß, dem er sich von seiten eines Philosophen ausgesetzt hätte, der ihm viel zu gefährlich nahe stand.

Nicht lange nach dieser Episode wurde Freud aus Anlaß des dreihundertjährigen Geburtstags von Spinoza um einen Beitrag zu einem Sammelband gebeten. Freud lehnte mit der Begründung ab, er habe nichts Geeignetes anzubieten, benutzte aber dennoch die Gelegenheit, in nachdrücklichen Worten erneut seine Gefühle für Spinoza auszudrücken:

> Ich habe mein langes Leben hindurch der Person wie der Denkleistung des großen Philosophen Spinoza eine außerordentliche, etwas scheue Hochachtung entgegengebracht.[6]

Freud drückt sich viel emphatischer aus, als bloßer Anstand erfordert hätte. Seine Aufrichtigkeit ist offensichtlich. Und es ist auch nicht wenig bezeichnend, daß sich Freuds »außerordentliche Hochachtung« auf die Person Spinoza nicht minder bezieht als auf dessen philosophische Leistung. In der Gestalt Spinozas konnte Freud ein Spiegelbild seiner selbst sehen, einen einsamen jungen Revolutionär, der zu einer unter der Oberfläche der herrschenden Kultur ausgegrabenen Wahrheit stand, die ihm Feindschaft und Spott einbrachte. Spinoza ist für Freud gewissermaßen ein ferner Bruder, ein Bruder in der Ehrlichkeit des Denkens und den Schwierigkeiten des Lebensweges, in seiner Einsamkeit und seinem Genius. Indirekt (durch Heine) bezieht sich Freud ja auf Spinoza als seinen »Unglaubensgenossen«[7], einen Juden, der seinen Glauben verloren hat, aber weiterhin die Züge des Juden trägt, sowohl in seinen eigenen Augen als auch und mehr noch aus der Sicht der Außenwelt.

Freud, Leonardo und Spinoza

Eine Untersuchung von Freuds Aussagen über Leonardo erleichtert uns das Verständnis für den Vergleich zwischen ihm und Spinoza und zeigt, wie manche spinozistischen Züge, die Freud bei Leonardo findet, in gewissem Maße auch für ihn selbst gelten.

Der Schlüssel zum Charakter Leonardos liegt nach Freud in seiner Auffassung: »Man hat kein Recht, etwas zu lieben oder zu hassen, wenn man sich nicht eine gründliche Erkenntnis seines Wesens verschafft hat.«[8] Wie Freud selbst und wie Spinoza erlegt auch Leonardo seinen Wünschen, seinem Eros Beschränkungen auf, bis er weiß und versteht; und er macht die Erkenntnis selbst zu seiner Passion (vgl. Spinozas *conatus intelligendi*). So gilt für Leonardo (wiederum wie für Spinoza und Freud): »er liebte und haßte nicht, sondern fragte sich, woher das komme, was er lieben oder hassen solle, und was es bedeute.«

Wie Spinoza, der die heftigsten Leidenschaften der menschlichen Seele untersuchte, als habe er es mit geometrischen Formen zu tun, und wie Freud, der die schmerzlichsten und »abscheulichsten« menschlichen Instinkte mit der kühlen Gelassenheit des analytischen Forschers studierte, so betrieb Leonardo seine Forschungen von einer Position außerhalb von Gut und Böse und frei von Haß und Liebe.

Aber Leonardo leugnet den Eros nicht und unterdrückt ihn auch nicht: Er sublimiert ihn einfach. Der Eros ist in Wissensdrang verwandelt und daher letztlich imstande, sich in seiner ganzen Kraft zu manifestieren. Das erinnert an Spinozas höchste Stufe der Erkenntnis, in der der Eros in der sublimierten Form der »geistigen Liebe zu Gott« schließlich als der mächtigste Affekt der menschlichen Seele hervortritt. »Denn wahrlich«, sagt Leonardo, »große Liebe entspringt aus großer Erkenntnis des geliebten Gegenstandes, und wenn du diesen wenig kennst, so wirst du ihn nur wenig oder gar nicht lieben können ...« Das entsprach Spinozas Auffassung, zumindest hinsichtlich seiner höchsten (der dritten) Stufe der Erkenntnis. Die Liebe zu Gott, das heißt zum Universum der Natur in seiner absoluten und rationalen Notwendigkeit, bricht nicht als zielloser Enthusiasmus oder eine trübe und unmittelbare Emotion hervor; sie ist vielmehr durch den Intellekt und seine wissenschaftliche Erkenntnis vermittelt, die in ihrer höchsten Form einen mächtigen Affekt hervorruft, der das Leben und die Persönlichkeit des Wissenden verändert und befreit. Das ist eine Form quasi religiöser Erhebung, die Freud, Edmund Solmi folgend, auch in Leonardos Schriften feststellt.

»*O mirabile necessità*!« ruft Leonardo (darin Spinoza ganz ähnlich), als er am Ende einer mühevollen und detaillierten Untersuchung entdeckt, wie alle Dinge sich im großen Gewebe des Universums verbinden und miteinander zusammenhängen. Die Wissenschaft gibt ihm eine mächtige und lebendige Ahnung von der »Großartigkeit des Weltzusammenhanges« und der Notwendigkeit seiner Gesetze, die ihn »leicht sein eigenes kleines Ich« vergessen lassen;[9] und Freud stimmt der Erklärung Solmis zu, es handle sich hier um »eine Transfiguration der Naturwissenschaft in eine nahezu unmittelbare, religiöse Emotion« – genau wie bei Spinoza.

Daß Freud eine Verbindung zwischen Leonardo und Spinoza herstellt, ist für sein eigenes Denken bezeichnend. Freud erkennt sich in diesem Vergleich zum Teil selbst wieder. Auch er hat den Eros suspendiert und seine Kraft zu einem unerbittlichen Wissensdrang sublimiert. Das half ihm, seine eigenen Verdrängungen zu durchschauen und die dunkelsten und verworrensten Tiefen des Bewußtseins zu ergründen; und es verlieh ihm die Stärke, auch angesichts feindseliger Reaktionen durchzuhalten. »Er hatte die Leidenschaft nur in Wissensdrang verwandelt; er ergab sich nun der Forschung mit jener Ausdauer, Stetigkeit, Vertiefung, die sich aus der Leidenschaft ableiten.«[10] Diese Worte, mit denen Freud Leonardo (und mit ihm Spinoza) beschreibt, sind sein eigenes Selbstportrait. Freud machte selbst eine ähnliche Sublimierung durch; wie Leonardo und Spinoza suspendierte er Liebe und Haß, Werturteile, Gut und Böse und schritt in der Betrachtung der Welt und ihrer Notwendigkeit über sie hinaus.

Freud müßte mit Nietzsche darin einig sein, daß es hier nicht um einen reinen, idealistischen »Willen zur Erkenntnis« geht. Es ist vielmehr der Eros, der seinem eigenen Tun entgegengesetzt und so sublimiert wird, daß er imstande ist, die Widerstände zu brechen, die er zuvor aufgebaut hat. So verbindet sich Freud im Wunsch, Erkenntnis zum mächtigsten Affekt zu machen, nicht nur mit Spinoza und Leonardo, sondern auch mit Nietzsche (vgl. die im Kap. II. 5 zitierte Postkarte).

Freud geht innerhalb dieser Geistesverwandtschaft jedoch einen eigenen Weg. Er widerspricht Nietzsches Diskreditierung der Wissenschaft, er teilt nicht die halb mystischen Erwartungen, die Spinoza und Leonardo mit der Wissenschaft verbanden.[11] Bis Leonardo sein Erkenntnisziel erreicht hat, bleibt der Eros streng unter Kontrolle und wird durch den geistigen Prozeß geformt; am Ende dann bricht er als eine Art religiöser Erhebung hervor und nimmt universale kosmische Dimensionen an. Das ist der Verbindung nicht unähnlich, die bei Spinoza zwischen dem Erkenntnisfortschritt und seinem affektiven Höhepunkt im *amor dei intellectualis* besteht. Auch Freud sieht in der Erkenntnis eine ethische Kraft und Befreiung, allerdings in viel engeren Grenzen und ohne solch umfassende metaphysische Implikationen. Freud befaßt sich mit Therapie, nicht mit Erlösung; und selbst wenn er Betrachtungen über die Welt anstellt, so bleibt er durch und durch prosaisch und rationalistisch.

Das Ideenklima

Bis zu einem gewissen Grade sind Spinoza und Freud paradigmatisch für die Situation des Juden, der sich, da er seine orthodoxe Tradition aufgibt, ohne in die christliche Welt integriert zu sein, den Blick für beide Welten offenhält und die Fähigkeit entwickelt, sich von ihren Konventionen freizumachen. Infolgedessen wurden Freud und Spinoza zu kompromißlosen Kritikern geschichtlicher Religion, hingen einer radikalen Immanenzphilosophie an und sprachen der Existenz jeglichen transzendenten Horizont ab. Für Freud wie für Spinoza gibt es nur natürliche Phänomene, allerdings haben beide den Naturbegriff um den Bereich der Psyche erweitert. Darüber hinaus erreicht die Naturerkenntnis spirituelle Dimensionen. Bei Spinoza erzeugt sie in ihrer Höchstform sogar Bewußtseinszustände, die mit religiösen Gefühlen konkurrieren können, während sie bei Freud, dem kompromißlosen Atheisten, eine weniger weitreichende Form der Emanzipation des Menschen in Gang setzt.

Trotz all ihrem naturalistischen Determinismus sind beide, Freud wie Spinoza, vielleicht paradoxerweise, vom Pathos der menschlichen Befreiung motiviert – Befreiung nicht nur von Illusionen und Behinderungen, sondern von dem, was Freud »Neurosen« und Spinoza »Knechtschaft unter die Leidenschaften« nannte. Diese Befreiung wird hart erkämpft und ist schmerzhaft; sie zwingt zu einem neuen Verständnis und Selbstbild des Menschen, das frei ist von Illusionen und metaphysischer Selbstschmeichelei.

Freud lehnt wie Spinoza die Vorstellung ab, der Mensch besitze eine gottgegebene Seele, selbstlose Motive oder ein von der Natur unabhängiges transzendentales Bewußtsein, das imstande wäre, die Natur von außen zu modifizieren und zu manipulieren. Der Mensch ist vollkommen in die Natur integriert und wird von einem ihn beherrschenden natürlichen Streben oder einer natürlichen Energiequelle gespeist (*conatus* bei Spinoza, *libido* bei Freud), die sich auf verschiedene Weise äußert, wobei Erkenntnis und die Errungenschaften der Hochkultur nur deren sublimierte Gestaltungen sind. Für die Ohren derer, die im traditionell religiösen oder metaphysischen Sinne glauben, daß der Mensch ein Mittelding zwischen Tier und Engel sei, klingt das irritierend. Hinzu kommt, daß Freud und Spinoza im Zeichen des Naturdeterminismus, von dem sie glauben, er beherrsche das menschliche Leben vollständig, die wildesten Leidenschaften und komplexesten Verirrungen der menschlichen Seele mit dem kalten Auge der Notwendigkeit erforschen. Sie enthalten sich jeglichen Moralisierens. Sie lassen eigene Ängste, ihre Leidenschaften und Hoffnungen beiseite, auch die Versuchung, Schuld zuzuweisen oder sich als Sachautorität Macht zu verschaffen. Statt dessen erforschen sie ihre Untersuchungsgegenstände in jener nüchternen, intellektuellen Askese, die Nietzsche bei Spinoza kritisiert,[12] wohingegen Freud sie als lebenswichtigen Bestandteil jener »Atmosphäre« akzeptiert, die er mit Spinoza gemeinsam hat. Auch er behandelt die finstersten Leidenschaften der Seele, als wären sie Linien, Flächen und Körper, nur daß seine Wissenschaftssprache nicht mehr an die Geometrie angelehnt ist.[13]

Das Freud und Spinoza gemeinsame Ideenklima ist naturalistisch und deterministisch, doch wird bei beiden der Begriff der »Natur« um das Psychische (auch das Logische) erweitert. Natur erhält eine zusätzliche Tiefendimension; bei Freud beinhaltet sie die psychologischen Tiefen des Unbewußten, und bei Spinoza erhält Natur das Attribut »Denken«, das als integraler Bestandteil der Natur angesehen wird und in dem die Natur sich selbst innerlich spiegelt. Tatsächlich gibt es nur Naturphänomene, doch ist die Natur weder allein Materie, noch ist sie bloß die Oberfläche der Erscheinungen. Man kann also sagen, der Freud und Spinoza gemeinsame Naturalismus ist weder materialistisch noch positivistisch.

Während Spinoza die Natur als eine einzige Substanz ansieht, der er Göttlichkeit und die Einzigkeit Gottes zuschreibt, vermeidet Freud solche pantheistischen Obertöne. Sein Begriff (und seine Erfahrung) von Natur bleibt durchweg prosaisch und (sogar im kantischen Sinne) kritisch. Bei Freud gibt es keine allumfassende einzige Totalität, die man »Natur« nennen könnte. Es gibt Naturphänomene, die Natur selbst ist aber nicht zu einer einzigen, geschweige denn zu einer göttlichen Substanz verdinglicht.

Die Tiefendimension in der Natur hat zusätzliche Folgen. Freud wie Spinoza behaupten das Vorhandensein verborgener Kräfte, die das menschliche Bewußtsein motivieren und bestimmen, ohne daß es sich dessen bewußt ist. Diese Unkenntnis läßt eine Fülle mystifizierender Fiktionen entstehen, die das menschliche Dasein vor sich selbst hinter einer Maske verbirgt. Der Determinismus als geistige Therapie hat es in erster Linie mit einer Art verborgener Ursächlichkeit zu tun; er stellt deren Vorhandensein fest und macht sie zugleich zu einem ganz natürlichen und erklärbaren Phänomen. Bei Freud erhalten die verborgenen Kräfte die zusätzliche Dimension einer neuen Art von »Dämonen«, die das Geschick des Menschen beherrschen; doch haben sie nichts Magisches, denn sie haben sich als ganz natürlich erwiesen, hausen in den Tiefen des Bewußtseins selbst und lassen sich durch Erkenntnis und Interpretation »austreiben«. Das ist der Keim für Befreiung bei Spinoza und bei Freud: Beide räumen die Existenz geheimer Kräfte ein, die jedoch zugleich durch Erkenntnis entmystifiziert werden und deren Wirksamkeit durch Selbsterkenntnis beeinflußt wird.

Die Religionskritik

Spinoza betrachtet alle Formen geschichtlicher Religion als Aberglauben (*superstitio*) und leere Religion (*vana religio*); er möchte sie nach und nach abgeschafft und von einer Religion der Vernunft ersetzt wissen, die er sich in zwei Formen vorstellt: die eine für das Volk, die andere philosophisch. Freud betrachtet alle Formen von Religion als Illusion, als Produkt menschlicher Ängste und unseres Ohnmachtgefühls in der Welt, durch das ein Bedürfnis nach Schutz und Zuflucht wachgerufen wird. Der starke Wunsch, dieses Bedürfnis zu befriedigen, bringt die Welt der religösen Glaubensvorstellungen und Bilder hervor, ein System, dessen Ziel imaginäre Wunschbefriedigung ist.

Freud trifft sich hierin mit Spinoza, beide nehmen die klassische Position der Aufklärung oder auch die des rationalistischen Religionskritikers ein, der seit Epikur versucht hat, die verschiedensten Erscheinungsformen von Religion auf einige wenige Naturphänomene zu reduzieren (besonders auf die verschiedenen Ängste und auf die Unkenntnis der wahren Ursachen), um dadurch Religion ihres Anspruchs auf einen metaphysischen Status zu berauben und sie als sozialen Unterdrückungsmechanismus zu erweisen.

Das war keine ganz unparteiische Analyse: Sie hatte ein polemisches und emanzipatorisches Ziel. Die Rationalisten glaubten – und der alte Freud, der Autor von *Die Zukunft einer Illusion*, pflichtete ihrer Annahme zögernd bei (war das *seine* Illusion?) –, daß ein Mensch, der die natürlichen Ursachen religiöser Mystifikationen, denen er zum Opfer gefallen ist, begreift, sich bereits auf dem Wege der Befreiung befindet. Wenn dem Subjekt erst einmal die psychosozialen Faktoren klar sind, die hinter seinen Vorstellungen am Werk sind, dann wird es erkennen, daß sein religiöser Glaube in Wahrheit eine Art Gefesseltsein durch seine Instinkte, seine Ängste, seine Unkenntnis und durch das soziale und religiöse Establishment der Priester ist, die ihre Macht aus den Ängsten und der Unkenntnis des Subjekts beziehen und deren repressive Wirkung vermittels sakraler Institutionen und Rituale perpetuieren.

Was aber könnte an die Stelle der geschichtlichen Religion treten? Hier liegt ein großer Unterschied zwischen Freud und Spinoza. Spinoza schlägt eine Art allgemeiner Religion vor, in der die Kräfte der Leidenschaften und der Imagination äußerlich der Vernunft nachgebildet werden. Diese Religion ist für die Massen bestimmt; sie verlangt keinen Glauben an Dogmen, nur gesellschaftlich wünschenswertes Handeln, und ihre Vorschriften unterliegen der Interpretation durch politische Autoritäten. Für die Minderheit der wahren Philosophen hat Spinoza ein höheres Ideal im Auge, die intellektuelle Liebe zu Gott, die durch die Macht des Verstandes die gleichen absoluten Ziele erreichen soll, wie sie Mystik und geschichtliche Religion für sich in Anspruch genommen, doch mit irrationalen Praktiken vergeblich zu erreichen versucht haben.

Alle Macht, die Kraft (Freud würde sagen: die ganze *libido*) geschichtlicher Religion, ist hier in ein philosophisch-ethisches System eingeflossen, das vollkommen auf das Diesseits ausgerichtet ist. Die Einheit der Seele mit Gott, die die Mystiker gewöhnlich über und außerhalb der Welt suchten, soll auf der Erde in einem natürlichen Prozeß verwirklicht werden, durch den wir die Welt über ihre rationalen Gesetze und uns selbst über die dritte Gattung der Erkenntnis als Teil der Gott-Natur kennenlernen. Diese Erkenntnis besitzt eine intuitive Kraft der Erleuchtung und erzeugt eine mächtige Liebe (eine weitere Parallele zur Mystik). Doch ist die Liebe des Philosophen zur Gott-Welt nicht gleich der Liebe des Mystikers, denn sie ist unpersönlich und intellektuell. Gott ist keine Person und besitzt kein vereinzeltes Bewußtsein; daher ist die Liebe zu ihm und die Vereinigung mit ihm nur über verstandesmäßiges Begreifen möglich. Letzteres wird dagegen (wie Nietzsche feststellte) zum mächtigsten Affekt, der das ganze Leben und die Persönlichkeit eines Menschen verändert und als ein Sprungbrett zur weltlichen Erlösung dient, nach der Spinoza suchte.

Nichts dergleichen findet sich bei Freud. Freud bietet keinen Ersatz für die absolute Religion, und wie Nietzsche würde er Spinozas Idee einer weltlichen Erlösung als eine weitere Illusion ansehen. Der Atheismus (dem Freud offensichtlich zustimmt) muß sich mit der Ohnmacht des Menschen in der Welt abfinden, ohne nach illusorischen Kompensationen zu suchen; ihm stehen nur Unerschütterlichkeit, Nüchternheit und ein bescheidenes Maß an Selbsterkenntnis zur Verfügung. (Auch Sartre, in vieler Hinsicht ein Schüler Freuds, gelangte zu der Überzeugung, daß Atheismus nicht einfach das Fehlen von Glauben sei, sondern eine aktive Einstellung zum Leben, in deren Horizont der Begriff der Erlösung keine Rolle mehr spielt. Später kritisiert sich Sartre dafür, eine Art halber Erlösung in der Erkenntnis, daß Erlösung unmöglich sei, gesucht und nicht erkannt zu haben, wie schwierig wahrer Atheismus ist.[14]) Freud besitzt den ungeheuren metaphysischen Horizont Spinozas nicht, weder vergöttlicht er das Universum, noch setzt er dem Individuum absolute Ziele. Ebensowenig durchlebt er das existentielle Drama fehlender Erlösung so intensiv wie Nietzsche, Camus oder der frühe Sartre. Er ist wirklich ein Atheist ohne Pantheismus oder andere Kompensationen und ohne Sinn für das Mystische. Alles, was er an existentiellen Werten zu bieten hat, ist Unerschütterlichkeit, Nüchternheit und ein bescheidenes Maß an Erkenntnis und Selbsterkenntnis. Der Rest ist *ananke* (schicksalhafte Notwendigkeit), die auch zum Gegenstand nüchterner Erkenntnis werden muß. Das ist keine fatalistische Resignation, sondern eine aktive Entscheidung und Lebenshaltung; es ist eine ruhige, undramatische Form des *amor fati*. Im Unterschied zu Nietzsche läßt sie jedoch objektive wissenschaftliche Erkenntnis und Selbsterkenntnis zu, und zwar als Hebel zur Emanzipation. Daher bilden alle drei eine geistige Familie, in der die Verwandtschaft der feindlichen Brüder, wie wir sie im vorigen Kapitel analysiert haben, *in jedem* von den drei Paaren besteht. Die größte Kluft zwischen Freud und Spinoza liegt darin, daß Freud absolute Ziele und eine pantheistische Dimension fehlen. Das erklärt viele der Spannungen zwischen den beiden geistigen Brüdern, diesen radikalen Herausforderern der Tradition und Juden ohne Glauben.

Libido oder *conatus*: Der Mensch als Triebwesen

Die Freud und Spinoza gemeinsame naturalistische Auffassung drückt sich auch in ihren Theorien über das menschliche Verhalten und dessen Motivation aus, zumindest in den Grundzügen. Der Mensch ist für beide eine dynamische natürliche Entität, für die ein Triebprinzip konstitutiv ist. Spinoza nennt diesen Trieb *conatus*; Freud behandelt ihn in seiner Theorie der *libido*.

Conatus ist der Selbsterhaltungstrieb, worin auch das Streben steckt, die Kraft und Vitalität des Daseins zu verstärken. Daher ist er der ausschließliche Ursprung menschlicher Emotionen und menschlichen Verhaltens; von den niedrigsten Formen der Lust und Aggression bis hin zur höchsten geistigen Liebe zu Gott ist alles Ausdruck dieses einen natürlichen *conatus*. Bei Freud ist *libido*, wenn auch nicht das einzige Prinzip, so doch eine grundlegende psychische Energie, Voraussetzung aller affektiven Erscheinungen, die unsere bewußten und unbewußten Prozesse bestimmt. Beide Konzeptionen unterstreichen (wie Nietzsches Wille zur Macht) das rein natürliche Wesen des Menschen und die Dynamik seines Seins als endliches und triebhaftes (oder verlangendes) Wesen. Welche »höheren« Fähigkeiten wir auch immer besitzen: Vernunft, Kultur, Rechtsbegriffe, moralische Präferenzen und ähnliches, sie sind nicht das Produkt irgendeines übernatürlichen Prinzips in uns, sondern besondere Ausdrücke des ursprünglichen natürlichen Verlangens, das für unsere Existenz von Anfang an typisch war.

Trotz dieser grundlegenden Verwandtschaft gibt es wichtige Unterschiede zwischen *libido* und *conatus*.[15] *Libido* gilt als die den Sexualtrieben zugrundeliegende Kraft, das heißt, sie besitzt vom Standpunkt Spinozas (und wie wir sehen werden, in gewisser Weise auch aus Freuds Sicht) eine recht eingeschränkte Bedeutung. Hinzu kommt, daß *libido* unmittelbar mit Lust verbunden ist, nicht mit Selbsterhaltung; und das, sagt Freud, ist nicht dasselbe.[16] Selbsterhaltung ist bei Freud das Ziel der sogenannten »Ichtriebe«, die Freud (zumindest der klassische oder frühe Freud) den Sexualtrieben gegenüberstellt, deren Energie die *libido* ist.[17] Des weiteren impliziert *conatus* den Drang, Macht zu verstärken, während *libido* statischer zu sehen ist, als Fluß einer gegebenen Energiemenge, deren Äußerungen und deren Verteilung in einer halb mechanistischen und »ökonomischen« Sprache bestimmt werden.

Die Hauptdifferenz liegt jedoch in dem dualistischen Bild, das Freud Spinozas striktem Monismus entgegensetzt. In seiner frühen Triebtheorie gebrauchte Freud zwei entgegengesetzte Prinzipien, die Ichtriebe und die Sexualtriebe, wobei *libido* nur den letzteren zugrunde liegt.[18] Dann behauptete er eine kurze Zeit, das Ich selbst sei das Hauptreservoir der *libido*, sowohl als Quelle wie auch als Ziel all ihrer Wechselfälle; deshalb sei der Ausdruck *libido* entweder entbehrlich oder könnte jegliche psychische Energie bezeichnen. Doch als Freud später seine Triebtheorie revidierte, trat an die Stelle dieser einigermaßen monistischen Auffassung ein noch radikalerer Dualismus: der Dualismus von *eros* und *thanatos*.

Eros oder Liebe stand nun für die in einem Begriff vereinten Sexual- und Selbsterhaltungstriebe; aber auch in diesem Sinne war *eros* nicht das einzige und alles umfassende Prinzip. Ihm gegenüber stand *thanatos*, der Todestrieb, eine äußerste, auf sich selbst gerichtete Aggression, die jedem Organismus innewohnt und zu seinen Selbsterhaltungstrieben in Widerspruch steht. *Eros* sucht Leben, Einheit und Wachstum; *thanatos* sucht Desorganisation, Untätigkeit und Tod. Um die völlige Selbstzerstörung durch den Todestrieb zu verhindern, müssen wir einen Teil unserer Aggression nach außen kehren und versuchen, andere Personen oder äußere Gegenstände zu zerstören; da aber die Wirklichkeit unsere Anstrengungen behindert, sind wir in vielen Fällen gezwungen, die Aggression wieder gegen uns zu kehren, mit um so größerem Schaden für uns.[19]

Als Vorsokratiker des zwanzigsten Jahrhunderts, als moderner Empedokles, der universale Liebe und universalen Haß einander entgegensetzt,[20] widerstreitet Freud mit seiner revidierten Theorie der *libido* der Auffassung Spinozas in zwei wichtigen Punkten. Er stellt dem Monismus des *conatus*[21] bei Spinoza einen radikalen Dualismus gegenüber und macht den Todestrieb – das gerade Gegenteil des *conatus* – zu einer ursprünglichen Triebkraft des Organismus. Daß eine Entität auf ihre eigene Zerstörung aus sein sollte, und zwar nicht bloß aufgrund einer besonderen Fügung von Ursachen, sondern wegen eines ihr eingebauten, fundamentalen Triebes, ist für Spinoza undenkbar, denn er hat sein System auf dem entgegengesetzten Prinzip gegründet, wonach gilt, daß »kein Ding ... etwas in sich [hat], wovon es zerstört werden könnte«, und »kein Ding kann anders als durch eine *äußere* Ursache zerstört werden«.[22]

Diese Feststellungen trifft Spinoza im Zusammenhang mit seiner Erklärung des *conatus*. Sie machen es Spinoza verständlicherweise schwer, wenn nicht gar unmöglich, Selbstmordakte zu erklären, und führen schließlich zu seiner berühmten Äußerung: Der freie oder vernünftige Mensch »denkt an nichts weniger als an den Tod; und seine Weisheit ist nicht ein Nachsinnen über den Tod, sondern ein Nachsinnen über das Leben.«[23]

Spinoza, der kognitive Rationalist, war gezwungen, alle irrationalen Handlungen und Antriebe auf fehlerhaftes Verständnis und unangemessene Vorstellungen zurückzuführen. Freud, dessen Menschenbild finsterer und vulkanischer war, hat die dunklen Nischen des Verlangens vielleicht besser einschätzen können (die er, Schopenhauer folgend, sogar aus den Bereichen von Zeit, Raum und Logik ausschloß).[24] Auf jeden Fall ist in der Frage der ursprünglichen Motivation (oder *libido* und *conatus*) der Unterschied zwischen ihnen gewaltig.

In der Grundfrage bleiben Freud und Spinoza dagegen nah verwandt: Beide sehen die Menschen als endliche natürliche Wesen, als durch ein

Wunschprinzip konstituiert, wobei alle Formen des Verhaltens, der Motivation und der höheren Kultur von den Wechselfällen und Transformationen dieses Verlangens abhängen. Von diesem Standpunkt aus können wir Hampshires Behauptung zustimmen, daß die Parallele zwischen *libido* und *conatus* »mehr als oberflächlich ist«.[25] Tatsächlich besteht eine Ähnlichkeit *nur* im Grundsätzlichen, während eine genauere Untersuchung, wie wir kurz skizziert haben, wichtige und sogar entscheidende Differenzen zu Tage fördern muß.[26]

Selbsterkenntnis

Spinoza und die dritte Gattung der Erkenntnis

Die Affinität und die Spannung zwischen Freud und Spinoza werden deutlicher, wenn wir uns auf ein zentrales Thema konzentrieren, das beiden gemeinsam ist: Selbsterkenntnis. Für Freud wie für Spinoza ist sie der Hauptweg zur Emanzipation; sie ist der Grundpfeiler von Spinozas Ethik wie von Freuds Therapie. Doch die Differenz zwischen *Ethik* und *Therapie* signalisiert bereits die Kluft, die beide trennt.

Selbsterkenntnis muß nach Spinoza durch Welterkenntnis erlangt werden. Ich verstehe mich selbst nicht, indem ich mir meiner unmittelbar bewußt werde, auch nicht, indem ich mich einfach auf meine eigene persönliche Geschichte besinne, unterstützt (wie bei Freud) von einem begrenzten Bestand allgemeiner hermeneutischer Kodes. Der Weg zur Selbsterkenntnis ist viel länger und indirekt. Ich gehe nicht von mir selbst aus, sondern vom Universum als Ganzem, das ich von Anfang an als eine einzige, mit Gott identische Totalität begreifen muß. Dann muß ich, ausgestattet mit der allgemeinen Kenntnis der Gesetze und der Muster für Ursache und Wirkung, die die Welt regieren, meinen eigenen speziellen Platz und meine Handlungsweise in dieser Totalität bestimmen. Das setzt die zweite Gattung der Erkenntnis voraus, in der ich mich mit verschiedenartigen wissenschaftlichen Studien befasse: Physik und Physiologie, Psychologie und Soziologie. Ich muß verstehen, was Einzeldinge sind, in welchem Verhältnis Körper und Geist zueinander stehen, wie Körper funktionieren und Affekte entstehen, welche Genese soziale Zusammenhänge haben und auf welche Weise mein eigener Körper, meine Affekte und sozialen Beziehungen ursächlich von der Umwelt bestimmt werden. So entziffere ich mein eigenes Wesen nach und nach von außen, das heißt gemäß den allgemeinen Mustern und

Gesetzen, die die Welt regieren. Erst in der dritten Gattung der Erkenntnis fügen sich alle diese von außen gewonnenen Informationen zusammen und vereinigen sich zu dem spezifischen »Wesen« oder der inneren Erklärung der singulären Entität, die ich bin. An diesem (sehr seltenen) Punkt, nachdem ich Schritt für Schritt von verschiedenen kausalen Standpunkten aus eine wissenschaftliche Erkenntnis über mich selbst erlangt habe, mache ich einen Sprung in die Intuition, die mir, wie Spinoza meint, eine synoptische Sicht meiner singulären Existenz erlaubt, wie sie Gott inhäriert und wie sie sich in ihm aus seinem ewigen Wesen ergibt. Die vermittelnden kausalen Verbindungen sind internalisiert und zu einem einzelnen Wesen synthetisiert, das sie konstituieren und mit dem sie gleichbedeutend sein sollen. Hier gibt es keine zusätzliche Information, nur ein neues Verständnis und eine neue Organisation derselben kognitiven Bestandteile.[27]

Dies ist zugleich die höchste Stufe der Selbsterkenntnis, mit der die intellektuelle Liebe zu Gott einhergeht und die befreit und erlöst. Anfangs war das unmittelbare Bewußtsein meiner selbst bloß ein wirres Wissen, *imaginatio*. Um weiterzukommen, mußte ich es durch Erkenntnis der zweiten Art ersetzen, wissenschaftliche Erkenntnis, mit deren Hilfe ich mich meinem Wesen von außen nähere. Doch der Erkenntnis dieser Art fehlt die affektive Kraft, die nötig ist, damit ich mich ändere und befreie. Um solche Wirkungen zu erzeugen, muß wissenschaftliche Erkenntnis zwei Bedingungen erfüllen. Erstens muß ich von Anfang an begreifen und empfinden, daß sie eine metaphysische Grundwahrheit ausdrückt, nämlich die Identität der Natur mit Gott und des individuellen Wesens mit der Gott-Natur. Auf diese Wahrheit, die letztlich in intellektueller Anschauung gründet, stützt sich der wissenschaftliche Prozeß durchgängig. Zweitens muß der diskursive Erkenntnisprozeß am Ende der oben beschriebenen synthetischen Intuition weichen, die ausreichend affektive Kraft erzeugt, um das eigene Leben zu übernehmen und die eigenen Leidenschaften umzuformen. Wissenschaftliche Erkenntnis ist gewissermaßen von beiden Seiten von Intuition flankiert, deren eine dem Prozeß von Anfang an zugrunde liegt, während die andere ihn zu seinem Höhepunkt führt.

Zugleich, und das ist Spinozas Neuerung, kann das hohe ethische Ziel nur durch eine detaillierte mechanistische Wissenschaft erreicht werden. Metaphysische Verallgemeinerungen sind für sich genommen wertlos, auch wenn sie wahr sind. Je mehr Einzeldinge wir kennen, desto mehr kennen wir Gott; folglich drücken wir unsere Inhärenz in Gott dann konkret empirisch aus, wenn wir uns gemäß den detaillierten Einzelursachen, die uns bestimmen, kennen; und das ist für die nächste, intuitive Stufe unabdingbar, wo kausales Wissen internalisiert wird und unser singuläres Wesen durch eine Kette direkt erfaßter Relationen als in Gott inhärierend hervortritt.

Um diese gewissermaßen mystische Stufe zu erreichen, müssen wir uns daher einem vielseitigen Studienprogramm verschreiben, das darauf abzielt, daß wir uns immer mehr als Naturwesen erkennen, die die oben beschriebene allgemeine Erkenntnis erreicht haben. Ich muß meinen spezifischen Platz in der Kette des Seins kennen, die wirklichen Umstände meines Seins in der Welt, die Ursachen, die meine körperliche Lage erklären, ich muß auch meine persönliche Biographie, meine Struktur und die geistigen und gesellschaftlichen Kräfte kennen, die in mir wirksam sind, ebenso die verborgenen Ursachen meiner Ängste, meine Irrtümer, die Unkenntnis, der ich zum Opfer falle, mein Leid, meinen Ehrgeiz, meine verdeckten Motive, die Kräfte, die mich zwischen Furcht und Hoffnung schwanken lassen, Lust und Leid und andere instabile Empfindungen, die mein Leben gefesselt halten. Das alles erfordert ein sorgfältiges wissenschaftliches Studium, nicht nur des Körpers – durch Physik und andere Wissenschaften von der »Ausdehnung« (Physiologie, Chemie, Klimatologie etc.) –, sondern auch der Psychologie.

Es ist kein Zufall, daß Spinoza von den fünf Teilen seiner *Ethik* einen ganzen Teil der Psychologie widmet. Die Wissenschaft der Psychologie muß das unmittelbare Bewußtsein, das wir von uns als Mittel zur Selbsterkenntnis haben, ersetzen und erhellen (und auf einer höheren Ebene soll die Psychologie den Platz der Theologie als Mittel zur Erlösung einnehmen). Das unterminiert nicht nur die Rolle gewöhnlicher Introspektion, sondern auch von sublimeren Techniken mystischer Konzentration, unmittelbarer Selbstbetrachtung und ähnlichem. Sie alle müssen einem ganzen Komplex von Wissenschaft weichen, der allgemeine Gesetze und Muster verwendet, einer »geometrischen« Wissenschaft, sagt Spinoza, die menschliche Torheiten und die irrationalsten Leidenschaften durch die klare und distinkte Kraft des Verstandes erklärt.[28] Der Weg von uns zu uns, vom verworrenen unmittelbaren Bewußtsein, das wir von unserem Körper und Geist haben, hin zu dem neuen, rationalen (und am Ende erlösenden) Wissen, das wir schließlich erreichen, führt daher über Psychologie als eine allgemeine Naturwissenschaft, eine Wissenschaft überdies, deren Gegenstände *sui generis* sind und nicht auf die Gegenstände der Physik und anderer Wissenschaften reduziert werden können.

Das bekräftigt nicht nur den autonomen Status der Psychologie, den Descartes ihr bereits eingeräumt hatte, sondern macht diese rein natürliche Wissenschaft zu einem notwendigen und privilegierten Weg zur Erlösung. Das kann man von Descartes nicht mehr sagen noch sonst von einem Philosophen, der dem religiösen und theologischen Erlösungsmonopol treu blieb; an diesem Punkt ging Spinoza einen Schritt weiter in Richtung Freud.

Freud, Selbsterkenntnis und Verdrängung

Freuds Ambitionen waren viel bescheidener als die Spinozas. Er befaßte sich nicht mit Erlösung, sondern mit Therapie. Freud besaß nicht das fast religiöse Pathos Spinozas und war mit den Abgründen menschlicher Irrationalität besser vertraut. Doch wie Spinoza motivierte ihn die Suche nach menschlicher Emanzipation, und er glaubte, welche Befreiung auch immer den Menschen bevorstünde, sie müsse aus Selbsterkenntnis erwachsen. Die Überwindung der verdrängten, neurotischen, abgründigen Bürden und Komplexe, die die Seele hemmen und ihr Funktionieren stören, hängt weitgehend von der Form der Selbsterkenntnis ab. Das gleiche gilt für den Prozeß, mit dem das Bewußtsein seine Herrschaft auf den brodelnden Vulkan des »Es« ausdehnt und das Individuum instandsetzt, Stabilität zu gewinnen oder seine Fähigkeit zu Lebensfreude und Kreativität wiederherzustellen – und auch für den Prozeß, der es der Zivilisation, so zerbrechlich sie sein mag, erlaubt, zu funktionieren und weiter zu bestehen.

Freud sagt ausdrücklich, sein Ziel in der Therapie sei, das Verdrängte zu Bewußtsein zu bringen. Die verborgenen psychischen Kräfte, die eine Neurose erzeugen, zu erhellen, ist das wichtigste Mittel, sie zu überwinden. Mit der Verwendung einer Reihe von Schlüsseln, Assoziationen, Träumen und mit der Interpretation anderer Zeichen und Symptome wird eine Art Archäologie der Seele betrieben, die in ihre Vergangenheit eindringt, in kindliche Traumata und psychologische Frühgeschichte. Das Verdrängte kehrt allmählich ins Bewußtsein zurück, und der alte psychische Konflikt, der ursprünglich in der Verdrängung geendet hatte, lebt wieder auf und wird nun zu einer gesünderen Lösung gebracht. Nach Freud ist es das Ziel der Therapie, den Zustand der Verdrängung aufzulösen, so daß die darin gebundene Energie (die immer wieder an die Neurose verausgabt wurde) in neue Kanäle geleitet wird und durch Sublimierung und andere Mittel das Individuum zu Lebensfreude und Kreativität befähigt und ihm zu seelischer Stabilität verhilft.

Wie zentral Selbsterkenntnis im Freudschen System ist, zeigt auch die entscheidende Rolle, die er ihrem Gegenbegriff, der Verdrängung, zuschreibt. Freud läßt an diesem Punkt keinen Zweifel bestehen. Er sagt: »Die Verdrängungslehre ist nun der Grundpfeiler, auf dem das Gebäude der Psychoanalyse ruht.«[29] An anderer Stelle wiederholt er: »Man kann von der Verdrängung wie von einem Zentrum ausgehen und alle Stücke der psychoanalytischen Lehre mit ihr in Verbindung bringen.«[30] Verdrängung und ihre Aufdeckung werden die systembildenden Begriffe seiner Theorie. Freud führt aus:

> Die Lehre von der Verdrängung wurde zum Grundpfeiler des Verständnisses der Neurosen. Die therapeutische Aufgabe mußte nun anders gefaßt werden, ihr Ziel war nicht mehr das ›Abreagieren‹ des auf falsche Bahnen geratenen Affekts, sondern die Aufdeckung der Verdrängungen und deren Ablösung durch Urteilsleistungen, die in Annahme oder Verwerfung des damals Abgewiesenen ausgehen konnten. Ich trug der neuen Sachlage Rechnung, indem ich das Verfahren zur Untersuchung und Heilung nicht mehr *Katharsis*, sondern *Psychoanalyse* benannte.[31]

Demnach hat also die Entdeckung, daß Neurosen auf Verdrängung beruhen und folglich das Wieder-Bewußtmachen der Weg zur Heilung ist, die Psychoanalyse begründet.

Das gleiche ergibt sich aus Freuds Erklärung, warum er die Hypnose als Therapiemethode aufgab.[32] Das war seiner Aussage nach der entscheidende Schritt, der ihn von Josef Breuer trennte und der zur Gründung der psychoanalytischen Bewegung führte. Den Unterschied zwischen den beiden Methoden bestimmt Freud kurz und bündig: »Die hypnotische Therapie sucht etwas im Seelenleben zu verdecken und zu übertünchen, die analytische etwas freizulegen und zu entfernen. Die erstere arbeitet wie eine Kosmetik, die letztere wie eine Chirurgie.«[33]

Die Unzulänglichkeit der Hypnose liegt in ihrer Unbewußtheit und dem Versuch, das Unbewußte unmittelbar zu manipulieren. Sie wirkt durch Suggestion, nicht durch Verstehen und Interpretation. Der Hypnotiker versucht die Neurose durch direkte Intervention, sozusagen in der Tiefe der Psyche und unter Umgehung des Bewußtseins, zu beseitigen. Damit erreicht er aber nur die Symptome und trifft nicht die Wurzeln der Störung. Denn, und das war Freuds Entdeckung, die Störung rührt von Verdrängung her, nämlich von der selbst herbeigeführten Verdunkelung des Bewußtseins und von seiner Umwandlung ins Unbewußte als Ergebnis heftiger, unlösbarer Konflikte, deren Energie jetzt die Neurose nähren. Verdrängung verdeckt nicht einfach eine Störung, die unabhängig von ihr besteht, sondern sie ist selbst die Wurzel der Störung, ihre eigentliche Ursache. Sie muß daher völlig aufgelöst werden, damit der Heilungsprozeß in Gang kommen kann.

Durch Suggestion manipuliert die Hypnose das Unbewußte des Patienten, ohne seinem Ich eine aktive Rolle im therapeutischen Prozeß zuzubilligen. Doch sobald klar ist, daß die Wurzel der Neurose in der Verdrängung liegt, wird die aktive und bewußte Teilnahme des Patienten zum wesentlichen Bestandteil der Therapie. Der alte Kampf der Triebe (vor allem der sexuellen), der durch die Verdrängung in die Tiefe des Vergessens verschoben ist, muß im Patienten wieder aufleben, ein Prozeß, in dem das Bewußtsein die Aufgabe übernimmt, zu verstehen und sich selbst zu interpretieren, vermittelt durch die Übertragung als eine spezielle gefühlsmäßige und intellektuelle Beziehung zum Therapeuten.

> Zur Lösung der Symptome wird es nötig, bis auf deren Entstehung zurückzugehen, den Konflikt, aus dem sie hervorgegangen sind, zu erneuern und ihn mit Hilfe solcher Triebkräfte, die seinerzeit nicht verfügbar waren, zu einem anderen Ausgang zu lenken.[34]

Um den Konflikt wieder aufleben zu lassen, ist es notwendig, seine Ursachen wieder ins Bewußtsein zurückzurufen und zugleich die Widerstände zu überwinden, die die Verdrängung hervorgerufen haben, und sie zu beseitigen. Das geschieht mit Hilfe von Selbstdeutung, die an die Stelle der Suggestionsmethode eine für die Psychoanalyse geeignete, und zwar auf Ausdehnung des Bewußtseins basierende Methode setzt.

Der Begriff der Verdrängung, sagt Freud, macht die Psychoanalyse einzigartig und unterscheidet seinen eigenen Begriff des Unbewußten von dem, was er herabsetzend die »philosophischen Meinungen über das Unbewußte« nennt, die zu seiner Zeit und vor ihm existierten (seit Leibniz' »petites perceptions« oder auch seit Spinoza).[35] Das Unbewußte, mit dem sich Freud (besonders der frühe Freud) befaßt, ist in erster Linie das, was unbewußt *geworden* ist, das heißt das, was durch Verdrängung in Amnesie versunken ist. Andererseits ist das auch der Grund, weshalb mit Hilfe der Psychoanalyse nicht alle seelischen Krankheiten geheilt werden können, sondern, wie Freud betont, nur die, die auf der Wechselbeziehung zwischen dem Bewußten und dem Verdrängten aufbauen, insbesondere Neurosen und Zwänge.

Überwindung des Es: Aufklärung und ihre Gefährdung

Der zentralen Stellung der Verdrängung entspricht die Bedeutung ihres Gegenstücks: des Wieder-Bewußtmachens und des Selbstverständnisses. Dieser Begriff ist für die Psychoanalyse so wichtig, daß wir in Freud, dem Erforscher der dunklen Seiten der Seele, dem Philosoph des Unbewußten, der das Chaotische, Eruptive und Ungeordnete der menschlichen Existenz betont, eine moderne Position der Aufklärung sehen können (eine Bewegung, deren Hauptvertreter zwei Jahrhunderte früher Spinoza war). Freuds Ideal ist die Stärkung des Bewußtseins und die Ausdehnung seiner Reichweite. Sein Motto ist: »erkenne dich selbst«; er trachtet nach Klarheit, nach entmystifizierter Selbsterkenntnis. Das war auch das Ideal der Aufklärung, aber nun ist klar, daß es wegen der bis dahin unvorstellbaren Tiefen des Unbewußten und dessen Widerstandskraft unendlich viel schwerer zu erreichen ist. Selbsterkenntnis wird nun zu einer folgenschweren Aufgabe, die nur begrenzt erfüllbar ist. Hinzu kommt, daß Freud (zumindest in seinem frühen Werk) sich mehr auf das Unbewußte konzentrierte, das durch Verdrängung entstanden war, als auf das unbewußte Leben in seinem ganzen Umfang. Daher rückt die zentrale Stellung der Verdrängung einerseits das Ziel des Selbstbewußtseins ins Licht und beschränkt andererseits zugleich dessen Reichweite. Als Freud später seine metapsychologische Theorie entwickelte (und Verdrängung eindeutig nur als einen Teil des riesigen Feldes des Unbewußten definierte),[36] hielt er nicht nur am Ideal der Selbsterkenntnis fest, sondern dehnte es sogar noch aus. In der folgenden Passage gibt er eine Neuformulierung der Ziele der Psychoanalyse in der Terminologie seiner neuen Metapsychologie (Ich, Es und Über-Ich):

> Ihre Absicht ist es ja, das Ich zu stärken, es vom Über-Ich unabhängiger zu machen, sein Wahrnehmungsfeld zu erweitern und seine Organisation auszubauen, so daß es sich neue Stücke des Es aneignen kann.[37]

Das Wieder-Bewußtmachen ist beibehalten, doch seine Aufgabe als Methode der Befreiung ist erweitert. Wir haben es nicht mehr nur mit den Ergebnissen der Verdrängung zu tun, sondern mit der Überwindung des Es im allgemeinen, jenem irrationalen und dunklen Prinzip, das Grundlage des Lebens und der Lebensenergie ist. In dieser dunklen, vulkanischen Masse muß sich das Ich immer größere Regionen erobern, wenn das Individuum eine stabilere und freiere Persönlichkeit gewinnen soll. Doch muß das Ich, wenn es bei dieser Eroberung erfolgreich sein soll, schon sehr stark und frei und vor allem von unbewußter Selbstunterdrückung frei sein, die das Über-Ich durch Schuldgefühle, schlechtes Gewissen und verinnerlichte Autodestruktion ausübt. Hier liegt eine andere Art der Vergeßlichkeit oder Amnesie vor, die der Verdrängung im klassischen Sinne parallel, aber nicht mit ihr identisch ist. Was das Ich hier nicht kennt, sind seine wahren Relationen zum Über-Ich, ist der wahre Charakter vieler Normen, die internalisiert werden und im Individuum schmerzliche Konflikte hervorrufen und es dadurch akute Verdrängungen und Neurosen erleiden lassen.

Die Metapsychologie Freuds vergrößert also die Reichweite und die emanzipatorische Rolle der Selbsterkenntnis sowohl innerhalb des Individuums als auch in der Kritik an Kultur und Ideologie. Hierin steht Freud Spinoza nahe, da eine solche Art der Selbsterkenntnis erfordert, daß wir uns mehr auf Wissenschaft als auf Hermeneutik verlassen; sie setzt voraus, daß wir seelische und kulturelle Mechanismen und ihre verborgene Wirkung verstehen und uns nicht mehr ausschließlich auf die Interpretation einzelner Zeichen und Schlüsselereignisse der individuellen Biographie konzentrieren.

Gleichzeitig kommt Freud mit seiner Analyse des Verdrängungspotentials des Über-Ichs Nietzsche nahe, der auch eine Kritik moralischer Werte, von Schuld und Gewissen (und ihrer kulturellen Wirkung und ihres Preises usw.) versucht hat, indem er ihre psychologische Genese und ihre Mechanismen analysierte. Aber im Gegensatz zu Nietzsche behauptet Freud, Selbsterkenntnis könne in der Wissenschaft als objektiver Wahrheit eine solide Basis haben. Freud betrachtet auch Klarheit – ein allseits entmystifiziertes Bewußtsein – allein um ihrer selbst willen als ein Ziel und einen leitenden Kulturwert; und obwohl er sich deren Schwäche, Grenzen und Gefährdung bewußt war, betonte er die Notwendigkeit, sie so weit wie möglich zu kultivieren. Nietzsche würde in Freud einen nietzscheanischen Abweichler gesehen haben, der in wissenschaftlichen Rationalismus zurückfällt. Seine Wahrheitsprinzipien sind eine »Perspektive«, die seinen Wunsch verrät, der Welt des Chaos eine illusionäre Ordnung zu geben, obgleich er mit diesen chaotischen Tiefen viel besser vertraut ist als mancher andere. So gesehen steht Freud in der Mitte zwischen Nietzsche und Spinoza. Wie Spinoza akzeptiert er das Prinzip einer intellektuellen Selbsterkenntnis und den Wert der Wahrheit als nichtrelatives Ideal; wie Nietzsche erkennt er die Grenzen und die Gefährdung dieses Ideals wie auch das vulkanische Brodeln in der Tiefe.

Wichtige Unterschiede: Therapie oder Erlösung

Der Weg zur Emanzipation

Es gibt allerdings wichtige Unterschiede zwischen Freud und Spinoza. Obwohl beide Selbsterkenntnis als einen Weg zur Emanzipation ansehen, verstehen sie weder den Weg noch die Emanzipation auf die gleiche Weise.

Erstens: Bei Freud befreit Selbsterkenntnis von Komplexen und Neurosen; sie ist Therapie und nicht Erlösung. Freud betrachtet Wissenschaft als säkulares Substitut für die höchsten geistigen Werte, aber Wissenschaft kann Religion und ihre reichen emotionalen Bezüge nicht ersetzen. Wissenschaft, der Feind der Illusion, soll nicht zu einer neuen Illusion werden; und das würde geschehen, wenn sie behauptete, unmögliche Ziele erreichen zu können. Aufklärung, Klarheit und Emanzipation durch die Wissenschaft sind in ihrer Reichweite begrenzter. Sie können die Ohnmacht des Menschen und seine Bedeutungslosigkeit in der Welt nicht mildern oder wettmachen. Diese Ohnmacht muß als solche erkannt und anerkannt werden, eine Erfahrung, die den Menschen von Anfang bis Ende begleitet. Überdies wird sie durch Selbsterkenntnis noch verstärkt; und die Milderung der Angst gibt dem Menschen die Möglichkeit, diese Erfahrung zu stabilisieren und zu seiner authentischen geistigen Haltung zu machen.

Zweitens: Zu Selbsterkenntnis gelangt man nach Freud nicht vornehmlich auf metaphysischen und allgemein wissenschaftlichen Wegen. Eine Person muß nicht sehr weit über sich hinausgehen und braucht kein detailliertes Wissen über die Welt, die Naturgesetze, Gott usw., um Freiheit zu erlangen. Der Freudsche Patient ist viel stärker auf sich konzentriert und auf seine eigene psychologische Geschichte.

Dieser Unterschied hängt mit den therapeutischen Zielen des Freudschen Systems zusammen, das sich ja von der Suche nach Erlösung abhebt, die Spinoza beflügelte. Freud bleibt im Grunde Arzt. Es ist wahr, daß Spinoza seine *Ethik* als eine Art »Medizin für die Seele« ansah, analog zur Körpermedizin; das war aber metaphorisch und metaphysisch gemeint, nicht im pathologischen Sinne der modernen Psychoanalyse. Die Seele bedarf der »Heilung«, weil sie den Leidenschaften und der Phantasie unterworfen ist. Mit anderen Worten, ihre Gesetze sind ethische, nicht medizinische Gesetze. Es ist daher bei der Freudschen Behandlung durchaus möglich, eine normale, einigermaßen ausgeglichene Persönlichkeit herzustellen, die im übrigen ein mittelmäßiger Mensch bleibt, den Spinoza gerade als unfrei und aus seiner »Vorstellungskraft« lebend ansehen würde. Hier zeigt sich eine entscheidende Differenz: Das Ziel der Freudschen Therapie ist es, eine gewöhnliche Person zustande zu bringen; das Ziel von Spinozas Ethik ist es, eine ungewöhnliche Person zustande zu bringen, nämlich ein seltenes menschliches Wesen von außerordentlicher innerer Vortrefflichkeit.

Noch einmal Conatus*: Endlichkeit und Erlösung*

Wir können jetzt zu der Frage von *conatus* oder *libido* zurückkehren und hier eine ähnliche Differenz erkennen. Ebenso wie Selbsterkenntnis bei Spinoza einen Erlösungsaspekt besitzt, der bei Freud fehlt, hat auch *conatus* im Unterschied zu *libido* eine metaphysische Dimension, die mit dem Verlangen nach Erlösung zusammenhängt.

Conatus, sagt Spinoza, ist die »aktuale Essenz« endlicher Dinge; er ist keine Eigenschaft, die sie besitzen, sondern geradezu das Prinzip ihres Seins. Sie alle *existieren als* dieser Trieb, der eine metaphysische Bedeutung hat, die in die gängigeren Formen des physischen, sozialen und intellektuellen Verlangens übersetzt ist. Oder anders gesagt, *conatus* sucht in erster Linie einen »metaphysischen Nutzen«, der dann die Form eines konkreteren Nutzens annimmt. Selbsterhaltung, der erklärte Gegenstand des *conatus*, kann (metaphysisch ausgedrückt) auch als das Verlangen verstanden werden, durch eine unbegrenzte Ausdehnung der Dauer (*duratio*) die Endlichkeit zu überwinden. Als endliche Wesen können die Menschen nicht anders, als in der Zeit zu existieren, während sie zugleich bestrebt sind, eine überzeitliche Existenz zu erlangen, die Spinoza Ewigkeit nennt.[38]

Dieses Paradox wird damit gelöst, daß das Streben, die Dauer zu überwinden, selbst als Dauer ausgedrückt ist, als ihre unendliche Ausdehnung. Wahre Unendlichkeit (oder Ewigkeit), die von Natur aus unzeitlich und qualitativ ist, wird unausweichlich in eine quantitative und zeitliche Version ihrer selbst übersetzt (und degradiert), wenn sie in der Form unendlicher Dauer zum Gegenstand des *conatus* wird.

Doch auch in dieser Form ist das Streben vergeblich. Einzeldinge müssen vergehen und sterben. Das höchste, was sie (oder besser gesagt eine winzige Zahl von ihnen) erreichen können, ist, durch Selbsterkenntnis der »dritten Gattung« in wesentlichen Teilen ihres Bewußtseins mit Gott identisch zu werden; damit verwirklicht sich Ewigkeit *innerhalb* von

Dauer, das heißt in der Spanne des diesseitigen Lebens und als Ereignis *in* der Welt.[39] Der wahre Gegenstand des *conatus* (wenn er zum *conatus intelligendi* wird, zum Erkenntnistrieb) erweist sich also als Erlösung, nämlich die Überwindung der Endlichkeit durch die Verwirklichung von Ewigkeit-in-der-Dauer; und das gibt dem Begriff der Selbsterhaltung seine tiefere, zugrundeliegende Bedeutung. Das wahre Endziel des natürlichen Strebens, das nach Spinoza unser Sein konstituiert, ist Unendlichkeit oder Erlösung. In diesem Sinne ist *conatus* nicht sehr weit vom Prinzip des *eros* bei Platon entfernt.

Freud belastet seine Theorie dagegen nicht mit einer Metaphysik der Erlösung. Das ist ein großer Unterschied zwischen Freud und Spinoza, dem wir durchgängig begegnen, zuerst im Zusammenhang ihrer Auffassungen von Selbsterkenntnis, jetzt wieder bei ihrer jeweiligen Anthropologie des Strebens.[40]

Hermeneutik und nomologische Wissenschaft

Eine weitere Differenz wurde bereits angedeutet: Selbsterkenntnis ist bei Freud mehr das Werk von Hermeneutik als das einer rigorosen nomologischen Wissenschaft. Sie hängt weniger von der Erkenntnis gesetzesartiger Muster ab, die natürliche Erscheinungen (psychologische oder auch andere) beherrschen, als von der Dechiffrierung der Zeichen und Schlüssel der jeweiligen psychischen Geschichte eines Individuums; entsprechend ist ihre Sprache mehr auf die Interpretation von Symbolen, Metaphern, Assoziationen und ähnlichem in einem gegebenen kulturellen und biographischen Kontext abgestimmt als auf die logische Strenge des wissenschaftlichen Diskurses.

Zugleich steht Hermeneutik hier im Dienste kausaler Erklärung. Ihr Ziel ist es wie beim Detektiv oder Archäologen, eine einzelne objektive Wahrheit aufzudecken. (In der Diktion Spinozas: Sie versucht die Ursache oder auch die »genetische« Definition ihres Gegenstandes aufzudekken.) So gesehen dienen die schwächeren hermeneutischen Verknüpfungen also einem zugrundeliegenden rigorosen Kausaldeterminismus.

Das bringt eine erhebliche Ambivalenz in Freuds Theorie. Ihr methodologischer Status schwankt zwischen Alternativen, die unvereinbar zu sein scheinen. Einerseits besteht Freud darauf, seine Lehre sei »Naturwissenschaft«. Er glaubt an objektive wissenschaftliche Wahrheit und zählt seine Theorie dazu. Dementsprechend (und wegen des in den Naturwissenschaften vorherrschenden mechanistischen Vokabulars) zeichnet

Freud das psychische Leben als eine Art mechanistischen Apparat, in dem die Triebenergie hin und her flutet, sich an verschiedene Objekte verausgabt, sich zurückzieht, verändert und sublimiert wird usw. Alle diese Bewegungen sind im Prinzip quantitativ analysierbar und geschehen nach den Regeln dynamischer Effizienz (auch als psychische »Ökonomie« beschrieben). Auf der anderen Seite sind aber (insbesondere in der Therapie, wo das am meisten zählt) die aktualen Kausalbeziehungen, die das psychische Leben, wie Freud es beschreibt, beherrschen, von Bedeutung und von Bedeutung tragenden Zeichen, von ihrer Interpretation und ihrer Verinnerlichung bestimmt. Das ist ein ganz anderer Bereich und Typ von Diskurs. Die Zusammenhänge zwischen Zeichen, Bedeutung und Interpretation auf der einen Seite und den Wechselfällen der Triebenergie auf der anderen gehören zu zwei verschiedenen methodologischen Paradigmata, die zu versöhnen sich Freud sehr bemühte. Das ist einer der Gründe, weshalb der Psychoanalyse keine volle Anerkennung zuteil wurde und ihre Wissenschaftlichkeit bis heute in Frage gestellt wird.[41]

Selbsterkenntnis und Affekt: Die imaginierte Liebe zum Arzt

Der wichtigste Unterschied zwischen Freud und Spinoza betrifft Selbsterkenntnis und Affekt. Bei Spinoza gilt, daß Selbsterkenntnis der »dritten« oder höchsten Art einen überaus starken Affekt hervorruft, nämlich die geistige Liebe zu Gott, die alle anderen Affekte beherrscht und sie aus Zwangsformen in Formen der Freiheit verwandelt. Mit anderen Worten, Selbsterkenntnis ist der zureichende Grund und der Auslöser der psychischen Energie, die die Persönlichkeit revolutioniert und dem Leben neue Qualität verleiht.

Nicht so bei Freud. Ungeachtet dessen, was Freud über Leonardo (und implizit über Spinoza und sich selbst) sagte, sind das seltene Fälle. Gewöhnlich kann der Mensch nicht erst Selbsterkenntnis erlangen und dann einen befreienden Affekt. Er braucht für den Prozeß der Selbsterkenntnis selbst affektive Unterstützung, und zwar sehr kräftige Unterstützung, denn die Selbsterkenntnis muß gegen hartnäckige Verdrängungen und gegen Widerstand ankämpfen. Die Energie für diesen Kampf wird aus einem Prozeß gewonnen, den Freud »Übertragung« nennt und bei dem der Analytiker zum Gegenstand intensiver Empfindungen seitens des Patienten wird, gewöhnlich von Liebe und Zuneigung, zuweilen auch von Feindseligkeit. Übertragung wird zum notwendigen Mittler zwischen dem Patienten und seinem Selbst und ist insofern der Grundpfeiler, fast ein Dogma des Freudschen Systems. Der Patient versucht nicht, sich selbst direkt zu erkennen, sondern nur vermittelt über die heftige emotionale Beziehung zum Therapeuten. Diese Liebe ist naturgemäß imaginiert. Sie gründet nicht auf einer wirklichen Beziehung zwischen zwei Personen, sondern auf einer vorgestellten Situation, die in den Grenzen der Klinik und für die Dauer der Behandlung gültig ist (der Aufwand an psychischer Energie ist natürlich real und intensiv). So ist es möglich, genügend libidinöse Kraft zu mobilisieren, um den Widerstand des Patienten zu brechen und ihn in Stand zu setzen, die verdrängte Erfahrung zu revidieren und die ihr zugrundeliegenden Konflikte zu einer neuen, stabileren Lösung zu bringen. Die Kraft, mit der der Patient das Drama der Vergangenheit aus den Tiefen des selbstauferlegten Vergessens (Verdrängung) wieder hervorholt, mit der er die Konflikte und Kämpfe noch einmal inszeniert, um sie anders zu lösen, diese Kraft ist nicht kognitiv, sondern affektiv. Die verlagerte erotische Kraft der Übertragung vermittelt zwischen dem Patienten und seinem Selbst und liefert die erforderliche Leiter für den schwierigen Aufstieg zur Selbsterkenntnis. Das ist nicht *amor dei intellectualis*, sondern eine Art *amor medici imaginarius*, nicht die geistige Liebe zu Gott, sondern die »imaginierte Liebe zum Arzt«, die zum mächtigen emotionalen Hebel wird, der Selbsterkenntnis möglich macht.

Selbstbewußtsein und das Andere

Übertragung impliziert auch, daß eine Person (hier der Patient) Selbstbewußtsein nur durch die Beziehung zu einem anderen Bewußtsein gewinnen kann, sowohl in Form von Konflikten und emotionalen Konfrontationen als auch durch geistigen Umgang. Dieses Hegelsche (und in anderem Sinne sokratische) Prinzip, das bei Spinoza fehlt, erhält bei Freud eine spezifisch psychoanalytische Gestalt.

In der Arzt-Patient-Situation stellt der Analytiker für mich als Patienten das Element der »Andersheit« im allgemeinen dar, die mir als Grenze und Widerstand gegenübersteht; der Therapeut verkörpert daher das »Realitätsprinzip«, das meinem ziellosen und unbändigen Drang nach Befriedigung im Weg steht.[42] Doch zusätzlich ist hier die Andersheit durch ein anderes Bewußtsein vertreten, eine andere Person, mit der ich, von Bewußtsein zu Bewußtsein, in eine Konflikt-, Liebes-, möglicherweise sogar Haßbeziehung trete. Der Analytiker provoziert mich, aus mir heraus Material zu produzieren, das er zu Schlüssel-Signifikanten und hermeneutischen Zeichen meiner Psyche und meines Lebens macht; und wenn ich, vom Therapeuten herausgefordert und von unserer emotionalen Beziehung angespornt, schließlich die so produzierten Interpretationen internalisiere, führt unser Konflikt zu einer Art mentaler Identifikation; mein Bewußtsein erlangt durch die Verbindung zum Bewußtsein des Analytikers jenes *Selbst*bewußtsein, das Gegenstand des Prozesses war.

Das klingt vielleicht wie ein der Couch des Analytikers angepaßtes sokratisches Prinzip (das es zum Teil auch ist). Aber die nähere und modernere Quelle ist Hegels dialektischer Idealismus. Anders als der Analytiker kann der sokratische Lehrer die Rolle der Hebamme selbst dann übernehmen, wenn der Schüler nicht emotional auf ihn bezogen ist; und bei Spinoza ist überhaupt kein Lehrer notwendig. Nach Spinozas cartesianischer Lehre vom »natürlichen Licht« kann das Bewußtsein die klaren und deutlichen Ideen, die seine Erkenntnis der Welt und seiner selbst ausmachen, *aus sich selbst* heraus produzieren. (Wer anders als der einsame jüdische Häretiker könnte besser bezeugen, daß das Bewußtsein fähig ist, seine eigene »Hebamme« zu sein?) Daß Selbstbewußtsein eine konflikthafte Auseinandersetzung mit anderen voraussetzt, ist ein Hegelsches Prinzip, das die cartesianische Tradition unterminiert und das Freud, vielleicht ohne es zu wissen, in die psychoanalytische Situation eingebaut hat.[43]

Freud lehnt jedoch den idealistischen Begriff vom Ich als Subjekt ab und kommt so Spinozas naturalistischer Auffassung von Bewußtsein nahe. Bei Spinoza ist das Bewußtsein nur die Verknüpfung komplexer Ideen vom Körper. Er kennt kein selbständiges, einigendes Selbst, das diese Ideen »unterhält« oder »besitzt«; mit anderen Worten, unser Bewußtsein *hat* nicht diese Ideen, sondern *ist* diese Ideen. Ähnlich ist bei Freud das Ich nicht das Subjekt »seiner« Ideen, sondern die bewußte, nach außen gerichtete Funktion des psychischen Lebensstroms selbst. »Das Ich«, betont Freud, »ist doch nur ein Stück vom Es, ein durch die Nähe der gefahrdrohenden Außenwelt zweckmäßig verändertes Stück.«[44] Das Ich setzt das Es in Relation zur Außenwelt und schirmt es mit Hilfe des Verdrängungsmechanismus und anderer psychologischer Transformationen von der Welt ab, Funktionen, die alle so verstanden werden müssen, daß sie das Bewußtsein auf natürliche Weise und gleichsam automatisch bestimmen.

Freuds Ich hat mit dem Subjekt bei Kant (oder auch bei Descartes) nichts zu tun,[45] nicht nur, weil es kausal determiniert ist und keinen transzendentalen Status besitzt, sondern weil es nicht die Funktion der Selbstzuschreibung hat, wodurch es »seinen« Vorstellungen seine Identität aufprägt und sie so zu einer Einheit zusammenschließt. (Man kann sogar hinzufügen, daß der idealistische Begriff vom Subjekt mit den Konnotationen »Reinheit« und »Autonomie« Freud als narzistische Illusion erscheinen muß.) Daher ist Wissen bei Freud nicht anders als bei Spinoza mehr eine Art des Seins als des Habens, nicht etwas, das wir besitzen, sondern etwas, das wir *sind* oder *werden*. Wie Monika Schneider schreibt, erhalten wir mit der Erlangung von Erkenntnis nicht etwas Zusätzliches, als ob dem Inventar unseres Besitzes etwas hinzugefügt würde, sondern wir leben anders, das heißt, unser psychisches Dasein wird verändert.[46]

Das beschränkt wirkliche Selbsterkenntnis auf erfolgreich internalisierte Selbsterkenntnis. Es reicht nicht, wenn der Patient die zusammen mit dem Analytiker herausgearbeiteten hermeneutischen Schlüsselbegriffe und Erklärungen bloß versteht. »Gut, jetzt habe ich verstanden – was nun?« ist eine Äußerung, die Analytiker ständig zu hören bekommen. Ja mehr noch, eine oberflächliche Akzeptanz des Analytikers kann zur Verleugnung dienen – ein bloß intellektuelles Eingeständnis des verdrängten Inhalts, das tatsächlich nichts an der Verdrängung (an der Neurose) selbst ändert und manchmal sogar hilft, sie zu verteidigen. Selbsterkenntnis kann also bei Freud oberflächlich oder auch echt sein; das erstere ist nur ein Wandel des Bewußtseinszustands, während das letztere einen Wandel unseres ganzen psychischen Seins zur Folge hat.

Der Körper des Bewußtseins

Was Spinoza offen ausgesprochen hat, sagt Freud implizit: psychische Veränderungen haben ihre körperlichen Entsprechungen. Dem frühen Freud war es sehr darum zu tun, der Psychoanalyse unabhängig von Anatomie und somatischer Medizin eine selbständige wissenschaftliche Rolle zu sichern; daher nahm er zu einer Sprache Zuflucht, die keine somatischen Parallelen zu psychischen Ereignissen herstellte. Doch in späteren Jahren zögerte Freud nicht mehr, den Körper als den Ort psychoanalytischer Strukturen und Prozesse anzusehen. Das »Ich«, sagt er, »ist vor allem ein körperliches«; es hat eine räumliche Dimension, selbst im »anatomischen« Sinne.[47] Das Es ist »letztlich somatischen Einflüssen ausgesetzt«,[48] eine weniger nachdrückliche Aussage, die Freuds Unbestimmtheit in den Details verrät, jedoch sein Prinzip der psychosomatischen Komplementarität unterstreicht.

Aus dem Text und der Logik von Freuds Position ergibt sich, daß es ein physiologisches Substrat geben muß, mit dem die psychoanalytischen Strukturen und sogar die einzelnen Prozesse verbunden sind. Um an einer Philosophie der Immanenz festzuhalten und dabei eine einfache Reduktion mentaler Phänomene auf körperliche Zustände ablehnen zu können, muß wie bei Spinoza irgendein Körper-Geist-Parallelismus zugelassen werden, bei dem die psychischen und somatischen Aspekte des Organismus zwei komplementäre Ausdrücke desselben sind. Oder anders gesagt: Wenn das Bewußtsein Gegenstand selbständiger Untersuchung und Interpretation sein soll, ohne daß dafür ein transzendenter Grund zugelassen wird, dann muß das Bewußtsein zwar mit einem Körper verknüpft sein, darf sich aber nicht auf die Terminologie reduzieren lassen, in der der Körper untersucht wird. Das ist im Grundsatz auch die Position Spinozas.

Freud, so scheint es, neigt dazu, über die somatische Seite des mentalen Lebens »anatomisch« und sogar neurophysiologisch zu denken; aber die Freudianer sind zu diesem restriktiven Ansatz nicht logisch verpflichtet. Ohne sich in Widersprüche zu verwickeln, könnten sie Spinoza beipflichten, daß der Schauplatz mentaler Prozesse der gesamte körperliche Organismus ist, bis in seine kleinsten Funktionen und Geschehnisse. Nach heutigen Begriffen haben die somatischen Prozesse, die den psychoanalytischen Veränderungen zugrunde liegen, vielleicht mit Metabolismus, Immunisierung, genetischer Veränderung und anderen subtilen biochemischen Prozessen zu tun, wie auch mit Körperfunktionen, über die der Stand der Wissenschaft noch keine Auskunft geben kann. Zumindest implizit steht Freud also hierin Spinoza näher, als seine die Biologie scheuende Sprache vermuten läßt.

LOGOS UND *ANANKE*

In einem bestimmten Sinne ersetzen rationale Erkenntnis und desillusionierte Selbsterkenntnis auch bei Freud Religion, wenn auch bescheidener und ohne den Gedanken der Erlösung nahezulegen. Bei mehreren Gelegenheiten spricht Freud fast spinozistisch von der befreienden Kraft des rationalen Verständnisses von Notwendigkeit. *Ananke* und *logos*, Notwendigkeit und der rationale Verstand, sind seine Zwillingsgötter.[49] *Ananke* ist das alte Realitätsprinzip, das nun als reale Not verstanden wird;[50] als solches ersetzt es die *moira* der altgriechischen Tragödie und wird zum Gegenstand reifer Akzeptanz. *Ananke* hat bei Freud verschiedene

Konnotationen, die von den Zwängen und Unausweichlichkeiten des täglichen Lebens bis zu einem allgemeinen kosmischen Prinzip reichen;[51] im letzteren (hauptsächlichen) Sinne steht der Begriff für so etwas wie Spinozas unpersönliche Welt der Notwendigkeit, allerdings ohne die göttlichen Attribute derselben und ohne inhärente Rationalität. *Ananke* regiert in einem gottlosen, anonymen Universum, bar aller tröstenden Momente, die das menschliche Sehnen – wie Freud glaubt, besonders unser Narzismus und die infantile Sehnsucht nach einer Vaterfigur – durch Illusion in es verwoben hat. Daher steht *ananke* Nietzsches *fatum* näher als Spinozas *natura*.

Hier behandelt Freud nicht nur die Selbsterkenntnis des Patienten, sondern des Menschen im allgemeinen; und er verbindet sie mit *logos*. *Logos* ist das Gegenstück zu *ananke*, niemals als ein kosmisches, sondern immer als erzieherisches Prinzip, eine menschliche Antwort auf das Reich der Notwendigkeit. *Logos* inhäriert nicht der Wirklichkeit selbst (wiederum anders als bei Spinoza), sondern nur dem Menschen, wo er ihm hilft, auf seinen illusorischen Trost zu verzichten, sich in der Disziplin der *ananke* zu erziehen und zu lernen, sie mit Mut und Reife zu akzeptieren. Das ist bei Freud Weisheit, sogar eine Art von Freiheit; aber es ist weder *amor dei* noch *amor fati*. Freuds friedliche Akzeptanz von *ananke* enthält keine starke Emotion, kein existentielles Drama; da gibt es keine innere Erregung, keine Liebe zur Totalität des Universums, keinen stolzen oder lustvollen Widerstand gegen das Nichts. Freud hat eine mildere, beschränktere, vielleicht blassere Haltung, weniger metaphysisch im Ton und bescheidener in ihren Behauptungen und Erwartungen. Freuds Version von Weisheit, durch den schwachen, wenn auch unermüdlichen *logos* gestärkt,[52] entspricht vielleicht Spinozas zweiter Gattung der Erkenntnis, sicher nicht der dritten.[53]

Ananke bringt jedoch ihren eigenen Trost mit sich. Freud bemerkt: »So will man lieber einem unerbittlichen Naturgesetz, der hehren *ananke*, erlegen sein, als einem Zufall.«[54] Dementsprechend können wir, wenn wir wissen, daß der Tod allgemein und unausweichlich ist, unseren eigenen Tod und den Tod uns Nahestehender leichter akzeptieren. Heißt das, Freud frage in Augenblicken des Selbstzweifels, ob der Begriff der natürlichen Notwendigkeit eine weitere Illusion sei, die wir in die Form der Suche nach Trost fassen? Hätte Freud an diesem Nietzscheschen Zweifel festgehalten, so wäre er zu einer relativistischen Theorie gelangt und hätte dann die Begriffe wissenschaftlicher Wahrheit und objektiver Wirklichkeit aufgegeben. Statt dessen lehnt Freud die »anarchistische« Auffassung, wie er sie nennt, rigoros ab. »Nein, unsere Wissenschaft ist keine Illusion«, erklärt er. »Eine Illusion aber wäre es zu glauben, daß wir anderswoher bekommen könnten, was sie uns nicht geben kann.«[55]

Wenn Freud von *ananke* statt vom »Realitätsprinzip« spricht, dann nimmt er eher den Standpunkt des Philosophen als den des psychoanalytischen Therapeuten ein; manchmal spricht er als *Kultur*therapeut. (Eine Psychoanalyse der Kultur zu versuchen ist vielleicht eine angebrachtere Aufgabe oder ein Ersatz für die Philosophie, die nach Freud gewöhnlich ein Ausdruck von Narzismus ist.[56]) Religion wird als eine infantile Neurose gedeutet, der die Menschheit in ihrem schmerzhaften Reifungsprozeß nicht entgehen kann, von der wir aber in ferner, wenn auch nicht unbestimmter Zukunft durch die Wissenschaft (und insbesondere, so scheint es, durch jenes wissenschaftliche Selbstverständnis, das die Psychoanalyse liefern wird) geheilt werden.[57] Freud macht sich hier selbst zum Erben der Philosophie der Aufklärung und wiederholt ihren Optimismus, zu dem er allerdings aufgrund seiner eigenen Prinzipien nicht ganz berechtigt ist. »Die Stimme des Intellekts ist leise, aber sie ruht nicht, ehe sie sich Gehör geschafft hat«, erklärt Freud. »Auf die Dauer kann der Vernunft und der Erfahrung nichts widerstehen.«[58] Von Diderot, Kant, Feuerbach oder gar Spinoza kommend, haben solche Worte nicht den Mißklang, den sie bei Freud haben, dem großen Kenner der menschlichen Irrationalität, der an anderer Stelle geleugnet hat, daß wir allein durch die Darstellung einer Illusion oder einer Neurose die dahinter liegenden Kräfte abschaffen und überwinden können. Hinsichtlich des einzelnen Patienten sah sich Freud (in seiner Theorie der Übertragung) genötigt, eine Quelle für die libidinöse Energie aufzuzeigen, durch die Widerstand und Verdrängung beseitigt werden können. Wo aber finden wir den entsprechenden hilfreichen Eros, durch den der Verstand (*logos*) seinen schon lange währenden Kampf gegen Religion und für die entmystifizierte Anerkennung von *ananke* gewinnen kann?

Daß Freud es versäumte, dieses Problem adäquat zu lösen, macht ihn in dieser speziellen, aber wichtigen Frage zu einem eher naiven als dunklen Aufklärer.[59] Unbezweifelbar war Freud selbst fähig, Illusionen zu überwinden und die verschiedenen Aspekte von *ananke* anzunehmen; das beweisen sowohl seine Intellektualität als auch die ruhige Stärke und Ausdauer, die er sein ganzes Leben hindurch an den Tag legte, vor allem in den letzten sechzehn Jahren, in denen er Tag für Tag Beschwerden und Schmerzen litt und sich zweiunddreißig Operationen unterziehen mußte (durchschnittlich einer jedes halbe Jahr) – ohne Klagen, Selbstlob oder falschen Trost. Er hielt mit Energie und stoischem Mut am Leben fest – arbeitete, schrieb, analysierte Patienten und schuf einige seiner innovativsten Theorien und einige seiner literarisch besten und großartigsten Werke.

Wenn das Leben Freuds als Erziehungsmodell dienen sollte, stellte es ein realistisches Beispiel dar? Wäre jeder zu einer solch schöpferischen (oder zumindest nicht depressiven) Hingabe an die *ananke* fähig? Warum sollte der Normalmensch seine tröstenden Illusionen aufgeben, die so tief in seiner Triebkonstitution eingewurzelt sind? Freud steht also vor dem klassischen Problem des Verhältnisses zwischen den wenigen Aufgeklärten und der Menge. Doch während Spinoza eine spezielle Theorie für die Massen besaß und damit ein Vehikel für geschichtlichen Wandel und Fortschritt, gibt es bei Freud keine solche Theorie (oder Strategie) des Fortschritts.

Es überrascht nicht, daß nach Freuds Einschätzung auch Leonardo, der ihn mit Spinoza verband, sich der Weisheit von *ananke* unterworfen hat.[60] Obgleich Leonardo häufig seine Bewunderung für den Schöpfer, den letzten Grund der Natur, ausgedrückt hat, deutet nichts darauf hin, »daß er eine persönliche Beziehung zu dieser Gottesmacht festhalten wollte«. Vielmehr: »Die Sätze, in welche er die tiefe Weisheit seiner letzten Lebensjahre gelegt hat, atmen die Resignation des Menschen, der sich der *ananke*, den Gesetzen der Natur, unterwirft und von der Güte oder Gnade Gottes keine Milderung erwartet.«

Ein subtileres, vielleicht sogar stärkeres Band verbindet Freud mit Spinoza über Heine, jenen Dichterphilosophen, den Freud mit offensichtlicher Empathie gern zitierte. In *Die Zukunft einer Illusion* hat Freud es geradezu als sein Ziel bezeichnet, die Menschheit zur schmerzvollen Reife der *ananke* zu erziehen, und hat sein Ideal in Farben gemalt, die zumindest teilweise von der Palette Spinozas und Nietzsches stammen. Dann bei der Zusammenfassung und Betonung seiner Erfahrung völliger Diesseitsbezogenheit schließt er sich seinem »Unglaubensgenossen« mit dem Ausruf an:

Den Himmel überlassen wir
den Engeln und den Spatzen.

Das ist natürlich das berühmte Verspaar, in das Heine seine spinozistische Philosophie der Immanenz verpackt hat. Wenn Freud Heine als »Unglaubensgenossen« bezeichnet und damit dieselbe witzige Formulierung gebraucht, die Heine selbst für Spinoza geprägt hatte, so hat Freud alle drei mit Bedacht zusammengeschlossen. Aber die Subtilität ist noch größer: Man sagte zum Beispiel »Deine Glaubensgenossen«, wenn man mit einem Juden von anderen Juden sprach; Freud impliziert mit der Umkehrung »Unglaubensgenosse« demnach eine Gemeinde nicht nur der Häretiker im allgemeinen, sondern der jüdischen Häretiker im besonderen, die es nur in der Geschichte der europäischen Moderne gab. Moses Hess sah in Spinoza den Archetypus dieser Erscheinung, einen Juden, der über alle geschichtlichen Religionen hinausgegangen und der Prophet einer weltlichen und diesseitigen Religion der Vernunft geworden war. Diese Beschreibung paßt vielleicht noch mehr auf Freud, der, anders als der einsame und esoterische Spinoza, das Temperament und den Willen zur Macht eines Führers, sogar eines Kirchengründers hatte.

Bemerkenswerterweise behauptet Freud, die Psychoanalyse sei eine Wissenschaft, zugleich nennt er sie aber auch eine »Bewegung« und brandmarkt Abweichler als Häretiker.[61] Mit ihm nicht einer Meinung zu sein, hieß weniger, falsche Behauptungen aufzustellen, als zum Verräter zu werden. Ebenso wichtig ist die Rolle von Freuds eigenem Leben (seine Realität wie auch sein Mythos) bei der Begründung dieser Bewegung. Der langwierige Kampf Freuds gegen Widerstände und Vorurteile, seine Beharrlichkeit, Ehrlichkeit, Klarheit, sein Mut, seine Güte und das Fehlen jeglichen Grolls, seine moralischen nicht minder als seine intellektuellen Tugenden spielten bei der Verbreitung seines Wortes eine große Rolle. Ernest Jones' *Leben und Werk von Sigmund Freud* hatte diesbezüglich nicht nur eine historische, sondern auch eine apostolische Wirkung. Nicht weniger zentral war die Saga von Freuds intellektueller Reise (deren Stationen er der Welt in mehreren Aufsätzen kundtat), insbesondere die Jahre seiner Selbstanalyse: Der konzentrierte Kampf Freuds mit sich selbst und seinen Träumen, woraus sich seine neuen theoretischen Einsichten ergaben, erinnert an die Lebensgeschichten großer Mystiker, Propheten und Heiliger, die in die »Wüste« gingen, um sich zu konzentrieren und in der Tiefe der Einsamkeit sich selbst zu überwinden. Wie Jesus oder Moses (der Freud immer fasziniert hat) und wie Sokrates und Spinoza hat auch Freuds eigenes Leben eine mythische Dimension, die von seiner Botschaft nicht zu trennen ist.

Schluss

Freud und Spinoza verbindet also ein naturalistischer Determinismus, zu dem das Pathos menschlicher Emanzipation hinzugehört, die über Selbsterkenntnis vermittelt wird. Bei Freud handelt es sich aber um die Befreiung von Komplexen und Neurosen, um Therapie, nicht um Erlösung. Freud ist ein prosaischer Atheist, ohne die absoluten und teils mystischen metaphysischen Ambitionen Spinozas.

Die Freudsche Methode will einen Normalmenschen zustande bringen, Spinozas Verfahren eine *nicht* normale Person, einen seltenen und außergewöhnlichen Menschen. Wie Spinoza am Ende seiner *Ethik* sagt: »Alles Vortreffliche ist ebenso schwer wie selten.«

Selbsterkenntnis ist bei Freud, anders als bei Spinoza, nicht durch Metaphysik oder eine detaillierte nomologische Kenntnis der Natur vermittelt. Sie befaßt sich im wesentlichen mit der Interpretation von einzelnen Zeichen, Äußerungen, Träumen, Fehlleistungen, Bruchstücken von Erinnerung und ähnlichem, das aus der persönlichen Biographie des Patienten stammt; allgemeine Kodes und allgemeine Strukturen spielen so gut wie keine Rolle. Daher ist sie eher Hermeneutik als Wissenschaft beziehungsweise steht zwischen den beiden.

Spinoza und Freud sehen im Menschen nur ein Geschöpf der Natur, ein Wunschprinzip oder ein Gefäß der *libido*, ein Wesen, das nach Emanzipation strebt und ihrer fähig ist, obwohl es von natürlichen Kräften bestimmt wird. Beide betonen daher die Spannung zwischen der Knechtschaft und der durch Selbsterkenntnis erlangten Befreiung des Menschen, die nichts weiter als natürlich und nicht mehr »gottgegeben« ist. Ihr Humanismus wendet sich gegen religiöse und metaphysische Illusionen und bietet eine Art dunkle Aufklärung, die von der Philosophie Spinozas dadurch erleuchtet wird, daß sie Natur und Vernunft zum Ersatz für eine absolute Religion macht. Die Welt Spinozas kann nur jene erschrecken und beleidigen, die in einer theistischen Geisteshaltung erzogen sind; denn sie ist eine Welt der Ordnung und des absoluten Sinns, eine Welt, die von innen her vom Licht der Vernunft erleuchtet ist, das dem Menschen Aussicht auf metaphysische Erlösung bietet. Von den beiden Denkern ist Freud der kompromißlosere Atheist, der Kants Kritik verinnerlicht und bis zu ihrer äußersten Konsequenz geführt hat. Die Befreiung des Menschen führt bei Spinoza zum Unendlichen; Befreiung bei Freud beläßt den Menschen gegenüber dem Universum in seiner ohnmächtigen Endlichkeit.

Ein letztes Wort über die besondere jüdische Situation von Freud und Spinoza. Spinoza hatte keine Möglichkeit, an seiner Zugehörigkeit zum Judentum festzuhalten, nachdem er den religiösen Glauben der Juden fallengelassen hatte und aus ihrer Gemeindeorganisation ausgeschlossen war. Für Freud dagegen, der lebte, nachdem die Strukturen des traditionellen jüdischen Lebens erschüttert waren, war dies eine Lebensmöglichkeit. Freud war ein nichtreligiöser Jude, ein häretischer Jude, aber dennoch ein Jude, nach seinem eigenen Selbstverständnis[62] wie nach dem Verständnis anderer Juden und Nichtjuden (einschließlich der Nazis, die seine Bücher verbrannten und ihn in hohem Alter ins Exil trieben).

Freud hat seine jüdische Herkunft wiederholt betont. Er vermutete sogar, daß nur ein Jude, aufgrund seiner Außenseiterstellung, die Psychoanalyse habe konzipieren können. Später fügte er hinzu, nur ein »gottloser Jude« sei dazu imstande gewesen.[63] Viele Jahre lang war Freud Mitglied von *B'nai B'rith*, und als er 1897 beitrat, wies er darauf hin, daß ihm das Judentum seiner Logenbrüder besonders entgegenkomme, da er demselben Volk entstamme. Seine beiden Söhne gehörten zionistischen Jugendgruppen an; Freud, dem Nationalismus suspekt war, war jedoch kein Zionist. Vor allem aber lehnte er Religion ab. Er wiederholte immer wieder, daß er ein jüdischer Häretiker sei, ein »infidel Jew«, wie er sich einmal auf Englisch nannte; und Heine betrachtete er als seinen »Unglaubensgenossen«. Das Band, das ihn mit dem Judentum verknüpft, besteht, wie Freud 1926 an seine Logenbrüder schrieb, weder im Glauben noch in Nationalgefühlen; doch etwas bleibt, das ausreicht, die Attraktivität des Judentums für ihn unwiderstehlich zu machen: »viele dunkle mentale Kräfte, deren Macht so groß und unaussprechlich ist, und dennoch ein klares Bewußtsein einer inneren Identität, worin das Geheimnis dieser mentalen Struktur liegt«. Freud war sich folglich seines Judentums bewußt, auch wenn es ihm zum Teil rätselhaft blieb (eine Rätselhaftigkeit, die, so möchte man sagen, »nur Freud« hätte lösen können). In hohem Alter schrieb er an einen unbekannten Adressaten: »Ich hoffe, Sie wissen, daß ich unserem Volk immer treu geblieben bin und niemals so tat, als sei ich etwas anderes, als ich bin: ein Jude aus Mähren, dessen Eltern aus dem österreichischen Galizien stammen.«

Im selben Ton schrieb er 1930 in einem eigens für die hebräische Ausgabe verfaßten Vorwort von *Totem und Tabu*:

> Keiner der Leser dieses Buches wird sich so leicht in die Gefühlslage des Autors versetzen können, der die heilige Sprache nicht versteht, der väterlichen Religion – wie jeder anderen – völlig entfremdet ist, an nationalistischen Idealen nicht teilnehmen kann und doch die Zugehörigkeit zu seinem Volk nie verleugnet hat, seine Eigenart als jüdisch empfindet und sie nicht anders wünscht. Fragte man ihn: Was ist an dir noch jüdisch, wenn du alle diese Gemeinsamkeiten mit deinen Volksgenossen aufgegeben hast?«, so würde er antworten noch sehr viel, wahrscheinlich die Hauptsache.

Freud sagt, er könne dieses Wesentliche nicht klar in Worte fassen, und fügt optimistisch hinzu: »Zweifellos wird es eines Tages dem wissenschaftlichen Geist zugänglich werden.«

Doch obgleich der alte Freud sein Judentum mit Gefühl und Stolz hervorhob, schreckte er nicht davor zurück, die Juden ihres größten Propheten, Moses, zu berauben, den er zum Ägypter erklärte.[64] Auch Spinoza hat die Bedeutung von Moses gemindert, indem er erklärte, der Pentateuch sei von einem späteren Autor, nämlich von Esra, geschrieben worden. Doch dieselbe Häresie, die Spinoza in Bann gebracht und ihn zum Renegaten gestempelt hatte, hinderte Freud nicht, als Bruder angesehen und anerkannt zu werden. Das war ein radikaler historischer Wandel, den Spinoza vorgezeichnet und verkörpert hatte, während er selbst davon ausgeschlossen war. Im zwanzigsten Jahrhundert konnte ein Jude außerhalb der Gemeinde leben und häretische Auffassungen vertreten, ohne seine jüdische Identität verleugnen zu müssen und ohne als Verräter ausgeschlossen zu werden. Was Spinoza antizipiert hat, ist inzwischen zu einem lebendigen Begriff und einer gesellschaftlichen Realität geworden. Heute kann man darüber debattieren, was es heißt, ein »nichtreligiöser Jude« zu sein; man kann mit einem solchen Juden polemisieren, ihn kritisieren oder loben oder versuchen, ihn zur »Reue« zu bewegen; aber man kann ihm seine Existenz nicht mehr bestreiten. Der Abgrund zwischen Spinoza und Freud, was ihre Lage als Juden betrifft, läßt diesen bedeutenden historischen Wandel scharf hervortreten.

7. KAPITEL

Epilog: Immanenz und Endlichkeit

Spinoza war nicht der erste Philosoph der Immanenz; im Altertum gingen ihm die Vorsokratiker, Epikureer und Stoiker voraus. Mit Spinoza aber kam die Idee der Immanenz, und zwar systematisch ausgearbeitet, von neuem auf, nachdem das übermächtige Christentum des Mittelalters sie diskreditiert und unterdrückt hatte. Gewiß war das Christentum die Fortsetzung einer jüdischen Weltanschauung, die es um eine aus der griechischen Philosophie abgeleitete theologische Struktur erweiterte; und auch für das Judentum ergaben sich durch manche seiner christlichen Verwandlungen Rückwirkungen. Ursprünglich aber hat zur jüdischen Bibel keineswegs die Transzendenzdimension gehört, wie sie spätere Theologen vertraten.

Die Vorstellungen von einem rein transzendenten Gott, von einem Leben nach dem Tod und von einem Jenseits, einem Reich Gottes, das ontologisch von unserer Welt verschieden ist, sind nachbiblisch und der Bibel teilweise fremd. Der Gott der Bibel ist Furcht einflößend, fern, unsichtbar und doch ins Diesseits und ins Leben der Menschen verwoben. Seine Strafen und Belohnungen sind ganz von dieser Welt; es gibt weder Hölle noch Paradies, außer einem irdischen Paradies, dem Garten Eden, der vor langer Zeit verlorenging (und vielleicht eines Tages wiederkommen wird – wiederum auf Erden). Bis dahin verheißt das Alte Testament als höchsten Heilszustand ein Gelobtes Land. Gott regiert das irdische Leben eines jeden Menschen, das Schicksal der Völker, den Lauf der Sterne, den Wechsel der Jahreszeiten, die Bewegung der Meere – alles, was die wirkliche Welt ausmacht. Gott hat sogar ein weltliches Antlitz, nach welchem er den Menschen geschaffen hat: Und wenn auch kein Mensch außer Moses Gott wirklich sehen und in seinem Angesicht leben kann, so existiert das sichtbare Bild Gottes doch im ganz wörtlichen Sinne. Die Versuche des Maimonides und anderer jüdischer Theologen, dieses Bild Gottes als Allegorie abzutun, liegen mehr als eineinhalb Jahrtausende nach der Entstehung der Bibel.

Daher bleibt der abstrakteste und erhabenste Gott des Altertums in fast jeder Hinsicht mit dem Diesseits verbunden. Obgleich zu einer eigenen Entität personifiziert, wohnt Gott in der Welt, belebt und beherrscht sie, belohnt, bestraft, zerstört und läßt wieder aufleben – alles in den weit gezogenen Grenzen der Immanenz. Er ist die Form, die Ordnung, die Herrschaft, die Moral dieser Welt, durch seine Personifizierung als einzelnes Subjekt herausgehoben – der König der Könige.[1]

Das Übernatürliche ist selbst Teil der *Diesseits*-Erfahrung der alten Hebräer. Die Umgebung Gottes ähnelt der eines Königs; seine Engel (*malachim*, was ursprünglich »Boten« bedeutet) scheinen eine menschenähnliche, wenn auch erhabenere Gemeinschaft innerhalb desselben Weltsystems zu bilden. Auch Wunder werden als wunderbare irdische Geschehnisse erfahren, da ja eine Welt, in der Gott wohnt, durchaus Spuren seines Wirkens tragen kann. Wenn schließlich große weltliche Mächte (der Wind, der Leviathan, König Kyros) Ungewöhnliches bewirken können, warum sollte dann nicht Jahwe, eine noch größere irdische Macht, auch zu noch größeren Taten imstande sein?

Der alte Hebräer erlebte hauptsächlich im Normativen das transzendente Gewicht seiner Religion. Gott war als Furcht einflößender Vater zugleich Herrscher, Souverän, Gesetzgeber; und seine Gesetze drückten nicht das immanente, natürliche Leben des Volkes aus, sondern einen äußeren Willen, der ihm radikal, geradezu unmenschlich fremd ist. Dieser Gegensatz war nicht einfach ein Effekt der Zivilisation, es war nicht einfach »Kultur«, die die »rohe Natur« sublimierte, sondern eine Revolution in der Kultur selbst. Um die vorherrschende heidnische Kultur zu überwinden, mußten die Gesetze Jahwes einen Bruch innerhalb des Lebens hervorrufen, mußten sie es denaturieren, ihm seine Unmittelbarkeit nehmen und die Alltagsverrichtungen um eine neue sakrale Dimension bereichern, die über das Alltägliche hinausgeht. Überdies machte Gehorsam gegenüber seiner Gesetzgebung die eigentliche Identität des Hebräers aus, seine Zugehörigkeit zu dem Volk, mit dem ein Bund geschlossen war, und den Ursprung dessen, was er war.

Deshalb erlebte der alte Hebräer, im Gegensatz zur tendenziellen Immanenz seiner Weltvorstellung, das moralische Universum als in der Transzendenz wurzelnd. Die unsichtbare, übernatürliche Macht der Transzendenz schwebte über seinem Leben, nicht so sehr als eine metaphysische Entität, vielmehr als metaphysische *Norm und Autorität.* Hier liegt der wesentliche Unterschied zwischen seiner Welterfahrung und der Welterfahrung Spinozas. Ein weiterer wichtiger Unterschied besteht darin, daß in der hebräischen Bibel die Immanenz des Lebens nicht durch einen Naturalismus, sondern im Gegenteil durch den Versuch ergänzt wird, durch eine Abspaltung von der Natur das Leben zu heiligen.

Diese Tendenz wurde im Judentum zur Zeit des Zweiten Tempels dominant, als die Dimension einer anderen Welt aufkam und ein ausgefeiltes System mündlicher Gesetze das ganze Leben zu beherrschen begann. Mit den Pharisäern und späteren Rabbinern kristallisierte sich die Verdrängung der Natur jedoch in einer Art diesseitiger Sakralisierung, während bei ihrem revolutionären Zweig, den Christen, diese Bewegung zur reinen Geistigkeit der überirdischen Welt, des Himmels, führte. Die Dualität von Irdischem und Himmlischem, Zeitlichem und Ewigem, von Erlösung und Verdammung, die Verehrung des reinen Geistes im Sieg über das Fleisch und die Umorientierung des Lebenssinns vom Diesseits zum Jenseits – diese Dualität ging, obwohl sie ihren Ursprung im Judentum des Zweiten jüdischen Tempels hatte (bei Pharisäern und Essenern), weit über das hinaus, was die jüdischen Rabbiner jemals verkündet haben, und erlangte ihre Verfeinerung und ihren Höhepunkt, auch ihre doktrinäre Systematisierung (und häufig Verknöcherung) im theologischen Werk der Kirche. Das talmudische, dann rabbinische Judentum blieb der Erde viel näher, viel immanenter in seinen religiösen Anliegen, wenn auch zugleich jedem Naturalismus extrem entgegengesetzt.

Die Juden verwandten den größten Teil ihrer religiösen Energie auf die Sorge um die tägliche Befolgung ihrer Gesetze, Hunderte alter Vorschriften und neuer Regeln, die fast alle Aspekte des Lebens betrafen: Speisen, Sexualität, Heirat, Geschäft, Familie, Feierlichkeiten, Hygiene und Dutzende andere konkrete Dinge, die teilweise unbedeutend und scheinbar trivial, aber, weil im Gesetz festgelegt, mit einer metaphysischen Heiligkeit umgeben waren. Wenn das jüdische religiöse Leben auch weitgehend praktisch ausgerichtet und erdgebunden blieb, so war sein Pragmatismus doch niemals utilitaristisch, sondern metaphysisch. Juden verwandten stets große Mühe und Sorgfalt auf die Lösung von Problemen des Ritus und der Gesetzerfüllung, die Nichtjuden vollkommen *nutzlos* erscheinen werden. Das ist wiederum ihre besondere Art der Immanenz, eine antinaturalistische Immanenz: Die Natur wird ersetzt durch ihr Gegenteil; das Netz von Normen, die im Tranzendenten verankert sind, bildet das Material und die Substanz des irdischen Lebens.

Spinoza lehnte natürlich beides ab, die dualistische Transzendenz der Christen wie die denaturierte, aber von Transzendenz beherrschte Diesseitigkeit seiner jüdischen Mitmenschen. Als »Marrane der Vernunft« distanzierte er sich von allen historischen Religionen (wenn auch nicht von allen religiösen Interessen) und sah weder in Christus noch im Mosaischen Gesetz Erlösung, sondern allein in seiner eigenen Religion der Vernunft, die naturalistisch, monistisch und strikt immanent ist.

Obwohl Spinoza ein einzigartiger und revolutionärer Denker war, kam er nicht aus dem Nichts. Seine Einzigartigkeit tritt aus dem Gewebe einer reichen historischen Tapisserie hervor: Die Republik der Niederlande mit ihrer vorkapitalistischen Oligarchie und ersten Anfängen einer säkularen Weltsicht, die wissenschaftliche Revolution, zu der die neue Bildung der Renaissance gerann, das Aufkommen politischer Interessen und Ideen, mit denen Souveränität und Staatsautorität in die von Menschen geschaffenen Institutionen verlegt wurden – all dies ist unverzichtbar, wenn auch nicht ausreichend, um Spinoza zu erklären. Noch wichtiger sind seine marranischen Wurzeln. Als der vierundzwanzigjährige Spinoza, ein einsamer Häretiker, aus der jüdischen Gemeinde ausgestoßen wurde, nahm er nicht nur Maimonides und die hebräische Bibel, Crescas und die Kabbalisten mit, sondern vor allem und für ihn lebenswichtig eine spezielle, einzigartige Erfahrung: Es war die Erfahrung der Marranen und ihrer Nachfahren, die ihn schon als jungen Mann in seinen Fragen und Zweifeln umgetrieben hatte. Verwandelt und in sein späteres Werk eingegangen, trug Spinoza diese Erfahrung aus einer provinziellen iberischen Subkultur hinaus in die offene Arena der westlichen Geistesgeschichte.

Dieser Schritt hat das vorliegende Buch in zwei Teile geteilt. In *Der Marrane der Vernunft* ging es um Spinozas Verhältnis zur Marranenkultur und um einen Vergleich und eine Gegenüberstellung mit anderen marranischen Intellektuellen und marranischen Lebensformen. Ohne Spinoza auf dieses (oder ein anderes) vorherrschendes Element dieses Hintergrundes »reduzieren« zu wollen, sahen wir die Idee der Immanenz in der marranischen Erfahrung aufkommen und wiederkehren, nicht immer als ausformulierte Philosophie, sondern als ein persönlicher Standpunkt, als eine Lebensform, als existenzielle und ästhetische Auffassung.

Spinoza gab dieser Idee ihre philosophische Gestalt und Wirkungskraft. Von Geburt und aus eigener Entscheidung ein Außenseiter, von den Juden verstoßen und nicht bereit, zum Christentum überzutreten, wurde er zum ersten bedeutenden Europäer, der die Welt der Offenbarungsreligion überschritt und der zugleich eine ernstzunehmende, systematische Alternative zu ihr entwickelte. Sein Schritt enthielt das Prinzip der Moderne in radikalster Form. Während andere Rationalisten, einschließlich Descartes und Leibniz, in ihrer Ontologie das theistische Weltbild des Christentums erneuerten, tilgte Spinoza jede Spur einer jenseitigen Welt, sei sie als metaphysische Entität oder als Quelle von Normen und Werten gedacht. Dadurch wurde Spinoza zum Begründer der modernen Philosophie der Immanenz und bewirkte damit eine nicht minder bedeutsame und folgenreiche geistige Revolution als Kant. Sie erreichte ihren größten Einfluß mehrere Generationen nach Spinoza und hat immer noch Nachfahren, die nach wie vor traditionelles Denken irritieren und aus der Fassung bringen.

Spinozas immanente Revolution legte das Fundament für spätere »häretische« Denker, die die Philosophie der Immanenz entweder kohärenter oder noch radikaler fassen wollten oder ihre Grundideen auf neue Gebiete auszudehnen suchten (Ökonomie, Tiefenpsychologie etc.). Was sie mit Spinoza verband, war nicht nur ein »Ideenklima«, wie Freud es nannte, sondern ein systematischer Kontext: 1. Immanenz ist der einzige und alles umfassende Horizont des Seins; 2. sie ist auch die einzige Grundlage für Werte und Normen; und 3. diese Erkenntnis dem eigenen Leben zugrunde zu legen ist ein erster Schritt und eine Voraussetzung jeglicher »Erlösung« (oder Emanzipation), die der Mensch überhaupt erreichen kann.

Innerhalb dieses Kernzusammenhanges läßt sich darüber streiten, wie die Welt der Immanenz angemessen zu konstruieren wäre (vgl. das Vorwort zum zweiten Teil). 1. Ist sie wie bei Spinoza Natur, oder ist sie Geist, Geschichte, Nietzsches Wille, Dauer oder eine andere derartige metaphysische Konstruktion? 2. Soll man sie als eine einzige, unendliche Totalität fassen? 3. Soll man sie vergöttlichen? 4. Welche Struktur kommt ihr zu – mechanische Kausalität, organische Zweckmäßigkeit, dialektische Logik oder eine flexiblere, flüssigere Form? 5. Hat sie diese Struktur für immer? Ist unsere spinozistische Suche nach festen, ewigen Gesetzen gut begründet oder eher ein vorphilosophisches Vorurteil, vielleicht ein Rest theologischen Denkens? 6. Soll man dem Menschen (als Subjekt oder als Naturgattung) eine besondere Stellung in der Welt der Immanenz einräumen? Wenn ja, in welcher Eigenschaft? Was bedeutet die Beantwortung der letzten Frage für die Geschichte der Menschheit? Schließlich 7. Soll die Befreiung des Menschen (die die immanente Revolution voraussetzt) die religiöse Auffassung von Erlösung in eine gleichfalls absolute weltliche Eschatologie übersetzen, oder soll sie (gerade aufgrund ihrer Weltlichkeit) auf eine weniger umfassende, bescheidenere Vision innerhalb kritischer Grenzen beschränkt bleiben?

Diese Fragen lassen sich vermehren oder anders anordnen, und die Reihe der Philosophen, auf die sie sich beziehen, kann erweitert werden. Zusammen aber ergeben sie eine logische Landkarte derjenigen Alternativen, mit denen eine Philosophie der Immanenz konstruiert werden kann und in der Geschichte auch konstruiert worden ist.

Wir haben gesehen, wie verschiedene Philosophen ihre unterschiedlichen Philosophien sowohl mit Bezug auf Spinoza als auch durch ihn hindurch mit Bezug auf andere entwickelt und damit im stillen an einem vielstimmigen Dialog teilgenommen haben. Und da es in jedem dieser Fälle beim Vergleich mit Spinoza um die Frage der adäquaten Interpretation der Immanenz ging, war es ein essentieller Vergleich, der auch eine entscheidende Dimension im Werk des jeweils anderen Philosophen hervorhob. Mit anderen Worten, wir untersuchten nicht nur das Problem der Immanenz durch diese Denker, sondern warfen zugleich aus dieser ihnen allen gemeinsamen Perspektive einen neuen Blick auf sie.

So stellt Hegel dem Naturbegriff Spinozas seinen Begriff des Geistes gegenüber, Marx die Idee vom Menschen-in-der-Natur, Nietzsche die formlose Masse des Willens zur Macht und Freud einen neuen Naturbegriff, der die unbewußte und instinkthafte Seite der Natur betont.

Das sind nicht nur partikulare Lösungen, sondern allgemeine Konzepte, von denen jedes sich auf eine andere, der immanenten Welt zugeschriebene Struktur bezieht. So wird bei Spinoza die Immanenz von einer mechanistischen Kausalität strukturiert, die als eine bloß logische Kette aufgefaßt ist; bei Hegel durch die subjektähnliche Entwicklungslogik, die er Dialektik nennt; bei Marx durch seinen eigenen Typ von Dialektik, nämlich der Dialektik der ökonomischen Produktion und der vom Menschen hervorgebrachten, aber der objektiven Wirklichkeit eingeschriebenen Teleologie; bei Nietzsche durch den beständigen Fluß und die Vergänglichkeit des Seins, verbunden mit dem sich selbst transzendierenden Willen zur Macht;[2] und bei Freud durch eine Naturkausalität, die sich auf Tiefenpsychologie und die Erforschung der Kultur erstreckt, wobei symbolische und semiotische Bezüge als quasi natürliche Ursachen eingesetzt werden.

Bei Spinoza und Hegel impliziert die Struktur der Realität, daß die immanente Welt ihrer inneren Natur nach intelligibel und durch und durch (wenn auch unter verschiedenen Modellen von Rationalität) rational ist; bei Marx und Freud gibt es keine rationale *causa sui*. Der wissenschaftliche Determinismus liegt innerhalb der endlichen Welt und beweist keine inhärente Bedeutsamkeit des Seins; Nietzsche lehnt (wie Schopenhauer vor ihm) den Determinismus ab, weil er auf der Illusion von Kausalität gründe, er konstruiert die Welt der Immanenz als indeterminierten Fluß, der wechselnden, von Menschen erzeugten Interpretationen unterworfen ist.

Dogmatische und kritische Philosophie der Immanenz

Wir könnten damit fortfahren, Parallelen, Gegensätze und logische Verbindungen aufzuzeigen zwischen den verschiedenen Arten, eine Philosophie der Immanenz zu konstruieren. Wir würden damit die logische Landkarte verfeinern und ihre Umrisse ausfüllen. Doch dann ergäbe sich eine weitere Frage. Kann man aufgrund der allgemeinen Koordinaten dieser Karte entscheiden, welches der angemessenste Zugang zur Immanenz ist?

Ich glaube nicht, daß irgendeine einzelne Lehre die Antwort darauf geben kann. Unausweichlich und überall ist der Kontext der Immanenz durch Endlichkeit begrenzt, daher aber auch für Veränderung offen. Doch gibt es nichts Äußeres, das ihn verändern könnte; wir haben nur die sich entwickelnde Substanz unseres eigenen Lebens und unserer Kultur, die sich in den Ideen niederschlägt. Das ist der letzte Kontext der Existenz, die Welt der Immanenz, der alles andere inhäriert. (In diesem weiten Sinne ist sie tatsächlich unsere »Substanz«.) Und während es nichts Äußeres gibt, das Regeln setzen, Antworten geben oder kritisieren und die Inhalte im Bereich der Immanenz ändern könnte, gibt es auch nichts in ihr, das absolute, ewige Wahrheit garantieren würde.

Immanenz impliziert daher Autonomie, wenn auch eine begrenzte, endliche Autonomie. Sie stellt einen sich selbst strukturierenden Prozeß dar, durch den Formen und Beschränkungen von eben denen hervorgerufen werden, die sie auch übernehmen, nämlich den Menschen in ihrer kollektiven Erfahrung. Daher haben wir moralische Werte, logische und wissenschaftliche Verfahren und Muster öffentlicher Auseinandersetzung und Überzeugung (und gesellschaftlicher und ökonomischer Organisation), durch die diese Normen und Verfahrensweisen gegebenenfalls modifiziert werden. Und obgleich nichts davon absolute oder transzendente Gültigkeit beanspruchen kann, liefern sie doch einen Maßstab, eine Struktur, eine vorläufige Verfestigung des Lebensflusses zu bedeutungsvollen Mustern und Begrenzungen, die alle durch die endliche Kraft der Immanenz hervorgerufen sind, während sie ihr zugleich Form und Impuls geben.

Die Dichotomie »entweder Gott oder moralische Anarchie« (oder deren nur scheinbar weltliche Übersetzung, »entweder absolute Werte oder Nihilismus«) ist ein Rest der transzendenten Auffassung. Eine kritische Philosophie der Immanenz lehnt die Vorstellung, menschliche Normen seien zeitlos, ebenso ab wie die Behauptung, sie seien bedeutungslos. Menschliche Wesen existieren, indem sie Dingen über ihren natürlichen Zustand hinaus einen Wert zuschreiben. Auf diese Weise gehen wir über uns hinaus und geben unserem Leben Struktur, Bedeutung, Richtung und eine Identität, für die es sich lohnt, zu kämpfen und Opfer zu bringen, auch wenn es kein zeitloses Absolutes gibt. Selbst-Transzendenz, der Lebenstrieb, über uns hinauszugehen und zu einer wertvollen und bedeutungsträchtigen Identität zu gelangen, reicht aus, um sowohl die Entstehung von Werten (und ihre Verkörperung in gesellschaftlichen Lebensformen und Institutionen) als auch die bindende Kraft zu erklären, die sie über uns haben, solange wir uns in ihnen wiedererkennen oder sie als Teil unserer eigenen Identität ansehen. Insofern sind Werte lebendig. Sie sind »relevant«, und sie sind es wert, daß man für sie kämpft, auch wenn ihnen der Heiligenschein der Transzendenz und das Imprimatur fehlen.

Eine Philosophie der Immanenz kann entweder kritisch oder dogmatisch sein. Spinoza zum Beispiel war kritisch hinsichtlich des Ursprungs der Normativität, aber dogmatisch in seiner Metaphysik und Theorie der Erlösung, denn er verwandelte die immanente Welt in ein neues Absolutes und bot eine Erlösungstheorie, die die Überwindung der Endlichkeit ermöglichen sollte. Hegel, die Frühsozialisten und selbst Marx vertraten eine quasi religiöse Auffassung von menschlicher Erlösung. Eine kritische Philosophie der Immanenz akzeptiert jedoch Endlichkeit als eine für den Menschen unabänderliche Bedingung. Kant war der erste, der den inneren Zusammenhang zwischen Kritik und Endlichkeit hervorhob, obwohl er, indem er Philosophie als eine geschlossene, zeitlose »Wissenschaft« auffaßte, es versäumte, der Endlichkeit ihre ganze (und beunruhigende) Kraft zukommen zu lassen. Ebenso sind Immanenz und Endlichkeit Zwillingsbegriffe, wobei der eine den anderen notwendig einschließt. Doch was folgt aus dieser wechselseitigen Implikation?

Vor allem (und entgegen Spinoza) folgt, daß Immanenz nicht als *causa sui* konstruiert, geschweige denn vergöttlicht werden kann. Ebensowenig können wir annehmen, daß sie ein zeitloses, unwandelbares Wahrheits- oder Wertsystem liefert (ein Einwand, der sich gegen Kant wie gegen Spinoza richtet). Hier ist es Nietzsche, der das Banner der Kritik hochhält: Die immanente »Welt«, so behauptet er, muß für eine Vielfalt von Interpretationen offen sein, in denen der Strom des menschlichen Lebens sich selbst und seine Erfahrungen strukturiert. Doch Nietzsche macht den umgekehrten Fehler, indem er die Vergänglichkeit idealisiert, was nicht minder trügerisch ist, als die Beständigkeit zu vergöttlichen. Das Streben nach Ordnung und Sinn in der Welt ist ein unbestreitbares und ganz menschliches Unterfangen, vorausgesetzt, es bleibt ein Versuch und wird nicht zu einer zeitlosen Wahrheit objektiviert oder angeblich auf einer solchen zeitlosen Wahrheit gegründet.

Überdies, und das ist vielleicht der heikelste oder strittigste Punkt, können wir als endliche Wesen das Reich der Transzendenz weder verifizieren noch uns vollständig von seinem leeren und doch bedeutsamen Horizont frei machen. Mit »leer« meine ich, es kann mit keinen positiven Inhalten gefüllt werden, und es läßt sich nicht einmal sagen, ob es existiert. Dennoch ist dieser leere Horizont bedeutsam als eine Erinnerung an unsere eigene Endlichkeit, auch als ein kritisches Hindernis, damit die immanente Welt nicht zu einer absoluten oder zu einer Art Gott verkehrt wird.

Aus demselben Grund kann eine kritische Philosophie der Immanenz nicht zur »Erlösung« führen, wenn wir darunter eine weltliche Übersetzung des religiösen Ideals in seinem vollen Sinne verstehen. Die Menschen können tatsächlich ein gewisses Maß an Freiheit, an geistiger und physischer Emanzipation erlangen und, wenn sie Glück haben und kreativ sind, ihrem Leben in einem gewissen Maß echten Sinn geben. Trotzdem bleiben sie unabänderlich endlich; und Erlösung im Sinne von Überwindung der Endlichkeit (die auch Spinozas Ziel war) kann nicht beansprucht oder ins Auge gefaßt werden, es sei denn als eine Illusion.

Mit einem Wort, *um kritisch zu sein, muß eine Philosophie der Immanenz auch eine Philosophie der Endlichkeit sein.* Ich möchte nun die Implikationen dieser Bedingung an folgenden sechs Punkten herausarbeiten: 1. der Status der Transzendenz, 2. Monismus und Pantheismus, 3. der Ursprung der Normativität, 4. Wahrheit und Interpretation, 5. die Rolle des Menschen, 6. Emanzipation und Erlösung.

1. Der Status der Transzendenz

Beginnen wir bei Kant, von dem natürlich die Termini *kritisch* und *dogmatisch* übernommen sind. Kants kritische Position ergibt sich aus seiner Anerkennung der Endlichkeit des Menschen. Das schließt ein, daß wir zum Reich der Transzendenz keinen Zugang haben. Gott, die Unsterblichkeit der Seele, das Freisein von natürlicher Determination und die Eigenschaften der Welt als einer einzigen Totalität sind transzendente Gegenstände, die zwar unweigerlich unser Vernunftinteresse wecken, uns aber auch verführen, leere Behauptungen darüber aufzustellen. Die kritische Vernunft verlangt, sich solcher Behauptungen zu enthalten und zu akzeptieren, daß wir mit diesen Fragen leben müssen, sie aber im Grunde nicht beantworten können.

Ich möchte unterstreichen, daß nach Kant das Interesse an Fragen der Transzendenz eine *Vernunft*notwendigkeit und etwas ganz Menschliches ist. Als unkritisch prangert er nur den Versuch an, solche Fragen zu beantworten oder ihnen positive Gegenstände zuzuordnen. Aus der Tatsache, daß transzendente Fragen nicht rational zu beantworten sind, folgt nicht, daß sie bedeutungslos wären oder daß wir uns irrationalen Prinzipien (zum Beispiel religiösen, mystischen, nationalistischen Prinzipien) zuwenden dürften, um die Leere auszufüllen. Kritische Rationalität heißt, das geistige Streben nach Transzendenz fortzusetzen und zugleich anzuerkennen, daß es unerfüllbar ist. Das schafft eine Lücke, eine Leere, eine Spannung, die Ausdruck der Endlichkeit des Menschen und ein Unterscheidungsmerkmal des kritischen Philosophen sind.

Kritische Vernunft kann also die Perspektive der Transzendenz weder abschaffen noch ihr konkreten Inhalt und Substanz geben. Transzendenz schwebt als Fragezeichen über der Immanenz, eine Möglichkeit, die für uns immer leer bleiben wird. Da Transzendenz nach dieser kritischen Auffassung weder eine Entität noch einfach eine Fiktion ist, können wir sie als einen »Horizont« auffassen, den unsere Endlichkeit dem Sein setzt, den wir aber nicht konkretisieren oder objektivieren können. Ebensowenig können wir adäquat über ihn reden, höchstens in metaphorischen Umschreibungen, so daß auf diesen Horizont verwiesen wird, ohne tatsächlich etwas über ihn oder in ihm festzuhalten.[3]

Das Bewußtsein dieses leeren Horizonts vermittelt uns keine Erkenntnis über ein wirkliches Ding, nur indirekt die Erkenntnis unserer eigenen Endlichkeit. Es hindert uns auch, die immanente Welt – die einzige, die wir annehmen können, die wir kennen und in der wir handeln – zu einem neuen Absoluten aufzuwerten und sie mit quasi religiösen Eigenschaften auszuschmücken. Für das kritische Verständnis der Immanenz gibt es also keinen Pantheismus, weder in der Art Spinozas noch in Hegels Version.

Zugleich lenkt die kritische Philosophie das Transzendenzstreben in die wirkliche Welt zurück, in der es eine immanente Funktion übernimmt; bei Kant in Form der »regulativen Idee«. Weiter gefaßt, sind auch Nietzsches Ideen der Selbstüberwindung und des Willens zur Macht ebenso wie Heideggers Existentialanalyse des Menschen Interpretationen dieses Begriffes der Transzendenz-in-der-Immanenz. Ohne seine Endlichkeit zu überschreiten, geht der Mensch über sich hinaus zu etwas, das er noch nicht ist, das heißt, er entwirft sich in sein Reich der Möglichkeiten.

Bei Spinoza drückt sich die immanente Selbsttranszendenz im *conatus* aus, in dem Bemühen, die Endlichkeit zu überwinden und Erlösung in dieser Welt zu erlangen; vorher bringt er den Menschen dazu, die Grenzen seines Menschseins bis zum äußersten auszudehnen und zu erweitern. Da die immanente Selbsttranszendenz jedoch darauf abzielt, Endlichkeit zu überwinden, ist sie mit einer kritischen Philosophie der Immanenz unvereinbar, in der Endlichkeit und Immanenz Hand in Hand gehen.

2. Monismus und Pantheismus

Eine kritische Philosophie der Immanenz kann die Welt nicht mehr als eine einzige Totalität betrachten und sicherlich nicht als Gott. Auch hier kann Kants kritisches Prinzip als Richtschnur gelten. Vom Standpunkt der Endlichkeit aus, dem für den kritischen Philosophen einzigen Standpunkt, ist alles Sein von Grund auf kontingent und daher die Vorstellung eines notwendigen Wesens oder einer *causa sui* inkohärent. Zudem können wir (wiederum Kant entsprechend) als endliche vernünftige Wesen »die Welt« (das heißt unseren eigenen Erfahrungsbereich) nur stückweise, nicht als eine einzige, allumfassende Totalität erkennen oder interpretieren. Selbst wenn alle Fragmente potentiell zur Einheit derselben Welt gehören (wie das bei Kant der Fall ist), bleiben sie bloß Fragmente; und was wir als »die Welt« kennen, ist an jedem gegebenen Punkt ein Puzzle, bei dem viele Teile fehlen und alle Horizonte unbegrenzt offen sind.[4]

Damit sagt Kant, daß der kritische Standpunkt der Endlichkeit mit der Idee der Welt als einer Totalität unvereinbar ist. Das bedeutet auch, daß es keine *natura naturans* im spinozistischen Sinne gibt, keine unendliche substantielle Einheit, die den endlichen Dingen in der Welt zugrunde liegt und ihnen innere Rationalität verleiht. Die immanente Welt ist, kritisch gesehen, nur ein System von Endlichkeit und Bruchstückhaftigkeit; spinozistisch ausgedrückt: Sie ist *natura naturata*, ohne daß eine *natura naturans* sie von innen oder außen trüge. Diesbezüglich haben

Nietzsche, Marx und Freud, verglichen mit Spinoza und Hegel, die kritischere Position eingenommen.

Ein weiterer Grund, weshalb die immanente Welt nicht als ein Absolutum angesehen werden kann, ist der oben angesprochene bleibende Horizont der Transzendenz. Da man ihn nicht schlüssig wegargumentieren kann, bleibt da notwendig eine Lücke, ein Bruch, so daß diese Welt unvollständig und gewissermaßen in ihrem ontologischen Status »mangelhaft« bleibt,[5] auch wenn nicht behauptet werden kann, daß es jenseits von ihr noch eine Welt gibt. Diese Lücke oder diesen Riß können die Menschen nur mit ihrer eigenen immanenten Arbeit füllen, indem sie sich selbst, ihre Werte, ihre Umgebung durch ihr eigenes Handeln produzieren, ohne jedoch imstande zu sein, die ontologische Lücke ganz zu schließen oder vollständige Erlösung zu erwarten. Mit anderen Worten, eine *causa sui* kann nicht zugestanden werden, weder jenseits der Welt noch in ihr, obgleich ihr Begriff für uns als ein immer sich entziehendes Ideal unumgänglich ist, als ein negatives Bild, das nur unsere eigene Endlichkeit und die Endlichkeit der immanenten Welt unterstreicht.

3. Der Ursprung von Normativität

Da ein positives transzendentes Prinzip nicht anzunehmen ist, können Werte, Normen und ähnliches nur von Menschen, aus ihrem wirklichen Leben und ihrer Kultur, das heißt aus der Immanenz stammen. Doch das bedeutet auch, daß Menschen durch Endlichkeit gekennzeichnet sind und daß ihnen infolgedessen ein moralisches Absolutum fehlt. Immanente Normativität hängt mit Entwicklungen im Selbstbild des Menschen zusammen, mit seinen Institutionen, seinem Handeln und Sprechen, ebenso mit den unterbewußten Instinkten und Projektionen, die mit diesen Kulturkräften interagieren. Daher gibt es nicht nur eine Menge bindender Normen und nicht nur ein einziges Verfahren, sie festzustellen und zu testen, das universal wäre und ein für allemal Gültigkeit besäße.

Zu behaupten, Universalität selbst sei das Kriterium, hieße, sich einer petitio principii schuldig zu machen, denn man kann nicht a priori bestimmen, was universal ist. Diese Einschränkung, die für eine kantische Moral am problematischsten ist, ergibt sich nicht nur aus den Problemen der Anwendung, sondern auch aus dem Wesen der endlichen Vernunft des Menschen. Ohne Anwendung, ohne Basis im aktualen menschlichen Verhalten, im Handeln und Kommunizieren sind apriorische moralische Prinzipien leer. Sie besitzen an sich keinen Status der Zeitlosigkeit, von dem aus sie dann auf das reale Leben »angewandt« würden und wobei sie unterschiedlichen Maßen der »Abweichung« und »Unvollständigkeit« ausgesetzt wären. Vielmehr ist *ihr Eingebettetsein in das wirkliche Leben ihr Ursprung und ihre einzige Existenzform.* Welche Unreinheit, Unbestimmtheit, Abweichung, kontroverse Interpretation oder fehlerhafte Kommunikation die rationalen Prinzipien auch beeinträchtigen mögen – das ist nicht sekundär, nicht bloß ein Problem der Anwendung, sondern drückt einen wesentlichen Zug der menschlichen Rationalität als einer endlichen Vernunft aus. Was immer wir an Vernunft besitzen, muß notwendig in unser immanentes Leben und Handeln eingebettet und damit auch für Widerspruch und Wandel offen sein.

Kants Überzeugung, er könne der Moral eine absolute Begründung geben, führte ihn über Immanenz und den von der Kritik eingegrenzten Raum hinaus, denn er setzte (wie bei der Erkenntnis) ein einziges, zeitloses Paradigma menschlicher Vernunft als gegeben voraus, das Geschichte nur zu erklären hilft, aber nicht beeinflussen kann; und er gründete die Moral (anders als die Erkenntnis) direkt im »Noumenalen«. Dadurch verwandelte Kant die Transzendenz aus einem leeren Horizont in den konstitutiven Grund moralischer Imperative und ihrer angeblich überzeitlichen Universalität.[6]

In der Frage der Normativität vertritt Kant also eine dogmatische Auffassung der Immanenz, Spinoza dagegen eine kritische. Bei Kant kann Vernunft nicht wie bei Spinoza als Teil der aktualen Welt verstanden werden, sondern sie bildet darüber und außerhalb eine zweite, selbständige Welt, wobei der Mensch als »Bürger« an beiden Welten teilhat. Es handelt sich hier um einen säkularen Überrest des christlichen Dualismus, wonach der Mensch mit einer vom Himmel stammenden göttlichen Fähigkeit ausgestattet ist.

Für eine Philosophie der Immanenz muß die Quelle aller Normativität in der wirklichen Welt liegen. Bei Spinoza ergeben sich moralische Normen (die für die Allgemeinheit gelten) aus Bedürfnissen und Konsens und sind von politischer Macht und Gesetzgebung sanktioniert. Für den Philosophen ergibt sich, was das beste Leben ist, aus seiner eigenen Vernunft, die ihrerseits als Streben und als integraler Bestandteil der Natur verstanden wird. Aber auch für Spinoza gibt es außerdem nur ein einziges Paradigma von Rationalität, und seine »höhere« Moral (die Moral der Erlösung) ist, obgleich sie kein transzendentes Sollen einschließt, dennoch einem einzigen ethischen Gut verpflichtet.

Hier können wir wieder vom Standpunkt der Endlichkeit Kritik üben. Obgleich es nichts gibt als die immanente Welt, ist sie für sich selbst doch nicht erklärbar und hat keine innere Bedeutung; sie ist keine *causa sui*. Der Mensch dagegen, der als Selbsttranszendenz in der Immanenz lebt, gibt sich und der Welt um ihn her Sinn. Durch seine Werke, Wünsche, Projekte und Bestrebungen entsteht moralisch bedeutsamer Sinn in der Welt. Ihm steht keine äußere, zeitlose Leitlinie zur Verfügung, ob er sie nun als Erlösung willkommen heißt oder als Einschränkung von sich weist. Und da das menschliche Leben weder statisch noch wiederholbar ist, erhält auch das ethische Universum verschiedene Gesichter und ist Wandlungen unterworfen.

Das Vehikel dieser Wandlungen ist das menschliche Streben, das im aktualen Leben und Handeln verkörpert und durch gesellschaftliche Gewohnheiten und Institutionen strukturiert ist, in denen Tradition und Wandel, Rechtgläubigkeit und Revolte jeweils ihre Rollen spielen. (Die stabilisierenden Kräfte der Routine und Anpassung werden allerdings, außer in Krisenzeiten, gewöhnlich schwerer wiegen.) Und der Träger der Veränderung ist oft das individuelle Bewußtsein, das sich dem Hauptstrom der Gesellschaft teilweise entfremdet hat, obgleich es nicht unerheblich an ihren unterschwelligen Prinzipien, dem entstehenden neuen Selbstbild und den Bestrebungen dieser Gesellschaft teilhat. Ungewöhnliche Positionen wie die Position Spinozas können einen Wandel vorwegnehmen oder gar befördern, wenn sie nur genügend deutlich repräsentieren, was von führenden Teilen der Gesellschaft unterbewußt als Mangel empfunden wird, selbst wenn diese Empfindung nicht bewußt zugelassen ist.

Neben inhaltlichen Normen muß es kulturell sanktionierte Verfahren geben, um moralische Auffassungen in Frage zu stellen oder zu revidieren, seien sie nun rational oder autoritär. Aber selbst wenn behauptet wird, sie besäßen im Willen Gottes eine transzendente Basis, sind sie alle doch nur menschliche Schöpfungen und haben (als internalisierte Selbstprojektionen) alle ihren Ursprung in der Immanenz.

Mit der Anerkennung der natürlichen Grundlage und Wandelbarkeit des moralischen Universums ist eine kritische Philosophie der Immanenz jedoch nicht moralischer Anarchie preisgegeben und auch nicht auf irgendeine spezielle Form des Annehmens und der Veränderung von Normen verpflichtet. Natürlich: Akzeptiert man einen normativen Rahmen oder verändert man ihn, dann setzt das gesellschaftlichen Diskurs und soziale Kommunikation als ein apriorisches Prinzip voraus, ein Prinzip, das der Philosoph als inhärente Bedingung von Rationalität anerkennt; und das macht ein gewisses Maß an Rhetorik (im weiten Sinne) unumgänglich. Doch im Kern müssen alle solchen Prozesse und Debatten sich an die Gesetze der Rationalität halten, wenn sie dem kritischen Standpunkt entsprechen sollen. Man kann diese Gesetze nur verletzen auf die Gefahr hin, irrational zu sein oder sich gegen das zu versündigen, was die eingewobenen fundamentalen Werte als ihre umfassendere oder bessere Explikation projizieren. (So läßt sich Konservatismus vermeiden und eine gültige rationale Gesellschaftskritik selbst dann rechtfertigen, wenn man die »transzendentale« Trennung zwischen dem Wert und seinem natürlichen sozialen Ort nicht akzeptiert.)

Der Umstand, daß absolute Gültigkeit (wie die angeblich göttlicher Gebote) fehlt, macht also moralische Vorschriften nicht null und nichtig. Auch diese Dichotomie ist ein Überrest transzendenten Denkens, nämlich eines religiösen Absolutismus, der in die Welt der Immanenz und der Endlichkeit übersetzt ist, obwohl er mit ihr unvereinbar ist. Menschen überwinden ihren natürlichen Zustand und geben ihrer Existenz Sinn und Richtung unter anderem dadurch, daß sie Werte und Normen setzen; und das bleibt auch dann wahr, wenn es nicht jenseits der Geschichte einen körperlosen Führer gibt, der ihren Weg vom Standpunkt der Ewigkeit aus leitet.

4. Wahrheit und Interpretation

Ähnliches gilt für den Bereich der Erkenntnis. Bei Kant gehören die Teilstücke der Erfahrung im Prinzip alle zur Einheit einer einzigen Welt, denn sie sind alle a priori von denselben fundamentalen Kategorien bestimmt. Das ist nur ein anderer Ausdruck dafür, daß es für die Metaphysik wie für die Naturwissenschaften nur eine einzige, unwandelbare Wahrheit gibt.

Bei Spinoza ist Wahrheit einzig, weil sie sich gemäß der Struktur der einen Weltsubstanz und den in ihr herrschenden, angeblich deduktiven Gesetzen bildet. Da Kant diese Auffassung als dogmatisch ablehnt, faßt er Wahrheit nach der Struktur und Einheit des menschlichen Bewußtseins, dessen apriorische Formen für die Naturwissenschaften wie für die Natur selbst die Grundstruktur bilden. Damit steht bei Kant das menschliche Bewußtsein, obgleich es endlich ist, an der Stelle Gottes und bildet den Angelpunkt eines einzigen, unwandelbaren Erkenntnissystems.[7]

Eine kritische Philosophie der Immanenz kann jedoch nicht a priori auf das Postulat verpflichtet sein, menschliche Rationalität erschöpfe sich in einem Satz reiner, unwandelbarer Formen, die ein für allemal erfaßt werden können. Menschliche Rationalität ist ein Handeln, keine Menge von Formen; sie ist außerdem ein sich selbst strukturierendes Handeln, das sich seine eigenen Handlungsmuster schafft, indem es sie benutzt, das heißt, indem die Vernunft dem, was sie »Welt« nennt, Sinn und Ordnung gibt, ohne jedoch imstande oder berechtigt zu sein, diese Welt zu einer einzigen, eindeutigen Entität zu objektivieren.

Wie die Kantische Kritik die Vorstellung von der Welt als einer aktualen Totalität aufgibt, so kann auch die Einheit seiner Erfahrung nicht mehr als beständiger und einziger Weg einer rationalen Welterfahrung garantiert werden. Über Spinozas Totalität und über Kants einziges System der Vernunft hinaus sind verschiedene Interpretationssysteme für die »Welt« möglich und geeignet, von denen jedes beansprucht, irgendeine Form menschlicher Rationalität auszudrücken, eine Form des Handelns also, mit dem unserem In-der-Welt-Sein (der »Erfahrung«) ein Sinn und versuchsweise eine Ordnung gegeben wird. Wenn Transzendenz ein leerer Horizont ist, dann ist die immanente »Welt« eine enttotalisierte Agglomeration möglicher Horizonte, die mit Inhalt gefüllt und durch Interpretation geformt werden können.

Interpretation ist jedoch nicht gleich Interpretation. Manche Interpretationen sind anderen vorzuziehen, und zwar aus Gründen, die sich auch dann rational verteidigen lassen, wenn sie nicht absolut zwingend sind. Manche Interpretationen sind einleuchtender als andere, sind grundlegender (wie bei einem wissenschaftlichen Paradigma im Verhältnis zu einer speziellen Hypothese), manche passen besser zu den angenommenen »Fakten« oder zu anderen korrelierenden Interpretationen, oder sie entsprechen besser dem kulturellen Kontext, in dem sie und der übrige Zeitgeist aufgekommen sind. Deshalb gibt es und muß es für die Annahme, Veränderung und Ablehnung von Interpretationen Anhaltspunkte und Regeln geben. Eine überzeitliche Gültigkeit können sie jedoch nicht beanspruchen.

Nichts in der immanenten Welt kann uns befähigen, uns an den eigenen Haaren aus ihr herauszuziehen. Auch Baron Münchhausen, ein Fachmann auf diesem Gebiet, läßt uns hier im Stich, denn in unserem Fall gibt es keinen Ort, wohin wir gehen könnten. Das ist aber kein Grund, Rationalität gänzlich zu verwerfen, wie ein trotziges Kind, das seine Spielsachen kaputt macht, weil es keine besseren bekommen hat. Als endliche vernünftige Wesen können wir den Wert von Kohärenz, vernünftiger Argumentation, möglichst weitreichender Allgemeinheit und andere kulturunabhängige Faktoren schätzen, auch ohne uns auf den Gedanken festzulegen, die menschliche Rationalität sei ein festes, geschlossenes System, oder die Arbeit der Selbsttranszendenz könnte ein für allemal getan und die letztgültige Interpretation erreicht werden.

Während die Minimaleigenschaften von Rationalität für die Menschheit im ganzen (verstanden als eine Gemeinschaft idealer Gesprächsteilnehmer) Geltung beanspruchen müssen, handelt es sich bloß um eine regulative Abstraktion. Menschliche Kommunikation, wie sie tatsächlich, und zwar sowohl innerhalb einer Gemeinschaft wie zwischen verschiedenen Gemeinschaften, stattfindet, ist bestenfalls teilrational; und obgleich in alle Formen des Lebens rationale Elemente eingebettet sind, ist dieses Eingebettetsein zusammen mit den »Unreinheiten« und »Abweichungen«, die sich daraus ergeben, ihre *natürliche* Daseinsweise. Auch die am weitesten verbreitete Form kann nicht außerhalb eines bestimmten Zusammenhangs und ohne durch frühere Lebensformen und Interpretationen geprägt zu sein, gebraucht werden. Diese Beschränkung ist nicht zufällig, sondern wesentlich; wir können sie nicht bloß als eine Lücke zwischen einem »Ideal« und seiner »Anwendung« abtun, denn sie ergibt sich aus der Endlichkeit, die der menschlichen Vernunft eigentümlich ist.

Auch die apriorischen Elemente unserer Erfahrung unterliegen solchen Beschränkungen. Ihre Inhalte, Formen, Gebrauchsweisen können, obwohl sie für jede sinnvolle Rede und jede sinnvolle Wahrnehmung unentbehrlich sind, variieren und einander aufgrund von existentiellen und historischen Bedingungen sogar widersprechen. Philosophen, die diese apriorischen Elemente ans Tageslicht befördern (ein lohnendes, ehrwürdiges Geschäft), decken daher keine unwandelbaren Strukturen irgendeiner reinen Vernunft auf, sei es einer göttlichen (Spinoza, Leibniz) oder menschlichen Vernunft (Kant). Sie legen vielmehr nur die tieferen Schichten einer menschlichen Lebensform oder eines Redebereichs frei. In jedem dieser Bereiche gibt es Platz für Argumentation und höheres Urteil; doch mehr als nur eines kann als gültig anerkannt werden, und alle zusammen erhellen die »Welt« (oder unser Dasein in ihr), und zwar nicht als eine feste, monolithische Entität, sondern als eine Agglomeration möglicher Perspektiven, die einander zum Teil ergänzen, letztlich aber kein geschlossenes, vollkommen kohärentes System bilden.

In dieser Auffassung radikalisiert sich Kants Weigerung, die Welt als eine Totalität nach der Art eines Dinges an sich anzusehen. Was Kant statt dessen vorschlägt, nämlich die unwandelbare Einheit der Erfahrung, sollte auf ähnliche Abneigung stoßen, denn es handelt sich dabei um lauter »dogmatische« Postulate, die über die Grenzen menschlicher Endlichkeit hinausgehen. Menschliche Vernunft kann nicht garantieren, daß die Einheit der Erfahrung unwandelbar und völlig kohärent ist, so wenig wie sie für die innere Notwendigkeit ihrer apriorischen Formen oder irgendein anderes transzendentes Prinzip garantieren kann. Was wir haben, ist das wirkliche menschliche Leben mit seiner Vernunft als ein Prozeß mit offenem Ausgang, ein Prozeß, durch den dies Leben sich selbst strukturiert und transzendiert und seiner Umgebung Sinn verleiht und dabei innerhalb der Grenzen eben dieses selben Prozesses bleibt.

Ist das eine skeptische Auffassung? Wenn ja, dann nur in dem affirmativen oder konstruktiven Sinne von Skeptizismus, wie ihn Hume begründete und wie er von Nietzsche weiterentwickelt worden ist. Was Hume für das induktiv-positivistische Modell der Erkenntnis getan hat, können wir mit der Hilfe Nietzsches für ein nichtpositivistisches (oder hermeneutisches) Modell tun: den Skeptizismus in eine affirmative Position zu verwandeln. Eine wissenschaftliche Erklärung kann nur dann gültig und erhellend sein, wenn sie nicht einer allein gültigen Wahrheitsvorstellung verhaftet ist. Eine Welt, die für kulturell wandelbare Interpretationen offen ist, ist nicht weniger wirklich oder immanent; sie entgeht nur der Gefahr, in »ewige« Formen, Wesenheiten und ähnliches, entweder auf Platons oder auf Spinozas Weise, eingekapselt zu werden. Wir brauchen solch zeitlose Gehilfen auch nicht, um imstande zu sein, Interpretationen nach rational rechtfertigbaren Schlüsseln zu bewerten, auszuwählen und zu modifizieren. Wie unsere Gesellschaften, sozialen Institutionen und Kulturformen sinnvolle und bindende Muster darstellen, ohne ewig zu sein, so kann die menschliche Rationalität, die sich selbst strukturierende Lebenskraft, die alle diese Hervorbringungen belebt und sich in ihnen verkörpert, sinnvolle Formen und Beschränkungen annehmen, auch wenn ihre Normen ohne die transzendente Stütze (und fanatische Schärfe) der einen und unwandelbaren Wahrheit bleiben.

Nietzsche hatte daher unrecht, als er den Ewigkeitskult durch eine Anbetung der Vergänglichkeit und des Flusses ersetzen wollte. Im Drang der Menschen, Ordnung und Sinn zu schaffen, liegt nicht notwendig etwas Unechtes – auch wenn der Welt »an sich« Ordnung und Sinn fehlen. Wir tun das gleiche, wenn wir Häuser, Reiche, Städte und andere Formen zivilisierten Lebens aufbauen. Chaos und Fluß sind nur ein Bestandteil der immanenten Welt; es gibt auch das menschliche Handeln, durch das dem Chaos Ordnung und Gestalt gegeben und der kosmische Fluß gefaßt und versuchsweise zu doch bedeutsamen und recht stabilen Strukturen verfestigt wird. Das ist die eigentliche Form menschlichen Handelns, das ist die Art, wie wir existieren und uns im Sein verwirklichen.[8]

5. Die Rolle des Menschen

Einer der kühnsten Schritte Spinozas war es, die Natur aller anthropomorphen Züge zu entkleiden und den Menschen selbst ganz auf Natur zu reduzieren. Vor allem verbannte er aus der Natur die menschlichen Züge Zweck und Vollkommenheit (auch generische Formen). Als objektive Züge der Welt, die gerade das Wesen der Dinge ausmachen, ließ er Kausalität und logische Folgerung zu.

Wie wir gesehen haben, war Nietzsches Einwand, daß auch die Kausalität eine Projektion des Menschen sei, der damit die Welt-im-Fluß negiere, welcher an sich überhaupt keine Struktur eingeschrieben ist. Während Nietzsche das als Kritik verstand, vertrat Kant in seiner kopernikanischen Wende und vertraten die verschiedenen idealistischen Positionen, die er hervorrief, eine andere Auffassung. Ja, sagten die Idealisten, alle Formen, die der Wirklichkeit zugeschrieben werden, sind vom menschlichen Bewußtsein geformt oder beeinflußt. Das aber macht sie nicht unbedingt illusorisch oder nutzlos. Erkenntnis ist die Anwendung menschlich gestalteter Kategorien auf die rohe, uninterpretierte Masse des Seins, in der wir leben. Es gibt keine Formen »an sich«, keine inhärenten Bedeutungen, die dem Buch der Natur eingeschrieben wären und die wir als gute Kopisten in unseren Köpfen reproduzieren müßten. Spinoza selbst übertrug ungewollt seinen Begriff deduktiver Kausalität auf die Natur und glaubte dann, er lese ihn aus der ewigen Natur der Substanz heraus. Wenn diese umgekehrte Projektion dem ähnelt, wie die Religionskritiker (einschließlich Spinoza) die Entstehung des transzendenten Gottesbildes erklären, so ist das kein Zufall: Wir können die Natur nicht von menschenähnlichen (oder von Menschen gemachten) Zügen befreien, weil sonst keine Natur übrig bliebe, nur eine unbestimmte, bedeutungslose Masse von Sein an sich.

Bei Spinoza wird es möglich, daß es Bedeutungen an sich gibt, weil sie der logischen Substanz inhärieren sollen. Doch diese Auffassung führt (darin sind sich Kant und Nietzsche einig) transzendente Postulate durch die Hintertür wieder ein. Wenn wir die immanente Welt dagegen nicht als Substanz und Totalität, sondern als einen Horizont verstehen, der für vielfältige, auch Teilinterpretationen offen ist, dann kann derjenige, der eine solche Interpretation erzeugt, nämlich das Menschengeschlecht, nicht einfach auf eine an sich existierende Natur reduziert werden, sondern muß in seiner konstitutiven, ontologischen Rolle anerkannt werden. Die immanente Welt schließt die interpretierende Handlung des Menschen mit ein; und das Dasein des Menschen wirkt erhellend und verleiht dem einen Sinn, was an sich, zumindest für uns endliche Kreaturen, undurchsichtig ist.

Der Akt des Interpretierens darf jedoch nicht als ein ausschließlich oder gar primär intellektueller Akt angesehen werden. Er drückt sich zunächst als Praxis aus, als das Handeln, wodurch die Menschen leben, agieren und sich auf Dinge und andere Menschen beziehen, Rollen spielen und so weiter. Und indem sie mit der Welt interagieren, gestalten sie stillschweigend die verschiedenen Dinge und geben ihnen in ihrer Erfahrung Sinn. Natürlich tut das kein isoliertes cartesianisches Ich. Wir leben schon in einer weitgehend interpretierten Welt, benutzen Sprache, Tradition, gesellschaftliche Institutionen und ähnliches, über die wir uns auf Dinge beziehen und die daher Träger von Bedeutung sind, die wir verinnerlichen, übersetzen oder revidieren und neu entwerfen. Aber nicht die Werkzeuge, sondern das Leben selbst gilt als primär, weil es die Aktivität ist, sich durch diese Instrumente hindurch selbst zu entwerfen.

Reflexion ist ein Spätling, ist die Eule der Minerva, die ihre Flügel ausbreitet, wenn das Tagewerk vollbracht ist. Bevor wir unsere Erfahrung in Ideen und anderen kulturellen Bildern ausdrücken, »leben wir sie« sozusagen, interpretieren wir uns und die Dinge in der Welt durch unser Verhalten, unseren Lebensstil, durch Arbeit und Produktion und dadurch, daß wir an gesellschaftlichen Rollen teilhaben und zu anderen Personen, Organismen und unbeweglichen Gegenständen um uns her in Beziehung stehen. Ein Teil dieser substantiellen Interpretation scheint unbewußt vonstatten zu gehen, von solchen Kräften wie der psychischen Geschichte des Individuums, gesellschaftlicher Überzeugung und Propaganda angetrieben oder von unbestimmteren sozialen, ökonomischen und demographischen Unterströmungen, die einen kulturellen Wandel ankündigen.

Mit anderen Worten, der Lauf des Lebens selbst ist Interpretation, nicht nur bewußte Reflexion über das Leben. Wir interpretieren das Sein und gestalten dadurch die Welt und uns selbst so, wie Monsieur Jourdain in Molières Komödie immer schon gesprochen hat. Später können wir diese Arten zu leben in Worte fassen, sie in Bilder, Metaphern, Mythen, Begriffe, Kunst, religiöse Kulte, soziale und politische Theorien und so weiter und auch in ausgefeilte wissenschaftliche Strukturen übertragen. Aber diese geistige Produktion (das hat vor Marx schon Hegel festgestellt) ist den Lebensformen selbst nachgeordnet und kristallisiert sich ex post facto aus ihnen heraus. Wenn wir reflektieren und verbalisieren, dann ist die Hauptarbeit der Interpretation bereits getan.

Ontologisch gesprochen, stehen wir damit weder »vor« dem Sein noch ihm von außen »gegenüber« (Kant), noch werden wir als einfache Modi von ihm überschwemmt und in den Hintergrund gedrängt (Spinoza), sondern wir existieren in der Welt als konstitutive Teilhaber dessen, was immer »die immanente Welt« bedeuten oder sein mag. »Die Welt ist menschlich«, sagte Sartre und wiederholte damit, was andere, von Kant bis Marx und Heidegger, behauptet haben. Die immanente Welt ist nicht bloß ein An-sich. Schon Kant hat diese Auffassung als »dogmatisch« erwiesen. Immanenz ist die Welt des Menschen, der Komplex von Horizonten und Perspektiven, in denen das menschliche Leben Gestalt annimmt und gestaltend wirkt. Daß diese Welt ontologisch auf irgendeine Form menschlichen Handelns oder menschlicher Kultur bezogen sein muß, ist ein Erfordernis der kritischen Position. Doch was verstehen wir hier unter dem »Menschen«?

Sicherlich nicht ein isoliertes cartesianisches Individuum oder ein reines, transzendentales Kantisches Subjekt. Ebensowenig ist der Mensch primär ein erkennendes Wesen. Der Idealismus ging zu weit, als er sich ein reines Subjekt dachte, das die Welt durch Erkenntnis konstituiert. Deshalb gingen ihm der wirkliche Mensch und der Gesichtspunkt der Immanenz verloren. Nicht als ein transzendentales Subjekt, sondern als innerweltliche (»natürliche«) Entität erfüllt das Menschengeschlecht seine Rolle im Sein und auch als ein gesellschaftliches Wesen, das in geschichtlichen Kollektiven wirkt, die von Individuen ins Leben gerufen und von ihnen auch modifiziert werden. Die Menschen erfüllen diese Rolle, indem sie wirklich leben und handeln, worin sich die Interpretation des Seins, die den expliziten Kulturbildern vorausgeht, verkörpert. Diesbezüglich liefert Marx einen eigenen Beitrag zu einer kritischen Philosophie der Immanenz.[9]

Das Handeln der Menschen ist also für jegliche Gestalt und Bedeutung, die die Welt annimmt, ontologisch relevant, denn von Menschen allein kommt Bedeutung. Dem Sein an sich Bedeutung zuzusprechen ist nicht minder anthropomorph gedacht, als ihm Zwecke zuzusprechen. Wenn das überheblich klingt, so sollten wir daran denken, daß es vielmehr ein Ausdruck menschlicher Endlichkeit ist. Die Unfähigkeit, die Immanenz zu überschreiten, ist Quelle von Bescheidenheit und ontologischer Einsamkeit, was als Selbstüberwindung aber auch ein Gefühl von Freiheit und Stolz aufkommen läßt.

6. Emanzipation und Erlösung

Wie die vorliegende Untersuchung durchgängig gezeigt hat, ist eine Philosophie der Immanenz bezeichnenderweise eine Philosophie der Emanzipation. Sie geht davon aus, daß die Anerkennung der Immanenz als umfassende Substanz des Lebens, wenn sie vom Individuum verinnerlicht wird und die herrschende Kultur und Gesellschaft durchdringt, wahrscheinlich zu einer starken Befreiungskraft wird. Wir sind dieser Verbindung zwischen Immanenz und Emanzipation in allen früheren Kapiteln begegnet. Wir haben aber auch gesehen, wie verschieden sie jeweils interpretiert wurde. Zwei Typen von Fragen ergeben sich: a) kann Emanzipation das Individuum direkt, also losgelöst vom Rest seines sozialen, zeitlichen und räumlichen Zusammenhanges oder diesem gar gegenüberstehend, beeinflussen? Und b) kann sie das religiöse Ideal der Erlösung in allen seinen Dimensionen einfangen?

Spinoza beantwortet beide Fragen mit Ja. Als esoterischer Denker (und Abkömmling der Marranen) sah er keinen Zusammenhang zwischen der Erlangung der Wahrheit und der politischen und kulturellen Situation. Obgleich bessere politische Bedingungen die Chancen eines philosophischen Lebens erhöhen, sind sie keine notwendige Bedingung dafür. Der Weise kann in der Isolation die höchste Stufe der Philosophie erreichen, auch wenn die Allgemeinheit weit entfernt ist, diesen Weg zu gehen.

Diese marranische Einstellung ist weniger dogmatisch als naiv. Die Historizität menschlichen Lebens und Fortschritts wurde zu Spinozas Zeiten nicht deutlich genug gesehen. Natur und Vernunft »als solche« waren die Gegenstände des Interesses, während Geschichte wie bei Descartes bloß die gesammelte Last vergangener Irrtümer und Vorurteile war, von der sich der Philosoph, wenn er den Standpunkt der reinen Vernunft einnahm, losreißen mußte. Unter den großen Philosophen war es Kant, der als erster behauptete, die Vernunft selbst hinge in ihrem Selbstverständnis und ihrer Verwirklichung in der Welt von Geschichte ab. Diese Idee arbeitete Hegel zu einer globalen und quasi religiösen Geschichtsphilosophie aus, während Marx sie in einen naturalistischen, sozioökonomischen Kontext transponierte und in die Grenzen eines rigiden historischen Determinismus einsperrte.

So verwandelte sich Naivität in Dogmatismus. Ein kritischer Immanenzbegriff wird zwar die wechselseitige Abhängigkeit zwischen individueller und historischer Situation anerkennen, darin aber keinen Determinismus erkennen. Individuen entziehen sich existentiell einer vollständigen rationalen Definition; und menschliche Individuen als sich selbst transzendierende Wesen können nicht einmal dadurch definiert werden, was sie waren oder getan haben. Es bleibt immer ein irreduzibler Faktor, der sich wissenschaftlicher, historischer oder rationaler Determinierung entzieht, auch wenn man einräumt, daß es statistisch vorhersagbare Situationen gibt, sofern es sich um größere gesellschaftliche Entitäten handelt (Gruppen, Perioden, Subkulturen etc.).

Da das Individuum endlich ist, ist seine Position zutiefst ambivalent. Das Individuum ist zwar innerhalb eines größeren Kontextes determinierbar, aber in seiner intimsten Individualität nicht determinierbar. Überdies ist es notwendig ein konstitutiv Handelndes in der umfassenden Sozialstruktur, die es beeinflußt, denn diese Struktur kann nicht anders vorhanden sein als dadurch, daß konkrete Individuen sie verinnerlichen und wieder in Handlungen ausdrücken, wobei die Individuen aufgrund ihrer Individualität ihre Rollen spielen und sie auf ihre eigene, idiosynkratische Weise färben.

In jedem Kontext, in jeder Gesellschaft stellen Individuen also das Prinzip der Abweichung dar, den unvorhersehbaren existentiellen Faktor, der sich vollständiger Determinierung entzieht. Und doch existieren auch globale historische Formen nur durch sie. Deshalb ist die Kraft, die diese Formen aufbaut und erhält (und von ihnen weitgehend genutzt wird), auch das, was ihre Festigkeit unterminiert und sie beständig in Bewegung und für Veränderungen offen hält. Wie Spinozas eigener Fall zeigt, ist es oft das entfremdete Individuum am Rande der Gesellschaft, das aus deren Hauptstrom herausfällt (obgleich es weiterhin Grundziele und ursprüngliche Wünsche der Gesellschaft teilt), das dann als Katalysator sozialen und kulturellen Wandels fungiert.

Die Menschen emanzipieren sich daher nicht *von* der Geschichte, sondern *durch* und *in* ihr. Welche Befreiung wir auch immer erwarten können, sie muß durch dieses Medium geschehen. Das impliziert (entgegen dem, was Hegel und Marx zu glauben scheinen), daß Geschichte kein Ende haben kann, daß es keinen transhistorischen Zustand gibt, der die vollendete Befreiung des Menschen verspricht. Weltlicher Messianismus ist ein Widerspruch in sich. Wenn er die religiöse Idee der Erlösung in ihrer absoluten Kraft und Fülle überträgt, dann ist er weder weltlich noch wirklich immanent, sondern bleibt einem transzendenten religiösen Ideal verhaftet. Vom kritischen Standpunkt der Endlichkeit aus ist das messianische »Reich Gottes auf Erden« bestenfalls ein regulativer transzendenter Traum. Betrachtet man die Geschichte der Menschheit als Weg dorthin, sei es, daß dieser Zustand notwendigerweise eintreten soll, sei es auch bloß als ein plausibles Resultat, dann heißt das, daß ein solches Denken, welches vorgibt, eine Philosophie der Immanenz zu sein, den dogmatischen Einfluß transzendenter Religion nicht überwunden hat.

Säkulare Illusionen sind häufig schlimmer und verheißen mehr Unheil als religiöse Illusionen; und wie die letzten hundert Jahre dramatisch vorgeführt haben, ist säkulare Eschatologie nicht nur ein philosophischer Trugschluß, sondern eine Hauptursache für menschliches Leiden und unmenschliche Grausamkeiten.

Ebenso unkritisch ist Spinozas Auffassung von individueller Erlösung, denn sie soll dem *Individuum* einen Weg weisen, seine Endlichkeit zu überwinden. Ein kritischer Standpunkt der Immanenz erkennt an, daß Menschen unausweichlich endlich sind und daß nichts, nicht einmal diese Einsicht, sie von ihrer Endlichkeit erlösen kann. Mit anderen Worten, die Emanzipationskraft der Immanenz kann es mit den absoluten Verheißungen, die die Religion verspricht, nicht aufnehmen; und da die Idee der Immanenz ihre Befreiungswirkung gerade aus der Entmystifizierung solcher Versprechungen zieht, würde sie sich auf ironische Weise selbst unterlaufen, wenn sie eine religiöse Illusion durch eine weltliche ersetzte. Emanzipation von religiöser Illusion schließt alle Absolutheitsansprüche aus; sie reduziert den Horizont menschlicher Emanzipation auf viel kleinere Dimensionen, wie es für einen kritischen und immanenten Standpunkt angebracht ist. Und das heißt vor allem: Endlichkeit ist unabschaffbar. Welche Befreiung wir auch immer erlangen können, sie muß in den gegebenen Grenzen der Endlichkeit liegen.

Die entgegengesetzte Gefahr besteht ebenfalls. Die Einsicht, daß der Mensch unabänderlich endlich ist, vermittelte dem frühen Sartre ein Gefühl der Erlösung, das ebenso stark war wie das eines religiös Gläubigen. Später gestand er, das sei einer seiner größten Irrtümer gewesen, eine umgekehrte Form von Theismus. Es ist immer noch ein dogmatisch religiöses Temperament, das die Endlichkeit des Menschen und seine Zufälligkeit als »Verlorenheit«, als »Verdammnis«, als »nutzlose Passion« interpretiert, wie Sartre das tat. Es ist nach wie vor ein transzendent religiöser Impuls, der dialektisch versucht, gerade in dieser »Verdammnis« eine »atheistische Erlösung« zu finden. Kritische Immanenz ist nüchterner, obgleich nicht weniger intensiv. Wie bei Freud wählt sie einen ruhigeren Ton, vermeidet das große Drama und den religiösen Heroismus, der häufig mit der Übernahme der Endlichkeit einhergeht. Und diese Nüchternheit ist vielleicht noch schwerer zu erreichen.

Indem wir Endlichkeit und endliche Vernunft als die hervorstechenden Kennzeichen des Menschen anerkennen, übernehmen wir sowohl ihr Potential als auch ihre Grenzen, ihre Verheißungen wie ihre Lasten als spezifisch *unsere eigenen*. Wir akzeptieren endliche Rationalität als den alles umfassenden Kontext der Immanenz, aus dem uns nichts lösen oder »erretten« kann, in dem aber das menschliche Leben sich selbst Struktur und Bedeutung geben kann, immer anfällig für transzendente Illusion und Selbsttäuschung und beständig in der Notwendigkeit, an die Grenzen erinnert zu werden. Die Verinnerlichung dieser Einsicht kann die Art von Selbsterkenntnis, vielleicht sogar Weisheit liefern, die zur Emanzipation führt – Befreiung nicht von der Endlichkeit wie bei Spinoza, aber von ihrer scheinbar unerträglichen Last. Die Annahme einer *natura naturata* ohne Gott erweist sich vielleicht als schwieriger, als im Überfluß des *amor dei intellectualis* zu schwelgen, dafür ist sie auch eine kritischere und authentisch menschliche Haltung.

Die genannten sechs Punkte sollten nur die allgemeinen Konturen einer kritischen Philosophie der Immanenz skizzieren. Es gibt noch viele andere Wege, sie zu konstruieren. Aber Spinoza und die anderen »Häretiker«, die er beeinflußt hat, tragen mit ihren Auseinandersetzungen, Abenteuern, Einsichten und Fehlern zu einem lohnenden, wenn auch bruchstückhaften und unabgeschlossenen philosophischen Unternehmen bei. Die Suche nach Klarheit und Desillusionierung kann niemals zu einem Endpunkt kommen oder mehr als eine teilweise Emanzipation bewirken. Aber sie wird die immanente Welt mit ihrer Endlichkeit und ihren inhärenten Ungewißheiten immer als das allumfassende Reich von Sein und Wert akzeptieren, weder Hölle noch Paradies, wohl aber die metaphysische Heimat des Menschen, ein schöpferisches, ja sogar freudvolles Tränental, in dem sich Leiden und Beharrlichkeit, Endlichkeit und Autonomie wechselseitig inspirieren.

Anmerkungen

1. Teil

Der Marrane der Vernunft

1. Kapitel

1 Folio 408 des *Livro dos Acordos da Naçam*, A(nn)o 5398–5440; die deutsche Übersetzung folgt dem Abdruck des spanischen Textes in I. S. Revah, *Spinoza et le Dr Juan de Prado*. Textes et Documents, (Paris, Den Haag: Mouton 1959), S. 57 f. Das *Livro dos Acordos* (auch als *Askamot* [hebräisch für *Acordos*] bekannt) befindet sich im Archiv der portugiesisch-jüdischen Gemeinde im Amsterdamer Stadtarchiv (eine Photokopie in Jerusalem).

2 Spinoza spricht am Ende der *Ethik* von einer Art Unsterblichkeit der Seele, jedoch keineswegs im individuellen Sinne; der einzelne verschwindet, was bleibt, ist eine Art ewige Wahrheit. Vgl. auch Kapitel I. 6.

3 Zitiert in der französischen Ausgabe von Spinozas Werken: *Œuvres* (Paris: Flammarion, 1969).

4 Richard Popkin, »Epicureanism and Scepticism in the Early Seventeenth Century«, in *Philomathes*, hg. von R. B. Palmey und R. Hamerton-Kelly (Den Haag: Nijhoff, 1971).

5 Yosef Yerushalmi, »Die Rückkehr von Marranen zum Judentum im siebzehnten Jahrhundert: Ihre jüdischen Kenntnisse und ihre innere Bereitschaft« (hebr.), in: *Proceedings of the Fifth World Congress of Jewish Studies* (Jerusalem 1969), Bd. 2, S. 201–209, bes. S. 202.

6 *Abhandlung über den Verstand*, 17.

7 Jean M. Lucas, *The Oldest Biography of Spinoza*, hg. von A. Wolf (London: Allen and Unwin, 1927).

8 Vgl. A. Wiznitzer, »The Merger Agreement and Regulations of Congregation Talmud Torah of Amsterdam, 1638–39«, *Historia Judaica* 20 (1958), S. 48. Zwischen 1623 und 1677 sind in den Gemeindeberichten (hauptsächlich im *Askamot*) fünfunddreißig Exkommunizierungen verzeichnet, von denen fünf, die Spinozas mit eingeschlossen, nicht aufgehoben worden sind, doch die Zahl an tatsächlichen Ächtungen dürfte die überlieferten überstiegen haben; vgl. Y. Kaplan, »The Social Functions of the *Herem* in

the Portuguese Jewish Community of Amsterdam in the Seventeenth Century«, in: *Dutch Jewish History: Proceedings of the Symposium on the History of the Jews in the Netherlands*, hg. von Jozeph Michman (Jerusalem: Institute for Research on Dutch Jewry, 1984), S. 111–155, besonders Anhang.

9 Der Text wurde veröffentlicht und eingeleitet von Jakob Meijer, *Hugo de Groot: Remonstrantie nopende de ordre dije in de landen van Hollandt ende Westvrieslandt dijent gestelt op de Joden [...]* (Amsterdam 1949). Er publizierte auch einen kürzeren englischen Aufsatz: »Hugo Grotius' *Remonstrantie*«, *Jewish Social Studies* 17 (1955), S. 91–103. Vgl. auch A. K. Kuhn, »Hugo Grotius and the Emancipation of the Jews in Holland«, *Publications of the American Jewish Historical Society* 31 (1928), S. 173–180; und Salo W. Baron, *A Social and Religious History of the Jews*, 2. Aufl., 18 Bde. (New York: Columbia University Press, 1973), Bd. 16, S. 310–313. Barons Einschätzung ist nachdrücklich kritisiert worden von Jozeph Michman, »Historiography of the Jews in the Netherlands«, in: *Dutch Jewish History* (vgl. Anm. 8), S. 16–22. Michman bezweifelt Barons Behauptungen, wonach Grotius den Juden gegenüber liberaler eingestellt gewesen sei als Pauw; die Regelungen, die verabschiedet wurden, seien letztlich auf dem Papier restriktiver gewesen als in der Praxis. Er weist auch auf verschiedene kleinere Fehler bei Baron hin. Die Entscheidung wird dadurch erschwert, daß der Originaltext von Pauw verlorengegangen ist und es keine verläßliche vergleichende Analyse von Grotius, Pauw und den Regelungen gibt, die später von verschiedenen Städten erlassen wurden.

10 J. L. Teicher, »Why Was Spinoza Banned?«, *Menorah Journal* 45 (1957), S. 41–60.

2. KAPITEL

1 Das wird von Zeitzeugen wie Hugo Grotius erwähnt, der in seinen *Jaerboeken en Historiën* (1598) schreibt, viele Marranen seien gekommen, um der Inquisition zu entgehen, »und andere mit Blick auf besseren Verdienst« (zitiert von Jacob Meijer, »Hugo Grotius' *Remonstrantie*«, *Jewish Social Studies* 17 [1955], S. 91.)

2 Vgl. Samuel Schwarz, *Os Christãos novos em Portugal no século XVII* (Lissabon: Empresa Portuguesa de Livros, 1925), S. 99.

3 Vgl. Fritz Baer, *Die Juden im christlichen Spanien*, Erster Teil, 2. Bd. (Berlin: Schocken, 1936), Inquisitionsakten, Nr. 423.

4 *Aguna*: eine Frau, die nicht wieder heiraten kann, weil ihr Ehemann sie verlassen hat, ohne von ihr geschieden zu sein.

5 Vgl. Yitzhak Baer, *History of the Jews in Christian Spain*, 2 Bde. (Philadelphia: The Jewish Publication Society of America, 1961), Bd. 2, S. 276 f.

6 Hinweise zu Rojas und anderen Namen und Orten, die in diesem Kapitel erwähnt sind, finden sich in den Anmerkungen zu den folgenden Kapiteln, die sich ausführlich mit diesen Themen befassen.

7 Es gibt bei Spinoza drei Arten der Erkenntnis:

1. *Imaginatio* (Einbildungskraft). Das ist eine verworrene Erkenntnis (das heißt Irrtum oder zufällige Wahrheit), die durch krude Sinneswahrnehmung, Assoziation, Hörensagen (auch Autorität) und ähnliches erlangt wird.
2. *Ratio* (Vernunft). Das ist die Erkenntnis der allgemeinen Natur- und Vernunftgesetze, und zwar sowohl für sich als auch ihre Anwendung in besonderen Kausalerklärungen.
3. *Scientia intuitiva* (intuitives Wissen). Das ist ein synoptisches Begreifen einer einzelnen Sache, wie sie der Gott-Natur inhäriert, Essenz durch eine immanente Kette von Ursachen. (Das ist rationale Intuition, wie sie im sechsten Kapitel erklärt wird.)

8 Yosef Yerushalmi, *From Spanish Court to Italian Ghetto* (Seattle: University of Washington Press, 1981).

9 Unterbrochen nur von Hegel und den Hegelianern in den Ideologien des neunzehnten Jahrhunderts. Vgl. Kap. II. 2.

10 Vgl. M. Bataillon, *Érasme et l'Espagne* (Paris: E. Dros, 1937); erweiterte span. Ausg.: *Erasmo y España*, 2 Bde. (Mexiko: Fondo de Cultura Económica 1950, 1966).

3. KAPITEL

1 Über die Amsterdamer jüdische Gemeinde gibt es eine reiche und weiter wachsende Literatur. Vgl. Salo W. Baron, *A Social and Religious History of the Jews*, 2. Aufl., 18 Bde. (New York: Columbia University Press, 1973), Bd. 15, 9. Kap., »Dutch Jerusalem«, S. 3–37; die Anmerkungen dazu enthalten eine umfangreiche Bibliographie (S. 379–411). Zur weiteren Information vgl. H. Méchoulan und G. Nahon, »Amsterdam, des Marranes à la communauté juive portugaise«, Einleitung zu *Espérance d'Israel* von Manasse ben Israel (Paris: Vrin, 1979), S. 15–34, mit zahlreichen Literaturhinweisen; Cecil Roth, *A History of the Marranos* (Philadelphia: Jewish Publication Society of America, 1941), bes. 9. Kap.; G. Nahon, »Amsterdam, métropole occidentale des *Sefarades* au XVIIe siècle«, *Cahiers Spinoza* 3 (1980), S. 15–50, ebenfalls mit Verweisen. Eine neue bibliographische Übersicht findet sich in: ders., »Les Marranes espagnols et portugais et les communautés juives issues du Marranisme dans l'historiographie récente (1960–1975)«, *Revue des Études Juives* 136 (1977), S. 297–367. Einige der älteren Quellen und viele Einzelstudien sind bei Baron und in den anderen Bibliographien verzeichnet.
Viele der bisher veröffentlichten Dokumente über die jüdisch-marranischen Beziehungen Spinozas (die von Revah entdeckten Dokumente eingeschlossen) sind zusammen mit weniger verläßlichen Berichten und Chroniken in der vor kurzem erschienenen Studie von Gabriel Albiac, *La Sinagoga Vacía* (Madrid: Hiperion, 1987) enthalten. Sie lag mir erst vor, als mein Manuskript bereits an den Verleger gegangen war.

2 Carl Gebhardt, *Die Schriften des Uriel da Costa* (Amsterdam: Curis Societatis Spinozanae, 1922), S. XIX.

3 Das Buch *Exemplar humanae vitae* wurde zum ersten Mal 1687, fast ein halbes Jahrhundert nach Da Costas Selbstmord, von dem Arminianer Philipp van Limborch (1633–1712) (einem Vertreter des liberalen Calvinismus) veröffentlicht, und zwar im Anhang zu seinem »freundschaftlichen Streitgespräch« mit dem ehemaligen marranischen Gelehrten und jüdischen Apologeten Isaac Orobio de Castro (s.u.), unter dem Titel *De Veritate Religionis Christianae amica collatio cum erudito Judaeo* (Gouda 1687), Faksimilenachdruck 1969 bei Gregg International, Farnborough, Hampshire. Limborch behauptet, er habe die Textabschrift unter den Papieren seines Großonkels Simon Episcopius (1583–1643), eines führenden Arminianers von toleranter Gesinnung, gefunden. Dieser habe es vermutlich seinerseits »von einem ausgezeichneten Manne aus dieser Stadt« (Amsterdam) erhalten. Limborch selbst polemisierte gegen den Deismus Da Costas, hielt es jedoch für wichtig, dessen Herausforderung zu publizieren und ihr entgegenzutreten.
Da Costa soll noch weitere Abhandlungen geschrieben haben, die noch zu seinen Lebzeiten mit dem Bann belegt und wahrscheinlich sogar vernichtet worden sind, doch lassen sich diese Schriften vielleicht teilweise aus den polemischen Antworten rekonstruieren, die gegen ihn verfaßt worden sind. Gebhardt veröffentlichte (in *Die Schriften des Uriel da Costa*) zusammen mit dem *Exemplar* (lat. und deutsch) eine Rekonstruktion zweier Texte, die er Da Costa zuschrieb; zum einen *Sobre a Mortalidade da Alma do Homem* (Über die Sterblichkeit der Seele des Menschen), ein Angriff auf den Glauben an

ein Leben nach dem Tod, worauf der ehemalige Marrane und jüdische Gelehrte Samuel da Silva eine höchst polemische Antwort schrieb und dabei mehrere Abschnitte aus Da Costas eigener Argumentation zitierte; und zum zweiten *Propostas contra a Tradição* (Thesen gegen die Tradition), worauf sich der venezianische Rabbiner Leon Modena in seinem hebräischen Werk *Magen ve-Tsina* bezogen haben könnte, dessen Ziel es war, einen namentlich nicht genannten Häretiker in Hamburg zu widerlegen, wobei er die Einwände dieses Häretikers recht detailliert wiedergab. Manches spricht dafür, den Hamburger Häretiker als Da Costa zu identifizieren, was zuerst 1911 von S. Seeligmann und 1918 von S. Porges vorgeschlagen wurde (vgl. Gebhardt, *Die Schriften des Uriel da Costa*, S. 233, 259), doch darf man das nicht als erwiesen annehmen. Gebhardt glaubte, diese Identifikation bewiesen zu haben, als er ein portugiesisches Manuskript in der Handschrift von Raphael Moses d'Aguilar fand, das einen Auszug derselben häretischen Einwände zusammen mit d'Aguilars vermutlich eigenen Antworten auf sie enthielt (vgl. Gebhardt, S. 249 f.). Gebhardt schloß, daß es sich bei seinem Exemplar um eine Abschrift von Da Costas *original* portugiesischen *Propostas* handele (und daß folglich Da Costa und der Hamburger Häretiker ein und dieselbe Person seien). Jüngste Untersuchungen (von J. P. Osier) haben jedoch ergeben, daß der Text von d'Aguilar einfach eine unveröffentlichte portugiesische Übersetzung von Modenas *Magen ve-Tsina* war (ohne Nennung des Autors). Das entzieht Gebhardts »Bestätigung«, Da Costa sei mit dem Hamburger Häretiker identisch, auf den Modena antwortete, den Boden, allerdings schließt es diese Identität auch nicht gänzlich aus, wie Osier glaubt.
Osier nennt im *Avant-propos* und *Annexe* (S. 249-251) seines französischen Buches *D'Uriel da Costa à Spinoza* (Paris: Berg International 1983), die Gründe dafür, die *Propostas* nicht Da Costa zuzuschreiben. Andererseits akzeptiert Osier die Authentizität des *Exemplar* nahezu in toto und ohne Einschränkungen (S. 59–61, 73 f.). Vgl. auch ders., »Un aspect du judaïsme individualiste d'Uriel da Costa«, *Cahiers Spinoza* 3 (1980), S. 101–115. Für eine neue spanische Übersetzung (mit Anmerkungen und Verweisen) vgl. Uriel Da Costa, *Espejo de una vida humana*, hg. von Gabriel Albiac (Madrid: Hiperion, 1985).
Die Geschichte der Literatur (und Legende) über Da Costa bis 1922 ist in Gebhardt, *Die Schriften des Uriel da Costa*, S. 225–233, enthalten und wurde ergänzt von Osier, *D'Uriel da Costa à Spinoza*. Die Quellenforschung zu Da Costas Leben begann mit J. Perles 1877. Sie wurde fortgeführt von J. Mendes dos Remedios, der 1911 das Protokoll des Amsterdamer Banns gegen Da Costa fand, von S. Seeligmann (1911) und S. Porges (1918). Nach Gebhardt machten Artur de Magalhães Basto (1930–1931) und besonders Israel S. Revah (1962–1973) bedeutende Funde zu Da Costas Leben und Familie in Porto, die auf den Berichten der portugiesischen Inquisition basierten. Besonders interessant ist der Artikel von Revah, »La religion d'Uriel da Costa, Marrane de Pôrto, d'après des documents inédits«, *Revue de l'histoire des religions*, 161 (1962), S. 45–76. Diese Arbeit modifiziert erheblich das Bild von Da Costas Hintergrund und Kenntnisstand, wie sie sich im *Exemplar* darstellen. Zu Revahs genealogischer Forschung über die Familie Da Costas siehe seine Berichte im *Annuaire du Collège de France* (1967), S. 515–526; (1968), S. 562–572; (1969), S. 576–585; (1970), S. 569–577; (1972), S. 653–662; alle unter dem Titel »Du ›marranisme‹ au judaïsme et au déisme: Uriel da Costa et sa famille«. Ebenfalls von Revah stammen »Uriel da Costa«, *Annuaire de l'Ecole Pratique des Hautes Etudes* (1962–1963), S. 46 f.; und »Les écrits portugais d'Uriel da Costa«, *Annuaire de l'Ecole Pratique des Hautes Etudes* (1963–1965), S. 265–274.

4 Oder zumindest die Fassung des Autors des *Exemplar*. Ob dieses Werk wirklich autobiographisch ist oder eine Biographie, die ein anderer in der Form einer Autobiographie geschrieben hat, ist für unsere Zwecke sekundär; was zählt, ist Da Costas Porträt als sol-

ches. Darin folge ich Revah, der den Text im Prinzip akzeptierte, obgleich er – wie auch Gebhardt (vgl. *Die Schriften des Uriel da Costa*, S. 105) – Interpolationen von fremder Hand feststellte.

5 *Exemplar humanae vitae*, lateinisch und deutsch abgedruckt in Gebhardt, *Die Schriften des Uriel da Costa*, S. 103–146; hier besonders S. 122 und 125.

6 Vgl. oben, Anm. 3.

7 Siehe Revah, »La religion d'Uriel da Costa«, besonders S. 73. Methodisch stellen sich zwei Fragen: Erstens, wer schrieb den größten Teil des *Exemplar*? Und zweitens, wie verläßlich ist es? Für mein Anliegen ist die zweite Frage die weitaus wichtigere. Indem Revah zum Teil die Einschätzungen des *Exemplar* bestätigt, manch andere Teile widerlegt und korrigiert, trägt er dazu bei, ein genaueres Bild des historischen Da Costa zu vermitteln, ein Bild, das die These von der religiösen Ambiguität der Marranen und ihrer gespaltenen Identität unterstreicht. Selbst angenommen, es würde sich herausstellen, das *Exemplar* sei nicht wirklich autobiographisch, sondern eine Biographie Da Costas, die fiktiv in der ersten Person geschrieben ist (wie ein pikaresker Roman, mit dem das *Exemplar* zuweilen umgekehrt Ähnlichkeit hat; vgl. Osier, *D'Uriel da Costa à Spinoza*, S. 65–68), so änderte das nichts an meinen Schlußfolgerungen.

8 Zit. ebd., S. 60. Osier scheint jedoch zum anderen Extrem zu neigen und das *Exemplar* als Ganzes zu akzeptieren, wie man ein Kunstwerk akzeptiert. Dabei achtet er wenig auf die ernstzunehmende Kritik von Revah und Gebhardt (vgl. Gebhardt, *Die Schriften des Uriel da Costa*, S. 260).

9 Beispielsweise das Kerzenentzünden am Samstagabend, das Fasten am Montag und Donnerstag, Fasten am 17. Tammus und 9. Ab (zwei Jahrestage der Zerstörung Jerusalems), ein längeres Fasten der Esther (vor Purim).

10 Beispielsweise die Aufnahme der christlichen Sonntagsgebete in die marranische Liturgie oder der Verzicht auf Fleischspeisen zu Ostern oder bei Mahlzeiten, die eine Fastenzeit beschließen (Revah, »La Religion d'Uriel da Costa«, S. 74 f.).

11 Ebd., S. 74.

12 Yosef Yerushalmi, »Die Rückkehr von Marranen zum Judentum im siebzehnten Jahrhundert: Ihre jüdischen Kenntnisse und ihre innere Aufnahmebereitschaft« (hebr.), in: *Proceedings of the Fifth World Congress of Jewish Studies* (Jerusalem 1969), Bd. 2, S. 201–209. Zu einem ähnlichen Schluß kommt Yerushalmi in seinem Buch *From Spanish Court to Italian Ghetto* (Seattle: University of Washington Press, 2. Aufl. 1981).

13 Yerushalmi, »Die Rückkehr von Marranen zum Judentum im siebzehnten Jahrhundert« (hebr.), S. 208.

14 In diesem Punkt stimme ich ganz mit Yerushalmis interessantem Vorschlag überein (*From Spanish Court to Italian Ghetto*, S. 209). Osier (*D'Uriel da Costa à Spinoza*, S. 74) untersucht die vermutete erasmische Neigung Da Costas in anderem Zusammenhang. Er will damit erklären, warum Da Costa erwartete, Zustimmung bei den liberalen holländischen Calvinisten zu finden – die auf ihre Weise »eine Verlängerung von Erasmus in dessen eigenem Vaterland bildeten«. Osier spekuliert, Da Costa habe deshalb das *Exemplar* an den führenden Arminianer, Simon Episcopius, geschickt oder »gerichtet«.

15 Aus der umfangreichen Literatur zu diesen Fragen: Marcel Bataillon, *Erasmo y España*, 2 Bde. (Mexiko: Fondo de Cultura Económica, 1966). Vgl. auch Antonio Márques, *Los Alumbrados*, 2. verbesserte Aufl. (Madrid: Taurus, 1980).

16 Ich hoffe, dieser Frage in einem späteren Werk über das Marranentum nachgehen zu können.

17 Richard Popkin, »Epicureanism and Scepticism in the Early Seventeeth Century«, in *Philomathes*, hg. von R. B. Palmey und R. Hamerton-Kelly (Den Haag: Nijhoff, 1971), S. 353.

18 Der Fall Da Costas erinnert an Hegels Argumente gegen die Stoiker und andere subjektivistische Philosophen (*Phänomenologie des Geistes*, Kap. IV B), die behaupten, ein Mensch könne aufgrund seines Selbstbewußtseins von allen äußeren Bedingungen frei sein, »auf dem Throne so in den Fesseln«. Darin steckt, daß ein Mensch ohne Entfremdung leben – oder überhaupt leben – kann, auch wenn seine Lebenswirklichkeit ein Prinzip verkörpert, das seinem Selbstbewußtsein völlig entgegengesetzt ist, denn sie wird keinen legitimen Ausdruck und keine soziale Äußerung subjektiver Gefühle und Meinungen zulassen.

19 Da Costa selbst klagt über Belästigungen seitens der Kinder (Vgl. *Exemplar*, in Gebhardt, *Die Schriften des Uriel da Costa*, S. 109 und 132).

20 Carl Gebhardt, *Spinoza* (Leipzig: Reclam, 1932), S. 15.

21 Da Costas *Exemplar* war Spinoza nicht zugänglich, und Da Costas Widerlegung der Unsterblichkeit der Seele war mit Bann belegt und die Exemplare dieser Schrift verloren oder zerstört. Trotzdem waren Da Costas Ansichten aus sekundären Quellen und aus gegen sie gerichteten Polemiken recht bekannt. Harry A. Wolfson, *The Philosophy of Spinoza*, 2 Bde. (Cambridge, Mass.: Harvard University Press, 1948), Bd. 2, S. 324 f., und Revah haben darauf hingewiesen, daß Spinoza (*Ethik*, T. 5, L. 36) Da Costas eigene Worte gebraucht, wenn er dessen Lehre von der Seele entgegentritt und versucht, eine Form der Unsterblichkeit zu behaupten; nach Revah erweist Spinoza mit dieser Ausdrucksweise dem »armen Uriel« die Ehre; vgl. Israel S. Revah, *Spinoza et Juan de Prado* (Paris: Mouton, 1959), S. 37

22 Gebhardt, *Die Schriften des Uriel da Costa*, S. XXXIII-XXXIX.

23 Vgl. den Bericht von Israel S. Revah im *Annuaire du Collège de France* (1967), S. 519.

24 Neben seinen Entdeckungen über Da Costa und dessen Familie fand Revah auch Außerordentliches über andere im jüdischen Amsterdam wirkende Intellektuelle heraus. Vgl. vor allem den Quellenanhang in Revah, *Spinoza et Juan de Prado*, und ders., »Aux origines de la rupture spinozienne: Nouveaux documents sur l'incroyance dans la communauté judéo-portugaise d'Amsterdam a l'époque de l'excommunication de Spinoza«, *Revue des Études Juives* 123 (1964), S. 359–431; und in seinen Berichten im *Annuaire de l'Ecole Pratique des Hautes Etudes* und dem *Annuaire du Collège de France*; vgl. auch ders., »Spinoza et les hérétiques de la communauté judéo-portugaise d'Amsterdam«, *Revue de l'histoire des religions* 154 (1958), S. 173–218; und ders., »L'hérésie marrane dans l'Europe catholique du 15e au 18e siècle«, in *Héréresies et sociétés dans l'Europe préindustrielle*, hg. von J. Le Goff (Paris: Mouton, 1968), S. 327–337. Unter anderem versucht Revah auszuschließen, daß die Häresie Spinozas durch äußere, nichtjüdische Faktoren hervorgerufen sein könnte. Holländische Biographen, besonders Meinsma, neigen dazu, Spinoza als vor allem vom Kreis der Kollegianten beeinflußt darzustellen (vgl. K. O. Meinsma, *Spinoza und sein Kreis* (Berlin 1909). Diese Auffassung widerlegt Madeleine Francès, die in *Spinoza dans les pays néerlandais de la seconde moitié du XVIIe siècle* (Paris: Alcan, 1937) auf die Unvereinbarkeit der relevanten Daten verweist. Francès betont, daß der Freidenker Van den Enden als Lehrer einen entscheidenden Einfluß auf Spinozas intellektuelle Entwicklung gehabt habe; Revah dagegen sucht, indem er wiederum Daten analysiert und kalendarische Argumente ins Feld führt, nicht ohne Erfolg, die Rolle von Van den Enden herunterzuspielen, und fügt hinzu, der Libertin habe im Grunde seine katholische Identität beibehalten. Nachdem Revah meinte, äußere Faktoren ausgeschlossen zu haben, ging er dazu über, das Urteil der frühen Spinoza-Biographen Lucas und Colerus

zu unterminieren, die keine Informationen aus erster Hand besaßen. Er schenkte vielmehr den Erklärungen der Neujuden Orobio de Castro und Daniel Levi de Barrios Glauben, die im Fall Spinozas einen Fall Prado-Spinoza sahen und (nach Revahs Lesart) meinten, Prado sei für Spinozas Häresie verantwortlich.

Die Erkenntnisse Revahs verstärken jedoch nur den ursprünglichen Eindruck von Gebhardt über das gespaltene Bewußtsein des Marranen. Was Spinozas Häresie anbetrifft, neigt Revah dazu, sie als eine persönliche Angelegenheit zu betrachten oder als das Ergebnis einer Kettenreaktion, bei der eine Reihe von Leuten einander wechselseitig zur Häresie verleitet haben; wobei weniger die Situation der Marranen als vielmehr rationalistische Tendenzen ausschlaggebend gewesen seien, die im jüdischen Spanien noch vor der Vertreibung weit verbreitet waren. Im vorliegenden Kapitel interpretiere ich Revahs Erkenntnisse jedoch als eine spezielle psychokulturelle Struktur, die durch die Marranen-Erfahrung entstanden ist und durch die, wie Gebhardt behauptete, auch Spinozas Häresie erklärt werden muß.

25 Oberflächlich könnte es scheinen, als ob es um der Konkretheit willen erforderlich sei, daß ein bestimmtes Individuum auf irgendein anderes bestimmtes Individuum einen Einfluß ausgeübt und damit als unmittelbare Ursache fungiert habe. Nimmt man jedoch jedes Individuum, jedes Ereignis getrennt für sich, so abstrahiert man sie, löst sie aus dem Zusammenhang, aus dem sie ihre Bedeutung beziehen, aus einem Zusammenhang, der ohne sie (oder Ähnliches) freilich unverständlich ist. Umgekehrt ist aber auch der Zusammenhang ebenso unabdingbar, um sie zu verstehen. Notwendige Bedingung für die Konkretheit einer Erklärung ist, solche holistischen Erklärungsstrukturen und möglichst viele einzelne Tatsachen, die sie verstärken, zu verwenden. Der Gebrauch solcher Strukturen beruht selbst nicht auf irgendeiner ontologischen Position: Bestehen sie unabhängig in dem Sinne, wie man von Personen oder in anderem Sinne von Tatsachen sagt, daß sie unabhängig sind? Oder handelt es sich hierbei nur um methodologische Idealtypen? Man muß diese Fragen nicht entscheiden, wenn man die methodologische Unabdingbarkeit der universellen Strukturen an sich anerkennt.

26 Über Orobio vgl. Y. Kaplan, *Vom Christentum zum Judentum: Leben und Werk des Marranen Isaac Orobio de Castro* (hebr.) (Jerusalem: Magnes, 1982); über die Orobio-Prado-Auseinandersetzung besonders S. 128–140. Frühere Untersuchungen zu Orobio finden sich in Kaplans Bibliographie und auch in Revah, *Spinoza et Juan de Prado*, und in Yerushalmi, *From Spanish Court to Italian Ghetto*, S. 325 (Anm.). Der erste, der aus Orobios handschriftlichem Zeugnis zitierte und auf dessen Bedeutung für den Hintergrund Spinozas hinwies, war Carl Gebhardt. Von den drei Texten, die Orobio gegen Prado schrieb, kannte Gebhardt nur den größeren, die *Epistola Invectiva contra Prado: Un Philósopho Médico que dudava o no creya la verdad de la Divina Escritura y pretendió encubrir su malicia con la afectada confession de Dios y la Ley de Naturaleza.* Weitere Titel und eine Liste noch vorhandener Kopien finden sich bei Kaplan, *Vom Christentum zum Judentum* (hebr.), App. D. Die erste Fassung dieses Traktats war überschrieben: *Tratado contra la ympiedad de los deistas*; Orobio schrieb ad personam ein Vorwort gegen Prado (vgl. Revah, »Aux origines de la rupture spinozienne«, *Revue des Études Juives* 123 [1964], S. 427); in einem späteren *Prologo* verzichtete Orobio auf die direkte Wendung an den exkommunizierten Prado. Diesem Prolog sind seine Bemerkungen über die ehemaligen Marranen entnommen. Neben der *Epistola Invectiva* verfaßte Orobio zwei weitere Schriften gegen Prado: *Carta Apologética del Doctor Ishack Orobio de Castro al Doctor Prado* und *Carta al hijo de el Doctor Prado.* Die letzten beiden und ein Großteil der *Epistola Invectiva* sind von Revah in *Spinoza et Juan de Prado.* Textes et Documents, S. 86–153, veröffentlicht worden.

Auf interessante – und ironische – Weise machten die französischen Freidenker von Orobios Polemiken Gebrauch. Vgl. Miguel Benitez, »Orobio de Castro et la littérature clandestine«, in Olivier Bloch (Hg.), *Le matérialisme du XVIIIe siècle et la littérature clandestine* (Paris: Vrin, 1982), S. 219–226. Obwohl Orobio den Freidenkern widersprach und leidenschaftlich den religiösen Standpunkt verfocht, nutzten die Freidenker ihrerseits Orobios Judentum (und ehemaliges Marranentum) als Waffe in ihrer Polemik gegen die herrschende christliche Religion (beispielsweise sein Argument, die Bibel fordere nirgends den Glauben an den Messias als Vorbedingung für Erlösung). Wie Benitez meint: Unter dem Vorwand, Spinozas Atheismus zu widerlegen, habe dieses literarische Genre dazu gedient, seine Ideen zu verbreiten (vgl. ebd., S. 220). So blieb, kann man hinzufügen, Orobio auch nach seinem Tode ein Marrane.

27 Aus Orobios erstem *Prologo* zu seiner *Epistola Invectiva* [S. 687], hier zitiert nach Gebhardt, *Die Schriften des Uriel da Costa*, S. XX f. Ein Abdruck des spanischen Textes findet sich bei Revah, *Spinoza et Juan de Prado*. Textes et Documents, S. 90.

28 *Epistola Invectiva* [S. 694], in Revah, *Spinoza et Juan de Prado*. Textes et Documents, S. 93.

29 Gebhardt, *Die Schriften des Uriel da Costa*, S. XIX ff. Revah war der Ansicht, Orobio habe speziell Prado im Auge gehabt, doch das ändert nichts an der Tatsache, daß dieser Text von umfassenderer Bedeutung ist und der vorangestellte Schmähbrief auf ein größeres Publikum abzielte. Tatsächlich befaßt sich die Schrift jeweils mit verschiedenen Typen neujüdischer Skeptiker und Häretiker, die es gegeben haben muß, wenn Orobio es der Mühe wert hielt, sie bis ins einzelne zu bekämpfen.

30 Yerushalmi, »Die Rückkehr von Marranen zum Judentum im siebzehnten Jahrhundert« (hebr.), S. 202.

31 Orobio, *Epistola Invectiva*, discurso 3, Kap. I [S. 775 ff.], in Revah, *Spinoza et Juan de Prado*. Textes et Documents, S. 126 f.

32 Yerushalmi mündlich gegenüber dem Verf.; Zitat von Cardoso nach Yerushalmi (*From Spanish Court to Italian Ghetto*, S. 325).

33 Über die quasi christlichen Motive der Sabbatianer vgl. Gershom Scholem, *Sabbatai Zwi. Der mystische Messias* (Frankfurt: Jüdischer Verlag, 1992). Sabbatai Zwi nennt sich selbst der »einzig gezeugte und erstgeborene Sohn Gottes« (S. 699); er erklärt das Grab seiner Mutter zur Stätte der Verehrung (S. 698); er unterzeichnet Briefe nach Jerusalem mit »Ich bin der Herr Dein Gott Sabbatai Zwi« (S. 275); seine Seele wurzelt mystisch in Jesus, der dämonischen »Hülle«, und er muß die Seele Jesu erlösen (S. 306). Ein weiteres wichtiges Motiv ist die Geringschätzung von äußeren Taten und die zentrale Bedeutung, die dem Glauben an den Messias zukommt, der zu einem religiösen Wert an sich erklärt wird. Scholem nennt das (S. 874 ff.) ein allgemein »christliches« Element. Die Bedeutung des inneren religiösen Bewußtseins im Gegensatz zum äußeren Kultus hat nicht nur eine besondere Stellung im reformierten Christentum, sondern auch besondere Bezüge zur marranischen Erfahrung. Religiöse Reformer und Mystiker, die vielfach von Conversos abstammten, hatten sie im katholischen Iberien besonders betont. Daß beide, die Heilige Teresa wie Abraham Cardoso, das heißt also beide Seiten der jüdisch-christlichen Grenzlinie ihre mystische Nonkonformität teilweise aus der gleichen marranischen Struktur bezogen haben, mag eine überraschende, aber sicherlich nicht ganz abseitige Vermutung sein.

34 Aus diesem Grunde zählt Yerushalmi Abraham Cardoso zu einer vierten Gruppe von Neujuden, deren marranischer Hintergrund sich in ihrer Sympathie für den »häretischen Mystizismus der sabbatianischen Bewegung« ausdrückt (*From Spanish Court to Italian Ghetto*, S. 46 f.). Über marranische Elemente im Sabbatianismus vgl. auch Gershom Scholem, »Redemption through Sin«, in ders., *Messianic Idea in Judaism* (New York: Schocken, 1971).

35 Sie drückte sich ebenso in religiöser Unruhe, in Dissens wie in Reformen innerhalb des katholischen Glaubens aus und erklärt, wie wir am Ende des vorigen Kapitels gesehen haben, zum Teil den Erasmismus, die Illuminaten und den Sebastianismus im katholischen Iberien.

36 Vgl. L. Alvares Vega, *Het Beth Haim van Ouderkerk* (Amsterdam: Van Gorcum, 1975). Ich bin dem Autor für seine Führung und Unterrichtung bei meinem Besuch dieses Friedhofs 1978 sehr dankbar.

37 Vgl. I. S. Emmanuel, *Precious Stones of the Jews of Curaçao* (New York: Bloch, 1957). Eine Fotoausstellung über diesen Friedhof von Micha Baram fand im Winter 1981 im Museum der Jüdischen Diaspora in Tel Aviv statt.

38 Vgl. Heinrich Graetz, *Geschichte der Juden von den ältesten Zeiten bis auf die Gegenwart*, 11 Bde. (Leipzig, 4. Aufl. 1907), Bd. 9.

39 Nur der Grabstein des Rabbiners Isaac Aboab ist verziert, jedoch nicht mit Tier- oder Menschengestalten.

40 Obwohl Gebhardt mehr die Umwelt betont, in der Spinoza heranreifte, als einen einseitigen korrumpierenden Einfluß einer einzelnen Person, spricht er doch Prado eine besondere Rolle zu, da Spinoza durch ihn mit damals bestehenden naturalistischen Positionen bekannt wurde (siehe Gebhardt, »Juan de Prado«, in: *Chronicon Spinozanum* 3 [1923], S. 269–291, hier S. 273). Gebhardt, der als erster die Zeugnisse von Orobio und de Barrios entdeckte und deren Bedeutung erkannte, war jedoch allzu sehr von dem beeindruckt, was er für ihre Positionen hielt; er geht so weit, zu meinen, Spinozas *deus sive natura* sei in Keimform schon in Prados Auffassungen enthalten (obgleich letzterer in Wahrheit eher einen gewöhnlichen transzendenten Deismus vertrat und daher von Spinozas Gott, der der Natur immanent ist, Welten entfernt war). Doch selbst wenn Gebhardt übertreibt, gibt es bei ihm nichts, was auf eine starre, einseitige Verführungsthese hindeutete, wie sie Revah zu vertreten scheint. Im Gegenteil, Gebhardts tiefe und fruchtbare Einsicht in das gespaltene Bewußtsein der Marranen hilft uns, sowohl Revahs Ansatz als auch, wo nötig, Gebhardts eigene gelegentliche Übertreibungen zu korrigieren.

41 »Aux origines de la rupture spinozienne: Nouveaux documents sur l'incroyance dans la communauté judéo-portugaise d'Amsterdam a l'époque de l'excommunication de Spinoza«, *Revue des Études Juives* 123 (1964), S. 367.

42 Kaplan (*Vom Christentum zum Judentum* [hebr.], S. 111 Anm.) vermutet, Prado habe dazu beigetragen, daß Orobio zu der Theologenschule zugelassen wurde, an der Prado studierte. Doch Orobio spricht von wiederholten und fortgesetzten Wohltaten, die Prado ihm gewährt habe (*Carta Apologética* [S. 876] in Revah, *Spinoza et Juan de Prado*. Textes et Documents, S. 130).

43 Revah, »Aux origines de la rupture spinozienne: nouvel examen des origines, du déroulement et des conséquences de l'affaire Spinoza-Prado-Ribeira«, *Annuaire du Collège de France* (1972), S. 641–653, hier besonders S. 650–653.

44 Revah, ebd., S. 650. (Dt. Übers. nach dem französischen Text.) Prado verwendet ein Motiv, das in der hybriden Religion der judaisierenden Marranen vorherrschend wurde: Die Erlösung (ein christliches Thema) kann nur durch das Gesetz Mosis, nicht aber durch das Christentum erlangt werden.

45 Ebd.

46 Er liefert auch eine interessante Bestätigung der These Yerushalmis, woher die Marranen ihre Kenntnisse über die jüdischen Dinge bezogen haben könnten. Siehe oben Anm. 12.

47 So etwas ist aus dem Leben der Marranen nicht bekannt; vielleicht hat Romano bei seiner Aussage übertrieben und sie ausgeschmückt. Es kann allerdings auch sein, daß Prado in seinem Kreis ein solches Gelübde eingeführt hat. Das würde seinen Ruf bestätigen, er habe das Moment der Bruderschaft unter den judaisierenden Marranen besonders in den Vordergrund gestellt.

48 Revah, »Aux origines de la rupture spinozienne: nouvel examen des origines, du déroulement et des conséquences de l'affaire Spinoza-Prado-Ribeira«, *Annuaire du Collège de France* (1972), S. 651 f. (Dt. Übers. nach dem französischen Text.)

49 Siehe »Aux origines de la rupture spinozienne: Nouveaux documents sur l'incroyance dans la communauté judéo-portugaise d'Amsterdam a l'époque de l'excommunication de Spinoza«, *Revue des Études Juives* 123 (1964), S. 366 ff. und die Quellen S. 402–408.

50 Don Juan Pinhero (oder Pinheyro oder Piñero), ein Arzt, den Orobio persönlich kannte. Vgl. Kaplan, *Vom Christentum zum Judentum* (hebr.), S. 112 Anm.

51 Er war gewiß kein einfacher Denunziant oder Abenteurer, sondern eine komplexe Persönlichkeit, entweder extremer Skeptiker oder ein verwirrter religiöser Sucher, vor allem aber und von Grund auf *Marrane*, jemand, für den religiöse Doppelbödigkeit nachgerade zum Lebensstil geworden ist.

52 Revah, »Aux origines de la rupture spinozienne: nouvel examen des origines, du déroulement et des conséquences de l'affaire Spinoza-Prado-Ribeira«, *Annuaire du Collège de France* (1972), S. 650 f.

53 Orobio, *Carta Apologética* [S. 881], in Revah, *Spinoza et Juan de Prado*. Textes et Documents, S. 133. (Dt. Übers. nach dem spanischen Text.)

54 Ebd.

55 Im Vorwort zur ersten Fassung der *Epistola Invectiva*.

56 Ich verwende die Adjektive *doktrinär* und *theoretisch* zur Bezeichnung einer Theorie, die nicht nur Überzeugungen, sondern auch Verhaltensregeln und Vorschriften für die Lebensführung enthält. Diese Regeln und Vorschriften bilden die Theorie respektive die Doktrin, die dem täglichen Handeln zugrunde liegt.

57 Gebhardt, »Juan de Prado«, S. 279 f., vgl. Revah, *Spinoza et Juan de Prado*, S. 22.

58 Die spanische Version, die Gebardt benutzte, schreibt *»estudiante medico«*. Zu Recht zieht Gebhardt die Parallele zur Bezeichnung *philósopho médico*, die Orobio in einer früheren Überschrift der *Epistola Invectiva* ausdrücklich für Prado verwendet (Gebhardt, »Juan de Prado«, S. 280). Die Bezeichnung *médico* bedeutet Kenntnis der Naturwissenschaften im allgemeinen.

59 Revah, *Spinoza et Juan de Prado*, S. 22.

60 Revah, »Aux origines de la rupture spinozienne: nouvel examen des origines, du déroulement et des conséquences de l'affaire Spinoza-Prado-Ribera«, *Annuaire du Collège de France* (1970), S. 563 f. Kaplan (*Vom Christentum zum Judentum* [hebr.], S. 132 Anm.) berichtet, er habe die abweichende Version gesehen: 327 V, MS 48 D 6, Montesinos Ets-Haim Bibliothek, früher in Amsterdam, jetzt in Jerusalem in der Jüdischen National- und Universitätsbibliothek.

61 Revah selbst weist diese These zurück und nennt das Vorkommen von *este* einen Irrtum. Und in der Tat, wenn es eine gemeinsame Prado-Spinoza-Affäre gegeben hat, wie man allgemein annimmt – und die obige Beschreibung paßt auch auf Spinoza –, dann ist nicht einzusehen, warum der Schreiber nur Prado im Auge gehabt haben sollte. Kaplan (*Vom Christentum zum Judentum* [hebr.], S. 132) meint, Orobio habe 1663 die Philosophie Spinozas noch nicht gekannt. Doch um sich auf Spinoza als den Protagonisten eines großen

Skandals und einer Ketzerei, als jemanden, der außerhalb des Judentums zu Ehren gekommen ist, zu beziehen, muß man nicht sein reifes Denken kennen. Die bloße Erinnerung an den Skandal, das Trauma und den harschen Bannspruch von 1656 sind mehr als ausreichend. Es mutet eher seltsam an, daß Spinoza übersehen worden sein soll. Hinzu kommt, daß Spinozas philosophische Ideen 1663 kein Geheimnis mehr waren. Die *Kurze Abhandlung* und die *Abhandlung über die Verbesserung des Verstandes* sind zweifellos nicht später als 1661 entstanden, ebenso, aller Wahrscheinlichkeit nach, die erste Fassung des ersten Buchs der *Ethik*. Und Spinozas metaphysische Schriften kursierten und wurden in einer kleinen Gruppe befreundeter Christen diskutiert, wie wir der Korrespondenz Spinozas mit Oldenburg (Briefe 7, 13) und mit Simon de Vries (Briefe 8 und 9) sowie Bemerkungen in der *Kurzen Abhandlung* entnehmen können. Dies allein zeigt bereits die Anerkennung und Anhängerschaft, die er außerhalb des Judentums besaß, ebenso seine 1663 erfolgte Veröffentlichung des Werkes *Descartes' Prinzipien der Philosophie* mit dem *Anhang, enthaltend metaphysische Gedanken* (1663). Kaplan bezweifelt, daß Orobio Zeit hatte, diese Werke zu lesen, bevor er die *Epistola Invectiva* schrieb; aber Orobio brauchte Spinozas Werke nicht wirklich zu studieren, um sich dessen wissenschaftlicher Anerkennung oder auch des allgemeinen Tenors seiner »skandalösen« Ideen bewußt zu sein. Überdies besaß die jüdische Gemeinde bereits die uns nicht erhalten gebliebene Apologie, die Spinoza zu seiner Verteidigung im Bannverfahren verfaßt hatte – woran Gebhardt seine Leser erinnert (»Juan de Prado«, S. 291). Auch die anderen Argumente Gebhardts lassen es sehr zweifelhaft erscheinen, daß Orobio eine Beschreibung geliefert haben soll, die besser auf Spinoza als auf Prado paßt (letzterer hatte außerhalb des Judentums keine so eindrucksvolle Reputation), und daß er trotzdem dabei nur Prado und überhaupt nicht Spinoza im Auge gehabt haben soll, wenn ihre Fälle und der Skandal um sie so eng miteinander verbunden waren. Es ist also unmöglich, definitiv zu sagen, welche Version zu akzeptieren ist, die mit *uno* oder die mit *este*; die letztere weckt Zweifel an Gebhardts früherer Gewißheit, entscheidet die Frage aber keineswegs.

62 In seiner *Carta Apologética* [S. 879] an Prado spricht Orobio von Piñero als dem »verfluchten und abscheulichen Pinheyro« (*el maldito y detestable Pinheyro*). Vgl. Revahs Veröffentlichung dieses Textes (*Spinoza et Juan de Prado*. Textes et Documents, S. 132).

63 »Hebreo de nacion, primero Christiano, despues Judio, despues ni Judio, ni Christiano, hombre de cortissimo juizio, poco Philosopho, y menos Medico, loco en su discurrir, intrepido en su hablar, amigo de novedades, solicitador de paradoxas, y lo peor abominabile en sus costumbres« [S. 66 b] (Gebhardt, »Juan de Prado«, S. 285 Anm.).

64 Siehe Revah, »Aux origines de la rupture spinozienne: nouvel examen des origines, du déroulement et des conséquences de l'affaire Spinoza-Prado-Ribeira«, *Annuaire du Collège de France* (1972), S. 643 f.

65 Aus dem *Livro dos Acordos da Naçam* A(nn)o 5398–5440 (siehe auch meinen Nachweis zum Bann gegen Spinoza Anm. 1, S. 483), erstmalig von Carl Gebhardt, »Juan de Prado« (in: *Chronicon Spinozanum*, Bd. 3, S. 273) veröffentlicht; von Revah in *Spinoza et Juan de Prado*. Textes et Documents, S. 57 wiederabgedruckt. (Dt. Übers. aus dem Portugiesischen)

66 Gebhardt, »Juan de Prado«, S. 277; Revah, *Spinoza et Juan de Prado*. Textes et Documents, S. 59. (Dt. Übers. aus dem Portugiesischen)

67 Eine Zeitlang gewährte die Gemeinde dem verbannten Prado über seine Frau weiterhin finanzielle Hilfe; diese aber starb bald (»Aux origines de la rupture spinozienne: Nouveaux documents sur l'incroyance dans la communauté judéo-portugaise d'Amsterdam a l'époque de l'excommunication de Spinoza«, *Revue des Études Juives* 123 [1964], Quellen S. 389).

68 Gebhardt, »Juan de Prado«, S. 277; Revah, *Spinoza et Juan de Prado*. Textes et Documents, S. 59. (Dt. Übers. aus dem Portugiesischen)

69 Latein war natürlich die Gelehrtensprache der damaligen Zeit, und man darf annehmen, daß der junge Spinoza sie trotz der Gefahr von Skeptizismus und Häresie studierte, um wissenschaftliche und säkulare Werke lesen zu können.

70 Revah, »Aux origines de la rupture spinozienne: Nouveaux documents sur l'incroyance dans la communauté judéo-portugaise d'Amsterdam a l'époque de l'excommunication de Spinoza«, *Revue des Études Juives* 123 (1964), S. 394 f. (Dt. Übers. nach dem portugiesischen Text.)

71 Besonders von R. Popkin. Er führt einen Brief eines in Holland wirkenden Quäkers an, der von seiner Begegnung mit einem Juden (wahrscheinlich Spinoza) berichtet. Ein zweiter Brief erwähnt ebenfalls einen Juden, der sich bereit erklärt hatte, ein Pamphlet der führenden Quäkerin Margaret Fell ins Hebräische zu übersetzen. Popkin glaubt, daß es sich beidemal um denselben Juden handelt, und kommt zu dem Schluß, daß Spinoza die Übersetzung gemacht habe; allerdings besitzen wir keine Beweise für diese Identifikation. (Spinoza konnte übrigens kein Englisch.) Wenn aber der im ersten Brief erwähnte Jude Spinoza war (und das ist wahrscheinlich), dann haben wir einen Beleg für seine Beziehungen zu den Quäkern sowie zu anderen radikalen protestantischen Sekten. Zur Hypothese Popkins siehe Richard Popkin und Michael A. Signer, *Spinoza's Earliest Publication?* (Assen: Van Gorcum, 1987).

72 Dieses und die folgenden Zitate aus: Revah, *Spinoza et Prado*. Textes et Documents, S. 64–68. (Dt. Übers. nach dem spanischen Text.)

73 Tatsächlich war Spinoza damals etwas über sechsundzwanzig und Prado ungefähr vierzig Jahre alt.

74 Siehe Revah, »Aux origines de la rupture spinozienne: Nouveaux documents sur l'incroyance dans la communauté judéo-portugaise d'Amsterdam a l'époque de l'excommunication de Spinoza«, *Revue des Études Juives* 123 (1964), S. 367 f. und Quellen S. 384–389.

75 Das genaue Datum des Bannspruchs ist jedoch umstritten. Siehe A. Kasher und S. Biderman, »When was Spinoza Banned?«, *Studia Rosenthaliana* 12 (1978), S. 108 ff.

76 R. Popkin, »The Marrano Theology of Isaac La Peyrère«, *Studi Internationali di filosofia* 5 (1973), S. 97–126. Nach langer Arbeit und zahlreichen kleineren Veröffentlichungen über La Peyrère hat Popkin jüngst eine umfangreiche Studie vorgelegt: *Isaac de la Peyrère 1596–1676* (Leiden: Brill, 1987). Für weitere Literaturhinweise über La Peyrère siehe: Miriam Yardeni, »La religion de la Peyrère et *Le Rappel des Juifs*«, *Revue d'Histoire et de Philosophie religieuse* 51 (1971), S. 245–259; Hans Joachim Schoeps, »Der Praeadamit Isaak de la Peyrère«, *Der Weg* 51 (1947), S. 5 f.; Ira Robinson, »Isaac de la Peyrère and the Recall of the Jews«, *Jewish Social Studies* 40 (1978), S. 117–130.

77 S. Pines, »Die Wiedereinrichtung des jüdischen Staates nach Ibn-Kaspi und Spinoza« (hebr.), *Iyyun, A Hebrew Philosophical Quarterly* 14–15 (1963–1964), S. 289–317.

78 An einer Stelle äußert sich Orobio im selben Atemzug gegen »Präadamiten, Atheisten und Theologico-Politiker«, faßt alle drei also in ein und dieselbe Gruppe zusammen. (Siehe Kaplan, *Vom Christentum zum Judentum* [hebr.], S. 118.)

79 Siehe beispielsweise seinen Aufsatz »Spinoza and La Peyrère« in *Southwestern Journal of Philosophy* 8 (1977), S. 177–195, wo Popkin schreibt: »Ich vermute, daß er [La Peyrère] eine Hauptquelle für die Entwicklung von Spinozas religiösem Skeptizismus war und dazu beitrug, Spinoza zu zwingen, für seine Theorie über Gott eine nicht-theologische Grundlage zu finden« (S. 182). Ich habe meine Kritik an dieser Auffassung in Gesprä-

chen mit Richard Popkin sowie in einem Aufsatz geäußert: »Marranisme et dissidence: Spinoza et quelques prédécesseurs«, *Cahiers Spinoza* 3 (1979–1980), S. 67–99; siehe besonders S. 92–98. In seiner neusten, großen Studie *Isaac La Peyrère* (Leiden: Brill, 1987) hat Popkin seine Position revidiert und betrachtet nun die Beziehung zwischen La Peyrère und Spinoza eher als wechselseitig und durch das kulturelle Milieu vermittelt. (Bei dieser Gelegenheit modifizierte Popkin auch seine frühere Auffassung hinsichtlich der Ursprünge, die er in den siebziger Jahren für geklärt gehalten hatte; siehe z.B. seinen Aufsatz »The Pre-Adamite Theory in the Renaissance« in: Edward P. Mahoney [Hg.], *Philosophy and Humanism* [Leiden: Brill, 1976], S. 65.)

80 Die marranische Erfahrung hat sich auf vielerlei Weise ausgedrückt – in Iberien sogar in einem frommen Katholizismus. Nicht einmal bei der neujüdischen Erfahrung im engeren Sinne, die wir hier untersucht haben, kann man von einer kulturellen Struktur oder einem früheren marranischen »Idealtypus« sprechen, der, unabhängig von der Vielfalt einzelner Fälle, in denen er sich ausdrückt, in und aus sich selbst heraus bestünde. Ebensowenig gibt es einen einzelnen Fall, der beispielhaft für den Marranen oder den neujüdischen Zustand wäre, so als verkörperte sich die ganze universelle Struktur in seiner Einzelnheit. Zugleich müssen wir einen rein nominalistischen Ansatz vermeiden, als hätten wir es nur mit atomisierten und unzusammenhängenden Einzeldingen zu tun (Personen, Handlungen, Biographien), die keine allgemeine übergeordnete Struktur verbände. Im Gegenteil, wir können diese Fälle nicht richtig verstehen, ohne eine allgemeine Struktur wahrzunehmen, die die besondere Bedeutung und das Schicksal dieser Fälle zumindest teilweise bestimmt hat und die andererseits selbst durch die Verschiedenartigkeit der Fälle zustande gekommen ist.

81 *The Philosophy of Spinoza* (Cambridge, Mass.: Harvard University Press, 1948).

4. KAPITEL

1 Die Begriffe *Converso*, *Marrane* und *Neuchrist* sind manchmal verschieden, aber ungenau definiert worden. Der Einfachheit halber verwende ich alle drei Begiffe im gleichen allgemeinen Sinne, nämlich zur Bezeichnung von iberischen Christen jüdischer Herkunft, gleich welcher Generation, ob sie nun aufrichtige Katholiken oder heimlich Judaisierende waren. Wo nötig, gebe ich zusätzliche Bestimmungen wie »*judaisierender* Marrane« oder »Converso *der ersten Generation*« oder »*ehemaliger* Marrane« (für Marranen, die offiziell zum Judentum zurückgekehrt sind).

2 *La Celestina*, mit vollständigem Titel: *Comedia* (später *Tragicomedia*) *de Calisto y Melibea. La Celestina* gibt es in verschiedenen Ausgaben. Ich verwende die von G. D. Trotter und M. Criado de Val herausgegebene Ausgabe *La Celestina. Tragicomedia de Calixto y Melibea* (Madrid: CSIS, 1958, 1970, 1983). Die deutschsprachigen Zitate basieren auf der Übersetzung von Fritz Vogelsang, *La Celestina oder Tragikomödie von Calisto und Melibea* (Frankfurt: Insel, 1989). Zur Publikationsgeschichte dieses Werkes siehe Anmerkung 7.

3 Zum Beispiel Lesley B. Simpson im Vorwort zu seiner englischen Übersetzung: *The Celestina* (Berkeley, Los Angeles, London: University of California Press, 1971). W. Byron (*Cervantes: A Biography* [New York: Doubleday, 1978], S. 19) meint, *La Celestina* »käme gleich nach *Don Quijote*, dem glänzendsten Prosawerk jener Epoche«. Siehe auch M. Bataillon, »*La Célestine« selon Fernando de Rojas* (Paris: Didier, 1961), S. 13; und Stephan Gilman, *The Spain of Fernando de Rojas* (Princeton, N. J.: Princeton University Press, 1972), S. 357, der Rojas mit Shakespeare vergleicht.

4 L. B. Simpson, *La Celestina*. Gerald Brenan nennt das Werk »eine der lebendigsten und grandiosesten Schöpfungen der Literatur« (*The Literature of the Spanish People* [Cambridge, England: Cambridge University Press, 1951], S. 133). Das *Diccionario de Literatura*

Española (Madrid: Ediciones Boris Bureba, 1949) bescheinigt ihm »eine außerordentliche Bedeutung in der Geschichte der spanischen Nationalkunst« (S. 121). Die Herausgeber der französischen Edition, Haldas und Herrera Petere, betrachten es als ein »merkwürdiges und geniales Werk«, als »den Ursprung des spanischen Theaters überhaupt« sowie des Genres der pikaresken Literatur, Spaniens einzigartigen Beitrags zur Weltliteratur (*Sommets de la littérature espagnole* [Lausanne: Éditions rencontre, 1961], S. 12, 14 f.), während es für Brennan der erste europäische Roman ist. Menéndez y Pelayo behandelt es ebenfalls in seinen *Orígenes de la novela* (Santander 1947). Für McPheeters ist es »die großartigste Geschichte vom Schicksal verfolgter Liebender vor Romeo und Julia« (»The Present Status of *Celestina* Studies«, *Symposium* 12 [1958], S. 196–205).

5 Siehe Américo Castro, *La realidad histórica de España* (Mexiko: Editorial Porrua, 1954), S. 18, 536 f. Castros Ausspruch wird auch von Gilman als das Thema von »The Spain« zitiert (vgl. Anm. 3). Castro, einer der bedeutendsten wie umstrittendsten Hispanisten unseres Jahrhunderts, befaßte sich von früh an mit *La Celestina*, angefangen mit einem Essay zum Thema »El problema histórico de la *La Celestina*« (in seinem Buch *Santa Teresa y otros ensayos*, Madrid 1929) über zahlreiche Hinweise und Diskussionen in seinen anderen Werken bis zu *La Celestina como contienda literaria* (Madrid: Revista de Occidente, 1965). Seine Ansichten haben sich im Laufe der Jahrzehnte erheblich gewandelt; in seinem reifen Denken sieht er die Geburt des modernen Dramas und Romans im spanischen »tragischen Lebensgefühl« und in der spezifischen Gruppe oder »Kaste« der »Hispano-Juden«, den Conversos, deren Lebensauffassung *La Celestina* seiner Meinung nach ausdrückt. Diese Einschätzung geht bei Castro in ein spekulatives, globales Bild der spanischen Geschichte, Kultur und nationalen Identität ein – geradezu eine ganze Metaphysik und Metageschichte, die man nicht übernehmen muß, will man in *La Celestina* die Züge der Converso-Erfahrung erkennen. Diese Züge können (und sollten), wo immer Text und Kontext das erfordern, nachgewiesen werden, ohne damit Castros anspruchsvolle Verallgemeinerungen akzeptieren zu müssen. An *La Celestina* eine Converso-Schicht aufzudecken, verpflichtet also logisch nicht dazu, Castros Historiosophie zu übernehmen. (Vgl. auch unten, Anmerkung 34.)

6 María Rosa Lida de Malkiel, *La originalidad artística de »La Celestina«* (Buenos Aires: Eudeba, 1963).

7 Das Buch wurde zum ersten Mal 1499, ein Vierteljahrhundert, nachdem die Erfindung des Buchdrucks Spanien erobert hatte (Barcelona 1475), in Burgos veröffentlicht. Die erste Ausgabe erschien anonym, hieß »Komödie« und hatte sechzehn Akte. Nach einigen weiteren Editionen (vor allem Toledo 1500; Sevilla 1501) erschien eine umfangreichere Fassung (Salamanca 1502); nun hieß das Werk »Tragikomödie« und war um fünf zusätzliche Akte auf einundzwanzig erweitert. Zwischen diesen beiden Versionen, und zwar in der zweiten Ausgabe der »Komödie« (in sechzehn Akten), fügte Rojas ein Akrostichon ein, in welchem er seinen Namen und Geburtsort preisgab. Hinzu kam auch ein »Brief des Autors an einen Freund«, worin er behauptete, er habe den Text des ersten Aktes gefunden und ihn dann innerhalb von zwei Wochen »vervollständigt«. (Es ist noch umstritten, ob das ernst zu nehmen oder als rhetorischer Topos zu verstehen ist.) Es gab weitere, zweifelhaftere Editionen der *Celestina*, zum Beispiel in Medina del Campo (1499) und Sevilla (1500). Einige Forscher datieren die angeblich 1502 erschienenen Ausgaben der Tragikomödie in einundzwanzig Akten viel später. Über die Editionsgeschichte der *Celestina* gibt die Untersuchung von Clara L. Penney, *The Book called »Celestina«*, in der Bibliothek der Spanischen Gesellschaft in Amerika, Auskunft (New York: Hispanic Society, 1954). Die modernen Herausgeber des Werkes, G. D. Trotter und M. Criado de Val (Madrid 1958; im weiteren: Trotter-Criado) unterscheiden drei

Gruppen von Editionen: 1. die erste Burgos-Edition von 1499; 2. die »Komödien«-Editionen von Toledo und Sevilla (1500–1501); und 3. die Fassungen in einundzwanzig Akten. Ich folge dieser Einteilung. (Übrigens erschien die Ausgabe in einundzwanzig Akten in Sevilla auch einmal [1502] unter dem Titel *Libro de Calixto y Melibea y de la puta vieja Celestina* [Das Buch von Calisto und Melibea und der alten Hure Celestina].) Simpson übersetzte die hinzugefügten Akte nicht mit ins Englische, da sie ihm schlechter schienen – ein merkwürdiges Verfahren.

8 Vgl. Haldas und Herrera Petere (S. 14). Simpson (*Celestina*, S. V) spricht von achtzig Auflagen bis Ende des sechzehnten Jahrhunderts (und 119 bis Mitte des zwanzigsten). Er fügt hinzu, daß Mitte des sechzehnten Jahrhunderts achtzehn italienische Auflagen erschienen waren und bis zum Ende des Jahrhunderts vierzehn französische. Die lateinische Ausgabe veröffentlichte Gaspard Barthias 1624 in Frankfurt. Die (verlorengegangene) hebräische Übersetzung verfertigte vor 1527 der hebräische Renaissancedichter Yosef ben Shmuel Sarfati. Zwar ist sie nicht mehr greifbar, aber Cassuto veröffentlichte die einleitenden Verse, in denen Sarfati um Verzeihung bittet, solch kühne Neuerungen wie die Kunst des Theaters und vor allem ein moralisch zweifelhaftes Thema ins Hebräische einzuführen; auch er, ebenso wie Rojas, verteidigt sich mit seiner moralisch erzieherischen Absicht. Diese Behauptung dürfte bei beiden gleich ernsthaft gemeint gewesen sein. Jedenfalls ist Sarfati zweifellos an den weltlichen künstlerischen Werten des Werkes interessiert. Für die moralische Erziehung besaß die jüdische Tradition gängigere Methoden. Vgl. M. D. Cassuto, »The First Comedy in Hebrew«, *Jewish Studies in Memory of George A. Kohut* (New York 1935), S. 121–128. (Gilman [*The Spain*, S. 366 Anm.] zitiert diesen Essay mit seinem englischen Titel, der im Inhaltsverzeichnis des Buches als »The First *Hebrew* Comedy« erscheint; tatsächlich lautet der Titel jedoch »The First Comedy *in* Hebrew«; Sarfati hat nämlich Rojas nur übersetzt.)

9 Ich will in einem längeren Aufsatz über *Celestina*, der getrennt veröffentlicht werden wird, eine Analyse der Verführungsszene geben.

10 Rojas selbst scheint in einem Moment von Selbstironie auf diesen Exzeß anzuspielen.

11 Manuel Serrano y Sanz, »Noticias biográficas de Fernando de Rojas, autor de *La Celestina* y del impresor Juan de Lucena«, *Revista de Archivos, Bibliotecas y Museos* 6 (1902), S. 245 ff. Diese Quellen werden ergänzt von weiteren, die Valle Lersundi, wahrscheinlich ein Nachfahre von Rojas, veröffentlicht hat; siehe Fernando del Valle Lersundi, »Documentos referentes a Fernando de Rojas«, *Revista de Filología Española* 12 (1925), S. 385–396; ders., »Testamento de Fernando de Rojas«, *Revista de Filología Española* 16 (1929), S. 367–388. Diese Dokumente sind Bestandteil des Valle-Lersundi-Archivs, das Gilman (in *The Spain*) ausführlicher untersucht hat.

12 Das hat zum Beispiel Américo Castro betont. Gelegentlich überschätzt Castro diesen Umstand allerdings oder hält ihn allzu leicht für belegt; auch konstruiert er daraus eine ganze Metaphysik der spanischen Geschichte, die auf dem Begriff der drei »Kasten« und auf Ideen beruht, die von deutschen Geschichtsphilosophen wie Dilthey inspiriert sind. Zum Beispiel übernimmt er Vorstellungen von ›Zugehörigkeitsgefühl‹ und ›kollektivem Lebensgefühl‹ und entwickelt sie weiter. Seine zentrale Behauptung bleibt jedoch einleuchtend, auch ohne daß man Castros globale Schemata übernimmt. (Vgl. auch unten, Anm. 34.)

13 Álvaro besuchte die jüdischen Laubhütten, um, wie er behauptete, mit den Juden zu feiern; siehe Serrano y Sanz, »Noticias biográficas«, S. 267. Diese Erklärung scheint glaubhaft: Bei gelegentlicher Teilnahme an jüdischen Festtagsriten, gerade beim Verzehr traditioneller jüdischer Speisen, ging es vielen Conversos mehr darum, ihre alte Identität zu wahren, als strikt die religiösen Gesetze zu befolgen. Nehmen wir zum Beispiel den

Fall von Pedro de la Caballeria, Sproß einer vornehmen jüdischen Familie, die im fünfzehnten Jahrhundert zum Katholizismus übergetreten war: Er hatte hohe Staatsposten innegehabt und ein polemisches Buch gegen das Judentum geschrieben, trotzdem wurde er von der Inquisition angeklagt, auf dem Lande insgeheim die Juden aufgesucht und ihre Gesellschaft wie auch traditionelle jüdische Speisen genossen zu haben. (Vgl. Y. Baer, *A History of the Jews in Christian Spain*, 2 Bde. [Philadelphia: Jewish Publication Society of America, 1961], Bd. 2, S. 276 f., sowie die zugehörigen Verweise dort.) Der Bezug zum Judentum bestand in diesem Fall nicht in der religiösen Überzeugung, sondern in einer kulturellen Nostalgie, wobei Speisen eine wichtige Rolle spielten. Eine ähnliche Nostalgie gibt es heute bei israelischen Juden verschiedener Herkunft und ganz besonders bei säkularisierten oder die Riten nicht einhaltenden Juden, die trotzdem an den Feiertagen gern traditionelle Speisen essen und sie auch als Bindeglied zur Tradition benutzen, als eine Art Ersatz für die religiöse Dimension. Die Rolle von Speisen als Träger kultureller Kontinuität ist natürlich auch bei anderen ethnischen und religiösen Gruppen nachgewiesen.

14 Siehe Serrano y Sanz, »Noticias biográficas«, S. 262; Gilman, *The Spain*, S. 77. In diesem Fall scheint die Inquisition jedoch nicht das gesamte Eigentum beschlagnahmt zu haben, denn Álvaro konnte seiner Tochter, Rojas' Frau, eine stattliche Mitgift geben.

15 Die Dokumente zu diesem Fall sind erstmals von Narciso de Esténaga veröffentlicht worden (»Sobre el Bachiller Hernando de Rojas y otros varones toledanos del mismi apellido«, *Boletín de la Real Academia de Bellas Artes y Ciencias Históricas de Toledo* 4 [1923], S. 78–91). Eine genauere Analyse geben Stephen Gilman und Ramón Gonzálvez, »The Family of Fernando de Rojas«, *Romanische Forschungen* 78 (1966), S. 255–290, vgl. auch Anhang 3 in Gilman, *The Spain*. Weitere Zitate sowie die Verteidigung der Behauptung des *Fiscal* finden sich bei Gilman, *The Spain*, S. 45 ff.

16 Gilman, *The Spain*, S. 45 f.

17 Ebd., S. 211 f. Die Liste ist von Francisco Cantera Burgos und P. León Tello veröffentlicht worden: *Judaizantes del arzobispado de Toledo habilitados por la Inquisición en 1495 y 1497* (Madrid: Universidad Complutense, 1969). Gilman fügt hinzu, daß *menores* »unter 25 Jahren« bedeutet.

18 Für Rojas' Vater sind die Belege sehr vage, und Gilman selbst räumt ein, daß seine Identität wohl nie mit Sicherheit geklärt werden wird. Es gibt zwei Möglichkeiten: Entweder handelte es sich um Garcí Gonzáles Ponce de León aus Puebla de Montalbán oder Hernando de Rojas aus Toledo, der von der Inquisition verbrannt wurde. Entscheiden wir uns für den letzteren, haben wir Schwierigkeiten zu erklären, weshalb das Akrostichon Puebla de Montalbán als Rojas' Geburtsort nennt, wenn sein Vater in Toledo lebte. (Ähnlich skeptisch ist auch Antonio Marquez, *Literatura e Inquisición en España 1478–1834* [Madrid: Taurus, 1980], S. 47.) Rojas' Mutter erhält in Gilmans Spekulation denselben Namen wie Rojas' Frau, Leonor Álvarez (die Tochter des Álvaro de Montalbán), wobei Rojas selbst den minderjährigen Söhnen zugehört. Sie alle sollen von der Inquisition im oder um das Jahr 1497 verurteilt und bestraft worden sein (vgl. vorige Anmerkung). Diese glänzende, aber unbegründete Spekulation würde bedeuten, daß Rojas zusammen mit seiner Mutter und seinen Brüdern vom Heiligen Offizium verurteilt wurde, kurz bevor *La Celestina* erschien. Hätte er es in diesem Fall gewagt, das Werk zu veröffentlichen oder wenige Jahre später seinen Namen preiszugeben? Rojas war zu dieser Zeit Student in Salamanca. Würde er dann noch auf einer Inquisitionsliste in Toledo auftauchen – und zwar nicht unter seinem eigenen Namen, sondern als ein ungenannter »minderjähriger Sohn« seiner Mutter? Es ist kaum plausibel, daß die damals verurteilte

Leonor Álvarez die Mutter Rojas' gewesen ist; vielleicht hat er sie überhaupt nicht gekannt (der Name war häufig, wie Gilman selbst zugibt).

19 Ähnliche Fälle sind auch aus späteren Perioden bekannt; vgl. die heimlichen Beziehungen vor allem zwischen Juan de Prado und Baltasar Orobio und anderen befreundeten Conversos (einschließlich Juan Piñero), wie ich sie nach den Quellen Revahs im Kapitel I. 3 beschrieben habe.

20 Zur Hypothese des Vorlesens vgl. Philip Ward (Hg.), *The Oxford Companion to Spanish Literature* (Oxford: Clarendon Press, 1978), S. 112.

21 Gilman gibt eine teilweise Rekonstruktion des intellektuellen und universitären Lebens in seinem Buch *The Spain* (6. Kapitel).

22 Die Converso-Abstammung von Miguel de Cervantes, die Américo Castro und andere hervorgehoben haben, ist allerdings nicht schlüssig bewiesen. Einen guten Überblick zu diesem Problem liefert William Byron, *Cervantes: A Biography* (New York: Doubleday, 1978), S. 24–32, der zwar zu der Annahme neigt, Cervantes habe jüdische Vorfahren besessen, die Frage aber offenläßt.

23 Zweifel daran seien erlaubt. Selbst wenn wir Rojas' andere zweifelhafte Behauptung als wahr annehmen, der (theologisch gewagteste) erste Akt stamme aus anonymer Feder, er habe ihn nur gefunden, so ist *Celestina* – auch die Fassung in sechzehn Akten – viel zu reich, komplex und lang, als daß man die erste Behauptung für plausibel halten könnte. Freilich ist auch bekannt, daß literarische Meisterwerke zuweilen in einem kurzen Ausbruch geschaffen werden (Pirandello zum Beispiel schrieb seine Stücke *Sechs Personen suchen einen Autor* und *Heinrich IV* jeweils innerhalb weniger Wochen; Balzac und wahrscheinlich auch Shakespeare arbeiteten sehr schnell).

24 EL/BACHJLER/FERNANDO/DE/ROIAS/ACABO/LA/COMEDIA/DE/CALYSTO/Y/MELYVEA/Y/FVE/NASCJDO/EN/LA/PVEVLA/DE/MONTALVAN. (In anderen Ausgaben ist die Schreibweise geringfügig anders.)

25 Vgl. Kapitel I. 2, Anm. 8.

26 Serrano y Sanz, »Noticias biográficas«, S. 251 f.; Gilman, *The Spain*, S. 469.

27 Serrano y Sanz, »Noticias biográficas«, S. 272; bei Gilman, *The Spain*, S. 82 f., 88. Im Original lauten die Zitate: »*Acá toviese yo bien, que allá no sé si ay nada*«; »*lo de acá vemos, que lo de allá no sabemos qué es*«.

28 Nichts deutet darauf hin, daß Álvaro sich besonders anstrengte, die Aufmerksamkeit auf seine Familienbeziehungen zu Rojas zu richten, wie Otis Green das annimmt. Vgl. »La Celestina and the Inquisition«, *Hispanic Review* 15 (1947), S. 211–216.

29 Serrano y Sanz, »Noticias biográficas«, S. 263, 269. Es scheint, daß die Bemerkung über Rojas, er sei ein Converso, von dem Beamten stammt (und nicht von Álvaro), und zwar als Kommentar zur Aussage des alten Mannes und als Erklärung, weshalb »seine Gnaden« die Bitte abschlug. Diese meine Vermutung fand ich bestätigt bei Antonio Marquez (*Literatura e Inquisición en España 1478–1834*, [Madrid: Taurus, 1980], S. 47), der meint, jeder, der mit den Inquisitionsprotokollen dieser Zeit vertraut sei, sehe, daß die Bemerkung von dem Beamten stamme. Marquez fährt allerdings fort: Das mache Rojas' Status als Converso zweifelhaft – ein Schluß, der daraus nicht folgt. Selbst wenn die Aussage, Rojas sei ein Converso, von dem Inquisitionsbeamten und nicht von Álvaro stammte (warum hätte der alte Mann denn auch diesen ungünstigen Umstand betonen sollen?), gibt es keinen Grund, wie Marquez anzunehmen, es habe sich um *un rumor posiblemente sin fundamento* gehandelt. Vielleicht war es wirklich eine bekannte Tatsache, die die Inquisition zur Kenntnis nahm, weshalb sie Rojas als Verteidiger in einem Häresie-

verfahren für »suspekt« hielt. Später (S. 209), bei der Analyse von *La Celestina*, hält Marquez seinen Zweifel jedoch nicht weiter aufrecht.

30 Das Testament wurde von Valle Lersundi veröffentlicht (vgl. Anm. 11).

31 *A History of the Jews in Christian Spain*, Bd. 2, S. 276 f.; 317 f.

32 Serrano y Sanz, »Noticias biográficas«, S. 252–255; Gilman, *The Spain*, S. 467 f.

33 Serrano y Sanz, »Noticias biográficas«, S. 252 f.

34 Kontroversen über die Bedeutung der *Celestina* lassen sich in zwei große Gruppen teilen: 1. Soll man es als ein moralistisches Werk ansehen, wie Rojas in seinen einleitenden Kommentaren vorgibt, oder soll man annehmen, daß es die Maske der Äquivokation, Ironie etc. trägt? 2. Hat das Werk einen wichtigen Aspekt, der mit den Conversos zu tun hat? Zur ersten Frage: Ich werde gegen eine moralistische Lesart des Werkes argumentieren und dafür eintreten, daß die Elemente von Maske und Äquivokation wesentliche Bestandteile, ja literarische und künstlerische Werte an sich sind. Ich behaupte, daß Rojas' äquivoke Maske auch auf der Metaebene Anwendung findet (und von Eingeweihten auch als solche erkannt werden soll), also auch hinsichtlich seiner Behauptungen auf der ersten Ebene in den einleitenden Versen: Sie sind das *Erste*, was man äquivok lesen muß. Zur zweiten Frage: Ich betone und thematisiere in diesem Kapitel auch die Wichtigkeit der Seite von *La Celestina*, die mit den Conversos zu tun hat. Allerdings bin ich weit davon entfernt, sie als *die* zentrale Seite des Werkes, als magischen Schlüssel zur Gesamtheit seiner Bedeutungen zu betrachten. Und ich bin weit entfernt von Américo Castros weitreichenden historiographischen und metaphysischen Behauptungen über Spanien, die Kulturgeschichte oder die halb metaphysische Relation zwischen ethnischen Gruppen und ihrem »Lebensgefühl«. Meiner Meinung nach ist der Converso-Bezug von *La Celestina* nur eine der reichhaltigen und mannigfaltigen Schichten, jedoch eine, die selbst der Aufmerksamkeit und der Untersuchung bedarf. Ich teile nicht Castros Ansicht, das Werk stelle das kollektive Bewußtsein der Conversos als ethnische Gruppe oder Kaste dar oder enthalte das »tragische Lebensgefühl«, das Castro für die Gruppe als solche für wesentlich hält. Ich schließe mich auch nicht der Kulturmetaphysik Castros an. Américo Castro war provokativ, richtungweisend und überaus spekulativ; er war aber auch, denke ich, zu schnell bereit, etwas als Bestätigung seiner These anzusehen. Wegen der Polemik, die er hervorrief, neigten manche seiner Gegner dazu, seine Ansichten rundweg abzulehnen, was auch nicht gerechtfertigt ist. Für einen Neuling, der mit all den emotionalen und ideologischen Interessen nicht vertraut ist, scheint es manchmal, als seien Ideen mehr durch Assoziationen verbunden als durch logische Ableitung. Es gibt logisch keine Notwendigkeit, die Feststellung, *La Celestina* spiegele in einer für sie typischen Schicht die Erfahrung des Marranentums wider (besonders das Schwanken zwischen zwei Religionen und/oder die Notwendigkeit, ein Maskenspiel zu treiben und zwischen Innerem und Äußerem gespalten zu sein) und Américo Castros Kulturmetaphysik zu verbinden. Beides kann unabhängig voneinander vertreten (oder abgelehnt) werden.

Ein gutes Beispiel für einen einheitlichen Interpretationsansatz gibt Antonio Marquez' Kritik an Castros Ansichten über *La Celestina*. Die meisten Kritikpunkte sind berechtigt, aber die Schlußfolgerung ist es nicht; denn Marquez neigt dazu, eine unnötige Dichotomie herzustellen: entweder Castro voll und ganz zu akzeptieren oder die Converso-Relevanz von *La Celestina* zu leugnen. Aber deren Converso-Relevanz steckt nicht entweder in der vermeintlichen Reflexion des Lebensgefühls der Conversos als Kaste oder darin, daß der Autor des Werkes tatsächlich unter dem Druck von seiten der Inquisition zu leiden hatte (das ist das Thema von Marquez' Buch, und hinsichtlich dieser Frage ist seine Rojas-Analyse überzeugend), sondern in der Erfahrung des Marranentums mit seinen zwei Aspekten – dem Durcheinander zweier Religionen und dem Maskenspiel zwischen Innen und Außen. Daß in dem Milieu, aus dem Rojas kam, diese Erfahrung ein substantieller Teil des Lebens vieler Conversos war, ist unbestreitbar. Und wenn man ihre Wirkungen in *La Celestina* untersucht, so bedeutet das weder, sie zum einzigen Schlüssel für dieses Werk zu machen, noch, daß es mit globalen geschichtsphilosophischen Auffassungen daherkommen muß.

35 Auch das entzifferbare Material läßt sich aus Platzgründen nur zum Teil wiedergeben. Die umfassende Untersuchung, auf der dieses Kapitel basiert, wird getrennt veröffentlicht werden.

36 Obgleich *salud* in erster Linie »Gesundheit« bedeutet, steht es auch für »Erlösung« (oder den »Zustand geistiger Gnade«, das »Erlangen ewigen Ruhms«; vgl. die Bestimmungen von *salud* im *Diccionario de la Lengua Española* [Real Academia Española, 1970]). Die Wahl eines Ausdrucks, bei dem sich die Idee der Erlösung mit ihren theologischen Konnotationen hinter dem unschuldigeren Begriff »Gesundheit« verbirgt, ist selbst eine Äquivokation und ein marranischer Sprachgebrauch.

37 Wir hören das auch aus dem Munde Melibeas, die ausdrücklich Celestina die »Vermittlerin meiner Erlösung« nennt (*aquella medianera de mi salud*, 10. Akt, Eröffnungsmonolog). Die deutsche Übersetzung von *La Celestina* verfehlt den Sinn durch die Formulierung: die »Heilung vermitteln kann« (S. 241), die englische durch »my blessed mediator«.

38 Vgl. Baer, *History of the Jews*, Bd. 2, S. 280 f. Das Schriftstück ist von H. Pflaum in *Revue des Etudes Juives* 86 (1928), S. 144–150, veröffentlicht worden.

39 Gilman behauptet, Rojas' Anspielung beziehe sich tatsächlich auf Deza (*The Spain*, S. 274).

40 Matthäus 5,10: »Selig sind, die um Gerechtigkeit willen verfolgt werden; denn das Himmelreich ist ihr.« Derselbe Vers aus Matthäus, in einer ähnlich ironischen Wendung, kehrt später im bekannten pikaresken Roman *Guzmán de Alfarache* wieder, wo Guzmán von seiner Herkunft berichtet und von seinem Vater, der wegen Diebstahls verurteilt wurde. Der Autor, Mateo Alemán (selbst ein Converso), könnte das aus *Celestina* übernommen haben, vielleicht war der Scherz aber auch weit verbreitet.

41 Mit den »falschen Zeugen« soll ein weiterer Zug der Inquisition hervorgehoben werden, die nicht nur wirklich Judaisierende verfolgte, sondern auch Unschuldige anklagte, die Opfer falscher Anschuldigungen waren.

42 Wenn Rojas' Vater tatsächlich von der Inquisition verbrannt worden ist, wie Gilman – aufgrund unzureichender Beweise – annimmt, so erhielte diese Stelle eine besonders dramatische Note. Aber auch sonst ist dies einer der ungeschminkten Dialoge des Stücks, selbst wenn er unter dem Schutzschild »Rede einer Prostituierten« dargeboten wird. Ein ähnliches Beispiel finden wir in Areusas Angriff auf die spanische Gesellschaftsordnung und deren Werte im neunten Akt. Für beide Fälle gilt, sobald wir die äußere Hülle »Rede einer Prostituierten« wegnehmen, wird der Text direkt und aufrichtig, ohne falsche Schliche, Ironie, Äquivokation oder ähnliches.

43 Die Äquivokation ist so offensichtlich, daß in der von Simpson herausgegebenen englischen Ausgabe die verschiedenen Stimmen in verschiedenen Schriften gedruckt sind.

44 Die gleiche scheinheilige Rechtschaffenheit wiederholt sich bei Sempronio im neunten Akt, bei Celestinas Festmahl. Die Alte erzählt, wie ihr die Geistlichen huldigten, und Sempronio setzt die Miene des entsetzten Rechtschaffenen auf: »Da staunt der Laie, wenn er derlei Geschichtlein hört … Aber so sind ja gewiß nicht alle.« (S. 236)

45 Der Bruch, um den es mir hier geht, liegt nicht zwischen Satz und Äußerung (dem Sprechakt), sondern zwischen Ritual und authentischer Äußerung. Was zu einer Art »Wahrheit an sich« wird, ist eben die Äußerung (auch die Geste, das Ritual), nicht der Satz oder das Zeichen, mit denen sie ausgeführt wird. Der Akt, einen Satz zu sagen (oder eine Geste zu machen), wird verfremdet. Die Äußerung ist nicht authentisch: sie ist eine Nachahmung ihrer selbst (eine äußerliche Durchführung einer Handlung, ohne subjektive Beteiligung und unabhängig von ihrer Bedeutung), und als solcher kommt ihr Bedeutung und Gültigkeit zu.

46 Vgl. S. Serrano Poncela, *El secreto de Melibea* (Madrid: Taurus, 1959); auch *The Oxford Companion to Spanish Literature*, S. 112.

47 Hier stimme ich mit Brenan überein, der sagte, es gebe keine Anzeichen, daß Rojas überhaupt einen religiösen Glauben besaß (*Literature of the Spanish People*, S. 137 f.). Mit gewissen Einschränkungen akzeptiere ich auch José Antonio Maravalls Rede von der »secularización y mundanización«, die in der Welt der *Celestina* herrschen (*El mundo social de »La Celestina«* [Madrid: Editorial Gredos, 1964], S. 132).

48 Sempronio hat im Stück bekanntermaßen die Rolle des Schurken. Es ist nicht das erste Mal, daß er auf solche Weise Späße macht (vgl. die zitierte Stelle aus dem Bankett bei Celestina). Dieser wichtige Punkt ist Ciriaco Morón Arroyo, einem Schüler von Otis Green, entgangen, der versucht hat, *La Celestina* christlich-moralisch zu interpretieren, und dabei Sempronios spaßhafte Worte als Beweis dafür nahm, daß es in dem Stück eine christliche Antwort auf Calistos Ketzereien gibt (vgl. sein *Sentido y forma de La Celestina* [Madrid: Ediciones Catedra, 1974], S. 67).

49 Dieser Satz ist möglicherweise eine Hinzufügung.

50 Zugleich stimmt die andere Bezeichnung Celestinas als »Hexe« in gewisser Weise mit Rojas' Auffassung von Liebe überein, denn Eros hat in *La Celestina*, obgleich er ein Naturphänomen ist, eine dunkle, magische Seite.

51 Der Doppelcharakter der Liebe ist auch Thema des Gesprächs zwischen Celestina und Melibea im zehnten Akt, nachdem die Verführung Melibeas fast gelungen ist. Das Mädchen fragt: »Wie sagst du, heißt man diesen Schmerz, der sich so jäh des besten Teils meiner selbst bemächtigt hat?« Celestina: »Liebe, süße Liebe.« Melibea: »Erklär mir bitte, was das ist; denn schon das Hören dieses Wortes erfüllt mich mit Freude.« Celestina: »Es ist ein unsichtbares Feuer, ... ein köstlich schmeckendes Gift, eine süße Bitternis, ein wonniglich erlabendes Leiden, eine lustige Qual, ... ein linder Tod.« Melibea: »Ach ich elende Kreatur! wenn deine Beschreibung stimmt, ist meine Heilung mehr als zweifelhaft. Denn die widersprüchliche Unverträglichkeit, die zwischen diesen verkoppelten Wörtern herrscht, zeigt ja, daß alles, was auf der einen Seite helfen könnte, auf der anderen das Unheil nur verschlimmern würde.« (S. 250 f.)

52 In dieser Hinsicht gibt es, trotz der offensichtlichen ästhetischen Unterschiede, eine Ähnlichkeit zwischen Pleberios Beziehung zu seiner Tochter und Calistos Beziehung zu seiner Geliebten. Für beide erschöpft sich, wenn auch in unterschiedlicher Weise, die Bedeutung von Leben und Existenz vollkommen in der seelischen Bindung an die spezielle irdische Gestalt (Melibea); dieser Gedanke führt bei Calisto so weit, daß er die oben zitierten ketzerischen Worte ausspricht; bei Pleberio drückt er sich in dessen Schlußklage aus. Keiner von beiden hat ein transzendentes Substitut für den irdischen Lebenssinn, der sich für beide in Melibea verkörpert.

53 Otis Green meint, die Hauptsünde von Calisto und Melibea bestünde darin, daß sie den Kodex höfischer Liebe durchbrochen hätten. Doch sind sie dadurch nicht zu einer romantischen Liebe gelangt. Ihre Liebe ist im Grunde eine Art obsessiver Leidenschaft,

ein äußerer Zwang. Greens Interpretation von *La Celestina* aus dem Bezug zur höfischen Liebe findet sich in: *Spain and the Western Tradition*, 4 Bde. (Madison: University of Wisconsin Press, 1963), Bd. I, S. 111–119. Siehe auch seine Aufsätze: »The *Celestina* and the Inquisition«, *Hispanic Review* 15 (1947), S. 211–216, und »Fernando de Rojas, *converso* and *hidalgo*«, ebd., S. 384–387.

54 Ein ähnliches Bild von der Liebe vermittelt auch das etwas rätselhafte Vorwort, das Rojas seinem Werk später vorangestellt hat. Es beschreibt die Liebe als einen Krieg der Gegensätze. Das ist eine antike heraklitische Idee, die Rojas noch durch Erwähnung späterer Autoren bekräftigt. Das Universum ist die Totalität des Seins; es ist ein Zusammenprall von Gegensätzen, von extremen und exzessiven Kräften, ein Krieg von allem gegen alles. »Eines hadert mit dem anderen und gemeinsam setzen alle uns zu« (S. 13) – so paraphrasiert Rojas Petrarca und erklärt: »Der Sommer quält uns mit maßloser Hitze; der Winter mit Schroffheit und Frost: also alles, was uns ... als Wandel der Jahreszeiten erscheint, ... ist ... nichts anderes als Krieg.« Die Naturkräfte sind übermäßige Extreme im Widerstreit, die mit anderen ebensolchen Kräften zusammenstoßen. Das ist ein heraklitischer Kampf der Gegensätze, jedoch ohne Logos und ohne die innere Harmonie, die sie bei Heraklit regiert und deren bestes und treffendstes Beispiel die Macht der Liebe ist.

55 Gilman, *The Spain*, S. 379.

56 Ich möchte zum Schluß noch einige Kritiker nennen, die die nichtreligiöse und antimoralistische Interpretation des Textes betonen: Angel del Rio sagt in *Historia de la Literatura española* (New York 1963), der Mensch scheine sich in *La Celestina* »in einer gottlosen Welt zu bewegen«. Und Frank Casa spricht sich in »Pleberio's Lament for Melibea«, *Zeitschrift für Romanische Philologie* LXXXIV (1968), S. 20–29, gegen eine moralistische Interpretation des Textes aus. Das Stück solle nicht christliche Moral ausdrücken, sondern die tragische Existenz des Menschen im Konflikt mit weit mächtigeren Kräften. Bei beiden Kritikern zeigt sich ein Gefühl kosmischer Einsamkeit, das ich mit der Marranenerfahrung in Verbindung gebracht habe.

5. KAPITEL

1 Im Zusammenhang mit *Celestina* habe ich eine Bemerkung zur Methode gemacht, die auch hier gilt: Die Grundbedeutung eines philosophischen Werkes ergibt sich aus den Bedeutungsrelationen zwischen den Ideen, aus denen es besteht; doch häufig verändern diese Ideen historisch gegebenes Erfahrungsmaterial oder ordnen es neu, so daß das Werk sowohl über sie hinausgeht als auch ihnen verpflichtet ist.

2 Ich verwende diesen Begriff etwas breiter als in der *Ethik*, T. 3, L. 17 Anm., wo er als Gegensatz zwischen zwei konträren Emotionen bestimmt ist. Ein solcher Gegensatz (wie der zwischen Liebe und Haß, Freude und Leid, Furcht und Hoffnung und davon abgeleiteten Gefühlen) sollte nicht als ein beliebiger emotionaler Zustand unter anderen verstanden werden, sondern als die grundlegende Struktur des emotionalen Lebens eines Menschen der Imagination. Insofern ist das Schwanken des Gemüts das Hauptcharakteristikum der Menge, aus dem sich die meisten anderen irrationalen und destruktiven Ausbrüche ergeben.
Auch die ersten Seiten der *Abhandlung über den Verstand*, auf denen Spinoza sein philosophisches Programm darlegt, zeigen, wie sehr sich sein Denken um diese Instabilität des Gemüts dreht als diejenige Störung, die zuallererst von der Vernunft überwunden werden muß. (Übrigens handelt ein Stück von Spinozas Lehrer Frans [Franciscus] Van den Enden, in dem Spinoza vielleicht sogar mitgespielt hat, von der Unbeständigkeit des

Gemüts; diese Information verdanke ich Herrn Bedjai, Paris, bei einer Tagung der *Association des Amis de Spinoza.*)

3 Spinoza schenkte der allgemeinen Frage der Relation zwischen Worten und Ideen nicht viel Aufmerksamkeit. Er scheint Worte als unabhängige Designatoren angesehen zu haben, die in passenden Aneinanderreihungen und Kontexten die Ideen, die sie bezeichnen, präzise und angemessen mitteilen und die darüber hinaus von einem Sprachsystem (sagen wir, einer natürlichen Sprache) in ein anderes übertragen werden können, ohne daß diese Funktion verlorenginge. Seine Äußerung, er sei mehr an der Natur der Dinge interessiert als an der Bedeutung von Worten, kann auf der Überzeugung beruhen, daß Worte neutrale Vehikel sind, die von ihren Ideen getrennt und daher vernachlässigt werden können. Ideen dagegen können nicht von ihren Gegenständen getrennt werden, da beide ontologisch dasselbe sind und die Ordnung und Verbindung von Ideen die Ordnung und Verbindung der Dinge ist.

4 Es ist etwas untertrieben, wenn Spinoza sagt, der von ihm gebrauchte Ausdruck dürfe nicht allzu sehr seiner neuen Interpretation widersprechen: Das kann nicht als zureichende Bedingung angesehen werden (diesem Kriterium würden die meisten Wörter im Lexikon genügen), sondern nur als zusätzliche Bedingung, wobei, wie gesagt, die erste Voraussetzung wäre, daß der Ausdruck eine natürliche oder historische Verbindung zur betreffenden Sache besitzt.

5 Siehe Kapitel I. 2.

6 Daß Spinoza das auf der Basis einer antiallegorischen Interpretationsmethode gelingt, kommt einem Gewaltakt gleich. Obwohl Spinozas Vorgehensweise bei konkreten Fragen des Bibeltextes wissenschaftlich ist und er den Text dabei fast immer wörtlich nimmt, greift Spinoza (um seiner strategischen Ziele willen) stillschweigend auf apriorische Verallgemeinerungen zurück, wenn er erklärt, nichts in der Bibel widerspreche der Vernunft, oder wenn er behauptet, die Bibel lehre nichts außer Gerechtigkeit und gegenseitiger Hilfe als praktische ethische Vorschriften.

7 Es überrascht, daß Spinoza bei dieser Gelegenheit seine eigene Metapher unterläuft, indem er ihre rationale Übersetzung sofort explizit macht; aber er gibt uns hier, wenn auch unabsichtlich oder per Implikation, seine Spielregeln preis.

8 Nur das siebente Prinzip, daß Gott die Sünden des Bußfertigen vergibt, läßt sich anscheinend nicht in philosophische Sprache übersetzen und mit Spinozas Ablehnung von Schuld und Reue in Einklang bringen. Aber wir sollten bedenken, daß diese Ablehnung sich auf den rationalen Menschen bezieht, während die »Glaubensartikel« für die Menge verfaßt sind, die weiterhin Schuld nicht minder empfinden soll wie Furcht und Respekt gegenüber der Autorität, wenn ein quasi rationales Verhaltensmuster sie leiten (also ihr nützen und sie »erlösen«) soll. Zudem lassen sich Spinozas »Glaubensartikel« nur in ihren allgemeinen metaphorischen Grundzügen in philosophische Wahrheiten übersetzen, nicht in allen Einzelheiten, die mit ihnen einhergehen. Deshalb habe ich oben von einer »besonders gewichtigen theologischen Ausdrucksweise« gesprochen.

9 Siehe Kapitel II. 6.

10 Spinoza schlägt hier Kapital aus einer Äquivokation im Ausdruck »ein Recht auf *x* haben«. Dieser Ausdruck läßt sich verstehen als: Es gibt kein Recht oder keine Norm, die mir verbietet, *x* zu tun oder zu besitzen. Warum aber gibt es keine solche Norm? Zwei ganz verschiedene Gründe sind möglich: 1. Wir leben in einem Naturzustand, in dem es kein Gesetz gibt und es daher keinen Sinn macht, von Norm zu reden. 2. Wir leben in einem Rechtssystem, das es mir nicht verbietet, *x* zu tun oder zu besitzen. Nur die zweite Antwort kann dem Rechtsbegriff spinozistisch Sinn verleihen, weil Recht

das Vorhandensein eines politischen Staates und eine vollstreckbare Gesetzgebung voraussetzt. Aber Spinoza gebraucht »Recht« auch im ersten Sinne, wo das Wort genaugenommen sinnlos ist. Warum? Eine einleuchtende Antwort ist: Spinoza versucht aus dem erhebenden Klang, den dieses Wort beim Publikum (aufgrund von dessen falschen Überzeugungen) hervorruft, Kapital zu schlagen, um die Einführung von etwas ganz anderem zu erleichtern, nämlich seiner naturalistischen Revolution des Normbegriffes. Zudem werden, da der Ausdruck »Recht« den Begriff der natürlichen Macht in ein positives Licht rückt, Natur und alle natürlichen Dinge zusätzlich als Ausdruck des Göttlichen leuchten. (Hier kommen wir wieder mit dem theologischen Kontext in Berührung.)

11 Mit Hilfe einer Unterscheidung, die durch Frege geläufig geworden ist, könnte man auf Spinoza bezogen beispielsweise sagen, daß Gott immer die *Bedeutung* des überlieferten Wortes *Gott* gewesen ist, obwohl sein *Sinn* aufgrund theologischer Vorurteile oder philosophischer Konfusion niemals adäquat vermittelt worden ist.

12 Ich lasse hier (ohne dazu Stellung zu nehmen) ein Argument außer acht, das man den »intentionalen Fehlschluß« nennt, denn in diesem Fall untersuchen wir eben das Verhältnis des Autors zu seinem Text. Unser Interesse ist ein historisches, nicht nur ein literarisches.

13 Maimonides hat unter den intoleranten Almohaden, die Juden und Christen zwangen, zum Islam überzutreten, ebenfalls marranische Erfahrungen gemacht. Maimonides ist entweder wirklich (obwohl nicht aufrichtig) zum Islam übergetreten, oder er verhielt sich zumindest so, als habe er es getan, und ließ es andere glauben. Vgl. A. L. Ivry in S. Pines und Y. Yovel (Hg.), *Maimonides and Philosophy* (Dordrecht: Nijhoff, 1986), S. 139–142.

14 Vom Standpunkt dieses Buches aus hat Strauss (der die marranischen Wurzeln Spinozas nicht so betont hat, wie ich das hier tue), *einen* marranischen Zug Spinozas, nämlich das vorsichtige Sprechen, überbetont und dabei versäumt, einem anderen gerecht zu werden, nämlich dem alternativen Erlösungsweg. Doch dieser zweite Zug zeigt sich, wie ich behaupte, auch im Gebrauch und in der Funktion der mehrdeutigen Sprache selbst. Erkennt man Spinoza als Marranen der Vernunft, so werden der These von Strauss weitere Dimensionen eröffnet aber auch Beschränkungen auferlegt, ohne ihr im Kern zu widersprechen.

6. KAPITEL

1 Das Beispiel der Proportion ist bestenfalls eine Teilanalogie, die die intuitive und synoptische Qualität der dritten Gattung der Erkenntnis (daß sie *uno intuito* – auf einen Blick zustande kommt) verdeutlicht, jedoch manche ihrer wichtigsten Qualitäten verfehlt. Vor allem stimmt dieses Beispiel nicht mit der Definition der dritten Gattung der Erkenntnis überein, wie sie zweimal in der *Ethik* vorkommt (T. 2, L. 40 Anm. 2; T. 5, L. 25 B.). Im Beispiel schreitet die Erkenntnis nicht »von der adäquaten Idee der formalen Wesenheit einiger Attribute Gottes fort«, sondern wird direkt durch eine besondere Anschauung erlangt. Überdies heißt es von der intuitiven Erkenntnis beim frühen Spinoza, sie trete spontan auf, während seine späte Theorie darauf besteht, sie müsse aus der zweiten Gattung der Erkenntnis hervorgehen (T. 5, L. 28 und B.). Des weiteren ist mit der gewöhnlichen Intuition, auf die das Beispiel Bezug nimmt, nicht vereinbar, daß es der dritten Gattung der Erkenntnis wesentlich ist, selten und besonders schwierig zu sein.

Das Beispiel zeigt eine verkürzte wissenschaftliche Erkenntnis, die unter Umgehung der Deduktion ein unmittelbares Begreifen, analog dem von Axiomen, liefert. Aber das geht nicht über die Grenzen der *ratio* hinaus. Ein mathematisches Genie, das imstande ist, eine große Anzahl von Ableitungsschritten zu einer einzigen Intuition zu verdichten, wird damit nicht im Besitz der dritten Gattung der Erkenntnis sein oder einen höheren moralischen und metaphysischen Standpunkt besitzen als seine weniger begabten Kollegen, obwohl es sicherlich ein viel besserer Wissenschaftler sein wird.

2 Ich folge hier der Einschätzung von Filippo Mignini (s. seinen Aufsatz »Per la datazione e l'interpretazione del *Tractatus de Intellectus Emendatione* di B. Spinoza«, *La Cultura* 17 [1979], S. 87–160).

3 Vgl. Jonathan Bennett, *A Study of Spinoza's Ethics* (Cambridge: Cambridge University Press, 1984), S. 357, 364–375. Bennett lehnt den letzten Teil der *Ethik* mit so scharfen Worten ab (es sei eine »komplette ... Katastrophe«, »Unsinn«, »Mist, der andere veranlaßt, Mist zu schreiben«, und ein Forscher wie Pollock, der ihn ernst nimmt, gerate ins »Faseln« und produziere »wertloses« Zeug), daß seine Ablehnung sich selbst widerspricht: Wie kann man so viel negatives Engagement in etwas investieren, das keine Rolle spielt? Letztlich zieht Bennetts Buch (das im übrigen interessante und zum Teil aufschlußreiche Mikroanalysen bietet) den kürzeren; denn es geht nicht nur an einem Teil der *Ethik* vorbei, sondern an einer wichtigen Perspektive, von der aus das Ganze zu verstehen ist. Dieser Mangel wäre vermeidbar gewesen, wenn beachtet worden wäre, welche Ziele Spinoza hinsichtlich der Religion und mit einer Verwandlung religiöser Sprache und Gefühle verfolgt und daß er letztendlich nach einem anderen Weg der Erlösung sucht. Bennett hätte dann das Argument, das er an anderer Stelle von Kripke übernommen hat (S. 366), gebrauchen und sagen können, daß Spinoza (oder das Christentum oder Judentum oder der eine oder andere Mystiker oder Theologe) sehr wohl über dasselbe, nämlich über Erlösung sprechen und an einer sinnvollen (und für sie höchst wichtigen) Diskussion teilnehmen können, auch wenn manch einer oder alle darüber falsche Theorien vertreten. Jedenfalls hätte hier der historische Kontext – Spinozas marranischer Hintergrund – helfen können zu erkennen, welche Bedeutung die Frage der Erlösung *überall* in Spinozas systematischem Werk einnimmt.

4 Ich meine *objektiv* verinnerlicht, das heißt, in etwas verwandelt, was das innere Wesen des Gegenstandes repräsentiert.

5 Hier stellt sich die Sache also anders dar als in der *Abhandlung über den Verstand*, wo der äußeren Kausalität eine wesentlich geringere Rolle zugesprochen wird. Diese Veränderung, die das epistemische Niveau mechanistischer Verursachung hebt, hat eine Parallele: Sie schafft die Unmittelbarkeit der dritten Gattung der Erkenntnis ab und macht sie von den Produkten der *ratio* abhängig.

6 Nebenbei, die Idee, das Universum habe ein »Gesicht« oder menschliche Züge, war Spinoza sicherlich aus der Kabbala bekannt. Dort besitzt das Universum eine mystische Struktur gemäß den Konturen des »ersten Menschen« (*adam kadmon*). Spinoza übernimmt zwar die Metapher, verzichtet aber auf die anthropomorphen Implikationen: Das einzige »Gesicht«, das das Universum besitzt, ist das Zusammenspiel logischer und mechanistischer Gesetze, ohne die leiseste Spur von Teleologie oder eines anderen Zuges von Menschenähnlichkeit.

7 Die Attribute lassen keine Interaktion zu, wohingegen die dritte Gattung der Erkenntnis aus der zweiten als ihrer notwendigen Vorbedingung resultiert. Nach der offiziellen Lehre steht kein Attribut höher als die anderen, aber das vertikale, auf Wesenserkenntnis beruhende Wissen soll eine tiefere Einsicht vermitteln als horizontal mechanistische Erkenntnis.

8 Wenn wir Naturgesetze als Gottes »unwandelbare Gebote« auffassen, so können wir diese Metapher noch weiter, sogar über Spinoza hinaus entwickeln. Im Hinblick auf

eine sinnvolle Naturwissenschaft nach heutigem Verständnis, die sich wandeln können muß, könnte ein gemäßigter Spinozist sagen, die Naturgesetze seien die von Gott festgelegte Verfassung, die jede wissenschaftliche Epoche auf ihre Weise, nach dem jeweils herrschenden wissenschaftlichen Paradigma interpretiert; ebenso wie in der religiösen Tradition die Bibel als unwandelbare göttliche Verfassung angesehen wird, die spätere Generationen zu Recht auf ihre Weise interpretieren können. Spinoza hat diese Position nicht vertreten, sie ließe sich aber mit seiner Theorie vereinbaren.

9 Wenn Spinoza von »erzeugender Definition« spricht, benutzt er ein technisches oder Konstruktionsbeispiel aus der Geometrie; wonach er sucht, ist aber metaphysische Erzeugung. Die echte Definition (das Wesen) eines Dinges ist gleich dem Kausalgeflecht, wodurch es erzeugt wird, und sie wird durch dieses kausale Netz erreicht. Meiner Auffassung nach begleitet diese Intuition Spinoza von früh an bis zum Höhepunkt der *Ethik*. Und auch wenn er in der *Abhandlung über den Verstand* sagt, man kenne Dinge entweder über ihr Wesen oder über ihre unmittelbaren Ursachen, so macht er hier die Trennung, die später zu einer Äquivalenz wird.

10 »Zunächst ist das *Sein des Wesens* nur der Zustand, vermöge dessen die geschaffenen Dinge in Gottes Attributen befaßt werden« (*Metaphysische Gedanken*, I. Teil, 2. Kap., S. 113). (Hier werden die Ausdrücke so gefaßt, daß sie sowohl zur Tradition als auch zu Spinozas Innovation passen.) Wesenheiten haben ihr Sein »außerhalb des Verstandes«. Alle solchen formalen Wesenheiten haben eine Idee, durch die sie in der Idee Gottes »objektiv enthalten« (repräsentiert) sind. (Später wird Spinoza sie genauer in Gottes unendlichem Verstand lokalisieren.) Formale Wesenheiten existieren, auch wenn das Ding, dessen Wesen sie sind, nicht existiert (siehe *Ethik*, T. 2, L. 8: daher impliziert die Wesenheit der Einzeldinge ihre Existenz nicht). Sie existieren weder aus sich selbst, noch sind sie geschaffen, sondern sie existieren nur insofern, »als sie in Gottes Attributen einbegriffen sind« (in denen alles enthalten ist, einschließlich der Wesenheiten nicht existierender Dinge – *Ethik*, ebd.). »In diesem Sinne stimme ich denen bei«, fügt Spinoza hinzu, »die sagen, das Wesen der Dinge sei ewig.«

11 Dieses »wodurch, wenn es gegeben ist, das Ding notwendig gesetzt, und wodurch, wenn es aufgehoben wird, das Ding notwendig aufgehoben wird« kann sowohl als ein logisches Wesen ausgelegt werden als auch als ein mechanistischer Prozeß oder eine Reihe von Prozessen, die entsprechend den Naturgesetzen eine notwendige und hinreichende Bedingung für die Erzeugung des in Frage stehenden speziellen Dinges sind.

12 Es ist interessant herauszufinden, wie Spinoza mit dem Phänomen beunruhigender philosophischer Wahrheiten umgehen würde. Während sein System voll davon ist, stellt es zugleich den Grundsatz auf, Wahrheit sei die Quelle von Freude, nicht von Leid. Die Auflösung der metaphysischen Illusion muß ein Leidensmoment enthalten, was auch erklärt, weshalb sie so hartnäckigen Widerstand hervorruft. Freud, in vieler Hinsicht ein Schüler Spinozas, wußte das und hat es erklärt; ebenso Nietzsche. Spinoza hat keine Theorie, die den Mechanismus des Übergangs von der tröstenden Illusion zur (zunächst) beunruhigenden Wahrheit erklären könnte, aber seine Theorie läßt eine solche zu, glaube ich. (Zu Beginn der *Abhandlung über den Verstand* beschreibt Spinoza tatsächlich einen solchen Übergang.)

13 Vgl. Kapitel II. 2 und II. 5.

14 Zu einem gegebenen Korpus wissenschaftlicher Erkenntnisse sind drei Zugangsweisen möglich. Erstens wird ein Positivist oder Naturwissenschaftler, der an Metaphysik nicht interessiert ist, eine metaphysische Interpretation gänzlich zu vermeiden suchen (auch wenn Spinoza ihm dennoch eine metaphysische Struktur zuschreibt, die möglicherweise der Einbildungskraft entspringt). Zweitens kann ein philosophisch gesinnter

Naturwissenschaftler denselben Wissenskorpus nach Spinozas Metaphysik interpretieren, dabei jedoch auf der Ebene gewöhnlicher Rationalität bleiben, mit ihren linearen Argumenten und gesetzesartigen Erklärungen, indem er die Relation zwischen Substanz, Attribut, Modus, Gesetz und ähnlichem (oder Körper und Geist, Gefühl und Erkenntnis) so diskursiv auffaßt, wie das in der empirischen Wissenschaft vorherrschend und im »geometrischen« Entwurf der *Ethik* dargelegt ist. Schließlich erlangen in der dritten Gattung der Erkenntnis dieselben Dinge eine neue oder höhere Interpretation, wenn sie durch ihre besonderen Wesenheiten so, wie sie in Gott sind, aufgefaßt werden und auch Gott nur in ihnen und durch sie aufgefaßt wird. Das erweitert unser Wissen über empirische Einzeldinge und gibt ihnen eine höhere metaphysische Interpretation – zugleich zwingt es uns auch, Spinozas eigene Metaphysik anders zu verstehen, da die ersten Bücher der *Ethik* nun vom Standpunkt des fünften Buches aus begriffen werden. Mit anderen Worten, auch metaphysische Wahrheiten werden von ihrer linearen Anordnung befreit und als das System der Ideen verstanden, in dem sie in wechselseitigen Relationen existieren. Diese neue Organisation oder Synthese derselben Wissensbestände gestattet einen tieferen Einblick in die Struktur der Realität und die ihr entsprechende emotionale Reaktion.

15 Oder in seinem unendlichen Verstand. Spinoza unterscheidet hier (T. 2, L. 8) zwischen Ideen und Wesenheiten. Wesenheiten sind unveränderliche Entitäten, die logisch existieren und im Attribut enthalten sind. Ideen vertreten diese Wesenheiten und hängen von ihrem Zustand ab. Ein Wesen, das keine Dauer hat, wird als solches repräsentiert, und ein Wesen, das zu dauern beginnt (oder das in diesem Modus existiert), wird auch als solches repräsentiert. Aus der in T. 2, L. 8 implizierten Theorie ergibt sich, daß Wesenheiten unveränderlich sind, Ideen aber nicht.

Da Ideen dasselbe sind wie ihre Gegenstände, müssen sie den Umstand wiedergeben, daß ihr Gegenstand in der Dauer existiert oder bloß ein logisches Wesen ist. Aber Wesenheiten repräsentieren diesen Unterschied nicht in sich selbst. Sie sind der Existenz gegenüber indifferent: das unterscheidet sie von den Ideen.

Diese Theorie kann jedoch nicht richtig funktionieren. Sie versagt, meine ich, weil sie die Parallele zwischen logischer und mechanistischer Vereinzelung nicht aufrechterhalten kann. Wenn die Gesamtsumme transitiver Ursachen, wodurch ein Ding zu existieren und zu agieren bestimmt ist, seine Einzigartigkeit im Sein definiert und wenn es seinem Wesen äquivalent sein soll, dann ist es nicht möglich, daß eines der Äquivalente (das erste) die Parameter der Dauer enthält und das zweite (das Wesen) nicht; denn in diesem Fall sind sie nicht äquivalent. Spinoza muß entweder in das Wesen Parameter der Dauer aufnehmen oder diese bei der Kausalerklärung auslassen oder aber die Äquivalenz fallenlassen. Das letztere will er nicht tun, und das zweite kann er per definitionem nicht; so bleibt ihm nur übrig, für das Wesen Parameter der Dauer einzuführen und die Unterscheidung zwischen Wesen und Idee aufzugeben. Und obwohl das vielleicht anderenorts Probleme aufwirft, denke ich, daß das die kohärenteste Lösung ist.

16 So sagt Spinoza explizit in T. 5, L. 23, B.: »Wir legen der Seele eine Dauer nur bei, solange der Körper dauert«. Dann aber ist sein berühmter Satz: »Es ist daher nun an der Zeit, zu dem überzugehen, was die Dauer der Seele ohne Beziehung auf den Körper betrifft« (T. 5, L. 20, Anm.) eindeutig inkohärent oder absichtlich irreführend. Im Denken Spinozas ist der Geist so lange von Dauer, als der Körper dauert, und wenn das Bewußtsein seine Endlichkeit überwindet, dann erlangt es eine Art von Ewigkeit, aber keine unendliche Dauer.

17 Das ist der Unterschied zwischen Zeitlosigkeit (Ewigkeit bei Spinoza) und Unsterblichkeit. Unsterblichkeit bedeutet unbeschränkte Existenz *in der Zeit*. Darüber hinaus

bedeutet es unbeschränktes Leben, da Unsterblichkeit nur Entitäten zugeschrieben werden kann, denen logisch auch Sterblichkeit zuschreibbar ist. Nach Spinoza kann Sterblichkeit und Unsterblichkeit nur Entitäten im Bereich von Dauer und äußeren Ursachen zukommen.

Das unterscheidet Unsterblichkeit auch vom Immer-und-ewig-Sein. Die Naturgesetze (und der unendliche Modus, auf dem sie beruhen) sind immer und ewig; sie gehören der *natura naturata* an und bestimmen deren immerwährende gesetzesartige Struktur. Und wie die meisten Zwischenstufen haben sie eine problematische Stellung, denn sie haben (unbegrenzte) Dauer, sind aber selbst nicht von äußeren Ursachen bestimmt. Aus dem Beispiel unendlicher Modi können wir schließen, daß ewige Wesenheiten auf ihre Weise auch immer und ewig sind, denn in jedem Augenblick kann man von ihnen sagen, daß sie existieren – allerdings zeitlos. Wie immer man dieses Paradox (wenn es denn eines ist) löst, diese Wesenheiten sind immer und ewig, unabhängig davon, ob ihre Gegenstände in die aktuale Welt der Dauer und der äußeren Ursachen eingetreten sind. Haben sie das aber einmal getan und drückt ein konkretes Ding das Wesen erst einmal in bestimmter Zeit und an bestimmtem Ort aus, so kann es diese Existenz nicht unbeschränkt aufrechterhalten. Statt dessen muß das Ding – von äußeren Ursachen hervorgebracht, die sein Wesen horizontal übertragen, und als Streben (*conatus*) dem Angriff äußerer Ursachen so lange wie möglich widerstehend – schließlich einmal unterliegen und in der Dauer zu existieren aufhören. Alles, was an diesem Zeitpunkt übrigbleibt – oder besser: ist – ist ein ewiges Wesen.

18 Natürlich kann und muß ein besonderes Wesen, da es den einzigartigen Platz des Individuums im Sein definiert, seine Lebensgeschichte oder seinen Werdegang mit einschließen; aber es drückt das aus der Sicht der Ewigkeit aus, als eine zeitlose Implikation Gottes (und als einen ontologischen »Fleck« auf der ewigen Karte des Seins).

7. KAPITEL

1 Nur Hegel kam darauf zurück, allerdings war er weniger radikal und konfrontativ.

2 Hinsichtlich einer Reihe jüdischer Elemente, die in der Tiefenstruktur von Spinozas Selbstbild fortbestanden, siehe unten.

3 Siehe das erste Kapitel des *Theologisch-Politischen Traktats*. In der Vorrangstellung von Jesus drückt sich nicht Spinozas philosophische Auffassung aus, sondern das, was seiner Meinung nach die Position der Bibel ist. Zugleich verfolgt er natürlich auch einen rhetorischen Zweck, wenn er, an ein christliches Publikum gerichtet, der Bibel eine Präferenz für Jesus zuschreibt.

4 Ein Beleg hierfür findet sich in Spinozas Briefwechsel mit Heinrich Oldenburg, in dem es um Jesus geht. Oldenburg (Brief 71 vom 15. Nov. 1675, in: *Briefwechsel* [Hamburg: Meiner, 1977], S. 273) berichtet von gläubigen Christen, die Spinoza vorwerfen, er verheimliche seine Ansichten über Jesus und die Fleischwerdung. Oldenburgs Brief veranlaßte Spinoza zu einer energischen Antwort und einer offenen Stellungnahme (Brief 73, ebd., S. 276 f.). Von denen, die behaupten, Gott habe menschliche Natur angenommen, sagt Spinoza, er habe bereits ausdrücklich dargelegt, daß er nicht wisse, was sie damit sagen wollen. Und er fügt hinzu, ihre Worte seien »gerade so unsinnig, als wenn mir jemand sagen wollte, der Kreis habe die Natur des Quadrats angenommen«. Auch die Christen müßten Jesus nicht »nach dem Fleische«, sondern metaphorisch erkennen. Der Ausdruck *ewiger Sohn Gottes* bedeute Gottes ewige Weisheit, die in allen Dingen ist (daher setzt Spinoza sie – wie bereits ausdrücklich in der *Kurzen Abhandlung*, 9. Kapitel – mit dem unendlichen Verstand gleich). Der leibhaftige Jesus, die historische Gestalt, war

nur ein Mensch, wenn auch ein außergewöhnlicher Philosoph, der die rationale Wahrheit entdeckt hat, und ein Mensch, in dem sich die göttliche Weisheit besonders manifestierte. Das ist Spinozas Interpretation der Vorrangstellung, die die Heilige Schrift Jesus einräumt.

5 Eine dem Pharisäertum ähnliche Haltung entwickelte sich auch im babylonischen Exil. Die Erfahrung eines eigenen jüdischen Lebens in Babylon lag zeitlich vor Rabbi Jochanan und der Zerstörung des Zweiten Tempels. Auch der Talmud, der die Ergebnisse dieser Bemühungen enthält, ist überall im Judentum zumeist in der babylonischen Version bekannt.

6 J. P. Sartre, *Betrachtungen zur Judenfrage* (Zürich: Europa, 1948), bes. S. 79 ff.

7 Y. H. Yerushalmi, »Spinoza's Words on the Survival of the Jewish People«, in: *Proceedings of the Israel Academy of Sciences and Humanities* (hebr.), (Jerusalem 1984) Bd. 6, S. 176 ff.

8 Y. F. Baer, *Galut* (New York: Schocken, 1947), S. 104; siehe auch Yerushalmi, »Spinoza's Words«, S. 181 f.

9 Yerushalmi, »Spinoza's Words«, S. 182. Die Statuten über die Reinheit des Blutes waren bereits 1449 (bei einem Aufruhr in Toledo) erlassen worden, doch hatten sie lange Zeit nur örtlich begrenzte Wirkung und waren aus theologischen Gründen heftig umstritten. Diese Statuten wurden erst mehr als ein Jahrhundert später unter Philipp II. zum Landesgesetz. Dann aber wurden sie so wichtig, daß die Inquisition immer dann, wenn jemand für ein wichtiges Amt kandidierte, mit ihrer Hilfe in der entferntesten Verwandtschaft herumschnüffelte, um sicherzustellen, daß nicht »unreines Blut« durch die Adern irgendeines Urgroßonkels einer Großmutter geflossen war. Diese Übung setzte sich nicht nur in Spanien durch, sondern auch – und vielleicht in erster Linie – in Portugal, ein Umstand, den Spinoza unbeachtet läßt und der ihm Kritik eingetragen hat.

10 Auch nach der Korrektur des von Spinoza gezeichneten Bildes verdient die folgende These (die auch dem heutigen Kenntnisstand entspricht) auf jeden Fall verteidigt zu werden: Die Inquisition und die Anti-Converso-Politik leerten nicht nur vielen judaisierenden Conversos die Taschen, sondern verstärkten zugleich auch ihr Abgesondertsein. Das lag daran, daß sich die Conversos nicht nur als »Neuchristen«, sondern (besonders in Portugal) auch direkt als »Juden« verstanden und daß das aufgrund der Verfolgungen ihre innere Solidarität verstärkte.

11 Darin ist vielleicht implizit Spinozas Erklärung über die Existenz von Nationen im allgemeinen enthalten. Nach Spinozas Ontologie sind nur Einzeldinge real. »Universalia« sind irreale Abstraktionen oder bloße Namen, »*nomina*«. Dieser Nominalismus hindert jedoch die (in diesem Fall psychosozialen) Naturgesetze nicht, ein Netz von Ursachen hervorzubringen, die das Bild, das Schicksal und die Lebensumstände einer bestimmten Gruppe von Individuen sich wandeln und parallel und wechselseitig sich entwickeln lassen, so daß sich daraus eine nominalistisch-naturalistische Erklärung für die Existenz von Nationen ergibt. Die »Nation« als solche ist kein wirkliches Individuum, aber die Verwendung der Kategorie »Nation« ist bezeichnend und sogar notwendig, will man das Schicksal und die Situation eines Individuums erklären.

12 Spinoza schreibt, als sei er Zeuge gewesen. Er sagt nicht, »ich habe von jemandem gehört«, sondern: »ich weiß von einem«. Hörensagen als tatsächliches Wissen auszugeben, ist im Falle Spinozas ganz besonders merkwürdig, denn er ordnet das Hörensagen (*ex audito*) einer minderen Art des Wissens zu, die nicht eigentlich Wissen ist. Auch beweist uns die durch die hebräische Übersetzung bedingte Verwechslung von »der Treue« und »der Gläubige« bei Spinoza, daß dieses Problem bei ihm lauter widerstreitende Assoziationen und mächtige, aber ungenaue Konnotationen auslöst.

13 Yerushalmi, »Spinoza's Words«, S. 187, 189. Übrigens entlehnt Spinoza dies von Tacitus, der in bezug auf die Juden vom »Haß der Nationen« und vom »hartnäckigen Aberglauben« der Juden spricht, woraus sich ihr heldenhafter Widerstand bei der Belagerung von Jerusalem erklärt. (Spinoza zitiert ihn im selben Text.) Über Tacitus' Einfluß auf Spinoza siehe Chaim Wirszubski, »Spinoza's Debt to Tacitus«, *Scripta Hierosolymitana* (Jerusalem 1955), Bd. 2, S. 176–186.

14 Daher haben die Formulierungen, die Juden werden »ihr Reich wieder aufrichten« und »daß Gott sie von neuem auserwählt«, genau die gleiche Bedeutung, und sie zu verbinden stellt einen Pleonasmus dar.

15 G. Scholem, *Sabbatai Zwi. Der mystische Messias* (Frankfurt: Jüdischer Verlag, 1992), S. 583 ff.

16 Dies deutet auf die chiliastische Atmosphäre in England selbst, wie sie im Kreis um Oldenburg stark war. Serrarius, der als Mittelsmann zwischen Spinoza und Oldenburg diente, war selbst ein Anhänger des Chiliasmus. Wenn Oldenburg trotz dieser Verbindungen sich mit der Bitte um Information an Spinoza wandte, muß er – nicht ohne Grund – angenommen haben, daß Spinoza über die Sache unterrichtet war und Kontakte zu Amsterdamer Juden unterhielt.

17 Genau genommen läßt die spinozistische Ontologie den Begriff der Möglichkeit nicht zu, da alles entweder notwendig oder unmöglich ist. Aber die Unkenntnis von Ursachen läßt uns Möglichkeit als einen epistemisch relativen Indikator verwenden (der sich auf unseren Wissensstand, weniger auf die ontische Modalität der Dinge bezieht). Das ist für die Menschen eine praktische Notwendigkeit, vor allem, wenn es um die Prognose des Verhaltens anderer oder um den Wechsel historischer Strömungen geht.

18 So sind Spinozas eigene Worte über *historia sacra* zu verstehen. Spinoza spricht rhetorisch vom Standpunkt seines Publikums und nicht im eigenen Namen. Über Spinozas Aufhebung der heiligen Geschichte im allgemeinen siehe Shlomo Pines, »Die Wiedereinrichtung des jüdischen Staates nach Ibn Kaspi und Spinoza« (hebr.), *Iyyun* 14 (1963/64), S. 289–317; englische Zusammenfassung S. 367–369.

19 Heinrich Heine, »Zur Geschichte der Religion und Philosophie in Deutschland«, *Sämtliche Werke* (München: Winkler, 1984), Bd. 3, S. 448.

20 Man kann sogar vermuten, daß Spinoza der Meinung war, sein philosophisches System ergebe sich aus der wahren jüdischen Tradition. In einem Brief an Oldenburg (*Briefwechsel*, 73. Brief, S. 276) schreibt er Paulus (und anderen antiken Denkern) eine pantheistische Auffassung zu, wonach Gott die immanente Ursache der Natur ist und wonach »alles in Gott lebt und webt«. Diese Auffassung wurde von späteren christlichen Theologen (die Spinoza vielleicht absichtlich ironisch »Neuchristen« nennt) gestrichen oder verfälscht. Doch Spinoza behauptet, seine Philosophie der Immanenz vertrete dasselbe wie Paulus, vielleicht wie alle antiken (heidnischen) Philosophen, »und ich darf wohl auch sagen, wie alle (!) alten Hebräer«, auch wenn ihre Traditionen (von späteren Juden wie Christen, scheint er sagen zu wollen) verfälscht worden sind. Spinozas Identifikation mit den alten Hebräern ist hier viel deutlicher als die mit den heidnischen Philosophen, und der rhetorische Kontext hätte es nicht nötig gemacht, sich auf die Juden zu berufen. Im Gegenteil scheint sich Spinoza bei seinem christlichen Leser zu entschuldigen, daß er hier auf jüdische Ideen zurückgreift. Vielleicht erwähnt er sie, um zu zeigen, daß Juden, Heiden und Christen in dieser Idee übereinstimmen, was ein Zeichen ihrer universellen Wahrheit wäre. Spinoza schreibt diesen Brief unter einem gewissen emotionalen Druck und daher weniger vorsichtig als gewöhnlich. Auf Oldenburgs Herausforderung (siehe Anm. 4) antwortet er mit einer viel schärferen Kritik am Christentum, als er sich normalerweise zugestehen würde. Und in diesem Zusammenhang hält er es

für richtig, sich stark mit den »alten Hebräern« zu identifizieren und zu behaupten, daß seine Philosophie ihre Botschaft stütze – daß also er, Spinoza, die *wahre* jüdische Botschaft weitertrage!

21 Alexandre Matheron nennt das »die Heiligung des Politischen durch die Politisierung des Heiligen«; siehe A. Matheron, *Le Christ et le salut des ignorants* (Paris: Aubier-Montaigne, 1971), S. 14 ff.

22 Eine Variante dieser Position behauptet, daß das Judentum, wenn es der Menschheit insgesamt eine universelle »Botschaft« bringen soll, sich zwar modernisieren, aber in seinen Einzelzügen weiterexistieren muß. Diese Auffassung kam im 19. Jahrhundert in Deutschland auf, und ihre Verbreitung hat die jüdische Aufklärung, die *Haskala*, begleitet.

23 Wie sehr Prados Herausforderung der Gemeinde allen akzeptierten Kategorien zuwiderlief, läßt sich aus dem Vergleich mit Pater Daniel Rufeisen ermessen, einem Juden, der während des Nazi-Völkermords zum Katholizismus übertrat und sich zugleich mit seinem gequälten Volk zutiefst solidarisch fühlte. Als er nach dem Krieg nach Israel emigrierte, nannte er sich selbst einen katholischen Juden (katholisch der Religion nach und von jüdischer Nationalität) und verlangte jüdisches Bürgerrecht nach dem Rückkehrgesetz (welches besagt, daß jeder Jude Bürger Israels werden kann). Bei der Ablehnung seines Antrags (er wurde durch ein anderes Verfahren eingebürgert) ließ das höchste israelische Gericht durchblicken, daß solche Forderungen nicht unbedingt abwegig seien, sondern relativ nach dem historischen Zeitpunkt und den historischen Bedingungen (das heißt, daß diese sich auch ändern können). Ein anderer aktueller Fall ist der von Kardinal Lustiger, ebenfalls jüdischer Konvertit während des Nazi-Völkermords, der, als er zum Erzbischof von Paris ernannt wurde, erklärte, er habe nie aufgehört, Jude zu sein, und sei als Christ stolz, diesem alten Volk anzugehören. Man darf die Analogie zwischen einem »weltlichen Juden« und einem »christlichen Juden« nicht allzu eng fassen. Doch die Abwegigkeit beider Vorstellungen je nach ihrer Zeit legt eine Parallelität nahe. Niemand kann vorhersagen, ob die Bezeichnung »protestantischer Jude« oder »katholischer Jude« nicht eines Tages ebenso akzeptiert und weit verbreitet sein wird, wie »weltlicher Jude« heute verbreitet ist (zumindest in Israel). Ein Urteil in diesen Dingen ist weder theoretisch noch ideologisch, sondern historisch bedingt; theoretische Kategorien werden die reale historische Situation und das daraus erwachsende Bewußtsein begleiten.

24 Mein Dank gilt J. S. Hirsch, dem früheren Kurator der Sammlung seltener Bücher der Universitätsbibliothek Haifa (wo auch das »Spinozaeum« untergebracht ist); er überließ mir eine Fotokopie dieses Briefes sowie Kopien anderer Bestände dieser Sammlung.

II. TEIL
DIE ABENTEUER DER IMMANENZ

VORWORT

1 Eine fundierte Untersuchung dieses Einflusses in Frankreich unternahm P. Vernière, *Spinoza et la pensée française avant la Révolution* (Paris: PUF, 1954, 1982).

I. KAPITEL

1 Es wären uns nur der *Theologisch-Politische Traktat* und einige frühere Werke geblieben wie *Descartes' Prinzipien der Philosophie* mit dem Anhang *Metaphysische Gedanken*, Werke, die nicht unbedingt die Intention Spinozas ausdrücken.

2 Mit »kausal« bezieht sich Spinoza sowohl auf psychologische Ursachen als auch auf logische Gründe; das betrifft generell seine Assimilation von Ursachen und Gründen.

3 Yirmiyahu Yovel, *Kant and the Philosophy of History* (Princeton: Princeton University Press, 1980), besonders S. 88 ff.

4 Lukrez, *De rerum natura*, 1.101; von Kant zitiert in *Die Religion innerhalb der Grenzen der bloßen Vernunft, Kants Werke* (Berlin: de Gruyter, 1968), Bd. 6, S. 131.

5 Julius Guttmann, *Mendelssohns Jerusalem und Spinozas Theologisch-Politischer Traktat* (48. Bericht der Hochschule für die Wissenschaft des Judentums, Berlin 1931), S. 36 Anm. Siehe auch ders., *Religion und Wissenschaft* (hebr.; Jerusalem: Magnes Press, 1955).

6 Weitere und andere Aspekte der Beziehung zwischen Spinoza und Kant finden sich bei Henry Allison, »Kant's Critique of Spinoza«, in Richard Kennington (Hg.), *The Philosophy of Baruch Spinoza* (Washington: Catholic University of America Press, 1980), S. 199 bis228; vgl. José Castaing, *Kant et Spinoza* (vervielfältigt, Paris 1988).

7 Siehe Carl Gebhardt, *Spinoza* (Leipzig: Reclam, 1932), S. 65.

8 Leo Strauss, *Persecution and the Art of Writing* (Glencoe, Ill.: Free Press, 1952). Dazu gehört, daß die esoterische Bedeutung unter einem Schleier absichtlicher Mehrdeutigkeiten, manchmal sogar Widersprüchlichkeiten und der extensiven Verwendung frommer Formeln und Zitate verborgen ist. Wenn Spinoza in seinem *Theologisch-Politischen Traktat* (S. 212; *Opera*, Bd. 3, S. 173) ironisch das holländische Sprichwort zitiert: »*geen ketter sonder letter*« (kein Ketzer ohne Buchstaben), dann landet er einen weiteren meisterlichen Treffer, denn die Ironie liegt auf höherer Ebene, und der Ausspruch gilt für den Autor ebenfalls. Die Notwendigkeit zur Vorsicht wird ausdrücklich erklärt, wenn Spinoza, Descartes (*Discours de la Méthode*, Teil 3) folgend, die Regel aufstellt, man müsse sich den Redeweisen der Masse anpassen (siehe *Abhandlung über den Verstand*, Kap. 17), und wenn er an Oldenburg schreibt (*Briefwechsel*, 73. Brief, S. 276), er habe in seinem *Theologisch-Politischen Traktat* versucht, sich vom Vorwurf des Atheismus freizumachen.

9 Emil Fromm gibt eine detaillierte Analyse von Kants Verhältnis zur Zensur seiner Zeit; sie basiert auf dem Königlichen Archiv in Berlin (siehe *Kant und die preussische Censur.* Nach den Akten im Königlichen geheimen Staatsarchiv (Hamburg & Leipzig: Voss, 1894). Weitere Anzeichen dieses Konflikts sind Kants vorsichtige Überlegungen zur politischen Autorität (siehe *Über den Gemeinspruch: Das mag in der Theorie richtig sein, taugt aber nicht für die Praxis, Werke*, Bd. 8, S. 273–313; *Die Metaphysik der Sitten*, 1. Teil: *Metaphysische Anfangsgründe der Rechtslehre, Werke*, Bd. 6, S. 203–372), seine offensichtliche Ambivalenz gegenüber Revolutionen im allgemeinen und der Französischen Revo-

lution im besonderen (vgl. z. B. das Schlußkapitel von *Über den Gemeinspruch* mit *Der Streit der Fakultäten* [*Werke*, Bd.7, 2. Abschnitt, § 6]) und sein Versuch (in *Die Religion innerhalb der Grenzen der bloßen Vernunft*, *Werke*, Bd. 6, S. 121 f.), eine wenn auch weither geholte Stelle zu finden, rationalen Prinzipien der Theologie zu widersprechen. Es ist klar, daß Kant den direkten Konflikt mit der religiösen Öffentlichkeit zu vermeiden suchte (siehe meine Untersuchung *Kant and the Philosophy of History*, S. 215 ff).

10 Ein wichtiges Mittel, das sowohl Spinoza als auch Kant verwenden, besteht darin, die Verträglichkeit der Vernunft mit der Heiligen Schrift (oder mit der Theologie) zu behaupten (siehe *Metaphysische Gedanken*, 8. Kap.; *Theologisch-Politischer Traktat*, 15. Kap.; *Die Religion innerhalb der Grenzen der bloßen Vernunft* [*Werke*, Bd. 6, S. 13]). Doch das ist nur ein Lippenbekenntnis zu einer Idee, die beide Philosophen in ihren Büchern gerade verwerfen.

11 Ich verwende diesen Ausdruck im Sinne von »rationaler Reinigung« oder säkularer Reform, nicht als eine Rechtfertigung ex post.

12 Darauf deutet die Stelle in der *Ethik* (T. 4, L. 37, Anm. 1): »Alle Begierden und Handlungen ferner, deren Ursache wir sind, sofern wir die Idee von Gott haben oder sofern wir Gott erkennen, rechne ich zur Religion.« Diese Beschreibung bezieht sich weder auf geschichtliche Religion noch auf eine gereinigte *religio catholica*, sondern auf die höchste Stufe der Metaphysik. Der Mensch, der durch ein klar gegliedertes System die Identität Gottes mit der Totalität der Welt und seinen eigenen Platz innerhalb dieser Totalität begreift, ist zur Befreiung und zu einem neuen emotionalen Status gelangt, in dem Freude und die Liebe zu Gott vorherrschen und der von »aktiven« (freien) Wünschen und Motivationen gekennzeichnet ist. In Übereinstimmung damit gibt Spinoza im selben Lehrsatz dem Begriff der Frömmigkeit (*pietas*) eine philosophische Definition par excellence, im Unterschied zur gewöhnlichen Bedeutung dieses Begriffes im *Theologisch-Politischen Traktat*.

13 Dieser Gedanke erinnert zum Teil an Aristoteles' Begriff der praktischen Vernunft.

14 Spinoza verwendet, was er die »gewöhnliche« Definition von (austeilender) Gerechtigkeit nennt, worunter »der feste und beständige Wille, jedem sein Recht zu geben«, zu verstehen ist (*Theologisch-Politischer Traktat*, 4. Kap., S. 67; *Opera*, Bd. 3, S. 59).

15 Spinoza formuliert einen solchen Übergang allerdings in seiner Behandlung der *notiones communes* (siehe *Ethik*, T. 2, L. 37–39 und *Theologisch-Politischer Traktat*, 6. Kap., S. 97 Anm.).

16 Die Idee dabei ist, daß derjenige, der die philosophische Vernunft nicht erreicht, zwischenzeitlich seine niedrigeren Kräfte des Vorstellungsvermögens und der Assoziation (Erinnerung) so neu ordnen kann, daß sie zu einem quasi rationalen Verhalten führen. Dieses Verhalten wird alle äußeren Kennzeichen und sozialen Vorteile der rationalen Verhaltensweise haben, es wird nur weniger stabil sein, und, das ist das wichtigste, es wird nicht imstande sein, den Handelnden zu befreien und sein inneres Leben und seine Persönlichkeit zu verändern.

17 Ich beziehe mich auf alle Arten der Vermittlung zwischen Spontaneität und Rezeptivität, wie sie sich im Bereich des Handelns, des Wollens, der Naturteleologie etc., nicht nur im Bereich des Wissens ausdrücken.

18 Dazu zählen die »Typik«, die Weltgeschichte oder das Postulat der Existenz Gottes.

19 »Wenn nun die Menschen von Natur so beschaffen wären, daß sie nur das begehrten, worauf die wahre Vernunft sie verweist, dann brauchte die Gesellschaft sicherlich keine Gesetze, sondern es würde vollauf genügen, die Menschen die wahren Sittengesetze zu lehren, damit sie von sich aus mit vollem und freiem Entschluß das täten, was wahrhaft nützlich ist.« (*Theologisch-Politischer Traktat*, 5. Kap., S. 84; *Opera*, Bd. 3, S. 73)

20 Siehe Leo Strauss, *Persecution and the Art of Writing*, S. 46.

21 Spinozas kritische Einstellung gegenüber buchstäblicher Bedeutung ist der kritischen Einstellung ähnlich, die seine und Descartes' Wissenschaft gegenüber Empfindungen und empirischen Daten forderte. Sie dienen als Ausgangspunkt für die Erkenntnis und zeigen dem Forscher seine Fragen; doch um sie zu verstehen und zu definieren, braucht er zusätzliche Daten und Prinzipien.

22 Spinoza selbst verwendet diese Terminologie nicht, aber eine Durchsicht des 7. Kapitels des *Theologisch-Politischen Traktats* beweist eine starke Analogie.

23 Eine dieser Annahmen war, die Bibel gebrauche die Sprache *ad captum vulgi* (nach der Fassungskraft der Menge). Spinoza, der auch das talmudische Pendant kannte (»Die Gesetzlehre spricht in der üblichen Redensart der Menschen« [Babylonischer Talmud, *Berakhot* 31 b; *Jebamot* 71 a]) sowie die früheren Interpretationsweisen dieses Gedankens, unterschied sich mit seiner eigenen Interpretation radikal davon. Er leugnete, daß die Bibel höhere Erkenntnis in allgemeinverständlicher Sprache vermittle, oder auch, daß sie aus zwei Ebenen zusammengesetzt sei, einer esoterischen und einer exoterischen. Für ihn gehören sowohl Bedeutung als auch Wortlaut der Bibel zur selben Ebene der *imaginatio*; und deshalb sei es nutzlos, eine verborgene Bedeutung zu suchen, die die Fassungskraft der Menge übersteige. Diese Ansicht ist eindeutig von Spinozas eigener wissenschaftlicher Einschätzung des Wesens der Prophetie abgeleitet; und obwohl er versucht, in der Bibel dafür Belege zu finden, handelt es sich dabei um eine allgemeine rationalistische Annahme, die sich aus seiner Philosophie ergab und dann dem Text übergestülpt wurde.

24 P. F. Moreau, »La méthode d'interprétation de l'Écriture Sainte«, in *Spinoza, science et religion*, hg. von R. Bouveresse, Actes du Colloque, Cerisy-la-Salle 1982 (Paris: Vrin, 1988), S. 109–114.

25 *Religion innerhalb der Grenzen der bloßen Vernunft*, *Werke*, Bd. 6, S. 109–114.

26 Ebd., S. 110: »Um aber nun mit einem solchen empirischen Glauben, den uns dem Ansehen nach ein Ungefähr in die Hände gespielt hat, die Grundlage eines moralischen Glaubens zu vereinigen ... dazu wird eine Auslegung der uns zu Händen gekommenen Offenbarung erfordert, d. i. durchgängige Deutung derselben zu einem Sinn, der mit den allgemeinen praktischen Regeln einer reinen Vernunftreligion zusammenstimmt. Denn das Theoretische des Kirchenglaubens kann uns moralisch nicht interessieren, wenn es nicht zur Erfüllung aller Menschenpflichten als göttlicher Gebote (was das Wesentliche aller Religion ausmacht) hinwirkt.«

27 Ebd., S. 110: »Diese Auslegung mag uns selbst in Ansehung des Texts (der Offenbarung) oft gezwungen scheinen, *oft es auch wirklich sein*, und doch muß sie, wenn es nur möglich ist, daß dieser sie annimmt, einer solchen buchstäblichen vorgezogen werden, die entweder schlechterdings nichts für die Moralität in sich enthält, oder dieser ihren Triebfedern wohl gar entgegen wirkt.« (Hervorhebungen Y. Y.)

28 Johann David Michaelis (1717–1791). Kant setzt sich mit Michaelis' 1792 posthum veröffentlichtem Essay auseinander (er erschien ein Jahr vor Kants *Religion*), in dem Michaelis die buchstäbliche Bedeutung von Psalm 59, Vers 11–16 billigt, wo der Dichter die grausame Rache an seinen Feinden erfleht (»Vertilge sie ohne alle Gnade ...«).

29 *Werke*, Bd. 7, S. 46.

30 In dieser Schrift nennt Kant eine Reihe von zweifelhaften Gründen: 1. daß es in allen Religionen üblich sei, einen Text erstrebenswerten Zwecken anzupassen; 2. daß mit seiner Methode die wörtliche Bedeutung nicht allzusehr beeinträchtigt werde, da auch antike Mythologien insgeheim zur Moralisierung neigten; 3. daß der Autor das

durchaus gemeint haben könnte, was Kant ihm zuschreibt. Doch diese Argumente klingen eher wie Entschuldigungen: 1. Eine weitverbreitete Sitte ist zweifellos nicht ipso facto gerechtfertigt. 2. Was ist, wenn die Bedeutung doch verfälscht wird? Und selbst wenn es eine latente moralische Implikation gibt, ist sie sicherlich nicht mit der wörtlichen Bedeutung identisch. 3. Ein solcher Fall ist nicht sehr wahrscheinlich (vgl. Psalm 59, Vers 11–16). Genauso wahrscheinlich (ja noch wahrscheinlicher) ist, daß der Psalmist gemeint hat, was er sagte.

31 Siehe Y. Yovel, *Kant and the Philosophy of History*, besonders 6. Kapitel.

32 Sylvain Zac, *Spinoza et l'interprétation de l'Écriture* (Paris: Presses Universitaires de France, 1965).

33 Gershom Scholem, *Sabbatai Zwi: der mystische Messias* (Frankfurt: Jüdischer Verlag, 1992).

34 Widerspruchsfreiheit wird erreicht, indem die buchstäbliche Bedeutung der Bibel verfälscht wird, besonders jene Verse, in denen es um das Wesen von Vernunft und Rationalität geht. Typische Beispiele sind seine Kommentare zu König Salomo (*Theologisch-Politischer Traktat*, 3. Kap., S. 50), seine kasuistischen Argumente zum Verbot, vom Baume der Erkenntnis zu essen (Ebd., 4. Kap., S. 71 f.), oder die allegorische und ziemlich verdrehte Auslegung des kritischen Ausspruchs »Wer das Wissen mehret, mehret den Schmerz«, der schlichtweg dem springenden Punkt der Ethik und der Anthropologie Spinozas widerspricht (*Ethik*, T. 4, L. 17, Anm.).

35 Siehe meine ausführliche Kritik dieser Lehre in *Kant and the Philosophy of History*, S. 287 bis 298.

36 Mit dieser Äußerung ist nicht gemeint, daß ich Spinozas wissenschaftliche Methode im einzelnen aufrechthalten will. Die Reduktion der Bibel auf bloße philologische und historische Fakten kann kein erschöpfendes Verständnis des Phänomens bieten und verfehlt auch den Kernpunkt. Die Bibelwissenschaft muß zweifellos genuine religiöse Kategorien verwenden und die Bibel als ein religiöses Dokument behandeln.

2. KAPITEL

1 G. W. F. Hegel, *Wissenschaft der Logik II, Werke in zwanzig Bänden* (Frankfurt: Suhrkamp, 1969), Bd. 6, S. 249 f.

2 Ebd., S. 250 f.

3 Unter »Logik«, wie der Ausdruck im Titel seines metaphysischen Werks, der *Wissenschaft der Logik*, erscheint, versteht Hegel nicht formale Logik, sondern die Analyse des *logos*, wie er das Sein oder die Wirklichkeit selbst strukturiert. Daher bezeichnet »objektive Logik« die einseitige Auffassung, der *logos* sei nur in der äußeren Wirklichkeit verkörpert; »subjektive Logik« ist die Position (des Idealismus ganz allgemein), daß das vernünftige Subjekt an der Bestimmung der Rationalität und Aktualität des Objekts teilhat.

4 *Kritik der reinen Vernunft, Kants Werke* (Berlin: de Gruyter, 1968), Bd. 3, Vorrede zur 2. Aufl., B XXXVI.

5 *Vorlesungen über die Geschichte der Philosophie III, Werke* (Frankfurt: Suhrkamp, 1971), Bd. 20, S. 165.

6 *Phänomenologie des Geistes, Werke*, Bd. 3, S. 22 f.

7 Unter »alle relevanten Quellen« verstehe ich sowohl explizite als auch implizite Quellen. Zu den ersteren gehören natürlich Hegels direkte Bezugnahmen auf Spinoza in seinen *Vorlesungen über die Geschichte der Philosophie* und spezielle Bemerkungen in der *Logik* und anderenorts. Doch zusätzlich – und da folge ich Hegels Ratschlag – schöpfe

ich aus dem tatsächlichen Gedankengang der *Logik*, wo in der Umarbeitung solcher Kategorien wie »Substanz« und »das Absolute« und im entscheidenden Übergang von der objektiven Logik zur subjektiven Logik implizit an Spinoza Kritik geübt wird.

8 *Vorlesungen über die Geschichte der Philosophie III*, *Werke*, Bd. 20, S. 163.

9 Siehe Kant, *Kritik der reinen Vernunft*, A 725–737/ B 752–766; dazu auch Y. Yovel, *Kant und die Erneuerung der Metaphysik* (hebr.; Jerusalem: Bialik Institut, 1973), 8. Kap.

10 *Vorlesungen über die Geschichte der Philosophie III*, *Werke*, Bd. 20, S. 164, 185.

11 Es gibt zwar eine reflexive Idee (*idea ideae*), die über allen besonderen Ideen steht, aber es gibt kein singuläres, göttliches *ego cogito*, das sie verbindet, das sie alle seiner singulären subjektiven Identität zuschreibt.

12 Eine genauere Analyse über Hegels »werdenden Gott« und den »wahrhaft revolutionären Bruch mit der Tradition der gesamten Theologie« findet sich bei L. Œing-Hanhoff, »La nécessité historique du concept hégélien de Dieu«, in Guy Planty-Bonjour (Hg.), *Hegel et la Religion* (Paris: PUF, 1982), S. 78–100.

13 Emil Fackenheim hat das in seinem Buch *The Religious Dimension in Hegel's Thought* (Boston: Beacon Press, 1967) hervorgehoben. Man muß hinzufügen, daß das nur eine Dimension, ein Moment der Hegelschen Synthese ist, nicht ihre Gesamtheit. Dazu gehören auch soziale, politische und kulturelle Vorgänge, und dadurch, daß er der Geschichte eine quasi religiöse Dimension verleiht, werden diese Vorgänge in ihrem ontologischen Status aufgewertet. Die Bedeutung sozialen Handelns ist bei Hegel durch die Anerkennung des religiösen Zusammenhangs nicht herabgesetzt, sondern eher unterstrichen.

14 Siehe Œing-Hanhoff, »La nécessité historique«; und James Yerke, *The Christology of Hegel* (Albany, N.Y.: SUNY, 1983), S. 156, 158: »Die Verwirklichung der Freiheit ist die Verwirklichung der Einheit der göttlichen und menschlichen Natur ... Hegel erkennt natürlich, daß diese historische Entwicklung hin zum vollen Bewußtsein der rationalen Freiheit des Menschen ein *reziprokes* Handeln auf seiten Gottes und des Menschen beinhaltet, eine ›Kooperation‹, die eine der Wahrheiten in der lutherischen Konzeption der Eucharistiefeier darstellt.«

15 Siehe Pierre Macherey, *Hegel ou Spinoza* (Paris: Maspero, 1979), S. 32.

16 Siehe Kapitel I. 4.

17 *Vorlesungen über die Geschichte der Philosophie III*, *Werke*, Bd. 20, S. 158; *Enzyklopädie der philosophischen Wissenschaften*, 1. Teil: Die Wissenschaft der Logik, § 151, *Werke*, Bd. 8, S. 295.

18 Indem Hegel von Spinoza als einem »Orientalen« spricht, geht er einem Problem aus dem Weg. Die Neuerung des Judentums besteht für Hegel darin, daß es den vorher bloß naturalistisch verstandenen Gott personifiziert hat. Das paßt nicht gut zu Spinoza; also meint Hegel, Spinoza habe sich vom Judentum auf ein orientalisches Heidentum zurückgezogen.

19 Siehe *Hegels theologische Jugendschriften*, hg. von H. Nohl (Tübingen: Mohr, 1907), S. 290; vgl. auch in den *Vorlesungen über die Philosophie der Religion* den Abschnitt über »Die Religion der Erhabenheit«; ebenfalls den Abschnitt in der *Phänomenologie*, wo das Judentum, ohne ausdrücklich genannt zu werden, als Entfremdung analysiert wird (*Werke*, Bd. 3, S. 163–165). Ich habe mich mit diesem Problem auseinandergesetzt in »Hegels Begriff der Religion und die Religion der Erhabenheit«, *Theologie und Philosophie* 51 (1976), S. 512–537; französische Fassung in G. Planty-Bonjour (Hg.), *Hegel et la Religion*, S. 151–175.

20 Es ist eine Ironie, daß ausgerechnet Spinoza – über Mendelssohn und Kant vermittelt – bei Hegel die einseitige Auffassung vom Judentum als reinem »Legalismus« bestärkt hat, worin sich die Untertänigkeit des Menschen gegenüber Gott (für Spinoza das Wesentliche am Judentum) ausdrückt. Bei Spinoza sind jedoch »Furcht und Zittern« nicht dominant und auch nicht spezifisch für das Judentum.

21 Wie alle Wunder weist Spinoza auch die Idee vom Fleisch gewordenen »Gottessohn« ab. Selbst in seinen wohlwollendsten Worten über Jesus stellt er diesen nicht als Gott, sondern als einen Menschen dar, der Vollkommenheit erlangt hat. Vom Begriff des Gottessohnes sagt Spinoza, daß er ihn nicht verstehe. Auch was er an Schmeichelhaftem über Jesus als Menschen sagt, gilt nicht Jesus selbst, sondern der Heiligen Schrift. Sogar aus der Bibel können wir, wenn wir den Ballast kirchlicher Dogmen wegstreichen, nichts weiter schließen, als daß Jesus den anderen Propheten überlegen war, doch nur als Mensch.

22 In der *Phänomenologie des Geistes* scheint Hegel sogar darauf zu bestehen, daß die Inkarnation ein reales und einzelnes geschichtliches Ereignis ist: die Verkörperung des absoluten Geistes in der besonderen Person Jesu. Das ist eine wunderliche, mit dem Hegelschen System nicht vereinbare Idee. Dieses System muß, wie Charles Taylor sagt, Inkarnation als allgemeines Phänomen ansehen, das alle Menschen und ihre Geschichte umfaßt; demzufolge mußte Hegel Jesus als beispielhaften Menschen, nicht als Gott betrachten. Die Aussage in der *Phänomenologie* bleibt, wenn sie nicht in der Sprache metaphorischer Vorstellung gemacht ist, entweder unerklärt oder ist als Kritik am katholischen Fetischismus zu nehmen, der letztlich in die Absurdität der Kreuzzüge mündete. Siehe Charles Taylor, *Hegel* (Cambridge: Cambridge University Press, 1975), S. 489–494; siehe auch Emil Fackenheim, *The Religious Dimension in Hegel's Thought*, besonders Kapitel 5. In diesem Abschnitt halte ich mich mehr an den Buchstaben von Hegels Interpretationen des christlichen Dogmas im engeren Sinne (was jedoch, wie wir aus der Literatur wissen, auch strittig ist). In meiner bisherigen Untersuchung bin ich über diesen engeren Sinn hinausgegangen, um die theologische Allegorie aufzuzeigen, die in den Konturen des Hegelschen Systems steckt – besonders seiner Philosophie der Geschichte, in der ich eine heterodoxe protestantische Tiefenstruktur aufdeckte, die eine breitere philosophische Interpretation der Inkarnationslehre möglich macht. D. F. Strauss hat diesen Gedanken in seinem Buch *Das Leben Jesu* (1839) vertreten (besonders Bd. 2, § 149). Ich stimme freilich mit Karl Löwith überein, der meint, Strauss' Deutung sei bei Hegel selbst impliziert (*Von Hegel zu Nietzsche* [Hamburg: Meiner, 9. Aufl. 1986], S. 357 f.). Siehe auch Œing-Hanhoff, »La nécessité historique«.

23 Man kann sagen, Hegel säkularisiere auch die »göttliche Geschichte«, aber das gilt nur formal, nicht inhaltlich. Hegel hält an der Substanz der Idee einer *historia sacra* fest und überträgt sie nur aus der Metaphernsprache der Religion in die Begriffssprache der Philosophie. Seine Säkularisierung ist zugleich *Sakralisierung*, wohingegen Spinoza die Geschichte vollständig und in jeder Gestalt, die sie haben mag, entsakralisiert.

24 Wenn diese Ansicht wahr ist, wie können wir dann erklären, daß es für Spinoza unendlich viele Attribute gibt, die der menschliche Geist nicht kennen kann? Welchen Sinn hat eine subjektive Projektion des Geistes, zu der der Geist selbst keinen Zugang besitzt? Eine Begrenzung unserer Kenntnis der Attribute hat nur Sinn, wenn die Attribute als reale Aspekte Gottes verstanden werden – wie Spinoza sie auch verstanden wissen wollte. Es ist wahr, daß Spinoza Schwierigkeiten hat, die materiellen Qualitäten der Attribute (»Ausdehnung«, »Denken«) durch bloße Analyse des Substanzbegriffs herzuleiten. Daher muß er an das wirkliche Erleben des Geistes (als *intellectus*, nicht als *imaginatio*) appellieren, um den nicht deduzierbaren Inhalt einzufüllen. In welchem Maße

das mit dem übrigen System Spinozas inkongruent ist, hängt davon ab, für wie streng wir seine apriorische Einstellung halten. Doch das Problem betrifft in jedem Fall die Erkenntnismethode und nicht ihr Ergebnis. Zweifellos wird das, was der Intellekt der Substanz zuschreibt, von Spinoza für zwei reale und objektive Aspekte des Universums gehalten. Nur das gibt uns die Möglichkeit, überhaupt objektive Erkenntnis zu haben, denn solche Erkenntnis findet nur aufgrund von Gesetzen und kausalen Erklärungen statt, die als ihre fundamentale Kategorie notwendig entweder »Ausdehnung« oder »Denken« voraussetzen. Leugnet man, daß natürliche Entitäten eine dieser Eigenschaften wirklich besitzen, wird objektive Erkenntnis unmöglich, gerade weil die zugrundeliegende Präsenz dieser Charakteristika eine notwendige Vorbedingung ist. Die Attribute sind erkenntnistheoretisch »niedriger« als die Substanz, da sie nur für die Kenntnis besonderer Dinge des Universums notwendig sind, die in einen bestimmten Phänomenbereich gehören und unter bestimmte Naturgesetze fallen; doch sind sie nicht nötig, um a priori die Substanz »Gott« als solche zu erkennen. In diesem Sinne sind die Attribute die Aspekte, in denen Gott sich dem Reich der Besonderheit öffnet; sie sind das materielle Substrat der *natura naturata*, gerade als solches aber sind sie wirklich und objektiv. Ebensowenig ist es zweifelhaft, daß Spinoza die besonderen Modi als reale Entitäten ansah, die Individualität und eine eigene Art der Existenz (sogar der notwendigen Existenz) besitzen. Alle Existenz ist bei Spinoza notwendig, aber es gibt zwei verschiedene Arten von Existenz (und von Notwendigkeit). Existenz kann sich notwendig aus dem Wesen einer Entität oder aus etwas anderem, das als Ursache angesehen wird, ergeben. Die erste Art der Existenz ist ewig (im Sinne von überzeitlich) und kommt allein Gott oder der Substanz zu; die zweite Art ist endlich; sie kommt den besonderen Modi zu und drückt sich in ihrer *duratio* aus. Mit *duratio* bezeichnet Spinoza nicht Zeit, sondern einen bestimmten Seinsmodus, etwas, das letztlich vergehen muß – eine Existenzweise, die endlichen (und daher vergänglichen) Dingen eigen ist. Sie sind wirklich, aber sie dauern bloß.

Das Streben (*conatus*), so zu dauern, verleiht den endlichen Dingen auch ihre jeweilige Individualität (ein weiteres Zeichen ihrer Wirklichkeit). *Conatus* ist definiert als das eigentliche Sein des finiten Modus, nicht als eine spezielle Aktivität seinerseits. Der spezielle Seinsmodus endlicher Dinge und was sie zu selbständigen Individuen macht, nämlich *duratio* und *conatus*, werden daher, und das ist nicht überraschend, von Spinoza miteinander verbunden.

Einzig die ewige Wirklichkeit scheint den endlichen Modi zu fehlen; aber auch diese Behauptung muß eingeschränkt werden. An einer Reihe prägnanter und logisch zusammenhängender Stellen, den spekulativsten in Spinozas Werk, macht er deutlich, daß auch endliche Modi, wenn man sie vom höchsten Stand der Erkenntnis (*scientia intuitiva*) begreift, als »wahr oder real« angesehen werden, selbst im Sinne von Ewigkeit (*Ethik*, T. 5, L. 29 Anm.). Unter Existenz der endlichen Modi versteht er daher nicht nur die Dauer: »ich spreche von der Natur der Existenz selbst, die den Einzeldingen deswegen beigelegt wird, weil aus der ewigen Notwendigkeit der Natur Gottes unendlich vieles auf unendlich viele Weisen folgt« (ebd., T. 2, L. 45 Anm.). Das basiert auf dem entscheidenden Prinzip der Besonderung (ebd., T. 1, L. 16), welches behauptet, daß notwendig unendlich viel Einzelnes in logisch-ewiger Ordnung aus Gott folgen muß.

Dieser Schluß wird noch einen Schritt weiter geführt, wenn wir bedenken, daß *scientia intuitiva*, die höchste Stufe der Erkenntnis, mit umfaßt, daß ein einzelner Modus durch seine Inhärenz in Gott begriffen wird und daß sie zugleich Gott durch seinen endlichen Ausdruck in einzelnen Dingen wahrnimmt. Diese Wechselseitigkeit ist Spinoza wichtig, und was ihr Kraft und Tiefe verleiht, vermittelt auch das tiefste Verständnis für die Wirklichkeit, das nicht nur auf einzelne Dinge anwendbar ist, sondern auf die Totalität als solche. Mit diesem höheren Gesichtspunkt ausgerüstet, können wir nun von Teil 5 auf Teil 1 der *Ethik* zurückkommen und einen tieferen Einblick in Gott und seine ontologische Struktur gewinnen. Spinoza sagt, daß auch Gott in seiner wahren Realität nur als Besonderung begriffen wird und existiert; und folglich ist seine Besonderung, gemäß T. 1, L. 16, kein zusätzlicher Akt des Absoluten, sondern für dieses konstitutiv. Mit anderen Worten, vom Standpunkt der *scientia intuitiva* sind die endliche und die unendliche Seite der Totalität voneinander abhängig; Gott ist unter dem Aspekt der Unendlichkeit als *natura naturans* allein dadurch Ursache seiner selbst, daß er die Ursache seines eigenen endlichen Aspekts ist, der *natura naturata*.

25 Vor kurzem gab es die Tendenz, Spinoza und Hegel viel näher aneinanderzurücken, als meiner Meinung nach zulässig ist. Errol Harris kritisiert an Hegel, er habe nicht gesehen, daß Spinoza selbst beinahe schon ein Hegelianer war. Das geht wohl zu weit, jedenfalls erheblich über die definitiven Unterschiede hinaus, die, wie ich behaupte, bleiben. Pierre Macherey, der darin vorsichtiger ist, interpretiert ebenfalls Spinoza auf weite Strecken hegelianisch, um dann für die verbleibenden Fragen gegen Hegel und für die spinozistische Variante zu optieren und (freilich, ohne sie gefunden zu haben) nach einer anderen als der Hegelschen, vielleicht nach einer materialistischen Dialektik zu suchen, die das leisten sollte, was (glaubt Macherey) Spinoza wollte und Hegel mit einer verkehrten Art von Dialektik durchführte (siehe sein *Hegel ou Spinoza*, oben Anm. 14). Abgesehen von meiner Skepsis, ob eine materialistische Dialektik begrifflich möglich ist (dialektische Logik braucht einen Gegenstand, der zur Verinnerlichung und einer Art von »Gedächtnis« fähig ist, denn sonst ergibt doppelte Verneinung nicht etwas Neues, sondern kehrt nur wie in der formalen Logik zum Ausgangspunkt zurück), stimme ich der gängigen Ansicht mehr bei als Macherey, daß nämlich bei Spinoza tatsächlich ein Bruch zwischen dem Endlichen und dem Unendlichen besteht, auch wenn sich dieser aus der Kritik ergibt und Spinozas eigener Intention widerspricht.

26 Macherey versucht, allerdings nicht sehr überzeugend, diese Folge zu minimieren. Siehe *Hegel ou Spinoza* (Anm. 14).

27 Ich meine seine Theorie, wonach Gott als etwas unbedingt Unendliches keine Negation in sich schließt (*Ethik*, T. 1, Def. 6, Erl.; T. 1, L. 8 Anm. 1), während determinierte Dinge sie notwendig beinhalten (*determinatio negatio est*). Das letztere Prinzip wird von Hegel als eine vordialektische Intuition gerühmt, die es nicht ist. Spinoza hat freilich gesehen, daß Negation für jede Spezifizierung notwendig ist, aber gerade aus diesem Grund leugnete er die Negation bei Gott als Totalität und gelangte so zu seinem grundsätzlich undialektischen System.

28 Ich betone das Wort *letztlich*, denn das gilt nur im groben Umriß und aufs Ganze gesehen, nicht für die Detailstruktur von Hegels Werk, das den Kräften des Irrationalen und der »List der Vernunft« seinen hohen dialektischen Tribut zollt.

3. KAPITEL

1 Ziel dieses und des nächsten Kapitels ist, kein vollständiges Panorama, sondern die Konturen einer nachhegelianischen Philosophie der Immanenz aufzuzeigen, die von Teleologie und Hegels impliziter Theologie frei war (oder sich von ihr zumindest zu befreien suchte), während sie Hegels Betonung des menschlichen Subjekts und der Geschichte beibehielt. Hauptsächlich aus dieser Perspektive werden Heine, Hess, Feuerbach und vor allem Marx untersucht.

2 *Die romantische Schule*, in *Sämtliche Werke* (München: Winkler, 1984), Bd. 3, S. 330.

3 *Geständnisse*, in *Sämtliche Werke*, Bd. 2, S. 755.

4 *Heinrich Heine Säkularausgabe* (Berlin, Paris 1970 ff.), Bd. 26, S. 127; Vorrede zur 2. Aufl. von *Zur Geschichte der Religion und Philosophie in Deutschland* (1834–35), *Sämtliche Werke* (München: Winkler, 1984), Bd. 3; vgl. Ludwig Marcuse, *Heine, Melancholiker, Streiter in Marx, Epikureer* (Rothenburg: Peter, 1970). Marcuse berichtet von einer durch Karl Kautsky überlieferten Erinnerung der Marx-Tochter Eleanor, derzufolge zwischen Marx und Heine die Dichtkunst eine viel größere Rolle gespielt habe als die Politik. Gemeinsam haben sie über Heines Gedichte diskutiert und daran gefeilt. Marx, ein verhinderter Dichter, schätzte Heine, erklärte ihn jedoch für politisch unzuverlässig.

5 Siehe Eugen Biser, *Gottsucher oder Anti-Christ?* (Salzburg: Otto Miller, 1982), S. 63 f. Siehe auch Hanna Spencer, »Heine und Nietzsche«, *Heine-Jahrbuch* II (1972), S. 126–161.

6 *Zur Geschichte der Religion und Philosophie in Deutschland, Sämtliche Werke*, Bd. 3, S. 486.

7 Ebd., S. 474.

8 *Reisebilder*, 2. Teil, *Sämtliche Werke*, Bd. 2, S. 108.

9 *Deutschland. Ein Wintermärchen* (1844), *Sämtliche Werke*, Bd. 1, S. 417, caput 1.

10 Ebd., S. 418.

11 Siehe Kapitel I. 4.

12 *Deutschland. Ein Wintermärchen*, S. 419, caput 2.

13 Ebd. S. 427 f., caput 5.

14 Vielleicht auch über seinen akademischen Rivalen Victor Cousin. Über ihre Beziehung siehe Joseph Dresch, »Heine et Victor Cousin«, *Études germaniques* 11 (1956), S. 122–132.

15 Heine wählte für die französische Fassung seiner Geschichte der deutschen Literatur denselben Titel, unter dem Mme de Staël ihr Buch *De l'Allemagne* herausgegeben hatte. Er schreibt dazu: »Frau von Staël, glorreichen Andenkens, hat hier, in der Form eines Buches, gleichsam einen Salon eröffnet, worin sie deutsche Schriftsteller empfing, und ihnen Gelegenheit gab, sich der französischen zivilisierten Welt bekannt zu machen.« (*Die romantische Schule, Sämtliche Werke*, Bd. 3, S. 262). Ein Frauenrechtler war Heine sicherlich nicht.

16 *Zur Geschichte der Religion und Philosophie in Deutschland, Sämtliche Werke*, Bd. 3, S. 439. Auch dieser Gedanke stammt von Hegel, erhält aber bei Heine etwas leicht Paradoxes, sofern Hegel als Pantheist und als Atheist angesehen wird. Dafür gibt es, glaube ich, tiefere persönliche Gründe. Heine sucht seinen angenommenen Protestantismus vor sich selbst zu rechtfertigen. Was liegt da näher, als im Protestantismus die Wurzel seiner eigenen »Aufhebung« zu sehen, die zu den neuen Ideen von Freiheit und Humanität führt, zu deren Avantgarde Heine sich selbst rechnete?

17 Ebd., S. 474.

18 Ebd., S. 478.

19 Hier und an anderer Stelle verwendet Heine das Wort *Deismus*, meint aber, was wir gewöhnlich als »Theismus« bezeichnen, nämlich den Glauben an einen transzendenten Gott, der getrennt von der Welt existiert, die er geschaffen hat.

20 Ebd., S. 491.

21 Ebd., S. 510.

22 Ebd., S. 500.

23 Ebd., S. 499.

24 Ebd., S. 515. Heine schenkte Hegel erstaunlich wenig Beachtung. Jahre später hat er nach eigener Aussage ein Buch über Hegel geschrieben, es aber nach seiner Konversion verbrannt. Vgl. *Geständnisse, Sämtliche Werke*, Bd. 2, S. 772.

25 *Zur Geschichte der Religion und Philosophie in Deutschland*, S. 447–454.

26 Ebd., S. 447.

27 Ebd., S. 448.

28 Vor allem die Brüder Rodrigues, die Brüder Pereira, der Dichter Léon Halévy, Felicien David und andere. Über diese Erscheinung siehe J. L. Talmon, *Political Messianism: The Romantic Phase* (London: Sacker & Warburg, 1960), bes. S. 77 ff.; vgl. auch den Epilog im ersten Teil.

29 *Zur Geschichte der Religion und Philosophie in Deutschland*, S. 451.

30 Ebd.

31 Ebd., S. 455 f.

32 Ebd., S. 454.

33 Ebd., S. 453.

34 Ebd., S. 451.

35 *Die romantische Schule*, S. 280 f.

36 *Zur Geschichte der Religion und Philosophie in Deutschland*, S. 452.

37 Ebd., S. 455.

38 Ebd.

39 Heines Biograph Ludwig Marcuse lehnt das Wort »Bekehrung« ab. Aber auch er malt das Bild eines unschlüssigen Skeptikers, nicht mehr das eines überzeugten Atheisten.

40 *Geständnisse*, S. 772.

41 Ebd., S. 779.

42 In jungen Jahren war Heine Mitbegründer des epochemachenden *Vereins für Kultur und Wissenschaft der Juden*. Das erschien ihm eine moderne, unreligiöse Form der Anknüpfung an die eigenen jüdischen Ursprünge zu sein, von denen er sich durch seine unechte Bekehrung zum Luthertum nicht wirklich lossagte. Er betrachtete das Judentum als ethnische und historische Gemeinschaft, die als solche fortbestehen sollte.

43 So ist es gewöhnlich: Wie sich die protestantischen Theologen zu Luther zu verhalten pflegen, so verhalten sich die christlichen Philosophen (der junge Hegel) zu Christus und alle Philosophen zu Sokrates.

44 Den Spitznamen *La Mouche* (»Fliege«) gab Heine einer jungen Frau, Camille Selden, die ihm zugetan war; sie war seine letzte Liebe. Vgl. »Für die Mouche«, *Sämtliche Werke*, Bd. 1, S. 860–864.

45 Siehe Kants Brief an Jacobi vom 30. August 1789, *Kant's Gesammelte Schriften. Briefwechsel*, (Berlin: Akademieausgabe), Bd. 11 (1900), S. 73. Kant mißversteht Spinoza hier, der, wie er sagt, einen »teleologischen [sic!] Weg zur Theologie« suchte.

46 Obwohl Mendelssohn ebenfalls den Streit verlor, weil er theistischer Metaphysiker war, lobt Heine ihn für seine Reform des Judentums. Für den Historiker Heine war das eine zweite Phase der Religionsentwicklung in Deutschland: »Wie Luther das Papsttum, so stürzte Mendelssohn den Talmud, und zwar in derselben Weise, indem er nämlich die Tradition verwarf, die Bibel für die Quelle der Religion erklärte und den wichtigsten Teil derselben übersetzte. Er zerstörte hierdurch den jüdischen wie Luther den christlichen Katholizismus. In der Tat, der Talmud ist der Katholizismus der Juden.« (*Zur Geschichte der Religion und Philosophie in Deutschland*, S. 467) Heine sieht die Bedeutung Mendelssohns für die jüdische Geschichte allzu einfach; Mendelssohn hat den Anstoß zur weltlichen Bildung und dadurch (unwillentlich) zum religiösen Skeptizismus gege-

ben. Er förderte dialektisch ein »spinozistisches« Phänomen in späteren jüdischen Generationen.

47 Juden haben viel über diesseitige Angelegenheiten und ihre geheiligte Bedeutung geschrieben, wenn auch auf eine klar definierte und beherrschte Weise. Feindselige Kritiker sahen darin den »bloßen« Legalismus der Juden. In dieser Hinsicht vertrat Hess eine angemessenere Auffassung vom Judentum (siehe unten), denn er sah dessen Unterschied zur christlichen Kasteiung nicht wie Heine als quantitativ, sondern als qualitativ an.

48 Jean-Pierre Lefêbvre, »Heine, Hegel et Spinoza«, *Cahiers Spinoza* 4 (1982–1983), S. 212.

49 *Die heilige Geschichte der Menschheit. Von einem Jünger Spinozas* (Stuttgart: Hallberger'sche Verlagshandlung, 1837). Eine ausführlichere Würdigung dieses Werkes findet sich bei S. Avineri, *Moses Hess* (New York: New York University Press, 1985), S. 21–46. Siehe auch J. L. Talmon, *Political Messianism*, S. 211. Die Werke von Moses Hess sind von Wolfgang Mönke neu herausgegeben worden, *Moses Hess: Philosophische und sozialistische Schriften, 1837–1850,* 2. Ausg., (Ruggell [Liechtenstein]: Topos, 1980).

50 Eingehende Berücksichtigung findet Hess bei: Edmund Silberner, *Moses Hess – Geschichte seines Lebens* (Leiden: Brill, 1966); Auguste Cornu, *Moses Hess et la gauche hégélienne* (Paris: Alcan, 1931); Shlomo Na'aman, *Emanzipation und Messianismus: Leben und Werk des Moses Hess* (Frankfurt: Campus, 1982); Zvi Rosen, »Der Einfluß von Moses Hess auf die Frühschriften von Karl Marx«, *Jahrbuch des Instituts für deutsche Geschichte*, hg. von W. Grab (Tel Aviv: Universität Tel Aviv, 1979), Bd. 8, S. 143–174. Unter den englischen Arbeiten sind erwähnenswert: das in Anm. 49 genannte Buch von Avineri und Aufsätze bzw. Buchkapitel von Isaiah Berlin, »The Life and Opinions of Moses Hess« (deutsche Ausgabe: »Das Leben und die Ansichten von Moses Hess«, wiederabgedruckt in *Wider das Geläufige* [Frankfurt: Europäische Verlagsanstalt, 1982]), und Sidney Hook (wiederabgedruckt in *From Hegel to Marx* [Ann Arbor, University of Michigan Press, 1962]), vgl. Georg Lukács, *Moses Hess und die Probleme der idealistischen Dialektik* (1926), *Werke* (Neuwied: Luchterhand, 1968), Bd. 2, Frühschriften II, S. 641–686. Über Hess und Spinoza siehe Michel Espagne, »Le Spinozisme de Moses Hess«, in *Spinoza entre Lumière et Romantisme, Les Cahiers de Fontenay,* 1985, S. 143–155.

51 G. D. Cole, *A History of Social Thought* (London: Macmillan, 1955), Bd. 1, S. 240.

52 Darin stimme ich mit Avineri überein. Doch sieht Avineri (*Moses Hess*, S. 44) in der sozialistischen Synthese »eine neue Synthese von Judentum und Christentum«, wohingegen ich behaupte, daß sie Judentum wie Christentum übersteigt und auf ein neues säkulares Universum hinausläuft, das alle geschichtlichen Religionen negiert, aber ihre Vision von der Erlösung bewahrt und auf eine allgemeine Ebene hebt. Die allgemeine Vision allerdings entwickelte sich aus einem jüdischen Kern.

53 »Kommunistisches Bekenntnis in Fragen und Antworten«, § 6, *Rheinische Jahrbücher zur gesellschaftlichen Reform* (Constanz 1846), S. 166 ff. Hervorhebungen Y. Y.

54 Michel Espagne hat ihn im Archiv des Amsterdamer Internationalen Instituts für Sozialgeschichte entdeckt. Siehe seinen Aufsatz »Le Spinozisme de Moses Hess« (angeführt in Anm. 50), S. 146 f.

55 Manchmal gebraucht Hess große Worte wie in der Behauptung, der zukünftige alldeutsche Staat könne nicht anders als religiös sein, denn die Religion sei der deutschen Nation, die dieser Staat als seine »eigenste, freieste Schöpfung« ausdrücken werde, in Fleisch und Blut übergegangen. Siehe *Die europäische Triarchie*, in: *Moses Hess: Philosophische und sozialistische Schriften, 1837–1850*, S. 144. Espagne weist darauf hin, daß Hess

auch hinsichtlich des französischen Kaiserreiches offenkundigen Fehleinschätzungen erlegen ist (Espagne, S. 152).

56 Th. Herzl, *Tagebücher* (Berlin 1923), Bd. II, S. 599, zitiert nach Edmund Silberner, *Moses Hess*, S. 443.

57 Siehe Kapitel I. 7.

58 Außer in den letzten zwei Jahren seines Lebens, als er nach der Lektüre des Marxschen *Kapitals* der deutschen sozialdemokratischen Partei beitrat.

59 Feuerbach begann damit, daß er Hegel gegen ein Buch von C. F. von Bachmann mit dem Titel *Antihegel* verteidigte (siehe Feuerbach, *Kleine Schriften* [Frankfurt: Suhrkamp, 1966], S. 14–77). Vgl. Karl Löwith, *Von Hegel zu Nietzsche* (Hamburg: Meiner, 1986), S. 95 f. und Anm. 226; über Feuerbach allgemein siehe Marx W. Wartofsky, *Feuerbach* (Cambridge: Cambridge University Press, 1977); und Eugene Kamenka, *The Philosophy of Ludwig Feuerbach* (London: Routledge and Kegan Paul, 1970).

60 Er begann 1839 mit einem Aufsatz »Zur Kritik der Hegelschen Philosophie«, gefolgt vom *Wesen des Christentums* (1841), den *Vorläufigen Thesen zur Reform der Philosophie* und den *Grundsätzen der Philosophie der Zukunft* (1842/43).

61 In einem Fragment über Spinoza, 1978 von W. Schuffenhauer veröffentlicht: »Aut deus aut natura«, in *Archivo di Filosofia: Lo Spinozismo ieri e oggi* (Padua 1978); Repr. übers. v. J.-P. Osier (*Cahiers Spinoza*, 4 [1982–1983], S. 205–210). Es zeigt sich, daß Feuerbach den Parallelismus Spinozas seinem sensualistischen Prinzip anpaßt: Eine gegebene Wahrheit kann entweder als Gedanke oder als sinnliches, räumliches Bild ausgedrückt werden. Beide sind identisch, und das letztere umfaßt in seiner Sinnlichkeit den ganzen Gehalt des begrifflichen Gedankens; es ist eine vollständige, synonyme Übersetzung davon. Das erinnert an die Kantische Idee des Schematismus, aber auch an Hegels Überzeugung, der begriffliche und der bildliche Gedanke unterschieden sich in der Form, nicht aber im Inhalt, wobei der erste höher stehe als der zweite. Feuerbach kehrt diese Reihenfolge um und scheint diese Theorie Spinoza selbst zuzuschreiben.

62 Ludwig Feuerbach, *Das Wesen des Christentums*, Einleitung, *Werke* (Frankfurt: Suhrkamp, 1976), Bd. 5, S. 30 f.

63 Ebd., S. 219.

64 *Die Phänomenologie des Geistes*, *Werke* (Frankfurt: Suhrkamp, 1986), Bd. 3 bes. S. 163 ff. Ohne das Judentum beim Namen zu nennen, paßt die Analyse hier zur Einschätzung des jungen Hegel über das Judentum. Siehe *Hegels theologische Jugendschriften*, hg. von H. Nohl (Tübingen: Mohr, 1907) und anderenorts; und vgl. die reifere, aber im Grunde ähnliche Analyse des Judentums als Religion der Erhabenheit in Hegels *Vorlesungen über die Philosophie der Religion*. Ich habe mich mit diesem Thema auseinandergesetzt in »Hegels Begriff der Religion und die Religion der Erhabenheit«, *Theologie und Philosophie* 51 (1976), S. 512–537 (teilweise wieder abgedruckt in *Hegel et la Religion*, hg. von G. Planty-Bonjour [Paris: PUF, 1982], S. 151–175).

65 Siehe meinen in Anm. 64 genannten Aufsatz über Hegels Begriff der Religion der Erhabenheit, S. 533; vgl. Kant, *Kritik der Urteilskraft*, S. 97.

66 *Das Wesen des Christentums*, Vorwort zur 2. Auflage, *Werke*, Bd. 5, S. 412.

67 Ebd., S. 407.

68 *Grundsätze der Philosophie der Zukunft*, § 54 [53], *Werke* (Frankfurt: Suhrkamp, 1986), Bd. 3, S. 317 f.

69 Obwohl das eine merkwürdige Theorie ist, hat mich Wartofskys Versuch nicht überzeugt, sie als naiven Realismus und eine direkte Folge des französischen Materialismus

des achtzehnten Jahrhunderts aufzufassen. Durch diese Interpretation kommt Wartofsky zu der Auffassung, Feuerbachs Versuch, etwas weniger Gewöhnliches, ja Originelles, wenn auch sicherlich Inkohärentes zu sagen, als bloß »unbedacht« oder wirr abzutun. Die von Feuerbach vorgeschlagene Theorie (der Sinne) ist eine Art umgekehrter Hegelianismus oder besser ein »Hegelianismus der Sinne«: Die Wirklichkeit wird statt durch die Vernunft durch sinnliche Wahrnehmung erreicht, und zwar so, daß die Subjektseite der Wahrnehmung mit ihrer Objektseite vereint ist (genauso wie im Fall der Vernunft bei Hegel). Oder, vergleicht man diese Theorie mit Kant: Die Wahrnehmung des Subjekts ist notwendig (obgleich nicht hinreichend), damit das Objekt wirklich ist, aber 1. ist das eine sinnliche, keine intellektuelle Wahrnehmung, und 2. vermittelt sie uns das Ding selbst und nicht bloß eine Erscheinung. Diese eigenartige Epistemologie unterscheidet trotz ihrer Unzulänglichkeiten Feuerbachs Intention vom naiven Realismus und von den französischen Materialisten ebenso wie vom Idealismus Kants und Hegels.

70 Ich sage »eher Hegelschen«, weil für Feuerbach Sinnlichkeit sowohl Subjekt wie Objekt ist, sowohl die wahrnehmende Tätigkeit als auch ihr körperliches Gegenstück.

71 Von daher kann ich Marx' Behauptung in seiner berühmten sechsten These über Feuerbach nicht zustimmen, daß bei Feuerbach das Prinzip der Subjektivität fehle. Es fehlt ihm nur in dem von Marx gebrauchten praktischen Sinne, wonach der Mensch seine Welt (und sich selbst) durch Arbeit schaffe.

4. KAPITEL

1 Maximilien Rubel, »Marx à la rencontre de Spinoza«, *Cahiers Spinoza* 1 (1977), S. 14. Zu Marx' Spinoza-Exzerpten und den leichten Abweichungen vom Original siehe Alexandre Matheron, »*Le Traité Théologico-Politique* vu par le jeune Marx«, *Cahiers Spinoza* 1 (1977), S. 159–212.

2 »Zur Kritik der Hegelschen Rechtsphilosophie: Einleitung«, *Marx-Engels-Werke* (*MEW*), Bd. 1, S. 378.

3 Ich verwende »praktisch« (wie Aristoteles, Kant und auch Marx) im philosophischen Sinne als von »Praxis« abgeleitet, worunter grob eine überlegte oder begründete menschliche Handlung zu verstehen ist, die auf etwas Materielles einwirkt.

4 Die Trennung des Menschen von der Natur unter Bedingungen ökonomischer Entfremdung ist selbst eine Teilrealität, allerdings nur als ein geschichtlicher, nicht als fundamentaler Zustand. Ein »verkehrtes Weltbewußtsein« ist hier zum Teil ein wahres Spiegelbild der verkehrten (entfremdeten) Welt.

5 Rubel, »Marx à la rencontre de Spinoza«, S. 14; siehe auch sein »Marx à l'école de Spinoza«, in: *Proceedings of the First Italian International Congress on Spinoza*, hg. von E. Giancotti (Neapel: Bibliopolis, 1985), S. 381–400. Vgl. Rainer Bieling in seiner Dissertation »Spinoza im Urteil von Marx und Engels« (Berlin 1979). Obwohl Bieling merkwürdigerweise und unberechtigt Rubels Arbeit als quantité négligeable abtut, bezieht er mehr oder weniger dieselbe Position. Sein zentrales Thema ist, wie Marx und Engels zu verschiedenen Zeiten Spinoza beurteilen, und nicht so sehr, inwieweit dem Marxschen Denken spinozistische Ideen zugrunde liegen. Bielings Schluß, das Spinozabild variiere abhängig von Marx' Haltung gegenüber Hegel (und Feuerbach), mag für Feuerbach stimmen, ist jedoch in bezug auf Marx nicht überzeugend. Denn bei einer thematischen Analyse (und die wollen wir in diesem Kapitel versuchen) wird deutlich, wie Marx Spinoza der Struktur seines Denkens zugrunde legt, unabhängig davon, welches Urteil er explizit über ihn abgibt.

6 Weder Marx noch Spinoza halten das für bloße Propaganda, obwohl wir sehen werden, daß das manipulative Element bei Spinoza größer ist. Marx, der aus der »Menge« das »Proletariat« macht, behauptet, dessen Bewußtsein sei im wesentlichen gleich dem des Philosophen, zwar einfacher im Ausdruck, aber nicht minderen Gehalts. Zugleich unterwirft Marx auch den Philosophen den Beschränkungen und Grenzen der historischen Situation; er erreicht damit eine Ebenbürtigkeit zwischen »Philosoph« und »Menge« und verschmilzt beide in der Aktionsform und im Klassenbewußtsein des organisierten Proletariats.

7 »Zur Kritik der Hegelschen Rechtsphilosophie«, S. 391.

8 Ebd., S. 386.

9 Mit »Historisierung« oder »historistisch« meine ich nicht »Relativierung«, sondern nur, daß etwas durch Geschichte zu verstehen und der geschichtlichen Dynamik unterworfen ist.

10 »Zur Kritik der Hegelschen Rechtsphilosophie«, S. 378.

11 Marx wurde auch das überschwengliche Wortspiel zugeschrieben, es gebe von nun an »keinen anderen Weg ... zur Wahrheit und Freiheit, als durch den Feuer-bach« (»Luther als Schiedsrichter zwischen Strauß und Feuerbach« [1842], *MEW*, Bd. 1, S. 27). Doch ist erwiesen, daß tatsächlich Feuerbach selbst der Urheber dieses Wortspiels war. Siehe Hans Martin Sass, »Feuerbach statt Marx«, *International Review of Social History* 12 (1967), S. 115.

12 In der *Heiligen Familie*, *MEW*, Bd. 2, S. 137, zählt Marx Spinoza, Descartes und andere zur Gruppe der »Metaphysik des siebzehnten Jahrhunderts«, eine Bezeichnung, die er negativ gebraucht (aber auch dialektisch; zu jener Zeit war ihm das nicht anders möglich). Der französische Materialismus erscheint in dieser Schrift als eine höhere Stufe, die die metaphysische Schlagseite korrigiert.

13 Diese These kritisiert am früheren, auch Feuerbachschen Materialismus, daß er nur theoretisch, nicht praktisch gewesen sei. Marx nennt das einen Mangel an »subjektivem« Zugang zur Wirklichkeit und sieht in der Praxis die eigentliche Subjektivierung der Wirklichkeit. Der Idealismus war in dieser Hinsicht dem untätigen, bloß anschauenden Materialismus überlegen. Er betonte (bei Kant und Hegel) die dem Subjekt eigene Tätigkeit, stellte sich diese Subjektivierung jedoch noch als auf Erkenntnis aus und darum abstrakt vor. Die wahre Subjektivierung der Wirklichkeit ist praktisch; das ist Marx' eigene praktische oder »materialistische« Version der genannten kopernikanischen Wende.
Es ist hinzuzufügen, daß bei Marx der Primat der Praxis im sozialen wie im ontologischen Sinne das wichtigste Bedeutungselement des »Materialismus« ist. Vgl. hierzu allgemein auch S. Avineri, *The Social and Political Thought of Karl Marx* (Cambridge: Cambridge University Press, 1970), 3. Kap.; und N. Rotenstreichs Analyse der Marxschen Thesen über Feuerbach (*Basic Problems of Marx's Philosophy* [Indianapolis: Bobbs-Merrill, 1965]). Avineri stellt die Ontologie Hegels zwar falsch dar, da er sie durch die Marxsche Brille liest und Marx' Beschuldigungen und Charakterisierungen Hegels für bare Münze nimmt; aber ich stimme völlig mit seiner These überein, daß »Marx der Diskussion der ökonomischen Tätigkeit nicht wegen der Bedeutung materiell ökonomischer Werte besonderes Gewicht beimißt, sondern weil er den Menschen als *homo faber* sieht« (S. 77). Rotenstreich kritisiert, daß Marx dem *homo faber* eine höhere Stellung einräumt als dem *homo sapiens* (S. 46); aber er erkennt an, daß der Primat der Praxis die entscheidende materialistische Frage bei Marx ist, und stellt fest: »Der Marxsche Praxisbegriff ist parallel zu Hegels Begriff des Geistes und wurde entwickelt, um diesen zu ersetzen«

(S. 41) – eine richtige Beobachtung, die ebenfalls Marx' spinozistische Abweichung von Hegel unterstreicht. Da ich Gelegenheit hatte, diese beiden Arbeiten in früherer hebräischer Fassung zu lesen, möchte ich noch eine dritte, noch nicht aus dem Hebräischen übersetzte Arbeit anführen, die ich anregend fand: Meshulam Groll, »Marx' Anthropologie«, in ders., *Ausgewählte Schriften* (hebr.), hg. von M. Brinker, 2 Bde. (Tel Aviv: Universität Tel Aviv, 1969), Bd. 2, S. 9–78.

14 Eine systematische Rekonstruktion stützt sich auf die Texte nicht als Zitatenquelle, sondern nimmt sie als Grundlage für die Bildung von Argumenten oder Gedankengängen; sie zielt darauf ab, der inneren Logik und den Implikationen einer philosophischen Position zu folgen, auch wenn diese nicht explizit gemacht sind; und manchmal kann sie sogar ausdrücklich gezogene Folgerungen außer Kraft setzen. Solch eine Rekonstruktion muß von einem bestimmten systematischen Gesichtspunkt aus gemacht werden, und sie muß unterscheiden zwischen fundamentalen Unstimmigkeiten, die ans Licht gebracht werden müssen, und geringfügigeren, die außer acht bleiben können. Im vorliegenden Kapitel ist der diesem Teil des Buches zugrundeliegende Gesichtspunkt die Philosophie der Immanenz ohne inhärente Teleologie.

15 Z. B.: »Der Arbeiter kann nichts schaffen ohne die *Natur*, ohne die *sinnliche Außenwelt*. Sie ist der Stoff, an welchem sich seine Arbeit verwirklicht« (*Ökonomisch-philosophische Manuskripte aus dem Jahre 1844*, »Die entfremdete Arbeit«, *MEW*, Erg. Bd. 1, S. 512). Oder auch: »Die Materie selbst hat der Mensch nicht geschaffen. Er schafft sogar jede produktive Fähigkeit der Materie nur unter der Voraussetzung der Materie« (*Die heilige Familie*, S. 49). In diesen (und ähnlichen) Texten spricht Marx von der »unorganischen« Natur als dem gegebenen Substrat der Arbeit und verwendet dabei den Ausdruck *unorganisch* in einem ontologischen, weniger biologischen oder chemischen Sinne. Es ist der rohe Stoff der Natur, an dem die humanisierende Tätigkeit sich verwirklicht. (Siehe auch A. Schmidts Paraphrasierung des Marxschen Naturbegriffs in *Der Begriff der Natur in der Lehre von Marx* [Frankfurt: Europäische Verlagsanstalt, 1962], S. 79–82.) Der Gedanke eines Wechselspiels von Mensch und Natur in diesem rohen oder »unorganischen« Sinne ist bei Marx durchgängig, von den *Ökonomisch-philosophischen Manuskripten* bis zum *Kapital*, in dem er manchmal umformuliert ist zum »Stoffwechsel zwischen Mensch und Natur« – als Äquivalent zum »menschlichen Leben« (*Das Kapital* I, *MEW*, Bd. 23, S. 57). Auch: »Arbeit ist zunächst ein Prozeß zwischen Mensch und Natur, ein Prozeß, worin der Mensch seinen Stoffwechsel mit der Natur durch seine eigne Tat vermittelt, regelt und kontrolliert« (ebd., S. 192).

16 Nach seiner Bemerkung in der *Deutschen Ideologie* (*MEW*, Bd. 3, S. 44) existiert diese rohe Natur nirgends, außer vielleicht »auf einzelnen australischen Koralleninseln«. Ironischerweise merkt Marx nicht, daß er mit der Bezeichnung dieser Inseln als »australische« sie bereits mit dem Menschen in Verbindung bringt und seine eigene Feststellung unterläuft. Andererseits wird diese Auffassung durch die Behauptung verstärkt, daß die Sinne selbst historisch determiniert sind. Marx, der nach der Zeit der großen Entdeckungen in Astronomie, Geographie etc. und vor unserer Raumfahrtära lebte und mit seinen Gedanken in soziale und historische Zusammenhänge versunken war, scheint den Kosmos als solchen nicht wahrgenommen, sondern ihn nur durch das Prisma von Kultur und Geschichte und von Naturwissenschaft als historischer Entität betrachtet zu haben. Während Kant den »bestirnten Himmel über mir« und das »moralische Gesetz in mir« als zwei voneinander unabhängige Bereiche von gleicher Unendlichkeit und Erhabenheit erlebt hatte, betrachtet Marx gleich von Anfang an den ersteren nur durch das zweite. Der Kosmos erscheint vermittels seiner Rolle für den Menschen, als ein Moment der Geschichte und Praxis, als Untersuchungsgegenstand der Naturwissenschaften, die ihrerseits menschlich-geschichtliche Produkte sind.

17 Die Entität, die Marx ontologisch als selbstgenügsam betrachtet, ist nicht »Natur« in dem homogenen spinozistischen Sinne, sondern eine dialektische Interaktion zwischen Natur und Mensch, wobei sie einander praktisch (in Arbeit, Gestaltung, Reproduktion) wechselseitig beeinflussen. Der Bindestrichausdruck *Mensch-in-der-Natur* scheint diese Idee besser auszudrücken als das Marxsche *Mensch und Natur*, da Marx gewiß nicht eine einfache Verbindung im Sinne hatte, sondern eine dialektische Reziprozität. Doch kann man das ganze System auch in einem sekundären und erweiterten Sinne »Natur« nennen, da der Mensch, der die natürliche Welt gestaltet, wie wir sehen werden, selbst ein natürlicher Akteur ist und sich mit seinem Handeln selbst gestaltet und reproduziert.

18 Die Uneindeutigkeit ließ einerseits den kruden Materialismus von Engels und den sowjetischen Physikalismus zu, andererseits die Analysen des *en soi*, des *pratico-inerte* (Sartre) beziehungsweise die Unterscheidung zwischen *vorhanden* und *zuhanden* (Heidegger).

19 Selbst die Naturwissenschaften, das Medium des Umgangs mit der »rohen« Natur, sind eine geschichtliche Erscheinung und folglich Produkt der praktischen Relation des Menschen-in-der-Natur, fallen also in deren Bereich.

20 *Ökonomisch-philosophische Manuskripte*, »Privateigentum und Kommunismus«, *MEW*, Erg. Bd. 1, S. 545.

21 *Ökonomisch-philosophische Manuskripte*, »Kritik der Hegelschen Dialektik und Philosophie überhaupt«, *MEW*, Erg. Bd. 1, S. 578. Bei Spinoza gilt dieses Gesetz freilich nur für Einzeldinge, während die Totalität, also Gott, seine Natur (oder sein Wesen) in sich trägt und dennoch natürlich ist (er ist die *Natur* selbst).

22 »Man kann die Menschen durch das Bewußtsein, durch die Religion, durch was man sonst will, von den Tieren unterscheiden. Sie selbst fangen an, sich von den Tieren zu unterscheiden, sobald sie anfangen, ihre Lebensmittel *zu produzieren*, ein Schritt, der durch ihre körperliche Organisation bedingt ist. Indem die Menschen ihre Lebensmittel produzieren, produzieren sie indirekt ihr materielles Leben selbst.« (*Die deutsche Ideologie*, *MEW*, Bd. 3, S. 21)

»Der erste *geschichtliche* Akt dieser Individuen, wodurch sie sich von den Tieren unterscheiden, ist nicht, daß sie denken, sondern, daß sie anfangen, *ihre Lebensmittel zu produzieren*. Der erste zu konstatierende Tatbestand ist also die körperliche Organisation dieser Individuen und ihr dadurch gegebenes Verhältnis zur übrigen Natur.« (Ebd., S. 20 f.)

23 Wenn dem so ist, dann dient Spinoza als Hauptmodell für die marxistische Philosophie, nicht durch die ursprüngliche Einheit von *natura naturans* und *natura naturata*, sondern indem diese Philosophie letztere zur neuen *causa sui* macht (siehe auch Anm. 25). Und zwar ungeachtet von Karel Kosík (siehe *Dialektik des Konkreten* [Frankfurt: Suhrkamp, 1971], S. 34 f.).

24 Der Begriff der »Produktion« ist das kategoriale Bindeglied zwischen den »ökonomischen« und den »philosophischen« Aspekten von Marx' Überlegungen in den *Ökonomisch-philosophischen Manuskripten* und anderenorts. Es handelt sich dabei um eine systematische Struktur, die sich überall wiederfindet. Im *Kapital* nennt er sie »Stoffwechsel zwischen Natur und Mensch« (siehe oben Anm. 15). Und in den *Grundrissen* zum *Kapital* spricht Marx explizit von Produktion und Reproduktion, durch die sich die Produzenten selbst zusammen mit den objektiven Bedingungen verändern.

25 Kosík geht von einer anderen Seite an diesen Punkt heran. Er betrachtet Spinozas Einheit von *natura naturans* und *natura naturata* als das hauptsächliche Vorbild für die »konkrete Totalität«, die für die materialistische (marxistische) Philosophie primär ist und Antwort auf die Frage gibt, ›Was ist Wirklichkeit?‹. Daß diese konkrete Totalität auf fundamentalen ökonomischen Kategorien beruht, ist die Marxsche Neuerung, sein Beitrag

zur Ontologie nicht minder als zur Gesellschaftstheorie. Kosík selbst spricht explizit von ökonomischen Kategorien als »Seinsformen« und »Existenzbestimmungen« des Subjekts und davon, daß sie in ihrer Gesamtheit eine Analyse des »gesellschaftlichen Seins« liefern (*Dialektik des Konkreten*, S. 184 ff.). Aber, so können wir hinzufügen, da bei Marx das gesellschaftliche Sein durch die Beziehung zwischen Personen und Sachen vermittelt ist und alle Arten des Zugangs zum Sein im allgemeinen einschließt, haben die ökonomischen Kategorien eine noch fundamentalere ontologische Bedeutung. Eine andere Art, Marx' Ontologie mit seinem Begriff der Tätigkeit (und Arbeit) zu verbinden, findet sich in Guy Haarscher, *L'ontologie de Marx* (Ed. de l'Université de Bruxelles, 1980).

26 Der reife Marx ist über diese Ethik zu einem weniger teleologischen Standpunkt gelangt; das ist vielleicht der einzig wirklich wichtige Unterschied zwischen seinen sogenannten »zwei Perioden«. Siehe Myriam Bienenstock, »Zum Problem der Abstraktion im *Kapital*« (hebr.), *Iyyun* 30 (1981), S. 75–91.

27 In dieser Art der Produktion darf man nicht einfach nur eine Reproduktion der physischen Existenz von Individuen sehen. Sie ist vielmehr eine bestimmte Tätigkeit, eine bestimmte Form ihrer Lebensäußerung.

28 Vielen sowjetischen Forschern ist das andererseits entgangen. Nach George Kline stand Spinoza bei den russischen Marxisten in besonderer Gunst: »Spinoza wurde von den sowjetischen Autoren mehr beachtet als jeder andere vor-marxistische Philosoph mit Ausnahme Hegels vielleicht« (*Spinoza in Soviet Philosophy* [London: Routledge and Kegan Paul, 1952], S. 1). Schon vor der Revolution beschäftigte sich G. V. Plechanov, der Vater des russischen Marxismus und Begründer der Russischen Sozialdemokratischen Partei, mit Spinoza und vertrat die Ansicht, der Marxismus sei selbst eine Spielart des Spinozismus oder ein seiner theologischen Aufmachung entkleideter Spinozismus. Siehe auch A. M. Deborin, der in seinem bei Kline abgedruckten Aufsatz zu diesem Punkt Plechanov zitiert, sowie seinen Beitrag »Spinozismus und Marxismus« in *Chronicon Spinozanum* 5 (1927), in dem er ebenfalls Plechanov zitiert (S. 153) und erklärt, »der Marxismus, die führende revolutionäre Lehre der Gegenwart, die durch und durch materialistisch ist, entstammt in ihrer philosophischen Weltanschauung dem Spinozismus« (S. 152). Deborin baute um diesen Gedanken herum eine ganze Schule, und einer seiner Schüler nannte Spinoza sogar »einen Marx ohne Bart« (*Spinoza in Soviet Philosophy*, S. 15). Stalin verurteilte diese Schule später – *ultima ratio* im geistigen Leben der Sowjetunion –, und die Schule löste sich auf.
Daß Deborin (wie Marx und Spinoza) jüdischer Abstammung war (sein ursprünglicher Name war Ioffe), ist sekundär, aber nicht irrelevant. Wir haben gesehen, wie assimilierte Juden auf der Suche nach einer universalen menschlichen Botschaft Spinoza als Vehikel ihres Denkens benutzt haben. Aber auch die nichtjüdischen sowjetischen Philosophen verhielten sich Spinoza gegenüber eher ideologisch aneignend denn als unvoreingenommene Forscher. Deshalb kann weder ihre Umarmung noch Stalins Schelte unseren analytischen Zwecken dienen. Sie wiesen auf einige wichtige Einzelgesichtspunkte hin, ihre Gesamtsicht ist jedoch gewöhnlich unannehmbar voreingenommen, nicht nur, was Spinoza, sondern auch, was Marx selbst angeht. Ihr Marx ist ein strenger ontologischer Realist, von Engels geformt und von Plechanov zur offiziellen und starren Lehre des »historischen Materialismus« ideologisch kondensiert. Ihr Spinoza ist in ganz einseitigem Sinne Atheist und »Materialist«. Ihnen ist die geistige Bedeutung von Spinozas Identität von Denken und Ausdehnung entgangen, sie halten die Göttlichkeit der Gott-Natur für falsch und die Aussicht auf eine persönliche Erlösung bei Spinoza für irrelevant. Man mag das für eine bessere Philosophie halten, als es die Spinozas ist, eine andere als seine ist es gewiß.

29 Natürlich ist es nicht das *tatsächliche*, vom Arbeiter in der kapitalistischen Gesellschaft hergestellte Produkt, das seine Subjektivität fördern müßte, nicht die Mutter, die er verschraubt, nicht der elektronische Chip, den er verschweißt. Dieses Produkt ist von dem bestehenden »entfremdeten« System, seiner Arbeitsteilung, seiner Produktions- und Distributionsweise bereits beeinflußt oder bestimmt. Daher ist bei Marx das »Produkt, das seinem Schöpfer entgegentritt und ihn entmenschlicht«, im Sinne desjenigen *Systems* zu verstehen, das das Produkt schafft und ihm zugrunde liegt (nämlich des Kapitalismus); wohingegen die befreiende Produktionsweise auch ein neues Produktions- und Distributionssystem (nach Marx ist das der Kommunismus) mit sich bringen muß.

30 Die sogenannte »reflektierende Urteilskraft« der Zweckmäßigkeit, die Kant (in der *Kritik der Urteilskraft*) für den Bereich der Erkenntnis ansetzte, hat keinen Bezug zur Wirklichkeit, nicht einmal in deren neuem kopernikanischen Sinne. Sie ist keine gegenstandskonstitutive Kategorie. Beim Studium gewisser Arten von Phänomenen, wie lebenden Organismen oder empirischer Geschichte, verlangt dieses Prinzip, die Form der Zweckmäßigkeit als rein methodisches Verfahren zu benutzen, das vom Standpunkt jedes rationalen Forschers zwar notwendig, aber ungeeignet ist, um die ontischen Züge des Gegenstandes als realer Entität in der Natur zu bestimmen. Daher ist nach Kants eigener Konzeption die begriffliche Form der Zweckmäßigkeit unzulänglich und erreicht weder die tatsächliche Struktur der Wirklichkeit, noch beeinflußt sie sie.

31 Ich habe diese Fragen behandelt in *Kant and the Philosophy of History* (Princeton: Princeton University Press, 1980), besonders in Kap. 3 und 4.

32 Ich sage »metaökonomisch«, denn ich meine die anthropologische und ontologische Bedeutung materieller Produktion, die dem Marxschen Begriff von Ökonomie zugrunde liegt.

33 Marx selbst benutzte den Ausdruck *praktischer Materialismus*, um seine Position von der Feuerbachs zu unterscheiden (siehe *Die deutsche Ideologie*, *MEW*, Bd. 3, S. 42). Engels und Lenin und die meisten sowjetischen Marxisten verwischten den Punkt, indem sie Marx einen ontologischen Realismus (oder Materialismus) zuschrieben, den er nie vertreten hat. Viele andere Forscher seit Lukács und auch vor ihm haben dies zu Recht bestritten. Neuere Untersuchungen dazu bei Schmidt (*Der Begriff der Natur in der Lehre von Marx*) und Kline (*Spinoza in Soviet Philosophy*). Kline nennt Marx' Materialismus »ökonomisch«; ich ziehe jedoch Marx' eigenen Ausdruck *praktischer Materialismus* vor, weil er auf Ökonomie im weiteren Sinne verweist.

34 Zur Konstitution dieses Substrats gehören natürlich die zwischenmenschlichen sozialen Beziehungen hinzu, die die Mensch-Natur-Beziehung vermitteln und von ihr vermittelt werden. Doch diese Dimension, die für sich genommen wichtig ist, braucht hier nicht ausgeführt zu werden, da wir uns hier auf den Ursprung der Teleologie und das natürliche An-sich konzentrieren.

35 Entfremdung ist für das gesamte Marxsche Werk zentral; in seinen späteren Jahren umgeht er das Wort, nicht aber das Problem.

36 Ein Franzose, der Marx häufig besuchte, beschrieb ihn etwas vereinfachend, doch nicht ganz zu Unrecht als den großen Forscher, der die Methode Spinozas auf die Sozialwissenschaft angewandt habe. Wichtiger ist, daß Marx selbst mit der Methode Spinozas rang. So schrieb er an Lassalle (31. Mai 1858), der wirkliche Bau von Spinozas Systems sei »ganz verschieden von der Form, in der es von ihm bewußt dargestellt war« (*MEW*, Bd. 29, S. 561). Und im Nachwort zur zweiten Ausgabe von 1873 macht Marx die gleiche Bemerkung über sein *Kapital*. M. Rubel, der diese beiden Fakten anführt, schließt: »der Wunsch, aus seiner ›Ökonomie‹ ein Werk zu machen, das einer Konstruktion *more geo-*

metrico vergleichbar ist, war dem Autor des *Kapital* sicherlich nicht fremd« (»Marx à la rencontre de Spinoza«, S. 25). Doch Marx suchte vielleicht nicht dieselbe, sondern eine andere, ebenso streng wissenschaftliche Methode, die zu ihrem Gegenstand besser paßte.

37 Allen Wood vertrat die Ansicht, Marx' kritische Analyse des Kapitalismus sei nicht von Gerechtigkeitsvorstellungen geleitet, sondern von einem wissenschaftlichen Ansatz. (Die amerikanische Marx-Debatte ist wiedergegeben in *Marx, Justice and History. A Philosophy and Public Affairs Reader* [Princeton: Princeton University Press, 1980]; dort ist Woods ursprünglicher Aufsatz wiederabgedruckt.) Meiner Meinung nach sind beide Motivationen bei Marx gleichermaßen vorhanden; er bietet im *Kapital* »eine Wissenschaft von der Erlösung« und gelangt unvermeidlich zu einer providentiellen Teleologie.

38 Das bedeutet freilich, daß er sowohl der Hegelschen Methode folgt als auch sie entmystifiziert, wie er behauptet (siehe Joseph J. O'Malley, »Marx, Marxism and Method«, in *Varieties of Marxism*, hg. von S. Avineri [Den Haag: Nijhoff, 1977], S. 7–42). Ob er beides konsistent behaupten kann, ist eine andere Frage. Doch interessanterweise widerspricht er in beiden Fällen Spinoza: indem er sich für Dialektik statt für Deduktion entscheidet und indem er Hegels »mystifizierte« Dialektik kritisiert, weil sie die vernünftige Totalität vergöttlicht. Den letzteren Schritt hatte schon Spinoza getan, wenn auch ohne historische Teleologie. Marx' Dialektik widerspricht Spinoza und Hegel, sofern sie keine göttlichen Konnotationen dulden kann. Damit sie konsistent ist, muß sie als eine Dialektik reiner Endlichkeit (oder der *natura naturata* als alleinige Totalität) verstanden werden. In diesem Sinne waren Sartres Versuche in der *Kritik der dialektischen Vernunft* zumindest programmatisch ein konsequenter Sproß der Marxschen Dialektik der Endlichkeit, denn sie widersprachen sowohl der deduktiven als auch der dialektischen Erklärung des Absoluten, die Spinoza bzw. Hegel gegeben hatte.

39 Spinoza bestätigt das fast wörtlich in einem Brief (Nr. 78) an Oldenburg, und der Schluß folgt aus der Logik seiner Theorie. Es gibt verschiedene Versuche, dieses Problem zu lösen; mein Ziel ist jedoch nicht, es für sich zu behandeln, sondern eine strukturelle Ähnlichkeit mit Marx aufzuzeigen.

40 Siehe seine *Kritik der dialektischen Vernunft*, wo er das zu einem großen Problem der Geschichtsphilosophie macht. Siehe auch den Epilog zum ersten Teil und meine Aufsätze »Existentialism and Historical Dialectic«, *Philosophy and Phenomenological Research* 39 (1979), S. 480–497; »Dialectic Without Mediation«, in: *Varieties of Marxism*, hg. von S. Avineri, S. 175–194.

41 Ich stimme hierin mit Schmidt überein (vgl. seine Auseinandersetzung mit Blochs marxistischen Analysen *Das Prinzip Hoffnung* in *Der Begriff der Natur in der Lehre von Marx*, S. 135–140). Karel Kosík (*Dialektik des Konkreten*, S. 189 f.) beschuldigt diejenigen, die im *Kapital* »messianistische« oder »hegelisierende« Bestandteile sehen, »bürgerlich« und »reformistisch« zu sein, wobei er alle vier Bezeichnungen wohl herabsetzend meint, aber statt seine Einwände zu stützen, kaum mehr als sprachliche Verwirrung stiftet.

42 Dieses Paradox kann durchaus Marx' Materialismus selbst beeinflussen, wenn letzterer, wie Balibar meint, wesentlich in einer Kritik mystifizierender Bilder und spekulativer Ideologien besteht und weniger in einer selbständigen Geschichtsphilosophie. (Siehe Etienne Balibar, »La vacillation de l'idéologie dans le Marxisme«, Teil 1, *Raison Présente* 66 [1983]. Ich zitiere aus einer Kopie des Manuskripts, S. 8). Balibar, seit seiner Mitverfasserschaft mit Louis Althusser von *Das Kapital lesen*, ein entschiedener Verfechter der sogenannten »strukturalistischen« Marx-Interpretation, fügt in seinem Aufsatz hinzu,

Spekulation auszuschließen (was seiner Meinung nach der Hauptpunkt am Materialismus ist) bedeute, »die Geschichte dem teleologischen Einfluß zu entziehen« (*soustraire l'histoire à l'emprise de la téléologie*). Das gelte sowohl für dessen religiöse Formen (Vorsehung, die Vorstellung vom Sinn in der Geschichte, von ihren Ursprüngen und Zielen) als auch für die philosophischen Formen wie die Periodisierung in Übereinstimmung mit Manifestationen des Prinzips »Fortschritt der Menschheit ... kurz jeglicher Identifikation eines geschichtlichen Subjekts« (ebd., S. 7f.). Diese marxistische Kritik, sagt Balibar, wendet sich auch dagegen, den Menschen, »eine universale Abstraktion«, zum illusionären Subjekt des historischen Prozesses zu machen. Nach meinem Verständnis hat Marx sich von einer teleologischen Illusion jedoch nicht freimachen können. Wenn das stimmt, dann müßte seine eigene materialistische Kritik auf die verbleibende Tiefenstruktur von Marx selbst anwendbar sein. Marx hat Gott aus dem Sein vertrieben, aber, um es nietzscheanisch auszudrücken, er hat die *Schatten* des toten Gottes nicht überwunden. Oder in unserer Terminologie: Marx ging von Hegel nicht zu Spinozas objektivem, von jeglichen teleologischen Zügen befreiten Naturalismus zurück, wie Balibar und die Schüler von Althusser das gerne hätten.
Ich stimme mit Balibar überein, daß es bei Marx kein allgemeines »Subjekt der Geschichte« gibt wie in Hegels Idealismus, ebensowenig wie es eine Utopie im Kantschen Sinne eines menschlichen moralischen Willens gibt, der auf die fremde Natur einwirkt. Marx ist, wie ich immer wieder betont habe, insofern Spinozist, als er jegliche historischen Veränderungen in den inneren Kräften und der Schöpferkraft der immanenten Wirklichkeit vermutet. Das aber weckt bei ihm die Erwartung oder Annahme, daß die Wirklichkeit in und aus sich selbst zu einem Zustand gelangen wird, in dem die tiefsten Sehnsüchte der Menschheit und ihre wahren Bedürfnisse sich erfüllen werden (Aufhebung der Entfremdung und Wiederherstellung der Menschlichkeit). Das Problem oder Paradox liegt in Marx' breiterem Verständnis von Spinozismus: Er verbindet eine Vision allgemeiner Befreiung mit den inneren Naturgesetzen der Wirklichkeit. Die Teleologie liegt in der vorausgesetzten Harmonie zwischen den beiden Reichen und ähnelt dem Typ nach weniger Hegel als der Leibnizschen Harmonie oder Kants Postulat der Existenz »Gottes« (das heißt dem, was Nietzsche als »moralische Weltordnung« kritisierte). Mit einem Wort, es ist eine natürliche Harmonie ohne ein unmittelbares Subjekt der Geschichte. In diesem Sinne ist es jedoch eine beträchtliche Abkehr vom Spinozismus. (Ich gebe zu, daß Marx im Alter nüchterner und gewissermaßen pessimistischer wurde; seine Vorhersagen waren dann weniger gewagt und hochfliegend, doch ist das vielleicht eher ein persönliches als ein systematisches Faktum.)

43 Die Hauptgefahr liegt in der vollständigen Politisierung der Werte: Es kann keine andere normative Autorität zur Beurteilung des staatlichen Handelns geben als den Staat. Aus seiner (noch Hobbesianischen) Sorge, »einen Staat im Staate« zu vermeiden, setzte Spinoza keinen höheren ethischen Standpunkt fest, von dem aus die Staatsordnung zu beurteilen wäre. Der rationale Philosoph kann Ratschläge erteilen, aber er kann nicht wirklich Normen setzen.

44 Man erinnere sich an die Anekdote, wonach Spinoza seiner guten Wirtin riet, wie geplant, zur Kirche zu gehen: Er respektierte sie im wirklichen Stand ihrer *imaginatio*.

45 Die Menge könne allerdings auch nicht einer kompletten Gehirnwäsche unterzogen werden, meint Spinoza, und dies setze der Möglichkeit des Totalitarismus eine natürliche Grenze. Balibar drückte das so aus: »Spinoza ist der Anti-Orwell« (»Spinoza: la crainte des masses«, in: *Proceedings of the First Italian International Congress on Spinoza*, S. 293-320). Ob das nun Realismus ist oder die Naivität der Voraufklärung, bleibt dahingestellt.

5. KAPITEL

1 Siehe William S. Wurzer, *Nietzsche und Spinoza* (Meisenheim am Glan: Anton Hain, 1975), S. 84 f. Diese Arbeit scheint alle Stellen, in denen Nietzsche Spinoza erwähnt oder auf ihn anspielt, zu umfassen und enthält viele hilfreiche Einsichten. Wurzer berichtet, er habe die Formel *amor fati* in keinem der von ihm durchgesehenen philosophischen Handbücher bzw. Nachschlagewerke vor Nietzsche verzeichnet gefunden.

2 Nietzsche nennt »Heraclit Empedocles Spinoza Goethe« (»Nachgelassene Fragmente« [Frühjahr 1884], in: Friedrich Nietzsche, *Sämtliche Werke. Kritische Studienausgabe*, hg. von Giorgio Colli und Mazzino Montinari [München, Berlin: dtv, de Gruyter, 2. Aufl. 1988, im weiteren zit. als *KSA*], Bd. 11, 25 [454]); »Plato Pascal Spinoza und Goethe« (»Nachgelassene Fragmente« [Herbst 1881], *KSA*, Bd. 9, 12 [52]). In *Menschliches, Allzumenschliches* II, *KSA*, Bd. 2, 1, 408 nennt er folgende drei Paare: »Epikur und Montaigne, Goethe und Spinoza, Plato und Rousseau«.

3 *Götzen-Dämmerung*, »Streifzüge eines Unzeitgemäßen«, *KSA*, Bd. 6, 49.

4 Postkarte an Franz Overbeck vom 30. Juli 1881 aus Sils-Maria, *Nietzsche Briefwechsel, Kritische Gesamtausgabe*, hg. von Giorgio Colli und Mazzino Montinari (Berlin: de Gruyter, 1981), Bd. III. 1, Nr. 135.

5 Ich gebe damit die philosophische Bedeutung wieder, wörtlich übersetzt heißt *gaya scienza* natürlich »fröhliche Wissenschaft«.

6 Bei Spinoza ist die sogenannte Ewigkeit der Seele, wie er sie im letzten Teil seiner *Ethik* beschreibt, unpersönlich; sie ist die ewige Idee von mir selbst im »unendlichen Verstand«, der ohne den Körper existiert. Der Parallelismus von Körper und Geist ist nicht zerstört, doch ist das Problem auf einen anderen Dualismus verschoben, den von Ewigkeit und Dauer.

7 Das tut Wurzer (vgl. Anm. 1), der die Spinoza-Stellen bei Nietzsche gesammelt und analysiert hat.

8 Friedrich Nietzsche, *Der Wille zur Macht* (Stuttgart: Kröner, 1964), 688.

9 *Jenseits von Gut und Böse*, *KSA*, Bd. 5, 13.

10 *Die fröhliche Wissenschaft*, *KSA*, Bd. 3, 349.

11 Beispielsweise wechselt Spinoza in der *Ethik* (T. 3, L. 11 und L. 13) vom ursprünglichen *conatus* zum Begriff der »Wirkungskraft« des Körpers und/oder des Geistes.

12 In der Vorrede zu *Ethik*, T. 4 weist Spinoza den gängigen Begriff von Vollkommenheit und Unvollkommenheit ab und führt eine neue Verwendung ein: Größere Vollkommenheit bedeutet, daß die Wirkungskraft vermehrt ist (worunter Wirkung aus sich selbst oder Freiheit verstanden wird). Das ist unabhängig von der Dauer; man kann nicht sagen, ein Ding sei vollkommener, weil es länger existiert hat. Daher ist der Zweck einer Vermehrung der Wirkungskraft des Individuums von der Selbsterhaltung losgelöst und unmittelbar mit Freiheit verbunden.

13 Dieser Gegensatz bleibt bezeichnend, auch wenn wir uns entschließen, Nietzsches Worte metaphorisch statt buchstäblich zu nehmen. Eine solche Lesart bietet sich an, denn die krude physikalistische Übersetzung des Willens zur Macht würde zu größten Schwierigkeiten führen. Eine dieser Schwierigkeiten ergibt sich daraus, daß Nietzsche selbst die Begriffe »Materie«, »Körper« und »meßbarer Raum« als »Fiktionen« kritisiert.

14 *Wille zur Macht*, 636. Das entspricht in etwa dem, was nichtcartesianische Philosophen (wie Locke und seine Nachfolger) »Undurchdringlichkeit« genannt haben, nämlich die ontische Eigenschaft, die die Materialität ausmacht. (Bei Spinoza und Descartes ist dafür Ausdehnung allein ausreichend, aber Spinoza impliziert im physischen Teil des *conatus* ebenfalls eine Form der Undurchdringlichkeit.)

15 Karl Jaspers, »Der Mensch, der sich selbst hervorbringt«, in: *Nietzsche. Einführung in das Verständnis seines Philosophierens* (Berlin: de Gruyter, 2. Aufl., 1947), S. 136, 153, 159. Das erinnert auch an Nietzsches Bemerkung über Goethe: »er schuf sich selbst«.

16 *Die fröhliche Wissenschaft*, *KSA*, Bd. 3, 333.

17 Richard Rorty, *Der Spiegel der Natur. Eine Kritik der Philosopie*, übers. aus d. Amerik. von Michael Gebauer (Frankfurt: Suhrkamp, 1981). Der »Spiegel« ist in diesem Fall die objektive Ordnung und Verknüpfung von Ideen, die Spinoza auch (metaphorisch) »den unendlichen Verstand Gottes« nennt, nämlich alle wahren Ideen mit ihren wahren Verknüpfungen. Dieser Zusammenhang besteht an sich in der Natur als jener Teil des Attributs Denken, der nicht von unserem aktualen subjektiven Denken abhängt. Daher hat Natur gewissermaßen ihren eigenen »Spiegel« in sich; der »Spiegel« ist ihre innere Selbstreflexion.

18 *Die fröhliche Wissenschaft*, *KSA*, Bd. 3, 108.

19 Dies weder im realistischen noch im kantischen Sinne einer notwendigen, allgemeinen Struktur von Selbstbewußtsein.

20 *Die fröhliche Wissenschaft*, *KSA*, Bd. 3, 110. Unter »Erscheinung« versteht Nietzsche offenbar das wissenschaftliche Bild eines Phänomens, nicht sein bloß sinnlich wahrnehmbares Äußeres. Wissenschaftliche »Erklärungen« sind phänomenal, werden aber verstanden, als drückten sie ein »wahres Wesen« dessen aus, wofür sie stehen.

21 *Die fröhliche Wissenschaft*, *KSA*, Bd. 3, 110.

22 *Der Wille zur Macht*, 512. Unter »Logik« ist neben formaler Logik auch rationales Denken im allgemeinen zu verstehen, das sie als Grundlage benutzt.

23 *Der Wille zur Macht*, 511.

24 *Götzen-Dämmerung*, »Die vier großen Irrtümer«, *KSA*, Bd. 6, 3.

25 Ebd., 112.

26 Ebd., 112.

27 *Der Wille zur Macht*, 488.

28 Daß Immanenz Nietzsches Hauptthema und der Sinn seiner Behauptung »Gott ist tot« ist, erkannte Martin Heidegger. Gott, sagt Heidegger, steht für die übersinnliche Welt im allgemeinen, die seit Platon (oder genauer seit dessen spätgriechischen und christlichen Auslegern) als die wahre und eigentlich wirkliche Welt angesehen wurde, im Gegensatz zur sinnlichen und veränderlichen diesseitigen Welt, die deshalb unwirklich ist. »Die diesseitige Welt ist das Jammertal im Unterschied zum Berg der ewigen Seligkeit im Jenseits.« Daher, schließt Heidegger, bedeute Nietzsches Wort, Gott ist tot, die Leugnung dieser transzendenten Welt, »die übersinnliche Welt ist ohne wirkende Kraft«. Die Transzendenz ist negiert; Immanenz ist das Ganze. (M. Heidegger, »Nietzsches Wort: ›Gott ist tot‹«, *Holzwege*, *Gesamtausgabe*, Bd. 5 [Frankfurt: Klostermann, 1977], S. 216 [200]). Nebenbei: In diesem Punkt steht Heidegger Heine sehr nahe. Vgl. Kapitel II. 3.

29 *Der Wille zur Macht*, 1067.

30 Ebd., 1066, 796.

31 Das spricht dafür (vgl. Richard Schacht, *Nietzsche* [London: Routledge and Kegan Paul, 1983]), daß Nietzsche Ursächlichkeit anerkennt, aber der Dualität von Ursache und Wirkung als getrennten Vorkommnissen widerspricht. Der Weltprozeß ist ein Kontinuum und eine Totalität, wobei sowohl gleichzeitig als auch nacheinander unzählige Eigenschaften Gestalt annehmen und ineinander fließen; das ist Fluß im alten Sinne von

Heraklit oder besser Kratylos, wo man sogar nicht einmal in denselben Fluß steigen kann, weil der Fluß weiterfließt.

32 Eine detaillierte Untersuchung Nietzsches unter diesem Gesichtspunkt bietet Alexander Nehamas, *Nietzsche. Leben als Literatur*, übers. aus d. Amerikanischen von Brigitte Flickinger (Göttingen: Steidl, 1991).

33 Nietzsche würde Kratylos zustimmen, der Heraklits Auffassung zugespitzt hat, indem er sagte, man könne nicht einmal in denselben Fluß steigen, denn die Bewegung unterminiere die Selbstidentität, und daher gebe es so etwas wie denselben Fluß gar nicht. Aber auch Kratylos leugnete nicht – wie Nietzsche das tut – die ewige logische Ordnung des Universums, die den Fluß konstituiert und sich reproduzieren läßt.

34 Ich stimme Schachts Auffassung zu, wonach ewige Wiederkehr vor allem den Testfall des dionysischen Lebens darstellt; erst später hat Nietzsche zudem versucht herauszufinden, »ob sie auch wahr sein könnte« (Schacht, *Nietzsche*, S. 260). Dieser Ansatz hat Nietzsche sehr gereizt, doch ist er gespickt mit Schwierigkeiten sowohl innerhalb der eigentlichen Theorie als auch, was ihren Status als metaphysische »Wahrheit« anlangt. Dieser letzte Punkt steht in Zusammenhang mit dem Wahrheitsproblem im allgemeinen, auf das ich oben verwiesen habe. Doch selbst als perspektivische Hypothese gibt es Kohärenzprobleme mit der sonstigen Wissenschaft und auch bezüglich ihrer Postulate. Wie können identische Zustände wiederkehren, wenn es in der Welt nichts Identisches gibt? Schon das allein müßte bei Nietzsche alle Versuche zunichte gemacht haben, seine existentielle Fabel von der ewigen Wiederkehr zu einer halb wissenschaftlichen Theorie zu kanonisieren. Glücklicherweise hängen jedoch die existentielle und ethische Funktion und Bedeutung dieser Fabel nicht davon ab, ob sie auch eine ausgearbeitete kosmologische Theorie ist; so kann ich bei meinem Versuch, die ewige Wiederkehr zur Erklärung der Immanenzerfahrung im *amor fati* zu benutzen, diese Frage beiseite lassen. B. Magnus nennt diese Fabel einen »Gegenmythos« (*Nietzsche's Existential Imperative* [Bloomington: Indiana University Press, 1978], 6. Kap.).

35 *Die fröhliche Wissenschaft*, *KSA*, Bd. 3, 341.

36 Nietzsche ist allerdings weniger naiv als der junge Heine. Dem Nietzscheaner sind das Leiden und die Versuchung zum Pessimismus nicht fremd, und in der Fabel von der ewigen Wiederkehr gibt es ein Element des Sisyphus.

37 »Dauer« ist bei Spinoza der Begriff für den zeitlichen Ablauf als *realer* Modus des Seins, bevor seine Kontinuität durch Intervalle und Zeitmaße unterbrochen ist. Letzteres nennt er *tempus* und hält es für irreal, für eine bloße (wenn auch notwendige) Hilfe für die Vorstellungskraft.

38 Nebenbei: Hegel vereint beide im selben *telos*. Das Ziel des historischen Fortschritts ist bei Hegel der überhistorische (oder ewige) Standpunkt, der aus der Geschichte hervorgehen soll. Danach gibt es auch in Hegels Welt eine Art ewige Wiederkehr des gleichen, nämlich dasselbe rationale und zeitlose Prinzip, das sich durch die verschiedenen Zeiten und in den empirischen zeitlichen Verschiedenheiten aktualisiert hat. Zeit verliert wieder ihre besondere Qualität; es gibt nur chronologische, jedoch keine streng historische Zeit.

39 *Der Wille zur Macht*, 1059, 1060.

40 Man kann allerdings fragen, ob diese Überwindung des Christentums für den dionysischen Zustand wesentlich oder nur eine notwendige historische Bedingung ist; aber Nietzsche schreibt für seine Zeitgenossen. Auch wenn der zukünftige *Übermensch* die Immanenz unmittelbar lobpreisen wird, kann Zarathustra das nur als Überwindung des Christentums tun.

41 *Der Wille zur Macht*, 1038, 1037, 1038.

42 Ebd., 1062.

43 Ebd., 1038.

44 Vielleicht gibt es einen problematischen Freiraum für eine Art linkes Nietzschetum, wie es in Amerika seit den sechziger Jahren versucht wurde, doch würde Nietzsche selbst dagegen sicherlich Einwände erhoben haben. Ein weiterer Einwand findet sich bei Allan Bloom, *The Closing of the American Mind* (New York: Simon and Schuster, 1987), S. 225 f.

45 *Also sprach Zarathustra*, »Vom neuen Götzen«, *KSA*, Bd. 4, I, 11.

46 *Götzen-Dämmerung*, »Was den Deutschen abgeht«, *KSA*, Bd. 6, VIII, 4.

47 Dazu und zu ähnlichen Fragen vgl. Zvi Rosen, »Friedrich Nietzsches politische Welt«, *Jahrbuch des Instituts für Deutsche Geschichte* 14 (1985), S. 221; Raymond Polin, »Nietzsche und der Staat«, in: Hans Steffen (Hg.), *Nietzsche, Werk und Wirkung* (Göttingen 1974).

48 Dem »Eins in Allem« liebend zugewandt,
Ein amor dei, selig aus Verstand –
Die Schuhe aus! Welch dreimal heilig Land! –
Doch unter dieser Liebe fraß
unheimlich glimmender Rachebrand:
– am Judengott fraß Judenhaß! –
– Einsiedler, hab ich dich erkannt?
(*Nachgelassene Fragmente*, Herbst 1884, *KSA*, Bd. 11, S. 319)

49 *Jenseits von Gut und Böse*, I, 5, *KSA*, Bd. 5; *Zur Genealogie der Moral*, 3, *KSA*, Bd. 5.

50 *Der Wille zur Macht*, 576; *Die fröhliche Wissenschaft*, *KSA*, Bd. 3, 349.

51 *Jenseits von Gut und Böse*, *KSA*, Bd. 5, 25.

52 *Ressentiment* ist die herrschende Haltung der Schwachen und Dekadenten, die sich ihrer selbst nur sicher sein können, wenn sie andere verneinen; Ressentiment ist die genealogische Quelle der Moral von Gut und Böse, wodurch die psychischen »Sklaven« an den Höherstehenden subtile Rache nehmen, indem sie sie ihren eigenen verkehrten Werten unterwerfen.

6. KAPITEL

1 Vgl. Kapitel II. 5.

2 Aus »Die Widerstände gegen die Psychoanalyse«, in Sigmund Freud, *Gesammelte Werke* (Frankfurt: S. Fischer, 1968), im weiteren zitiert als *G. W.*, Bd. 14, S. 110; vgl. auch »Selbstdarstellung«, ebd., S. 34.

3 Aus *Neue Folge der Vorlesungen zur Einführung in die Psychoanalyse*, *G. W.*, Bd. 15, S. 114 f. Hervorhebungen Y. Y.

4 Zu Freuds schwieriger Beziehung zur Philosophie siehe P.-L. Assoun, *Freud, la Philosophie et les Philosophes* (Paris: Presses Universitaires de France, 1976).

5 Brief an Lothar Bickel vom 28. Juni 1931, in: Leo Sonntag und Heinz Stolte (Hg.), *Spinoza in neuer Sicht* (Meisenheim: Anton Hain, 1977), S. 169–171. Hervorhebungen Y. Y.

6 Aus einem Brief an S. Hessing, in: S. Hessing (Hg.), *Spinoza-Festschrift* (Heidelberg: Carl Winter, 1932), S. 221; auch in *G. W.*, Nachtragsband (Frankfurt: S. Fischer, 1987), S. 670; siehe auch den Aufsatz Hessings, »Freud's Relation with Spinoza«, in: ders. (Hg.), *Speculum Spinozanum 1677–1977* (London: Routledge and Kegan Paul, 1977), S. 224–239.

Siehe auch J. Golomb, »Freud's Spinoza: A Reconstruction«, *Israel Annals of Psychatry* 16 (1978), S. 275–288.

7 Indem Freud Heines Wortspiel, das sich auf Spinoza bezieht, zitiert, schließt er sich beiden an. Vgl. Freud *Die Zukunft einer Illusion, G. W.*, Bd. 14, S. 325–380; vgl. auch *Der Witz und seine Beziehung zum Unbewußten* (*G. W.*, Bd. 6, S. 83).

8 *Eine Kindheitserinnerung des Leonardo da Vinci, G. W.*, Bd. 8, S. 140, 142.

9 Ebd., S. 142.

10 Ebd., S. 141.

11 Ich meine »Wissenschaft« als die Metatheorie der Psychoanalyse (oder anderer Naturwissenschaften). Freud betrachtete seine Theorie als eine Naturwissenschaft, nicht als spezielles Wissen, das das Individuum vermittels psychoanalytischer Hermeneutik über sich selbst erlangt hat.

12 Vgl. Kapitel II. 5.

13 Freuds Ausdrucksweise ist teils hermeneutisch, teils semimechanistisch; letztere ist bei seiner Beschreibung psychischer Prozesse vorherrschend, erstere bei der Untersuchung von Fallstudien. Die Ambivalenz beider hat die Psychoanalyse lange Zeit beeinflußt und ihr wissenschaftliches Ansehen beeinträchtigt. Eine neuere Untersuchung dieser Ambivalenz findet sich bei Carlo Strenger, *Between Hermeneutics and Science* (New York: International Universities Press, 1991).

14 J.-P. Sartre, *Die Wörter* (Reinbek: Rowohlt, 1965), S. 194.

15 Stuart Hampshire, der in seiner anregenden Untersuchung *libido* und *conatus* in Zusammenhang brachte, hat jedoch einige erhebliche Unterschiede zwischen ihnen nicht bedacht. Vgl. ders., *Spinoza* (Harmondsworth: Penguin, 1962), S. 141–144. Zu weiteren Unterschieden vgl. Véronique M. Fóti, »Thought, Affect, Drive, and Pathogenesis in Spinoza and Freud«, *History of European Ideas* 3 (1982), S. 221–236.

16 *Neue Folge der Vorlesungen zur Einführung in die Psychoanalyse*, 32. Vorlesung: »Angst und Triebleben«, *G. W.*, Bd. 15, S. 104.

17 Ebd., S. 104, 113. Vgl. auch »Triebe und Triebschicksale«, *G. W.*, Bd. 10, S. 216, wo die Definition der Ichtriebe als »Selbsterhaltungstriebe« und ihre Unterscheidung von und Rivalität mit den Sexualtrieben noch einmal formuliert wird.

18 Das widerspricht nicht meiner früheren Behauptung, wonach *libido* die Voraussetzung aller affektiven Erscheinungen ist; doch ist sie nicht deren *einzige* Voraussetzung. Sexualtriebe wirken gegen die Ichtriebe, von denen sie unterschieden werden müssen; als solche sind sie jedoch psychologisch allgegenwärtig.

19 Das erinnert an Nietzsches Einschätzung der Ursprünge von Bewußtsein, Schuld und verinnerlichter moralischer Normen.

20 In seinem berühmten Brief an Einstein nennt Freud das »die theoretische Verklärung des weltbekannten Gegensatzes von Lieben und Hassen« (»Warum Krieg«, *G. W.*, Bd. 16, S. 20).

21 Eine klare Neuformulierung dieses Dualismus (und seiner Definition) findet sich in *Das Ich und das Es, G. W.*, Bd. 13, S. 267.

22 *Ethik*, T. 3, L. 6, B. und T. 3, L. 4, B. Vgl. das exakte Gegenteil bei Freud, der sagt, »daß alles Lebende aus inneren Ursachen stirbt ... das Ziel alles Lebens ist der Tod« (*Jenseits des Lustprinzips, G. W.*, Bd. 13, S. 40).

23 *Ethik*, T. 4, L. 67.

24 Siehe *Neue Folge der Vorlesungen zur Einführung in die Psychoanalyse*, 31. Vorlesung: »Die Zerlegung der psychischen Persönlichkeit«, *G. W.*, Bd. 15, S. 80; über Schopenhauers

Rolle als Bindeglied zwischen Spinoza und Freud – und auch zwischen Nietzsche und Spinoza – läßt sich viel Interessantes sagen (z. B., daß Schopenhauer ebenfalls als »Rationalist« versucht, Spinoza und Kant zu verbinden, indem er das »Ding an sich« im Sinne eines irrationalen, immanenten Monismus versteht).

25 Hampshire, *Spinoza*, S. 141.

26 Selbst im Grundsätzlichen werden wir später eine sachliche Differenz feststellen: *Conatus* ist letztlich ein Streben nach Unendlichkeit oder Erlösung, *libido* dagegen nicht.

27 Dies ist nicht die übliche Auffassung der dritten Gattung der Erkenntnis, sondern enthält meine eigene Interpretation, wie ich sie in Kapitel I. 6 ausgearbeitet habe.

28 Einleitung zur *Ethik*, T. 3.

29 *Zur Geschichte der psychoanalytischen Bewegung*, *G. W.*, Bd. 10, S. 54.

30 »Selbstdarstellung«, *G. W.*, Bd. 14, S. 56.

31 Ebd., S. 56 f.

32 *Zur Geschichte der psychoanalytischen Bewegung*, *G. W.*, Bd. 10, S. 54; *Selbstdarstellung*, Bd. 14, S. 54–56.

33 *Vorlesungen zur Einführung in die Psychoanalyse*, 28. Vorlesung: »Die analytische Therapie«, *G. W.*, Bd. 11, S. 468. »Die Hypnose hatte ein Kräftespiel verdeckt, welches sich nun enthüllte, dessen Erfassung der Theorie eine sichere Begründung gab.« (*Selbstdarstellung*, *G. W.*, Bd. 14, S. 54).

34 *Vorlesungen zur Einführung in die Psychoanalyse*, 28. Vorlesung: »Die analytische Therapie«, *G. W.*, Bd. 11, S. 472.

35 Spinoza scheint allen Lebewesen ein gewisses Maß an mentalem Leben zuzuschreiben, ohne daß damit unbedingt Bewußtsein verbunden wäre.

36 Vgl. z. B. *Das Unbewußte* oder *Das Ich und das Es*.

37 *Neue Folge der Vorlesungen zur Einführung in die Psychoanalyse*, 31. Vorlesung: »Die Zerlegung der psychischen Persönlichkeit«, *G. W.*, Bd. 15, S. 86.

38 Ewigkeit ist bei Spinoza die spezifische Existenzweise von Dingen, deren Existenz aus dem Wesen ihrer Definition als einer ewigen Wahrheit folgt. So definiert, hat Ewigkeit keinen Bezug zu Zeit und Raum, nicht einmal zu endloser Dauer (*Ethik*, T. 1, Def. 8). Dauer ist dagegen die Existenzweise der endlichen Dinge, deren Existenz sich nicht aus ihrem Wesen ergibt, sondern aus äußeren Ursachen. Zeit ist von Dauer unterschieden; sie ist das äußere Raster, an dem sich Dauer bemißt. Zeit ist dadurch nach Spinoza nur ein »Hilfsmittel für die Vorstellungskraft«; indem sie relative und Vergleichswerte liefert, liefert sie keine spezifische Erkenntnis einer wirklichen Entität. Dauer (der Gegenstand, den die Zeit mißt) sieht Spinoza jedoch als real an; sie ist die spezifische Seinsart endlicher Dinge, aus deren Wesen die Existenz nicht folgt.

39 Darin liegt ein wesentlicher Unterschied zwischen Spinoza und der aristotelischen Tradition (von der er sicherlich beeinflußt war): Der Erkenntnisakt, durch den mein Geist sich mit einem universalen *logos* vereinigt, ist ein Akt der *Selbst*erkenntnis, nicht der Erkenntnis Gottes oder des Universums als solchem. Bei Aristoteles erreichen wir diesen Zustand durch die Erkenntnis eines Gegenstandes, hier durch die Erkenntnis unserer selbst. Bei Aristoteles hat Gott Selbsterkenntnis (Gott kennt sich ewiglich); bei Spinoza gilt das nur für den Menschen. Das ist ein wichtiger moderner Zug an Spinozas Lehre.

40 Eine interessante Rückkehr zur metaphysischen Tradition geschieht bei Sartre. Sartre verbindet Freud und Spinoza. Auch er definiert den Menschen als Streben, als das meta-

physische Verlangen, *causa sui* zu werden. Das ist unmöglich und daher zum Scheitern verurteilt. Und selbst die »libidinösen« und andere konkret erotischen Manifestationen des Lebens, auf die Sartre, Freud folgend, in seiner existentiellen Psychoanalyse im einzelnen eingeht, ist im Grunde das metaphysische Verlangen, die Zufälligkeit unseres Daseins zu überwinden. Während die Substanz der Sartreschen Analyse stark von Freud beeinflußt ist, ist die grundlegende Struktur des Verlangens spinozistisch, nur daß Erlösung prinzipiell unmöglich ist und der Mensch daher von Natur aus zu metaphysischer Frustration verurteilt ist.

41 Zwar liegt dieser Punkt außerhalb unseres gegenwärtigen Interesses, dennoch will ich auf der Basis von Spinozas »Komplementaritätprinzip«, das für Freud hilfreich sein kann, eine Spekulation wagen. Spinoza hielt die Erforschung des Körpers und die Erforschung des Geistes für zwei parallele Ansätze zur Beschreibung ein und derselben Entität, wobei diese Ansätze verschiedene Sprachen und Methoden verwenden, die nicht vermischt oder aufeinander reduziert werden können, ohne daß ein Fehlschluß entsteht, die aber denselben ontologischen Bezugspunkt haben. Ähnlich (nur etwas modifiziert) könnte ein Freudianer sagen, daß mentale Phänomene auf drei verschiedenen Ebenen untersucht werden müssen, jeweils nach einem anderen methodologischen Paradigma: 1. biophysikalische Analyse des somatischen Substrats; 2. Analyse der dazugehörigen »psychischen Energie« und ihrer strukturellen Wechselfälle; 3. Analyse der Bedeutungsrelationen und der Deutungsleistungen, die dieses mentale System ausmachen und bewegen. Der Körper-Geist-Parallelismus Spinozas wird hier zu einem Körper-Geist-Bedeutungs-Parallelismus erweitert, der auf drei einander ergänzenden Zugangsweisen zum selben ontischen System, nämlich dem Gesamtorganismus, beruht. Wenn diese Spekulation (auch nur teilweise) für Freud gültig ist, so haben wir noch eine Verbindung zu Spinoza gefunden, diesmal in der Erkenntnistheorie. Aber die eigentliche Ähnlichkeit liegt in der Gesamtsicht vom Menschen als einem psychosomatischen System; die methodologische Annäherung folgt daraus.

42 Siehe dazu Paul Ricoeur, *De l'Interpretation. Essai sur Freud* (1965), dt. *Die Interpretation. Ein Versuch über Freud* (Frankfurt: Suhrkamp, 1969).

43 Ebd., S. 397. Ricoeur sieht sogar eine bemerkenswerte strukturelle Übereinstimmung zwischen der Situation zwischen Patient und Analytiker einerseits und der Hegelschen Dialektik von Herr und Knecht andererseits. Vgl. auch Jean Hyppolite, »Phénoménologie de Hegel et la Psychanalyse«, in *La Psychanalyse* 3 (1957), S. 17 ff.

44 *»Neue Folge der Vorlesungen zur Einführung in die Psychoanalyse*, 31. Vorlesung: »Die Zerlegung der psychischen Persönlichkeit«, *G. W.*, Bd. 15, S. 83.

45 Paul Ricoeur hat versucht, Freud ein »Subjekt« zuzuschreiben, doch tut er das zugegebenermaßen im Rahmen seiner eigenen Philosophie, die von Husserls Phänomenologie gefärbt ist und das *Ich denke, ich bin* als das Ursprüngliche annimmt. Ricoeur verweist dagegen darauf, »daß im Freudianismus die radikale Frage nach dem Subjekt des Denkens und des Daseins nicht gestellt wird« (*Die Interpretation. Ein Versuch über Freud*, S. 430), und zeigt im weiteren, daß es unmöglich ist, das Subjekt in irgendeiner mentalen Struktur und Typologie nachzuweisen, wie Freud sie in seiner eigentlichen Theorie anbot (S. 431). Ricoeurs eigene »Archäologie des Subjekts« stellt die Ideen Freuds eingestandenermaßen »in eine andere philosophische Dimension« (S. 432).

46 »Spinoza et Freud: La problématique du savoir dans ses rapports avec l'entendu«, in: *Spinoza, science et religion*, hg. von R. Bouveresse, Actes du Colloque, Cerisy-la Salle, 1982 (Paris: Vrin, 1988), S. 77–87; siehe auch »Le fini, l'autre et le savoir chez Spinoza et Freud«, *Cahiers Spinoza* 1 (1977), S. 267–319.

47 *Das Ich und das Es, G.W.*, Bd. 13, S.253.

48 Freud scheint »Oberfläche« und »Tiefe« wörtlich zu meinen: Die Oberfläche des Körpers, die Teile, die der Umwelt räumlich näher sind, erfüllen die Funktion des Ich spezifischer als die verborgenen und geschützten Teile. Zugleich betont Freud, daß die Ich-Es-ÜberIch-Unterscheidung nicht scharf ist, denn ihre Grenzen verschwimmen in unterschiedlichem Grade (*Neue Folge der Vorlesungen zur Einführung in die Psychoanalyse*, Schluß der 31. Vorlesung: »Die Zerlegung der psychischen Persönlichkeit«, *G.W.*, Bd.15, S.86).

49 *Die Zukunft einer Illusion, G.W.*, Bd.14, S.378 und Anm. 1. Die private Information stammt von P.-L. Assoun.

50 Ricoeur, *Die Interpretation. Ein Versuch über Freud*, S.265.

51 Herbert Marcuse bestimmt (in *Eros und Kultur. Ein philosophischer Beitrag zu Sigmund Freud* [Stuttgart: Klett, 1957], S.24) *ananke* als Lebenskampf und Lebensnot; doch das ist ein marxistisches Vorurteil, das dem Begriff durchaus nicht entspricht.

52 Ricoeur (*Die Interpretation. Ein Versuch über Freud*, S.335) meint, er habe vielleicht Elemente von beiden.

53 Durch die zweite Gattung der Erkenntnis nehmen wir Dinge vom Standpunkt der Notwendigkeit wahr und legen in der Ethik die Grundlagen für ein neues und richtiges Verstehen. Diese Art der Erkenntnis ist aber noch allgemein und abstrakt; daher kann ihre emotionale Resonanz nicht ausreichend Kraft liefern, um die Affekte zu überwinden und eine umfassende Veränderung der Person hervorzurufen. Ein Ergebnis ist die bekannte Kluft zwischen Verstehen und Motivation, über die die Moralisten immer geklagt haben: Wir wissen, was besser für uns ist und können es doch nicht verwirklichen. Diese Kluft ist typisch für die Ebene bloßer *ratio* oder für abstraktes rationales Verständnis bei Spinoza.

54 *Jenseits des Lustprinzips, G.W.*, Bd.13, S.47.

55 *Die Zukunft einer Illusion, G.W.*, Bd.14, S.380. Zu Freuds Verteidigung des wissenschaftlichen Objektivismus und seinem Angriff auf die »anarchistische« Erkenntnistheorie vergleiche *Neue Folge der Vorlesungen zur Einführung in die Psychoanalyse*, 35. Vorlesung: »Über eine Weltanschauung«, *G.W.*, Bd.15, S.190; auch den Schluß von *Die Zukunft einer Illusion* (S.379), wo Wissenschaft implizit als Teil des schwachen Gottes *logos* vergöttlicht wird (»unser Gott *logos* ist vielleicht nicht sehr allmächtig«, aber »wir glauben daran, daß es der wissenschaftlichen Arbeit möglich ist, etwas über die Realität der Welt zu erfahren, wodurch wir unsere Macht steigern und wonach wir unser Leben einrichten können«.)

56 Vgl. P.-L. Assoun, *Freud, la Philosophie et les Philosophes*, S.99–105.

57 *Neue Folge der Vorlesungen zur Einführung in die Psychoanalyse*, 35. Vorlesung: »Über eine Weltanschauung«, *G.W.*, Bd.15, S.181; auch *Die Zukunft einer Illusion, G.W.*, Bd.14, S.377–379.

58 *Die Zukunft einer Illusion, G.W.*, Bd.14, S.377f.

59 Meinte Freud, daß hier eine kollektive Form der Übertragung notwendig ist, die sich um die Gestalt eines neuen geistigen Führers, eines antireligiösen Propheten, spinnt, eines Moses, Jesus, Spinoza oder *Freud*? Ist das einer der Gründe, weshalb die Psychoanalyse, offenbar eine Wissenschaft, auch eine Bewegung genannt wurde und sich wie eine solche organisierte, mit Abweichlern, die als Häretiker angesehen wurden?

60 Ausgerechnet im *Leonardo* erscheint bei Freud *ananke* zum ersten Mal. Siehe *Eine Kindheitserinnerung des Leonardo, G.W.*, Bd.8, S.197.

61 Siehe z. B. *Selbstdarstellung*, *G. W.*, Bd. 14, S. 79.

62 Über Freuds Zugehörigkeit zum Judentum siehe Ernst Simon, »Sigmund Freud, der Jude«, *Sind wir noch Juden* (hebr.) (Tel Aviv: Sifriat Poalim, 1982), S. 173–213; vgl. auch seinen Aufsatz »Freud und Moses« in ders., *Entscheidung zum Judentum* (Frankfurt: Suhrkamp, 1980), S. 196–211. Des weiteren das Schlußkapitel in der Freud-Biographie von Peter Gay, *Freud. Eine Biographie für unsere Zeit* (Frankfurt: Fischer, 1989).

63 Die in diesem Abschnitt erwähnten Äußerungen Freuds finden sich in dem in Anm. 62 genannten Kapitel von Peter Gay; vgl. auch sein Buch *Ein gottloser Jude. Sigmund Freuds Atheismus und die Entwicklung der Psychoanalyse* (Frankfurt: Fischer, 1988).

64 Zu Freuds Zögern, während der Naziherrschaft *Der Mann Moses und die monotheistische Religion* zu veröffentlichen, siehe *G. W.*, Bd. 16, S. 159 f. Vgl. auch Marthe Robert, *From Oedipus to Moses* (New York: Anchor, 1976).

7. KAPITEL

1 Diese kosmische und moralische Ordnung wird so dargestellt, als sei sie der Welt zu irgendeiner bestimmten Zeit eingepflanzt worden; daher ist der König zugleich der Schöpfer, Gesetzgeber und derjenige, der einen Bund schließt. (Nach der Bibel ist die Schöpfung kein Akt *ex nihilo*, sondern ein Ordnen der Unordnung, Kosmos aus Chaos.)

2 In einer anderen Interpretation (die jedoch schwer zu halten ist) wäre zu setzen: durch die sich wiederholenden Muster der »ewigen Wiederkehr«. Aber (wie in Kapitel II. 5 erklärt) ewige Wiederkehr ist als eine objektive kosmologische Wahrheit mit der übrigen Lehre Nietzsches unvereinbar. Der Gedanke der Wiederkehr sollte, wie Nietzsche ihn anfangs auch konzipierte, als dionysischer Mythos verstanden werden, der die »Last« und Unausweichlichkeit der Immanenz symbolisiert.

3 Ich möchte hier nicht Wittgensteins Terminus des *Mystischen* gebrauchen, denn er suggeriert, die Leere werde mit willkürlichen mystischen Erfahrungen, Kulten und ähnlichem gefüllt. Bei Wittgenstein gibt es etwas, »worüber« man schweigen muß, obwohl ihm kein positives Sein oder positiver Gehalt zugesprochen werden kann. Über die paradoxen Aussagen hinaus betrachtete Wittgenstein dieses als eine Art Ding an sich. Ebenso Kant und Schopenhauer; aber Kant hatte keinen triftigen Grund für seine Ansicht. Als kritischer Philosoph konnte er nicht behaupten, daß »Dinge an sich« existieren.

4 Hier denke ich an einen Horizont, der (anders als die Transzendenz) im Prinzip mit einem positiven Inhalt füllbar ist, aber nie vollständig ausgefüllt werden kann.

5 Ich verwende das Wort *mangelhaft* nur als Redensart. Spinoza hatte ja recht mit der Behauptung, in einer Welt, für die es kein transzendentes Paradigma gebe, könne nichts fehlen. Wenn wir andererseits einen leeren Horizont der Transzendenz annehmen und die *causa sui* zwar als ontologisch unmöglich, aber dennoch als unumgängliches Ideal ansehen, dann konstatieren wir faktisch, daß in dieser Welt etwas fehlt, auch wenn wir damit nicht zugestehen, daß es jenseits eine andere Welt gibt.

6 Natürlich heißt es bei Kant, das transzendentale Element inhäriere dem Menschen selbst, der als autonom und als Begründer seiner eigenen moralischen Welt gilt. Aber der eigentlich Handelnde ist nicht der »empirische«, in Natur und Geschichte verstrickte Mensch, sondern sein »noumenaler« Wille, den Kant als eine transzendente Kraft ansieht, die der Natur und der empirischen Geschichte fremd ist und sich ihnen als ein Sollen entgegenstellt.

7 Es ist in der Tat ein kritisches Erfordernis, die immanente Welt als auf irgendeine Form menschlicher Erfahrung bezogen zu sehen. Insoweit gehört der Idealismus (in einem

sehr allgemeinen Sinne) zu einem Immanenzansatz. Aber welche Rolle dem Menschen dabei auch immer zukommt, er kann sie nur als endliches Wesen erfüllen, nicht als ein Stellvertreter Gottes. Die kritische Revolution Kants dürfte nicht nur für das »Ding an sich« gelten, sondern müßte sich auch auf das andere große Dogma des Rationalismus beziehen, nämlich daß die Vernunft ein einziges, unwandelbares System sei. Doch für Kant war das undenkbar; ja, um den Glauben an eine unwandelbare Wahrheit zu retten, opferte er (und überwand damit glücklicherweise) das andere rationalistische Dogma über das Ding an sich.

8 Marx sieht das, wenngleich er diesen Gedanken in ein rigides Konzept materieller Produktion einsperrt. In Kapitel II. 4, wo ich die im Marxschen Begriff vom Menschen-in-der-Natur verborgene Ontologie analysiert habe, versuchte ich eine der Marxschen Lehre im engeren Sinne zugrundeliegende umfassendere Struktur zu isolieren. Diese Struktur kehrt in anderer Form in Heideggers Begriff vom »In-der-Welt-Sein« wieder. Beide verdanken Feuerbach manches und übersetzen vor allem Kants kopernikanische Wende in ontologische (und praktische) Begriffe.

9 Mit meiner Marx-Analyse schreibe ich ihm eine Art »praktischen Idealismus«, eine materielle Variante der kopernikanischen Wende, zu. Das zeigt an, in welche Richtung der Idealismus umgeformt werden sollte: so nämlich, daß die Rolle des Menschen im Sein innerweltlich, praktisch und von dem vorbewußten Prozeß des Lebens selbst getragen ist. Und wie das Leben selbst hat auch dieser Prozeß eine historische Dimension: Keine Interpretation oder Lebensform, die ihn verkörpert, wird von einem einzigen Individuum oder isolierten cartesianischen *ego cogito* hervorgebracht, auch ergibt sie sich nicht *ex nihilo*. In diesem Sinne sind die Menschen und ihre Geschichten ontologisch mit der Gestalt und der Bedeutung der immanenten Welt verbunden, welche Gestalt und Bedeutung sie auch immer haben mag.

Register

ALEXANDER NEHAMAS

NIETZSCHE – Leben als Literatur

Aus dem Englischen von Brigitte Flickinger.
256 Seiten, Hardcover, DM 38,00

Nehamas versteht Nietzsches Gedankenwelt im doppelten Sinn als literarisch. Er behauptet, daß Nietzsche die Welt wie einen literarischen Text begriff, und folgert daraus, daß es Nietzsches Ziel als Autor war, seiner Philosophie einen spezifisch literarischen Charakter zu geben. Literatur bedeutet die Möglichkeit einer Vielzahl von Perspektiven, und aus diesem Perspektivismus versucht Nehamas die Widersprüche im Werk Nietzsches herzuleiten. Wie Nehamas zu dem Ergebnis kommt, daß sich Nietzsches ideales Wesen im Akt des Schreibens konstituiert, beschreibt seine komplex angelegte Studie. Nehamas entfaltet eine geistreiche und subtile Nietzsche-Interpretation und präsentiert ein kohärentes Bild des Philosophen. Diese herausfordernde Sichtweise formuliert er in einer eleganten und anspielungsreichen Sprache, die sehr ungewöhnlich ist für heutige philosophische Arbeiten.

MALCOLM BOWIE

Lacan

Aus dem Englischen von Klaus Laermann.
232 Seiten, broschiert, DM 28,00

In seiner Einführung in das komplexe, oft verschlüsselte Werk des französischen Psychoanalytikers Jacques Lacan zeichnet Malcolm Bowie die »unausgesetzte Zwiesprache« Lacans mit Freud nach. Behutsam kritisiert er die Besonderheiten seiner Theoriebildung und seines wissenschaftlichen Stils. Lacans radikale Neuinterpretation der Lehre Freuds im Licht der strukturalistischen Linguistik führte zu einer Theorie des Unbewußten als einer Sprache des Begehrens. Analog zu seiner Lehre verweigern sich auch Lacans Schriften einem eindeutigen Sinn: Die Sprache der Theorie sollte wie das Begehren klingen, von dem sie spricht. Malcolm Bowies Einführung ist nicht nur ein unübersehbarer Beitrag zur Lacan-Rezeption: Sein prägnanter und geistreicher Stil macht das Buch zu einer überaus anregenden Lektüre.

ARTHUR C. DANTO

Jean-Paul Sartre

Aus dem Englischen von Ulrich Enzensberger.
176 Seiten, Taschenbuch, DM 14,80

Jean-Paul Sartre: die intellektuelle und moralische Leitfigur einer ganzen Generation und ein Philosoph, der zu Lebzeiten seine Interpreten überforderte mit der Produktivität und Vehemenz seines Denkens. Deshalb herrscht noch heute ein bemerkenswerter Mangel an Gesamtdarstellungen zu Sartres Werk. Dantos Buch kann diesem Defizit abhelfen. Übersichtlich entwickelt er die Grundgedanken des Sartreschen philosophischen Systems. »Die handliche Monographie des amerikanischen Philosophen Arthur C. Danto über Sartre ist die denkbar beste Einführung in das Werk des Denkers und außerdem die einzige dieser Art, die auf deutsch je vorgelegen hat« – empfiehlt Traugott König, der profunde Existentialismus-Kenner und Herausgeber derdeutschen Sartre-Gesamtausgabe.

Bitte fordern Sie das kostenlose Gesamtverzeichnis an:
Steidl Verlag · Düstere Str. 4 · 37073 Göttingen

OSKAR NEGT

Achtundsechzig.
Maulwursarbeit, die von einem anstößigen Jahr ausging

416 Seiten, broschiert, DM 24,00

Wie ein Pfahl im Fleische steckt in der Ordnung der Bundesrepublik die Herausforderung der 68er Bewegung der Studenten und der Jugendlichen. Jedes Jubiläum zeigt das aufs Neue, auch das gerade zu Ende gehende. Das Buch ist aus erinnernder »Nähe« geschrieben; es versucht Szenen, Situationen, Gespräche mit führenden Akteuren der Zeit (wie Krahl, Dutschke, Mahler, Cohn-Bendit) festzuhalten, auch die Atmosphäre der gesellschaftlichen Konflikte, wie sie der Autor empfunden hatte. Gleichzeitig wird jedoch aus der »Distanz« der Erfahrung starker gesellschaftlicher Umbrüche, deren unmittelbare Zeitzeugen wir sind, die »politische Substanz« dieser anstößigen Jahre in ihren praktischen Auswirkungen aufgezeigt. Oskar Negt beschreibt »Maulwurfsarbeit«, verzweigte Wirkungen von '68, die unter der geräuschvollen Oberfläche liegen.

JOHN CAREY

Haß auf die Massen. Intellektuelle 1880–1939

Aus dem Englischen von Siegfried Kohlhammer.
224 Seiten, broschiert, DM 24,00

Der Intellektuelle, so lautet die gängige Formel, ist der Freund des Volkes, der den Unterdrückten und Entrechteten seine Stimme leiht und ihnen Gehör verschafft. Eine weniger verklärte Genealogie entwickelt John Carey: die Entstehung des modernen Intellektuellen aus dem Geiste des Ressentiments. Und zwar gegen die »Massen«, die seit Mitte des 19. Jahrhunderts die bürgerliche Welt in Angst und Abscheu versetzen. Einer der Gründungsväter dieses Ressentiments ist Nietzsche, und seitdem haben die Deutschen in dieser Disziplin zweifellos ihr Weltniveau gewahrt. Was wir aber nicht wußten und was Carey auf erschreckende Weise deutlich macht: Dieser Haß auf die Massen ist keine deutsche Spezialität. Das ist kein Trost für deutsche Leser; aber vielleicht eine Anstachelung dazu, die auch bei uns zunehmende Verachtung der Massen nicht als lustiges Gesellschaftsspiel mißzuverstehen.

SIBYLLE TÖNNIES

Die Feier des Konkreten. Linker Salonatavismus

Essay. Herausgegeben von Kurt Scheel.
192 Seiten, broschiert, DM 24,00

Zunehmend gerät die Tatsache in den Blick, daß es sich bei der extrem linken und der extrem rechten Ideologie um eine gemeinsame Sucht gehandelt hat: die Sucht nach dem Konkreten, dem Ursprünglichen. In diesem Essay wird die Konvergenz linker Denkfiguren mit rechten in Philosophie und Ästhetik analysiert. Im Zentrum der Untersuchung steht Adorno mit seiner Abwendung von allem, was nicht miteinander verschmolzen ist, sondern voneinander getrennt: das Abstrakte und das Konkrete, Sache und Wert, Zweck und Mittel, Recht und Wirklichkeit. Adorno geht es um die Rettung des Konkreten, und deswegen zielt seine Kapitalismuskritik auf einen Zustand, der vor dem Sündenfall des Warentauschs liegt. Der rechte Atavismus machte es sich leichter, er glaubte, das Konkrete in der Rasse gefunden zu haben: ein wichtiger Unterschied zwischen links und rechts, aber einer ums Ganze?

Bitte fordern Sie das kostenlose Gesamtverzeichnis an:
Steidl Verlag · Düstere Str. 4 · 37073 Göttingen